中国目录学史

柯平 著

中国社会科学出版社

图书在版编目（CIP）数据

中国目录学史／柯平著．—北京：中国社会科学出版社，2022.12
ISBN 978－7－5227－1081－5

Ⅰ.①中…　Ⅱ.①柯…　Ⅲ.①目录学史—中国　Ⅳ.①G257

中国版本图书馆 CIP 数据核字(2022)第 232036 号

出 版 人　赵剑英
责任编辑　孔继萍　郭如玥
责任校对　杨　林
责任印制　郝美娜

出　　版　中国社会科学出版社
社　　址　北京鼓楼西大街甲 158 号
邮　　编　100720
网　　址　http://www.csspw.cn
发 行 部　010－84083685
门 市 部　010－84029450
经　　销　新华书店及其他书店

印　　刷　北京君升印刷有限公司
装　　订　廊坊市广阳区广增装订厂
版　　次　2022 年 12 月第 1 版
印　　次　2022 年 12 月第 1 次印刷

开　　本　710×1000　1/16
印　　张　38
字　　数　603 千字
定　　价　218.00 元

凡购买中国社会科学出版社图书，如有质量问题请与本社营销中心联系调换
电话：010－84083683

前　　言

中国目录学是有着2000多年历史的学科，一度成为显学。中国目录学是国学的重要组成部分，是中国传统学术文化的瑰宝，其历史作用虽然早已得到了广泛肯定，但在今天，这座未被完全认识和充分重视的“矿藏”有着进一步挖掘和开发的巨大价值。

中国目录学是怎样的一门学问？它是如何产生并发展起来的？目录学发展过程中形成的目录学思想对当代目录学有哪些价值？由此产生了目录学史的研究，这是目录学的一个重要分支。

一　中国目录学是关于图书整理的学问

中国目录学是关于图书整理的专门学问。目录学对于图书的整理，从以下几个方面入手：

（一）标题工作

标题工作是目录学整理图书的一项重要工作，包括图书定名和标题选定两项具体工作。

早期的图书一般没有名称，只有一个一个独立的文本。这些文本由于没有显著的标题，给人们辨识图书带来了困难。特别是随着图书的传抄和流传，就有了给图书定名的需要，这就是早期的目录学工作。早期的许多典籍如《尚书》《春秋》《论语》《诗经》等都是在传播中逐步才有了书名的。以《史记》为例，司马迁完成这部历史著作时并没有一个书名，只有一些篇目。据《史记·孝武本纪·索隐》记载，桓谭在《新论》中说：“太史公造书成，示东方朔，朔为平定，因署其下。‘太史公’

者，皆东方朔所加也。”由此可知，东方朔最先看到司马迁这部没有书名的著作，便题“太史公”作为书名。因此，《汉书·艺文志》六艺略著录“《太史公》百三十篇”。

在图书整理过程中，对一部图书不同时期出现的各种标题要进行研究，经过比较分析，最后决定选择某一名称或对某一名称进行加工处理作为正式的标题，这就是标题选定工作。例如，刘向在整理《战国策》时发现这部著作有《国策》《国事》《短长》《事语》《长书》《修书》《战国策书》七个书名，通过对全书内容的研究，确定了以《战国策》作为书名。又如，《史记》这部书又称“太史公记”“太史公书”“太史公传”，后来选定省略的名称，将“太史公记”“太史公书”“太史公传”简称为《史记》。

经过目录学家的图书定名或标题选定，最终完成一部独立图书的标题工作。

中国古代图书的标题有篇名、书名等多种类型。篇名也称细名、小名或小题；书名也称总名、大名、大题。史学家白寿彝分析了中国古书名有有书无名、有名无书、同书异名、同名异书、书名代以人名、书名代以较大之名、书名代以较小之名、书名冠于较小之名、书名冠以较小之名、书名分化、书名混合、书名简称、书名增字、书名改题、书名补题、书名误题、书名依托共 17 种情况[①]。古代图书标题按定名者划分大体有三种情况：第一种是作者拟定的标题；第二种是作者以外的其他人拟定的标题；第三种是目录学家拟定或选定的标题。若按标题方法，则可分为四种情况：第一种直接以作者的名字作为标题，如《别录》中的《子思》《贾谊》《屈原赋》等；第二种是取图书的前二三字作为标题，如《论语》中的《学而》《为政》等；第三种是根据图书内容概括形成的标题，如《诗经》；第四种因某种特别的原因而改名，如《世本》，又称《作世》《世系》《世纪》《世牒》《牒记》《谱牒》等，西汉末年经刘向校雠后定名，唐时为避唐太宗李世民讳，一度改名为《系本》。

---

① 白寿彝：《书名小记》，《国立北平研究院院务汇报》1936 年 3 月第 7 卷第 3 期。

（二）厘定篇目

一部图书由若干部分组成，形成一个整体。古代典籍，内有篇章，由于载体出现的问题如简策散乱，需要考辨篇目次序，又由于流传出现的问题如不同版本的篇章数量和次序不同，也需要考证篇章变化，鉴定每一版本的篇章数目以及篇章之间的关系，比较不同版本的篇章异同，确定原著篇章名称与篇章结构。这些都是目录学整理图书过程中形成的厘定篇目的工作。

早期图书即简策多用“篇”。西汉刘向整理《列子》，厘定其书8篇：《天瑞》第一，《黄帝》第二，《周穆王》第三，《仲尼》第四，《汤问》第五，《力命》第六，《杨朱》第七，《说符》第八。东汉郑玄整理礼书，厘定“三礼”的篇目数量：《周礼》6篇，《仪礼》17篇，《礼记》49篇。来新夏《古典目录学》归纳出篇目出现的两种情况①：一种是对记事和表达思想的篇什所加的篇名，如《尚书》的《洪范》《禹贡》等，可能是整理者根据整篇内容而加的，篇名即是目；另一种是后人为了便于称呼，从篇首截取二三字作篇名的，如《诗·魏风》的《伐檀》等。

汉以后有了“卷”的概念，常见于缣帛书，且出现了篇卷混用的现象。徐召勋《目录学》归纳出篇卷的四种关系：卷等于篇，卷大于篇，篇大于卷，篇卷分合无常。隋以后，随着纸本书的问世以及简策书的减少，一般图书称“卷”而不再称“篇”了。但由于很多简策、缣帛书已转抄到了纸本书上，又由于一些传抄人将原书一篇拆为多篇或者原书多篇合为一卷等许多复杂的情况存在，要将图书新载体上的篇卷与旧载体上的篇卷源流考辨清楚，对于目录学家来说，并不是一件容易的工作。

（三）考辨图书作者与著述方式

目录学家在整理图书时，对每一图书的作者都要详细研究，因为很多图书来源不明，图书不署作者、多人参与撰写、作者有多种传说、作者著录错误、匿名书等情况存在，特别是早期图书与口耳相授难以区分，难以确定形成时间和著述情况，给作者与著述方式的考证带来了许多困难。

---

① 来新夏：《古典目录学》，中华书局1991年版，第17页。

与图书相关的作者有撰著者、撰述者（有时还标上版本和收藏者）、编撰者、纂修者、注释者、翻译者（经书）、整理者等。清代《四库全书总目》对于作者的不同情况采取不同的著录方式："灼为原帙者，则题曰某代某人撰"；"灼为赝造者，则题曰旧本题某代某人撰"；"敕撰官书，但记成书年月，任事姓名，而不缕陈其爵里，如李白、杜甫之为世人熟知者，其爵里不复赘述"。

（四）订正图书内容

目录学不仅仅研究图书的特征信息，也要研究图书的内容，通过解题、注释、读书札记等不同的方式概括图书的内容要旨，揭示图书的内容特征，介绍作者的生平事迹，评论图书的内容得失，指出图书的学术价值。

解题，又称为叙录或提要。古代解题有三种体例：一是叙录体。西汉刘向在《别录》中所创立，于每一图书，说明版本考证和校雠经过，评价作者生平和学术思想，评介书的内容。二是传录体。南朝宋王俭在《七志》中所创立，于每一图书，为作者立传。三是辑录体。以元初马端临《文献通考·经籍考》为代表，于每一图书，辑录其相关资料包括序、跋、题记、历代目录的叙录、注释、列传中的记载等汇集而成。

撰写解题是中国目录学的优良传统，古代解题不仅强调对图书内容的整理总结，还特别强调对图书内容的深入研究，与今天一般描述性提要有很大不同，具有很高的学术价值。

（五）辑佚

书籍流传日久，由于材料蜕变，特别是历史上的战争破坏、焚毁，以及人为丢失，书籍亡佚者不断增多。在图书整理中，从浩如烟海的古籍、史料中将已经亡佚的图书残篇断卷乃至片言只语发掘出来，按逻辑编排次序，反复考证，最终形成辑佚本，这是目录学家抢救珍贵古籍、发现文化遗存的重要工作。

以《世本》为例，据称该著作由先秦时期（亦有说汉代）史官修撰，记黄帝以来讫于春秋帝王公卿、诸侯士大夫谱系，有《帝系》《王侯世》《卿大夫世》《氏族》《作篇》和《居篇》及《谥法》等十五篇。司马迁的《史记》、韦昭的《国语注》、杜预的《春秋经传集解》、司马贞的

《史记索隐》、张守节的《史记正义》、林宝的《元和姓纂》和郑樵的《通志》都曾引用和参考书中内容。南朝时，《世本》已缺《谥法》一篇，到唐代又有更多篇目散佚，直至南宋末年全部丢失。南宋理宗宝庆间，高似孙从《春秋左氏传疏》中辑出了《世本》。他说："按《世本》叙历代君臣世系，是书不复见。犹有传者，刘向、宋衷、宋均三家而已。予阅诸经疏，惟《春秋左氏传疏》所引世本者不一，因采掇汇次为一书，题曰《古世本》。周益公在西府，闻予有此，面借再三，因录本与之。益公一见，曰：'天下奇书，学者隽功也。'"（《史略》卷6）周必大认为辑佚有"学者隽功"，给予辑佚工作高度评价。目录学家的辑佚工作，再现古籍的原貌，或者部分再现古书的真面目，后来成为专门之学——辑佚学。

（六）辨伪

目录学家整理图书，比较难的一项工作是鉴别图书的真伪，具体包括：对典籍的真实性进行鉴定；辨识伪书并揭露古人造伪之法；将考辨伪书的过程与结果记录下来。

古籍造伪原因颇多，造伪技术不断变化，给目录学家的辨伪增加了很多难度。有盗窃他人著作据为己有的，如《隋书·经籍志》有一书"《晋中兴书》七十八卷，起东晋，宋湘东太守何法盛撰"，实际上，此书非何法盛所撰，是盗窃郗绍原著，署上自己名字而传世。《南史》卷33《徐广传》揭露了这一情形："时有高平郗绍，亦作《晋中兴书》，数以示何法盛。法盛有意图之，谓绍曰：'卿名位贵达，不复俟此延誉。我寒士，无闻于时，如袁宏、干宝之徒，赖有著述，流声于后。宜以为惠。'绍不与。至书成，在斋内厨中，法盛诣绍，绍不在，直入窃书。绍还，失之，无复兼本，于是遂行何书。"也有剽窃他人成果的，如历代注《庄子》者数十家，其中，郭象《庄子注》是对向秀《庄子注》的剽窃，《晋书》卷50《郭象传》记载了前因后果："向秀于旧注外而为解义，妙演奇致，大畅玄风，惟《秋水》《至乐》二篇未竟而秀卒。秀子幼，其义零落，然颇有别本迁流。象为人行薄，以秀义不传于世，遂窃以为己注，乃自注《秋水》《至乐》二篇，又易《马蹄》一篇，其余众篇或点定文句而已。其后秀义别本出，故今有向、郭二《庄》，其义一也。"同书卷

49《向秀传》则云："惠帝之世，郭象又述而广之"，说明郭象并不只是简单地把向秀之注完成剽窃，而是在剽窃基础上又做了些补充。

伪书中还有将己作假托他人名字问世的情况，借名家之影响以图长久流传，以魏晋时王肃造伪最为典型。王肃伪造《圣证论》，说此书取材于《孔子家语》，"取证于圣人之言"①。《汉书·艺文志》著录的"《孔子家语》二十七卷"已亡佚。王肃利用《家语》失传，大量伪撰《家语》之文，以冒充孔子原语，用作自己伪书《圣证论》的依据。再用《圣证论》驳郑玄的经注②。王肃造伪大量采用从古书中截取片断拼凑之法，如将《礼记·杂记下》中的"孔子曰：'凶年则乘驽马，祀以下牲'"与《礼记·曲礼下》中的"岁凶，年谷不登，君膳不祭肺，马不食谷。驰道不除，祭事不悬。大夫不食粱，士饮酒不乐"两段文字拼接，伪造《家语》卷十"孔子在齐，齐大旱，春饥。景公问于孔子曰：'如之何?'孔子曰：'凶年则乘驽马，力役不兴，驰道不修，祭祀不悬，祀以下牲。此贤君自贬以救民之礼也'"。由于王肃熟悉古书的来源并用功搜辑和甄择古人之语，其造伪技术高超，以至于后人难以辨识。

虽然研究如何辨别和认定伪书已成专门之学——辨伪学，但辨伪仍然是目录学的一项工作，目录学家从整理图书入手发现并鉴定伪书，是辨伪学的重要基础和依据。

（七）编纂典籍目录

历代有政府大规模校书活动。姚名达撰《中国目录学史·校雠篇》总结了历代大规模校书 30 余次，其中，汉代校书 7 次，魏吴两晋校书 6 次，南北朝校书 10 余次，唐代校书 4 次，宋代校书 5 次，元明二代不校书，清代校写《四库全书》。蒋伯潜《校雠目录学纂要》详细列出汉至隋官书校录 21 次（其中，西汉成、哀帝时 1 次，东汉章帝时 1 次，安帝时 1 次，顺帝时 1 次，灵帝时 1 次；三国时，魏、吴各 1 次，西晋武帝时 1 次，东晋穆帝时 1 次，孝武帝时 1 次；南朝宋文帝时 1 次，废帝时 1 次，齐武帝时 1 次，梁武帝时 1 次；北朝魏、齐、周各 1 次；隋文帝时 3 次，

① 刘起釪：《尚书学史》，中华书局 1989 年版，第 166 页。

② 刘起釪：《尚书学史》，中华书局 1989 年版，第 167 页。

炀帝时1次）以及唐至清10次（其中，唐4次，北宋3次，南宋2次，清1次）。而历史上最为突出的有4次：西汉末刘向父子校录，唐玄宗时元行冲等校录，北宋仁宗时王钦若、王尧臣等校录，清高宗时纪昀等校录，每一次都有大型目录出现。

历代有政府大规模目录活动。以国家目录为例，汉有《别录》《七略》；三国魏有《中经》；西晋有《中经新簿》；东晋有《晋元帝四部书目》；南北朝宋有《元嘉八年四部目录》《元徽八年四部目录》；南北朝梁有《文德殿四部目录》；隋有《开皇四年四部目录》；唐有《群书四录》《古今书录》；宋有《崇文总目》《中兴馆阁书目》《中兴馆阁续书目》；明有《永乐大典目录》《文渊阁书目》；清有《四库全书总目》《天禄琳琅书目》正、续编等。

编目是目录学家整理图书的重要工作，也是图书整理的成果汇总。古代目录，与今天记录图书特征的目录或书目的不同在于：它不是简单地根据图书上的已有特征信息进行记录，而是要鉴别每一图书，研究得出图书的各种特征信息，因为很多图书连书名、作者这些基本信息都没有；不是一个编目员所做的描述性和标准化工作，而是一个学者依赖个人丰富的学科知识所进行的研究性工作。

（八）编纂类书

目录学家进行图书整理的对象是各个时代各种不同形态的图书。古代图书按知识内容有学术类和非学术类，学术类又有著述类和集注类，前者如《水经》《三国志》，后者如《水经注》；非学术类有创作类（如《三国演义》）、杂记类和原始记录类。目录学家整理图书的成果，形成新的图书即今天称之为二次文献或工具书，目录是其中的一大类。目录学家在整理图书的过程中，同类资料积累日多，又常遇到史料翻检不便的困难，因此编纂了类书。

类书是从各种图书中采集原文，分门别类，随类相从，所引图书均注明出处。其功用在于“便省览”“利寻检”“供采摭”“存遗佚”“资考证”[①]。其类型既有综合性类书如《艺文类聚》《初学记》《太平御览》

① 张涤华：《类书流别》（修订版），商务印书馆1985年版，第35—38页。

《古今图书集成》等，也有专题性类书如《全芳备祖》《格致镜原》等。《四库全书总目》称类书“兼收四部，而实非经、非史、非子、非集，四部之内乃无类可归”。类书汇集百科知识，诸如诗文辞藻、人物典故、天文地理、典章制度、飞禽走兽、草木虫鱼等，无所不包，可谓中国古代的百科全书。

编纂类书是一次大规模的图书整理工作，其工程浩大，费时费力。历代既有朝廷组织编纂，也有个人自行编纂。古代类书，数量庞大，散佚严重，从晋荀勖《中经新簿》以下至清《四库全书总目》，见诸历代目录著录的有六七百种之多，但现存不过三百种上下。

（九）编纂索引及其他工具书

索引，是将图书内容中的语词、人名、地名等各种要素按某种方法组织起来以便于寻检的一种工具。这种工具的最大特点是检索性，既可以指示图书的线索，也可以指示图书的内容。“索引”一词最早出现于汉焦延寿《易林》“爱我婴女，索引不得”，意指牵引。古代的典籍索引有“索隐”“玉键”“韵编”“针线”“串珠”“检目”等名称，有“求索隐微”“注释考证”之义。一般认为，最早的索引是明万历三年（1575）北京司礼监刊行的《洪武正韵玉键》，已佚。现存最早的索引是明崇祯十五年（1642）傅山编撰的《两汉书姓名韵》。

编纂索引是一种图书开发活动，它通过对图书内容的分析，揭示图书中的知识单元、重要概念，赋予图书新的价值。编纂索引也是一种科学劳动，索引有时是学术研究的前期劳动工具，有时是学术研究的副产品。

二　中国目录学是关于学术史的学问

吕思勉将中国学术思想分为三大时期：一是自上古至汉魏之际；二是自佛学输入至亡清，其中又分为佛学时期和理学时期；三是自西学输入以后[①]。然而，中国古代没有专门的学术史这门学科，清以前没有一部专门的学术史著作。梁启超认为，“中国有完善的学术史，自梨洲之著学

---

① 吕思勉：《吕著中国通史》，中华书局 2020 年版，第 266 页。

案始”，并提出著学术史的四个必要条件，“第一，叙一个时代的学术，须把那时代重要各学派全数网罗，不可以爱憎为去取。第二，叙某家学说，须将其特点提挈出来，令读者有很明晰的观念。第三，要忠实传写各家真相，勿以主观上下其手。第四，要把各人的时代和他一生经历大概叙述，看出那人的全人格”[①]。清代黄宗羲《明儒学案》符合这四个条件。从目录学汉代定型至清代巅峰发展看，除了在图书整理上的贡献，目录学还有分析与总结学术流别的工作，完全符合梁启超所说的学术史条件，具有学术史的职能。刘纪泽《目录学概论》说“目录学者，学术之史也”。

（一）辨章学术

中国目录学在长期的学术文化滋养中，形成了学术文化的优良传统。从郑樵《通志·校雠略》到章学诚的《校雠通义》，系统总结了古代目录学的核心思想“辨章学术，考镜源流”。章学诚以“宗刘”（即祖述刘向、刘歆）为目录学旨趣，在《校雠通义·原道》中指出：“由刘氏之旨以博求古今载籍，则著录部次，辨章流别，将以折衷六艺，宣明大道。”

（二）目录的学术文化史功能

中国古代的各种目录，在不同程度上都体现了学术文化史的功能。汉代的《七略》就是全面反映先秦学术文化的学术文化史著作，范文澜评价说：“它不只是目录学、校勘学的开端，更重要地还在于它是一部极可贵的古代文化史。西汉有《史记》、《七略》两大著作，在史学史上是辉煌的成就。”[②] 这里，将目录学著作与史书并列，体现了目录学在学术文化史上的地位。

在各类目录中，最能体现学术文化史功能的是史志目录。史志目录始于《汉书·艺文志》，“是一部有极高学术价值的初具规模的学术史”[③]。汪国垣说：“主张辨章学术剖析源流者，则史家之目录是也”，“所谓辨章学术，考镜源流者，本史家志艺文之天职。溺其职者，则非良

① 梁启超：《中国近三百年学术史》，人民出版社2008年版，第55页。

② 范文澜：《中国通史简编·第三编》，人民出版社1964年版，第126页。

③ 张岂之：《中国历史十五讲》，北京大学出版社2003年版，第286页。

史”[①]。姚名达也说：“《班志》的一派，着重在‘辨章学术，考镜源流’。”[②] 可见，史志目录的最大特点是“辨章学术，考镜源流”。

史志目录开目录学于史书中记录学术文化的体例，以艺文志或经籍志为标识，成为史书的一个重要组成部分，兼具史学和目录学双重性质，既完善了史书体例，丰富了史学内容，又发挥了目录作用，开拓了目录学的领域。史志目录记一代学术文化成果，既发挥了学术史的功用，也发挥了文化史的功用。

史志目录作为史书中的一志，不仅将学术文化史纳入史学体系中，而且与史书中的其他志相互关联与印证，建立起学术文化史的知识点连接，这是独立的目录学著作所无法实现的功能。正如章学诚《校雠通义·汉志六艺》所说：“史家存其部目于《艺文》，载其行事于列传，所以为详略互见之例也。是以诸子、诗赋、兵书诸略，凡遇史有列传者，必注‘有列传’字于其下，所以使人参互而观也。《艺文》据籍而纪，其于现书部目之外，不能越界而书，固其势也。古人师授渊源，口耳传习不著竹帛者，实为后代群籍所由起，盖参观于列传而后知其深微也。且如田何授《易》于王同、周王孙、丁宽三人，《艺文》既载三家易传矣，其云商瞿受《易》于孔子，五传而至田何，汉之易家盖自田何始，何而上未尝有书。然则所谓五传之际，岂无口耳受授之学乎？是《艺文》易家之宗祖也，不观儒林之传，何由知三家易传，其先固有所受乎？费、高二家之易，《汉志》不著于录，后人以为不立学官故也。然《孔氏古文尚书》《毛氏诗传》《左氏春秋》皆不列于学官，《汉志》未尝不并著也。不观儒林之传，何由知二家并无章句，直以口授弟子，犹夫田何以上之传授也”，说明史书各志关联的重要性，艺文或经籍志将人与典籍、思想与传记等关联起来，更好地体现史书的整体性和关联性价值。

史志目录，有正史艺文志、通史艺文志、补史艺文志、方志艺文志等多种类型。《史记》以来的二十四史中有六部正史艺文志，即《汉书·艺文志》《隋书·经籍志》《旧唐书·经籍志》《新唐书·艺文志》《宋

---

① 汪辟疆：《目录学研究》，华东师范大学出版社 2000 年版，第 64 页。

② 姚名达：《目录学》，商务印书馆 1938 年版，第 123 页。

史·艺文志》《明史·艺文志》。其后增加一部即《清史稿·艺文志》。正史艺文志因置于纪传体正史“纪、传、表、志”中的“志”，历来受到学术文化界尊重和推崇，视为正宗，在史志目录体系中占有首要地位。而其他史志目录多为正史艺文志仿拟或增补之作。梁启超《中国近三百年学术史》指出：“表志为史之筋干”[①]；“读史以表志为最要，作史亦以表志为最难，旧史所无之表志，而后人捃拾丛残以补作则尤难”。通史艺文志中的志，因为要纪历代藏书之盛或纪历史著述之盛，其难度远大于正史艺文志。郑樵《通志·总序》引江淹之语指出：“修史之难，无出于志。诚以志者，宪章之所系，非老于典故者不能为也。不比纪传，纪则以年包事，传则以事系人，儒学之士，皆能为之。惟有志难。其次莫如表。所以范晔、陈寿之徒，能为纪传，而不敢作表志。”而对于补史艺文志来说，因不见前人的藏书或前人的著述，只能从已有文献史料中去发现，如同大海捞针。

除史志目录外，其他各种目录也兼有学术史的功用。或记录图书整理的成果，或记录各学科代表人物及其著作，或分门别类，从学术评论角度揭示图书，其共同特点就是反映一个历史时期的学术文化概貌，发挥学术史的作用，以推动学术研究。

（三）分类

学术分类是目录学辨章学术、考镜源流的重要内容。目录学家不仅要研究各门学科的划分、学术流派及其特征，学科代表人物及其贡献，以及学科之间的相互关系，形成科学的学术分类体系；也要研究各学科图书发展、学科图书特征、学科代表作，以及学科图书之间的关系，建立科学的图书分类体系。

目录学将学术分类与图书分类融为一体，经过历代目录学家的继承与创新，形成了独具特色的分类体系。从汉代六分法到魏晋以后的四分法，经过了理论与实践的探索过程。即使经、史、子、集四部分类成为分类主流，仍然有新的分类方法产生，反映出目录学分类多元、不断发展完善的特点。王重民指出：“若说我国目录工作在整个封建社会时期都

---

① 梁启超：《中国近三百年学术史》，人民出版社 2008 年版，第 312 页。

是走在了世界的前面，其主要原因应该归功于分类学。”①

（四）类序

类序是目录学家辨章学术、考镜源流的重要方法，是学术史的重要文献。类序源于《诗》《书》中的大序，与史书中的论赞大致相同。吕绍虞《中国目录学史稿》说序“为六篇之总最，可以包括《汉志》的总序、部序和类序”。刘纪泽《目录学概论》统称为“小序”：“小序或称序，还被称为一书目录，是一书中各篇卷部次及其说明文字的总称。小序之体，所以辨章学术之得失也。”又说：“盖目录之学，莫难于叙录，而小序则尤难之难者，章学诚所谓‘非深明于道术精微，群言得失之故者，不足与此’，盖指此也。”徐召勋《学点目录学》举例《汉志》经部诗类序曰：“小序系指各种按分类编排的书目中的部序和类序，是和总序相对而言的”，将小序与总序相对应。

中国目录学独树一帜的类序法分为总序、大序和小序，其功能各有不同。总序位于典籍目录之首，总括某一历史时期学术发展，叙学术流派及其源流，体现学术史基本脉络与重要线索，兼及记文献流传与存亡，评说历代图书整理之功。大序是典籍目录中各大类之序，主要论述大类所收录的各派、各家的学术源流，评价其利弊得失，比较其优劣地位，以反映学科的总体面貌和学术流别的发展状况。小序是典籍目录中各小类之序，围绕某一流派、某一学术论题展开研究，将学术人物、学术事件与学术著述作为一个整体加以论述，反映其思想渊源、发展演变、师承关系、突出成就、主要特征以及缺失与局限。大序考一学之源流，小序考一家之源流，两者相得益彰。余嘉锡著《目录学发微》“小序之体，所以辨章学术之得失也”。因此，余嘉锡在《目录学发微·目录书之体制之三·小序》中说：“目录之书莫难于叙录，而小序则尤难之难者。”

无论是总序、大序还是小序，其目的都是“辨章学术，考镜源流”。《四库全书总目提要·凡例》也有“四部之首，各冠以总序，撮述其源流正变，以挈纲领。四十三类之首亦各冠以小序，详述其分并改隶，以析条目”。目录学家通过类序进行的学术史梳理，品评学术得失，囊括学术

① 王重民：《中国目录学史论丛》，中华书局1984年版，第164页。

研究的重要史料，成为后世研究各门学科史的主要依据。目录学家完成的每篇类序，开展学术评论，涉及学术研究的重大问题，本质上就是目录学家经过研究形成的学术文化史论，其中有很多思想对学术文化界产生了深刻影响。

三 中国目录学是关于读书治学的学问

中国目录学是关于读书治学的专门学问。清代学者王鸣盛在《十七史商榷》中说："目录之学，学中第一紧要事；必从此问途，方能得其门而入。"又说："凡读书最切要者，目录之学。目录明，方可读书，不明，终是乱读。"清代学者金榜也说："不通《汉艺文志》，不可以读天下书。《艺文志》者，学问之眉目，著述之门户也。"目录学是读书治学的入门之学。学好目录学，可以打下读书治学的基础。许多学者的读书治学经历证明，目录学已经成为打开知识宝库的钥匙。

目录学是读书治学的方法之学。姚名达说："将欲因书究学，非有目录学为之向导，则事倍而功半。故分言之，各种学术皆有其目录学，合言之，则目录学实负有指导各种学术之责任。"① 郑鹤声说："为学之道，首在得门径。目录学者，读书之门径。"② 掌握目录学方法，可以快速获取学术研究的所需资料，节省了学者翻检和查寻资料的时间。掌握目录学方法，可以帮助学者确定研究选题，使学者能够"即类求书，因书究学"，避免科研课题的重复。掌握目录学方法，还可以有助于学术研究的方法论与学术规范，提高学术研究的质量。

（一）读书法

读书法研究由来已久，研究读书方法是为了更好地指导读书治学，成为目录学的重要任务。

元初程端礼总结朱熹、真德秀以来在书塾教学中所创造的方法经验，以读书法为指导编纂完成《读书分年日程》。清张之洞为指导生童学习经史之学、词章考据之学，编纂《书目答问》，并作《輶轩语》。前者推荐

① 姚名达：《中国目录学史》，上海古籍出版社 2011 年版，第 7—8 页。

② 郑鹤声：《中国史部目录学》，商务印书馆 1956 年版，"自序"。

图书、指导治学，后者专讲治学方法、科举时文和有关程式。在《书目答问》刊行后二年，张之洞撰《四川省城尊经书院记》，说“全蜀学生三万人，院额百人，振百人遗三万人何益”。“然则何为？曰‘读书’；读书何用？曰‘成人材’。”又说“宜读何书？曰‘在择求’；宜择何术？曰‘无定’，经史小学舆地推步算术经济诗古文辞，皆学也”[①]。

（二）指导阅读

中国是世界四大文明古国之一，文化发达，典籍丰富，汗牛充栋。据《艺文志二十种综合引得》[②]，收录先秦至清末图书4万条，未收录者不计其数。《中国丛书综录》子目收录7万多条。孙殿起《贩书偶记》录《四库》以来单刻本万种左右，续编有6000余种，再加上《四库》以前的单刻本和其他缺漏未见著录的，总有七八万种之多，所以1962年有人估算：“我国古书的总数约有七、八万之多。”[③] 1979年，杨殿珣做了“可能有十五万种左右”的约略估计[④]。1982年，吴枫根据《中国丛书综录》《贩书偶记》正续编及《中国地方志综录》等统计“不能少于八万种”[⑤]。

面向众多的图书，读什么书？如何读书？成为许多读书人的困惑和苦恼。目录学具有指导阅读的功能，包括：一是揭示图书的主旨大意，帮助读书人了解图书的基本情况；二是提供鉴别和选择书籍的方法，教会读者选择什么类别的书？如何找到适合读者阅读的书？如何找到优秀的图书？三是品评书籍的学术价值和社会作用，指导读书人如何读书？如何读好每一本书？四是开展阅读推广，宣传优秀图书，组织阅读活动；五是解决阅读障碍和阅读中的各种问题，解答读书人的各种疑惑，目录学家是读书人最好的老师。总之，目录学是读书人阅读与学习的基本工

① 袁行云：《〈书目答问〉和范希曾的〈补正〉》，《社会科学战线》1978年第4期。

② 该引得汇集15种艺文志、经籍志（包括《汉志》《隋志》等7种及后人补辑的8种）和其他5部书目（包括《清代禁毁书目》4种和《征访明代书目》1种）而成，1933年哈佛燕京学社引得编纂处编辑出版、1959年中华书局重印。

③ 方厚枢：《从目录学入手》，《光明日报》1962年3月6日。

④ 杨殿珣：《谈谈古籍和古籍分类》，《北图通讯》1979年第1册。

⑤ 吴枫：《中国古典文献学》，齐鲁书社1982年版。

具，是打开人类知识宝库的钥匙，是书海的指南针，是全民阅读的促进器。

（三）图书文献检索

目录学者善于编纂并运用工具书，从为数浩繁的图书文献中迅速查到所需要的资料。学者只要学习并掌握了目录学知识，就可以不断提高图书文献检索的能力，解决科学研究纷繁复杂的资料寻检困难和无法充分利用资料的问题。

翦伯赞在《略论搜集史料的方法》一文中说过，我们要想建设一部科学的中国史，还是要从史料的搜集整理和批判着手。“第一个难题，就是怎样才知道某种史料存在于某些文献之中。帮助我们解决这一难题的，是目录学。”①

清代学者江藩在《经解入门·目录之学第三十二》中说：“目录者，本以定其书之优劣，开后学之先路，使人人知其书可读，则为易学而功且速矣。吾故尝语人曰：目录之学，读书入门之学也。”正因为目录学有功于读书治学，目录学被作为一门国学受到读书界的重视。民国学者马瀛《国学概论》将目录学作为国学研究工具，与文字学、音韵学、训诂学、章句学、版本学、文法学、言语学、考据学并列。说：“目录学者，记载书之名称、卷册、著者、时代、版本、概略，依书籍之性质，分类而列之，并评定内容之优劣，考订著者之真伪，使学者知某书当读，某书不当读；且何种人应阅览何种书，研究何种学术应参考何种书者也。故学者能研究目录学，则为学易而成功倍；否则东翻西阅，随得随弃，虽终身从事于学，罕有学成之日矣。然则目录学者，实为研究各种学术入门之学也。”② 因此，今天，“在国学的领域中，目录学一向被定位为工具性学科”③，无论是学习国学，还是从事各门学术研究，都要以目录学作为入门之学。

---

① 翦伯赞：《史料与史学》，北京出版社 2011 年版，第 85—86 页。

② 马瀛：《国学概论》，中央编译出版社 2009 年版，第 328 页。

③ 周彦文：《中国目录学理论》，台北：学生书局 1995 年版，第 1 页。

四　中国目录学史研究的历史贡献与局限性

由上可知，中国目录学具有三个方面的特质与功用。中国目录学既是一门图书整理的学科，也是一门学术史的学科，还是一门读书治学的学科。综合这三个方面，中国目录学有三个基本要素，一是“图书”，既包括早期的甲骨、简帛，也包括纸本书之后的各种类型和各种形态的典籍，还包括后来由书而产生的期刊等其他新的形式；二是“人”，既包括作者或者是图书的直接责任者，也包括与书相关的各类研究者；三是“目录”，既包括独立成书的目录著作，也包括文献中的目录或篇目。

中国古代没有目录学史的专门研究，目录学专著甚少，正如余嘉锡《目录学发微》所言“自来有目录之学，有目录之书，而无治目录学之书”[①]。直到近现代才对目录学发展史有了关注，并产生了目录学史研究的成果。

20 世纪 30 年代以来，专论中国目录学史的重要著作，比较重要且有影响的有四部：姚名达著《中国目录学史》（1938）、王重民著《中国目录学史论丛》（1984）、吕绍虞著《中国目录学史稿》（1984）和乔好勤编著《中国目录学史》（1992）。

姚名达《中国目录学史》不仅是目录学史研究的第一部专著，而且是姚名达目录学论著中最有代表性的一部，具有很高的学术水平。但这部目录学史论存在几个突出问题：第一，以主题为纲，不以时代为序，使一时代的人物、著作分散多处，如“《七志》与《七录》”在分类篇，而“王俭和阮孝绪”则在宗教目录篇。第二，以目录或书目发展史代表目录学的发展。第三，遗漏甚多，论述亦有偏颇。姚名达继承了“古史辨派”的许多观点，该书“溯源篇”认为“不可依《隋书经籍志》之说，便据以谓《书序》、《诗序》为目录之祖也”“与其过而尊之，不如付之阙疑，吾人考查目录之渊源，固不能曲援孔丘为其祖先也”[②]，基本上否定了孔子在图书整理和目录学上的贡献。

---

① 余嘉锡：《目录学发微》，巴蜀书社 1991 年版，第 1 页。

② 姚名达：《中国目录学史》，上海古籍出版社 2011 年版，第 27—28 页。

王重民著《中国目录学史论丛》是1962年为北京大学中文系古典文献专业讲授目录学课程所写的讲义，提出“目录和目录学都是以著录和研究图书为对象”等许多重要论断，系统阐述了中国目录学从萌芽到形成的过程，于每一时期首先介绍政治、经济、文化背景，继而分析其重要目录著作，最后总结目录学方法理论的发展。对于孔子、刘向、刘歆、班固、王俭、阮孝绪、郑樵等目录学家进行了重点评述。王重民“学贯中西，尤邃于目录版本之业”（顾廷龙跋）[①]，是著名的史学家、目录学家、敦煌学家等，这部目录学著作是他众多目录学论著中的力作。这部目录学史论略有不足之处：第一，王重民在“文化大革命”中被迫害致死，这部著作是王重民含冤逝世后，其夫人刘脩业和学生将其遗稿整理而成，虽然经过了朱天俊等进行的选编和校对工作，但毕竟未经王重民校正，实际上是部分书稿和部分论文的汇总，算不得是一部完整的著作；第二，因为书稿只写到宋末元初，所补的有关明清研究的6篇论文并不都是发表过的，与书稿难以融为一体，从时间上实际是一部宋以前目录学史论；第三，由于书稿完成于“文化大革命”以前，书中的一些观点受到时代的局限性，如“目录和目录学都是属于上层建筑思想意识形态之内的东西，它们具有昭然若揭的阶级性”[②]。

《中国目录学史稿》是吕绍虞在武汉大学图书馆学系从事目录学教学与研究的最后一部专稿，1963年开始撰写。对历史上出现的各种类型的目录进行了全面梳理，尤其重视目录方法的讨论。这部目录学史论略有不足之处：第一，由于吕绍虞“文化大革命”中受到迫害致染重病，原计划从古代写到新中国成立以后，但逝世前仅完成原计划的十分之七八，是一部未完成的目录学史稿。第二，吕绍虞逝世前将书稿寄赠其学生查启森，经查启森整理，先在《四川图书馆学报》连续两年刊载，而后正式出版。书稿中有许多阙文，是吕绍虞准备以后补订而又没有来得及补订的，虽经查启森做了一些补订工作，但未经吕绍虞亲手补订或校正，是为遗憾。另外，正式出版的著作中最后四节（第五章第五、六、七、

① 王重民：《中国目录学史论丛》，中华书局1984年版，第341页。

② 王重民：《中国目录学史论丛》，中华书局1984年版，第1页。

八节），书稿中仅有提纲并无全文，现在的全文是查启森依据“提纲”汇辑吕绍虞相关著述编辑而成，这样的做法，将辑录稿与原稿混为一体，虽是成全之意，终不如王重民著《中国目录学史论丛》那样将书稿与论文分开，保存原本，更为客观。第三，吕绍虞在《普通目录学》（武汉大学1957年印）中认为目录学的研究对象首先是图书，其次是目录。然而该书对于目录学发展的阐述，很少涉及图书的发展，完全是一条目录的发展主线，间或涉及方法的讨论，更没有将目录学放在社会历史背景下进行考察，就目录本身而分析，是其局限性。

乔好勤编著《中国目录学史》是在为武汉大学图书馆学系学生授课编写的讲义的基础上完成的，源于1983年开始为研究生讲授《中国目录学史》，以及1986年从本科生《目录学概论》中分出《中国目录学史》单独讲授所写的讲义。该书在上述几部目录学史论及其他古典目录学著作的基础上，进行了比较系统全面的总结。在时间范围上第一次写到了新中国目录学，是一部比较完整的目录学史专著。而且将各时期的目录学作为整个社会文化的组成部分，力图与社会背景相联系，重点探讨了郑樵、胡应麟、章学诚三位目录学名家的思想，是一个重要进步。这部目录学史论略有不足之处：第一，虽然开始重视目录学历史人物的思想与贡献，但总体上仍然没有脱离“目录/书目发展史”这一传统，目录/书目的介绍占有较大篇幅。第二，书中涉及史料较多，很多引文出处不详细，一些需要引文的地方又没有标注，如第一章第三节“如宋代朱熹、清代姚际恒、近代的康有为、梁启超及顾颉刚等人都否认孔子作《诗》《书》之序”[①] 以及第五章第六节“有人认为我国‘先秦两汉时期已有索引的萌芽’”[②] 等，这些都是受传统著作的影响所致。第三，书中关于目录和人物的介绍占较大篇幅，分析部分虽较以前的目录学史论著有所加强，但仍显不足。有些结论过于主观，缺乏论据，还出现前后观点不相统一的问题。如只论目录的起源而未论目录学的起源，第三章第五节却说“我国目录学思想始于商周，至西汉而成熟”。又说“到了南北朝后

---

① 乔好勤：《中国目录学史》，武汉大学出版社1992年版，第27页。

② 乔好勤：《中国目录学史》，武汉大学出版社1992年版，第226页。

期，作为一个科学知识系统的‘流略之学’已经存在了”[①]。“倘若类目之名即学科之学，则目录学当时又可能称之为‘簿录之学’”[②]，这些仅凭臆测的观点是难以站住脚并以理服人的。

应当予以重视的是，姚名达同时期的几部目录学著作和改革开放后出版的几部著作，如来新夏著《古典目录学浅说》（中华书局 1981 年版）和《古典目录学》（中华书局 1991 年版）、罗孟祯著《中国古代目录学简编》（重庆出版社 1983 年版）、程千帆和徐友富合著《校雠广义·目录篇》（齐鲁书社 1988 年版）等，都是有较高学术水平的古典目录学力作，只因为不是目录学史的专论而没有重点推介。

此外，20 世纪 90 年代以后还出现了一批目录学史的著作，如余庆蓉和王晋卿著《中国目录学思想史》（湖南教育出版社 1998 年版）、王国强著《明代目录学研究》（中州古籍出版社 2000 年版）、傅荣贤著《〈汉书·艺文志〉研究源流考》（黄山书社 2007 年版）等，在此不一一列举，这些各有特色，也值得关注。

关于中国目录学史的分期问题。王重民提出中国目录学史分期的六个阶段：从远古到西汉末年为古代上古时期、东汉至隋为中古前期、唐宋元为中古后期、明清至鸦片战争为近古时期、鸦片战争至“五四”运动为近代时期、“五四”运动以后为现代时期[③]。吕绍虞虽未明确提出目录学史分期，但从其著作《中国目录学史稿》可见有五个阶段：汉以前；自魏至隋末（公元 3 世纪到 7 世纪）；自唐至元末（公元 7 世纪到 14 世纪末叶）；自明至鸦片战争（公元 14 世纪末叶到 19 世纪中叶）；自鸦片战争到中华人民共和国成立前夕。王氏和吕氏的分期基本上是按照历史发展的分期，未能体现出目录学自身发展的规律性。

今天来看，目录学史研究局限性表现在以下方面：

第一，将目录学史的范畴局限于目录的产生发展，以目录发展史等同于目录学史。

---

① 乔好勤：《中国目录学史》，武汉大学出版社 1992 年版，第 126 页。
② 乔好勤：《中国目录学史》，武汉大学出版社 1992 年版，第 127 页。
③ 王重民：《中国目录学史论丛》，中华书局 1984 年版，“前言”第 4 页。

中国目录学史有丰富的活动与内容，目录是其中的一个重要活动与内容。目录既是目录学活动的成果，也是图书文献进行系统化加工整理的一个过程。以往的目录学史研究受现代目录学的研究对象“目录说”的影响，不仅单纯以目录的发展为主线，而且往往只用目录成果来看待目录学，忽视了产生这些成果的过程和相关条件。

第二，孤立地看待目录学的产生与发展，少有将目录学置于社会环境和学术文化背景中进行考察。

目录学是社会的产物，也是学术文化的产物。一方面，社会环境和学术文化对目录学的产生与发展给予深刻的影响，尽管这种影响在不同时代有着不同的特征，但已成为目录学产生与发展的重要条件，目录学不可能脱离社会环境和学术文化而独立存在。另一方面，目录学对于学术文化乃至社会环境也会起到一定的作用，虽然这种作用有时是间接的，但已构成社会发展特别是学术文化发展的一个基石，其功能与地位不可轻视。

第三，目录学史研究具象化突出，缺乏目录学思想史的研究。

以往目录学史研究对于目录学产生与发展过程有一个粗略的主线，即以朝代划分为线索，对各个朝代的目录学发展进行研究，阶段性划分明显不足。尽管曾经有过关于目录学发展阶段的讨论，但一直没有形成共识。更为重要的是，对目录学史的研究往往从目录学的现象入手，包括目录学人物、目录学著作、目录学活动及其成果等，这样的研究始终停留在目录学发展的表象上，没有从思想史的角度进行探索与挖掘，形成目录学思想发展的清晰主线。

第四，低水平重复较多，目录学史研究的整体质量与水平有待提高。

在目录学史研究中，曾有一批高水平的学术成果问世。但是，随着目录学史在目录学科研究地位的下降，目录学史的研究者不断减少，一些成果处于低水平重复状态。缺乏创新思维，缺乏目录学史研究的动力，缺乏目录学史的原创性著作成为制约目录学史取得突破性进展的重要原因。

五　关于本书的意旨与研究过程

基于以上的分析，就有了撰写一部新的目录学史的必要。而本书的撰写，正是以前人的目录学史研究为基础，尽可能充分吸收已有的思想与成果，同时，从以往的局限性中寻求突破。特别是以更新的视角和更大的视野，重新审视目录学史上的关键问题，作出较为科学的分析判断，这也是一个探索的过程。

1. 继承和发扬目录学的优良传统

研究目录学史，继承和发扬目录学的优良传统。目录学的精神在于“辨章学术，考镜源流”，条别类例，推阐大义，即类求书，因书究学，都是目录学的优秀传统。目录学留下的历史遗产，不仅仅是目录著作，也包括目录学论著。关于目录学史的研究，也有不少成果，其中有几部优秀的著作。研究目录学史，要仔细研读这些成果，领会前人研究目录学的意旨，继承一切优秀的成果。

当然，继承和发扬不是照搬前人的研究，做低水平的重复；也不是对前人观点的盲从，以前人所谓定论为依据。继承和发扬就是要有继承和批判的态度，一方面强调继承，把研究建立在前人的成果之上；另一方面也要有批判的思维，即科学的分析，取其精华，去其糟粕。

2. 从史料工作做起

文献是一切研究的基础，而史料是研究历史的基本原料和重要方法。梁启超认为：“治科学者——无论其为自然科学，为社会科学，罔不恃客观所能得之资料以为其研究对象。而其资料愈简单固定者，则其科学之成立也愈易，愈反是则愈难。”“史学所以至今未能完成一科学者，盖其得资料之道，视他学为独难。史料为史之组织细胞，史料不具或不确，则无复史之可言。”①

研究目录学史的史料，从史料学上来自史学研究的一切史料，既包括一切文字之记载，也包括文字以外的出土文物、古迹与传述，从实际研究上，主要有：历代正史及以外的诸史资料；笔记杂记；文集；地方

---

① 梁启超：《中国历史研究法》，人民出版社 2008 年版，第 34 页。

志；家谱族谱；碑铭墓志；出土文献；档案；有关历史研究的重要成果；以及所有与目录学相关的论著。

3. 系统思维

以系统思维研究目录学史，就是要从整体上看待目录学，看待目录学与相关学科的联系，看待目录学与社会环境的联系，特别是把目录学放在学术文化环境中进行考察。

改变以往目录学史论著孤立研究目录学的思维，树立目录学史的系统观，研究目录学与环境的联系，将目录学人物、事件、著作放在其历史环境中进行考察，建立目录学与社会、与学术文化之间的联系。

改变以往目录学史论著断代研究和以偏概全的思维，将断代研究与通史研究相结合，将重点研究和兼顾一般相结合，如一个时代出现了目录学重要人物及其著作，几乎所有目录学史论著都大书特书，而对于名不见经传的人物却少有关注，这是本书特别注意的，通过系统研究，发现那些历史上对于目录学有贡献的人物和著作。

改变以往目录学史论著以目录史代替目录学史的思维，从图书整理、学术史、读书治学各个层面来考察目录学的产生与发展。例如，有的朝代目录甚少，又没有目录学名家，以往目录学史论著就一笔带过，如对于秦代，几乎成为目录学史的空白；对于隋代，也是放在隋唐中，轻描淡写；对于元代，有很多目录学史实不清，缺乏深入研究。本书就是要从历史的整体上，对已有较多研究的那些朝代要重新探讨，发现新问题，特别是关注秦、隋、元这些缺乏研究的时代，以及未被重视的目录学人物和著作，填补目录学史上的空白。

中国目录学发展史存在明显的阶段性，目录学史的分期既要从社会历史发展的角度特别是学术文化史的角度看，也要从目录学自身的发展出发，寻求发展的规律性。基于此，笔者将目录学史分为古代和近现代目录学，古代目录学分为四个时期：从春秋目录学萌芽至汉代目录学定型为第一个时期，即目录学初创时期；从魏晋目录学的重大转变到隋代目录学的继承为第二个时期，即目录学分化时期；从唐代目录学的调整到宋代目录学的发达为第三个时期，即目录学繁荣时期；从元代目录学低谷到清代目录学的集成为第四个时期，即目录学总结时期。近现代目录学因为时代的突变，目录学进入一个新旧矛盾冲突并逐渐融合发展的新的历史时期。

4. 科学分析

科学分析就是以科学的态度，运用科学的方法进行分析。目录学史涉及历史人物、历史事件、藏书情况、目录著作等，对这些问题的研究不能以前人的定论为定论，而要进行扎实、严谨的科学研究，对历史人物不妄议，对历史事件不臆测，从史料中找出依据，用证据说话，以逻辑严密的推理服人。如关于目录学思想的讨论，一直停留在其活动的描述和其著作的介绍上，以目录学家的具体工作作为目录学家的思想，以目录学家的贡献替代目录学家的思想。实际上，对目录学家的思想，需要从其工作和相关材料的表象上提炼与升华，梳理其思想主线，揭示其思想本质，发现其思想变化，分析其思想来源，这样才能把一个人物和一个时代的目录学思想形成一个有机整体，形成思想体系。

科学分析就是从实际出发，以唯物史观进行客观的符合实际情况的分析。不能以今天的环境去设想古代的情景，不能以今人的观点去评价古人的观点，不能以今人的标准去看待古代的工作。如长期以来目录学界关于古代“一书目录与群书目录”的划分，导致汉以前无群书目录的结论，直到西汉才有“从一书目录到群书目录”的进步①。这与当时的实际情况是不相符的，本书的第一章有讨论。

本书的研究在时间上，上自先秦，下迄民国，各代的时间划分主要依据《辞海》附《中国历史纪年表》。除第一章讨论起源外，按古代目录学四个时期分为十章，包括初创时期（第二、三、四章）、分化时期（第五、六章）、繁荣时期（第七、八章）、总结时期（第九、十、十一章）。加上近现代目录学一章，全书共十二章。写作中，尽可能做到体系的逻辑性和完整性。在概念方面，统一使用术语，避免以往目录学史著作中的术语混乱现象，如“地方文献书目”“个人著述书目”“丛书书目”统一为“地方文献目录”“个人著述目录”“丛书目录”，因为在“文献”

---

① 乔好勤：《中国目录学史》，武汉大学出版社 1992 年版，第 40—43 页。

"著述""丛书"后又有"书"并列不妥；将"专题书目""导读书目""举要书目"统一为"专题目录""导读目录""举要目录"，因为专题、导读、举要的材料不一定都是书籍。保留一些通用的术语用法，如"国学书目"。考虑到"史志目录"已固定使用，将相关的"官修书目""私家书目"统一为"官修目录""私家目录"。考虑到"书目"的狭义使用，尽可能使用"目录"术语，避免交替使用，如将"书目类型""书目分类""书目方法""书目提要"中的"书目"均改为"目录"。另外，统一使用简称，如《新唐书·艺文志》简称为《新唐志》。

目　录

第一章

图书、目录与目录学的起源

中国目录学向来以“辨章学术，考镜源流”著称，于各门学术，究本溯源，成专门之学。相比之下，于目录学自身的起源研究却显得比较薄弱，虽有关于图书、目录、目录学起源问题的讨论，却一直未能深入，既缺乏新史料的发现，又缺乏系统而科学的分析，至今仍无定论，这是目录学史必须解决的问题。

第一节　图书的起源

一　关于图书起源的讨论

关于图书的起源，主要有以下四说。

周代说

西周时就有甲骨图书。1977 年在陕西周原遗址的两个窖穴中发掘出卜用甲骨 17000 余片，其中有字的就有 289 片，总共刻字 903 个。1979 年在另一处周原遗址发现西周甲骨 22 片，有字甲骨 6 片，有字 102 个。而且，以竹木作为书写材料的简策是中国最早的图书①，根据文献记载和出土文物，大约从殷商至公元 3—4 世纪是使用竹木简牍时期。

殷商说

殷商说有文献证据，《尚书·多士》载周公对殷民说“惟尔知，惟殷先人，有册有典，殷革夏命”。册的甲骨文为“𠕁”，像竹片或龟甲片用

① 来新夏、柯平：《目录学读本》，上海交通大学出版社 2014 年版，第 3 页。

绳索或皮条串连穿编起来之形；典的甲骨文为“[illegible]”，像双手捧册之形。因为象形文字系实物形象之描绘，“册”和“典”二字反映了当时的实物存在，都是图书的最早形态。这里的“书”即“册”和“典”，说明殷时已有了图书存在。

殷商说还有考古证明，当时已有大量甲骨图书。民国时期的中央研究院历史语言研究所从1928年10月到1934年3月，陆续进行了九次发掘，共发现龟甲和兽骨6513片，选出3866片，编为《殷虚文字甲编》（商务印书馆影印）。1934年的秋天和1935年的春秋两季，进行了第10、11、12次三次发掘，未发现甲骨，仅找到了殷代帝王的葬所。从1936年春季到1937年春季，进行了第13、14、15次三次发掘，共发现龟骨18405片，编为《殷虚文字乙编》，先后出版上、中、下三辑。1936年发掘的一个窖穴中就有17088片，1973年发掘的一个窖穴中有4795片。目前已发现的甲骨书的数量，一说156000多片①，一说16万片以上②。

除甲骨图书外，商人还有写在简册上的文书，《尚书》中的“盘庚”三篇即是证明。郭沫若推测，殷人有册有典即为竹木简所编策成的典册，“殷代除甲骨文之外，一定还有简书和帛书”③。

夏代说

《吕氏春秋·先识览》载：“夏之将亡，太史令终古出其图法，执而泣之以谏桀，乃出奔如商。”柳诒徵认为，“孔子能言夏礼，墨子多用交政；箕子尝陈《洪范》，魏绛实见《夏训》；《孝经》本于夏法，《汉志》亦载《夏龟》。《七月》《公刘》之诗，多述夏代社会礼俗，可与《夏小正》参证。《小戴礼》、《王制》、《内则》、《祭义》、《明堂位》诸篇，凡言三代典制者，往往与夏后氏之制为首”，“是夏之文献虽荒落，然亦未尝不可征考其万一也”④。于省吾进一步指出“我国有文字可考的历史，

① 郭沫若主编：《甲骨文合集》，中华书局1982年版，“序”第2页。

② 夏鼐：《中国文明的起源》，文物出版社1985年版，第85页。

③ 郭沫若：《古代文学之辩证的发展》，《考古学报》1972年第1期。

④ 柳诒徵：《中国文化史》上册，中国大百科全书出版社1988年版，第25—26页。

开始于商人先公的二示——夏代末期"[①]，以此明确图书产生的年代。肖东发和杨虎推测"很可能就是在夏这一历史时期——即公元前 21 世纪至前 17 世纪，完成了由文字到文献典籍这一历史性的转变"，并提出七项论据作为夏代有典籍的旁证，同时指出"夏代出现的文献典籍还不是正式的图书，它们是正式图书产生以前的文字记录，或者说是档案文书材料"[②]。但谢灼华认为，"史载夏太史令执'图法'谏桀，这种'图法'是否就是典籍、史事档案，尚无法确定"[③]。

三皇说

三皇说主要依据文献。《尚书》孔安国序："古者伏羲氏王天下，始画八卦，造书契，以代结绳之政，由是文籍生焉。"孔颖达疏："文者，物象之本也。籍者，借也，借此简书以记录政事。"段注："凡著于竹帛，皆谓之籍。"《周礼》有"外史掌三皇五帝之书"。郑玄曰："楚灵王所谓《三坟》《五典》是也。"又引贾逵曰："《三坟》，三皇之书；《五典》，五帝之典。"《易·系辞》说："上古结绳而治，后世圣人易之以书契。"蒋伯潜解释说"'书'［書］即画［畫］，'契'是刻。上古之世，以结绳助记忆；后世的聪明人代之以笔画或刀刻，也是一种助记忆的方法"，认为孔安国所说"以伏羲为三皇之首，那时已造书契，书契即是文字，则三皇时已有文籍了"[④]。此说完全凭对古语的臆测，难以令人信服。

从目前关于图书起源的各家观点看，试图将中国图书溯源至夏代或者更早的时期，目前多是推测，尚无有力且充分的文献证据和实物证明。就已有证据而言，图书起源于商代是确定的，"如果说夏代文献的存在尚缺乏证据，商代已有大量的文献，则是完成可以肯定的"[⑤]。"到了商代，我国有了记载文字的实物，开始了我国古代文献记载的历史。"[⑥]"甲骨文

① 于省吾：《释上甲六示的庙号以及我国成文历史的开展》，于省吾《甲骨文字释林》，中华书局 1979 年版，第 193 页。

② 肖东发、杨虎：《插图本中国图书史》，广西师范大学出版社 2005 年版，第 13—16 页。

③ 谢灼华：《中国图书与图书馆史》，武汉大学出版社 1987 年版，第 1 页。

④ 蒋伯潜：《文字学纂要》，首都经济贸易大学出版社 2012 年版，第 26—29 页。

⑤ 乔好勤：《中国目录学史》，武汉大学出版社 1992 年版，第 10 页。

⑥ 谢灼华：《中国图书与图书馆史》，武汉大学出版社 1987 年版，第 1 页。

是我国最古的文字记载。”“甲骨文和青铜器铭文里都有‘册’字，这说明至迟在公元一千三百多年之前简策就有了。”[①]“如果说甲骨文、金文还难以称作‘图书’的话，商代最主要的文献载体，或者说与今天的‘图书’概念最接近的东西，可能是书写文字的竹木简和缣帛。”[②] 当然，这并不是说图书的起源问题已经定论，图书起源是不是夏代或早于夏代，还有待于未来的考古发掘提供相关证据。

二 图书整理的起源

图书产生以后，向着时间和空间两个方向传播。随着图书传播的加快，特别是图书数量的增多，图书的管理成为必然的要求，图书管理和图书传播并驾齐驱，成为图书整理起源的动因。

据史料记载，《三坟》《五典》《八索》《九丘》这些为上古传书，《左传》昭公十二年记载，楚史倚相就读过。据汉孔安国《尚书·序》，《三坟》乃三皇（伏羲、神农、黄帝）之书，“少昊、颛顼、高辛、唐、虞之书谓之五典”，《说文》释典“五帝之书也”。马端临说“伏羲、神农、黄帝之书，谓之《三坟》，言大道也。少昊、颛顼、高辛、唐、虞之书，谓之五典，言常道也。至于夏、商、周之书，虽设教不伦，雅诰奥义，其归一揆，是故历代宝之，以为大训。八卦之说，谓之《八索》，求其义也。九州之志，谓之《九丘》。丘，聚也，言九州所有，土地所生，风气所宜，皆聚此书也”[③]。一般认为这些是最早的图书，实际上，这些是四类书籍的汇编。四类中的数字代表了什么，说法不一。有人说是类名，如姚名达《中国目录学史》说“既有数字，必非书名而为类名”，也有人说是丛书名、目录等。章太炎《检论·尚书故言》说：“《五典》者，五帝之册；《八索》者，以绳索为编。外史所谓三皇五帝之书，典备王迹而索有谟训诸文，是以为二。兹皆载之竹帛，与坟、丘刻石殊条。《三坟》、《九丘》不递次者十二家，有禹、汤、成王，在五帝后也。”无

① 刘国钧：《中国书史简编》，郑如斯订补，书目文献出版社 1982 年版，第 17—23 页。

② 陈力：《中国古代图书史》，社会科学文献出版社 2017 年版，第 20 页。

③ 马端临：《文献通考》，中华书局 2011 年版，第 5183 页。

论代表什么，是分类汇编或者图书的类别，都应当是图书整理的结果。

3000 多年前，中国就有了记录文字的简册，早期掌管文字的是政府官员和神职人员，据《尚书》《汉书》等记载，在尧舜时期已经设有春官、夏官、秋官、冬官、中官五官之职。据《礼记·王制》，天子设百官，有三公、九卿、二十七大夫、八十一元士共官员一百二十人。

夏商周时期，卜、巫、史的国家管理体系初步形成，史官制度初步完善，史官之职著书守典。王国维《观堂集林》第六卷《释史》说道："史之本义，为持书之人，即为掌书之官，引申为大官、庶官之称，又引申为职事之称。故史、事二字，皆从史取义。而史、吏、事三字，左文互通。"

据《周礼·春官》记载，大宗伯所属之史官有大史、小史、内史、外史、御史。大史——"大史掌建邦之《六典》，以逆邦国之治；掌《法》，以逆官府之治；掌《则》以逆都鄙之治""凡邦国都鄙及万民之有约剂者，藏焉"，可知大史所掌《六典》《法》《则》，系为应允国家治理之需要而收藏之经典。小史——"小史掌邦国之志。奠世系、辨昭穆"，可知小史所掌记事之书，需要整理并随时取用。内史——"内史掌王之八柄之法，以昭王治""执国法及国令之二，以考政事，以逆会计""掌书王命，遂二之""凡四方之事书，内史读之"，可知内史掌管国家政典、法则、诸方奏议以及帝王昭命的副本，需按照主题、职责、地域等整理。外史——"外史掌书外令，掌四方之志，掌三皇五帝之书，掌达书名于四方"，可知外史掌管"四方之志"和"三皇五帝之书"，分门归类，按序整理，以便"掌达书名于四方"。御史——"御史掌邦国都鄙及万民之治令，以赞冢宰"。而五史之外，更有柱下史、女史、州史、闾史、侍史等。

此时，"官守之分职，即群书之部次"[①]，分官执掌各守其书，这时的图书分类是国家管理职能的附属物，可视为图书分类的萌芽[②]。而《隋书·经籍志》所说："古者史官既司典籍，盖有目录以为纲纪"，这里的

① （清）章学诚：《校雠通义通解》，王重民通解，上海古籍出版社 2009 年版，第 1 页。
② 来新夏、柯平：《目录学读本》，上海交通大学出版社 2014 年版，第 109 页。

"古者"指先秦，"纲纪"意即管理。从另一个侧面证明先秦时期已有了图书整理活动。

发掘于河南安阳小屯的成批甲骨和陕西岐山县凤雏村的周原甲骨，成千上万片甲骨分门别类地堆积在一起。同时，在甲骨旁曾发现蜷曲侧置的人骨架，据考古学者考证，此人很可能就是当时官藏的管理人员。

夏商和西周三代文献统藏王室，由史官典守。殷商时代是信史时代的开始，殷代所有文献由宫廷掌管，所以殷墟出土的甲骨图书收藏被视为国家图书档案馆的雏形。根据考古发掘，殷时甲骨图书的保存分四种情况：存储、埋藏、散佚、废弃，前两种都是有意的收藏。民国时期的中央研究院发掘的第 36 号坑的甲骨，是保存完好、排列整齐的一年内的占卜记录，按时间顺序排列。1971 年在一个窖穴中发现的 21 枚牛胛骨卜骨，其排列井然有序，有 18 枚骨臼一致向东，有 3 枚骨臼向北，郭沫若《出土文物二三事》中说："这向北的三枚可以想见是受上层的积压而转移了地位，换句话说，就是这二十一枚卜骨的骨臼原本一律向东。""在当初想必有帛以裹之，有绳以缠之，有箧以藏之，年代既久，帛朽、绳烂、箧毁，化为灰土，便只剩下甲和骨。"① 也就是说，这 21 枚卜骨是分为 7 组，3 枚一组妥善保管的。说明殷时已有一套保管甲骨图书的方法，并对甲骨图书进行了比较系统的整理。

由此可知，中国很早就有了图书并进行了图书整理，至少在殷商时期就有图书整理活动的出现。

第二节　目录的起源

一　目录名词的起源

"目录"一词由"目"和"录"组成。"目"字在《说文》中的解释为"人眼，象形，重童子也"。作为动词，指注视，《正字通》解释说"凡注视曰目之"，"凡恚怒侧视亦曰目"，"意有所使而顾之曰目"。目的引申义，在大项之下分小目，如说纲目、科目、项目等，目录就是把小

---

① 郭沫若：《安阳新出土的牛胛骨及其刻辞》，《考古》1972 年第 2 期。

项都列出来[①]。所谓纲举目张即由此而来。

“目”字除了引申为纲目、条目，还引申为举要、要点、条别之义。《论语·颜渊》有“颜渊问仁。子曰：‘克己复礼为仁。一日克己复礼，天下归仁焉。为仁由己，而由人乎哉?’颜渊曰：‘请问其目。’子曰：‘非礼勿视，非礼勿听，非礼勿言，非礼勿动。’颜渊曰：‘回虽不敏，请事斯语矣’”。以四“勿”解释“克己复礼”。《春秋繁露·深察名号》有“名也者，名其别离分散也，号凡而略，名详而目。目者，遍辨其事也。凡者，独举其大也”。这里的“遍辨”就是逐一辨别，分条细辨之意。

“目”字与文献的篇组合而成“篇目”，指篇或卷的名称；与典籍的书组合而成“书目”，指群书的名称汇聚，将书名或篇名逐一列举。

“录”字在《说文》中的解释为“刻木录录也，象形”。字或作彔，释例：“上象其交互之文，下象其分披之文。”上部是刀与木之交互，下部为所刻之木屑分披历录下落之形。刻是一种木器制作加工方法，另一件重要的刻木之事，是古常在竹木简牍上刻削，所谓刀笔吏，更有甲骨文，故书録、记録的録从录。常说敬録或谨録。故从录之字可有谨敬之义。系传：“录录，犹历历也。一一可数之貌。”因而从录之字往往得众多之义[②]。

“录”字后来引申为记录、记载、叙述之义。《公羊传》“成公十年”：“此何以书？录我主也。”这里，“录”与“书”互文同义。《公羊传》“隐公十年”：“《春秋》录内而略外。”“庄公十七年”：“将其有末，不得不录其本也。”这里，“录”与“略”相对，内记详叙而外记简略，本记则详，末记则简，录为详，略则简。

“录”字由记录引申为次第之义。《周礼·天官·职币》：“辨其物而奠其录。”杜子春释“奠其录”为“定其录籍”。意即将财物的名称、质量、数量及赐予的先后次第记录在簿籍上。《国语·吴语》黄池之会，吴、晋两军约定“日中为期”，而吴国提早在“昧明”就进军，因此晋国责问吴国不该“越录”。其文曰：“两君偃兵接好，日中为期。今大国越

---

① 齐冲天、齐小乎：《汉语音义字典》，中华书局2010年版，第150页。

② 齐冲天、齐小乎：《汉语音义字典》，中华书局2010年版，第556—557页。

录，而造于弊邑之军垒，敢请乱故。”

“录”字还由记录引申为采纳、录用。《集韵》：“录，采也。”①

“录”字与文献的序组合而成“序录”，指序的详细记载；与典籍的书组合而成“书录”，指将群书按次第详细记载。

在古代，虽然“録”常写作“录”，但“録”与“录”是两个不同的字。《正字通》：“誊写曰録”，即今天的抄录。顾炎武《日知録》，谓每天求知所得的记录。通训：“古剥木为书，故曰録也。”《史记》共有13个“録”字，一为记载之义，如说“奏録图书”“后世学者多録焉”“録秦汉，上记轩辕”。另一是庸碌之义，録与碌通，如“録録未有奇节”。《平原君列传》：“公等録録，所谓有因人成事者也。”《史记索隐》引《说文》：“録録，随从之貌。”则録与娽通，《说文》：“娽，随从也。”随从，亦平庸之义②。

“目录”一词，始于汉代。至少有四个依据：一是西汉刘向《别录》中有“《列子》目录”，出自梁朝萧统《文选·王康琚反招隐诗》注引刘向《别录》有列子目录。二是东汉刘歆《七略》中有“《尚书》目录”，出自梁朝萧统《文选·任彦昇为范始兴作求立太宰碑表》李善注引《七略》曰：“尚书有青丝编目录”。三是东汉班固在《汉书·叙传》中提到：“刘向司籍，九流以别；爰著目录，略序洪烈。述《艺文志》第十。”四是汉末，郑玄仿《别录》作《三礼目录》《孔子弟子目录》，载于《隋书·经籍志》。《四库全书总目》“目录”类小序云：“郑玄有《三礼目录》一卷，此名所昉也”③，姚名达说“四库馆里的老爷竟不知目录之名起于何时，可谓‘数典忘祖’了”④。

后来，梁阮孝绪《七录》，唐元行冲《群书四录》，毋煚《古今书录》，也是举录以包目。宋王尧臣《崇文总目》，清《四库全书总目》，则是以目为录。汉王充《论衡·案书》：“六略之录，万三千篇。”《文选·任彦昇王文宪集序》：“集录如左。”这是以录为篇目。《世说新语·

---

① 齐冲天、齐小乎：《汉语音义字典》，中华书局2010年版，第558页。

② 齐冲天、齐小乎：《汉语音义字典》，中华书局2010年版，第557页。

③（清）永瑢：《四库全书总目》上册，中华书局1965年版，第728页。

④ 姚名达：《目录学》，商务印书馆1933年版，第7页。

言语》注引邱深之《文章录》，在"文学"中注又称引《文章叙》，毋煚《古今书录序》："览录而知旨。"这里，录就是叙。

二　目录的类型

（一）以目录编纂者为划分标准的目录类型

在古典目录学中，一般将目录分为三大类：

一是官修目录或官藏目录。"官修目录"，也称为"朝廷官簿"（龚自珍划分的类型），通常指在皇帝授意下由政府组织对国家藏书进行系统整理后所编纂的一种目录。而"官藏目录"指记录政府或宫廷藏书盛况的一种目录。这两个词意义有所不同。

二是私家目录或私藏目录。"私家目录"，也称为"私家著录"（龚自珍划分的类型），通常指由私人或个人记录知见图书或记录所藏而编纂的一种目录。而"私藏目录"专指将私人藏书进行整理后形成的一种目录。私家目录与官修目录、私藏目录与官藏目录形成对应关系。

三是史志目录。也称"史家著录"（龚自珍划分的类型），通常指史家为编撰史书所编纂的目录且将目录作为史书中的一个组成部分。

这三类目录成为中国古代目录学体制的三大流派。就其地位而言，有两种不同的说法，一种是按官修目录、私家目录、史志目录排列，按目录编纂的逻辑确定，如龚自珍①、汤纪尚②的划分；另一种是按官修目录、史志目录、私家目录排列，如来新夏的划分，认为三类"根本无需论其短长，分其高下，因为问题在于编制者的水平，而不在类型如何"③。

三类划分虽已成定制，但这种划分存在不够科学和全面的问题，出现很多目录无法归依的情况，如书院目录、佛道目录等既非官修，也非私家，更不是史志目录。而且，使用"官府""官藏"这样的说法比较模糊，不如"朝廷""皇家"等更为明确，缺乏术语的准确性。

因此，以目录编纂者为划分标准，在上述三类划分的基础上，加上

---

① 龚自珍所分三类：一曰朝廷官簿；二曰私家著录；三曰史家著录。

② 汤纪尚所分三类：朝廷官簿；私家解题；史家著录。

③ 来新夏：《古典目录学》，中华书局1991年版，第26页。

一类其他目录，四类则可谓齐全。

（二）以目录职能为划分标准的目录类型

实际上，仅仅从目录编纂者出发，对目录进行划分，其意义不如按目录职能划分重要，如果以目录职能为标准，则古代目录可划分为四类：

一是国家目录，既包括完整记录政府现有藏书的国家藏书目录，也包括以政府现有藏书为基础编纂的国家总书目。例如，唐代的《群书四录》就是政府组织编纂反映政府藏书的国家藏书目录，属于官修目录，而《古今书录》在以《群书四录》的基础上修订而成，其本质是国家总书目，但属于私家目录。

二是史志目录，即纳入史书范畴的目录，包括正史艺文志、通史艺文志和补史艺文志，具有回溯性国家书目的意义。

三是地方目录，包括地方文献目录、方志艺文志等。

四是专门目录，包括专门记录某一私人藏书楼现有藏书的私人藏书目录，专门记载个人知见、个人读书或版本考证的个人读书目录，专门反映某一著名人物的著述活动的个人著述考，以及专门收录某一学科或某一专题文献的专科目录或专题目录。

这样一种划分，可以包罗历史上所有的目录，而且还反映了目录的各种用途和主要特征。

（三）以图书整理特征为划分标准的目录类型

古代目录还有一种划分方法，即将目录分为一书目录和群书目录两类①，这是用现代的观点，对现有目录的认识，并不符合古代的实际情况。因为现代所看到的图书，其形制在古代有很大的不同，我们所说的一种书，在古代可能就是一篇或一卷，也可能是几篇或几卷的组合，早期的这种变化难以用一书和群书来划分。正如顾颉刚《秦汉的方士与儒生》所说："《诗》和《书》是当时的两类书……我们看作一篇，在那时已是一册；我们看作一部，在那时是一大堆。所以对于书籍的观念，我们可用部计而他们不能。他们只能说，这类的东西叫做《诗》，那类的东

① 来新夏：《古典目录学》，中华书局1991年版，第2页。

西叫做《书》而已。”[①] 因此，古代的目录用一书目录和群书目录来划分是不妥当的。

从古代“目录”一词所引申的各种不同的术语及其特征，结合古代目录的实际情形进行归纳，古代的目录可分为四种类型：

1. 篇目

篇目列举文献的篇名或在篇名之上略加注释或说明。早期一书目录列于书末，后来为寻检方便才置于书首。清代学者卢文弨在《钟山札记》卷四云：“《史记》、《汉书》书前之有目录，自有版本以来即有之，为便于检阅耳。然于二书之本旨，所失多矣。夫《太史公自序》即《史记》之目录也；班固之《叙传》，即《汉书》之目录也。乃后人以其艰于寻求，而复为之条例以系其首，后人又误认书前之目录即以为作者所自定，致有据之妄訾本书者。”据《隋书·经籍志》史部正史类著录“《史记》一百三十卷，目录一卷”，《史记》目录应为唐初以后所加。正史中作者列篇目于卷首从范晔《后汉书》始。以后诸史，除梁、陈二书为后人所加外，卷首均有作者目录。

2. 典籍目录

典籍目录是对若干篇文献的叙述和总论。

3. 图书总目

图书总目是对图书逐一进行详细或简要描述，形成系统化的目录。这种目录包括：

“略”——《说文》有“经略土地也”，《左传·昭公七年》有“天子经略”，《方言·二》有“略，强取也”；“略”又有大略、简略、要略之义[②]。刘歆《七略》之“略”有要略和简略之义。

“簿”——“簿”本指帘子之类，与薄相通，《说文》有“林薄也，一曰蚕薄”，《楚辞·涉江》王逸注“丛木为林，草木交错曰薄”，段注“林木相迫不可入曰薄”；《集韵》有“簿，迫也”，也可作箔。“簿也可读 bù，为並母鱼部，今说登记簿、练习簿、账簿、户口簿等，固为登记

---

① 顾颉刚：《秦汉的方士与儒生》，上海古籍出版社 1978 年版，第 54 页。

② 齐冲天、齐小乎：《汉语音义字典》，中华书局 2010 年版，第 233 页。

在册，是取铺陈之义，一览无遗，故读鱼部，而与急迫、搏击没有直接的关系，就不能读铎部。所以，簿字的鱼、铎两读，是根据不同的语义来区别的。”[①] 郑默《中经簿》、荀勖《中经新簿》中的“簿”正是取鱼部铺陈之义。

“书目”——将“目”与“书”组合成词，特指书籍或图书的目录。李充《晋元帝四部书目》、尤袤《遂初堂书目》均有此特指含义。

“目录”——“目录”一词起源于汉，后来许多图书总目采取这一术语，如释道安《综理众经目录》。

“总目”——“总目”特别强调综合和集成，如《崇文总目》《四库全书总目》。

4. 书志

书志是对图书进行分析性的研究，形成论述性的专门目录。“志者，盖述其作者之意也。”（陈振孙《直斋书录题解》）这种目录又分为三类：

第一类是以内容揭示为主要目的的书录解题类，如：

“录”——“录”有多种含义，汉刘向《别录》、南朝梁阮孝绪《七录》之“录”均采其记录之义。

“书录”——将“录”与“书”组合成词，特指书籍或图书的目录。唐毋煚《古今书录》有此特指含义。

“解题”——《说文》释解“判也”，《庄子》有“庖丁为文惠君解牛”，《易经·序》有“解者，缓也”，解有解析、分解、缓解等义；《尔雅·释言》有“颉，题也”，郭璞注“题，额也”；《集韵》有“颉，题也，通作定”[②]。宋陈振孙《直斋书录解题》取解析和定之义。

“记”——《释名·释典艺》有“记，纪也，纪识之也”，《说文》释纪“丝别也”，《墨子·尚同》有“譬若丝缕之有纪，网罟之有纲”。《广雅·释诂二》有“记，识也”，“释诂四”有“记，书也”，“玉篇”有“记，录也”，《正字通》有“记，法也，纪事之辞”，《左传·僖公十

---

① 齐冲天、齐小乎：《汉语音义字典》，中华书局2010年版，第81—82页。

② 齐冲天、齐小乎：《汉语音义字典》，中华书局2010年版，第848、862页。

年》有“作而不记，非盛德也”[①]。清钱曾《读书敏求记》、周中孚《郑堂读书记》的“记”取记录之义。

第二类是以学术史为主要目的的史志类，如：

“志”——《释文》：“志，记也。”南朝宋王俭《七志》取其义。

“艺文志”——将“志”与“艺文”组合成词，见东汉班固《汉书·艺文志》。

“经籍志”——将“志”与“经籍”组合成词，见唐魏徵《隋书·经籍志》。

“艺文略”——将“略”与“艺文”组合成词，见南宋郑樵《通志·艺文略》。

第三类是以考证为主要目的的考辨类，如：

“集”——《说文》释集“群鸟在木上也”，有会合、归向、集成之义[②]。南朝齐梁释僧佑《出三藏记集》取集成之义。

“考”——《书周官》有“考制度于四岳”，《淮南子精神》有“下考世俗之行”；《书舜典》有“三载考绩”，《疏》“故以三年考校其功之成否也”，“考”有考察、考核等多义[③]。马端临《文献通考·经籍考》、朱彝尊《经义考》的“考”取考核、考校之义。

三　篇目和典籍目录的起源

“篇目”一词最早出现于《汉书·艺文志》，云刘向校书，为每书作篇目，“每一书已，向辄条其篇目，撮其旨意，录而奏之”。

将一定数量的篇名依次编列，汇为一体即为篇目，是篇或卷的目录。篇目或篇卷目录比典籍目录出现得早。上海博物馆的战国竹简，包括《曲目》，初步断定为战国中期楚简。山东银雀山汉简，“是在文、景至武帝初期抄写成的，而各典籍的成书年代都不会晚于战国时期”，其中有《孙子兵法》的目录与《守法守令十三篇》的目录，[④] 早于《序卦传》。

---

① 齐冲天、齐小乎：《汉语音义字典》，中华书局2010年版，第381页。

② 齐冲天、齐小乎：《汉语音义字典》，中华书局2010年版，第798页。

③ 何九盈、王宁、董琨主编：《辞源》（第三版），商务印书馆2015年版，第3328页。

④ 傅荣贤：《论中国古代目录学研究的当代进路》，《图书馆》2010年第3期。

这是目前已知的最早的篇目。

一般认为，《周易·十翼》中的《序卦传》是最早的目录，它编次和汇总了六十四卦的卦名。“十翼”为汉所称，指战国以来解释《周易》经文的专集——今本《易传》，由《彖传》上、下篇，大、小《象传》，《文言传》，《系辞传》上、下篇，《说卦传》，《序卦传》，《杂卦传》八种十篇组成[①]。清代卢文弨《钟山札记》卷四曾说：“吾以为《易》之《序卦传》，非即六十四卦之目录欤？史汉诸序，殆昉于此。”[②]余嘉锡《目录学发微》说：“惟《周易·十翼》，有《序卦传》，篇中条列六十四卦之名，盖欲使读者知其篇第之次序，因以著其编纂之意义，与刘向著录‘条其篇目撮其旨意’之例同。目录之作，莫古于斯矣。”[③]来新夏《古典目录学》说“最早的一书目录是《周易·十翼》中的《序卦传》”[④]。《易传》八种十篇成书的下限都不出战国，《序卦传》可能是战国晚期的作品[⑤]，这是目前已知最早的典籍目录。

吕绍虞指出：“古代史官记言记事，积累大量典籍，掌管一切有关文化的记载，子孙世代传习，供少数贵族的咨询与使用。为了便于检查和利用，很可能有目录的编制。”只是尚没有具体的典籍目录的证据。《七略》所说“《尚书》有青丝编目录”中的目录，一般被看作是一书目录[⑥]。然而，吕绍虞认为这种目录“也可以说是群书的目录”，还可以说是“专科目录和举要目录”[⑦]。

古代的典籍目录，一般置于典籍之末。正如卢文弨《钟山札记》卷四中说：“古书目录，往往置于末，《淮南》之《要略》、《法言》之十三篇序皆然。”

---

① 廖名春：《周易经传十五讲》（第二版），北京大学出版社 2012 年版，第 185 页。

② 余嘉锡：《目录学发微》，中华书局 1963 年版，第 77 页。

③ 余嘉锡：《目录学发微》，中华书局 1963 年版，第 76 页。

④ 来新夏：《古典目录学》，中华书局 1991 年版，第 2 页。

⑤ 廖名春：《周易经传十五讲》（第二版），北京大学出版社 2012 年版，第 200 页。

⑥ 来新夏：《古典目录学》，中华书局 1991 年版，第 1 页。

⑦ 吕绍虞：《中国目录学史稿》，安徽教育出版社 1984 年版，第 4 页。

四　图书总目和书志的起源

图书总目，也称为“图书目录”“书目”，将一定数量的书籍按一定方法编排组织起来，形成一体即为图书总目。班固在《汉书·叙传》中说：“刘向司籍，九流以别，爰著目录。”这里的“目录”就是指图书总目，是司籍的成果。

与篇目和典籍目录不同，篇目是一部图书的重要组成部分，依附于图书而存在，典籍目录既可以是图书中的部分也可以独立存在，而图书总目和书志一般是作为独立的著作存在。历代目录中收录的目录，大多是这种独立存在的图书总目和书志，以“目录”作为书名，在《隋书·经籍志》里凡十六部；而以“目录”为图书部类之名，则始于《旧唐书·经籍志》。

图书总目和书志的产生，是中国图书整理事业发展的一个重要标志。图书总目和书志的产生有三个重要条件：

第一，图书数量。图书数量少，查寻和获取简便，无须编纂目录。中国最早的分类性质的图书总目是《七略》，这一图书总目就是基于当时已有相当数量的图书，需要分门别类，才能便于利用。因此，有一定数量的图书是图书总目或书志产生的前提条件，图书总目和书志是图书增长到 定程度的必然产物。

第二，图书整理。因图书不断增长而有图书整理，编目是图书整理的一个环节，图书总目和书志是图书整理的成果，无论图书整理的规模大小，无论是个体的图书整理活动还是有组织的图书整理活动，都会以图书总目或书志作为一个标志性成果。中国最早的提要性质的书志是《别录》，正是在图书整理基础上完成的。因此，对图书进行科学的整理是图书总目和书志产生的重要基础条件。

第三，社会需要。由于图书增长产生了图书与利用之间的矛盾，图书总目和书志可以解决这一矛盾。这既是图书利用者个人获取图书的需要，也是社会各行业对图书利用的要求。以中国最早的专科目录——兵书目录为例，有史以来，战事不断，兵书产生，而对于军事的重视和兵书的需要直接导致兵书目录——《兵录》的产生。因此，社会对于图书利用的需要是图书总目和书志产生的社会必要条件。

考察古代目录的起源，不能以现代对于图书的认识来确定是一书目录还是群书目录。根据前述图书整理的起源，结合上述图书总目和书志产生的条件，中国的图书总目和书志起源于汉代，西汉的《别录》是已知最早的书志，而东汉的《七略》是已知最早的图书总目。

第三节 目录学的起源

一 关于目录学起源的讨论

目录学起源是目录学史的一个重要论题。然而，一些目录学著作中并无讨论，如乔好勤《中国目录学史》只论目录的起源，“甲骨文献的整理应视为我国目录工作的萌芽”①，无目录学的起源，只有吕绍虞《中国目录学史稿》等少数著作有所论及。王国强认为，讨论目录学的起源时间，历来有两种分野，一是认为中国目录学起源于先秦，二是认为中国目录学起源于汉代，而“先秦说”是最早出现的关于中国目录学起源时期的说法，也是近半个世纪以来占主流地位的观点②。对“先秦说”和“汉代说”详加介绍，但未作定论。

这里，将目录学起源的各种观点重新梳理，按时间顺序条理为如下五种观点。

（一）宋代说

刘承幹《郑堂读书记》跋云：“目录之学，始于赵宋。晁公武之《读书记》、陈振孙之《书录解题》，实为初祖。”此说有一个重要依据，是宋代苏象先为述其祖父苏颂遗训遗事的《苏魏公谭训》卷四中提到了“目录之学”。《谭训》中说：祖父谒王原叔，因论政事，仲至侍侧，原叔令检书史，指之曰：“此儿有目录之学。”③

① 乔好勤：《中国目录学史》，武汉大学出版社 1992 年版，第 15 页。

② 来新夏、柯平：《目录学读本》，上海交通大学出版社 2014 年版，第 28 页。

③ （宋）苏象先：《丞相魏公谭训》，商务印书馆 1936 年版，第 591 页。

（二）汉代说

汉代说由来已久，自清代章学诚云："校雠之义，盖自刘向父子"[①]，这一观点便得到众多认可。如龚自珍称"目录之学始刘子政氏"[②]；缪荃孙说："目录之学，肇于西京。更生撰《别录》于前，子骏成《七略》于后，条流派别，兼具解题。"[③] 刘纪泽说："目录之学，肇自西京"[④]，又说："目录之学，原本向、歆。"[⑤] 汪国垣说："刘《略》、班《志》，目录学之起源，亦即目录学之正轨也。"[⑥]

汉代说把目录学起源的时间推向西汉，其标志有四：一是以刘向父子的校雠活动为标志；二是以刘向《别录》产生为标志，《别录》一直流传到唐代中期或稍后，后世多有征引或记载，其存在在学术界确信无疑；三是以刘歆《七略》产生为标志，范文澜《中国通史》将《七略》作为中国"目录学、校勘学的开端"[⑦]；四是以戴圣《礼记》所载为标志，《礼记》又名《小戴礼记》《小戴记》，成书于汉代，为西汉礼学家戴圣所编。民国学者马瀛说："我国目录之学，由来久矣！《礼记·经解篇》曰：'温柔敦厚，《诗》教也；疏通知远，《书》教也；广博易良，《乐》教也；洁静精微，《易》教也；恭俭庄敬，《礼》教也；属辞比事，《春秋》教也。'此数语已开目录学之先河。"[⑧]

长期以来，目录学起源于西汉之说似成定论。但是，西汉目录学有巨大的成就，不仅有比较成熟的目录学方法，而且也有比较系统的目录学思想，可视为目录学定型。因此，目录学的起源时间应当在此之前。

（三）春秋说

西汉以前的目录学，可溯源至孔子。春秋说以孔子的校书活动为标

---

① （清）章学诚：《校雠通义通解》，王重民通解，上海古籍出版社2009年版，第1页。

② （清）龚自珍：《定庵文集续集》卷三，转引自《定盦文集》，朝华出版社2017年版，第294页。

③ 缪荃孙：《藏书志序》，转引自丁丙编《善本书室藏书志：外一种》，浙江古籍出版社2016年版，第1页。

④ 刘纪泽：《目录学概论》，上海中华书局1934年版，"自序"。

⑤ 刘纪泽：《目录学概论》，上海中华书局1934年版，第3页。

⑥ 汪辟疆：《目录学研究》，华东师范大学出版社2000年版，第64页。

⑦ 范文澜：《中国通史》第二册，人民出版社1978年版，第162—163页。

⑧ 马瀛：《国学概论》，中央编译出版社2009年版，第329页。

志。最早提出这一观点的是唐代魏徵，《隋书·经籍志》史部簿录类序称："孔子删《书》，别为之序，各陈作者所由。韩、毛二《诗》，亦皆相类。"近代余嘉锡《目录学发微》开篇就说："目录之学，由来尚矣；《诗》、《书》之序，即其萌芽。"[①] 还说："《（隋）志》又推本《诗》、《书》之序，以为目录之缘起。案此二书，汉、宋诸儒，聚讼纷纷，作者既难确指，则时代亦未可质言。"[②] 春秋说以《诗》《书》之序作为目录学的萌芽，有较广泛的影响。

（四）周代说

孔子力崇周代的文献[③]。孔子之前，周代已有图书整理，前文已有论述。周代说提出目录学起源于先秦史官，主要依据是《隋书·经籍志》的"古者史官既司典籍，盖有目录以为纲纪"。清代张尔田《汉书艺文志举例·序》说："目录之学何昉乎？昉于史，而大别则有三：《七略》《中经簿》《崇文总目》，则官家之目录也；《直斋解题》《郡斋读书志》，下至《绛云楼》《爱日精庐》诸书，则藏家之目录也；各史艺文、经籍诸志，则史家之目录也。三者惟史家目录，其体最尊。《隋书·经籍志》序既以经籍之用，探源于史，而史部簿录类则云：'古者史官既司典籍，盖有目录以为纲纪。'徵之古周官五史皆掌书，而外史且达书名于四方，既有书名则必有目录以载之。目录之见于史者，厥惟班氏《艺文志》。《班志》之部居群籍也，考镜源流，辨章旧闻，不诩诩侈谈卷册，与藏家目录殊；不断断详论失得，与官家目录亦异。盖所重在学术，用吾识别，以示隐括，同于法家之定律。所谓例也，《史通·序例篇》云：'史之有例，犹国之有法，国无法则上下靡定，史无例则是非莫准。'此虽指全史言，而艺文为学术流别所关，犹不能外是。"还进一步推断当时的史官（外史）在向周朝统治的四方传达书名时，这些书名必须依靠目录的记载才能达到目的。

这一观点，虽以古代目录为文献依据，但说目录学源于周代，笼统

① 余嘉锡：《目录学发微》，中华书局1963年版，第1页。
② 余嘉锡：《目录学发微》，中华书局1963年版，第76页。
③ 杨东莼：《中国学术史讲话》，岳麓书社1986年版，第26页。

地说起源于先秦，实际上只是一种推测。

（五）殷商说

姚名达认为夏商即有典籍与目录，并认为考证中国目录学的渊源到此为极了[①]。殷商说主要以出土文献为依据。根据殷墟的发掘报告，出土的每一个穴窖里的甲骨都有一定的年代，经常是以一个帝王在位的时期为断限，也有极少数是包含着几个帝王在位时期的混合穴窖。一个穴窖内的甲骨的入藏、陈列和参考使用，都有一定的方法和手续。有些甲骨的尾或背上，刻有“入”“示”和一些数码，就是主管保藏的人所做的记号，而这些记号和数码，应该都是与另外简单的单据或目录相适应的。王重民根据中国古代社会历史的发展和考古学上的证明，提出了目录学起源的“殷商说”，认为出土文献上的记号和数码等“这些都表示着目录参考工作的实际意义”“包含着目录工作的雏形，代表着我国古代目录工作的起源”[②]；“这就产生了简单的著录图书的目录。这就是古代目录学的胚胎时期，这一时期约为公元前第十五、十四世纪，即我国历史上的殷商朝代”[③]。吕绍虞说：“我国目录学在距今3000多年以前即约公元前14世纪到公元前12世纪的殷商时代就开始产生了。”[④] 更加明确地将中国目录学的起源定于殷商时期。

以上五种观点除宋代说早已被目录学界否认外，其他观点各有论据，都有一定的道理。但是，因为汉代目录学已经定型，目录学起源的“汉代说”早已被推翻，而周代说系根据文献所做的推测，不足为证，商代说虽有物证，但只能证明当时有图书整理的活动，可以作为目录工作的萌芽。商代说和周代说如果说是目录学的起源，不如说是图书整理或者目录工作的起源。作为一门学科的目录学，其起源不仅要有图书整理或者目录工作，还要有比较成熟的目录成果，更重要的是要有目录学思想的启蒙。从这几个条件看，目录学起源于春秋时期是可以确定的。

---

① 姚名达：《中国目录学史》，商务印书馆1984年版，第36页。

② 王重民：《中国目录学史论丛》，中华书局1984年版，第3页。

③ 王重民：《中国目录学史论丛》，中华书局1984年版，第2页。

④ 吕绍虞：《中国目录学史稿》，安徽教育出版社1984年版，第2页。

二 目录学与校雠学

在讨论目录学起源问题上，有一个重要概念不能回避，这就是“校雠”。目录学的起源与校雠相关，目录学的发展亦离不开校雠。

历来关于目录与校雠的关系问题，是一个比较复杂的学术问题。因为，在目录学产生之时，校雠学也已产生，后来又有了文献学，它们之间到底是什么关系，是先有校雠，还是先有目录，或者同时出现，围绕这些问题早就有过激烈的争论。

1930 年，杜定友著《校雠新义》，提出“我国古来之言目录学者，既无专书，又无定例，是我国无目录学之研究也”。虽然倡导校雠学但承认有目录学之事，又说“中国无目录学者，盖言有古之目录学，而无今之目录学也”。可见他的无目录学论，却承认中国古代有目录学。

1935 年，蒋元卿《校雠学史》云：郑樵“校雠者，乃目录之学，非仅如后世校雠家但辨订文字而已”，又说“晋宋以前，目录都是由校雠而来，先有校雠，而后始有目录，故目录之学，仅是校雠学之一部分而已，后世书籍日多，学问益分，故目录之学便脱离校雠学而宣告独立”。

1945 年，张舜徽著《广校雠略》，继承章学诚的思想，反对目录学成一学科。他说：“夫目录既由校雠而来，则称举大名，自足统其小号，自向、歆父子而后，惟郑樵、章学诚深通斯旨，故郑氏为书以明群籍类例，章氏为书以辨学术流别，但以校雠标目，而不取目录立名，最为能见其大。”① 后来又说：“我早年写《广校雠略》时，也就特别赞成章学诚的说法，认为‘目录’不能自成为学，但举‘校雠’，足以包括无余。”1979 年，张舜徽连续发文②，仍然坚持他 30 年代的看法。他说：“校雠之学，近世学者审定书籍，约分三途：奉正史艺文、经籍志及私家簿录数部，号为目录之学；强记宋元行格，齗齗于刻印早晚，号为板本之学；

---

① 张舜徽：《广校雠略》卷 1《校雠名义及封域论 · 论目录学名义之非》，张舜徽《广校雠略：汉书艺文志通释》，华中师范大学出版社 2004 年版，第 9 页。

② 张舜徽：《中国校雠学叙论》，《华中师院学报》1979 年第 1 期。张舜徽《中国校雠学分论》分版本、校勘、目录三篇，分别载于《华中师院学报》1979 年第 3、4 期和 1980 年第 1、2 期。

罗致副本，汲汲于考订文字异同，号为校勘之学。然揆之古初，实不然也。盖三者具校雠之事，必相辅为用，其效始著，否则析之愈精，逃之愈巧，亦无贵于斯役矣。”又说：“目录、板本、校勘皆校雠家事也……后世为流略之学者，多不识校雠，而好言目录，此大谬也。稽之古初，因校书而叙目录，自刘《略》、荀《簿》、王《志》、阮《录》，靡不皆然，盖举其学斯为校雠，论其书则曰目录，二者相因，犹训诂之与传注。训诂者其学也；传注者其书也。目录而可自立为学，将传注笺解义疏之流亦可别自为学乎?”[①] 其始终认为目录、版（板）本、校勘皆校雠之事，主张用校雠学包括目录学。

这样，就形成了关于目录学与校雠学之争的四种观点：

第一种以章学诚为代表认为只承认有校雠学，否认有目录学存在。实际上，章学诚否认目录学，乃是因为“乾嘉以后一般学者，不但使目录之名脱离校雠学而独立，简直是不承认校雠之可以为学，因而章学诚便在他的《信摭》内扯出反对的旗帜”[②]，是反对目录学派的极端做法。这一派是将“记其撰人之时代，分帙之簿翻”“多识书名，辨别版本”这些冠以“目录之学”或“书目之学”加以贬低，与目录学的实际工作相去甚远。

第二种以张舜徽为代表，只承认有校雠学，用校雠学包括目录学，反对目录学独立成学。来新夏反驳这一观点说：“既然承认集中反映全过程的书能称‘目录’，那么为完成目录书而展开的全部治学活动又为什么不能称为目录学呢?”[③] 昌彼得《中国目录学讲义》中说：“目录之名，始于刘向。晋世或以为簿录之书名。入唐且用为部类之名。渊源有自，以之名分类编次之学，实远较郑、章以下诸氏所标举之校雠一词为妥切也。”[④]

---

① 张舜徽：《广校雠略》卷1《校雠名义及封域论·论目录板本校勘皆校雠之事》，张舜徽《广校雠略：汉书艺文志通释》，华中师范大学出版社2004年版，第8页。张氏别撰《中国校雠学叙论》重申此说（《华中师院学报》1979年第1期）。

② 蒋元卿：《校雠学史》，商务印书馆1935年版，第179页。

③ 来新夏：《古典目录学》，中华书局1991年版，第14页。

④ 昌彼得：《中国目录学讲义》，台北：文史哲出版社1973年版，第12页。

第三种观点以余嘉锡为代表，认为校雠学即目录学。来新夏推崇余嘉锡之说，认为“余先生之说既得刘向原意，又看到学术的发展与专学的分野，因而指明，目录学自可独立成学，固无需代以校雠学之名”，“目录学不特其名足以成立，即其学也实有可资研究而成为独立的专门学科”①。

第四种以蒋元卿为代表，认为目录学曾经是校雠学的一部分，但目录学已脱离校雠学而成为独立的学科。姚名达说，目录学“其在古代，则与校雠学形成二位一体，名实近似，缭绕不清”，“校雠在目录之先，目录为校雠之果”，“近世私家善读书者，则广勘众本，考定异同，择善而从，蔚成专科之学。藏者不必能校，校者不必自藏，目录学之与校雠学（校勘），遂截然两途矣”，“学诚之意，直不承认有所谓目录学，而欲以校雠学包举之。实则学诚之所谓校雠学，正吾人亟应提倡之真正目录学，而其所鄙薄之目录学，却又相当于狭义之校雠学——校勘学也”②。

尽管前两种观点反对目录学存在或独立，但目录学作为一门独立学科已经成为客观存在，这无疑是对前两种观点的最好回答。然而，这只解决了目录学是否独立的争议，却没有解决目录学与校雠学是同一学科还是两门不同学科的问题。解决这一问题，必须回到目录学与校雠学起源问题上。

从学科名称上看，目录学的名称要早于校雠学的名称。姚名达认为：“目录学之成词，始见于清乾隆年间王鸣盛之《十七史商榷》”③，这一说法肯定是不正确的，因为早在宋代，苏象先为述其祖父苏颂遗训遗事的《苏魏公谭训》卷四中就已有“目录之学”的说法。而校雠学的名称出现于清代章学诚的《校雠通义》，此前虽有校雠学著作，却无“校雠之学”的名称。

从目录和校雠的起源看，“校雠”一词始于刘向《别录》，其解释说：“一人校书，校其上下，得其谬误为校；一人持本，一人读书，若怨家相

---

① 来新夏：《古典目录学》，中华书局1991年版，第13—14页。

② 姚名达：《中国目录学史》，上海古籍出版社2011年版，第6—7页。

③ 姚名达：《中国目录学史》，上海古籍出版社2011年版，第4页。

对为雠。"[①] 而"目录"一词也始于刘向《别录》，其中有"《列子》目录"记载。实际上，校雠活动和目录活动在汉以前就已存在。

三　校雠学与文献学

文献学起源于何时？若从名称而言，"文献学"一词最早出现于 1920 年梁启超的《清代学术概论》所言"全祖望亦私淑宗羲，言文献学者宗焉"。三年后，梁启超在《中国近三百年学术史》中说"明清之交各大师，大率都重视史学——或广义的史学，即文献学"[②]。这里讲的文献学范畴等同于史学。虽然史学中有史料学，但其范围仅限于史料，而文献可包括更大的范畴，不仅仅限于历史文献。

真正对文献学有全面系统介绍的是 1928 年郑鹤声、郑鹤春《中国文献学概要》，这部以"文献学"命名的著作 1930 年由商务印书馆出版，从"文献"二字去归纳文献学的内容。他们说"结集、翻译、编纂诸端谓之文，审订、讲习、印刻诸端谓之献。叙而述之，故曰文献学"[③]。该书走了一条与史学家的文献学不同的路线，其范畴比梁启超的"文献学"要小得多，主要是在文献的生产、整理与传播领域。

后来的文献学家们多从历史学和校雠学的角度论述文献学，追溯文献学的起源到了孔子那里，因为"文献"一词最早出现于《论语·八佾》："夏礼，吾能言之，杞不足征也。殷礼，吾能言之，宋不足征也。文献不足故也。足，则吾能征之也。"

那么，为什么春秋时期就有了"文献"概念，而整个古代却没有文献学呢？尽管历史上有关于文献的解释，而且还有以"文献"命名的著作（如《文献通考·经籍考》），不算"文献"一词的使用[④]，但无人论

---

① （梁）萧统撰，（唐）李善注《文选》卷六《魏都赋注》："《风俗通》曰：'按刘向《别录》雠校，一人读书，校其上下，得谬误为校，一人持本，一人读书，若怨家相对。'"（胡刻本）宋李昉《太平御览》卷六一八《学部·正谬误》："刘向《别传》曰：'雠校者，一人持本，一人读析，若怨家相对，故曰雠也。'"（《四部丛刊》三编景宋本）"读书"作"读析"。

② 梁启超：《中国近三百年学术史》，人民出版社 2008 年版，第 97 页。

③ 郑鹤声、郑鹤春：《中国文献学概要》，商务印书馆 1930 年版，"例言"第 1 页。

④ 如隋炀帝之母曰"文献孤独皇后"，参见《隋书·炀帝纪》，《隋书选译》，凤凰出版社 2011 年版，第 31 页。

著文献之学。这是因为，校雠学和目录学都是以文献为对象，所开展的工作都是图书整理。

在校雠学目录学之争的基础上，加上文献学，它们之间的关系是应当理清楚的。

笔者对这一问题的研究，始于20世纪80年代初期大学时代的一篇习作，后来发表《目录学札记——校雠学与目录学》，主张目录学与校雠学是两门独立的学科，认为30年代张先生是从广义上研究校雠学的，实际上就是文献学的范畴。如果把《广校雠略》改名为“文献学”，以此来包括校雠学、版本学和古典目录学，似乎更妥当些①。随着对这个问题认识的深入，笔者进一步发展了“校雠学—文献学”一体化的论题，提出以下观点。

第一，校雠是一个历史概念，最初的含义和范围较窄，后来才不断扩大。校雠学今已不存，而文献学成为专门学科，文献学的范畴内容与校雠学的范畴内容基本相同。今天的很多文献学著作如张舜徽的《中国文献学》（中州书画社1982年版）、王欣夫的《文献学讲义》（上海古籍出版社1986年版）等，都没有包括现代文献的内容，准确地说应当是古典文献学或历史文献学，如吴枫的《中国古典文献学》（齐鲁书社1982年版）、罗孟祯的《古典文献学》（重庆出版社1989年版）使用的学科名称是比较贴切的。

第二，校雠学本是古代的文献学。范家永说：“在我国古代，没有专门文献学和文献学家这一名称。但是，校雠学家负责有关整理、编纂、注释、校勘古典文献的工作，因此，校雠学实际上就是文献学的别名，校雠学家也就是文献学家。”② 虽然“文献”一词比“校雠”一词出现得更早，但文献是知识生产的记录，与各门学问密不可分，难以成专门之学。只有校雠和目录，专业性强，属于图书整理的专门学问。

第三，汉代向歆父子所进行的活动，既是校雠活动，也是目录活动，很难严格区分开来。后来，虽然有了“校雠”和“目录”不同的名称，

① 柯平：《目录学札记——校雠学与目录学》，《赣图通讯》1986年第1期。

② 范家永：《〈文献通考〉与古文献学》，《四川图书馆学报》1984年第4期。

但在活动上也是合为一体。虽然以校雠为名的著作中涉及目录的讨论，如郑樵《通志·校雠略》也论图书搜求、整理、编目诸事，但并不是说明校雠学包含目录学，因为历代目录学的著作中也讨论校雠问题。因此，说校雠学就是目录学比较符合历史的实际情况。

第四，从起源来说，校雠学与古典目录学本是一家，同源同根，都是古代的文献学。只不过到了现代，因为学科分化，产生了现代文献学和现代目录学。从大文献学观，文献科学应当包括狭义的文献学、目录学、校勘学、版本学、辨伪学、辑佚学等许多学科。而狭义的文献学则与狭义的目录学并列为相关学科。

四　总结

图书、目录与目录学的起源问题是一个比较复杂的学术问题，这不仅仅是因为长期存在观点众多、认识模糊、难以厘清的历史原因，也是因为这些问题并不是孤立地存在，它们与文明的起源、学术文化的滥觞、相关学科的发展有着密切的关联，有其复杂的社会背景与多因素影响。从以上的讨论中，大致可以得出以下结论。

1. 语言文字是目录学产生的前提

中国文字起源较早。夏以前，既有远古结绳记事之说，“上古结绳而治”（《易·系辞》），郑玄《周易注》称：“结绳为约，事大，大结其绳；事小，小结其绳”；又有仓颉造字之说，《韩非子·五蠹》：“仓颉之作书也，自环者谓之私，背私者谓之公。”《说文解字》：“仓颉之初作书，盖依类象形，故谓之文，其后形声相益，即谓之字，文者物象之本，字者言孳乳而寖多也。著于竹帛谓之书，书者如也。”唐兰说：“无论从哪一方面看，文字的发生，总远在夏以前。至少在四五千年前，我们的文字已经很发展了。”①

文字起源于原始社会的刻画符号与图画。旧石器时代后期，距今1.8万年的山顶洞人营渔猎生活，爱好艺术，且有装饰身体的兴趣，其遗物中有一种由鹿角制成的短棒上刻有纹饰。到了新石器时代，陶器和磨光

① 唐兰：《中国文字学》，上海古籍出版社1979年版，第66页。

石器上的刻纹大量出现并愈加接近于文字符号，以新石器晚期黄河流域的彩陶和黑陶为代表，属于仰韶文化的陕西宝鸡北首岭出土尖底彩陶罐上有彩绘的“ш”“Ш”等符号。考古发现，早于夏代的新石器时代的遗址——西安半坡仰韶文化遗址出土的彩陶片上有刻划的符号，距今已6000多年的历史。继彩陶文化（约当前6000年至前3500年）而发展和传播的是黑陶文化（约当前3500年至前1800年）。在山东莒县陵阳河大汶口文化遗址的陶尊上也有刻画符号，1991—1992年在山东邹平丁家村龙山文化遗址发现有刻字陶片①。

中国的古文字有近30种，除19世纪发现最早的甲骨文外，20世纪发现了比甲骨文更为原始的两种图画文字，即云南纳西族的东巴文和四川尔苏人的尔苏沙巴文。东巴文有字约1300个，多象形，有读音，通过东巴教巫师传承下来；尔苏沙巴文有单体字200多个，彩色文字，通过沙巴经师传承下来②。

殷墟甲骨文是中国已知较为系统成熟的文字，清光绪二十五年（1899）国子监祭酒王懿荣最早发现甲骨文，1983年在西安西郊的一个原始社会遗址发掘一批更早的甲骨文，距今有4500—5000年，比殷墟甲骨早1200年，比夏朝还要早500年以上。商代甲骨文字经许多学者长期研究，已知有不相重复的单字4500个左右。胡厚宣估计，“殷代当时通行之文字，至少当有万数乃至两万以上”③，而今天可识的字不过一千三四百④。

从古代遗留的文字篇籍看，周代沿用商代语言文字。许慎《说文解字序》将汉以前的文字分为古文、大篆、小篆、隶书、草书五种，把周宣王以前的文字总称为古文，说周宣王时，太史籀作大篆15篇，与古文

① 谢灼华主编：《中国图书与图书馆史》（第三版），武汉大学出版社2011年版，第12页载：“1991—1992年，出土于山东邹平丁家村龙山文化遗址的刻字陶片，被认为是中国文字的起源。”肖东发、杨虎：《插图本中国图书史》，广西师范大学出版社2005年版，第31页载：“山东大汶口文化遗址中所发现的图画文字，已被认定为我国最早的文字。”

② 聂鸿音：《中国的文字》，人民教育出版社1989年版，第12—16、82页。

③ 胡厚宣：《武丁时五种纪事刻辞考》，齐鲁大学1944年版，第2页。

④ 傅乐成：《中国通史》上册，贵州教育出版社2010年版，第22页。

或异。《史籀》（“籀”即大篆）相传为周宣王时期太史籀所撰，《汉志》载“《史籀篇》者，周时史官教学童书也”，这是中国字书的萌芽。目录学记录图书，而语言文字是图书产生的前提，因此语言文字是目录学产生的前提。

2. 图书的生产、传播与积累是目录学产生的基础

“以代结绳之政，由是文籍生焉。”（马端临《文献通考·经籍考》总叙）图书既有生产，便有传播，特别是早期生产一直在寻找便于携带的材料，自从有了甲骨和简牍之后，图书传播加快。图书记录手段和工具不断进步，殷墟遗物中曾发现上面写字的白陶，说明商人已使用毛笔。图书既有传播，便有积累，早期的图书数量较少，获得图书有一定难度，随着图书生产速度加快和文献数量的增长，人们开始有意识地积累图书。这些为目录学的产生奠定了基础。

3. 社会环境和学术文化是目录学产生的重要条件

目录学的产生除了语言文字和图书，还需要两个重要条件：

一个是社会环境，因为对图书的社会需求以及将图书生产与传播作为社会现象，使目录学成为必要。先秦时期因为对自然的无知和恐惧而祈求上天降福和祖先护佑，占筮及卜辞查对成为基本社会需求。现存10万片甲骨图书中，绝大多数为祭祖占卜所用。社会环境对于目录学的影响在于两个方面，一是由于政治和咨政的需要，在记事记言基础上产生典籍与管理；二是由于早期人类的生活与交流的需要，在口耳相传基础上产生典籍与管理，前者在朝堂之上和政治制度，后者则在民间和社会生活。

早期的记事记言制度完备，史官集生产图书、管理图书为一体。《礼记·玉藻》载“动则左史书之，言则右史书之”，郑注说：“其书，《春秋》《尚书》其存者。”① 从商代算起，古代史籍有3000年的历史，若从《尚书》算起，也有2400年的历史。文书产生于史官制度，一直影响到

① 吕思勉指出《汉书·艺文志》“右史记事，左史记言”是错的，以《礼记·祭统》载“史由君右，执策命之”即右史记言之证。参见吕思勉《吕著中国通史》，中华书局2020年版，第291页。

整个奴隶社会。据《周礼》记载，周代史官可分大史、小史、内史、外史，各司其职。在史官制度基础上，又有了早期的礼乐制度，成为古代社会制度的重要组成部分，也成为图书生产与管理的重要来源。

随着人类生活与交流的发达，特别是在文明的进步与文化的形成中，表达情感和娱乐的需要不断强化，有了文学的早期形态。殷墟遗物中有“樂”“龠”等字，还有磬、铙、埙、鼓等乐器，磬为石制，铙为铜制，埙有石、骨、陶三种。文导源于语言，诗导源于歌谣，现存的先秦古书既有辞句整齐而有韵的韵文，也有辞句参差不齐的散文①。

另一个是学术文化。先秦时期，贵族养士成风，士阶层兴起。周时士尚武并接受音乐、舞蹈及礼仪训练。到春秋战国时，齐宣王、燕昭王等公室养士，齐有稷下学宫，燕有士争趋燕，私人养士以“战国四君子”和吕不韦最为著名。

目录学产生于一定的学术文化环境中，当学术文化发展到一定阶段，对图书整理的认识达到了一定水平，目录学产生成为可能。

4. 目录学与校雠学、文献学、学术史同根同源，其产生与发展有着天然的联系

中国目录学与校雠学、文献学、学术史有着不可分割的历史渊源与内在联系，无论是从这几个学科的起源，还是从古代这几个学科的发展，可以清楚地表明：中国目录学既是校雠目录学，也是文献目录学，还是学术目录学。

① 吕思勉：《吕著中国通史》，中华书局 2020 年版，第 288 页。

第 二 章

春秋战国目录学

中国目录学发轫于春秋之际。春秋战国时期，不仅仅是学科文化繁荣发展的一个时代，也是目录学初创的一个关键时期。这是一个开创的新时代，是属于中国目录学的时代。

第一节　春秋战国学术文化与图书体制

一　春秋战国学术文化

春秋时代（前 722—前 476）[①] 由《春秋》所包括的年代而得名。战国时代（前 475—前 221）[②] 则由当时各国战争激烈而得名。这一阶段，政治上诸侯争霸，春秋时期的诸侯国，见于经传的有 170 余国，实际上可考的有十数国，诸国争雄称霸才有后来的春秋五霸和战国七雄。

社会政治、经济活动日益频繁。人们开始用分类思想观察自然、考察社会。《周易·系辞》说："方以类繁，物以群分。"《周易·象辞》说："君子以族辨物。"这种思维有助于目录学分类思想的萌芽。

春秋战国时期，百家争鸣，诸子蜂起，学派林立，是学术文化史上

---

① 白寿彝主编《中国通史纲要》关于春秋时间断限为"周东迁后四十九年即公元前七二二年起，史家习惯上称作春秋时期"；范文澜著《中国通史简编》关于春秋时间断限为前七七〇年至前四〇三年。

② 白寿彝主编《中国通史纲要》关于战国时间断限为"公元前四〇三年到前二二一年，习惯上称作战国时期"；范文澜著《中国通史简编》关于战国时间断限为前四〇三年至前二二一年。

的黄金时代，留下了大量的学说和思想，为目录学产生奠定了学术文化基础。特别是春秋末年到战国期间，由于诸侯争霸，王官之学解体，“道术将为天下裂”（《庄子·天下》），“士”阶层崛起，私人著述日盛，自由讲学开启，诸子学占主导地位。至于诸子学兴起的原因，有“王官”说，如刘师培《孔学真论》所说“周室既衰，史失其职，官守之学术，一变而为师儒之学术”，其依据是《汉书·艺文志·诸子略》中的“诸子出于王官”论；也有“救弊”说，如胡适《诸子不出于王官论》所说“诸子之学，皆起于救世之弊，应时而兴”①，其依据是《淮南子·要略》的诸子兴于救时弊论。钱穆则折中二者，认为“谓王官之学衰而诸子兴可也，谓诸子之学一一出于王官则不可”②，吕思勉也说：“予谓二说皆是也。何则？天下无无根之物，使诸子之学前无所承，周秦之际，时势虽亟，何能发生如此高深之学术，且何解于诸子之学，各明一义，而其根本仍复相同邪。”③

春秋战国学术文化最终形成了儒家、法家、墨家、道家、阴阳家、名家、杂家、农家、纵横家、小说家等诸多学派。据《汉书·艺文志》，儒家者流，盖出于司徒之官；道家者流，盖出于史官；阴阳家者流，盖出于羲和之官；法家者流，盖出于理官；名家者流，盖出于礼官；墨家者流，盖出于清庙之守；纵横家者流，盖出于行人之官；杂家者流，盖出于议官；农家者流，盖出于农稷之官；小说家者流，盖出于稗官。后世基于此颇多讨论④，成为目录学学术史的重要依据。

二 春秋战国图书体制

先秦时期多种自然材料的运用，使早期文献呈现出多种载体形态。王国维说：“书契之用，自刻画始。金石也，甲骨也，竹木也，三者不知

---

① 胡适：《胡适精品集 1 问题与主义》，光明日报出版社 1998 年版，第 243 页。

② 钱穆：《国学概论》，九州出版社 2011 年版，第 33 页。

③ 吕思勉：《经子解题》，商务印书馆 1929 年版，第 84 页。

④ 儒家者流，盖出于文士；墨家者流，盖出于武士；道家者流，盖出于隐者；名家者流，盖出于辩者；阴阳家者流，盖出于方士；法家者流，盖出于法术之士。参见冯友兰《中国哲学简史》，北京大学出版社 2013 年版，第 38 页。

孰为后先，而以竹木之用为最广。”[①] 以竹片作为书写材料的称“简”，多根简编连起来称“策”[②]，策通“册”，也称为“毕”“札”“牒”[③]。正是“单执一札谓之简，连编诸简乃为策”（孔颖达《春秋左传正义卷一疏》），合称为“简策”。木片加工后没有写字称“版”，写了字的称“牍”，细一些的称“木简”，木质的合称“版牍”，竹木的合称“简牍”。版又称“方”，有“方策”之称，如《礼记·中庸》“文武之道，布在方策”[④]。从现在的材料看，春秋战国时期的主要文献是简牍。1978 年，湖北随县擂鼓墩一号墓发掘战国简策 240 枚，字迹清晰，这是目前国内保存最早的一批古简，共约 6600 余字。这批出土的战国简策为遣策即随葬物的清单，说明已有编制物品目录的习惯，此时为文献编制目录也成为自然的事。

除简牍以外，帛书也有使用。《墨子》中多次提到“书之竹帛”。《晏子春秋》载，齐景公对晏子说：“昔吾先君桓公，予管仲狐与谷，其县十七，著之于帛，申之以策，通之诸侯。”

春秋战国时期，由周时的以匮盛书体制转为以箧盛书体制。《史记·鲁周公世家》载有“周公藏其策金縢之匮中”。《史记·老子韩非列传》注“箧”为“箱类也”，可知箧为竹制，大者称箱，小者称箧。唐颜师古说“筐箧所以盛书”（《汉书·贾谊列传注》）。《韩非·喻老》云“知者不以言谈教，慧者不以藏书箧”，《战国策·秦一》说苏秦“乃夜发书，陈箧数十”，《吕氏春秋·先识第四·悔过》载“主书举两箧以进”。

第二节　春秋战国目录学发展流变

一　图书编撰活动

春秋时尚只有官方文书流布，到了战国由于学术走向民间，私人著书之风才得以盛行。图书编撰的主要特点有五个：

---

① 王国维：《简牍检署考》，载宋原放主编《中国出版史料（古代部分）》第 1 卷，湖北教育出版社、山东教育出版社 2004 年版，第 1 页。

② 郑玄《论语注》云：“简谓一片而言，策是编连之称，是简者，未编之称。”

③ 《尔雅·释器》：“简谓毕”；晋郭璞注：“简，札也”；《说文》：“简，牒也。”

④ 《仪礼·既夕礼》云：“书遣於策。”郑玄注：“策，简也；遣犹送也，谓所当藏茵以下。”

第一，图书编撰活动类型与目的各异，有的以表达思想、著书立说为目的，编撰论说以传后世；有的以记事为目的，编撰图书以记录见闻或事迹；有的以传递信息为目的，编撰图书以表达意见或上书；有的以知识传播为目的，编撰图书作为传授弟子之用。

第二，当时的书写材料主要是竹简和木牍，以麻绳或丝带将竹片串连起来，编简成策。有先将简片编连成策后书写，亦有先在简片书写然后再编连成策。简策厚且重，一方面给图书编撰者带来了麻烦，书写一篇需要若干简片和牍片，还有编连起来才成文章。《刘向别传》："《孙子》书以杀青，简编以漂丝绳"（《太平御览》卷606文部二十二简），即以丝带连接。若是鸿篇巨制，一部书有若干部分，各部分独立编策，一策为一篇，其编撰过程更加烦琐且费时费力。另一方面，这种简策也给读书人阅读带来许多困难，携带、阅读颇为不便，一旦简策出现断脱，或者摆放不在一处，上下文不能连续，就无法阅读。《史记·孔子世家》说孔子"读《易》，韦编三绝。曰：'假我数年，若是，我于《易》则彬彬矣。'"这里书简则以皮绳相连，《说文》释"韦"为"兽皮之韦"而引申为"熟皮牛绳编简"，但有专家认为"韦编"的"韦"为"纬"的初字，应读为横线的"纬"（wěi），不读兽皮的"韦"（wéi），因而"纬编"指竹简上的横编①。

第三，诸子著书突出，哲学和文学著作数量达到较大的规模。据《汉书·艺文志》载，屈原赋类、陆贾赋类、孙卿赋类的篇数分别是361篇、274篇、136篇，总计771篇。

第四，早期的编撰活动以编撰单篇流行，而且没有篇名，更没有篇目的概念，不是先有标题再作文章，篇名和篇目都是后来才有的，或者是作者后来加上去的，或者是后人加上去的。春秋战国编撰活动，已有题篇名的意识，有的篇名反映一篇之旨意，如《尚书》中的《尧典》《舜典》，《尔雅》中的《释祐》《释言》等；有的篇名只是为了标识，取篇首二三字，如《论语》的《为政》，以及《诗经》《墨子》中的许多篇名均是如此。篇名题在篇首，以便于识别。大题在下，小题在上，大题

---

① 谢灼华：《中国图书与图书馆史》，武汉大学出版社1987年版，第23页。

一般为书名，小题则为篇名。

第五，早期图书编撰费时费力，表现为连续性的编撰活动。一书有雏形，后人加传，加注，篇幅也不断增大。既有作者不断添加，也有后人加以增补，如周易的《易传》便是多个时期增补而成。

二　私人校书活动

校书因书籍亡佚和书籍散乱而起。书籍亡佚早有发生，据《孟子·万章章句下》载："北宫錡问曰：'周室班爵禄也，如之何？'孟子曰：'其详不可得闻也，诸侯恶其害己也，而皆去其籍。'"①

春秋战国时期，私人校书活动兴起。私人校书与私人著书、私家藏书相关。《墨子·贵义》载"今天下之士，君子之书不可胜载"，"子墨子南游使卫、关中，载书甚多"。《庄子·天下》载"惠施多方，其书五车"。《战国策·苏秦》载，苏秦游说失败归家，"陈箧数十，得太公阴秘之谋"。说明当时"士"阶层多有藏书。

早期的校书活动包括收集文献、鉴别文献、校勘等，其中的校勘既是图书整理的一个环节，也是早期目录学的内容。据《国语》记载，孔子以前就有正考父校勘《商颂》12 篇。《国语》第五《鲁语下》载闵马父之言："昔正考父校商之名颂十二篇于周大师，以《那》为首。"（《国语集解》）即将祀成汤的《那》颂置于《商颂》首篇。韦昭《国语集解》解释说："宋之礼乐虽则散亡，犹有此诗之本，考父恐其舛谬，故周大师校之也。"正考父系宋国大夫，据说是孔子的七世祖。郑玄《毛诗笺》引《商颂谱》说："《那》，祀成汤也，微子至于戴公，其间礼乐废坏，有正考甫者，得《商颂》十二篇于周太师，以《那》为首。"（《十三经注疏》）认为正考父的《商颂》不是宋国传下来的，而是得之于周太师，其顺序本来就是以《那》为首，这个编次不是正考父确定的。唐代孔颖达给《毛诗》作疏时发现这一问题说："《国语》云：校商之名颂十二篇，此云得《商颂》十二篇，谓于周太师校定真伪，是从太师而得之也。言得之太师，以《那》为首，则太师先以《那》为首矣。且殷之创基，成

① 杨伯峻：《孟子译注》，中华书局 1960 年版，第 235 页。

汤为首。《那》序云：祀成汤，明知无先《那》者，故知太师以《那》为首也。”

段玉裁《经义杂记序》说：“校书何仿乎？仿自孔子。”俞樾《扎移序》说：“校雠之法，出于孔子。”但按《国语》所说，校书并非始于孔子，而是始于正考父。

孔子之后，校书成为一种方法得以传承。孔子的高足之一卜商，即卜子夏，深得孔子的校书之法。据《吕氏春秋》卷二二《察传》载：“子夏之晋过卫，有读史记者曰：‘晋师三豕涉河。’子夏曰：‘非也，是己亥也；夫己与三相近，豕与亥相似。’至于晋而问之，则曰：‘晋师己亥涉河也。’”子夏不仅指出“三豕”乃“己亥”之误，还指出讹误之原因即形相近而讹，这是目前已知中国最早的校勘实例。

三　政府藏书管理

政府藏书及其整理源于老子任周守藏室之史。《史记·老子韩非列传》载“老子者，楚苦县厉乡曲仁里人也，姓李氏，名耳，字聃，周守藏室之史也”[①]。周永年《儒藏说》谓：“守藏之吏，见于周官。老子为柱下守藏史，固周人藏书之官也。”[②] 周官有御史，以其在殿柱中间，亦谓之柱下史。“孔子西藏书于周室，子路谋曰：‘由闻周之征藏史有老聃者，免而归居。夫子欲藏书，则试往因焉。’孔子曰：‘善’，往见老聃而老聃不许。”（《庄子·天道》）“孔子适周，将问礼于老子。”（《史记·老子韩非列传》）

在周太史和东方的几个较大的文明诸侯王国的史官官府里收藏有殷商旧典和周公为周王朝制定的一些礼法。东迁之时，周王朝藏书有散佚。

公元前540年，晋国的韩宣子到鲁国去聘访，“观书于大史氏，见《易象》与鲁《春秋》。曰：‘周礼尽在鲁矣。吾乃今知周公之德，与周之所以王也。’”（《左传·昭公二年》）

公元前516年，“冬十月丙申，王起师于滑。辛丑，在郊，遂次于

---

① 《史记·老子韩非列传》司马贞《索隐》称：“按：藏室史，周藏书室之史也。”

② （清）周永年：《儒藏说》，《儒藏论坛》2006年第1期，第342页。

尸。十一月辛酉，晋师克贡。召伯盈逐王子朝。王子朝及召氏之族、毛伯得、尹氏固、南宫嚚奉周之典籍以奔楚”（《左传·昭公二十六年》）。说明周之一批典籍被王子朝携带到了楚国。

到春秋末年，以鲁太史所藏最为丰富和完备。此外，作为殷后的宋国、夏后的杞国，以及齐、晋等较大较古的诸侯王国，都收藏有一定数量的典籍。

《左传》鲁哀公三年记载，宫内失火，“南宫敬叔至，命周人出御书”，“子服景伯至，命宰人出礼书”[①]。宫人抢救藏书时按“御书”“礼书”等分别救出，想必其时官府藏书已有分类。

四 典籍配置目录

中国最早的目录起源于战国时期，本书第一章第二节已有论述。

1994 年上海博物馆购藏的大约为战国中期的竹简《曲目》，是《诗经》的篇目，它只有“目”没有“录”。

1973 年长沙马王堆汉墓出土的帛书《养生方》，在全书正文结束后，便接着分四栏书写该书目录，将该书各篇的篇名逐一列出，形成全书 32 篇的“目”，而没有“录”。同时出土的《五十二病方》也只有 52 篇的篇名之“目”。

与《曲目》《养生方》这些篇目相比，约为战国晚期的《序卦传》从篇名简单列举式的篇目发展到对篇目次序的论述，不仅有“目”且有“录”，已具有了“目录”的意义。从内容上看，《序卦传》据《周易》上、下两篇分为两段。前段解释上经乾、坤到坎、离三十卦的卦次，后段解释下经咸、恒到既济、未济三十四卦的卦次。所以孔颖达《周易正义》认为《序卦传》之名是“就上下二经，各序其相次之义，故谓之序卦焉”[②]。从目录上看，《序卦传》重“录”——叙述分析。以论卦序之义为主旨，揭示卦与卦之间的逻辑关系，以简约的语言概括诸卦名义。对于六十四卦的顺序结构，从相因、相反两个方面进行分析，前者揭示

① （春秋）左丘明：《左传》，岳麓书社 2006 年版，第 340 页。

② （唐）孔颖达：《周易正义》卷九，上海古籍出版社 1990 年版，第 95 页。

前后卦因相承关系、条件关系、蕴含关系而相连接，后者指前后两卦有一种逆转变化的关系。通过这些分析，以表达它对自然和社会的认识。如《序卦传》说："有天地，然后有万物；有万物，然后有男女；有男女，然后有夫妇；有夫妇，然后有父子；有父子，然后有君臣；有君臣，然后有上下；有上下，然后礼义有所错。"这些具有深刻意义的论述，虽然不能完全归于"目录"，但说明目录与篇目的差异。从影响和流传看，《序卦传》被后世广泛引用，其影响深远。《序卦传》之文，《淮南子·缪称》称引过，说明汉初《序卦传》尚存，不可能是宣帝时所出①。

根据以上材料，可以看出：第一，篇目在战国时期已经产生，篇目有"目"而无"录"，这比较符合早期人们对于目录的认识——篇名列举。第二，目录比篇目产生要晚，其功能超过篇目，重在"录"，即围绕诸篇而论，目录在揭示篇目要旨上下功夫，体现了目录的最初本性，这与近现代对于目录的理解有很大的反差。第三，篇目和目录一般置于典籍的最末。清卢文弨《钟山札记》卷四也说"古书目录，往往置于末"。然而，上述《五十二病方》的52种病症方剂之"目"却在该书前面，可能如同《序卦传》有其特殊原因，或者只是一个特例。从今本《易传》看，《杂卦传》排列最末，位于《序卦传》之后，这是因为最初的《易传》是没有《杂卦传》的，据王充《论衡·正说篇》，《杂卦传》是汉宣帝初年才补入的。

战国时，诸子著书，多有自序，简单叙述作品的主题旨意所在，具有"录"的意义。如《吕氏春秋》的《序意》篇已经残缺，仅存自述他撰《十二纪》的作意的一节，后面还有一段错简，就此开端一段看，其自述作意非常明显。

第三节 春秋战国目录学思想

一 学术分类思想

在目录学处于早期萌芽状态，学术分类并不集中，而是分散于诸子

① 廖名春：《周易经传十五讲》，北京大学出版社2012年版，第199页。

学者之言论中。关于先秦学术流派的论述，分为时人论诸子和后人论诸子两类。

时人所论，《墨子·尽心》云："逃墨必归于杨、逃杨必归于儒"，可知当时学术只有墨、杨、儒三家。墨子即墨翟，《墨子》53篇为墨子及其后学的著作汇集。墨子是孔子之后第一个反对儒学，创立墨家学派。虽然他批评儒家，"儒之道，足以丧天下者四焉"（《墨子·公孟》），但不能不承认儒家为一大学派，只是把自创之墨家树为首，儒家为最末。《孟子·滕文公》云："杨朱、墨翟之言盈天下，天下之言，不归杨则归墨。杨氏为我，是无君也；墨氏兼爱，是无父也。"孟子（约前371—前289），邹（今山东南部）人，从孔子之孙子思学儒，一度为稷下著名学者，成为孔子之后的儒学理想主义代表，如果将他的儒家算在内，其学术分类应当是儒、杨、墨三家。其时，杨朱、墨翟颇为流行，孟子之说为以"拒杨墨"，攻杨之"为我"和墨之"兼爱"，算是对于墨子反儒的回击。

《墨子·尽心》和《孟子·滕文公》都提到"杨朱"一家，置于三者之间，使之具有调和的意义。杨朱（约前395—约前335，一说约前450—约前370），杨姓，字子居，魏国（一说秦国）人，战国初思想家、哲学家，主张"贵己""重生""人人不损一毫"的思想，道家杨朱学派创始人，其学说散见于《列子》《庄子》《孟子》《韩非子》《吕氏春秋》等，知名弟子有孟孙阳、心都子，学说继承者有告子、子华子、詹何、它嚣、魏牟等。杨朱生活于墨子与孟子之间，道家的早期表现为"欲洁其身"的隐者，杨朱学说开启了道家哲学的第一阶段，《老子》的大部分思想代表了第二阶段，《庄子》的大部分思想代表第三阶段即最后阶段[①]。《墨子·尽心》和《孟子·滕文公》所讲的"墨"与"杨"都是指人物，而不是学派的名称，只有"儒"是学派的名称。由此也可以看到，先秦早期，虽有以"杨"为代表的道家存在，但学术分类并没有"道"之学派名称。

荀子和韩非子为战国末期著名学者。荀子（约前313—前238），名

① 冯友兰：《中国哲学简史》，北京大学出版社2013年版，第65页。

况，汉人避宣帝讳，称孙卿，赵国人。《荀子·天论》分学派为4家：①慎到；②老子；③墨子；④宋子。《荀子·解蔽》分学派为6家：①墨子；②宋子；③慎子；④申子；⑤惠子；⑥庄子。《荀子·非十二子》分8派为12家：①它嚣、魏牟；②陈仲、史鳍；③墨翟、宋钘；④慎到、田骈；⑤惠施、邓析；⑥子思、孟轲。荀子是继孟子之后儒家现实主义代表，其学术划分归纳起来，有儒（子思、孟轲）；道（老子、它嚣、魏牟）；墨（墨翟、宋钘）；法（慎到、田骈）；名（惠施、邓析）；其他（陈仲、史鳍）6家。除其他外，儒、道、墨是先秦早期诸子的三大学派，而法、名是先秦后期异军突起的两大学派。

韩非子（约前280—前233）即韩非，与李斯同师事荀子，为法家代表，《韩非子·显学》55篇为韩非的后人结集而成，《韩非子·显学》学术划分最简，将天下学术归为儒、墨两大家，儒、墨又各自分派，“孔墨之后，儒分为八，墨离为三”。按韩非的学术分类，应当有法、儒、墨三大家，这反映了先秦末法家的学术分类思想。

有观点认为，《庄子·天下》为最早的学术分类①。这里，首先需要确定《庄子·天下》是否为庄子本人所作。《庄子》一书是庄子（前369—前286）及后人所编，《汉书·艺文志》著录《庄子》52篇，陆德明《经典释文序录》注《庄子》52篇“即司马彪、孟氏所注”，“其内篇众家弁同，自余或有外而无杂”②。今天所见《庄子》为魏晋名士郭象重编，只有33篇，内篇7，外篇15，杂篇11。而且，各家《庄子》传本中的内7篇都是一致的。经刘笑敢考证，《庄子》内7篇是庄子本人所作③。《庄子》内7篇为《逍遥游》《齐物论》《养生主》《人间世》《德充符》《大宗师》《应帝王》，而《庄子·天下》属于杂篇，而且“《庄子》有几篇说到公孙龙，公孙龙肯定晚于庄子”④，“至于外、杂篇，应当也不是

---

① 马瀛著《国学概论》（中央编译出版社2009年版）第二章第7页说“考总论中国学术之类别者，当以庄子《天下篇》为最古”。

② 郭庆藩：《庄子集释》，中华书局1961年版，第5页。

③ 刘笑敢：《庄子哲学及其演变》，中国社会科学出版社1988年版，第3—32页。

④ 冯友兰：《中国哲学简史》，北京大学出版社2013年版，第103页。

‘庄子后学’的作品，而是‘后世学庄者’所为”[①]，《庄子·天下》恰好提到了公孙龙，因此可以确定的是，《庄子·天下》系后世所作，将它作为最早的学术分类显然是不正确的。

道家重视学术分类，认为学术有道术和方术之分。《庄子·天下》云：“天下之治方术者多矣，皆以其有为不可加矣！古之所谓道术者，果恶乎在?”道术是普遍之学问，只有天人、圣人、神人、至人才能掌握。而方术只是具体各家各派之学且都是各执一偏之学问。“古之道术有在于是者，庄周闻其风而说之”，这里的“闻其风而说之”，姚名达认为就是后世目录学所谓“条别源流”[②]。

《庄子·天下》的学术分类有“六家之说”和“七家之说”[③]，六家之说为：①“墨翟、禽滑厘之意则是，其行则非”；②“宋钘、尹文周行天下”；③“彭蒙、田骈、慎到不知道”；④“关尹[④]、老聃乎，古之博大之真人”；⑤“庄周之学”；⑥“惠施多方，其书五车，其道舛驳”；“桓团、公孙龙辩者之徒”等。七家之说在六家基础上加了一家“邹鲁之士，缙绅先生之学；诗、书、礼、乐、易、春秋”。六家之说的墨家、道家、名家、法家[⑤]，加上七家之说的儒家，实际上是五大学派。

《尸子·广泽》将学术分为六家：“墨子贵兼，孔子贵公，皇子贵衷，田子贵均，列子[⑥]贵虚，料子贵别囿。”尸子名佼，战国时鲁人。《集解》

---

① 杨立华：《中国哲学十五讲》，北京大学出版社2019年版，第57页。

② 姚名达：《目录学》，商务印书馆1933年版，第59页。

③ 七派之说有：姚名达《目录学》，商务印书馆1933年版，第59页；马瀛《国学概论》，中央编译出版社2009年版，第7页。

④ 尹喜，字文公，号文始先生、文始真人、关尹，甘肃天水人，官至周代大夫，传说太上老君是道家之祖，在母腹七十余年，方得降生，善采阴补阳，百战百胜，见关吏尹喜，丰姿可爱，与之留恋，传他方术修炼，竟成白日飞升。

⑤ 《汉书》将田骈入道家，慎到入法家。马瀛《国学概论》第7页云：邹鲁之士，缙绅先生之学即儒家；墨翟、禽滑厘即墨家；宋钘为小说家；关尹、老聃、庄周皆道家；尹文、桓团、公孙龙皆名家；彭蒙无可考。姚名达《目录学》商务印书馆1933年版，第60页云：庄周并入老聃为道家；宋钘、尹文并入墨翟为墨家。

⑥ 列子，本名列御寇，东周战国时期郑国圃田（今河南郑州）人，古帝王列山氏之后，道家学派的杰出代表人物，著名思想家、文学家，著有《列子》，其学说本于黄帝、老子，归同于老、庄。创立先秦哲学学派贵虚学派（列子学），是介于老子与庄子之间道家学派承前启后的重要人物。

引刘向《别录》曰："楚有尸子，疑谓其在蜀。今按《尸子》书，晋人也，名佼，秦相卫鞅客也。卫鞅商君谋事画计，立法理民，未尝不与佼规之也。商君被刑，佼恐并诛，乃亡逃入蜀。自为造此二十篇书，凡六万余言。卒，因葬蜀。"《索隐》云："尸子名佼，音绞，晋人，事具《别录》。"刘向《荀子叙录》云："楚有尸子、长卢子、芋子皆著书。然非先王之法也，皆不循孔氏之术。"《汉书·艺文志》杂家著录《尸子》二十篇。尸子所分有墨（墨子）；儒（孔子）；法（田子）；道（列子）诸家，与《庄子·天下》近似。

《庄子·天下》和《尸子·广泽》都算不上时人论诸子说，可列于后人论诸子说。

后人论诸子说中，《吕氏春秋·不二》将学术分为十家，且用一字概括诸家思想之要旨："老聃贵柔，孔子贵仁，墨翟贵廉，关尹贵清，列子贵虚，陈骈[①]贵齐，阳生[②]贵己，孙膑[③]贵势，王廖[④]贵先，倪良[⑤]贵后。此十人者，皆天下之豪士也。"这十人可归为道、儒、墨、兵四家。

上述这些学术分类，都是以人为学，以人物作为学派之代表，除儒家外，没有学派名称。到了汉代，继续先秦学术分类的有《淮南子·要略》和《论六家要旨》。只有司马谈《论六家要旨》所分直称学派，最具学术分类之意。详见第四章第三节“司马迁的目录学思想”。

先秦时期诸子众多，其学术分类的特点，一是以人代表学，以书代

---

① 陈骈即田骈，齐国人，与田齐宗室出于同姓，齐稷下学宫著名学者之一，本学黄老，与慎到齐名，代表作有《田子》。《汉书·艺文志》道家著录《田子》25篇，已亡佚。

② 据冯友兰著《中国哲学简史》（北京大学出版社2013年版，第62—63页），《吕氏春秋》（公元前3世纪）说“阳生贵己”（《审分览·不二》）。“《吕氏春秋》说的阳生，近来学者们已经证明就是杨朱。”战国时有“天下之言不归杨则归墨的现象”。

③ 孙膑（生卒年不详），本名孙伯灵，山东鄄城人，孙武的后代。战国时期军事家，曾与庞涓同窗，因受庞涓迫害遭受膑刑，后投奔齐国，被齐威王任命为军师，辅佐齐国大将田忌两次击败庞涓，取得桂陵之战和马陵之战胜利，奠定齐国霸业。唐德宗时被称为武成王庙六十四将之一。宋徽宗时追尊孙膑为武清伯，位列宋武庙七十二将之一。

④ 王廖（生卒年不详），战国名将兼兵法家。贾谊《过秦论》载有“吴起、孙膑、带佗、倪良、王廖、田忌、廉颇、赵奢之伦制其兵”。

⑤ 倪良，战国时名将兼兵法家，西汉御史大夫倪宽的始祖。贾谊《过秦论》载有“吴起、孙膑、带佗、倪良、王廖、田忌、廉颇、赵奢之伦制其兵”。焦延寿《焦氏易林》载有“带佗、倪良，明知权兵，将帅合战，敌不可当，赵魏以强”。

表学说；二是主要站在自己的立场上划分学术，缺乏客观性；三是划分简单粗糙，没有严格的标准和逻辑。其原因是当时所谓的学派尚处于创建与形成过程中，以及目录学处于滥觞之时，这比较符合学术分类最初的状态。

二　孔子的目录学思想

孔子（前551—前479），名丘，字仲尼，鲁国陬邑（今山东省曲阜市）人，祖籍宋国栗邑（今河南夏邑），伟大的思想家、政治家、教育家。孔子为春秋时期最博学者之一，儒家学派创始人，在世时被尊奉为“天纵之圣”“天之木铎”，被后世尊为孔圣人、至圣先师、万世师表，其思想对中国和世界都有深远的影响。

（一）孔子整理典籍的贡献

孔子曾带领部分弟子周游列国十四年，晚年修订六经（《诗》《书》《礼》《乐》《易》《春秋》）。《史记》为孔子立传，《孔子世家》记述了孔子从布衣而成为万世之师的一生，既有孔子的坎坷，又有孔子的丰功伟绩。其中关于孔子整理典籍的记载，“是以鲁自大夫以下皆僭离于正道。故孔子不仕，退而修诗书礼乐，弟子弥众，至自远方，莫不受业焉”[①]。从时间上看，孔子35岁时，“鲁乱，孔子适齐，为高昭子家臣，欲以通乎景公”，后“齐大夫欲害孔子，孔子闻之。景公曰：‘吾老矣，弗能用也。’孔子遂行，反乎鲁”，“孔子年四十二，鲁昭公卒于乾侯，定公立。定公立五年，夏，季平子卒，桓子嗣立”。据此推理，孔子整理典籍是在鲁定公五年之后，因此，孔子开始整理典籍的时间大约在鲁定公五年（前505）至八年（前502）之间，此时孔子在50岁左右。孔子整理典籍的原因，一是齐鲁之仕途不顺，失望而不仕退闲在家。二是有感于鲁国大夫以下皆不守礼。三是有感于史籍繁缛不便，“孔安国曰：孔子生于周末，睹史籍之繁文，惧览者之不一，遂乃定《礼》《乐》，明旧章，删《诗》为三百篇，约史记而修《春秋》，赞《易》道而黜《八索》，述

---

① （汉）司马迁：《史记》，中华书局2013年版，第2307页。

职方以除《九丘》，讨论《坟》《典》，断自唐虞，以下讫于周”[①]。

孔子是如何整理典籍的呢？以《诗》《书》《礼》《乐》的整理为例，有几种方法：

1. 严格甄别，择善而选

孔子整理典籍，逐一甄别，并有严格的选择标准：不语“怪、力、乱、神”（《论语·述而》），“子绝四：毋意、毋必、毋固、毋我”（《论语·子罕》）；凡妄诞芜杂之文不予采录。《左传》亦有孔子“不语”鬼神的记载。

于《诗》，“纯取周诗，上采殷、下取鲁”（《汉书·艺文志》）。司马迁《史记·孔子世家》认为“古者，诗三千余篇，及至孔子，去其重，取可施于礼义”。王充《论衡·正说篇》说“诗经旧时亦数千篇，孔子删去重复，正而存三百篇”[②]。针对孔子删《诗》之说，有两点质疑。其一，孔子珍视文献，常感“文献不足”，不可能将数千篇文献弃之删之。其二，如果孔子真的要删除文献，为何不删他所厌恶的“郑声”呢？因此，孔子非删《诗》而是整理《诗》（去其重）。诗先分国风、雅、颂三大类，再以其性质和地方特点相近者依类相从，连否认孔子删诗、作序的梁启超也承认：“孔子对于诗篇的次序曾用一番心思。”[③] 阴法鲁虽不同意孔子删《诗》，但他认为“孔子是整理过《诗经》的”，因为“这时以前，《雅》《颂》曾出现混乱情况”，“孔子整理的底本大概是鲁国乐官所保存使用的底本，整理工作也许是他和鲁国乐官大师挚合作进行的”[④]。

于《书》，“删其善者，定为《尚书》百篇”（《史通·六家》）。今存《尚书》有《今文尚书》《古文尚书》《伪古文尚书》三种本子，其中凡今古文《尚书》皆有的篇章，都是真的，其他皆伪作，所以今存《尚书》的大小序也有真假之分。孔子在搜访文献时得黄帝玄孙帝魁之书，

① （明）邱濬：《大学衍义补》中册，林冠群、周济夫校点，京华出版社 1999 年版，第 800 页。

② （汉）王充：《论衡》，上海人民出版社 1974 年版，第 427 页。

③ 梁启超：《古书的真伪及其年代》，中华书局 1936 年版，第 101 页。

④ 阴法鲁：《诗经》，《文史知识》编辑部编《经书浅谈》，中华书局 1984 年版，第 30 页。

讫于秦穆公，凡3240篇，断远取近，定其可为世法者100篇[①]。

于《礼》，“子曰：‘克己复礼为仁’”（《论语·颜渊》）；“六经之道同归，礼乐之用为急”（《汉书·礼乐志》）。“夫周室衰而《关雎》作，幽、厉微而礼乐坏，诸侯恣行，政由强国，故孔子闵王路废而邪道兴，于是论次《诗》《书》，修起礼乐。”（《史记·儒林传》）

于《乐》，孔子自卫返鲁，“子语鲁大师乐，曰：‘乐其可知也。始作，翕如也；从之，纯如也，皦如也，绎如也，以成’”（《论语·八佾》）；子曰：“吾自卫反鲁，然后乐正，《雅》、《颂》各得其所”（《论语·子罕》）。孔子重视乐，正舜乐《韶》和武王乐《武》，“子谓《韶》：‘尽美矣，又尽善也。’谓《武》：‘尽美矣，未尽善也。’”（《论语·八佾》）定《乐》，“乐居六经之一，其为用最为急者。孔子删述六经，其五者，皆有成书，而乐独阙焉。其所以为乐者，其书不复可见”[②]。

2. 校正文字，还原次序

春秋之时，简策散乱、文字脱讹现象日益严重，不校书无以为读。校书虽非始于孔子，但孔子校书比正考父更有考究，《论语·子罕》载：“子曰：吾自卫反鲁，然后乐正，雅颂各得其所。”[③] 司马迁对于孔子校书更有详细记载：“上采契后稷，中述殷周之盛，至幽厉之缺，始于衽席，故曰‘《关雎》之乱以为风始，《鹿鸣》为小雅始，《文王》为大雅始，清庙为颂始。’三百五篇，孔子皆弦歌之，以求合《韶》、《武》、《雅》、《颂》之音。礼乐自此可得而述，以备王道，成六艺。”（《史记·孔子世家》）

3. 厘定篇名，汇集篇目

古人著书无篇名。孔子整理经典，厘定篇名。如《今文尚书》28篇，

---

① 另据傅乐成著《中国通史》上册（贵州教育出版社2010年版）第86页：“今本《尚书》五十八篇，据清人考证其中出自伪造者达二十五篇。真的三十三篇中，其时代也有很晚的，如叙述唐、虞、夏、商事迹的各篇中，有若干篇的时代当在孔子之后。所以孔子所授的《书》，与今本《尚书》的内容，其差别是很大的。”

② （明）邱濬：《大学衍义补》上册，林冠群、周济夫校点，京华出版社1999年版，第378页。

③ 孔子于定公十四年（前496）去鲁，应聘诸国，哀公十一年（前484）自卫反鲁。

有取篇段首句文字定名，如《高宗肜日》《西伯戡黎》；有以君臣名号定名，如《盘庚》《微子》《五子之歌》《皋陶谟》；有取文论定名，如《无逸》；有取文体定名，如《汤誓》《大诰》《康诰》《伊训》等。

《三代世表》称孔子“次《春秋》”“序《尚书》”。匡亚明认为，孔子以前，《诗》的体制和今天的《诗经》大体一致，只是国风和编排次序有所不同，足以说明孔子即或删诗重点在编排次序上[①]。

4. 经典传叙，言其作意

孔子在整理典籍时，为每书“言其作意”，即书的传叙。虽然宋代朱熹、清代姚际恒、近代康有为和梁启超以及顾颉刚等都曾否认过孔子作《诗》《书》之序，但《汉书·艺文志》和《隋书·经籍志》对孔子为《书》作序早有记载。《汉书·艺文志》说：“故《书》之所起远矣，至孔子纂焉，上断于尧，下迄于秦，凡百篇，而为之序，言其作意。”《隋书·经籍志》说：“孔子删《书》，别为之序，各陈作者所由，韩、毛二《诗》，亦皆相类。”余嘉锡《目录学发微》说：“其实《齐诗》、《鲁诗》亦皆有序，清儒马国输、陈寿琪所辑《遗说》可考，此因《齐诗》魏代已亡，《鲁诗》亡于西晋，故但举毛、韩二《诗》耳。”针对传世的《诗》《书》之序是否孔子所作，有过争议。但有一点是明确的，孔子为《诗》《书》作序是事实。至于存世的《诗》《书》之序，有两种可能性，一种是孔子原作，另一种不是孔子原作，因原作失传，或者托名孔子而作，或孔子弟子记录，或者拾遗残缺而成。

然而，《史记·孔子世家》只提到整理《诗》《书》《礼》《乐》四部典籍，并未提到《易》和《春秋》的整理。《孔子家语·本性解》有孔子“删《诗》述《书》，定《礼》理《乐》，制作《春秋》，赞明《易》道”的记载，然《孔子家语》为王肃伪作，故不可信。《史记》之《孔子世家》和《儒林传》等篇载有孔子编订六经之事。《礼记·经解》和《庄子·天运篇》不但说孔子治六经，以六经教弟子，而且自言“经”。

《易经》非一般的占筮之书。《论语》中的“易恒卦”上有“不恒其

---

① 匡亚明：《孔子评传》，齐鲁书社1985年版，第335—338页。

德，或承其羞”两句，孔子说“不占而已矣”，即解释“恒卦”此语不是占卜之辞，而是鼓励做人应持之以恒。关于《易经》是否为孔子作，有两种不同观点，一种彻底否定，如姚名达：“至于《周易》，则向为卜筮之用，孔丘不过读之‘韦编三绝’而已，纵使有所解释，《系辞》亦已明白标出‘子曰’，其《序卦》连续为文，乃经师说《易》之辞，亦非孔丘所作。”① 另一种认为不可全盘否定，承认部分为孔子作，这种观点占绝大多数。《论语·述而》记载：“子曰：加我数年，五十以学《易》，可以无大过矣。”《史记·孔子世家》说：“孔子晚而喜《易》，序《彖》《系》《象》《说卦》《文言》。”《汉书·艺文志》六艺略序：“孔氏为之《彖》《象》《系辞》《文言》《序卦》之属十篇。”《隋志》经部易类小序云：“孔子为《彖》《象》《系辞》《文言》《序卦》《说卦》《杂卦》，而子夏为之传。”元代李治《敬斋古今黈》卷一：“欧阳公不信《周易·系辞》，而于《序卦》则未尝置论”，“此盖孔子见古之易书，其诸卦前后相连，悉已如是，因而次第之，以为目录云耳，初非大易之极致也”。由上观之，孔子为《易经》的解释，成《易传》。虽然《易传》中的各篇并不全是孔子一人所作，但孔子作《序卦传》应当是可信的。

《春秋》一书，《孟子》谓孔子作。《史记》说他“为《春秋》，笔则笔，削则削，子夏之徒不能赞一辞。弟子受《春秋》，孔子曰：‘后世知丘者以《春秋》，而罪丘者亦以《春秋》。’”但宋郑樵以及后世一些学者皆谓《春秋》为鲁史记的旧文，孔子不过“录而足之”。说《春秋》是孔子根据鲁国史官编《鲁春秋》修订而成，是比较可信的。

春秋以前，图书为王官所有，整理图书是史官之职。虽然在孔子之前也有个人的图书整理活动出现，但孔子图书整理工作的确开启了私人大规模图书整理工作之先例。孔子所创设的一整套图书整理方法，成为中国目录学方法的宝贵遗产。孔子所做的图书整理，其功不仅仅在于图书的保存和传播，对于文化的保存与传播也做出了不可磨灭的贡献。

应当指出的是，因为孔子认为“攻乎异端斯害也已”，这种以政见和学派的标准排斥一切反中庸之道的议论，缺乏包容的态度，造成在图书

① 姚名达：《中国目录学史》，上海古籍出版社 2011 年版，第 27 页。

整理过程中排斥和遗弃了许多颇有价值的图书，失掉了入典而存的机会，这是孔子图书整理的局限性。

（二）文献存征的思想

孔子最早提出了“文献”的概念。孔子在《论语・八佾》中说：“夏礼，吾能言之，杞不足征也。殷礼，吾能言之，宋不足征也。文献不足故也。足，则吾能征之也。”孔子所讲的文献应当包括先秦时代的典籍，这一点是没有疑问的，问题是“献”如何理解，后世有不少解释。根据魏朝何晏《论语集解》所引，东汉郑玄把孔子所表述的“文”理解为典籍，“献”理解为贤才。按这个解释，文献的范围远远超出了典籍和一切文字记载，将有学问和知识的人也纳入了文献范畴。

孔子深感文献不足，广求典籍，广泛收集鲁、周、宋、杞等国的文献加以整理。在公元前 484 年从卫回鲁之前，14 年间周游宋、卫、陈、蔡、齐、楚列国，既寻求政治抱负实现，又搜寻典籍、传播知识。《春秋公羊传・隐公第一》载：“孔子受端门之命，制春秋之义，使子夏等十四人求《周史记》，得百二十国宝书。”《史通・六家》说：“孔子观书于周室，得虞、夏、商、周四代之典。”

孔子认为获取文献，今易古难。孔子说：“我观周道，幽厉伤之，吾舍鲁何适矣”，“我欲观夏道，是故之杞而不足征也，吾得《夏时》焉；我欲观殷道，是故之宋而不足征也，吾得《坤乾》焉。《坤乾》之义，《夏时》之等，吾以是观之”①。因此，他特别重视古文献的搜集与保存。

孔子的文献存征思想与他的政治抱负有重要关联。孔子欲治天下而周游列国，因周游列国而遍访文献，体会“文献不足”，逐渐形成了对文献重要性和保存文献必要性的认识。

（三）还原正本的思想

春秋之时，礼坏乐崩。孔子整理图书，力求摆脱宗教巫术的束缚，也是为了弘扬正道。孔子通过整理图书，还原真实，正本清源。校书之中，以求真务实的态度，还典籍之本来面目。

孔子的“还原正本”思想源于孔子的文化精神和孔子的治学态度。

---

① 陈澔注：《礼记・礼运》，上海古籍出版社 1987 年版，第 123 页。

"孔子之时，周室微而礼乐废，《诗》、《书》缺。追迹三代之礼，序《书》传，上纪唐虞之际，下至秦缪，编次其事……故《书》传、《礼记》自孔氏。"（《史记·孔子世家》）孔子重视文化传承，忧心于"《礼》《乐》废，《诗》《书》缺"，以中华文化传播的责任感和使命感，发愤从事图书整理，还经典之本原。孔子的治学态学就是求真，图书整理的正本求源，如同正纲纪。

（四）揭示精要的思想

《论语》记孔子精微要妙之论。《论语·为政》有"《诗》三百，一言以蔽之，思无邪"，《论语·季氏》有"不学《诗》，无以言""不学《礼》，无以立"，《论语·八佾》有"《关雎》，乐而不淫，哀而不伤"，《论语·阳货》有"小子，何莫学夫诗？诗，可以兴，可以观，可以群，可以怨；迩之事父，远之事君；多识于鸟兽草木之名"，均以最简的语言揭示其精要。

《诗》《书》有总序和分序，总序介绍一类一组图书的宗旨，分序介绍一篇诗或文的写作背景和意图。《诗》序长短不一，长者如《六月》的小序有220余字，短者如《硕鼠》："硕鼠，刺重敛也。国人刺其君重敛？蚕食于民，不修其政，贪而畏人，若大鼠也。"仅29个字，更短者只有三五字。《书》序更为简洁，如《尚书·多士篇》小序为："成周既成，迁殷顽民，周公以王命诰，作《多士》。"仅17个字。从孔子为《诗》《书》作序的情况看，孔子已有了对图书要进行揭示的思想。这种思想重点在于言其作意，去繁就简，突出精要。

揭示精要的思想源于孔子的治学方法。孔子对待六经的原则是"述而不作"，后世便有更多对经的章句阐释。后汉徐防上疏曰："《诗》《书》《礼》《乐》，定自孔子，发明章句，始于子夏。"[①] 柳诒徵则认为："《诗》《书》《礼》《乐》皆述，《易》《春秋》则述而兼作。"[②] 按"述而不作"的原则，孔子提倡为经典传叙。王重民对孔子"经典序意"思

① 据（元）马端临《文献通考·经籍考》，华东师大古籍研究所标校，华东师范大学出版社1985年版，第54—55页。"《诗》、《书》、《礼》、《乐》，定自孔子，发明章句，始于子夏"，此语出自容斋洪氏《随笔》。

② 柳诒徵：《中国文化史》，北京师范大学出版社2016年版，第309页。

想给予很高的评价："孔子在删定、编定和解释'六经'的时候，创造性地推动了目录学的发展。"①

（五）六艺分类的思想

孔子创始六艺分类。《庄子·天道》载"孔子谓老聃曰：'丘治《诗》《书》《礼》《乐》《易》《春秋》六经，自以为久矣。'"古代学者认为"六"代表"六合"，即东西南北和天地，所以"六"是包罗万象的。

六艺分类是一个体系，孔子将经典分为六个大类，每类之下再细分，如"书"大类的分类：按时代先后分虞书、夏书、商书、周书四小类，每个小类所属之文章再按反映时代之先后排列。

又如"诗"大类的分类，分为 3 小类、7 个子类、若干子目：

国风

二南：周南；召南（子目 2）

风：邶风；鄘风；卫风；王风；郑风；齐风；魏风；唐风；秦风；陈风；桧风；曹风；豳风（子目 13）

雅

小雅：鹿鸣之什；南有嘉鱼之什；鸿雁之什；节南山之什；谷风之什；甫田之什；鱼藻之什（子目 7）

大雅：文王之什；生民之什；荡之什（子目 3）

颂

周颂：清庙之什；臣工之什；闵予小子之什（子目 3）

鲁颂：《駉》、《駜》……

商颂：《那》、《烈祖》、《玄鸟》……

① 王重民：《中国目录学史论丛》，中华书局 1984 年版，第 6 页。

由此可见，孔子的六艺分类实际上形成了四级类目结构：第一级类目（大类）如“诗”；第二级类目（小类）：如诗之下“国风”“雅”“颂”三类，“风者，圣贤治道之造化；雅以为后世法；颂诵德广以美之，三者诗之体也”[①]；第三级类目（子类）如国风之下“二南”，“赋、比、兴三者与风、雅、颂并称为六义。先王以是敬夫妇，成孝敬，厚人伦，美教化，移风俗，不离日用间，有福天下万世之意，《周南》也。至诚淳恪，秋毫不犯，《召南》也”[②]；第四级类目（子目）如二南下“周南”。类目详细，逻辑清晰，是以类统领图书的早期分类思想。

六艺分类的思想影响深远，对后来中国第一部分类目录——《七略》的分类有直接影响。

孔子的六艺分类思想来源于孔子的正名、仁义、忠恕、知命等哲学思想。与道家的“无为”学说不同，孔子“知其不可而为之”（《论语·宪问》），“知者不惑，仁者不忧，勇者不惧”（《论语·子罕》）。孔子强调个人的精神修养发展“志于道”（《论语·述而》）、“立于礼”（《论语·泰伯》），儒家“游文于《六经》之中，留意于仁义之际”（《汉书·艺文志》）。按孔子的正名观，“必也正名乎！”（《论语·子路》），孔子整理六艺，为经典正名。综合来看，孔子的六艺排序为《诗》《书》《礼》《乐》《易》《春秋》[③]，以《诗》为首，正体现了《诗》可立言，“迩之事父，远之事君”的仁义、忠恕哲学观；而从《诗》到《春秋》的排序，与孔子的个人修养发展轨迹[④]联系起来，正体现了“儿时‘言于诗’‘思无邪’，有《诗》教人温柔敦厚[⑤]——‘十五志学’，有《书》教人疏

---

① 钱基博：《经学通志》，广西师范大学出版社2009年版，第73页。

② 钱基博：《经学通志》，广西师范大学出版社2009年版，第74页。

③ 据《庄子·天道》，孔子曾告诉老子他所治六经为《诗》《书》《礼》《乐》《易》《春秋》，此应为孔子所定的六艺次序。

④ 《论语·为政》：“吾十有五，而志于学。三十而立。四十而不惑。五十而知天命。六十而耳顺。七十而从心所欲，不逾矩。”

⑤ 据《汉书·艺文志》载“古者八岁入小学，故《周官·保氏》掌养国子，教之六书，谓象形、象事、象意、象声、转注、假借，造字之本也”和《说文解字·叙》“周礼八岁入小学，保氏教国子，先以六书，一曰指事，二曰象形，三曰形声，四曰会意，五曰转注，六曰假借”，学《诗》当在八岁学六书之后。

通知远——‘三十而立’‘立于礼’，有《礼》教人恭俭庄敬——‘四十而不惑’‘知者不惑’，有《乐》教人广博易良——‘五十而知天命’，有《易》教人洁静精微——‘六十而耳顺’，有《春秋》教人属辞比事”这样一个精神修养发展观。

（六）六艺教人的思想

孔子少“贫且贱”，深知知识和教育的重要性。其学无常师，曾问礼于老聃，学乐于苌弘，学琴于师襄，博采众家，取其精要。孔子开私人讲学之风，倡导仁义礼智信。其弟子三千中，有贤人七十二。孔子去世后，其弟子及再传弟子把孔子及其弟子的言行语录和思想记录下来，整理编成《论语》，被后世奉为儒家经典。

《论语·述而》“子以四教：文、行、忠、信”。《论语·先进》“德行：颜渊、闵子骞、冉伯牛、仲弓。言语：宰我、子贡。政事：冉有、季路。文学：子游、子夏”，这说明孔子教授学生的科目分为德行、言语、政事、文学四科。

孔子以六艺教人。《礼记·经解篇》载：“孔子曰：入其国，其教可知也。其为人也，温柔敦厚，《诗》教也；疏通知远，《书》教也；广博易良，《乐》教也；洁静精微，《易》教也；恭俭庄敬，《礼》教也；属辞比事，《春秋》教也。故《诗》之失，愚；书之失，诬；乐之失，奢；易之失，贼；礼之失，烦；春秋之失，乱。”① 这一思想影响深远。《四库全书总目》说：“圣人觉世牖民，大抵因事以寓教。《诗》寓于风谣，《礼》寓于节文，《尚书》《春秋》寓于史，而《易》则寓于卜筮。”②

孔子的六艺教人思想来源于孔子的教育思想。孔子提倡“有教无类”，不分阶级，一律施教。“不但注重技艺教育，并首先实行人格教育，拿系统的道德学说和缜密的人生理想来教训生徒。”③ “志于道，据于德，依于仁，游于艺”成为孔子教育思想的总纲，也成为孔子目录学思想之源。

---

① （唐）魏徵《隋书·经籍志》总序及（元）马端临《文献通考·经籍考》总叙均有引用。

② （清）永瑢：《四库全书总目》上册，中华书局1965年版，第1页。

③ 傅乐成：《中国通史》上册，贵州教育出版社2010年版，第84页。

孔子的目录学是开创性的，他开创了对图书的系统化整理，开创了图书分类，开创了以书序为标志的图书揭示，还开创了目录学以“校书”为基础的“论书”。

三　总结

春秋战国时期是先秦学术文化史的重要阶段，也是目录学产生的根源和源泉所在。目录学在春秋战国时期产生不是偶然的，是春秋战国以前长期积累的必然结果，是先秦学术文化发展到一定阶段的产物，这在上一章已有结论。经过本章的讨论，可得出以下结论。

1. 春秋战国时期是中国目录学的发端

春秋战国时期，有了系统化的图书整理，形成了关于图书收集、选择、校勘、揭示、分类、编排等方法，这得益于对于图书的积累，特别是国家藏书管理，形成了制度；学术分类产生，是春秋战国时期学术繁荣的必然结果，学术流派日多，对流派的条别和评述成为必要。特别是此时，目录产生，是图书整理的重要成果，也是目录学产生的标志之一。

2. 出现了第一位目录学家

从春秋战国时期的目录学活动看，有很多学者都从事过目录学相关活动，孔子无疑是这个时代目录学的先行者和杰出代表。

对于孔子的目录学贡献和在中国目录学史上的地位，乔好勤认为：“孔子无意专门从事目录工作，但他在古籍整理过程中所做许多工作，确实具有目录工作性质，他无意做一个目录学家，但他创立的许多古籍整理方法，确实开了许多目录方法的先河，给后世以很大的影响；而在这些目录工作活动和目录方法中所体现出的一些思想已经属于目录学研究的内容了。”“孔子在我国先秦目录工作的发展中起到承前启后的作用。”[①] 余庆蓉和王晋卿说“孔子施教讲学将选定的有关文献汇编为一书，定其篇目，谓之一书目录”[②]，又说孔子整理“六经”“虽未成专门之目

① 乔好勤：《中国目录学史》，武汉大学出版社 1992 年版，第 30 页。

② 余庆蓉、王晋卿：《中国目录学思想史》，湖南教育出版社 1998 年版，第 13 页。

录”[①]，但“春秋时的孔子，就是我国历史上第一个伟大的图书整理家和目录学思想家”[②]。

针对徐召勋提出的孔子可称为最早的编目员[③]一说，乔好勤反驳说：“孔子所做的目录工作还仍然处于目录工作的初始阶段”，“孔子的目录工作和目录思想仍然处于‘潜科学’状态，这和西汉刘氏父子有目的大规模的校雠编目有着鲜明的区别。所以，说他是世界上最早的‘编目员’未必准确”[④]。这里所讲的孔子的工作处于初始状态是符合实际情况的，但以此为依据不仅不能否定“编目员”之说，而是支持了徐召勋的观点，因为编目员不一定要以大规模校雠编目为标准。

笔者以为，这些评价都是不够的。第一，孔子所做的都是目录学开创性的工作，无论其有意还是无意，这种开创对后世的影响是历史且深远的，可以说，没有孔子的开创性工作，就没有汉代目录学的定型，也不会有以校雠为特色、以“辨章学术，考镜源流”为主旨的目录学。“编目员”是一个现代概念，今天的编目员只是进行图书的著录和目录组织工作。说孔子是“编目员”显然低估了孔子的学术性目录工作和目录学的杰出贡献。第二，评价孔子的目录学，不能孤立地看他的目录学活动，要把他的目录学贡献与他在中国文化上的贡献相联系，与他的学术思想相联系。他作为万世师表，是中国教育的先驱和思想家，其目录学思想与教育学思想是密切相关的。

因此，从中国目录学的发展历史看，孔子是中国目录学史上的首位能称得上目录学家的人，是中国目录学的奠基人，是中国目录学之鼻祖。

3. 春秋战国时期的学术文化对目录学的起源产生了重要影响

春秋战国时期，社会制度、经济等发生了许多变化，而学术文化处于全新的繁荣时期，这一环境孕育了目录学。

春秋时期儒道兴。到战国时，在学术开放、百家争鸣中，儒（孔子、孟子、荀子）、道（杨朱、老子、庄子）、墨（墨翟、禽滑厘）、法（慎

---

① 余庆蓉、王晋卿：《中国目录学思想史》，湖南教育出版社 1998 年版，第 19 页。

② 余庆蓉、王晋卿：《中国目录学思想史》，湖南教育出版社 1998 年版，第 1 页。

③ 徐召勋：《学点目录学》，安徽教育出版社 1983 年版，第 197 页。

④ 乔好勤：《中国目录学史》，武汉大学出版社 1992 年版，第 25 页。

到、申不害、商鞅、韩非）四大学派，如果加上名家（惠施、桓团、公孙龙）和战国末期的阴阳家（邹衍），应有六大学派。各大学派之间最开始有渊源关系，孔子曾问学于老子，墨家之墨翟最初“学儒者之业，受孔子之术”，法家之代表人物如李克、吴起等都是孔子的再传弟子。后来便有了以儒家为焦点的儒道相持、儒墨对立、儒法斗争。各学派著书立说，传播知识，使目录学从一开始就与学术源流发生了天然的关系。

春秋战国时期教育产生，目录学开启指导读书的作用。“孔子述文，弟子兴业，咸为师傅，崇仁厉义。”（《史记·太史公自序》）孔子教授生徒，给他的弟子们讲述经典，每一经典都作必要的说明，“这就是后世所称说的大序和小序，这种大序和小序对读者具有指导性的意义”①。中国推荐目录起源于对图书的揭示与推荐。据《国语·楚语》记载，春秋时楚国大臣申叔时曾向楚庄王提出建议，以《春秋》《诗》《礼》《乐》这类文献对太子进行教育。孔子撰写的小序也有对图书的推荐。这类荐书指导活动辅助教育，已使目录学初具教育职能。

4. 私人读书治学兴起，直接催生了以读书治学为要务的目录学产生

春秋战国时期，“士”阶层得到发展，读书治学蔚然成风。葛洪《抱朴子》外篇卷3《勖学》：“夫周公上圣，而日读百篇；仲尼天纵，而韦编三绝；墨翟大贤，载文盈车。”记述了周公读书、孔子韦编三绝和墨翟学富盈车，是先秦时代诸先贤与书为伍的记载。苏秦是战国时纵横家，家富藏书。《战国策·秦策一》卷3：“（苏秦）去秦而归，羸縢履蹻，负书担囊，形容枯槁，面目黧黑，状有愧色，归至家，妻不下紝，嫂不为炊，父母不与言。……乃夜发书，陈箧数十，得太公阴符之谋，伏而诵之，简练以为揣摩。读书欲睡，引锥自刺其股，血流至足。”反映学习刻苦的“悬梁刺股”典故，即出于此。

值得指出的是，由于时代久远，今天对于春秋战国时期目录学成就和目录学思想的探讨只是初步的，受到了现有史料的很大局限。随着考古发现和史料的增加，对春秋战国时期目录学研究应当加强，以获得更为全面的认识。

---

① 王重民：《中国目录学史论丛》，中华书局1984年版，第6页。

第三章

秦代目录学

秦代结束了春秋战国之乱，建立了一个统一强大的帝国。然而，历来目录学史研究，常常是从春秋战国直接跨入到了汉代，对秦代少有关注。究其原因，一是目录学史研究的传统，只重有目录学较大成就的时代，忽略那些少有成就的时代，人云亦云，形成了以目录学重点时代、重点人物与重点著作替代目录学历史整体发展的以点带面的目录学史观；二是因为秦代史料获取不易，与目录学相关的史料甚少，局限于“目录”探究目录学史，遂以为秦无目录学。基于此，笔者从中国目录学关于图书整理、学术史和读书治学出发，试图对秦代目录学的发展与思想进行初探。

第一节 秦代学术文化与图书体制

一 秦代学术文化

秦（前221—前206）[①] 是中国第一个封建王朝，从嬴政二十六年统一中国到胡亥三年子婴降汉共15年，因为结束了长期的分裂混战局面，建立了中华民族统一的国家，在中国历史上占有十分重要的地位。《史记·太史公自序》说：“维秦之先，伯翳佐禹；穆公思义，悼豪之旅；以人为殉，诗歌《黄鸟》；昭襄业帝，作《秦本纪》第五。始皇既立，并兼

① 白寿彝主编《中国通史纲要》关于秦时间断限为“传二代，二帝，一十五年，约当于公元前二二一年至前二〇七年”；范文澜著《中国通史简编》关于秦时间断限为前二二一年至公元二〇七年。

六国，销锋铸鐻，维偃干革，尊号称帝，矜武任力；二世受运，子婴降虏。作《始皇本纪》第六。”司马迁用这种目录学的方法以极简的语言概括了秦史。

秦为实现大一统，“始皇二十六年，书同文字”（《史记·始皇本纪》），统一文字、货币、度量衡、法律，书同文，车同轨。由于周朝大篆（籀文）笔画笨重，虽经战国时齐鲁简化（汉人称之为古文、蝌蚪文或孔壁古文），但仍不省便。因此，秦统一后，李斯订定文字。东汉许慎《说文解字·叙》说：“七国之世，言语异声，文字异形，秦并天下，丞相李斯，乃奏同之，罢其不与秦文合者。李斯作《仓颉篇》，中车府令赵高作《爰历篇》，太史令胡毋敬作《博学篇》，皆取史籀大篆，或颇省改，所谓小篆者也。”《汉志》载：“《苍颉》七章者，秦丞相李斯所作也；《爰历》六章者，车府令赵高所作也；《博学》七章者，太史令胡毋敬所作也；文字多取《史籀篇》，而篆体复颇异，所谓秦篆者也。是时始造隶书矣。”其后程邈再简化小篆，称为“隶书”，成为秦代另一种通用的文字。白寿彝认为，统一文字和度量衡，便于官方的行文，便于对征收粮帛、物资及土木工程等的计算，为文化、生产和交易的发展提供了方便条件①。

秦始皇有统一之功，筑长城、兴水利，巩固疆域，推进生产。但其施暴政、以民为黔首、焚书坑儒、禁私学等，历来被史家批评。吕思勉认为，向来都说秦始皇是暴君而把他的好处一笔抹杀，其实这是冤枉的。“他的政治实在是抱有一种伟大的理想的。”② 本来，春秋战国时期目录学产生于儒学，而秦焚书坑儒之后，儒学中的目录学难以生存，秦学术文化遭受前所未有的禁锢。学术文化不兴，目录学亦受到几乎毁灭性的破坏。

二　秦代图书体制

秦代处于中国图书的简策时代。《史记·老子韩非列传》说：“秦王

---

① 白寿彝：《中国通史纲要》，上海人民出版社1980年版，第115页。

② 吕思勉：《吕著中国通史》，中华书局2020年版，第345页。

见《孤愤》《五蠹》之书，曰：‘嗟乎，寡人得见此人与之游，死不恨矣！’”① 秦时简策笨重，图书传播与阅读并非今日整部图书或整部典籍便于携带，通常只能携带其中一篇或数篇以供阅读。秦王所说《孤愤》《五蠹》即今《韩非子》一书中的篇名，足见当时典籍以单篇流传的事实。从出土的实物看，普通竹简一般长 23 厘米左右，相当于秦汉时的 1 尺，宽 1 厘米，厚 0.2 或 0.3 厘米不等。由于所写文字的内容不同，竹简长短亦有差别，如檄文用 1 尺 2 寸简，法令、文告等用 3 尺长的简，而一般书写大都用 1 尺左右的竹简。这种竹简，每简一般只写一行文字，字数在 20—60 之间。如果每枚竹简按 50 个字计算，那么，《道德经》5000 字需用简 100 枚。

秦国有刻石之传统。秦国石鼓文距今约有 2500 余年，记贵族游猎、游乐生活。《诅楚文》就是早期刻石图书。秦统一后，始皇五次东巡，于峄山、泰山、琅琊、芝罘、东观、碣石、会稽等处刻石，以记功德。《史记·太史公自序》载“玉版图籍散乱”，说明秦代曾有玉版典籍收藏。玉版，材质坚硬、难得且高贵，先秦时以它为书写材料，通常用于贵重典籍，使用范围较狭且不易普及。《韩非子·喻老》载有“周有玉版，纣令胶鬲索文，文王不予，费仲来求，因予之”。说明玉版专供天子、王侯用，而其他材料图籍自不如玉版显贵。

第二节　秦代目录学发展阻滞

一　焚书与禁书目录产生

“焚书坑儒”并不是一个事件，而是不同的主题，兹分论之。

“焚书”事件发生于秦统一后的第 9 年，即秦始皇三十四年（前 213）。据《史记·秦始皇本纪》记载，这一年，“始皇置酒咸阳宫，博士七十人前为寿”。仆射周青臣颂扬秦“人人自安乐，无战争之患，传之万世”，并颂扬始皇“自上古不及陛下威德”。博士齐人淳于越反对这种颂扬，“事不师古而能长久者，非所闻也”，指责周青臣“面谀以重陛下之

① （汉）司马迁：《史记》，中华书局 2000 年版，第 1712 页。

过，非忠臣”[①]。秦始皇令众人议论淳于越的这些言论，于是掀起了政治上师古还是师今的大辩论。丞相李斯上书曰：“异时诸侯并争，厚招游学。今天下已定，法令出一，百姓当家，则力农工，士则学习法令[②]。今诸生不师今而学古，以非当世，惑乱黔首，相与非法教。人闻令下，则各以其学议之，入则心非，出则巷议，夸主以为名，异趣以为高[③]，率群臣以造谤[④]。如此弗禁，则主势降乎上，党与成乎下。禁之便。臣请史官非秦记皆烧之。非博士官所职，天下有藏《诗》、《书》、百家语者[⑤]，皆诣守尉杂烧之。有敢偶语《诗》、《书》者弃市。以古非今者族。吏见知而不举，与同罪。令下三十日不烧，黥为城旦。所不去者，医药、卜筮、种树之书。若欲学法令，则以吏为师。”[⑥] 李斯先发师今论，“五帝不相复，三代不相袭，各以治，非其相反，时变异也。今陛下创大业，建万年之功，固非愚儒所知。且越言乃三代之事，何足法也?”进而引出“焚书”之论：“古者天下散乱，莫之能一，是以诸侯并作，语皆道古以害今，饰虚言以乱实，人善其所私学，以非之上所建立。今皇帝并有天下，别黑白而定一尊。私学而相与非法教，人闻令下……禁之便。”[⑦]

丞相李斯还拟定烧书之法，包括：（1）史官非秦记，皆烧之。（2）非博士官所职，天下有敢藏《诗》《书》、百家语者，悉诣守尉杂烧之。（3）有敢偶语《诗》《书》者，弃市。以古非今者，族。吏见知不举者，与同罪。令下三十日不烧，黥为城旦。（4）所不去者，医药、占筮、种树之书。若有欲学——法令——以吏为师。焚书的理由，早见《管子·法禁》和《韩非子·问辩》两篇，其中早有焚书的主张。秦始皇、李斯据此法学主张而实施，把关涉到社会、政治问题的“诗、书、百家语”都烧掉，只留下关系技术实用的医药、卜筮、种树之书。涉及

① （汉）司马迁：《史记》，中华书局2000年版，第180—181页。

② 司马迁《史记·秦始皇本纪》载“士则学习法令辟禁”，有“辟禁”二字。

③ 司马迁《史记·秦始皇本纪》载“异取以为高”。

④ 司马迁《史记·秦始皇本纪》载“率群下以造谤”。

⑤ 司马迁《史记·秦始皇本纪》载“天下敢有藏《诗》、《书》、百家语者”，有“敢”字。

⑥ （元）马端临：《文献通考》，中华书局2011年版，第5187页。

⑦ （汉）司马迁：《史记》，中华书局2000年版，第181页。

社会、政治问题的，所许学的，只有当代的法令；有权教授的人，即是当时的官吏。

当时掌管图书之御史分别督烧内外书，秦纪今文史记不烧，非秦纪之六国以前古文史记烧，秦博士官所职今文《诗》、《书》、百家语不烧，非秦博士所职之天下有藏古文《诗》、《书》、百家语烧。

焚书事件在历代目录著作中都有记载和评说，如东汉《汉书·艺文志·序》“至秦患之，乃燔灭文章，以愚黔首”；南朝梁《七录·序》“嬴政嫉之，故有坑焚之祸”；唐《隋书·经籍志·序》“秦政奋豺狼之心，刬先代之迹，焚《诗》《书》，坑儒士，以刀笔吏为师，制挟书之令。学者逃难，窜伏山林，或失本经，口以传说”；五代《旧唐书·经籍志·序》“嬴氏坑焚，以愚黔首”；宋《新唐书·艺文志·序》“六经焚于秦”；元《宋史·艺文志·序》“历代之书籍，莫厄于秦”。

焚书事件，使中国先秦时期大量的珍贵典籍付之一炬，尤其是儒家经典，遭到致命重创。隋牛弘将秦始皇焚书称为“五厄”之首，“秦皇驭宇，吞灭诸侯，任用威力，事不师古，始下焚书之令，行偶语之刑。先王坟籍，扫地皆尽”①。明丘濬痛斥秦始皇和李斯：“秦无道之罪十数，如坏井田、刑三族、坑儒生、罪妖言之类，然皆一时之事也。继其后者，苟一旦兴改革起废之心，其弊端可撤而去，其坠绪可寻而理也。若夫诗书百家语，皆自古圣帝明王贤人君子精神心术之微，道德文章之懿，行义事功之大，建置议论之详，所以阐明以往而垂示将来者，固非一人之事，亦非一日可成，累千百人之见，积千万年之久，而后备具者也。乃以一人之私，快一时之意，付之烈焰，使之散为飞烟，荡为寒灰，以贻千万世无穷之恨。呜呼，秦之罪上通于天矣！始皇、李斯所以为万世之罪人欤！”②

这不仅仅是目录学史上一次大厄，也是中国文化史上的一次大灾难。

关于“坑儒”事件，一般把它与焚书关联起来，其实，两事不可并

---

① （唐）魏徵等：《隋书》，中华书局2019年版，第2753页。

② （明）邱濬：《大学衍义补》中册，林冠群、周济夫校点，京华出版社1999年版，第802页。

论。“焚书”事件的第二年，秦始皇在咸阳坑杀了460余名儒生。

此事的起因，由于始皇相信神仙，招致了一班方士替他炼奇药；带着童男女入海求神仙。然而有方士侯生、卢生诽谤皇上而逃。始皇大怒，说：“吾收天下书不中用者尽去之。悉召文学、方术士，欲以致太平，求奇药，如今毫无效验，反而诽谤我。”于是派御史去按问，诸生互相告引，遂有460余人因犯禁而坑之咸阳。梁启超说：“二事同为虐，而结果非可以一概论”，认为焚书窒息自由思想，毁灭文化，为祸至为酷烈，而坑儒则不同，“始皇一坑，正可以扫涤恶氛，惩创民蠹，功逾于罪也”[①]。吕思勉说：“这件事虽然暴虐，却和学术思想，是了无干系的。”[②]

“焚书坑儒”历来作为激起人们对秦始皇“遗臭万年”痛恨的靶子以及对秦始皇彻底否定的宣判证据。对于李斯，就焚书事件主谋并协同始皇焚书之罪，足以引起历代读书人的愤慨。而且，李斯尚有两大违天理之过：一为读书人，为荀子的学生，饱学之士本惜书如命，应懂得保存图书的重要；二为楚国人，连家乡的图书也不放过，却为政治权力和贪图虚名而大逆不道毁书。二世二年（前208）“具斯五刑，论腰斩咸阳市”[③]，李斯被杀，也是罪有应得。

客观而论，秦焚书是史实，但并没有烧尽所有图书，也是不争的事实。不仅秦纪、医药、占筮、种树之书不在焚书之列，博士个人藏书不在焚书之列，而且列入焚书之列的某些书籍也通过私藏等多种途径保留了下来。汉王充说：“秦虽无道，不燔诸子，诸子尺书，文篇具在，可观读以正说，可采掇以示后人。”[④] 宋郑樵说：“秦人虽弃儒学，亦未尝弃图书，诚以为国之具，不可一日无也。”[⑤] 还有一种情况，“有些禁书的内容早已印入人们的脑海，避过了禁网；其后便有若干古籍，是凭了老年人

---

① 梁启超：《战国载记》，《饮冰室合集·专集之四十六》，中华书局1989年版，第1—58页。

② 吕思勉：《中国通史》，中华书局2015年版，第84页。

③ （汉）司马迁：《史记》，中华书局2000年版，第1992页。

④ （汉）王充：《论衡》，上海人民出版社1974年版，第435页。

⑤ （宋）郑樵：《通志二十略》，王树民点校，中华书局1995年版，第1825页。

的记忆复原的”[①]。

“焚书坑儒”首先是实现了秦始皇大一统的政治目的，客观上造成了对典籍和文化的破坏。图书惧天灾，更惧人祸，因人祸毁人类创造的文化遗产而无法再生，这是历史留下的惨痛教训。

按李斯禁书建议和秦焚书令，当时禁书有三大类：《诗》类、《书》类、百家语类。加上详细的焚书清单，应当算是最早的禁书目录。只是这些焚书清单并没有被史书记载并保留下来。

二　收集校书活动

如果仅以秦有焚书之灾难，就认定秦无校书活动，这是不客观的。

秦统一前就有收书活动。昭襄王时，“荀卿（即孙卿）入秦，昭王从之问儒术。荀卿以孔子之语及诸国事、七十二弟子之言，凡百余篇与之，由此秦悉有焉”[②]。这是一次较大规模的收书之举，旨在彰显秦国尊严，韩非认为“慕仁义而弱乱者，三晋也；不慕而治强者，秦也”。[③]

由于简策书不仅笨重，而且体积大，给藏书与校书带来了许多困难。秦灭六国时，将六国藏书收归秦所有，即始皇所言“吾前收天下书”（《史记·秦皇始本纪》）。这样，秦藏书骤然成天下之首。

吕不韦（？—前235）在秦庄襄王时被任为相国，封文信侯，秦王政后，继任相国，称“仲父”。其门下有宾客三千，家童万人。“是时诸侯多辩士，如荀卿之徒著书布天下，吕不韦使其客，人人著所闻，集论为八览、六论、十二纪，二十余万言，以为备天地万物古今之事，号曰《吕氏春秋》。”（《史记·吕不韦列传》）吕不韦令门客集中编写《吕氏春秋》，著述过程中参阅大量典籍，勘校众书是必然的，《汉书·艺文志》杂家有《吕氏春秋》二十六篇。但该书成于秦王政八年（前239），这是秦统一以前。秦统一后因为私学受到禁锢，是否尚有私家著述不得而知，但私家收集校书活动是存在的。

---

① 傅乐成：《中国通史》上册，贵州教育出版社2010年版，第104页。

② 王国轩、王秀梅译注：《孔子家语》，中华书局2011年版，第560页。

③ （战国）韩非子：《韩非子全鉴》（珍藏版），任娟霞解译，中国纺织出版社2017年版，第180页。

秦时还编纂有字书，如李斯作《仓颉篇》。班固《汉书·艺文志》载："至元始中，征天下通小学者以百数，各令记字于庭中。扬雄取其有用者以作《训纂篇》，顺续《苍颉》，又易《苍颉》中重复之字，凡八十九章。臣复续扬雄作十三章，凡一百二章，无复字。六艺群书所载略备矣。"

三 政府藏书管理

（一）御史掌管图书制度

秦统一六国前，沿袭旧制，设有史官掌管典籍和记言记事。据考证"史之职专以藏书、读书、作书为事，史为掌书之官，自古为要职"（《观堂集林》卷六《释史》）。秦文公十三年（前753）载"初有史以纪事，民多化者"（《史记·秦本纪》）。

秦实行御史掌管图书制度。周官御史"秦改为侍御史"（陈汉章《史通内篇补释》引《唐六典》）。据《汉书·百官公卿表》记载，秦御史大夫下有中丞，在殿中兰台掌图籍，"御史大夫，秦官，位上卿……在殿中掌管图籍秘书"，说明秦代掌管图书之官级别甚高[①]，在一定程度上超过了汉代的地位。

秦时有御史张苍掌管宫廷藏书。《史记·张丞相列传》载阳武人张苍"好书律历，秦时为御史，主柱下方书""张苍乃自秦时为柱下史，明习天下图书计籍"[②]。这里的方书不同于后世医书中的"方书"。如淳解说："方，版也，谓书事在版上者也"，"秦以上置柱下史，苍为御史，主其事"。司马贞云："周秦皆有柱下史，谓御史也。所掌及侍立恒在殿柱之下，故老子为周柱下史。今苍在秦代亦居斯职。"（司马贞《史记索隐·张丞相列传》）这说明秦并非废除所有旧制。

《汉书·艺文志》六艺略著录有《奏事》二十篇，注云"秦时大臣奏事，及刻石名山之文也"，就此事看，秦不仅有宫廷图书档案，而且

---

① 按秦中央官制，御史大夫（辅佐丞相），其地位仅次于左右丞相（辅佐皇帝处理国政）和太尉（掌管全国军政）。

② （汉）司马迁：《史记》，中华书局1959年版，第2676页。

“秦图书档案的保管整理工作很有成绩。秦燔灭文章，使天下图书遭一劫难，但政府掌管的图籍却在保护之列”①。

秦官制中有博士一职，《汉书·百官公卿表》记载秦博士隶属于奉常，“博士，秦官，掌通古今”，“博士官，秩为比六百石，员额多至数十人”。针对《史记·秦始皇本纪》“非博士官之职”一语，有一种观点便认为秦博士是掌管图书的官员，“秦之书籍，其储藏之地与执掌之人为史官、博士矣”，“伏生身为博士，又执掌书籍之人耳”②。李更旺以三条根据予以反驳，认为“秦博士并非掌管官府藏书之官，而是参与政事讨论，各掌其专门之学的学术顾问官员”③。这一结论与史书关于博士“备顾问”④ 等的解释是基本一致的。

（二）政府藏书之所

秦政府藏书源于（春秋初时）秦文公，至（春秋中期的）秦缪公有藏书“府”的记载，《史记·封禅书》载：“秦缪公立，病卧五日不寤；寤，乃言梦见上帝，上帝命缪公平晋乱，史书而记藏之府。”⑤ 还有藏书之“室”，如扬雄《答刘歆求方言书》载“常见先代輶轩之使，奏籍之书，皆藏于周、秦之室”，或称“秘室”，如东汉应劭《风俗通义·序》载“秦常以岁八月，遣輶轩之使，求异代方言，还奏籍之，藏于秘室”。

秦统一后的政府藏书之所有四：

一曰明堂。本是祭祀五帝之所，《史记·五帝本纪·索隐》注“五府”引“《尚书·帝命验》曰：‘五府，五帝之庙，苍曰灵府，赤曰文祖，黄曰神斗，白曰显纪，黑曰玄矩。’唐虞谓之五府，‘夏谓世室，殷为重屋，周谓明堂，皆祀五帝之所也”⑥。

二曰石室。本是宗庙敬藏神主之所。《左传》庄公十四年载有“先君

---

① 许殿才：《中国史学史（第2卷）秦汉时期：中国古代史学的成长》，上海人民出版社2006年版，第19页。

② 孙德谦：《秦纪图籍考》，《学衡》1924年第30期。

③ 李更旺：《秦代藏书考略》，《图书馆学研究》1983年第1期。

④ 范文澜：《中国通史简编》上册，商务印书馆2010年版，第112页。

⑤ （汉）司马迁：《史记》，中华书局2013年版，第1629页。

⑥ （汉）司马迁：《史记》，中华书局2013年版，第28页。

桓公，命我先人，典司宗祏”，杜预注云：“宗祏，宗庙中藏主石室”①，有“以石为室，重缄封之，保慎之义”（《汉书·高帝纪下·注》）。

三曰金匮。早在西周就有以柜盛书之传统，《尚书·金縢》有“纳册于金縢之匮中”。传云：“请命之书，藏之于匮，缄之以金，不欲人开之。”唐司马贞说：“石室、金匮皆国家藏书之所。”（《史记·太史公自序·索隐》）

四曰周室。本是周朝藏书之所，《史记·六国年表》载：“秦既得意，烧天下诗书，诸侯史记尤甚，为其有所刺讥也。诗书所以复见者，多藏人家，而史记独藏周室，以故灭。”②

以上四所，明堂、石室、金匮三所在咸阳，故《史记·太史公自序》说：“周道废，秦拨去古文，焚灭《诗》、《书》，故明堂、石室、金匮玉版图籍散乱。”③ 而周室独在洛阳。

至秦末，项羽烧秦宫室，火三月不灭，秦宫藏书再遭一厄。

四 私家藏书管理

秦有私家藏书，亦有私家藏书管理。一是因为先秦时期私人藏书已成风气，至秦必然有私藏积累，超过春秋战国时期。二是因为秦焚书后，博士官私藏得以完整保留。三是因为秦焚书，尽管涉及官私藏书，但仍有很多禁书幸免于乱。秦始皇焚书坑儒，是对诸子自家学术及私家藏书活动的沉重打击，从中也可以窥见此时私家藏书较为普遍。

《韩非子·五蠹》载有秦国私人藏书之事迹。“今境内之民皆言治，藏商、管之法者家有之，而国贫；言耕者众，执耒者寡也。境内皆言兵，藏孙、吴之书者家有之，而兵愈弱，言战者多，被甲者少也。”④

据现有史料看，秦代私人藏书不算发达，比较著名的有儒生孔鲋、孔腾、博士伏生三人。

---

① （清）阮元：《十三经注疏》，中华书局1980年版，第1771页。

② （汉）司马迁：《史记》，中华书局2013年版，第830页。

③ （汉）司马迁：《史记》，中华书局2013年版，第3998页。

④ （战国）韩非子：《韩非子全鉴》（珍藏版），任娟霞解译，中国纺织出版社2017年版，第276页。

孔鲋，字子鱼，亦字甲，为孔子第八世孙（《汉书·艺文志》师古注），秦时为儒生，秦末参加陈胜起义军，为博士，病死于陈下，终年57岁（《史记·孔子世家》）。著书21篇，名为《孔丛子》。据《孔丛子·独治篇》记载，秦焚书前夕，陈余谓子鱼曰："秦将灭先王之籍，而子为书籍之主，其危矣！"子鱼曰："顾有可惧者，必或求天下之书焚之，书不出，则有祸，吾将先藏之，以待其求，求至无患矣。"① 据此可知孔鲋是当时藏书较多的藏书家。孔鲋所藏书有"《古文尚书》及《礼记》、《论语》、《孝经》凡数十篇，皆古字"（《汉书·艺文志》）。唐颜师古说："《汉纪·尹敏传》云孔鲋所藏。"（《汉书·艺文志》师古注）这些暗藏起来的古文典籍直至"武帝末，鲁共王坏孔子宅，欲以广其宫"才被发现，当时鲁恭王入孔宅，闻鼓、琴、瑟、钟、磬之音，因害怕而停止了破坏。西汉著名经学家孔安国因是孔子的后裔，便全得其书，"以考二十九篇，得多十六篇。安国献之"（《汉书·艺文志·六艺略》）。

孔腾，字子襄，高祖过鲁，以太牢祀孔子，封为奉祀君，惠帝时为长沙太守。唐颜师古说："《家语》云孔腾，字子襄，畏秦法峻急，藏《尚书》、《孝经》、《论语》于夫子旧堂壁中。"（《汉书·艺文志》师古注）孔腾为孔鲋之弟，两人同居于孔子旧宅，皆有私人藏书，很可能二人将各自藏书同藏于孔子旧堂壁中以避秦焚书之祸。

伏生，据《史记·儒林传》载："伏生者，济南人也，故为秦博士。孝文帝时，欲求能治《尚书》者，天下无有，乃闻伏生能治，欲召之，是时伏生年九十余，老，不能行，于是乃诏太常使掌故朝错往受之。秦时焚书，伏生壁藏之，其后兵大起，流亡。汉定，伏生求其书，亡数十篇，独得二十九篇，即以教于齐鲁之间。"② 据此可知，伏生为秦藏书家，为免遭秦火之祸而将书藏于家壁中。③ 原来的《尚书》究竟有多少篇已难

---

① （元）马端临：《文献通考·经籍考》上册，华东师大古籍研究所标校，华东师范大学出版社1985年版，第6页。

② （汉）司马迁：《史记》，中华书局2013年版，第3769页。

③ "秦时焚书，伏生壁藏之。其后兵大起，流亡。汉定，伏生求其书，亡数十篇，独得二十九篇，即以教于齐鲁之间。"参见《文选·移书让太常博士》李善注引《七略》，中华书局影印本。

得其详，但只有伏生所得及后来发现的一篇《太誓》被汉宋学者一致认为是可靠的外，其他的便真伪莫明了。不仅很难藏匿，而且必然副本不多，容易被彻底烧毁。由于当时书籍的单篇流传，秦火之后，便很难找到完整的先秦图书了。

除孔鲋、孔腾、伏生私家藏书外，尚有其他私藏，这是肯定的，只是记载甚少，如《隋书·经籍志》载，“鲁恭王坏孔子宅，得其末孙惠所藏之书，字皆古文”。

第三节　秦代目录学思想僵化

一　对先秦目录学思想的继承

从现有材料分析，秦代没有形成目录学思想。但对于先秦目录学思想的继承是否存在呢？笔者认为这是肯定的。

秦缪公时，秦国重视儒家典籍，大力倡导“以《诗》、《书》、《礼》、《乐》法度为政”（《史记·秦本纪》），说明秦一度有继承先秦儒家思想的意愿和行动。

关于秦代有无图书分类和目录活动。由于史无记载，只能凭推断。仅从李斯所列焚书建议看，将禁书三类（《诗》类、《书》类、百家语类）与不列入禁书之四类（秦纪、医药、占筮、种树），作为秦有“七分法”[①] 的证据，显然是不足的。但秦承继先秦学术分类思想，将典籍分为法、儒、农、其他诸子以及历史、医药等类别，按大主题类分图书，符合当时的政治需要，是完全可能的。

二　秦代目录学思想僵化的原因

春秋战国开创的目录学到了秦代不可能消失，秦代政府藏书和私人藏书仍然存在，图书收集、校书与整理工作都在一定程度地开展，从这个意义上看秦代是有目录学的，只不过是没有目录学的重要成果产生，也没有新的目录学思想。

---

① 李更旺：《秦代藏书考略》，《图书馆学研究》1983 年第 1 期。

造成秦代目录学思想僵化的重要原因是深层次的社会原因和思想根源。中国是一个农业社会，针对农业时代的经济状况与社会关系，早在春秋战国时期，先秦诸子，如儒、墨、道、法诸家，都抱有社会发展与和谐的宏大志愿，其中有主张平均地权和主张节制资本两种不同的思潮，前者以儒家为代表，后者以法学为代表。“儒家的观念是理想主义的，法家的观念是现实主义的。正由于这个缘故，所以在中国历史上，儒家总是指责法家卑鄙、粗野，法家总是指责儒家迂腐、空谈。”[①] 法家虽然兴起较晚，其发源地在齐和三晋，三晋的法学思想着重在政治方面，强调巩固政府地位，加强君主权力。法家思想助秦国日渐富强。在列国中，秦是唯一长期而彻底实行法家学说的国家，以富强为根本，国力能够高度集中，最终并吞六国，统一天下。秦统一后，法家的地位自然不断提高，“这帝国之所以强，很得力于法家。所以秦皇时，法家就成了显学”[②]。虽然一开始对法家以外的各学派特别是影响较大的儒家思想有所包容，兼用儒生与法吏，禄养七十博士[③]，以备顾问。但统治地位巩固后，暴政日盛，儒家和其他各种非法家思想遭到打压，“焚书坑儒”事件成为一个导火索，“秦之焚书，法家燔灭诗书之流毒也”[④]，在政治上更加巩固了法家助统治者的指导思想地位，而在思想上彻底结束了百家争鸣的局面。

禁书只是目录学发展受阻的表面现象，实际是思想政治斗争对于目录学发展的消极影响。法家一方面助秦巩固政权，另一方面通过思想政治斗争排斥其他学说，“焚书坑儒”事件中的“焚书”是这一思想政治的结果，但这不是第一次。法家的代表人物之一商鞅在秦孝公时为相，助秦为霸国。商鞅变法时有过一次大规模焚毁政治典籍的事件。当时，围绕先古典籍就有尊崇与诋毁之激烈争论，旧贵族势力主张尊崇复古，提出“法古无过，循礼无邪”，而新兴地主势力则持诋毁态度，把儒家经典

---

① 冯友兰：《中国哲学简史》，北京大学出版社 2013 年版，第 160 页。

② 杨东莼：《中国学术史讲话》，岳麓书社 1986 年版，第 72 页。

③ 据傅乐成著《中国通史》上册（贵州教育出版社 2010 年版）第 103 页“据说这数目是特意仿照孔子弟子之教的。从他遗留下来的石刻铭文看来，他还俨然是礼教的护法”。

④ 顾实：《秦汉烧书、校书两大案平议》，《国学丛刊》1923 年 3 月第 1 卷第 1 期。

视为病国之虱，“六虱曰礼乐、曰诗书、曰修善、曰孝弟、曰诚信、曰贞廉”，“有六虱必弱”（《商君书·勒令》）。商鞅认为，“有礼有乐，有诗有书，有善有修，有孝有弟，有廉有辩。国有十者，上无使战，必削至亡；国无十者，上有使战，必兴至王”（《商君书·去强》），因而“商君教秦孝公以连什伍设告坐之道，燔诗书而明法令，塞私门之请而遂公家之劳，禁游宦之民而显耕战之士。孝公行之”（《韩非子·和氏》）。这是秦“焚书坑儒”之前的一次书劫。当然，这是为改革而统一政令所为，与始皇焚书有所不同。因此，冯友兰认为，秦焚书“实际上却不过是长期存在的法家思想合乎逻辑的应用而已”①。韩非曾有言：“明主之国，无书简之文，以法为教；无先王之语，以吏为师。”（《韩非子·五蠹》）

实际上，秦代不仅存在儒法斗争，就是儒家内部也存在激烈冲突。儒学在战国时就分为孟、荀两大派。当时，阴阳学派邹衍的“五德终始说”在秦代政治生活中已产生重大作用，秦始皇“推终始五德之传，以为周得火德，秦代周德，从所不胜，方今水德之始”（《史记·秦始皇本纪》）。孟派儒者因混杂阴阳五行家的迷信、方士的神仙，投嬴政所好而受尊崇。“焚书坑儒”既充分昭示了法家思想的胜利，也在一定程度上体现了儒学孟荀斗争的结果。荀子门人秦丞相李斯，最能迎合嬴政意旨，借儒生是古非今的罪名，活埋了孟派儒生，“孟派大受打击，做博士官的大抵是荀派传经之儒，幸存的孟派，再不敢议论政治”②。

三　总结

秦代，给春秋战国时期刚刚启蒙的目录学一个沉重的打击，目录学的许多活动停滞不前，如官修目录活动，有些还发生了倒退，如图书编撰活动。这一阶段的目录学没有大的发展：无大规模的目录学活动，无有影响的目录学领军人物，无重要的目录学著作问世。

显然，秦代目录学不仅少有进步，且有倒退，因而历来目录学史研究者对于秦往往轻视且不值一提。分析秦代目录学处于低迷现象，有两

---

① 冯友兰：《中国哲学简史》，北京大学出版社 2013 年版，第 197 页。

② 范文澜：《中国通史简编》下册，商务印书馆 2010 年版，第 255 页。

个重要原因：一个是秦代实施文化专制制度，“焚书坑儒”事件产生了极坏的影响，目录学没有发展的学术文化环境；另一个是秦代只有短短15年，且连年征战，国无安宁，民不聊生，目录学没有发展的政治环境。

当然，也不能将秦代目录学全盘否定，目录学整体上是受到了极大的阻滞，但尚有两项值得一提，这就是：

第一，由于秦统一文字，虽然禁毁了不少图书，但同时因为原有各国文字不一，大量文书和非禁毁典籍都需要用统一后的小篆，各国文字的图书尽收于国家藏书，其中一些重要典籍需要译为新的文字得以传播，这样就产生了多语言图书并存的局面。从某种意义上说，由于文字统一促进了图书的传播。

第二，秦代重视律令，法律图书及其整理有所进步。《汉书·张苍传》亦谓“张苍好书律历，秦时为御史，主柱下方书”。因为秦代法律比较完善且律令管理有方，才有后来萧何收秦御史律令和图书（《史记·萧相国世家》）。

对于秦代目录学，从以往的回避或者跳过到今天的直面和评说，这是目录学史研究的一个进步。秦代目录学无疑是中国目录学史上的第一次低潮。在此之前，有春秋战国的学术兴盛以及目录学的滥觞；在此之后，又有汉代的学术文化复兴和目录学的大开创局面。

第四章

汉代目录学

汉代承秦大一统，学术文化昌盛。汉代是继春秋战国目录学萌芽之后，有组织地进行大规模的校雠目录活动，产生了一批有影响的目录学人物及其代表性成果，形成了目录学的理论与方法，正式确立了目录学在学术文化上的地位。

第一节　汉代学术文化与图书体制

一　汉代学术文化

汉代（前206—220）[①]，刘邦灭秦后建都长安，史称前汉或西汉。公元25年刘秀建都洛阳，史称后汉或东汉。汉代建立后，汉统治者吸取秦亡教训，拨乱反正，实施文治，广纳百家之言，形成了比较宽松的文化氛围。特别是经过几十年的经济恢复和政治稳定，政权稳固，给图书整理事业和目录学的发展提供了良好社会环境和条件。图书整理事业得到迅速发展，不仅有大规模求书活动，而且图书数量随之激增，书“积如丘山”（《太平御览》卷619引《七略》）。至西汉中期，汉武帝（公元前140年至前87年在位）对外频频发动南征北战和东讨西伐，统治者重视

① 据白寿彝主编《中国通史纲要》，关于两汉时间断限为“西汉，传十代，十二帝，中有执政的皇后一人，二百零八年，约当于公元前二〇二年至公元六年。东汉，传八代，十四帝，一百九十五年，约当于公元二五至二二零年。从公元一九六年起，汉已名存实亡，三国的局面在开始形成。秦汉之际，还有四年时间是楚汉相争。西、东汉之际，有十八年时间，先后出现了王莽和更始的政权”；范文澜著《中国通史简编》关于两汉时间断限为前二〇六年至公元二一九年。

军事和兵书，兵书得到发展，有利于兵书的整理和兵书目录的产生。对内为实现封建帝国的大一统，中央集权统治不断加强。

汉初崇信黄老学说，推行无为之政，朝廷任用治经书和诸子百家的博士七十余人，文景二帝时儒学只设有《诗经》博士。武帝即位，重用爱好儒术的大臣，董仲舒向汉武帝提出“独尊儒术，罢黜百家”，得到武帝采纳。建元五年（前136）设置五经博士①，次年遣散政府禄养的非儒家博士，从此开始了儒家思想占统治地位的政治局面。这对于汉代目录学尊儒之风产生了直接的影响。

自孔子删定六经，秦《乐经》亡，汉武帝时儒学立为正统，官学始设《诗》《书》《易》《礼》《春秋》五经。与“经”相对应的一种新的图书“纬书”产生，不久便引起儒家中一些人的抗议。于是有了中国学术文化史上最大的一次争论——古文学派和今文学派之争。

今文学派，因经文以当时通行的隶书文字书写，主张根据经文阐述微言大义。其代表人物董仲舒在儒学中糅合阴阳五行家，说经并不一定要按孔子的原话，与阴阳五行之说盛极一时相关。古文学派声称拥有“秦火”焚书之前密藏的经书，都是用古文字体（籀文）书写，强调解释经文字义和考证名物制度。先有刘歆提倡古文经，使儒与阴阳五行分家，旨在恢复经之本来面目。后有郑玄遍注群经，将今古文学两派混合，颇为流行而使今文经渐亡。冯友兰认为，这两派的来源可能上溯到先秦儒家的两派，“今文学派出于孟子学派，古文学派出于荀子学派”②。

汉代今古文学派长期斗争，自西汉末至东汉末200多年共有四次大的斗争③。第一次是西汉哀帝建平、元寿年间（公元前6—公元1）今文学派太常博士孔光、龚胜、师丹、公孙禄与古文学派刘歆的斗争，结果是古文经传不得立；第二次是东汉光武帝建武年间（25—55）今文学派范升与古文学派韩歆、许淑、陈元、李封的斗争；第三次是东汉章帝建初元年至四年（76—79）今文学派李育与古文学派贾逵的斗争；第四次是

① 在《诗》的基础上，增加《书》《礼》《易》《春秋公羊》四经博士。

② 冯友兰：《中国哲学简史》，北京大学出版社2013年版，第200页。

③ 杨东莼：《中国学术史讲话》，岳麓书社1986年版，第105页。

东汉桓帝建和元年至灵帝光和五年（147—182），表现为今文学派何休、羊弼与古文学派郑玄的斗争。第二次斗争的结果是古文学派的《左氏春秋》立于学官旋废，十四传得以大昌。

据周予同《经今古文学》，经学之今文学派和古文学派两派的不同可归纳如下：今文学派崇奉孔子；古文学派崇奉周公。在对待儒家先祖孔子的态度上，今文学派尊孔子为受命之素王；古文学派尊孔子为先师。今文学派视孔子为哲学家、政治家、教育家；古文学派视孔子为史学家。今文学派以孔子为托古改制；古文学派以孔子为信而好古，述而不作。在对待六经上，今文学派以六经为孔子作；古文学派以六经为古代史料。今文学派以《春秋公羊传》为主；古文学派以《周礼》《左传》为主。今文学派经的传授多可考；古文学派经的传授不大可考。今文学派斥古文经传为刘歆伪作；古文学派斥今文经传为秦火残缺之余。在对待纬书上，今文学派信纬书，以为孔子微言大义间有存者；古文学派斥纬书为诬妄。从本质上说，今文学派为经学派；古文学派为史学派。

西汉时今文经皆立于学官，占主导地位，而古文经多行于民间。到东汉时盛行古文经。今文学派有《仪礼》《公羊传》《谷梁传》及《韩诗外传》传至于今；古文学派有《毛诗》《周礼》《左传》传至于今。杨东莼总结东西两汉经学之异点为：第一，西汉以一经为专门之学，兼通数经者甚少，如申公通《诗》与《春秋》，韩婴通《诗》与《易》，孟卿通《礼》与《春秋》，都是稀有之事，至于夏侯始昌通五经，则更是绝无仅有之事。东汉却不然，兼通五经者甚多。第二，西汉主今文，东汉主古文。第三，西汉专凭口述，墨守师法，罕有撰述，可数者只有京房的六十六篇，董仲舒的《春秋繁露》、韩婴的《诗内外传》、后苍的《曲台记》。东汉则不一定遵守师法，可以参酌各家，以为经说。第四，西汉虽言训诂，然用力不多；东汉则训诂大昌，说五字之文，至于二三万言。第五，西汉传经之业在学官，东汉则散诸民间[①]。汉代今古文学派促成了刘向父子的目录学成就。

汉代史学发达，先秦历史图书《尚书》与《春秋》被尊为经，汉人

---

① 杨东莼：《中国学术史讲话》，岳麓书社 1986 年版，第 106 页。

作史，始有经与史的分流。汉初，陆贾作《楚汉春秋》开史家著作之风。西汉武帝时产生第一部伟大的史书《史记》，东汉时又产生了另一部史学杰作《汉书》。明帝及其以后各朝史家还集体创作了《东观汉记》，叙东汉史事。献帝时，荀悦将《汉书》缩编为编年体，成《汉纪》三十篇。此外，东汉史家续补《史记》，除班彪父子外，尚有褚少孙、刘歆、冯商、扬雄等十余家，惜其书皆已亡佚。史学发达为史志目录学产生奠定了基础。

汉代文学发达，以诗赋为主。诗的上乘者已入六艺，其他如乐府诗、五言诗，或起于民间，或成熟较晚，不如从诗演变而来的赋重要。乐府，本是古代朝廷里主管音乐的官署，汉代起主事采集各地民间歌曲，配置演奏，久之，乐府便成了这些“可以入乐”歌曲的代名词，而歌辞便称为“乐府诗”。乐府民歌代表了两汉诗歌的最高成就，具有“感于哀乐，缘事而发”的特点。汉代有一种发达的文学体裁——“汉赋”吸取了《楚辞》的辞藻、荀卿《赋篇》的形体、纵横家铺张的手法，分小赋和大赋两类，前者多为抒情作品，后者多描写宫观庭园的繁华和京都的富丽堂皇。有诗赋发展，则有目录学中的诗赋集中校书与记录。

二　汉代图书体制

从公元前5世纪到公元3世纪之间约800多年时间，是简策的盛行阶段。到了汉代，简策体制发生了变化，主要有以下特征：

一是以简的长短体现图书的重要程度，形成了长简和短简两种定制，长简为重要图书，一般用来写重要图书，如儒家经书和政府法令等，短简为普通图书，一般用来写诸子书等。1972年山东临沂银雀山发掘出的汉简，一号墓出土的整简每枚长27.6厘米（八九寸），宽0.5—0.9厘米，厚0.1—0.2厘米，这批竹简大多是兵书（其中有久已失传的《孙膑兵法》，即《齐孙子》），属诸子书，因而用了短简。二号墓出土的整简每枚长69厘米（二尺一二寸），宽1厘米，厚0.2厘米，有《汉武帝元光元年历谱》共32枚，简上的字是墨写隶书，基本完整，因是由国家颁布的正式历书所以用了长简。武威出土的汉简《仪礼》有三种本子，其长短不一，甲、丙两种的长度在55.5—56.5厘米之间，相当于汉尺的二尺四寸，而乙本则不足。

二是汉简上的字增多。《仪礼·聘礼》载“百名以上书于策，不及百名书于方”。由此可知，简策可写百字以上，而不到百字的只写在木板上。从现存实物看，有一面写的，也有两面写的，每简写一至二行，也有上半大字一行，下半小字四行的，字体在楷隶之间。

三是出现了标题，汉简有的在其背面标有篇题，第一根写篇名，第二根写书名，例如武威出土的《仪礼》和银雀山出土的《孙子兵法》和《孙膑兵法》便是。

四是出现了图书的保护。在策的开头，常有两枚简不写字，以保护有字之简，叫“赘简”，类似于现在书籍中的“护叶”，如武威出土的汉代医简便是。

“牍”一般用于写信，其长为汉尺一尺，后世称信札为“尺牍”。外加一块空白的“牍”称为“检”，以做信封，用绳捆好，检上签名称“署”。检中间微凹的方块称“函”，后世称信件为“函”。捆绳在“函”处打结，用泥封上，加盖印章，称为“封”，也称“泥封”，后世以“封”为信件计量单位。如方形木块称为“方”，一般用来写不到百字的文章。用来画图的称为“版”，民间以“版”来画土地的四至，国家以“版”来画疆域，后世称领土为“版图”。版也用来登记户口，称为“户版”，所以户口册也称“版籍”①。

比简牍稍晚的一种图书称为“缣帛”，帛长一般一丈二尺为一卷，舒卷较易，轻便易用，且与简牍丝织相辅使用。《后汉书·儒林传》载：“初，光武迁还洛阳，其经牒秘书载之二千余两，自此以后，参倍于前。及董卓移都之际，吏民扰乱，自辟雍、东观、兰台、石室、宣明、鸿都诸藏典策文章，竞共剖散，其缣帛图书，大则连为帷盖，小乃制为縢囊。及王允所收而西者，裁七十余乘，道路艰远，复弃其半矣。后长安之乱，一时焚荡，莫不泯尽焉。”②

缣帛书写的文字容量比竹简要大得多。从发现的实物看，例如《老

---

① 参阅王国维《简牍检署考》，见罗振玉《流沙坠简》。

② （宋）范晔：《后汉书》，中华书局2000年版，第1719页。

子》甲乙本，甲本不避刘邦、吕雉名讳，说明钞在汉初，高24厘米，朱丝栏，墨书，共464行。除《老子》外，还有《五行》《九主》《明君》《德圣》四种佚书。乙本高48厘米，也是朱丝栏，墨书，共252行，除《老子》外，还有《法经》《十六经》《称》《道原》四种佚书。可见，一块缣帛不止钞一种书，还可以钞多种书，而那些被作为帷盖和做了縢囊的帛书，就会钞更多书。

虽然缣帛有许多优点，但终因丝织品比竹木价昂，所以一直未能取代简牍而成为主要书写材料。

汉代造纸术是中国古代四大发明之一。历史上早有蔡伦发明造纸术之说，并把他向汉和帝刘肇献纸的105年作为纸的诞生年份。然而近代考古发现改变了这一结论。

1933年考古学家黄文弼在新疆罗布淖尔地区汉代烽燧亭障遗址发现了一片西汉中叶古纸，其原料为“麻质，白色，作方块薄片，四周不完整”。纸长10厘米，宽4厘米，“质甚粗糙，不匀净，纸面尚存麻筈。盖为初造纸时所作，故不精细也。按此纸出罗布淖尔汉代烽燧亭中，同时出土者有黄龙元年（前49）之木简，黄龙为汉宣帝年号，则此纸亦当为西汉故物也”（黄文弼《罗布淖尔考古记》）。1957年5月8日，西安灞桥砖瓦厂工地上发掘出汉武帝时的一座古墓，内有米黄色长宽差不多10厘米大小的古纸残片，经化验，证实是大麻纤维纸。经考古学家考证，认为这一墓葬不会晚于汉武帝元狩五年（前118年），因此灞桥纸的年代也可大致确定在公元前118年以前。这个时间比蔡伦造纸的年代要早200多年。“灞桥纸和罗布淖尔纸的考古发现，说明我国造纸手工业的发生和发展，应该推早到西汉武帝（前140至前87）时间。”① 另外，1973年至1974年，在甘肃汉居延遗址又发掘出两张西汉后期的麻纸。这里特别需要指出的是，1986年6月至9月，甘肃省考古研究所考古工作者在天水马滩西汉墓内发掘了一张地质地图，此纸长5.5厘米，宽2.6厘米。这个新发现的西汉纸质地图是目前所知的最早的纸张实物，从而证明了中国古代在西汉初期就发明了可用于书写和绘画的纸。

---

① 王仲荦：《魏晋南北朝史》，上海人民出版社2016年版，第453页。

东汉时期，蔡伦发明造纸技术。蔡伦（？—121），字敬仲，桂阳（今湖南耒阳）人。东汉和帝时，中堂侍蔡伦担任主管制造御用器物的尚方令，他总结西汉以来民间用麻质纤维造纸的经验，改进造纸术，采用树皮、麻头、破布、旧渔网为造纸原料，于元兴元年（105）监制了一批良纸。《后汉书·蔡伦传》载："自古书契多编以竹简，其用缣帛者谓之为纸。缣贵而简重，并不便于人。伦乃造意，用树肤、麻头及敝布、鱼网以为纸。元兴元年奏上之，帝善其能，自是莫不从用焉，故天下咸称'蔡侯纸'。"[①] 从此造纸术就在中国各地推广开来。东汉以后纸就逐渐成为主要的书写材料。纸的出现为书籍的生产带来了重大变革。后人用廉价又轻便的纸，逐步替代了贵重的缣帛和竹简。用纸抄书，比用竹简写书速度快，时人得书较之以前要方便。

汉代尚保存有先秦时期的筐箧盛书体制。《汉书·贾谊传》载"俗吏之所务，在于刀笔筐箧"，师古注："刀所以削书札，筐箧所以盛书"[②]，《汉书·张安世传》载"上行幸河东，尝亡书三箧。诏问莫能知，唯安世识之"[③]。

第二节　汉代目录学发展流变

一　政府校雠目录事业

为了统一思想，参考资政，培养吏才，体现文治政策，汉代特别重视收集图书并组织校书活动。

汉代的大规模政府图书整理活动共有七次，西汉三次，东汉四次[④]。现综合如下：

---

① （宋）范晔：《后汉书》，中华书局1965年版，第2513页。

② （汉）班固：《汉书》，中华书局2000年版，第1725页。

③ （汉）班固：《汉书》，中华书局2000年版，第2007页。

④ 姚名达总结为七次"校书"，参见姚名达《中国目录学史》，上海书店1984年版，第171—173页，而蒋伯潜将汉初和武帝时校书不算，则只有五次"官书校录"，西汉一次，东汉三次。参见蒋伯潜《校雠目录学纂要》，北京大学出版社1990年版，第14—19页。

第一次政府图书整理：

高祖元年（前206），秦亡，“沛公（刘邦）至咸阳，诸将皆争走金帛财物之府分之，何（萧何）独先入。收秦丞相、御史律令、图书藏之”（《史记·萧相国世家》），开启了西汉图书的收集工作。汉初，政府广泛收集天下佚书，并鼓励群臣著述，增加图书。《汉书·文帝纪》载“萧何颁律令，韩信申军法，张苍定章程，叔孙通制朝仪”，律令、军法、章程、朝仪都是当时急需的书籍材料。汉初对于兵书的整理较为重视，且有图书整理成果。“汉兴，张良、韩信序次兵法，凡百八十二家，删取要用，定著三十五家。”（《汉志·兵书略序》）“可见删的多，取的少；曰‘序次’，可见已有编次底工作。”[①] 韩信参与汉初定制，其所申者为“军法”，共“定著三十五家”。《汉志·兵书略·权谋》著录有《韩信》三篇。而《史记·太史公自序》和《汉书·高帝纪》的“韩信申军法”与《汉志·兵书略序》中的“韩信序次兵法”可能同为一事，也可能有所不同，“序次兵法”可能是对兵法的分类而不是兵书的分类。

第二次政府图书整理：

武帝有雄才大略，变无为为有为。因书缺简脱，建藏书之策，置写书之官。丞相公孙弘，广开献书之路，鼓励各地藏书上送朝廷，“武帝置太史公，命天下计书，先上太史，副上丞相”（《隋书·经籍志》）。这次搜求遗书，承平已久，办法既周，网罗自易，得书自多。兼之此时尚未独尊儒术，表彰六经，所以能兼收并蓄，自六经以外，还有诸子百家，故书杂记。武帝时有专门图书的收集整理，“自孝武立乐府而采歌谣，于是有代、赵之讴，秦、楚之风，皆感于哀乐，缘事而发，亦可以观风俗，知薄厚云”（《文献通考·经籍考》），说明乐府有收集整理各地歌谣乐章。“武帝时，军政杨仆捃摭遗逸，纪奏《兵录》”（《汉书·艺文志·兵书略序》），说明有兵书的专门整理。

第三次政府图书整理：

汉成帝河平三年（前26），因书颇散亡，命谒者陈农求遗书于天下。陈农等人到全国各地征集图书，收集散落在民间的图书，同时诏令刘向

---

① 蒋伯潜：《校雠目录学纂要》，北京大学出版社1990年版，第14页。

主持整理书籍。“诏光禄大夫刘向校经传诸子诗赋，步兵校尉任宏校兵书，太史令尹咸校数术，侍医李柱国校方技。”（《汉书·艺文志》）这次图书整理活动的特点是：第一，这是第一次有组织有领导的校书活动。从组织架构看，最高统领为皇帝，负责下诏。其下分三层，一是总校（刘向、刘歆），二是主校（刘向、任宏、尹咸、李柱国），三是参校（有班斿、杜参、房凤、王龚等）。刘向、刘歆父子先后领导这次校书活动，作出了巨大贡献。第二，这是一次工作内容丰富、程序规范、要求严格的校书活动。刘向等人的图书整理工作包括广罗异本、相互校补，校勘文字、写定定本，确定书名和篇卷、撰写叙录等步骤。刘向在书录中列举出古书中“以赵为肖，以齐为立”（《战国策》书录），“以夭为芳，又为备；先为牛，章为长”（《晏子》书录），“以尽为进，以贤为形”等等，都是明显的校勘。特别是刘向还通过校勘，审核一书的内容，辨别某些篇章的真伪，并将这些“文辞颇异”，极有疑问的篇章，集中起来，存以备考。如《晏子》即分内外篇，外编两篇就都是“文辞颇异”，刘向以为它们“似非晏子言”。这实际上开了后世校勘存疑的先河。第三，这是汉代规模最大，也是历史上第一次大规模的校书活动，通过此次校书，汉代官府收藏不仅丰富，《文选·任彦昇〈为范始兴作求立太宰碑表〉》注引《七略》说经过昭、宣、元、成四朝皇帝“书积如丘山”，而且真正实现了藏书体系化。

第四次政府图书整理：

东汉建武元年（25），刘秀定都洛阳，东迁时，运载图书档案的车辆达2000余辆，“光武迁还洛阳，其经牒秘书载之二千馀两，自此以后，参倍于前”（《后汉书·儒林列传》），并开始“采求阙文，补缀漏逸”等收集图书工作，以恢复国家藏书。淮阳薛汉世习《韩诗》，父子以章句著名，“建武初，为博士，受诏校定图谶”[①]。明帝、章帝时继续向民间求书，采集遗书，充实官藏，“明、章继轨，尤重经术。四方鸿生巨儒、负帙自远而至者不可胜算，石室、兰台弥以充积，又于东观及仁寿阁集新书”（《隋书·经籍志·总序》）。明帝时，班固“被召，诣校书郎”，后

① （宋）范晔：《后汉书》，中华书局2000年版，第1735页。

除兰台书令史，再迁为郎，始“典校秘书”。章帝建初六年（81），傅毅为兰台令史，拜郎中，奉命与班固、贾逵同典校书。

第五次政府图书整理：

安帝永初四年（110），“邓太后诏谒者仆射刘珍与校书刘騊駼、马融[①]及五经博士校定东观五经诸子传记百家艺术，整齐脱误，是正文字”，“帝以经传之文多不正定，乃选通儒谒者刘珍及博士良史诣东观，各雠校家法”，并令长乐太仆蔡伦“监典其事”[②]。

第六次政府图书整理：

顺帝永和元年（136），诏侍中屯骑校尉伏无忌“与议郎黄景校定中书、五经、诸子、百家艺术”（《后汉书》卷26）。有此基础，才有“元嘉中，桓帝复诏无忌与黄景、崔寔等共撰《汉记》。又自采集古今，删著事要，号曰《伏侯注》”[③]。

第七次政府图书整理：

灵帝熹平初，蔡邕“拜郎中，校书东观，迁议郎。邕以经籍去圣久远，文字多谬，俗儒穿凿，疑误后学”[④]。熹平四年（175），议郎蔡邕与五官中郎将堂溪典、光禄大夫杨赐、谏议大夫马日磾、议郎张驯、韩说、太史令单飏等奏求正定“六经”文字，以隶书刻《尚书》《周易》《鲁诗》《仪礼》《春秋》《公羊传》《论语》等，遂立《石经》于太学门外。

二　政府藏书与国家目录

（一）西汉政府藏书与国家目录

以皇家藏书为主的官府藏书体系成型于汉代。西汉政权建立之后．接受秦代“禁书”的教训，汉惠帝废除了禁止民间藏书的“挟书律”，“惠帝除挟书之律，儒家始以其业行于民间”（《隋书·经籍志》）。汉武帝发动历史上第一次大规模求遗书于天下的行动，开始建立藏书制度，采取分散收藏，在皇宫内建立多处藏书之所。

---

① 刘知几在《史通·原序》赞曰：“昔马融三入东观，汉代称荣。”

② （宋）范晔：《后汉书》，中华书局2000年版，第1697页。

③ （宋）范晔：《后汉书》，中华书局2000年版，第600页。

④ （宋）范晔：《后汉书》，中华书局2000年版，第1344—1345页。

石渠阁——“未央宫有石渠阁，萧何所造，其下砻石为渠，若今御沟，因为阁名，藏入关所得秦之图籍”（《太平御览》卷184引《三辅黄图》）。

天禄阁——“天禄阁，藏典籍之所，萧何所造”（《太平御览》卷184引《三辅黄图》）。

麒麟阁——“天禄阁、麒麟阁，萧何造，以藏秘书，画贤臣”（《汉宫殿疏》）。

石渠阁、天禄阁、麒麟阁均为秘书之藏，“下及诸子传说，皆充秘府”。此外，还有太常、太史、博士、延阁、广内等藏书。

太常——汉九卿之一，掌宗庙礼仪，兼掌选试博士。

太史——掌起草文书，记载史事，编写史书，兼管国家典籍、天文历法、祭祀等。

博士——汉代学官。武帝时博士兼教授生员。

汉时“外则有太常、太史、博士之藏，内则有延阁、广内、秘室之府”①。可知，外藏属于政府机构藏书，而内藏属于宫廷内室藏书。

西汉成帝时在校书基础上，开始大规模编目工作。刘向学识渊博，在天禄阁主持整理编纂图书时已经54岁，他勤勉校书达20年之久。据《汉书·艺文志·序》，刘向“条其篇目，撮其旨意，录而奏之”，最终汇总各篇书录编撰完成一部国家目录——《别录》。

刘向去世后，哀帝令其子刘歆继承父业。“会向卒，哀帝复使向子侍中奉车都尉歆卒父业。”刘歆在《别录》的基础上，分类编辑，编撰完成另一部国家目录——《七略》。这是中国历史上第一部系统的综合性的图书分类目录。

关于《别录》《七略》之间的关系及相关问题的讨论。吕绍虞《中国目录学史稿》第一章第二节讨论颇为详细，包括《别录》的名称问题；《别录》《七略》成书的先后；《别录》是不是一部有组织之书；《辑略》的内容问题；《七略》互著别裁问题五个问题，得出结论：“是《别录》

---

① 《汉书·艺文志》注：“如淳曰：刘歆《七略》曰：‘外则有太常、太史、博士之藏，内则有延阁、广内、秘室之府。’”

而不是《别录七略》"；"《别录》先成，《七略》后述"；"《别录》原来是一部有组织之书"；"当是《辑略》节文"；"《七略》并无互著别裁"。来新夏《古典目录学》第二章第三节在吕绍虞的研究基础上提出了四个问题：关于《别录》是否为刘向纂集问题；关于《别录》是否有分类的问题；《别录》《七略》成书先后问题；关于《七略》有无"互著""别裁"问题。

关于《别录》的作者。《隋书·经籍志》"簿录"类载"刘向《别录》、刘歆《七略》"。清姚振宗《〈七略别录佚文〉叙》认为，刘向校书，"首尾凡二十年典校既未及竣事，则《别录》亦无由成书，相传二十卷，殆子骏奏进《七略》之时勒成之"[①]。来新夏认为，《别录》当为刘向纂集，理由是刘向校书虽未竣事，不等于说《别录》就不可以纂集，当时校书工作已近尾声，大部分书录已经写出，刘向很可能已把它们陆续汇集成书[②]。王国强则认为这个工作是刘歆完成的，理由是刘向生前并没有完成校书的全部工作，《别录》的分类体系和《七略》并没有什么不同，作为最后完成校书任务的刘歆才有资格完成《别录》的汇编工作[③]。两种不同意见争论的焦点在于校书未竣是否形成《别录》上，但是，校书未竣是事实，刘向撰写书录也是事实，刘向生前分工校书，刘向总其成，书录已成《别录》，而后由刘歆对其进行续补和完善，是完全符合实际的。因而，《别录》的主要工作是由刘向完成的，刘歆只是后续者和参与者。

关于《别录》的名称，为何称之为"别"的问题。阮孝绪《七录·序》指出，"刘向校书辄为一录，论其指归，辨其讹谬，随竟奏上，皆载在本书。时又别集众录，谓之《别录》，即今之《别录》是也"。笔者认为，《汉书·艺文志·序》已经说得很明了，"录而奏之"的"录"不是名词的录，而是动词的录，即刘向将每篇书录上奏皇上，另录副本，所以称为《别录》。

---

① （清）姚振宗：《师石山房丛书》，开明书店1936年版，《〈七略别录佚文〉叙》第2页。

② 来新夏：《古典目录学》，中华书局1991年版，第82页。

③ 王国强：《关于〈别录〉、〈七略〉和〈汉书·艺文志〉两个问题的探讨》，《图书馆杂志》2005年第8期。

关于《别录》有解题，《七略》是否也有解题的问题。笔者认为，《别录》的内容是校书的详细记录，每书一“录”一“奏”。每书之“录”由两个部分组分，先列“篇目”（列出一书各篇之目），后列“书叙”（即撮其旨意）。王国强等认为，《别录》是叙录体，而《七略》是提要体[①]。《七略》中是否有解题，是不是将《别录》的详细解题简化而成，这是一个问题。《别录》是一部解题目录，这一点没有异议，据《隋书·经籍志》著录，《七略别录》即《别录》20卷，《七略》7卷。可知，《别录》的篇幅是《七略》的近三倍，就是因为每一图书均有解题，而《七略》作了删减，分类编排，是一部分类目录，两书成姊妹篇。从《七略》和《别录》的篇幅以及两者的关系看，《七略》比《别录》增加了《辑略》内容，应当只是保存了《别录》中的“篇目”部分，没有重复《别录》中的解题即“书叙”部分。

关于《别录》《七略》的成书先后与卷数。因隋唐三志，均著录有《七略别录》，姚振宗《〈七略别录佚文〉叙》：“其曰七略别录者，谓七略之外，别有此一录，当时似未尝奏御者也。”[②] “七略实成于别录之先”[③]，类例说法众多。《别录》在先而《七略》在后，《别录》20卷、《七略》7卷，这一问题已经过了前人的详细考证，理由充分，不再赘述。有了这一结论非常关键，就可以解决几个问题：第一，《别录》《七略》是同一个分类体系吗？或者说，《别录》有分类吗？《别录》之时，主要任务是校雠，因为校雠之前并不了解图书的情况，无法一开始就做一个分类表，叙录呈皇帝阅时也没有预定的一个次序，每校一书及时呈上一部，完全是随机的工作。所以，刘向主持校雠，只有一个六大类的粗略划分，而且刘向确定的“经传”“数术”类到刘歆时改为“六艺”“术数”类，这也说明刘向的分类只能是简而略，到刘歆时，校雠结束，才知整体图书情况，依此而分类了。所以，《别录》只有粗分一级类目，而无二级类。第二，刘歆《七略》为什么要删除《别录》的解题部分？

---

① 来新夏、柯平：《目录学读本》，上海交通大学出版社2014年版，第37页。

② （清）姚振宗：《师石山房丛书》，开明书店1936年版，《〈七略别录佚文〉叙》第2页。

③ 程千帆：《〈别录〉〈七略〉〈汉志〉源流、异同考》，《金陵大学文学院季刊》1935年6月第2卷第1期。

除了避免重复，与《别录》形成详略之别，笔者认为还有一个更重要的原因，刘向是今文经学的代表，其解题代表了当时今文经派之观点，而刘歆反对今文经，以删叙录求简略为名而行消除今文经派思想观点之实。

由于《别录》《七略》原书久佚，仅有清人辑本。所幸班固删节《七略》之要以备篇籍，后人通过《汉书·艺文志》得以窥视《七略》之概貌。《七略》的内容和结构是由《辑略》《六艺略》《诸子略》《诗赋略》《兵书略》《术数略》和《方技略》七个部分组成。

关于《辑略》，有三个疑问：一是因为《七略》已亡佚，后世又没有关于《辑略》的记载，那么，《辑略》的内容是什么？是否收录有图书？二是因为《汉书·艺文志》是根据《七略》编纂的，但《汉书·艺文志》已无《辑略》。那么，《汉书·艺文志》是否采用了《辑略》的内容？或者将《辑略》的内容分散到六类之中呢？三是从分类上，《七略》到底是七分法还是六分法？为什么将《辑略》置于首位，列于《六艺略》之前？

吕绍虞在《中国目录学史稿》中就第一个问题归纳了四种意见并进行了分析①。来新夏在《古典目录学》中就前两个问题归纳了五种意见并进行了分析②。

针对第一个疑问，姚振宗《〈七略别录佚文〉叙》认为《七略》首一篇，“盖六略分门别类之总要也”，“大抵六艺传记则上溯于孔子，诸子以下各详稽其官守，皆一一言师承之授受，学术之源流，杂而不越，各有攸归”③。章学诚认为《七略》的内容是“刘氏讨论群书之旨也”（《校雠通义·原道》第一之三）。孙德谦《刘向校雠学纂微·撮旨意》承其说。梁启超认为“当是叙述其分类及去取之义”（《图书大辞典·簿录之部》）。姚名达认为“原为刘歆上书时之表序及六略之总目”（姚名达《中国目录学史·溯源篇》）。余嘉锡认为刘歆“叙各家之源流利弊，总为一篇，谓之《辑略》，以当发凡起例”（《目录学发微·目录之体例·小

① 吕绍虞：《中国目录学史稿》，安徽教育出版社1984年版，第28—30页。

② 来新夏：《古典目录学》，中华书局1991年版，第78—80页。

③（清）姚振宗：《师石山房丛书》，开明书店1936年版，《〈七略别录佚文〉叙》第2页。

序》)。此后，目录学著作中一般都认为《辑略》是不收录具体图书的，是一个类似于总序或前言的篇章，如王重民认为“全书的叙录，说明每个大类和小类的内容和意义”[①]，吕绍虞认为“《辑略》中没有书目，这一点则是大家所公认的”[②]。主要依据《七录·序》“其一篇，即六篇之总最，故以《辑略》为名”以及颜师古《汉志注》“辑与集同，谓诸书之总要”。

针对第二个疑问，有两种观点。一种认为《辑略》不传世或未被《汉书·艺文志》所用，如章学诚提出“惜乎其文不传”(《校雠通义·原道》第一之三)，姚名达提出“故班固删入《汉书》绝无转载之必要”(姚名达《中国目录学史·溯源篇》)。另一种认为被《汉书·艺文志》录用。主要根据《汉书·艺文志·序》中的“今删其要”之语，余嘉锡认为“班固就《七略》删取其要以为《艺文志》，因散《辑略》之文，分载各类之后，以便观览”(余嘉锡《目录学发微·目录之体例·小序》)；吕绍虞认为“《汉志》总序除去班氏接记后事之语，当是《辑略》节文”[③]；来新夏认为“班固既是删《七略》之要，那么绝对不可能不取《辑略》内容”[④]。

针对第三个疑问，正因为众说《辑略》不收具体图书，所以公认为六分法。如果《辑略》的内容相当于前言或序，置于目录之首就顺理成章了。

综上，把这三个疑问关联起来。实际上，《汉书·艺文志·序》已经说明刘向校书时分“经传、诸子、诗赋、兵书、数术、方技”六门，到了《七略》承继刘向校书分科，六分成为自然的了。而《辑略》作为六略之首，其内容有两种可能性，一是发凡起例，说明校书之经过，目录之形成，总论典籍之重要以及典籍之盛况，作为上奏之前言或序；二是条别学术，叙各派各家之源流利弊，与六略的细分相呼应。至于《辑略》是否入《汉志》，因《七略》已佚，尚无法定论。说《辑略》被“删其要”而直接入了《汉志》的各类，成为《汉志》的小序，只是一种推测

---

① 王重民：《中国目录学史论丛》，中华书局1984年版，第24页。

② 吕绍虞：《中国目录学史稿》，安徽教育出版社1984年版，第28页。

③ 吕绍虞：《中国目录学史稿》，安徽教育出版社1984年版，第30页。

④ 来新夏：《古典目录学》，中华书局1991年版，第79页。

罢了。但这不是否认《汉志》借用《辑略》的两种可能性，或者是某些语句借用到了《汉书》，或者是部分内容借用到了某些类序。

关于《别录》《七略》何时亡佚，说法不一。一般认为亡于唐末五代，王重民认为，"《七略》原本，《隋书·经籍志》著录作七卷，大概在唐代便散亡了。今有洪颐煊、严可均、马国翰、顾觀光、姚振宗五家辑本，但都不够好，已经看不出原来的分类体系"[①]。吕绍虞认为《别录》《七略》问世后并未流传下来，"自《唐艺文》之后，《崇文》、《宋志》、《尤目》、《晁志》、《陈录》皆不著录，《通志》虚列其目，非实有其书，似已亡于唐末五代（或者更早一些），宋初人就看不到了"。[②] 也有认为亡于北宋真宗大中祥符年间或南宋之后，还有笼统称之为刘氏《别录》《七略》亡佚于唐宋之际[③]，现虽有多种佚文辑本[④]，但无法得见其真实面目。

（二）东汉政府藏书与国家目录

东汉初年收集到的典籍已将石室、兰台两处藏满，于是又开辟了东观、仁寿阁两处新的藏书库，此时的藏书据《后汉书·儒林传·序》"参倍于前"。

随着宫廷藏书和政府机构藏书的增多，东汉设置专门的藏书管理机构，以兰台令史为管理官员，校书郎为实职，从事校书等具体工作。《后汉书》载，汉明帝永平五年（62），班固任校书郎，又升迁为兰台令史，这是关于政府藏书管理官员的最早记载。

明、章以后，朝廷收藏的图书仍在继续增长。《隋书·牛弘传》说至和帝时，"兰台、石室、鸿都、东观，秘牒填委，更倍于前"。兰台藏书因属旧书，且经向歆父子整理过，有《七略》可用，无须再行编目。

由于东观和仁寿阁收藏的都是新书，班固、贾逵、傅毅等对两处进行了校雠编目，如《隋书·经籍志·序》说"石室、兰台弥以充积。又于东

---

① 王重民：《中国目录学史论丛》，中华书局 1984 年版，第 27 页。

② 吕绍虞：《中国目录学史稿》，安徽教育出版社 1984 年版，第 20 页。

③ 来新夏、柯平：《目录学读本》，上海交通大学出版社 2014 年版，第 190 页。

④ 佚文辑本现有洪颐煊《问经堂丛书·经典集林》、严可均《全汉文》、马国翰《玉函山房辑佚书》、王仁俊《玉函山房辑佚书篇》、张选青《受经堂丛书》、姚振宗《快阁师石山房丛书》以及顾觀光的北京图书馆馆藏抄本。

观及仁寿阁集新书。校书郎班固、傅毅等典掌焉，并依《七略》而为书部”。这样，东汉有了两部国家书目——《东观新记》[①] 和《仁寿阁新记》，其体例沿袭《七略》，但“这两部藏书目录都是很简单的登记性的目录”[②]。

汉桓帝时，正式设立秘书监。《东观汉记》载：“桓帝延熹二年（159），置秘书监，掌典图书，古今文字考合异同。”秘书监设官 1 人，秩 600 石，下分设校书郎中、校书郎。

三　私家藏书管理

汉初开始形成私人藏书之风气。自汉惠帝除挟书之律之后，私家藏书得以发展起来。

武帝时，河间献王刘德（？—前 130）和淮南王刘安（前 179—前 122）的藏书颇为闻名。刘德为汉景帝刘启子。刘安为汉高祖刘邦之孙，淮南厉王刘长之子。《汉书》载：“河间献王德以孝景前二年立，修学好古，实事求是，从民得善书，必为好写之，留其真，加金帛赐以招之。繇是四方道术之人，不远千里，或有先祖旧书，多奉以奏献王者。故得书多，与汉朝等。是时，淮南王安亦好书，所招致率多浮辩。献王所得书皆古文先秦旧书，《周官》《尚书》《礼》《礼记》《孟子》《老子》之属，皆经传说记，七十子之徒所论。其学举六艺，立《毛氏诗》《左氏春秋》博士。”（《汉书》卷 53《河间献王传》）刘德藏书远超过刘安，其专门收集余烬，得而进献朝廷[③]。

---

① 来新夏《古典目录学浅说》认为撰集的是《东观汉记》。

② 王重民：《中国目录学史论丛》，中华书局 1984 年版，第 39 页。

③ 据《隋书·经籍志》载：汉初，河间献王刘德好古爱学、收集余烬，得而献之《士礼经》，合五十六篇，并记威仪之事。又得《司马穰苴兵法》一百五十五篇，及《明堂阴阳之记》，并无敢于传论之学者。《周官》盖周公所制官政之法，李氏得《周官》进献于河间献王，独阙《冬官》一篇。河间献王购以千金不得，遂取《考工记》以补其处，合成《周官》六篇奏之。汉初，河间献王又得仲尼弟子及后学者所记一百三十一篇献之，时亦无传之者。而又得《明堂阴阳之记》三十三篇、《孔子三朝记》七篇、《王史氏记》二十一篇、《乐记》二十三篇，凡五种，合二百十四篇。戴德（汉代礼学家，字延君，世称大戴）删其烦重，合而记之，为八十五篇，谓之《大戴记》。而戴圣（字次君，世称小戴）又删大戴之书，为四十六篇，谓之《小戴记》。明张岱《夜航船·文学部·乐记》：“汉文帝始得窦公所献周公《大司乐》章，河间献王与毛生采作《乐记》。”

西汉末年，刘向父子校书，曾利用了大量的私人藏书。今传《别录》遗篇中有所记述。

东汉光武帝在征战中注意网罗儒生博士，“先是四方学士，各怀挟图书，遁逃林薮。自是莫不抱负典策，云会京师”（《后汉书·儒林传》）。

东汉思想家、文学批评家王充（27—约97），字仲任，出生于远离当时学术文化中心的会稽上虞，在洛阳游历时常在书肆读书，过目就能记诵。后来拜班固之父班彪为师，有机会阅读班彪家的丰富藏书[①]。他在《论衡》之《超奇》中希望人们不要墨守章句，而要博览古今、畅通大义，成为“通书千篇以上，万卷以下”的“通人”[②]。其一生读书很多，也很庞杂。

东汉名臣蔡邕（133—192），字伯喈，文学家、书法家。曾参与续写《东观汉记》并刻印熹平石经。晚年藏书达万卷，私藏中有不少世上难得之书，如王充《论衡》世传甚少，蔡邕藏有其抄本。他对王粲颇为器重，在长安接见王粲时说：“吾不如也。吾家书籍文章，尽当与之。”（《三国志·魏书·王粲传》）张华《博物志》称“蔡邕有书近万卷，末年载数车与粲”，蔡邕赠予王粲之书被王粲族孙玄学家王弼所得。曹操接见蔡邕之女蔡文姬时称“闻夫人家先多坟籍”，蔡文姬答曰：“昔亡父赐书四千余卷。”（《后汉书·列女传》）

据载，汉代藏书家主要有刘向、桓谭、梁子初、杨子林、杜林、班彪、班固、曹曾等人。由于他们的藏书情况史籍无征，所以其藏书规模、图书详目，以及类目设置等则无从考见。

四 史志目录学开启

西汉武帝时，太史令司马谈（？—前110）根据《国语》《世本》《战国策》《楚汉春秋》等书，撰写史籍，死后，由其子司马迁续成为《史记》。继司马迁父子修史之后，东汉又有了班固父子修史。

东汉初，史学家班彪（3—54）以《史记》所记史实，采集武帝以后史料，作《史记后传》65篇。明帝永平中，班彪之子班固奉诏修史，历

---

① 班彪之祖班斿因为追随刘向校书有功，曾被皇帝赐以宫廷藏书的副本。

② 来新夏：《古典目录学》，中华书局1991年版，第57页。

20余年，于章帝建初中大体修成《汉书》，开创“包举一代”的断代史书体例。班固书未成而卒，八表及《天文志》稿本散乱，由其妹班昭及马续奉汉和帝命续修完成。《汉书》实际是班固和他的父亲班彪、妹妹班昭（约49—约120）合作而成，前后费时30余年。《汉书》叙事起于高祖，终于王莽灭亡，共12世，230年。

《汉书》分十二纪、十志、八表、七十列传，是中国第一部纪传体的断代史书。班固在编撰《汉书》时，新创了志体，共有十志，“艺文志”就是十志之一。班固以刘向、刘歆父子的《七略》为蓝本，“删其要，以备篇籍”，撰成《艺文志》，作为正史《汉书》100卷[①]中的一卷，从此开启了正史艺文或经籍志的先河，也成为中国古代史志目录的前驱。

《汉书·艺文志》（简称《汉志》）首次在正史中开启了艺文或经籍志，不仅开启了史志目录学分类体制和小序体制，也开启了史志目录学著录体制和统计体制。

关于《汉志》所反映的目录学思想，详见本章第三节“班固的目录学思想”。

第三节　汉代目录学思想

一　校雠目录一体思想

汉代，将校雠目录作为国家事业，予以高度重视。从上述政府求书和政府校书活动中可以看出，校雠与目录融为一体。在这一思想指导下，开展了一系列重要工作。

（一）校雠与目录术语的产生

校雠一词起源于刘向《别录》，当时称为“雠校”。《文选·魏都赋》注引刘向的《别录》说：“雠校，一人读书，校其上下，得谬误，为校；

① 隋以前已有人将100卷《汉书》分为115卷，而唐人颜师古则将原书析为120卷，成为后世通行本。

一人持本，一人读书[①]，若冤家相对，故曰为雠也。”[②] 从字面理解，这里提供了两种方法，一种是一人校书，勘订其中文字与篇卷的错误；另一种是两人校书，比勘版本异同，判定孰是孰非。两种方法的根本都是为了查误纠谬，辨清正本，发现问题，还原图书的本来面目。

汉代“雠校”[③] 的概念是在校书实践中产生的，从《别录》书录佚文看，多用“校雠”“校”，可知，当时“校雠”与“校”“雠校”通用。校书活动的结果形成了校书成果，“目录”一词由此产生。《别录》中有“《列子》目录”，《七略》中有“尚书有青丝编目录”，班固称刘向“爰著目录”，郑玄作《三礼目录》，可知，汉代已形成了目录的概念。

（二）整理脱简

由于图书多是写在竹木简上的写本、抄本，丝断简脱，简编朽断，导致错乱无章，而错别字也很多，这就是“脱简”。

“脱简”现象，汉时已比较严重。有两种情形：一是简脱，本来按顺序连贯的书简中遗失其中的简片，称为“脱简”；二是字脱，一简或数简之中，由于缺字或缺句导致文字不连贯，无法理解上下文，称为“脱”。班固《汉志》说：“刘向以中古文校欧阳、大小夏侯三家经文，《酒诰》脱简一，《召诰》脱简二。率简二十五字者，脱亦二十五字，简二十二字者，脱亦二十二字，文字异者七百有余，脱字数十。”就是说的这两种情形。不解决脱简的问题，图书不完整，图书无法阅读。

刘向的校书工作，主要是校出脱简，订正讹文，经过严谨校雠，以补正脱讹的文句。其《别录》载：“臣向以中古文（即宫中保存的古文尚书）校欧阳、大小夏侯三家经文，《酒诰》脱简一，《召诰》脱简二，率简二十五字者，脱亦二十五字。简二十二字者，脱亦二十二字。文字异者七百有余，脱字数十。”这里记载了刘向校雠《尚书》整理脱简的

---

① 《太平御览》卷618引作“读析”。

② （梁）萧统撰，（唐）李善注《文选》卷六《魏都赋注》“《风俗通》曰：‘按刘向《别录》雠校，一人读书，校其上下，得谬误为校，一人持本，一人读书，若怨家相对。’”（胡刻本）宋李昉《太平御览》卷六一八《学部·正谬误》“刘向《别传》曰：‘雠校者，一人持本，一人读析，若怨家相对，故曰雠也。’”（《四部丛刊》三编景宋本）“读书”作“读析”。

③ 《隋书·牛弘传》云“诏刘向父子雠校篇籍。汉之典文，于斯为盛”。

情况。

（三）厘定篇、卷与章

汉沿袭旧例，图书无篇名。如《史记》卷97《陆贾列传》中记载："陆生乃粗述存亡之徵，凡著十二篇，每奏一篇，高帝未尝不称善，左右呼万岁，号其书曰《新语》。"陆贾所著本无书名，刘邦阅后高兴，以为其内容前所未闻，故赐名《新语》。

早期图书，周秦称"篇"，汉始有称"卷"。刘向、刘歆整理的图书，既有简策，也有缣帛，他们将这些图书中的篇与卷加以区分。章学诚认为篇多用于简策，卷用于缣帛书，"向、歆著录，多以篇卷为计。大约篇从竹简，卷从缣素，因物定名，无他义也。而缣素为书，后于竹简，故周、秦称篇，入汉始有卷也"[①]，"古人以竹篇，简策不胜，则别自为编，识以甲乙，便稽核耳。后人以缯帛成卷，较竹简所载为多，故以篇为之起讫，而卷则概以轴之所胜为量。篇有义理，而卷无义理故也"[②]。王重民则认为"后人谓《汉书·艺文志》里（按意谓《七略》）以篇计者用竹简书，以卷计者缣帛书，当是出于臆测，因为连编的竹简也是可以舒卷的"[③]。

汉代，由于丝织品的丰富，开始大量采用缣帛作为书籍材料，在丝帛上书写，形成一幅卷，故称"卷"。当时简策、帛书并用，书目著录区分篇、卷，从《汉书·艺文志》著录中可见，如"书"类《尚书古文经四十六卷经二十九卷传四十一篇》，"尚书古文经四十六卷"下注"为五十七篇"，颜师古注曰："孔安国书序云凡五十九篇为四十六卷承诏作传引序各冠其篇首，定五十八篇"。郑玄叙赞云"后又亡其一篇故五十七"。

从《汉书·艺文志》著录可以发现，汉时书多称"篇"，图多称"卷"。如"兵形势"类有《王孙十六篇》注"图五卷"；"历谱"类有《耿昌月行帛图二百三十卷》。在《汉书·艺文志》数术略和方技略用"卷"计的情况看，虽然称"篇"为主流，但称"卷"不断增多，且科

① （清）章学诚：《文史通义》，吕思勉评，上海古籍出版社2008年版，第90页。
② （清）章学诚：《文史通义》，吕思勉评，上海古籍出版社2008年版，第312页。
③ 王重民：《中国目录学史论丛》，中华书局1984年版，第20页。

技类图书多称“卷”。这也说明古代典籍从篇向卷的发展从汉时已开始。

刘向对所收集图书进行彼此互参，不仅有厘定的篇与卷，还有“章”，主要包括以下方面。

一是订正谬误，去伪存真。例如，《管子》共有564篇，去除重复和伪书，最后定为86篇。又如《说苑叙录》说：“臣向言，所校中书《说苑杂事》，及臣向书，民间书，诬校雠。其事类众多，章句相溷，或上下谬乱，难分别次序，除去与《新序》复重者。其余者浅薄不中义理，别集以为百家，后令以类相从，一一条别篇目。更以造新事十万言，以上。凡二十篇，七百八十四章，号曰《新苑》，皆可观。”

二是去重复，定篇章次序。有的书籍编次混乱，无篇无章，前后无序，都要按内容给予重编。刘向根据逻辑顺序或时间顺序整理篇章，定著目次，使书籍逐渐规范化。如《列子》一书，刘向经过整理，《列子》共收罗中书藏本5篇，太常藏本3篇，太史藏本4篇，刘向藏本6篇，杜参藏本2篇，合计20篇。经比对除去重复的12篇，最后定著8篇。定著目次为：“天瑞第一，黄帝第二，周穆王第三，仲尼第四，汤向第五，力命第六，杨季第七，说符第八”。

三是定篇名和书名。针对书无书名或无确定的书名，不便于图书的交流与流传，刘向选择文字比较好的作为正本，确定书名篇目之后，命定书名。如刘向整理《战国策》，各版本书名不同，经过研究，最终确定了书名：“中书本号或曰《国策》，或曰《国事》，或曰《短长》，或曰《事语》，或曰《长书》，或曰《修书》。臣向以为战国时游士辅所用之国，为之筴谋，宜为《战国策》。”（《战国策叙录》）

（四）杀青

汉代校雠，以杀青为重要工序。刘向整理图书的每一篇叙录末均有“皆已定，以杀青书，可缮写”一语。《风俗通义》引刘向《别录》说：“杀青者，直治竹作简书之耳。新竹有汁，善朽蠹。凡作简者，皆于火上炙干之。陈楚间谓之汗。汗者，去其汁也。吴越曰杀，杀亦治也。”由此可知，当时校书，先在青竹简上做草稿，青竹简易于刻削，便于改动，但由于没有经过加工，不能长期保存，且易生蠹腐朽，必须将勘定的草稿誊录到加工过的竹简上，成为清本。

刘向时分工校书，对于简书形制并无记载。王充在《论衡·量知》中说："截竹为简，破以为牒，加笔墨之迹乃成文字。大者为经，小者为传记。断木为椠，栟之为版。力加刮削，乃成奏牍。"[①] 据王国维《简牍检署考》，古策有长短，最长者二尺四寸，其次二分取一，其次三分取之，写经之书皆用二尺四寸。写传记的长一尺二寸，写孝经的长八寸，每简上经常写一行，每行写二三十到三四十字。用墨书写，写错字用书刀刮去另写。

竹简经加工后，用素丝、青丝、缥丝等绳连编起来，可以长久保存而不脱简或乱编。王重民认为，刘向时代缮写清本的材料主要还是竹简，也可能杂用一些缣帛。至东汉末年已经多数用缣帛写书[②]。

（五）书录

早期图书编撰体例比较简单，后来俞加复杂。如书序的产生即为体例的变化，先著书，后定名，先为文，后作序，因而图书的篇名和序往往列于书末，如《史记·太史公自序》《汉书叙传》《扬子法言序》均如此。这种体例直到唐宋时期才有将序置前的改变。

"书录"是为书作"叙"而不是"序"，序为书的组成部分，往往置于书后，而书录通常是书之外，专门作叙，揭示一书旨意，言其作意。古图书有"传"有"叙"，如司马迁、扬雄有"自叙"，淮南王刘安有"离骚传叙"，"书录"借鉴"传""叙"体例，故有"书叙"之说。

目录学史论著中一般将古代的解题与书录、提要等同起来。实际上，目录学早期并没有"解题""提要"的概念，只有"书录"的概念，后来才有了"解题""提要"之说。那么，"书录"与"解题"是同一个概念还是不同的概念，从南宋陈振孙《直斋书录解题》等书目解题的内容看，两者有所不同。"解题"围绕书的形成与流传等作解释或补充，重视内容与形式。而"书录"更重视作者与学术，体现辨章学术的作用。

书录产生于汉代，较早有书录活动的是淮南王刘安。《汉书·淮南王传》曰："初，安入朝，使为《离骚》传，旦受诏，日食时上。"颜师古

① （汉）王充：《论衡》，上海人民出版社 1974 年版，第 194 页。

② 王重民：《中国目录学史论丛》，中华书局 1984 年版，第 20 页。

注曰："传谓解说之，若《毛诗》传。"因此，《离骚传叙》可视为书录的雏形。

至刘向《别录》时，书录基本定型，其主要内容是叙述校书工作的经过，概述作者生平，评论其学术源流和书籍价值。这一体例被称为叙录体，被后人树为楷模而效仿，对于历代书目解题均有极大影响。

（六）编纂字书

东汉和帝永元十二年（100）许慎撰《说文解字》十四篇[①]，收篆字9353个，按照字形及偏旁分到540个部。每字先解释本义，再根据"六书"分析字的形体结构，以形求音求义。其总结了战国以来分析字形结构的理论，提出"六书"学说，创立了部首，使汉字有了系统的分类和排检方法，对后代有着深远的影响，"无《说文解字》，则仓、籀造字之精意，周、孔传经之大指，薶蕴不传于终古矣"（段玉裁《说文注》）。《说文解字》是中国第一部分析字形和考究字源的专书，具有很高的学术价值。这是中国现存最早的字典，也是世界最古的字典之一。《说文解字》于安帝建光元年（121）由许慎子许冲奏进朝廷，传抄于世。

二 六艺学术思想

春秋时孔子整理六经时并不是儒家的六经，而是早期先哲（包括孔子前和孔子在内）的六部经典，被后世奉为儒家六经。到了汉代，对这六部经典的系统研究，从而产生了六艺之学。

孔子以六艺传授弟子，但其时并无"六艺"之名，"六艺"之名流行于汉代。

汉初将《诗》《书》《礼》《乐》《易》《春秋》这六部经典统称为"六艺"，贾谊《新书·六术篇》云："以与《诗》《书》《易》《春秋》《礼》《乐》六者之术，以为大义，谓之六艺。"到武帝时，司马迁《史记·滑稽列传》也称为"六艺"。

学术界对于六艺的研究，普遍认为，六艺就是六经，六艺是儒学之

① 如加上《叙篇》，共有十五篇。

学问。如杨东莼《中国学术史讲话》“六艺为儒家之学，影响于后世者甚大”[①]。

自汉武帝独尊儒术之后，六艺之学逐渐成为儒家独占，从这个意义上，汉以后的六艺之学的确为儒家之学。但是从汉代的实际情况以及从整个学术范畴讲，最早的六艺之学并非只是儒家独有，是各家享有且综合的一门学问。

从六艺的产生来看，《诗》《书》《礼》《乐》《易》《春秋》这六部经典，除《春秋》为孔子所作，“孔子厄陈蔡，作《春秋》”（《史记·太史公自序》），其余都是孔子从前人的图书文献中整理所得，其知识内容和思想都不是儒家的。如“乐之作，始于黄帝”[②]，“昔西伯拘羑里，演《周易》”（《史记·太史公自序》），“《易》之为书，所以开物成务，掌于春官太卜，则固有官守列于掌故矣。《书》在外史，《诗》领太师，礼自宗伯，《乐》有司成，《春秋》各有国史。三代以前，《诗》《书》六艺，未尝不以教人，不如后世尊奉六经，别为儒学一门而专称为载道之书者”[③]。当然，孔子在整理过程中渗入了儒家的思想，并将此六艺首先在儒家教育体系中传播。

从六艺的发展来看，《诗》《书》《礼》《乐》《易》《春秋》这六部经典经孔子整理后，各家各派均有阐释和增加，产生多个传本，其内容不断丰富也不断变化。特别是到了汉代有今文经和古文经两大学派对于六艺的解释与观点形成对立，使六艺之学从六部经典的研究上升到了哲学的争论。

《诗》三百五篇至汉兴，有齐、鲁、韩、毛四家之传，皆出于子夏。文帝立《鲁诗》（申公）、《韩诗》（韩婴）于博士官，景帝时增立《齐诗》（辕固），是今文三家。东汉时，古文《毛诗》传本盛而齐、鲁、韩三家传本衰。

《尚书》原有百篇，汉时博士伏生藏壁中《书》出，得29篇，为

① 杨东莼：《中国学术史讲话》，岳麓书社1986年版，第65页。

② （明）邱濬：《大学衍义补》上册，林冠群、周济夫校点，京华出版社1999年版，第380页。

③ （清）章学诚：《文史通义》，吕思勉评，上海古籍出版社2008年版，第38页。

《今文尚书》。武帝时鲁共王坏孔子宅①得《古文尚书》。孔安国以之与今文传本比较，多16篇。武帝立欧阳氏（生）博士，宣帝时增立大小夏侯（胜、建）。成帝时诏征《古文尚书》，东莱、张霸以伪作古文《百两篇》进，经刘向与宫中所藏古文传本对校，多不合，遂黜其书。

《礼》于孔子时已不具，秦时改周制，《礼经》崩坏。汉初，鲁高堂生传《士礼》17篇，为今文，即今《仪礼》。孝文帝时，鲁徐生善为颂，传子至孙延、襄、惟不能通经。高堂生三传至后苍始立学官。武帝立博士。宣帝时，其弟子戴德、戴圣并立学官。另有鲁共王坏孔子宅得礼经，较高堂生所传本多39篇，为古文，即《逸礼》。后郑玄注《仪礼》止及17篇，而此39篇遂佚。河间献王与鲁共王共得《礼记》215篇，戴德将此删为85篇，即《大戴礼》。戴圣又将此85篇删为49篇，即《小戴礼》，又名《礼记》。《周礼》本名《周官》，河间献王开献书之路时，李氏上《周官》5篇，佚《事官》1篇，因取《考工记》以备六官之数。书藏秘府，诸儒不得见。至王莽时，刘歆始以之立于学官，即《汉书·艺文志》著录《周官经》6篇。刘歆授杜子春，杜子春授郑兴、郑众，贾逵作《周官解诂》，马融作《周官传》，马融授郑玄，郑玄作《周官》注。《仪礼》《礼记》《周官》后称为“三礼”。

《乐》失传无经。

《易》初为卜筮之书，孔子六传至田何，后免于秦火。汉初之《易》以田何为祖。武帝时，田何再传杨何，始立博士。宣帝时，田何三传弟子施雠、孟喜、梁邱贺，始立学官。元帝时，增立京房《易》，皆今文，京房为杨何弟子，又学于焦延寿。民间另有费直《易》和高相《易》。刘向以中古文《易》校施、孟、梁三家，唯费直《易》与古文同，于是有古文《易》。费直古文《易》东汉大行，马融、郑众、郑玄、荀爽等均传费直《易》。高相《易》专说阴阳灾异，传高康《毋将永》，与费直

① 关于“鲁共王坏孔子宅”的质疑，蒋伯潜《文字学纂要》第112—114页提出五个破绽，认为古文经的话不可信，“我颇疑心王莽、刘歆没有这许多本领和功夫，得以编造伪经；《七略》《汉志》所说，怕是完全的谎话。只有《春秋》古经，较今本仅多了两年；《左传》是由左丘明所作的《国语》中抽取改编的，作伪较易，故实有其书。古文经既不可靠，我们当然不能根据它们”。

《易》均未立学官。

《春秋》有左氏、公羊、谷梁、邹氏、夹氏五家。邹氏、夹氏传本早佚。汉时，相继有《春秋公羊传》《春秋谷梁传》《春秋左传》面世。武帝立春秋公羊博士，公羊传本由子夏之公羊高，其后四传至公羊寿，始著于竹帛，胡毋生、董仲舒皆其弟子。公羊一派提出三统观念即黑统、白统、赤统三统相循环的思想，以鲁为核心。宣帝时分立严彭祖、颜安乐两家，又立春秋谷梁博士。谷梁传本于子夏弟子谷梁赤，其传授不明。左氏传本出至孔子弟子左丘明，公羊家范生述左氏失十四事以难左氏，陈元为之辨。李育又陈难左氏义四十一事，而贾逵著《左氏长义三十事》以驳之。何休著《公羊墨守左氏膏肓谷梁废疾》以张《公羊》，而郑玄又著《发墨守箴膏肓起废疾》以辨之。后《左氏》独盛，余二家寖衰。

从各学派对六艺的态度来看，儒家对于六艺是从教育出发的。《诗》《书》《乐》《易》《礼》《春秋》都是教人的：《诗》为温柔敦厚；《书》为疏通知远；《乐》为广博易良；《易》为洁静精微；《礼》为恭俭庄敬；《春秋》为属辞比事。道家对于六艺的态度与儒家不同。《庄子·天下》云："其明而在数度者，旧法、世传之史尚多有之；其在于《诗》、《书》、《礼》、《乐》者，邹鲁之士、缙绅先生多能明之。《诗》以道志，《书》以道事，《礼》以道行，《乐》以道和，《易》以道阴阳，《春秋》以道名分。"

汉代学者于六艺均有研究。董仲舒（前179—前104）景帝时任博士官，不仅主导武帝立五经博士，而且在其春秋公羊学名著《春秋繁露》中阐述六艺各有其用，"《诗》《书》序其志，《礼》《乐》纯其养，《易》《春秋》明其知。六学皆大，而各有所长。《诗》道志，故长于质；《礼》制节，故长于文；《乐》咏德，故长于风；《书》著功，故长于事；《易》本天地，故长于数；《春秋》正是非，故长于治人"（《春秋繁露·玉杯》）。这里的六艺排序有两种，一是《诗》《书》《礼》《乐》《易》《春秋》；二是《诗》《礼》《乐》《书》《易》《春秋》。两种略有差异，均以《诗》为首，《易》和《春秋》为末，《礼》《乐》《书》的位置有所不同。

司马迁系统研究过六艺，他阐明了孔子为什么要作《春秋》，高度评价了《春秋》上阐明三王治道，下辨别人事纪纲，辨别嫌疑，判明是非，论定犹豫不决之事，褒善怨恶，尊重贤能，贱视不肖，使灭亡之国家可存，断绝世系可续，补救衰敝之事，振兴废弛之业，是最大的王道。接着按两种顺序述说六艺，一是以《易》《礼》《书》《诗》《乐》《春秋》为序，“《易》著天地、阴阳、四时、五行，故长于变；《礼》经纪人伦，故长于行；《书》记先王之事，故长于政；《诗》记山川、溪谷、禽兽、草木、牝牡雌雄，故长于风；《乐》乐所以立，故长于和；《春秋》辩是非，故长于治人”。这是按时间顺序，从《易》至《春秋》，分述每部经典之内容和特长。二是以《礼》《乐》《书》《诗》《易》《春秋》为序，“是故《礼》以节人，《乐》以发和，《书》以道事，《诗》以达意，《易》以道化，《春秋》以道义”，这里从重要性出发，以《礼》为基本，至《春秋》最为重要。从儒家的观点看，《礼》《乐》是修身养性的基础，使人受到节制和平和；《书》《诗》使人进入社会，述说政事并表达情感；而《易》《春秋》上升到政治和天下安定，以自然之规律，以道义平定乱世，复归正道，意义更为重大。

刘向、刘歆父子和班固对于六艺更有深入研究，且将六艺作为目录学之首，但其六艺排列既未依董仲舒序列，也未依司马迁序列。其思想详见本章第三节“刘向、刘歆的目录学思想”和“班固的目录学思想”。

汉代的六艺思想是以六部经典著作综合先秦时期哲学、政治、文化、教育、文学、历史、科学等各家学术的思想，是目录学思想的重要组成部分。虽然六艺中的五部被奉为儒家经典，但那是武帝之后的事。汉初道家兴，文帝、窦太后均好和阴阳家有密切关系的黄老之学，黄老之学成为显学。直到公元前135年窦太后去世，武安侯田蚡做丞相，才黜黄老刑名百家之言，力崇儒家。次年，武帝用董仲舒之策，“诸不在六艺之科、孔子之术者，皆绝其道，勿使并进”[①]，才有儒家独尊，但此时的儒学已是儒家和阴阳家的杂糅之学。公元前104年武帝改制，定历法，改元太初，使“五德终始说”正式成为西汉政治思想。至刘歆佐王莽篡汉，倡“六经皆史”之说，儒家与阴阳家才分离。“但是，因为阴阳家言已深

① （汉）班固：《汉书》，中华书局2000年版，第1918页。

入儒者的思想里，所以大儒如郑玄说经，也未能完全遵守纯儒家的态度。”①

从以上分析可以得出这样的结论：第一，六艺是早期各种知识的汇聚，包含了先秦时代的各种学术思想，是中国学术的第一个“小百科”。第二，汉代的六艺之学并非儒家专门之学，是各家共有之学，汉以后的六艺之学逐渐成为儒家之学。

三　司马迁的目录学思想

司马迁（约前145—前86），字子长，夏阳（今陕西韩城南）人。史学家、文学家、思想家。初任郎中，奉使西南。元封三年（前108）继父职，任太史令。太初元年（公元前104）与唐都、落下闳等共订太初历，对历法进行改革。后因替李陵败降之事辩解而下狱，受腐刑。出狱后任中书令。

司马迁是西汉首屈一指的学者。汉武帝时，其继承父业，著述历史，有“良史”之称。司马迁于太始四年（前93）前后完成了中国第一部史学巨著《史记》，被后世尊称为史迁、太史公、中国史学之祖。

中国早期史书，虽有《尚书》《春秋》《国语》等，但都偏及政治而鲜于学术。《史记》原名《太史公书》，不仅记载了从上古传说中的黄帝时期，到汉武帝太初四年，长达3000多年的历史，为通史之杰作。而且集前此学术之大成，为中国史学界别开一新局面，为史学之滥觞。特别是继《春秋》编年体之后，开创传记体之先河，成为后世史书之典范。《史记》是“二十四史”之首，被鲁迅誉为“史家之绝唱，无韵之离骚”②。

司马迁在《报任安书》中提出“究天人之际，通古今之变，成一家之言”。司马迁的目录学思想与他的史学思想相统一，主要有以下几个方面：

---

① 杨东莼：《中国学术史讲话》，岳麓书社1986年版，第73页。

② 鲁迅：《汉文学史纲要》，人民文学出版社1973年版，第59页。

（一）融“书序”和“书叙”于一体的书录思想

司马迁继承了先秦目录学中的“传”“叙”体例，特别是孔子为《诗》《书》作序的思想，仿《易》之《序卦传》、《诗》之《序》、孔安国《尚书》百篇序、《逸周书》之七十篇序等，作《太史公自序》。

关于《太史公自序》的内容，来新夏将《太史公自序》分为大序和小序两个部分，大序是自述——说明家世、学历、仕历、学术观点、编纂旨趣和体例等；小序则是依次写了每一篇的篇名和要旨，是读《史记》全书的锁钥，并指出“《史记·太史公自序》的小序就是一篇完整的《史记》目录”①。

仔细分析《太史公自序》有前序、中序和后序三个部分。前序从“昔在颛顼，命南正重以司天”至“至于麟止，自黄帝始”，叙司马家族起源，重点记太史公业绩，录《论六家要旨》全文，陈史家之职志，说明史记之原委。中序从“维昔黄帝，法天则地”至“作《货殖列传》第六十九”，为史记各篇作叙。后序从“维我汉继五帝末流”至“百三十篇”，总括史记全书，列出各部分篇数。

兹将《太史公自序》各部分举要图书或篇目依次列举如下：

前序：《易》《易大传》《孝经》《诗》《书》《春秋》《易传》《春秋》《诗》《书》《礼》《乐》《春秋》《春秋》《易》《礼》《书》《诗》《乐》《春秋》《礼》《乐》《书》《诗》《易》《春秋》《春秋》《春秋》《春秋》《春秋》《易》《春秋》《春秋》《春秋》《春秋》《春秋》《春秋》《易》《尚书》《春秋》《春秋》《诗》《书》《周易》《春秋》《离骚》《国语》《吕览》《说难》《孤愤》《诗》。

中序：《五帝本纪》《夏本纪》《殷本纪》《周本纪》《黄鸟》《秦本纪》《始皇本纪》《项羽本纪》《高祖本纪》《吕太后本纪》《孝文本纪》《孝景本纪》《今上本纪》《三代纪表》《春秋》《十二诸侯年表》《六国年表》《秦楚之际月表》《汉兴已来诸侯年表》《高祖功臣侯者年表》《惠景间侯者年表》《建元以来侯者年表》《王子侯者年表》《汉兴以来将相名臣年表》《礼书》《雅》《颂》《郑》《卫》《郑》《卫》《乐书》《乐书》

① 来新夏：《古典目录学》，中华书局1991年版，第3页。

《司马法》《律书》《历书》《天官书》《封禅书》《河渠书》《平淮书》《吴世家》《齐太公世家》《金滕》《周公世家》《甘棠》《燕世家》《管蔡世家》《陈杞世家》《酒》《材》《康诰》《卫世家》《宋世家》《晋世家》《楚世家》《越王勾践世家》《郑世家》《赵世家》《魏世家》《韩世家》《田敬仲完世家》《孔子世家》《陈涉世家》《外戚世家》《楚元王世家》《荆燕世家》《齐悼惠王世家》《萧相国世家》《曹相国世家》《留侯世家》《陈丞相世家》《绛侯世家》《梁孝王世家》《五宗世家》《三王世家》《伯夷列传》《管晏列传》《老子韩非列传》《司马法》《司马穰苴列传》《孙子吴起列传》《伍子胥列传》《仲尼弟子列传》《商君列传》《苏秦列传》《张仪列传》《樗里甘茂列传》《穰侯列传》《白起王翦列传》《孟子荀卿列传》《孟尝君列传》《平原君虞卿列传》《魏公子列传》《春申君列传》《范睢蔡泽列传》《乐毅列传》《廉颇蔺相如列传》《田单列传》《鲁仲连邹阳列传》《屈原贾生列传》《吕不韦列传》《刺客列传》《李斯列传》《蒙恬列传》《张耳陈馀列传》《魏豹彭越列传》《黥布列传》《淮阴侯列传》《韩信卢绾列传》《田儋列传》《樊郦列传》《张丞相列传》《郦生陆贾列传》《傅靳蒯成列传》《刘敬叔孙通列传》《季布栾布列传》《袁盎朝错列传》《张释之冯唐列传》《万石张叔列传》《田叔列传》《扁鹊仓公列传》《吴王濞列传》《魏其武安列传》《韩长孺列传》《李将军列传》《匈奴列传》《卫将军骠骑列传》《平津侯列传》《南越列传》《东越列传》《朝鲜列传》《西南夷列传》《子虚》《大人》《司马相如列传》《淮南衡山列传》《循吏列传》《汲郑列传》《儒林列传》《酷吏列传》《大宛列传》《游侠列传》《佞幸列传》《滑稽列传》《日者列传》《龟策列传》《货殖列传》。

后序:《诗》《书》《诗》《书》《太史公书》。

《太史公自序》具有“书序”特征，由上述203个书名或篇名列举可见，主要任务是举要篇目，既是一书目录（全书纲目），也是群书目录（图书举要）。其突出之处在于：第一，既列图书或名篇，如《国语》《离骚》，还有文告，如“《酒》《材》是告，及朔之生”中的《酒》和《材》是周朝的两篇文告。第二，列举重要图书，加以评价。如“《司马法》所从来尚矣”予以高度评价。第三，重视六经。全序中反复并举

《诗》《书》，如前序中有“夫《诗》《书》隐约者，欲遂其志之思也”，后序中有“文学彬彬稍进，《诗》《书》往往间出矣”。至于《易》，既有称《易》，也有称《周易》，还有称《易传》《易大传》。《书》也称《尚书》。六经在《太史公自序》中出现的次数：《易》8 次；《书》8 次；《诗》8 次；《礼》3 次；《乐》3 次；《春秋》20 次。说明既崇尚六艺，尤以《春秋》为尊，反映出作为史家以前史《春秋》为重要参照的基本史观。

《太史公自序》不仅仅是简单列举图书，还具有“书叙”特征。其中序集中体现了司马迁的“书叙”之法，大体有三种。一是逻辑序列法，如“维禹之功，九州攸同，光唐虞际，德流苗裔；夏桀淫骄，乃放鸣条。作《夏本纪》第二”，以时间为序列概述了该篇的主要内容。二是概要叙事法，如“少康之子，实宾南海，文身断发，鼋鳝与处，既守封禺，奉禹之祀。勾践困彼，乃用种、蠡。嘉勾践夷蛮能修其德，灭强吴以尊周室，作《越王勾践世家》第十一”，综记越王勾践转败为胜强国之事迹。三是简要评述法，如“智足以应近世之变，宽足用得人。作《韩长孺列传》第四十八”，对列传主人为人处世进行了点评。

（二）以叙事方式记述图书的思想

司马迁在《史记》叙事中，提到许多重要的图书，或列举篇目，或简要评述。主要有两大类：一类是司马迁注明所读之书，另一类是司马迁知见之书。

“记述所读之书”类，如《管晏列传》有“吾读管氏《牧民》、《山高》、《乘马》、《轻重》、《九府》，及《晏子春秋》，详哉其言之也。既见其著书，欲观其行事，故次其传”①，列出管子、晏子著作；《商君列传》有“余尝读商君《开塞》、《耕战》书”，列出商君著作。这类书均为司马迁所读或曾经读过。

“记述知见之书类”有三种情况：一是简记知见书之作者著述事实，仅列作者与篇名，如《儒林列传》有“叔孙通作《汉礼仪》”。二是略述知见书之著述经过与篇数，如《孟子荀卿列传》载，孟子“退而与万章

---

① （汉）司马迁：《史记》，中华书局 2013 年版，第 2585 页。

之徒序《诗》、《书》，述仲尼之意，作《孟子》七篇”。《平原君虞卿列传》载，虞卿“不得意，乃著书，上采《春秋》，下观近世，曰《节义》、《称号》、《揣摩》、《政谋》，凡八篇”。三是并列记述多种著作，有并述两人著作，如《孙子吴起列传》列出孙、吴两人著作，“世俗所称师旅，皆道《孙子》十三篇，吴起《兵法》”；有并述四人著作，如《老子韩非列传》先后记述了四人著作：老子著作（“著书上下篇，言道德之意五千言”）、庄子著作（“《渔父》、《盗跖》、《胠箧》”系《庄子》书中的三篇）、申不害著作（“本于黄老而主刑名，著书二篇，号曰《申子》”）、韩非著作（“作《孤愤》、《五蠹》、《内外储》、《说林》、《说难》十余万言”逐一列出韩非书名）。“记述知见之书类”所列之书，因未注明“吾读”或“余尝读”，无法断定司马迁是否读过。

司马迁于史书中所记篇目，反映出他在治史过程中广泛阅读，掌握了大量图书资料。司马迁早年师从董仲舒、孔安国学习经书，经学功底深厚。20岁以后，遍游南北，考察名胜和风俗，采集史料与传闻。这些，为他作《史记》奠定了目录学和史料学基础。

（三）以多种方式保存图书的思想

司马迁在《史记》中运用了人物、图书、事件的关联方法，如《淮阴侯列传》详细叙述了萧何推荐韩信为大将军，到《萧相国世家》中以“语在《淮阴侯》事中”关联。《项羽本纪》详细叙述了鸿门宴，到《留侯世家》讲此事时以“语在《项羽》事中”关联。这种关联建立起了《史记》各篇章之间的联系，形成一个逻辑整体，在一定意义上起到了保存图书史料的作用。

司马迁的《史记》对于重要图书，采取了照录原文的方法，起到了存征的作用。如在《司马相如列传》中，将司马相如的《子虚赋》《上林赋》《喻巴蜀檄》《大人赋》《封禅文》等八篇文章全文照录。《老子韩非列传》中，全文照录了韩非的《说难》篇。

在《屈原贾生列传》中，既列出屈原著作的篇名，“余读《离骚》、《天问》、《招魂》、《哀郢》，悲其志”①，还照录了屈原《怀沙赋》、贾谊

① （汉）司马迁：《史记》，中华书局2013年版，第3018页。

《吊屈原赋》《服鸟赋》的原文。

（四）以学术分类为核心的学术史思想

司马迁为太史令司马谈之子，10 岁时随父迁居长安。武帝元封元年（前 110），司马谈临终前，嘱托著史书未竟之业。司马迁深受父亲学术思想的影响，既讲求史的学术性，也讲求学术流别。

司马迁在《史记·太史公自序》中全文引述父亲司马谈的《论六家要旨》。开篇引《易大传》“天下一致而百虑，同归而殊涂”，接着说：“夫阴阳、儒、墨、名、法、道德，此务为治者也”，将天下学术分为阴阳、儒、墨、名、法、道德六家，六家均以太平盛世为目标，但立场不同观点各异。

《论六家要旨》重点阐述了先秦学术六大学派之源流：

一为阳阳家。“夫阴阳，四时、八位、十二度、二十四节各有教令，顺之者昌，逆之者不死则亡，未必然也，故曰‘使人拘而多畏’。夫春生夏长，秋收冬藏，此天道之大经也，弗顺则无以为天下纲纪，故曰‘四时之大顺，不可失也’。”

二为儒家。“夫儒者以六艺为法。六艺经传以千万数，累世不能通其学，当年不能究其礼，故曰‘博而寡要，劳而少功’。若夫列君臣父子之礼，序夫妇长幼之别，虽百家弗能易也。”

三为墨家。“墨者亦尚尧舜道，言其德行曰：‘堂高三尺，土阶三等，茅茨不剪，采椽不刮。食土簋，啜土刑，粝粱之食，藜藿之羹。夏日葛衣，冬日鹿裘。’其送死，桐棺三寸，举音不尽其哀。教丧礼，必以此为万民之率。使天下法若此，则尊卑无别也。夫世异时移，事业不必同，故曰‘俭而难遵’。要曰强本节用，则人给家足之道也。此墨子之所长，虽百长弗能废也。”

四为法家。“法家不别亲疏，不殊贵贱，一断于法，则亲亲尊尊之恩绝矣。可以行一时之计，而不可长用也，故曰‘严而少恩’。若尊主卑臣，明分职不得相逾越，虽百家弗能改也。”

五为名家。“名家苛察缴绕，使人不得反其意，专决于名而失人情，故曰‘使人俭而善失真’。若夫控名责实，参伍不失，此不可不察也。”

六为道家。“道家无为，又曰无不为，其实易行，其辞难知。其术以虚无为本，以因循为用。无成执，无常形，故能究万物之情。不为物先，不为物后，故能为万物主。有法无法，因时为业；有度无度，因物与合。故曰‘圣人不朽，时变是守。虚者道之常也，因者君之纲’也。群臣并至，使各自明也。其实中其声者谓之端，实不中其声者谓之窾。窾言不听，奸乃不生，贤不肖自分，白黑乃形。在所欲用耳，何事不成。乃合大道，混混冥冥。光耀天下，复反无名。凡人所生者神也，所讬者形也。神大用则竭，形大劳则敝，形神离则死。死者不可复生，离者不可复反，故圣人重之。由是观之，神者生之本也，形者生之具也。不先定其神形，而曰‘我有以治天下’，何由哉？”

关于《论六家要旨》的作者，据《史记·太史公自序》分明是司马谈所作无疑。然曾国藩《求阙斋读书录》指出：“论六家要旨，即太史公迁之学术也。托诸其父谈之词耳。姚惜抱以为其父之辞，盖失之。”

《论六家要旨》分述六家之利弊，对阴阳、儒、墨、名、法五家均有褒贬，唯推崇道家“采儒墨之善，撮名法之要”。兼采众家之精华，且胜过儒家。仅从此观之，与司马谈是一位道家的立场相吻合。司马迁虽受学于儒学大师，但亦受父亲道家思想影响。武帝时，虽儒学渐统治学术，但汉初贵黄老学说影响尚在。这样看，司马迁引《论六家要旨》力数道家之长，是有深意的。如其说《论六家要旨》是司马谈所作或者司马迁所作，不如说凝聚了司马迁父子的心血。

《论六家要旨》比《淮南子·要略》的分类更为全面。公元前2世纪末，淮南王刘安招致宾客方术之士数千人作《内书》二十一篇，《外书》甚众，又有《中篇》八卷，言神仙黄白之术。其《内书》二十一篇即《淮南子·要略》，论孔墨诸家之“术”，分为太公之谋；文、武、周公大业；孔子之学；墨子之学；管子之学；晏子之学；纵横修短之学；申子之学；商鞅之学；刘氏之学十家。据《汉书·艺文志》，太公之谋属于兵书；文、武、周公之业为儒家之宗；孔子、晏子属于儒家；墨子属于墨家；管子属于道家；纵横修短之学即苏秦、张仪之纵横家；申子、商鞅属于法家；刘氏之学即《淮南子》，《汉书·艺文志》谓之杂家。因而此分类实际上是道、儒、墨、法、纵横、兵六家。《论六家要旨》中未列纵横家和兵家，却有阴阳家和名家，这更符合当时的学术实际。

由此，可以说《史记》全面论述了西汉以前的学术分类，深入分析了各主要学术流派，起到了目录学的学术史作用。

（五）为人物家学立传叙学术流别的思想

司马迁《史记》52.65万字，“以拾遗补艺，成一家之言，厥协六经异传，整齐百家杂语”，共有130篇，包括本纪十二、表十、书八、世家三十、列传七十。其人物列传最为著名，它不只是记录人物之事迹，评说人物之功过，更重要的是有辨章学术之功。

司马迁重点为《论六家要旨》中的儒、道、法立传。儒家有《孔子世家》《孟子荀卿列传》《儒林列传》《仲尼弟子列传》。道家为老子立传（《老子韩非列传》），附载庄子传记。法家有《商君列传》《韩非列传》（《老子韩非列传》），体现了司马迁对先秦学术三大家的重视。《论六家要旨》中的另三家阴阳家、墨家、名家虽无专门立传，但其代表人物在《史记》中也有记载[①]。六家之外，还有纵横家和杂家，前者有《苏秦列传》《张仪列传》，后者有《吕不韦列传》。此外，还为兵家和医家立传，前者有《孙子吴起列传》《司马穰苴列传》《白起王翦列传》《淮阴侯列传》，后者有《扁鹊列传》。

司马迁的人物列传从目录学看，主要有两个方面：

一方面是细辨一学之学术源流与学派。《儒林列传》将儒学的由来划分为五个发展阶段：一是孔子发端，二是七十子活动，三是秦代停滞，四是西汉复兴，五是武帝鼎盛时期，叙儒学的产生与发展。司马迁将儒学分为八家：《诗》三家（鲁——申培公，齐——辕固生，燕——韩太傅）；《书》一家（济南伏生）；《礼》一家（鲁高堂生）；《易》一家（菑川田生）；《春秋》二家（齐鲁——胡毋生，赵——董仲舒）。章学诚认为：“读《六艺略》者必参观于《儒林列传》，犹之读诸子略必参观于《孟荀》、《管晏》、《老庄申韩列传》也。孟子曰：‘诵其诗，读其书，不知其人，可乎？’《艺文》虽始于班固，而司马迁之列传实

---

① 王锦贵：《数典勿忘祖，“显学”隐巨擘——为司马迁目录学成就正名》，《中国图书馆学报》2014年第1期。

讨论之，观其叙述战国秦汉之间著书诸人之列传，未尝不与学术渊源，文词流别，反复而论次焉。刘向、刘歆盖知其意矣。故其校书诸叙论，既审定其篇次，又推论其生平。以书而言，谓之叙录可也；以人而言，谓之列传可也。”①

另一方面是揭示一家之学术渊源。《史记·老子韩非列传》载：“其学无所不窥，然其要本归于老子之言。故其著书十余万言，大抵率寓言也。作《渔父》、《盗跖》、《胠箧》，以诋訿孔子之徒，以明老子之术。《畏累虚》、《亢桑子》之属，皆空语无事实。”② 简要概括了庄子思想的渊源。

在以往的目录学史中，并没有司马迁的地位。王锦贵以《四库全书总目》体现的极其经典的两大要素（书目理论；款目组织）为标准，概括了司马迁对目录学贡献的四个方面：研究诸子分野，揭示学人简历；“辨章学术，考镜源流”；历数学者著述；首创揭示图书的新方法。还论证了司马迁《史记》对《汉书·艺文志》的重要影响，“回顾目录学数千年发展史，司马迁当年所做的奠基性劳动，不仅早于刘歆的《七略》，更早于班固的《汉书·艺文志》”。然而，他得出的“《史记》是一部具有特殊表现形式的书目文献，质言之，它是一部规模空前的隐性书目文献”③ 这一结论尚可质疑。因为《史记》毕竟是一部历史学著作，不能因为其中有图书记述和辨章学术便将其纳入书目的范畴。准确地说，这部史学巨著中包含有比较丰富的目录学思想。而且，司马迁对中国目录学的贡献除了以上所述，还在于他在孔子开创的目录学“论书”基础上，开创了目录学“论人”之先河，从此以后，目录学有了论书及人或者论人及书，目录学“书”与“人”的两大要素得以彰显。

中国目录学前有孔子奠基，后有司马迁继之。郑樵高度评价司马迁的功勋，说“仲尼既没，诸子百家兴焉，各效论语，以空言著书，至于

① （清）章学诚：《校雠通义通解》，王重民通解，上海古籍出版社2009年版，第78页。

② （汉）司马迁：《史记》，中华书局2013年版，第2594—2595页。

③ 王锦贵：《数典勿忘祖，“显学”隐巨擘——为司马迁目录学成就正名》，《中国图书馆学报》2014年第1期。

历代实绩，无所纪系。迨汉建元、元封之后，司马氏父子出焉。世司典籍，工于制作，故能上稽仲尼之意，会诗、书、左传、国语、世本、战国策、楚汉春秋之言，通黄帝、尧、舜至于秦、汉之世，勒成一书，分为五体，本纪纪年，世家传代，表以正历，书以类事，传以著人。使百代而下，史官不能易其法，学者不能舍其书。六经之后，惟有此作。故谓‘周公五百岁而有孔子，孔子五百岁而在斯乎’”（郑樵《〈通志〉总序》）。当然，司马迁的目录学思想存在一定的局限性，主要是因为当时政治环境的限制，“当迁之时，挟书之律初除，得书之路未广，亘三千年之史籍，而跼蹐于七八种书，所可为迁恨者，博不足也”（郑樵《〈通志〉总序》）。在这样的背景下，司马迁没有专门整理图书和记录图书的条件，不可能形成专门的目录学著作。

四　刘向、刘歆的目录学思想

刘向（前77—前6）原名更生，字子政。沛（今属江苏沛县）人。经学家、文学家、目录学家。汉宣帝时，任散骑谏大夫。元帝时，授宗正卿，因反对宦官专权，被捕入狱。成帝即位，复进用，更名向，任光禄大夫，终中垒校尉，世称刘中垒。著有《新序》《说苑》《列女传》《战国策》《五经通义》等，有《刘子政集》。

刘歆（约前53—23）字子骏，后改名秀，字颖叔。经学家、目录学家。刘向季子。少时通诗书，能属文。汉哀帝初，大司马王莽荐为侍中太中大夫，迁骑都尉，奉车光禄大夫。王莽篡位以后，曾为国师。后因谋诛王莽，事泄自杀。

关于刘向编撰《别录》、刘歆编撰《七略》及其校雠目录活动，上节已有讨论。这里，主要讨论刘向、刘歆的目录学思想，归纳起来，有以下几个方面。

（一）儒学统领的思想

自武帝时独尊儒术之后，儒家著作纷纷被立为学官，因秦火之后《乐经》亡佚，官学只设《诗》《书》《易》《礼》《春秋》五经，其地位超越百家著述之上。这种儒家思想潮流，直接影响和指导了刘向、刘歆的目录学活动。

刘向、刘歆的“儒学统领”的目录学思想主要体现在以下三个方面。

第一，以经学为指导进行校雠目录工作。

刘向、刘歆整理图书1.3万多卷，刘向亲自校雠“经传”，其《别录》中并无“六艺”。至刘歆整理完成《七略》时，才有“六艺”之名，这在《汉志》序中已说得清楚明了。何谓“经传”，先有经，后有传，统称为经传，专指经学图书，或概指先秦经典。按刘向、刘歆的思想，经学为一切学科之首，这在《别录》《七略》的编排中就得到了充分的体现。《七略》除辑略外，“六艺”列为六略之首，“六艺”之中首列六经，次列记录六经整理者——孔子言论的《论语》以及有孔子“七十子之徒之遗言”的《孝经》，末列小学，为读经必备的文字训诂工具。六经排列，因《易经》“与天地为始终”，有穷通变易之理，视之为其他五经之源，而移居六经之首。《易经》之后，依次排列《书》《诗》《礼》《乐》和《春秋》。按重要性依次排序，体现了其尊经尊孔的思想。在刘向、刘歆父子的学术体系中，似乎没有史学的位置。然而，将历史著作附于六经之《春秋》，以《春秋》代表史学，体现了刘向、刘歆父子的史学观，这与司马迁的史学观是一致的。

第二，突出儒家的首要地位。

武帝之后，汉代统治者将儒家抬到了至高地位，不仅体现在政治地位上，也体现在学术地位上。无论是刘向的“经传”还是刘歆的“六艺”，首重儒家经典。六艺略中的孔子及其弟子著作，均为儒家正统。《论语》宣扬儒家思想，《孝经》提倡儒家孝道。到了诸子略，诸子九家，仍以儒家为首，这一切都是为了服务于独尊儒术。在武帝时司马迁父子的《论六家要旨》中，其排序为“阴阳、儒、墨、名、法、道”，但按其评论的重要性则为道、儒、墨、名、法、阴阳，这也说明武帝前儒家未占统治地位。随着成帝以后儒家地位的进一步提高，儒家便“于道为最高”，其经典数量渐多，其他各家在儒学独尊之下俯首相安，这样就形成了儒、道、阴阳、法、名、墨、纵横、杂、农、小说这样一个新的排序。虽然司马迁的《史记》已涉及纵横家和杂家，但刘歆《七略》赋予了其重要地位。

第三，从倡导儒家的今文经到古文经。

刘向、刘歆与司马迁所处的时代不同，司马迁所处的武帝时代倡导儒学经学，其时正是今文经学。《史记·儒林列传》所列八家都是今文经。刘向24岁时曾参与石渠阁讲论五经异同，后来成为今文经学大师。至东汉，开始盛行古今经，刘歆从小接受今文经教育，核心是阴阳五行和天人学说，成帝时曾与父刘向同校秘阁，发现古文《春秋左氏传》，遂钻研古文经学，成为古文经学的开创者和推动者。哀帝时，刘歆继父业，这也成为他倡导古文经学的极好机会。刘歆何时奏《七略》？顾实认为，刘向卒于成帝绥和二年，这一年哀帝即位并诏刘歆典校五经，刘歆于次年即建平元年更名秀，上《山海经表》即用秀名，同年为表彰古文经，以《移让太常博士书》触大司空师丹等人之怒，丹于秋被策免，而刘歆自当以忤执政惧诛，先丹出守于外。“然则歆奏《七略》在建平元年之春夏间矣。计河平三年至此，费时二十余年。其父与役者二十年，故《隋书经籍志》有刘向《七略别录》二十卷，刘歆《七略》七卷，明有先后分别奏定之殊。今人于二书尽失佚，乃妄言歆伪造古文矣。”[①] 在今古文学派斗争中，“今文学派的人就攻击他一手伪造了全部古文经，这是很冤枉的”[②]。从《七略》六艺的排序看，已经体现了古文经学派的思想。六艺略未按汉初今文经派的排列（如贾谊《新书·六术篇》和董仲舒《春秋繁露》的六艺排序），以《易》为首，正是古文学派尊奉周公的结果。“古文家最大的功绩，是把经学从今文家的荒诞迷信的经说里带向考据训诂之途。如果没有刘歆的竭力提倡，若干古书，可能业已失传”[③]，因此，刘歆对于古文经学派的发扬光大功不可没。因此，刘向父子虽然都是通过目录学光大儒学，但学术基点和目标不一样，刘向以《别录》宣扬今文经，而刘歆则以《七略》宣扬古今经。

（二）校雠目录一体的思想

刘向、刘歆的校书在目录学的图书整理活动中具有开创性的贡献。一是首次为政府大规模图书整理确定了目标与内容，目标宏大，内容丰

---

① 顾实：《秦汉烧书、校书两大案平议》，《国学丛刊》1923年3月第1卷第1期。

② 冯友兰：《中国哲学简史》，北京大学出版社2013年版，第200页。

③ 傅乐成：《中国通史》上册，贵州教育出版社2010年版，第205页。

富。其进行了校书活动在汉代虽是第三次，却是准备最充分、规模最宏大、成果最丰硕的一次，本章前二节已有叙述。二是为目录学建立了一整套严格的工作程序，在实践中探索出了前所未有的工作方法，这既是对以往校书活动的总结和继续，又根据新的形势和需要进行了创新与发展。从本节所讲的汉代所进行的校雠目录各项工作可以看到，流程严格，步骤递进，方法科学。这些程序和方法对后世的影响是深远的。

刘向、刘歆在目录学实践中形成了校雠目录一体化的思想，其“校雠”二字的解释虽是狭义的，但校书是广义的，包括众多丰富的内容。其“目录”二字从表现上看只是校书的结果，但从本质上上接校雠、下接评荐的学术史活动，是一项“略序洪烈”的大事业。刘向、刘歆的校雠目录事业，既包括广搜异本，比勘同异的校勘学和版本学的工作，也包括考定是非，辨章学术的学术工作；既通过图书分析，撰写书录，形成以一个具体图书为研究对象的学术史成果，又通过类次归属，编撰目录，形成以学科图书为研究对象的学术史成果。

（三）分科校书的思想

关于刘向校书，历来多有研究。乔好勤总结刘向等校雠编目的基本方法和程序有五：一是广罗异本，相互校补；二是条别篇章，确定书名与篇名；三是校勘脱文脱简，写成定本；四是提要钩玄，编写叙录；五是种别分类，编成目录①。

汉成帝于河平三年（前26）诏光禄大夫刘向、步兵校尉任宏、太史令尹咸、侍医李柱国四人共校秘阁。这说明，当时的校书活动是按官职进行分工的，也就可以看出其“分科校书”的思想——按学科专长进行分工。

刘向——奉诏整理典籍，既是整个校书活动的统领和组织者，又是经传、诸子、诗赋三大类别的校书责任者。刘向系汉宗室，汉楚元王刘交（高祖刘邦异母弟）之玄孙，阳城侯刘德之子，为西汉中后期少有的博通之才，《汉书·楚元王传》说他“专积思于经术，昼诵书传，夜观星

① 乔好勤：《中国目录学史》，武汉大学出版社1992年版，第47—51页。

宿，或不寐达旦”[①]。时任“光禄大夫”一职，领校中五经秘书。

任宏——奉诏整理兵书，其任职为“步兵校尉”，按汉代军制，汉军分为京师兵和地方部队，京师兵分为北军和南军。北军是汉军之精锐，其长官是中垒校尉（东汉为北军中候），其下是屯骑校尉、步兵校尉、越骑校尉、长水校尉。据《汉书·哀帝纪》“明年，使执金吾任宏守大鸿胪，持节征定陶王，立为皇太子”[②] 可知，在刘向去世前二年即公元前8年任宏已升任“执金吾”一职。其升迁与其校书有功不无关系。“至于孝成，命任宏论次兵书为四种”（《汉志》兵书略序），这里的“四种”应当是兵权谋、兵形势、兵阴阳、兵技巧四类兵书。

尹咸——奉诏整理数术之书，其任职为“太史令”。

李柱国——奉诏整理方技之书，其任职为“侍医”。

刘向主持此次校书活动，从54岁奉诏校书至72岁去世，长达18年之久。刘向去世后，其子刘歆继续完成其父未竣之校雠目录事业。《汉书·楚元王传》云：“向死后，歆复为中垒校尉。哀帝初即位，大司马王莽举歆宗室有材行，为侍中太中大夫，迁骑都尉、奉车光禄大夫，贵幸。复领《五经》，卒父前业。歆乃集六艺群书，种别为《七略》。”[③] 在这次长时间大规模整理校书活动中，不仅在组织校书、收集典籍、校勘整理、撰写叙录、汇总目录各方面，成为后世校雠目录工作的典范，其分科校书也成为中国目录学的先进经验和优良传统。

（四）学术分类与图书分类一体的思想

1. 建立全新学术分类体系

刘向、刘歆建立了全新的学术分类体系，实现了从先秦经学分类到汉时各科学术分类的巨大进步。

刘歆完成了第一部分类目录《七略》。何谓“略”？《说文·田部》云：“略，经略土地也。从田各声。”略本义为田界，引申为类别。郑樵《通志·氏族略序》云：“略者，举其大纲。”章太炎《征七略》云：“略

① （汉）班固：《汉书》，中华书局2000年版，第1524页。

② （汉）班固：《汉书》，中华书局2000年版，第233页。

③ （汉）班固：《汉书》，中华书局2000年版，第1527页。

者，封畛之正名。《传》曰：‘天子经略。’所以标别群书之际，其名实砉然。”[①]《七略》即指七个大的类别。因刘向分科校书时，已形成六大类，并无辑略。因此，《七略》从分类体系上是六大类。这个六分法由刘向初建，在校书过程中不断细分，由刘歆最后完善。

六艺略——源于先秦的《诗》《书》《礼》《乐》《易》《春秋》六经，以儒家经典为正统。刘向、刘歆父子未采先秦“六经”一词，而采汉通用之“六艺”，将儒家经典及相关著作列为一类，并进行了排列，反映各经的政治与学术地位。钱基博评价说：“善夫，刘氏之序六艺为九种也，有苦心焉，斟酌尽善焉。”[②]

诸子略——本指先秦诸子，有益于政。先秦诸子百家，其最著者“九流十家”，即儒家、道家、阴阳家、法家、名家、墨家、纵横家、杂家、农家、小说家，是“王道既微，诸侯力政，时君世主，好恶殊方”的历史产物。诸子著书立说，自成一家。《易》曰：“天下同归而殊途，一致而百虑。”诸子之言“各推所长，穷知穷虑，以明其指，虽有蔽短，合其要归，亦《六经》之支与流裔”。这里包括了先秦至秦汉时期各家著作，以哲学思想为旨归，经济思想、政治思想、法律思想、文化思想等，无所不包。其学术主要在政治学、名学、法学、伦理学领域。实际上，内容广博，难以归类的则入杂家。封统治者重农抑商，“播百谷，劝耕桑”，农家之书列入诸子之九。诸子兼容并包，连“街谈巷语，道听途说”的小说家也不排除，附列为第十。

诗赋略——先有诗，后有赋，赋又源于诗，其同根同源。“不歌而诵谓之赋，登高能赋可以为大夫。”（《汉志》）诗赋略不以文学著作由诗发展为赋这一发展主线为分类标准，而先列“赋”，后列“歌诗”。一方面是赋的数量多，“赋乃六义之一，其体诵而不歌；而刘《略》所收，篇第倍蓰于诗，于是以赋冠前，而诗歌杂体反附于后”[③]。另一方面是赋的地位较高，赋是汉代的一种文体，汉人创作多作赋。由于汉赋的兴盛使其

---

① 章太炎：《章太炎全集（三）》，上海人民出版社1982年版，第421页。

② 钱基博：《经学通志》，广西师范大学出版社2009年版，第6页。

③ （清）章学诚：《文史通义》，吕思勉评，上海古籍出版社2008年版，第266页。

社会价值开始凸显，导致文学学科地位的提高。赋在诗之前与汉时重赋相统一，也再一次说明了《七略》按重要性排序的基本原则。诗赋略分为“诗人之赋”与“辞人之赋”。“诗人之赋丽以则”，如“大儒孙卿及楚臣屈原离谗忧国，皆作赋以风，咸有恻隐古诗之义”；“辞人之赋丽以淫”，如“宋玉、唐勒、汉兴枚乘、司马相如、下及扬子云，竟为侈丽闳衍之词，没其讽喻之义”。在刘向、刘歆看来，不仅诸子是六经之支与流裔，而且诗赋是其中一经《诗》之支与流裔。凡“支与流裔”不可与“经”杂合一起，必须排除在“经”之外。因此，“诸子”从经传中独立出来，“诗赋”也必然从经传中独立出来。六艺、诸子、诗赋皆具治国与化民的作用，是服务于统治者“文治”的需要，它们之间既有历史渊源之联系，也有高低尊卑之分别，这也就能很好地理解为什么刘向校书将“经传诸子诗赋”同校。诗赋独立一略，既体现了文学从依附于经学、历史、哲学到正式独立为一门专门之学，也反映了普通文学作品不宜与经并列，“诗”定为经，其他只能归于诗赋，这正反映了刘向、刘歆的经学独尊、经与非经分离的分类思想。

兵书略——《易》曰：“古者弦木为弧，剡木为矢，弧矢之利，以威天下。”孔子曰：“足食足兵”“以不教民战，是谓弃之”。先秦时期，列国之争，战事频繁，军事学由此发达。兵书虽不入经，但历来为统治者所重视，具有重要的政治地位。首重“权谋”，出奇制胜，乃兵家的最大智慧，统治者用兵，重在谋，这也突出了军事战略学派在军事学中的地位。次重“形势”，强调兵要地理等具体情形及应变之策。然后是“阴阳”，强调“假鬼神而为助”取胜。最后是“技巧”，强调兵器器械及练兵方法。从战略到战术，从人谋到利用自然条件和物质工具，即符合儒学倡导的民本和人为重的思想，反映了汉代军事学科比较完备的理论与应用体系。兵书略关系安邦定国，虽辅经功能弱，但于政治作用甚大。

术数略——通常认为，术数一略是将混杂不分的迷信与科技之书杂糅一体，天地鬼神之书合为一类，实则不然。这是以今人的标准评论古人的思想，因为占卜星象在当时并非迷信，而是早期愚昧时代科学不发达的政治和社会需要。术数略与《易》经“苟非其人，道不虚行”相应，在当时有其合理性。中国早期的自然科学，以数学、天文、历法见长。

天文、历法居于术数六种之前两类，“天文”以“观乎天文，以察时变”，“圣王所以参政”，“历谱”以“五星日月之会”，是“圣人知命之术”。此两类不仅体现了古代科技成就，也满足了治国之需要。其后有“五行”，“其法起五德终始，推其极则无不至”；有“蓍龟”，“定天下之吉凶”为“圣人之所用”；有“杂占”，“纪百事之象，候善恶之徵”，有“形法”讲形与气数。从这一排序看，先学后术，先主后次，从皇家政治之用到民间生活之用，体现了儒家的科学观。术数略纳百科于其中，虽辅经功能弱，但于政治有较大作用。

方技略——一般以为方技一略，系深奥的中医科学著作，且与巫术混为一体，并不全面。“医”字繁体为“醫”，说明古代医术与巫术不能分开的事实，也是早期医药尚不具备真正成熟的科学这一实际情况。虽然“生生之具”，“论病以及国，原诊以知政”在方技中占有重要地位，但方技包括的知识十分丰富。“医经”“经方”以治病救人，不仅百姓以为重，历代皇帝均极为看重，因而居于方技四种的前列，集中反映了先秦以来医学的发达。其后有“房中”“神仙”，前者重养生，房中有节可以健康，后者重心理，神仙可以长生。两者既为官家，也为百姓，前两者与后两者自然过渡，四者首尾相连，形成古代以健康为核心、从有病短期治疗到无病长期养生的极其丰富的医学知识体系。“神仙”一类与道家之术有关，也与历代皇帝多好长寿之道相关。道家为学，与诸子同类；神仙为术，置于方技，这反映了刘向、刘歆从本质上重学轻术的思想，也反映了道家与道术已经分离的实际情况。

上述六类划分，是一个以儒学为统领，以学术分类为标准的逻辑体系。既突出了经学在政治和学术上的绝对地位，又兼顾到了其他学科各流派，并将它们与儒学经学相联系，依照政治与学术地位进行排序，将分类思想与经学思想相统一；既以分类体系来总括先秦时期的学术面貌，又全面梳理了秦汉学术，以联系的观点看待学术的发展变化，从分类体系可见历代学术，也可知当时的学术变化，将学术发展历史与学术现实变化相统一。

这一体系最大的贡献在于，突破了早期学术分类囿于人文的局限，突破了先秦以来重学轻术的思想，将科学技术纳入学术分类范围，尊重了科学发展的事实。在继续重视军事学设兵书略外，设“数术略”和“方技略”二略，给自然科学与应用学科以应有的地位，还展示了汉代的科技成就。兵书、数术、方技三略，从体系上占有六分法的半壁江山。如果从这个角度看，刘向、刘歆的分类，所谓六大门类、六大学科这一六分法，已显示出人文社会科学与科学技术的分野，可视为两分。今天来看，刘向、刘歆当年有如此十分科学的分类思想以及在这一思想指导下建立的比较完备的学术分类体系，是非常先进和了不起的。

2. 充分借鉴并利用前人学术分类成果

刘向、刘歆的图书分类研究建立在前人对于学术分类研究的基础上，吸收了前人成果的合理成分。孔子时已形成六经，但汉时只设五经博士，刘向整理经传，并不限于当时的设有博士的五经，刘歆直接以“六艺”之名回应孔子的六经。在诸子分类中，《庄子·天下》分学术为七派，《论六家要旨》分学术为阴阳、儒、墨、名、法、道六家。刘歆的诸子十家有六家与《论六家要旨》同，只是增加了纵横、杂、农、小说四家，体现了学术分类上的继续与发展。

3. 充分考虑图书的特点与规律

刘向《别录》始创六分，已考虑到了依图书的特点与规律进行设置，最典型的是诗赋一略的设置。六艺中已有“诗”类，但此类图书不断增多，特别是汉赋和乐赋诗的发展，是六艺所无法包罗的。章学诚说刘氏《七略》是“诗赋自为一略，不隶诗经，则以部帙繁多，不能不别为部次也”①。

张舜徽认为，《七略》部类的分合，是按照事物发展的实际情况来处理的。第一，它从书籍发展的实际情况来处理问题。对于卷数较少的书籍，设法使之归并于同性质的门类；在同性质的书籍中，如果某一部分太丰富，便单独把它别立一部。第二，重视书籍作用方面的联系性，而合其所当合。例如《论语》、《孝经》、小学类书籍，置于六艺略就是如此。《论语》《孝经》，汉代称为传记，是解经的，小学是阅读经典的基础。第三，重视书籍性质方面的距离性，分其所当分。例如兵书、数术、

---

① （清）章学诚：《文史通义》，吕思勉评，上海古籍出版社2008年版，第266页。

方技三者，看来好像是诸子百家的支流，应该归并在诸子略，但是这三类书，属于技术，与诸子确有不同。第四，类下分子目，极其细密。[①] 这里说明了《七略》是从书籍的实际情况出发来进行分类的。

据《汉书·楚元王传》，刘歆“讲六艺、传记、诸子、诗赋、数术、方技”，这个六分法与《汉书·艺文志》所载《七略》的六分法不同，没有“兵书”的位置。来新夏认为“可能是原设想的六类，后将传记附入春秋家后，适任宏校次兵书并已有目录，乃收兵书入略，仍成六大类”[②]。“传记”一类为何被“兵书”类替代，这只是一种猜测。但这个记载可以说明，刘歆是重视传记图书的，“传记”列类，并非一门学科，这就在分类上充分考虑了图书的特点；而且，将传记列于“六艺”类和“诸子”类之间，可见传记图书的地位。汉代将《论语》《孝经》作为传记，旨在解经，《七略》最终将“传记”并入六艺，从经学辅助变成经学的组成部分，实际上进一步提高了“传记”的地位。

汉时兵家门派众多，兵书数量大增，据《师石山房丛书》《七略佚文》之说，当时的兵书已有 66 家，1375 篇，图 44 卷，将其独立成类已是必然。《七略》将“兵书”位列第四，并没有替代原来“传记”位列第二的位置。另外，当时在分类中没有使用“兵”“武”这样的词，而用“兵书”，与其他五类直接采用学科名称并不相配，这正是学术分类兼顾图书特点的图书分类思想。

汉代个人著述增多，于是有汇集一人作品而编成“别集”。“别集之名，盖汉东京所创也。自灵均已降，属文之士众矣，然其志尚不同，风流殊别。后之君子，欲观其体势而见其心灵，故别聚焉，名之为集。”（《隋书·经籍志》集部别集小序）这也可以作为诗赋独立成类的一个重要理由。章学诚《校雠通义》“汉志诗赋”曰：“诗歌一门，杂乱无叙……不为诠次类别，六义之遗法荡然，不可为踪迹矣。”[③] 由于先秦以来文学尚未分科，只有文学名家与文学体裁，所以诗赋略以体裁分类。

---

① 张舜徽：《中国古代史籍校读法》，上海古籍出版社 1980 年版，第 65—68 页。

② 来新夏：《古典目录学》，中华书局 1991 年版，第 77 页。

③（清）章学诚：《校雠通义通解》，王重民通解，上海古籍出版社 2009 年版，第 121 页。

据顾实《汉书艺文志讲疏》卷四的研究，《七略》赋分四种，屈原赋之属主抒情，陆贾赋之属主说辞，荀卿赋之属主效物，杂赋之属多杂诙谐，是以内容分类的。

4. 建立最早的比较科学的分类体系

刘向、刘歆的六分法是第一部兼学术分类和图书分类于一体的综合性分类法。

现有的很多目录学史论著都将《七略》与《汉书·艺文志》的分类体系相等同，将现有的《汉书·艺文志》的分类体系完全照搬到了《七略》之下，如王重民《中国目录学史论丛》所列《七略》六略三十八种的分类表[①]完全是《汉书·艺文志》的分类体系。而且，吕绍虞还将这个分类表照搬到了《别录》，说“《别录》共著录图书603家，计13219卷，分为6部38种”[②]，这是将《七略》的数字照搬给了《别录》，显然是不正确的。

笔者认为，将《七略》与《汉书·艺文志》的分类体系完全等同是存在问题的，虽然《七略》与《汉书·艺文志》都是六略38种，而且一级类目完全相同是可信的，但是，《汉书·艺文志》二级类目是否完全采用了《七略》的二级类目，此38种是不是彼38种，却没有科学证据，不能保证《七略》的二级类目类名到了《汉书·艺文志》就没有改变。

可以看到的是，从《别录》到《七略》，类目有所改变，从《七略》到《汉书·艺文志》，类目也有改变。从两个目录的收录数量看，可知两目也并不完全相同。

历来目录学史论著中探讨的是刘向刘歆的学术分类或图书分类思想，将《七略》看作第一部学术分类法或图书分类法著作。综合以上分析来看，可以得出如下结论：第一，刘向、刘歆的分类思想，主要是学术分类思想。所谓的“六分法”主要是学术分类体系。从《七略》各类所收图书数量看，各类数量并不均衡，这说明当时并不是基于现有图书进行分类的，而是基于学术的源流与发展状况进行分类的。第二，刘向、刘

---

① 王重民：《中国目录学史论丛》，中华书局1984年版，第24页。

② 吕绍虞：《中国目录学史稿》，安徽教育出版社1984年版，第12页。

歆的分类思想，是儒家的分类思想，以儒家思想为指导，各类划分和所有排序均按重要性排序，而是否重要是按儒家的标准确定的。第三，刘向、刘歆的分类思想，以经学作为分类的理论基础。其学术分类体系，充分考虑了图书的变化与特点，兼顾了图书分类，并证明了用学术分类进行图书分类在当时是完全可行的。第四，刘向、刘歆分类的核心思想是将学术分类与图书分类融为一体，因此，《七略》的分类体系既是学术分类法，也是图书分类法。

（五）系统揭示的思想

刘向校书，实际是对每一图书的形式与内容进行了全面深入的研究，并为所校每部书的结果写成详细记录。在这一过程中，创立了目录学的一种新方法——“叙录”法，体现出了其“系统揭示”的思想。

由于《别录》已佚。现存的仅有《战国策》《晏子》《孙卿子》《管子》《列子》《韩非子》和《邓析子》等篇的书录。兹以《晏子》书录为例：

内篇谏上第一，凡二十五章；内篇谏下第二，凡二十五章；内篇问上第三，凡三十章；内篇问下第四，凡三十章；内篇杂上第五，凡三十章；内篇杂下第六，凡三十章。外篇重而异者第七，凡二十七章；外篇不合经术者第八凡十八章。

右《晏子》凡内外八篇总二百十五章。护左都水使者、光禄大夫臣向言：所校中书《晏子》十一篇，臣向谨与长社尉臣参校雠，太史书五篇，臣向书一篇，参书十三篇，凡中外书三十篇，为八百三十八章。除复重二十二篇，六百三十八章，定著八篇，二百一十五章。外书无有三十六章，中书无有七十一章，中外皆有以相定。中书以“夭”为“芳”，“又”为“备”，“先”为“牛”，“章”为“长”，如此类者多，谨颇略椾，皆已定以杀青，书可缮写。

晏子名婴，谥平仲，莱人。莱者，今东莱地也。晏子博闻强记，通于古今。事齐灵公、庄公、景公，以节俭力行，尽忠极谏，道齐国君得以正行，百姓得以附亲。不用则退耕于野，用则必不诎义，不可胁以邪。白刃虽交胸，终不受崔杼之劫。谏齐君，悬而至，顺而刻。及使诸侯，莫能诎其辞。其博通如此，盖次管仲。内能亲亲，外能厚贤，居相国之位，受万钟之禄，故亲戚待其禄而衣食五百余家，处士待而举火者亦甚众。晏子衣苴布之衣，麋鹿之裘，驾敝车疲马，尽以禄给亲戚朋友。齐人以此重之。《晏子》盖短。

其书六篇，皆忠谏其君。文章可观，义理可法，皆合六经之义。又有复重，文辞颇异，不敢遗失，复列以为一篇。又有颇不合经术，似非晏子言，疑后世辩士所为者，故亦不敢失，复以为一篇，凡八篇。其六篇可常置旁御观。

谨第录。臣向昧死上。

这一书录分为五个部分：第一部分为篇目，从“内篇谏上第一”至“外篇不合经术者第八凡十八章”，厘定《晏子》篇目次序和章数。第二部分为校书记录，从“右《晏子》凡内外八篇”到“书可缮写”共156字，具体内容包括：①校书过程，校书人；②参校《晏子》四种版本：秘中书、太史书、向书、参书；③校勘过程与结果，去重，定著，缮写。第三部分概述作者生平及其学术源流，从“晏子名婴”至“《晏子》盖短”，共189字。具体内容包括：①晏子生平；②晏子学术思想渊源与学派师承。第四部分为评价与推荐，从“其书六篇”至“其六篇可常置旁御观”，共83字。具体内容包括：①分析书之特点和质疑；②阅读建议。第五部分为尾题，即“谨第录。臣向昧死上”共8字。具体内容包括：①责任者；②呈报皇帝。由此可大略窥见刘向叙录之原貌。

从《晏子》书录看，《别录》之书录由“篇目”“叙录”和“尾题”三个部分组成，刘向书录的重要目的是奏明皇上，一方面要表明校书之功并表现出卓越才华，其叙录经过了仔细研究，反复斟酌，文辞隽永；另一方面要表现出臣子对皇上的忠诚与恭敬之心，因而行文慎重，语气卑躬，每篇叙录之末的“尾题”均有“臣向昧死上”以呈皇帝阅。尾题中还有责任者完成书录的时间，如《列子》书录的完成时间是“永始三年八月壬寅”，即公元前14年10月4日。

“叙录”是书录的主体，其任务是叙述校雠经过，撮其旨意，对图书进行全面系统的揭示。主要内容有三个部分：

其一，“校书记录”部分。所校分中书和外书，中书为秘阁藏书，外书则有太常书、太史书等。

其二，“概述作者生平及其学术源流”部分。刘向介绍作者生平，有两个特点，一个是不泛泛介绍，而是抓住生平的突出亮点，文字简洁，说明问题。另一个是参引史书。凡《史记》有传，则选取《史记》之原文；如《史记》记载不详，则据其他资料予以补充；如发现他人资料对作者介绍有误，则以事实纠正。

其三，“评价与推荐图书”部分。

叙录的篇幅大小不等，《列子》叙录 317 字，《晏子》叙录 436 字。傅增湘《藏园群书题记·序》：“昔者刘向奉诏校书，所作书录，先言篇目之次第，言以中书外书合若干本相校雠，本书多脱以某为某，然后叙作者之行事以及著者之旨意。”

刘向所撰写的这种叙录，李蓉盛称为“叙释”并归纳其义例有行义、指意、师承、书本、校对五个方面，“向歆录略，既详列一人行义，复详著其渊源所自，后世解题，撰述源流，未始不本诸斯例”[①]。这种叙录还有称为“书录”“解题”等，是目录学揭示图书的一种体式，为后世历代书目编纂所仿效。宋代陈振孙《直斋书录解题》所称的“解题”、清代《四库全书总目提要》所称的“提要”都是借鉴刘向的叙录而后产生的。

刘向开创了中国目录学史上叙录体提要的先例，对于古代目录学的辨章学术有着重要的意义。刘纪泽说“刘向所作书录，体制略如列传，与司马迁扬雄自叙，大抵相同，其先则淮南王安作离骚传叙，已用此体矣。汉魏六朝人所作书叙，多叙其人平生之事迹、学行得力之所在，《文选》王文宪集序即是此体，下至唐人，犹有效法之者，盖叙录之体，即是书叙，而作叙之法，略如列传，但宜详学术而略事功，与史传用意微有不同”[②]。因而具有学术史的意义。

（六）评价推荐的思想

刘向重视对书的评价以及阅读推荐，在叙录中，关于书的评价既有

---

① 李蓉盛：《刘略研究之概要》，《文华图书馆学专科学校季刊》1932 年第 4 卷第 1 期。

② 刘纪泽：《目录学概论》，中华书局 1931 年版，第 23—24 页。

肯定的，如“皆高才秀士，度时君之所能行，出奇策异智，转危为安，运亡为存，亦可喜，皆可观”（《战国策》书录），也有否定的，如“穆王、汤问二篇，迂诞恢诡，非君子之言也”（《列子》书录）。关于阅读推荐，既有直接的，如“其六篇可常置旁御观”（《晏子》书录），也有间接的，如“凡管子书，务富国安民，道约言要，可以晓合经义”（《管子》书录）。

刘歆以序的方式进行评价和推荐，或引书据典，或评论得失，都有鲜明的观点和倾向性。《尚书·尧典》曰：“诗言志，歌永言，声依永，律和声。”《六艺略·诗经类》序云：“《书》曰：‘诗言志、歌咏言。’故哀乐之心感，而歌咏之声发，诵其言谓之诗，咏其声谓之歌，故古有采诗之官，王者所以观风俗，知得失，自考正也。孔子纯取周诗，上采殷、下取鲁，凡三百五篇，遭秦而全者，以其讽诵，不独在竹帛故也。汉兴，鲁申公为《诗》训故，而齐辕固、燕韩生皆为之传，或取《春秋》，采杂说，咸非其本义。与不得已，鲁最为近之。三家皆列于学官，又有毛公之学，自谓子夏所传，而河间献王好之，未得立。”①

五 班固的目录学思想

班固（32—92），扶风安陵（今陕西咸阳东北）人。史学家、文学家、目录学家。班彪子。他博通群书，曾因继承父业撰写《史记后传》，被人告发私改国史罪下狱。弟超上书力辩，获释。后召为兰台令史，转迁为郎，典校秘书，奉诏完成其父所著书，著《汉书》。善作赋，有《两都赋》等。又著有《白虎通义》，是记录章帝建初四年（79）在白虎观辩论经学的结果。和帝永元元年（89）从大将军窦宪攻匈奴，为中护军。永元四年（92）窦宪因擅权被杀，班固受牵连，死于洛阳狱中。后人辑有《兰台令集》。

班固的目录学思想主要有以下几个方面：

（一）弘文化大业的思想

班固经历“光武中兴”时代，“潜精积思二十余年”而成纪传体断代

---

① （汉）班固：《汉书》，中华书局2000年版，第1355—1356页。

史书，文辞渊雅，叙事详赡。他在《汉书叙传》中，论及撰写《汉书·艺文志》（简称《汉志》）的目的："虙羲画卦，书契后作。虞夏商周，孔纂其业，篹《书》删《诗》，缀《礼》正《乐》，彖系大《易》，因史立法。六学既登，遭世罔弘，群言纷乱，诸子相腾。秦人是灭，汉修其缺，刘向司籍，九流以别。爰著目录，略序洪烈。述《艺文志》第十。"①为根除先秦"罔弘"即不能弘大正道之弊，弘扬文化"洪烈"即大业，需要在史书中作专门之志。

《汉书》卷30为《艺文志》。《汉书·艺文志·序》云：

> 昔仲尼没而微言绝，七十子丧而大义乖。故《春秋》分为五，《诗》分为四，《易》有数家之传。战国从衡，真伪分争，诸子之言纷然殽乱。至秦患之，乃燔灭文章，以愚黔首。汉兴，改秦之败，大收篇籍，广开献书之路。迄孝武世，书缺简脱，礼坏乐崩，圣上喟然而称曰："朕甚闵焉！"于是建藏书之策，置写书之官，下及诸子传说，皆充秘府。至成帝时，以书颇散亡，使谒者陈农求遗书于天下。诏光禄大夫刘向校经传诸子诗赋，步兵校尉任宏校兵书，太史令尹咸校数术，侍医李柱国校方技。每一书已，向辄条其篇目，撮其指意，录而奏之。会向卒，哀帝复使向子侍中奉车都尉歆卒父业。歆于是总群书而奏其《七略》，故有辑略，有六艺略，有诸子略，有诗赋略，有兵书略，有术数略，有方技略。今删其要，以备篇籍。

这里，"《春秋》分为五"指注解《春秋》的左丘明、公羊高、谷梁赤、邹氏、夹氏五家，"《诗》分为四"指诠释《诗经》的鲁人毛亨、齐人辕固生、鲁人申培、燕人韩婴四家，"《易》有数家之传"指传注《易经》的施雠、孟喜、梁丘贺等数家。反映出图书演变即学术文化分流，文化与图书于一体。

《汉书·艺文志叙》全文仅265字，总揽全志，叙图书整理与目录的

① （汉）班固：《汉书》，中华书局2000年版，第3114页。

历史发展与现状，是中国目录学史上的第一部经典文献，集中体现了班固“弘文化大业”的思想。其意义在于：一是按时代顺序叙述先秦和汉代图书的收集、整理情况，包括刘向、任宏、尹咸、李柱国等典校图书与编目，相当于目录学发展简史。二是概述图书的发展历程，回顾孔子（仲尼）以来中国图书命途多舛，述秦代燔书和不同时期图书散佚现象，说明目录学的重要性。三是比较完整地叙述了汉代藏书之盛，盛赞“大收篇籍”“广开献书之路”“藏书之策”“置写书之官”等文化政策，歌颂了汉代几代帝王（高祖、武帝、成帝、哀帝）所缔造的文化伟业，为汉大一统政治服务。四是介绍了《别录》和《七略》的编撰体例，说明了刘向、刘歆图书整理的异同，前者功在整理每一图书形成“篇目”和“旨意”，后者功在总群书并建立分类体系，这成为后人判断这两部已佚图书关系的重要依据。五是述《汉志》的目的，成为《汉志》目录的纲领。

（二）艺文存史的思想

班固所谓“以备篇籍”的旨意实质是艺文存史的目录学思想，在中国目录学史上具有重要的地位。

一是认识图书，建立术语，取“艺文”概括图书，首次以“艺文志”命名目录。何谓“艺文”，就“艺”而言，一般指六艺，与六经相关。《汉志·六艺略·序》谈六艺的意义：“六艺之文：《乐》以和神，仁之表也。《诗》以正言，义之用也；《礼》以明体，明者著见，故无训也；《书》以广听，知之术也；《春秋》以断事，信之符也。五者，盖五常之道，相须而备，而《易》为之原。故曰‘《易》不可见，则乾坤或几乎息矣’，言与天地为始终也。至于五学，世有变改，犹五行之更用事焉。”[①] 就“文”而言，一般指“文学”，汉代多以“文学”泛指经艺，包括诸子、诗赋等范畴。刘咸炘指出：“群书皆文，而以六艺为宗，故名艺文。”[②] 班固将“艺”和“文”并列，首创“艺文志”的名称，具有特别的意义。张舜徽认为：“其所以名为‘艺文’者，艺谓群经诸子之书，

① （汉）班固：《汉书》，中华书局2000年版，第1364—1365页。

② 刘咸炘：《刘咸炘论目录学》，上海科学技术文献出版社2008年版，第2页。

文谓诗赋文辞也……古人恒举文学与诗书百家语相联并称，用以概括一切书籍，由来久矣。徒以汉代崇儒尊经，故班固此《志》，以艺居上，文居下，而名之曰《艺文志》。”① 刘天惠《海学堂初集》卷7《文笔考》认为“经与子为艺，诗赋为文”。按照这个理解，用艺文统称古代全部图书，已包含了经、子、集的内容。

二是认识图书的价值，认为艺文即史，图书有史学的价值。《汉志》比较全面地著录了先秦西汉图书，反映了西汉以前的学术思想成果，是研究中国先秦西汉文化的重要参考文献。

三是首次将目录纳入史的范畴，创立史志目录体例。“志”作为正史的一种体裁，《汉书》承袭《史记》之“书”，改“书”为“志”。《说文》：“志，意也。”《荀子》：“孔子曰：‘由志之，吾语女’”“志也者，藏也”。《庄子·逍遥游》：“齐谐者，志怪者也。”《释文》：“志，记也。”可见“志”有记和藏两义。唐代史学家刘知几《史通·题目》云：“子长《史记》别创八书，孟坚既以汉为书，不可更标‘书’号，改书为志，义在互文。”《汉书》共有十志，将《艺文志》作为十志之一，首次将目录入史，这在史学中有开创性的意义，直接影响到后代。历代正史编撰以艺文志（或经籍志）为重要体例，在正史中全面反映了各朝代的藏书情况及图书流传情况，记一代藏书之盛，而且丰富了中国古代的史学成果和目录学成果。

史书记书论书并非始于班固，司马迁在《史记》中就已有记载图书并评论图书，只不过他对于图书的记载与评价分散于列传、自序等各处。班固的贡献就在于集中了反映历史的记书论书，开启史书新体裁。章学诚曾说，《汉书》是“方以智”，不同于《史记》的“圆而神”，“这是说《史记》对历史的表达不受形式的限制，很灵活，而《汉书》则是规规矩矩地讲史事，提供知识。也就是说，司马迁注重思想，班固则注重知识”②，这可以解释班固为什么要把艺文集中，而且直接采用《七略》，

① 张舜徽：《汉书艺文志通释》，湖北教育出版社1990年版，第1页。

② 白寿彝：《中国史学史（第1卷）先秦时期：中国古代史学的产生》，上海人民出版社2006年版，第352页。

因为在班固看来，史书要反映学术史，与其像司马迁那样论人及书，不如论书及人，与其像《史记》那样灵活分散提供有关学术史的思想，不如采用“艺文志”的方式提供有关学术史的知识。

（三）宗刘的思想

班固在史学上宗司马即司马迁，其《汉书》除不列“世家”并将“书”改为“志”外，全仿《史记》体例，即使从高祖到武帝一段的史实，也多采自《史记》。但在目录学上是宗刘的思想，即宗刘向、刘歆父子。具体的做法是：第一，班固《汉志》的编撰，是为了记载、表彰大一统下的西汉帝国的藏书之盛，因而以刘歆根据官府藏书而形成的目录《七略》为蓝本，“删其要，以备篇籍”。第二，采纳了《七略》的六大类38小类的分类体系。第三，将《七略》著录的图书全部吸纳到《汉书》。这样，《七略》所著录的图书，基本上按照原貌保存了下来。

班固为什么要宗刘，有四个重要原因，一是刘歆的《七略》为分类目录，具有辨章学术流别的作用。在《汉书》卷36的刘向、刘歆的传记中，班固认为：“《七略》剖判艺文，总百家之绪。”二是史书要反映国家藏书，最佳捷径是节取当时的国家目录《七略》。《七略》著录的图书源于《别录》，是刘氏亲自校雠过的，比较可信。因而称赞“刘向司籍，九流[①]以别”。三是班固和刘歆都是古文经学家，他们的思想是相通的，目标是一致的，即进一步确立儒家独尊地位，表彰经学图书，特别是要表彰古文经学图书。四是班固主持明、章二帝校书工作，这是向歆父子校书工作的继续，自然要以向歆父子为榜样。而且，班固的伯祖班斿曾“与刘向校秘书”，并因“受诏进读群书”受皇帝赐书。因而，班固对刘向推崇备至，其《汉书·刘向传赞》认为刘向是孔子之后能够“博物洽闻，通达古今，其言有补于世”的难得人才之一。其在《汉书》贾谊、董仲舒、司马迁等传的论赞，也直接引向歆父子的言论来评说，以反映其宗刘思想。

因《汉志》直取《七略》而成，遭到后世许多学者的贬低，自南宋郑樵以降，批评班固因袭《七略》“胸中元无伦类”“事等钞胥”。程千

① “九流”即儒、道、阴阳、法、名、墨、纵横、杂、农，凡九家。

帆亦认为“班氏取《七略》旧文以成书，事等钞胥，难言著述，时有小善，未云大雅”[①]。实没有完全领会班固的“宗刘”思想。南宋王应麟《汉书艺文志考证》（卷四）曾高度评价《汉书》的文化价值：“晁氏曰：典籍之存、诂训之传，皆《汉书》之功。《汉书》于学者何负而例贬之欤?”

宗刘思想不是简单地照搬或者一切遵从向、歆父子，而是继承传统而不僵化，体现出在宗刘基础上突破与创新的思想。一是删减《七略》中的《辑录》。刘歆部次群书，于六略之后，阐述各家各派之学术源流、利弊，集为一篇《辑略》，这是小序编写的开端。班固撰《汉志》时，将《七略》中“辑略”的内容散附在六略（大类）和38种（小类）之后，以便学者参研。二是删削《七略》中的全部解题，改为简略的自注。三是在采用《七略》原文基础上加上自己的叙述。如分类有“出、入、省”诸例；《易》《书》《乐》三类序言中有“刘向以中古文校……”之语；《小学序》说“臣复续扬雄作十三章”，这些文句非《七略》原文，应为班固所加。四是图书名称在小序中照录《七略》，但图书著录时重定书名，如关于图书《士礼》[②]，《汉志・礼类小序》有“汉兴，鲁高堂生传《士礼》十七篇”，班固在该小类著录时将此书定名为“《（礼）经》十七篇”，著录的书名与小序书名不同。五是即使照搬《七略》关于各家各派学术之评说，但在《汉书》的其他部分阐明自己的见解，作为对《七略》观点的补充。如关于《春秋》，按《七略》的观点重点在左丘明及《左传》（《汉志・春秋类序》），班固则在《汉书・儒林传》云：“言《春秋》，于齐则胡毋生，于赵则董仲舒。”可见，班固虽然宗刘，但并不完全赞同《七略》言《春秋》首推左丘明的看法，他的观点和司马迁《史记・儒林列传》相似。六是对《七略》著录图书的增补，新增刘向、扬雄、杜林三家西汉末年的著作。因为《汉书》的下限是新莽结束的公元23年，而《七略》成书于公元前7年，及时弥补了这一段时间的重要图

---

① 程千帆：《闲堂文薮》，齐鲁书社1984年版，第233页。

② 《史记・儒林列传》云：“于今独有《士礼》，高堂生能言之。”《汉书・儒林传》云：“鲁高堂生传《士礼》十七篇。”

书。七是解决了《七略》“有录无书”的问题，因为有的图书《七略》虽有著录，但当时官藏中并无其书，如《夹氏传》十一传“有录无书”，“这可能就是班固亲手检查兰台藏书时得出来的情况。《隋书·经籍志》春秋类小序说‘王莽之乱，夹氏亡’，也说明刘向、刘歆编目时是有书的”①。八是解决了重复著录的问题。通过“省”《七略》中的“重”，将《七略》重复著录的一书两载者省却其一。例如，省六艺略春秋类的《太史公》4 篇，省兵书略权谋类的《伊尹》《太公》《管子》《孙卿子》《鹖冠子》《苏子》《蒯通》《陆贾》《淮南王》，省兵书略技巧类的《墨子》。九是采用合并著录的方法，即将不同作者的相同图书合为一条款目予以著录，例如：“《易经》十二篇，施、孟、梁丘三家”；“《诗经》二十八卷，鲁、齐、韩三家”；“《（礼）经》七十篇，后氏、戴氏”；“《春秋经》十一卷，公羊、谷梁二家”；“《孝经》一篇，长孙氏、江氏、后氏、翼氏四家”等，皆是显例。又如，《诸子略·儒家》著录“刘向所序六十七篇。《新序》、《说苑》、《世说》、《列女传颂图》也”，“扬雄所序三十八篇。《太玄》十九，《法言》十三，《乐》四，《箴》二”，也是将本可分为数条款目的图书集中为一条。以往研究中对于班固的合并著录重视不够，通常作为解决重复著录的方法，实际上，这是目录学著录方法的创新之举，从主观上是为了正史节省篇幅的需要，但从客观上达到了简化著录的效果。

关于《汉志》与《七略》之区别，清章宗源在《隋书经籍志考证》卷八《簿录》中做过系统总结：“班固因《七略》而志艺文，其与歆异者，特注其出入。书入刘向《稽疑》、礼入《司马法》；乐出淮南、刘向等《琴颂》；春秋省《太史公》；小学入扬雄、杜林，儒入扬雄。杂出兵法，诸子出《蹴鞠》。兵权谋省《伊尹》、《太公》、《管子》、《孙卿子》、《鹖冠子》、《苏子》、《蒯通》、《陆贾》、《淮南王》，出《司马法》入礼，兵技巧省《墨子》重，入《蹴鞠》。使后人可考刘氏原本。今以诸书所引《七略》，如‘诗以言情，情者，信之符也’；‘书以决断，断者，义之证也。’（《初学记·文部》、《御览·学部》）《汉志》作‘诗以正言，义之

① 王重民：《中国目录学史论丛》，中华书局 1984 年版，第 43 页。

用也；春秋以断事，信之符也。’《史记集解》：《魏公子兵法》二十一篇、图一卷（《信陵君传》）；《逢门射法》（《龟策传》）；《风后孤虚》二十一卷（同上），与《汉志》合。《史记正义》：《管子》十八篇，在法家[①]。《晏子春秋》七篇，在儒家（《管晏传》）。《新语》二卷，陆贾撰（《陆贾传》）。考《汉志》法家无《管子》，惟兵家注云省《管子》。儒家《晏子》八篇，又削‘春秋’二字（《史记》论曰：‘余读《晏子春秋》’，是知春秋二字，非汉以后所加）。《陆贾》二十三篇，不言《新语》。俱异《七略》之旧。《文选注》‘邹子有《终始五德》，从所不胜，木德继之，金德次之，火德次之，土德次之。’（《魏都赋》应吉甫《华林园》诗注），乃《邹子终始》解题。又‘《雅琴》，琴之言，禁也；雅之言，正也，君子守正以自禁也’（《长门赋注》），乃《雅琴赵氏》等解题。《太平御览》职官部：孝宣帝重申不害《君臣篇》，使黄门郎张子侨正其字，乃《申子》解题。此类《汉志》皆未取。（冯商、庄忽奇、杜参、朱宇、师古注皆依《七略》补《汉志》）至如《曲台记》、《易九师道训》（《文选·竟陵王行状》注）；《娟子》（曹子建《七启》注）；谈天衍、雕龙赫（《宣德皇后令》注）；《鹖冠子》（《辩命论》注）；《盘盂书》（《新刻漏铭》注），班固本注虽依《七略》，而语多从简。”

（四）穷学术类别的思想

《汉志》保存了《七略》的分类体系，采用六分法结构，其分类体系包括六略（六大类）、38 种（38 小类），即：

六艺略（9 种）：易；书；诗；礼；乐；春秋；论语；孝经；小学。

诸子略（10 种）：儒；道；阴阳；法；名；墨；纵横；杂；农；小说。

诗赋略（5 种）：赋一；赋二；赋三；杂赋；歌诗。

兵书略（4 种）：兵权谋；兵形势；兵阴阳；兵技巧。

数术略（6 种）：天文；历谱；五行；蓍龟；杂占；形法。

方技略（4 种）：医经；经方；房中；神仙。

关于《汉志》的分类特点：

---

① 引《史记正义》“《管子》十八篇，在法家”并非《七略》佚文，而是《七录》之误，姚振宗《别录七略佚文》已有辩驳。

第一，以学术流派作为分类的主要依据，如诸子略中的儒、道、阴阳、法、名、墨、纵横、杂、农、小说，均为诸子学术之流派。兵书略分权谋、形势、阴阳、技巧四类，实为先秦时期军事学的四大流派。数术略中的天文、五行、杂占、形法等，均体现了学术分类特征。

第二，以典籍为主，兼顾学术流派。“六艺略”下的易、书、诗、礼、春秋、论语、孝经均以典籍之名代表类名。以典籍名概括一组相关图书，类之下通过分家体现学术流别，如“易”类下分十三家，“书”类下分九家等。

第三，以图书类型为主，兼顾学术流派。诗赋略按赋、诗两大文学体裁分类，前三类并无类名，后人归纳为“屈原之赋”“陆贾之赋”“孙卿之赋”三类①。

第四，同类合并为一类。如数术略中的“历谱”，“历”指各种年表和月表，“谱”指世谱和年谱②。《汉书·律历志》载刘歆“作三统《历》及《谱》，以说《春秋》”，《汉书·楚元王传》载刘歆“典儒林史卜之官，考定律历，著《三统历谱》”，可知历与谱关联密切，因而合为一类。数术略中的“蓍龟”，“蓍”指用蓍草或竹木棍占筮，“龟”指用龟甲或兽骨占卜，《左传》有“筮短龟长”之说，这两种不同的卜筮形式关系密切，因而合为一类。

第五，《汉志》在二级分类之下，尚有暗分，既有“家”之分，又有“体”之分。六略共有677家③，种下之“家”可视为三级分类。“体”分即按图书的体裁进行的细分，同一体裁相对集中。以六艺略为例，有四种体裁，一是经，二是传，三是记，四是群书。传附于经后，如《书》之有大小夏侯、欧阳；《诗》之有齐、鲁、韩、毛；《春秋》之有公羊、谷梁、左氏、邹氏、夹氏。记附于经后，如大小戴氏所记凡百三十有一篇。群书颇关经，如《易》之有《淮南道训》《古五子十八篇》，此群书关《易》经；《书》之有《周书》七十一篇，此群书关《书》经；《春

① 蒋伯潜：《校雠目录学纂要》，北京大学出版社1990年版，第17页。

② 李零：《简帛古书与学术源流》，生活·读书·新知三联书店2004年版，第283页。

③ 《汉志》六略总计为596家，但据《汉志》六艺、诸子、诗赋、兵书、数术、方技各略统计数相加，实有677家。

秋》之有《楚汉春秋》《太史公书》，此群书关《春秋》经；《礼》之有《周官司马法》，此群书关《礼》经。钱基博称道此分类“皆以附于所传、所记或所关之经，而不别著焉，何居乎后世九经、十三经、十四经之喋喋也?”[①]

从《汉志》分类体系看，不仅仅反映汉一代学术，而是揭示汉以前的全部学术。总体上看，《汉志》体系严谨，编次有序。“六艺略”下“种”的排序以“易、书、诗、礼、乐、春秋”——经的产生先后为序；“家”的排序，先本经，后依次为训释、别传、议奏、外篇，由本逐末而列。“诸子略”下“儒”种以晏子、子思为首，刘向、扬雄为末。“兵书略”下的“种”以权谋居首，技巧为末，由学至术，由道至器，由战略至战术，颇为科学。

在《汉志》的分类体系中，诗赋略比较独特，该略共五类，前三类并无类名。后世颇多议论。章学诚认为“名类相同而区种有别，当日必有其义例”[②]。孙德谦说：“此三家之赋在当日各为分类，班氏必能辨别体裁。”[③] 殊不知三个赋类虽以屈原、陆贾、孙卿为首，但多为汉赋，时未成学派，无法定名，且不便评说（无小序）。列类而不列名，正是尊重实际，不强求归入学派。

“六艺略”中，《书》《春秋》等小类充分体现了对古文经的重视。如《春秋》小类先列出“《春秋古经》十二篇”，其小序云：“丘明恐弟子各安其意，以失其真，故论本事而作传，明夫子不以空言说经也。《春秋》所贬损大人当世君臣，有威权势力，其事实皆形于传。”盛赞《左氏春秋》的学术和教化之价值，相反，《公羊》《谷梁》《邹氏》《夹氏》等今文经学则都是“末世口说流行”，未得《春秋》要领。《六艺略》中，虽然《易》《诗》两小类以今文经图书居首，如《易》小类先列立于学官的施、孟、梁丘三家今文“《易经》十二篇”，且未著录“中秘”所藏的《古文易经》和费、高二氏古文《易经》。但其小序云：“而民间有

---

① 钱基博：《经学通志》，广西师范大学出版社 2009 年版，第 6 页。
② （清）章学诚：《校雠通义通解》，王重民通解，上海古籍出版社 2009 年版，第 115 页。
③ 孙德谦：《汉书艺文志举例》，清华大学出版社 2019 年版，第 18 页。

费、高二家之说。刘向以中《古文易经》校施、孟、梁丘经。”肯定古文经在文本校勘方面的价值。《诗》小类先列立于学官的鲁、齐、韩三家今文“《诗经》二十八卷”，最后列出两种古文经“《毛诗》二十九卷”和“《毛诗故训传》三十卷”，但其小序则认为，今文之鲁诗“最为近之”，即最合《诗经》原旨，又说：“又有毛公之学，自谓子夏所传，而河间献王好之，未得立。”这也反映了班固对古文经《毛诗》的态度。

（五）究学术源流的思想

学术讲源流，历史讲继承。《汉志》之所以具有很高的学术价值，就在于厘清了学术源流。班固《汉书》虽为断代史，只记汉一代，独《汉志》反映汉以前的图书，并非限于汉一代。这正体现了班固于图书表现古今学术源流的思想。

《汉志》六略各有大序即略之序，总揽一个学科或一个门类的全部内容。以兵书略为例，其大序云：

> 兵家者，盖出古司马之职，王官之武备也。《洪范》八政，八曰师。孔子曰，为国者“足食足兵”；“以不教民战，是谓弃之”，明兵之重也。《易》曰：古者“弦木为弧，剡木为矢，弧矢之利，以威天下”，其用上矣。后世燿金为刃，割革为甲，器械甚备。下及汤武受命，以师克乱而济百姓，动之以仁义，行之以礼让，《司马法》是其遗事也。自春秋至于战国，出奇设伏，变诈之兵并作。汉兴，张良、韩信序次《兵法》，凡百八十二家；删取要用，定著三十五家。诸吕用事而盗取之。武帝时，军政杨仆捃摭遗逸，纪奏兵录，犹未能备。至于孝成，命任宏论次兵书为四种。

这里，综述了古代兵家之源流，是对先秦兵家学说进行的学术总结。由此大序可知，大序的主要作用是叙一个大类或一个学科之学术源流。

《汉志》六略之下 38 类，除诗赋略下 5 类无小序外，其余 33 类均有小序，因而《汉志》共有小序 33 篇，概要分述各小类的主要特征。有的小序稍长，例如《六艺略·易》小类的小序如下：

> 《易》曰："宓羲氏仰观象于天，俯观法于地，观鸟兽之文，与地之宜，近取诸身，远取诸物，于是始作八卦，以通神明之德，以类万物之情。"至于殷、周之际，纣在上位，逆天暴物，文王以诸侯顺命而行道，天人之占可得而效，于是重《易》六爻，作上下篇。孔氏为之《彖》、《象》、《系辞》、《文言》、《序卦》之属十篇。故曰《易》道深矣，人更三圣，世历三古。及秦燔书，而《易》为筮卜之事，传者不绝。汉兴，田何传之。讫于宣、元，有施、孟、梁丘、京氏列于学官，而民间有费、高二家之说，刘向以中《古文易经》校施、孟、梁丘经，或脱去"无咎""悔亡"，唯费氏经与古文同。

《汉志》大部分小序言简意赅，以兵书略下的四个类的小序为例：

"兵权谋"类的小序为"权谋者，'以正守国，以奇用兵'，先计而后战。兼形势，包阴阳，用技巧者也"。

"兵形势"类的小序为"形势者，雷动风举，后发而先至。离合背乡，变化无常，以轻疾制敌者也"。

"兵阴阳"类的小序为"阴阳者，顺时而发。推刑德，随斗击，因五胜，假鬼神而为助者也"。

"兵技巧"类的小序为"技巧者，习手足，便器械，积机关，以立攻守之胜者也"。

这里，分述了兵书略下四个小类：兵权谋、兵形势、兵阴阳、兵技巧的主旨，说明小序的作用是叙一个小类或一家之学术源流。

《汉志》通过学术分类和大小序反映学术，受到历代学者的高度评价。章学诚在《校雠通义·汉志六艺》云："《艺文》一志，实为学术之宗，明道之要，而列传之与为表里发明，此则用史翼经之明验也。而后人著录乃用之为甲乙计数而已矣，则校雠失职之故也。"

余嘉锡评价《汉志》序的学术源流作用，"《汉志》于六艺九种，只叙圣人述作之意，而不参以论断。次叙传授之源流，于古今文及诸家传注，颇著其善否。与刘歆《让太常博士书》口吻毕合，知其同出一手。然书之言恣肆，而志之言循谨。其总论痛陈学者烦碎之弊，虽为当时今文家而发，而语意含蓄，若泛尔言之，无所指斥者。盖辨章学术，只须敷陈事实，明白是非，言外之意读者自能得之，无取意气用事，极口诋諆。观《汉志》之言，深厚尔雅，不失学者之态度”①。

《六艺略》大小序外，其他各略大小序亦体现了讲求学术源流之准则。余嘉锡对此也有高度评价，“至于诸子数术方技诸略之序，皆先言其学之所自出，次明其所长，而终言其弊。其言皆深通乎道术之源，而确有以见其得失之故，殆无一字虚设”②。

《汉志》序实际是学术史论，其中蕴含了丰富的学术史思想，如班固的“诸子出于王官”论等。这些序与分类密切配合，形成一个逻辑严密的学术体系，可称之为汉以前学术史。

张舜徽《汉书艺文志通释》自序称：“余平生诱诲新进及所以自励，恒谓读汉人之书，必须精熟数种以为之纲。一曰《太史公记》，二曰《淮南王书》，三曰《汉书·艺文志》，四曰王充《论衡》，五曰许慎《说文》。以为不精绎《太史公记》，则无以探史学之源；不详究《淮南王书》，则无以知道论之要；不通《论衡》，则不能广智；不治《说文》，则莫由识字。又必以《汉书·艺文志》溯学术之流派，明簿录之体例。精熟此五家之书以立其基，而后可以博涉广营，汇为通学。《汉书·艺文志》为书短简，尤治学之纲领，群书之要删。如能反复温寻而有所得，以之为学，则必如荀卿所云：‘若挈裘领，诎五指而顿之，顺者不可胜数也。’”《汉志》之序早已成为研究先秦和西汉学术文化的必备文献。

（六）简约揭示的思想

班固对目录学的贡献不仅仅在于创立史志目录学，而且在目录学方法上有开创。其采取依据国家藏书目录删节编撰本朝艺文志的方法，为后世史志目录编撰提供了范例。

班固的简约揭示思想主要体现在三个方面：

1. 在图书著录方面，采取灵活多样化的著录方式

《汉志》每个大类中，按小类的顺序依次列出本小类的内容，最后是本大类的尾计（即本类统计）和大序。每个小类一般分三个部

① 余嘉锡：《目录学发微》，中华书局1963年版，第60页。

② 余嘉锡：《目录学发微》，中华书局1963年版，第63页。

分：（1）图书著录；（2）尾计；（3）小序。由此可见，《汉志》对于著录的重视。

关于《汉志》的著录方法，钱亚新归纳为六种：一为先著书名篇数而后系撰人者，如《易经》12篇，施、孟、梁丘三家即是。二为先著撰人而后系书名篇卷者，如刘向《五行传记》11卷。三为仅著书名篇卷而不录撰人者，如《荆轲论》5篇。四为即以撰人为书名径系篇卷者，如《陆贾》23篇。五为以撰人的官爵为书名，径系篇卷者，如《太史公》130篇，《平原君》7篇。六为加文体于撰人后，即以为书名而系以篇卷者，如《屈原赋》25篇（钱亚新《郑樵校雠略研究》）。

兹将《汉志》对于各大小类的图书著录以及对原《七略》所作的改动列举如下：

六艺略：易13家、294篇；书9家、412篇，入刘向《稽疑》1篇；诗6家、416卷；礼13家、555篇，原12家，将“兵书略”《司马法》1家155篇转入此；乐6家、165篇，出原“乐类”淮南王刘安、刘向等人《琴颂》7篇；春秋23家、948篇，省太史公4篇；论语12家、229篇；孝经11家、59篇；小学10家、45篇，入扬雄、杜林2家3篇[①]。六艺略合计103家3123篇；入3家159篇，出重11篇。

诸子略：儒53家、836篇，入扬雄1家38篇[②]；道37家、993篇；阴阳21家、369篇；法10家、217篇；名7家、36篇；墨6家、86篇；纵横12家、107篇；杂20家、403篇，入兵法[③]；农9家、114篇；小说15家、1380篇。诸子略合计189家、4324篇。出蹴鞠1家25篇。

诗赋略：赋一20家、361篇；赋二21家、274篇，入扬雄8篇；赋三25家、136篇；杂赋12家、233篇；歌诗28家、314篇。诗赋略合计

---

① 据《汉志》注：入扬雄杜林二家二篇。［补注］先谦曰：官本作三篇。

② 据《汉志》注：入扬雄一家十八篇。［补注］钱大昭曰：闽本十八篇作三十一篇。先谦曰：官本作三十八篇。

③ 据《汉志》：［补注］陶宪曾曰：入兵法上脱“出《蹴鞠》”三字，兵书四家惟兵技巧入《蹴鞠》一家二十五篇，而诸子家亦注出《蹴鞠》一家二十五篇。是《蹴鞠》正从此出而入兵法也。今本脱“出《蹴鞠》”三字，则“入兵法”三字不可解，而诸子家所出之《蹴鞠》亦不知其于十家中究出自何家矣？

106 家 1318 篇；入扬雄 8 篇。

兵书略：兵权谋 13 家、259 篇，原 23 家，省伊尹、太公、管子、孙卿子、鹖冠子、苏子、蒯通、陆贾、淮南王等 9 家 259 种，出《司马法》1 家 155 篇入“礼”；兵形势 11 家、92 篇，图 18 卷；兵阴阳 16 家、249 篇，图 10 卷；兵技巧 13 家、199 篇，省《墨子》重，入“蹴鞠”1 家。兵书略合计 53 家 790 篇，图 43 卷。省 10 家 271 篇重，入蹴鞠 1 家 25 篇，出司马法 155 篇入礼。

数术略：天文 21 家、445 卷；历谱 18 家、606 卷；五行 31 家、652 卷；蓍龟 15 家、401 卷；杂占 18 家、313 卷；形法 6 家、122 卷。数术略合计 190 家 2528 卷。

方技略：医经 7 家、216 卷；经方 11 家、274 卷；房中 8 家、186 卷；神仙 10 家、205 卷。方技略合计 36 家 868 卷。

《汉志》著录体制的特点主要有：

第一，重视书名和作者。先秦典籍大多无书名，《汉志》继承了《别录》《七略》的整理成果，尽可能给图书定名，对于一书多名的情况，给出注释，如儒家《王孙子》注“一曰《巧心》”。即使无法定名的，亦将作者作为书名。由于先秦的很多典籍，不知作者，或者多人所著，无法确定作者。《汉志》对于作者著录十分重视，采取注作者的方法，如道家《老子鄰氏经传四篇》注：“姓李名耳，鄰氏传其学。”即使无从考证，也加以注明，如儒家《儒家言十八篇》注“不知作者”。

第二，重视篇和卷的著录。《汉志》共著录图书 9555 篇、2528 卷，六艺、诸子、诗赋、兵书、数术前五略均著录篇数，而最后一略方技略著录卷数。六艺略九类中，“诗”类著录 416 卷，其他各类均著录篇数；兵书略四类中，兵形势和兵阴阳两类除著录篇数外，还分别著录了图 18 卷和图 10 卷。反映了在著录上有篇则著录篇，有卷则著录卷，有图则著录图的如实著录的基本原则。

第三，采取“入”“出入”“省”的方法，反映《汉志》对于《七略》著录上所做的调整，也体现了《汉志》没有照搬《七略》著录的关系。《七略》的收书数量在《七录》序后《古今书最》有记载，《七略》有六略 38 种，603 家，13219 卷。而《汉志》收书数量则有六略 38 种

596 家 13269 卷，相比之下，《汉志》家数比《七略》少了 7 家，而卷数却比《七略》多了 50 卷。

所谓“入”，按照颜师古的解释，“凡言入者谓《七略》之外班氏新入之也”，如“书”类入刘向《稽疑》1 篇①。

所谓“出入”，按照颜师古的解释，“其云出者与此同”，即将《七略》原有归属调整。如“兵权谋”类有“出《司马法》入礼也”。

所谓“省”，即删除。有“省”书如“兵权谋”类有“省《墨子》重入‘蹴鞠’1 家”，删除重复。也有“省”家如兵书略尾计注有“省十家二百七十一篇重”，因其中伊尹、太公、管子、鹖冠子四家与道家重，孙卿、陆贾二家与儒家重，蒯通二家与纵横家重，淮南王一家与杂家重，墨子一家与墨家重，去除这些重复即“省十家”。

《汉志》对于书名与著者的著录顺序没有统一规定，大体有三种方式。第一种方式是先列书名、篇卷，次列撰人，如“《易经》十二篇，施、孟、梁丘三家”，这种方式以书名（《易经》）及篇卷（12 篇）为标目，以小注（施雠、孟喜、梁丘贺三家）的形式反映作者等其他信息，郑樵称之为“以人类书”，即以人（作者）隶于书（书名）。孙德谦《汉书艺文志举例》认为，“艺文志”以书传人，与“纪传”以人传书不同。因此，班固的这种做法成为后世“以人类书”著录的发端。第二种方式是先列撰人后列书名篇卷，如“五鹿充宗《略说》三篇”，这种方式是后世“以书类人”著录的发端。第三种方式是只著书名篇卷而不录撰人，如“《服氏》二篇”。

2. 在揭示图书内容方面，灵活地采用注释

其开创的图书揭示之注释法，比刘向的解题法更为简洁，是目录编撰方法的创新。张舜徽指出：“凡正文下旁注小字不称姓字者，皆班氏自为之辞。”② 在《汉志》中，班固作的小注共有 225 条，从注撰人、注异名、注时代、注内容、注篇章、注真伪、注存佚、注附录八个不同角度

---

① 王先谦《汉书补注》曰：“稽疑书目无名，盖入五行传记中。”该类著录有《刘向五行传记十一卷》。

② 张舜徽：《汉书艺文志通释》，华中师范大学出版社 2004 年版，第 179 页。

报道信息[①]。

《汉志》采取的注释主要有三种方式：(1) 关于图书的注释，包括一书的内容、宗旨、子目、别称、章（篇）散佚、真伪和图等情况。(2) 关于著者的注释，包括著者姓名、字号、籍贯、时代、事迹及学术思想；如有“列传”的，则注明“有列传”，引导读者参看；凡依托、合著也一并注明。著录刘向、许商、扬雄、杜林等人著作时，将著者列于注释之中，始有著者的著录。(3) 其他注释，包括删改、移易和补充，如注明“有录无书”，是指《七略》著录之书班固时已不得见。

《汉志》每一小类先著录书名和篇数，再加注释，最后总计本小类的家数和篇数。以六艺略“乐”为例，其著录如下：

《乐记》二十三篇。

《王禹记》二十四篇。

《雅歌诗》四篇。

《雅琴赵氏》七篇。名定，勃海人。宣帝时，丞相魏相所奏。

《雅琴师氏》八篇。名中，东海人，传言师旷后。

《雅琴龙氏》九十九篇。名德，梁人[②]。

凡《乐》六家，百六十五篇。出淮南刘向等《琴颂》七篇。

《汉志》注释的特点：一是根据需要注释，既不是逢书必注，也不是每注必有全部事项，注释与否、注释内容和注释字数，均视具体情况而定。二是力求简明，措辞严谨，符合史书体例。

3. 在著录统计方面，创“尾计”体例

《汉志》“尾计”体例即在图书著录之后，进行著录统计。有总尾计、大尾计和小尾计三种，总尾计在全志的最末，如“大凡书，六略三十八种，五百九十六家，万三千二百六十九卷”，这一统计数据应当是西汉末

---

① 徐昕：《论〈汉书·艺文志〉附注的价值》，《古籍整理研究学刊》1994 年第 4 期。

② 唐颜师古注本有“师古曰：‘刘向《别录》云魏相所奏也。与赵定俱召见传诏，后拜为侍郎’”。

年之前“中秘”（皇家图书馆）所藏之总计。大尾计位于每个大类图书著录之末，如“凡数术百九十家二千五百二十八卷”，反映了该大类图书总计。小尾计位于每个小类图书著录之末，如“右形法六家百二十二卷”是对“形法”类图书的总计。

对于《汉志》的“尾计”，后人颇为重视，以注的方式探究其与图书著录的关联。如《汉志》“凡《易》十三家，二百九十四篇”下，顾实指出：“今计施、孟、梁丘今文经及《章句》共三家，《易传周氏》至《丁氏》共七家，《古五字》、《淮南道训》合一家，《古杂》一行为一家，《孟氏京房》一行为一家，合计适符十三家之数。施、孟、梁丘三家经三十六篇，三家章句六篇，除图不计，故合计适得二百九十四篇。”①

这种“尾计”与汉代重视图书统计相关。如1973年发掘的湖南长沙马王堆汉墓帛书中即有不少尾计。如“《十大》。《经》。凡四千五十六”，这里的“凡四千五十六”是全书的尾数；又如，《战国纵横家书》第19章末书：“三百。大凡二千八百七十。”其中，“三百”是该章尾数，“二千八百七十”是对前面五章（第15—19章）尾数的汇总，这是小尾数（篇章尾数）与大尾数（全书尾数）均有的例子②。

六 郑玄的目录学思想

郑玄（127—200），字康成，北海高密（今属山东）人。经学家、文献学家、目录学家。曾入太学学今文《易》和公羊学，又从张恭祖学《古文尚书》《周礼》《左传》等，最后从马融学古文经。游学归里后，聚徒讲学，弟子众至数百千人。因党锢之祸遭禁，潜心著述。世称“后郑”，以别于“先郑”郑兴、郑众父子。其学派称郑学。

郑玄的校雠学研究涉及对象、范围、校雠方法、校雠原则等许多重要问题，有独到见解和处理方法，是继刘向父子之后对校雠学所作的巨大贡献。历来学界对其校雠学的贡献研究颇多，少有从目录学角度进行研究。郑玄的目录学是与其校雠学融为一体的，是郑学的重要组成部分。

---

① 顾实：《汉书艺文志讲疏》，上海古籍出版社1984年版，第18页。

② 张显成：《简帛文献学通论》，中华书局2004年版，第174—175页。

其目录学思想表现在以下方面。

（一）择善精校的思想

汉代经过今古文学派四次之争（见本章第一节），到东汉时古文经一派占了主流，有郑兴郑众父子、贾逵、卫宏、许慎、马融、卢植、服虔等众多名家，而治今文经仅有李育、何休、范升等少数名家。东汉时儒家有《诗》《书》《礼》《易》和《春秋》五经立十四博士，其中《春秋》的《谷梁》是古文经，《易》的京氏疑为古文经，其余均为今文经。自郑玄出，集今古文经学之大成。《后汉书·郑玄传》载郑玄“师事京兆第五元先，始通京氏《易》、《公羊春秋》、三统历、九章算术，又从东郡张恭祖受《周官》、《礼记》、《左氏春秋》、《韩诗》、《古文尚书》”[①]。这里，京氏《易》《公羊春秋》《礼记》《韩诗》皆为今文，而《周官》《左氏春秋》《古文尚书》皆为古文。说明他从师学经，今古文并采。

郑玄以治经集成的思想为指导，以诠释经学图书方式进行图书整理。在这一过程中，为使注经更为客观和综合，备致多种版本，既有今文经版本，也有古文经版本，选择善本作为注经依据，其图书整理的原则是不主一家，择善而从。例如，笺《诗》，以毛本为主，而又兼采齐、鲁、韩三家。又如，注《尚书》虽用古文，但与马融不同，或马从今而郑从古，或马从古而郑从今。而注《仪礼》时，有的地方经文采用今文本，便在注中说明“古文某作某”，有的地方经文采用古文本，便在注中说明“今文某作某”。

郑玄整理的经学图书甚为丰富，《郑玄传》：“凡玄所注《周易》、《尚书》、《毛诗》、《仪礼》、《礼记》、《论语》、《孝经》、《尚书大传》、《中候》、《乾象历》，又著《天文七政论》、《鲁礼禘祫义》、《六艺论》、《毛诗谱》、《驳许慎五经异义》、《答临孝存周礼难》，凡百余万言。”[②] 其注经成果，既优于今文，也胜于古文，奠定了古书集成注释的整理模式。

---

① （宋）范晔：《后汉书》，中华书局2000年版，第810页。

② （宋）范晔：《后汉书》，中华书局2000年版，第814页。

（二）注经求正的思想

郑玄注经的突出特点是以校书为基础，先校勘后注释，校勘与注释均以求真求正为根本目的。其基本方法是，凭借对文意的理解订正原文的错漏讹衍。例如：《礼记·祭义》曰："霜露既降，君子履之，必有凄怆之心，非其寒之谓也；春，雨露既濡，君子履之，必有怵惕之心，如将见之。"郑玄注云："霜露既降，礼说在秋。此无'秋'字，盖脱尔。"这里，考察下文即为"春，雨露既濡"云云，因其相对为文，故"霜露既降"之前必脱时令，霜露降于秋季，不仅仅是常识，更有同书《月令》的记载为证，所以郑玄断定"此无秋字，盖脱尔"，持之有据，以理服人。

郑玄注经，综合考之文意、揆之文理、征之他文等多种方法，勘订错讹衍脱。《礼记·郊特牲》载，"次路五就"。注云："《礼器》言'次路七就'，与此乖，字之误也。"这里，郑玄根据《礼器》篇的记载校《郊特牲》，因两篇同属《礼记》，这种校勘方法即后世所说的本校法。《礼记·内侧》载，"膳、膷、臐、膮、醢、牛炙"。郑注云："以《公食大夫礼》馔校之，则膮、牛炙间不得有醢。醢，衍字也。"《公食大夫礼》是《仪礼》中的一篇，用《仪礼》校《礼记》是以甲书校乙书，即属他校法。

郑玄整理图书，并不限于六经，还注《纬》、注《律》等。于某些文字的订正，或多某字存疑的理由，均以注的形式记录下来，因此其注文记录了校书过程，类似于后世的"校雠记"，在校雠学上具有重要价值。当发现原文有脱衍错讹，则在注中指出错漏之处，并以"当为……"的形式予以勘正。如《礼记·檀弓下》："是全要领以从先大夫于九京也。"郑注云："晋卿大夫之墓地在九原，京盖字之误，当为原。"讹误虽有证据，但郑玄却不改动原文，因为这样的误字，并不妨碍文句的通顺，因而郑玄只将己见姑备一说。然而，郑玄校书也不是绝对不改动原文的，只有遇原文不通时，则考虑改动原文。如《周礼·御史》："掌赞书，凡数从改者。"郑注云："郑司农读为掌赞书数。书数者，经礼三百，曲礼三千，法度皆在，玄以为不辞，故改之云。"郑玄根据郑司农所说以及"书数"的状况，认为"凡"字割裂书数，文意不通，故改之，以"掌赞书数”为句。这种改动原文的做法，在郑注中比较少见。郑玄校书不轻易改动原文的审慎态度，对后世校书颇具影响。

（三）辨章六经的思想

郑玄精通经学，在整理图书中辨章学术，考六经之源流。著有《六艺经》，此书虽佚，但从后世辑本看，其主要内容为阐明六经体用，提出以变化、发展的观点理解《易》的体用，强调循政事得失之迹以求《诗》，将诗经看作古史资料，这些学术观点对于后世经学研究产生了影响。

郑玄校书含有考辨成分，有较强的学术性。如《礼记·缁衣》引“兑命曰”，郑玄注云：“兑当为说，谓殷高宗之臣傅说。作书以命高宗，《尚书》篇名也。”如果仅根据《缁衣》引《兑命篇》，《尚书》只有《说命篇》而没有《兑命篇》这一事实，就断定《兑命》即《说命》，那么就没有必要改“兑”作“说”。因为《说文解字》即将“兑”解为“说”，所以仅用《尚书》篇为依据改“兑”为“说”，理由不够充分。于是郑玄进一步考察了《说命篇》命名的由来，指出“说”是指“傅说”，而作为人名的用字是不能随意更动的，同时，将《说命》写成《兑命》，也改变了它作为篇名的意义，这样将《兑命》恢复成《说命》就非常必要了。郑玄把矫正文字的工作与研究、考辨结合起来，充分体现了校书所具有的学术性。

（四）叙次篇目的思想

郑玄对目录学的最大贡献在于叙次篇目。郑玄整理经典，于礼书的“三礼”研究更为精深。“三礼”之说，虽始于马融、卢植，但将“三礼”贯通，创“三礼之学”，是郑玄之功。《后汉书·儒林传》载：“中兴，郑众传《周官经》，后马融作《周官传》，授郑玄，玄作《周官注》。玄本习小戴《礼》[①]，后以古经校之，取其义长者，故为郑氏学。玄又注小戴所传《礼记》四十九篇，通为三礼焉。”

郑玄系统整理三礼作目录。《周礼》六篇，依天、地、春、夏、秋、冬六官编次，没有两样的本子。《仪礼》十七篇，依照刘向《别

---

① 指小戴所传之《礼经》，即今之《仪记》。

录》的篇目次第。对于《礼记》四十九篇，既条其篇目，又依《别录》明其所属门类。《礼记正义》在每篇标题下引郑氏《目录》云：此于《别录》属某门。如《曲礼》属制度，《檀弓》属通论，《曾子问》属丧服之类。

郑玄《三礼目录》较早使用了“目录”的名称。该书包括《周礼目录》《仪礼目录》《礼记目录》，是三礼的篇目解题。它分别以三礼篇目为纲，阐发了郑玄对三礼诸篇的见解，如果将《三礼》作为一书，《三礼目录》可谓一书的篇目，而如果将《三礼》作为三部图书，则《三礼目录》可视为群书目录。

七　总结

汉代目录学的发展，与汉代的学术文化发展相统一。图书生产与传播活动频繁，图书收藏与整理活动取得突出成果。从以上的分析看，汉代是中国目录学的定型期。主要有以下标志。

1. 开启学术分类两条道路

秦以前，学术分类主要表现了诸子论说中对于学术各家的看法。到了汉代，有了正式的学术分类，而且，开辟了两条学术分类道路。

一条是沿着秦以前的诸子论说或学术史论。比较重要的有西汉的《淮南子·要略》和《论六家要旨》。另一条道路便是以目录的方式进行学术分类。西汉刘向父子开辟了官修目录中的学术分类，东汉班固开辟了史志目录的学术分类。汉代产生了有二级类目的比较完备的分类体系，六分法形成一种分类制度对后世产生了重要影响。

2. 对图书有全面的认识

秦以前，虽有图书重要性的认识，但并不全面。汉代学者关于图书的认识，比较深刻。西汉扬雄（前 53—18）在《法言·问神》中论述了书籍的内在含义，他认为语言文字在于传心，而书籍在于传言，“天下之事记久明远，著古昔之昏昏，传千里之忞忞，莫如书”。东汉末年，秘书监荀悦（148—209）著《经籍论》，认为天、地、人之道，“施之当时则为道德，垂之后世则为典经”。荀悦《汉纪》卷二五称：“刘向父子典校经籍，而新义分方，九流区别，典籍益彰矣。”

3. 校书与学术活动融为一体

西汉有“文景之治”，东汉有“光武中兴”（25—57）。政府主持的大规模校书活动，是在西汉末年成帝河平年间开始的，因而有当时皇家藏书的目录提要汇编——《别录》20 卷问世，到其子刘歆时，编成了中国历史上第一部国家藏书目录——《七略》7 卷。汉代经过多次校书活动，形成了比较成熟的系统化的图书整理程序和方法。

汉代的校书机构，既是藏书机构，也是学术部门。东汉的兰台、东观、仁寿阁等，逐渐发展成为官家著作和学术研究中心，国家最高学府。

4. 政府主导校雠目录事业取得成就，初步形成了国家目录体系

校雠目录活动在春秋时就有出现，篇目和典籍目录也早就产生，到了汉代，不仅开启了政府主导的校雠目录活动，而且校雠目录活动作为一项国家事业取得了可喜的成绩，经过目录学家们的努力，初步形成了以图书总目为标志的目录体系。

汉代产生了中国最早的国家目录——《别录》和《七略》。这是政府校雠目录事业的重大成果，开创中国国家藏书目录的先河，《别录》是第一部提要目录，而《七略》是第一部分类目录。

汉代产生了中国最早的史志目录——《汉志》，这是现存最早的一部完整的目录，既在史学中开辟了以艺文志或经籍志为标志的史书新体裁，也在目录学中开辟了国家书目的新领域，开启了史志目录学。

汉代兵书整理取得成就，兵书目录产生，为专科目录学的产生奠定了基础。

5. 佛教和道教图书产生，开始对目录学产生影响

汉代谶纬[①]迷信盛行，虽儒学立为正统，但儒、法、阴阳五行、黄老刑名等诸学说均有相互影响。佛教初传时，人们误以为它是“斋戒祭祀”之类的方术。东汉末潜居交趾（治所在今广西梧州）修道的牟子作《理惑论》，将佛陀类比儒家的道德圣人和道家的神仙，“佛乃道德之元祖，

① “谶纬”是中国古代谶书和纬书的合称。谶源于秦穆公。纬是汉代学者附会儒家经义衍生出来的一类书。

神明之宗绪，佛之言觉也"[①]。关于佛教传入中国的时间，一般认为是公元1世纪上半叶。传统的说法是在东汉明帝（公元58年至75年在位）时，"明帝永平十年（67），佛教入中国，事详《汉法本内传》"[②]，但"有证据说明明帝以前在中国已经有佛教了"[③]。东汉末年安清译出经论39部，支谶译经十余部。此后出现了大批佛经译本，总计汉译佛经有1692部，共6241卷。此外，还有由中国学者撰述的佛经续藏5600卷。

道教兴起于东汉，没有明确的创教时间，大约在东汉顺帝（126年即位）到灵帝（168年即位）期间，由道家思想、神仙方术、阴阳五行、民间巫术等多种因素相结合，发展出早期道教的两个派别即太平道和五斗米道。早期道藏经典是东汉张道陵的《太平洞极经》144卷和于吉的《太平青领书》170卷。东汉时期，出现了《太平经》《老子河上公章句》《老子想尔注》《周易参同契》等重要经书。《太平经》是最后成书于东汉的太平道主要经典，其170卷的目录，被敦煌遗经斯4226号残卷基本完整地保存了下来。但《太平经》尚不能称为道藏。五斗米道建立政教合一的地方政权，偏安一隅近30年，也没有编纂道藏。东汉时期，其他道教丛书也没有问世。道教的经籍目录可以溯源于《汉志》。这篇出自官方史学家之手的目录学著作记载了神仙、方技等八类目录，共171种3867卷，这可以看作道教经籍目录的前身，其中有许多目录与后来《道藏》的目录名称完全一致或基本一致。

6. 目录学原理开始形成，对后世目录学理论产生了影响

汉代产生了目录学的术语——校雠、目录、索引。"校雠"一词产生后，成为文献学、目录学的重要概念，郑樵《通志·校雠略》、章学诚《校雠通义》两部重要的目录学著作均以"校雠"命名。"目录"一词产生具有重要的意义，直接关系到目录类型和目录的发展。汉代还出现了"索引"一词，汉焦延寿《易林》说："爱我婴女，索引不得"，产生了类似于索引的工具，如汉代班固《汉书》列有《古今人表》以备查考远

---

① （梁）僧祐：《弘明集》，中华书局2011年版，第15页。
② 蒋维乔：《中国佛教史》，商务印书馆2015年版，第3页。
③ 冯友兰：《中国哲学简史》，北京大学出版社2013年版，第230页。

古到楚汉之间的人名，可视为索引的萌芽。这些术语及其应用是汉代目录学对于目录学原理的重要贡献。

汉代校书和编目实践形成了目录学原理，《汉志》便是早期目录学原理的总结，为中国古典目录学理论奠定了基础。

7. 产生了目录学评论

东汉王充的《论衡》有两处对目录学著作《七略》进行了评论。《论衡·案书篇》评论说："《六略》之录，万三千篇，虽不尽见，指趣可知。"[①] 评论了《七略》的解题方法，而《论衡·对作篇》评论说："案《六略》之书，万三千篇，增善消恶，割截横拓，驱役游慢，期便道善，归政道焉。"[②] 说《七略》通过图书批评，显示出抑扬之意，可以达到去恶扬善、与政道一致的目的，这些可以算是较早的目录学评论。

8. 产生了一批目录学家，形成了比较成熟的目录学思想

汉代是产生目录学大家的时代，出现了司马迁、刘向、刘歆、班固、郑玄等一批卓有成就的目录学大家，这是目录学定型期的一个重要标志。

汉代目录学家中，论校书，前有向、歆父子，而集大成且成就最大者为郑玄。清段玉裁《经义杂记序》说："向卒，歆终其业。于时有雠有校，有竹有素，盖綦详焉，而千古之大业，未有盛于郑康成者也。"论对目录学理论与实践的全面贡献，最突出的要数刘向、刘歆父子。向、歆父子之功勋卓著，的确难以将二人分开。蒋伯潜评价说："向、歆父子，确是校雠目录学底不祧之祖。所以述校雠目录学底历史，也当断始于刘氏父子。"[③] 笔者认为，自中国目录学萌芽期的杰出代表孔子之后，刘氏父子是目录学成型期的杰出代表，应当具有"中国目录学之父"的地位。

综上，汉代目录学在丰富的目录学实践基础上有了目录学的原理及其应用，形成了目录学的两大职能：一个是图书的整理与系统记录的职能，另一个是学术的分类与条别源流的职能。

---

① （汉）王充：《论衡》，上海人民出版社 1974 年版，第 441 页。

② （汉）王充：《论衡》，上海人民出版社 1974 年版，第 441 页。

③ 蒋伯潜：《校雠目录学纂要》，北京大学出版社 1990 年版，第 18 页。

汉代目录学由于国家目录和正史艺文志的产生，开创了官藏目录学和史志目录学两大流派，为中国古代以“官藏目录、史志目录、私藏目录”三支柱的目录学体系的基本结构奠定了坚实的基础，对于后世的目录学具有全面创始和启迪的意义，是中国目录学史上的第一个里程碑。

中国目录学自春秋产生以后，虽然遭到秦代的遏制，到汉代终于定型。目录学的初创时期经历了从春秋至汉终共942年这一漫长过程，这一过程也是目录学的三个基本要素的成长时期。春秋时有孔子既整理图书也论及图书，还有篇目的产生。汉代自司马迁论人及书，到了刘向父子既论书也论人，而且有了具有示范性质的提要目录和分类目录。经过汉代目录学家的努力，目录学的初创工作已经完成。

第五章

魏晋南北朝目录学

魏晋南北朝包括三国、两晋及南北朝，历史进入战争频繁、政局动荡、朝代更替、割据分裂的时代。在这样一个社会和学术文化发生大变局的环境下，魏晋南北朝目录学是将汉代已经定型的目录学推向一个新高潮，还是受到不利因素的影响而导致目录学的退步？这一阶段目录学有何成就？呈现出什么样的特征？这些都是目录学史研究所关注并必须回答的问题。

第一节　魏晋南北朝学术文化与图书体制

一　魏晋南北朝学术文化

东汉末年，军阀割据连年发生战争，不但使东汉统治者的力量削弱，而且使人民蒙受了深重苦难，终于引发了黄巾起义。魏晋南北朝（220—589）是中国古代的封建割据时期。三国（220—280）[①] 时，魏、蜀、吴三国分立。晋及十六国（281—420）[②] 时期，先后出现一些割据政权，史称十六国。南北朝（420—589）[③] 始于刘宋和北魏的分立，终于隋之灭

① 白寿彝主编《中国通史纲要》关于三国时间断限为“大致在二二〇至二六六年之间。如从魏的实力开始形成算起，则可上推到一九六年”；范文澜著《中国通史简编》关于三国时间断限为二二〇年至二六四年。

② 白寿彝主编《中国通史纲要》关于两晋时间断限为“西晋，传三代，四帝，五十一年，约当于二六六至三一六年。东晋，传四代，十一帝，一百零三年，约当于三一七至四二零年”；范文澜著《中国通史简编》关于两晋时间断限为二六五年至四一九年。

③ 白寿彝主编《中国通史纲要》关于南北朝时间断限为“共一百六十九年，约当于四二零至五八九年”；范文澜著《中国通史简编》关于南朝时间断限为三一七年至五八八年，关于北朝时间断限为三八六年至五八一年。

陈，中间经历了在南方的齐、梁，在北方的东魏和西魏、北齐和北周。

魏晋南北朝时期的社会环境与学术文化对目录学产生了多方面的影响。在这段政权纷争、动荡不安的时期中，图书发展受到一定的打击，原有的书籍受到战争的损害，遭到焚毁和散失，数量急剧减少，战乱也使得许多学者和专门家无心著述。图书生产、图书传播、图书整理以及目录学诸事业都受到不同程度的影响。

魏晋南北朝时期，文化交流频繁，在一定程度上有利于目录学交流。北朝与南朝并存，占据北方广大地区的是几个少数民族政权，这些少数民族政权向汉族统治者学习统治经验，并受到汉文化的影响，如北魏孝文帝时，积极推行鲜卑人汉化政策，虽然校雠目录事业没有大的发展，但也做了一些征集、整理、编目的工作。

魏晋南北朝时期，学术思想逐渐开放，“无论是经学思想、哲学思想、宗教思想、史学著作、地理学著作、文学创作、文学批评、绘画、书法、雕塑、音乐、舞蹈、杂伎等等，以及科学技术方面，都有重大的成就。魏晋南北朝时期文化上的成就，为以后唐宋时期文化的繁荣和发展准备了充分的条件”①。从经学、哲学上，“从两汉到魏晋，是中国文化的一个转关。其要点，在破除古代的迷信，而从事于哲理的研究”，“当魏晋之世，今文之学，渐已失传，盛行的是古文之学。古文之学，虽亦有其师法，然而其原始，本是不重师说，而注重自由研究的。自由研究之风既开，其后必至变本而加厉。所以自郑玄、王肃，糅杂今古文后，又有杜预、范宁等，不守成说，自出心裁的学派。至于王弼的《易注》、何晏的《论语集解》等，兼采玄言，则为魏晋时之哲学思想，侵入经学领域的。南北朝时，南方的经学，这两派都盛行。北方还守着汉人之说，然至隋并天下后，而北方的经学，反为南方所征服，郑玄的《易注》废，而王弼的《易注》行。马、郑的《尚书》废，而伪古文《尚书》行；服虔的《左氏》废，而杜预注的《左氏》大行了”②。

魏晋南北朝时期，学科出现了新的局面，诸子之学日衰，而史学日

① 王仲荦：《魏晋南北朝史》，上海人民出版社2016年版，“序言”第5页。

② 吕思勉：《中国通史》（彩图珍藏版），中华书局2015年版，第162—163页。

盛。从汉武帝“独尊儒术，罢黜百家”以后，诸子百家之学萧条，很多领域如术数、方技等书籍大为减少。但由于两汉有司马迁《史记》、班固《汉书》，到魏晋时，史学从经学的附庸中解放出来，朝廷设置专职史官。东晋元帝大兴二年（319），石勒以任播、崔浚为“史学祭酒”，这是中国“史学”一词的最早出现。刘宋文帝于元嘉十五年（438）建儒、玄、文、史四学馆，以著作佐郎何承天主持史学。宋末齐初，置总明观，内设玄、儒、文、史四科。这一阶段，正史纷纷涌现，有晋陈寿的《三国志》、南朝宋范晔的《后汉书》、南朝梁沈约的《宋书》、南朝梁萧子显的《南齐书》、北朝北齐魏收的《魏书》五种正史，其中《后汉书》和《三国志》有“良史”之称，与《史记》《汉书》合称“前四史”。史学著作逐渐增多，有起居注、地方志、氏族谱和史注等史学新体裁。

魏晋南北朝时期，文学发达，是中国诗歌发展的重要阶段。在这个动荡不安的时期，诗人们多用新兴的五言诗来抒发自己的思想情感。东汉末年建安时（196—219）产生以“三曹”和“建安七子”为代表的许多诗人，之后，又出现“正始诗歌”，阮籍、嵇康等，用诗歌表达了彷徨抑郁、不满现实的情绪。东晋末，杰出的诗人陶渊明，南朝谢灵运，都以山水田园诗见长，在艺术上取得了卓越成就。这一阶段产生了文学批评著作，综合性图书如《皇览》等类书的编纂，《文选》《弘明集》《文章流别集》等总集的汇编。

魏晋南北朝时期，宗教异常发达。佛教传入中国后，东汉末年开始翻译佛经，经过三国的发展，到西晋达到极盛。随着外来佛经的译著和本土道教典籍不断增多。对图书整理和目录编纂有了新的社会需求。公元三四世纪，玄学兴起，因为是道家的继续，又称为“新道家”。此时“随着道家的复兴，名家的兴趣也复兴了。新道家研究了惠施、公孙龙，将他们的玄学与他们所谓的名理结合起来，叫做‘辩名析理’（此语见郭象《庄子注》的《天下篇注》）”[①]。由于儒道思想的融合并以三玄（《周易》《老子》《庄子》）为依据而产生了玄学的贵无、自生等流派。而且“中国著名的学者一般都是道家，他们又常常是著名的佛教和尚的亲密朋

① 冯友兰：《中国哲学简史》，北京大学出版社2013年版，第208页。

友。这些学者一般都精通佛典。这些和尚一般都精通道家经典，特别是《庄子》。他们相聚时的谈话，当时叫做‘清谈’”[①]。受清谈和佛教的影响，登坛讲经盛行，于是讲疏、讲义和义疏一类著作增多。魏晋之后，随着音韵学的发展，对经文音注的著述大量增加。

二　魏晋南北朝图书体制

从春秋战国以来至公元五六世纪是缣帛先和简牍后和纸并用时期[②]。“盛以缥囊，书用缃素”[③]，“要道不过尺素上”，“又许渐得短书缣素所写者”[④]，说明魏晋之时缣帛仍然流行。

继东汉蔡伦创造造纸新法，造纸术到东晋、南朝时期更为发达，纸张的成本降低，生产量大增。王羲之曾一次把会稽库存纸九万张送给谢安，当时范宁认为“土纸不可以作文书，皆令用藤角纸”（《初学记》卷21引），可见用藤皮来制成的纸，已普遍使用于公私之间了。藤纸的产地，集中在剡溪（曹娥江上游）一带，而余杭由拳村（今浙江杭州西旧余杭城南）所出的藤纸，也很出名。

在东汉“蔡侯纸”出现几百年以后，政府明令弃简用纸，为书籍的制作和流行带来了一次大变革。东晋末年，桓玄之乱（403），十二月，桓玄称皇帝，国号“楚”。桓玄曾“命平准作青红缥绿桃花纸，使极精”。《太平御览》卷605引《桓玄伪事》云：晋朝末年桓玄下令“古无纸，故用简，非主于敬也。今诸用简者，皆以黄纸代之”。从此，纸成为主要书写材料，相沿至今。

南北朝时期，纸的使用逐渐普及，促进了文化典籍的传播。南朝建康为当时的政治和文化中心，城中有“银纸官署，齐高帝造纸之所也，

---

① 冯友兰：《中国哲学简史》，北京大学出版社2013年版，第203页。

② 《韩非子·安危》：“先王寄理于竹帛”；《墨子·明鬼》：“又恐后世子孙不能知也，故书之竹帛，……传遗后世子孙。”《晏子春秋·外篇第七》，记齐景公对晏子说：“昔吾先君桓公予管仲，狐与穀，其县十七，著之于帛，申之以策。”这些记载可证用帛起于春秋战国，竹帛并称说明二者并用。

③ （唐）魏徵：《隋书》，中华书局2000年版，第615页。

④ （东晋）葛洪：《抱朴子内篇》，张松辉译注，中华书局2011年版，第601页。

尝造银光纸赠王僧虔，一云凝光”（《丹阳记》）。梁简文帝为太子时，出为荆州刺史，曾“上武帝纸万幅，又奉简文红笺五千番”，又云“特送五色三万枚”（见元鲜于枢《笺纸谱》引）。所谓四色、五色系指不同的纸色而言，而不是一纸之中含有四种或五种颜色，但是纸张的花色增多，说明纸的加工制造技术不断地在提高。梁阮孝绪父彦为湘州从事，孝绪随父之任，“不书南纸，以成父之清”（《广弘明集》卷3）；陆倕有答谢安成王（梁武帝弟萧秀）赐西蜀笺纸一万幅启，“由此证之，到了南朝中叶，荆、湘和蜀中的造纸业，也开始发展起来了”①。

第二节　魏晋南北朝目录学发展流变

一　政府校雠目录事业

魏晋南北朝时期，虽然历经动乱，但经济获得了一定程度的发展，学术、思想、宗教呈现出新的特征。各封建王朝为巩固政权，试图继承汉以来收书校雠之遗风，以发展文化事业，各朝均建立藏书，并沿袭东汉设置秘书监管理政府藏书的制度，在校书基础上编纂国家书目。许多著名学者，如曹魏时秘书郎郑默、西晋秘书监荀勖、东晋著作郎李充、刘宋秘书监谢灵运、秘书郎王俭、萧齐秘书丞王亮、秘书监谢朏、萧梁时秘书监任昉、秘书丞殷淳等，皆主持过整理图书编纂目录的工作，并为此做出贡献。

（一）三国时期

三国时，魏政府藏书分秘书、中、外三阁，魏秘书郎郑默整理国家藏书，完成《中经》。

据《隋书·经籍志·序》记载：“魏氏代汉，采掇遗亡，藏在秘书、中、外三阁。魏秘书郎郑默始制《中经》。”郑默（213—281），字思元，开封人，“为人敦厚，柔而能整”，经历过曹魏、西晋两朝。在曹魏时任秘书郎，入晋后任东郡太守，光禄勋。据《晋书·郑默传》，郑默主管藏书，受命“考核旧文，删省浮秽”，进行选书和校雠工作，经校勘分类，

① 王仲荦：《魏晋南北朝史》，上海人民出版社2016年版，第454页。

撰成《中经》[①]。由于《中经》亡佚甚早，无法确认其是否四部分类，只能据阮孝绪《七录·序》“荀勖因魏《中经》更著《新簿》”所讲的承继关系，以及《晋书》卷四十四“中书令虞松谓曰：‘而今而后，朱紫别矣。’”来判定《中经》为四分法之源。

此外，蜀国和吴国均依汉制设置“东观”以藏图籍。蜀国以“安贫好学，博览坟籍”的郤正为秘书郎掌管藏书。吴国孙休即位后，委任韦昭[②]为中书郎和博士祭酒，“依刘向故事，校定众书”（陈寿《三国志·吴书·韦曜传》），说明吴国有校书活动。

（二）两晋时期

西晋时期，秘书监荀勖整理国家藏书。荀勖（？—289），字公曾，颍川颍阴（今河南许昌）人，文学家、音乐家、目录学家。初仕魏，入晋后“拜中书监，加侍中，领著作，与贾充共定律令……俄领秘书监，与中书令张华依刘向《别录》整理记籍”[③]，后任尚书令。荀勖与中书令张华从晋武帝泰始十年（274）开始图书整理工作，这里，首次出现了目录学的“整理”概念，姚名达评价说“始正名为‘整理’，较之校雠，明确多矣”[④]。荀勖曾掌管乐事，考定律吕，后辞去乐事之职，专事图书整理和目录编纂。荀勖上奏《让乐事表》说：“臣掌著作，又知秘书，今复校错误十万余卷书，不可仓卒，复兼他职，必有废顿。”（《北堂书钞》第101卷）这是西晋第一次大规模政府图书整理活动。

晋武帝咸宁五年（279）[⑤]，“汲郡人不准掘魏襄王冢，得竹简小篆古书十余万言，藏于秘府”[⑥]。这批古代竹简75篇被官府收集时，已是“多烬简断札，文既残缺，不复诠次”。史称“汲冢书”，漆书蝌蚪古文。于

① 《中经》成于何时，吕绍虞《中国目录学史稿》第45页说“《魏中经簿》14卷，秘书郎郑默撰，成于魏明帝青龙三年（公元235）”。

② 原避晋讳作曜。

③ （唐）房玄龄等：《晋书》，中华书局2000年版，第755—756页。

④ 姚名达：《中国目录学史》，上海古籍出版社2011年版，第145页。

⑤ 关于汲冢书发现时间，有多种说法。《晋书》卷36《卫恒传》载卫恒《四体书势》中云“太康元年”（280）。《晋书》卷51《束皙传》云“太康二年”（281）。此据《晋书》卷3《武帝纪》。

⑥ （唐）房玄龄等：《晋书》，中华书局2000年版，第46页。

是"武帝以其书付秘书校缀次第，寻考指归，而以今文写之"[①]。荀勖等奉诏对此进行了整理编目，"诏勖撰次之，以为中经，列在秘书"。当时束皙（字广微，阳平元城人，汉太子太傅疏广之后）任著作郎，得观这批竹简，随疑分解，皆有义证。荀勖、束皙等人对当时的汲冢书进行了校订整理，编纂了目录。经过整理的图书，"盛以缥囊，书用缃素"，以装帧并保护藏书。经过几年的整理工作，最终编成目录《中经新簿》（又称《晋中经簿》）[②]。这是西晋第二次大规模政府图书整理活动。

《中经新簿》是荀勖依照《中经》而撰成的一部国家目录。据梁阮孝绪《七录序》，"荀勖因魏《中经》更著《新簿》"。《中经新簿》将当时的典籍分为甲、乙、丙、丁四部：一曰甲部，纪六艺及小学等书，相当于《七略》的"六艺略"；二曰乙部，有古诸子、近世子家、兵书、兵家、术数，相当于《七略》的"诸子略""兵书略"和"术数略"；三曰丙部，有史记、旧事、皇览簿、杂事，包括历史与类书；四曰丁部，有诗赋、图赞、汲冢书。在《七略》"诗赋略"基础上增加了图赞和汲冢书。

《中经新簿》16 卷[③]，另附佛经 2 卷。共著录图书 1885 部，20935 卷[④]。《中经新薄》揭示图书简略，只有书名、卷数、撰人，而无叙录、附注、小序，这与汉代重视考辨学术的书录传统相去甚远。因其"但录题及言"，"至于作者之意，无所论辩"（《隋书·经籍志》），受到后世许

---

① （唐）房玄龄等：《缩印百衲本二十四史·晋书》，商务印书馆 1958 年版，第 365 页。

② 《中经新簿》成于何时，有多种说法。王重民《中国目录学史论丛》第 41 页认为《晋中经簿》"它完成在西晋的统一而又是小康的年代里（公元 280—289）"。吕绍虞《中国目录学史稿》第 45 页说"晋武帝咸宁五年（公元 279）秘书监荀勖因《魏中经簿》编成《中经新簿》"。来新夏《古典目录学》第 109 页说《中经新簿》是荀勖"在泰始十年（公元 274）领秘书监后至咸宁五年（公元 279）春参加攻吴前的一段时间内编制"。乔好勤《中国目录学史》第 91 页认为荀勖于泰始十年开始"大约进行了五六年的时间，才大致结束，编成目录《中经新簿》"。

③ 《隋书·经籍志》"簿录篇"著录"晋中经十四卷　荀勖撰"；《旧唐书·经籍志》"杂四部书目"类著录"中书簿十四卷　荀勖撰"；《新唐书·艺文志》"目录类"著录"荀勖　晋中经簿十四卷　又　新撰文章家集叙五卷"；《古今书最》著录"《晋中经簿》四部书一千八百八十五部，二万九百三十五卷，其中十六卷，佛经书簿少二卷，不详所载多少"。《古今书最》与阮孝绪《七录序》保存于唐释道宣《广弘明集》卷三。来新夏《古典目录学》认为《古今书最》之"书簿"指目录，其意为"十六卷目录除佛经目录二卷已失无法计数外，余十四卷目录是四部目录"。

④ 此据《古今书最》。另《玉海·艺文》云"大凡四部合二万九千九百四十五卷"，与《古今书最》所载卷数相差较大。

多目录学家的批评。

西晋末年战乱，皇室藏书大批散亡。东晋有李充、徐广两次校书。东晋初政府重新收集图书，并由著作郎李充组织整理与编目。李充，字弘度，江夏（今湖北安陆）人，官至中书侍郎。据《晋书·李充传》“征北将军褚裒又引为参军，充以家贫，苦求外出……乃除剡县令，遭母忧，服阕，为大著作郎”①。他主持整理政府藏书时，书籍仅有3014卷。他“以勖旧簿校之”，“删除烦重，以类相从”，“遂总没众篇之名，但以甲乙为次”，编纂完成东晋的国家目录——《晋元帝四部书目》。该目录据元帝所遗存之书编目，《古今书最》载“《晋元帝书目》四部三百五帙，三千一十四卷”，收书既少，不分小类，且略无解题，较荀勖又逊一筹。李充对目录学的最大贡献在于确定的四部分类次序。据阮孝绪《七录·序》所载，李充的目录以《中经新簿》分类为基础，变更了《中经新簿》的乙、丙两部的顺序，即甲部纪经书，乙部纪史书，丙部纪子书，丁部纪集书。自此，“甲经乙史丙子丁集”这一次序固定，并被后世沿用，唐房玄龄评价李充《晋元帝四部书目》“于时典籍混乱，充删除烦重，以类相从，分作四部，甚有条贯，秘阁以为永制”②，《隋书·经籍志》云“秘阁以为永制”，“自尔因循，无所变革”。

据《玉海》卷52引《续晋阳秋》载：“宁康十六年，诏著作郎徐广校秘阁四部见书，凡三万六千卷。”这里的“宁康十六年”应为“宁康元年”（373）③。又据《晋书》卷82《徐广卷》：徐广，字野民，东莞姑幕人，百家数术无不研览，“孝武世，除秘书郎，典校秘书省。增置省职，转员外散骑侍郎，仍领校书。”义熙初始“领著作”④。《古今书最》载有《晋义熙四年秘阁四部目录》，或是徐广编纂，或是据徐广所校而编成。

---

① （唐）房玄龄等：《晋书》，中华书局2000年版，第1595页。

② （唐）房玄龄等：《晋书》，中华书局2000年版，第1595页。

③ 据姚名达撰《中国目录学史》：考孝武帝宁康仅有三年，《玉海》所引“十六”当为“元”字形似之讹，广领著作在安帝义熙初，则职衔亦略有误，当以《晋书》为准也。

④ （唐）房玄龄等：《晋书》，中华书局2000年版，第1439页。

（三）南北朝时期

1. 南朝

南朝时宋、齐、梁、陈四朝，虽然统治时间不长，但都有书籍整理和编目活动。此时，世家大族子弟一开始做官，多先为秘书郎和著作佐郎，秘书郎员额四人，俸秩六百石，官品第四，分掌中外三阁的四部书籍；著作佐郎员额八人，俸秩四百石，官品第七，掌修国史和皇帝起居注的工作。由于秘书郎员额不多，也导致不能久任，更替频繁。

宋时，宋武帝于东晋义熙十三年（417）入关，“刘裕平姚，收其图书，五经、子、史，才四千卷，皆赤轴青纸，文字古拙”[①]。此后，典籍渐增。

宋文帝时，命秘书监谢灵运“整理秘阁书，补足阙文”（《宋书·谢灵运传》）。以政府藏书整理为基础，宋有四部国家目录。

一是《晋义熙已来新集目录》3卷，丘深之撰。《隋志》有著录，未注撰人。《旧唐志》作《杂集目录》注“丘深之撰”。《新唐志》著录“丘深之晋义熙已来新集目录三卷”。来新夏《古典目录学》定撰者丘渊之，字思玄，乌程人。宋文帝时历官侍中、吴郡太守。因目录久佚，“惟就其书名推断，似为晋安帝义熙以来的新书目录”[②]。

二是《四部书大目》40卷，殷淳撰。《南史》本传作《四部书大目》40卷；《宋史》本传作《四部书目》40卷；梁《七录·序》载“宋秘书殷淳撰大四部目”；《新唐志》作《四部书序录》39卷。殷淳，字粹远，陈郡长平人。《宋书·殷淳传》载“（淳）少帝景平初为秘书郎、衡阳王文学、秘书丞、中书黄门侍郎……在秘书阁撰四部书目，凡四十卷，行于世。元嘉十一年卒”[③]。来新夏认为“淳任秘书丞，可能正是谢灵运任秘书监时。殷淳的大目或可解释为大要之目，也就是草目的意思，所以，我很怀疑殷淳目与后来著名的元嘉目是一种初定稿的关系”[④]。

三是《宋元嘉八年四部目录》，谢灵运、殷淳撰。《古今书最》载

---

① （唐）魏徵：《隋书》，中华书局2000年版，第868页。
② 来新夏：《古典目录学》，中华书局1991年版，第118—119页。
③ （梁）沈约：《宋书》，中华书局2000年版，第1055页。
④ 来新夏：《古典目录学》，中华书局1991年版，第119页。

“《宋元嘉八年秘阁四部目录》一千五百六十有四帙，一万四千五百八十二卷。五十五帙，四百三十八卷，佛经”，说明该目录将佛经单列（55帙，438卷）。《隋志》载“宋元嘉八年秘书监谢灵运造四部目录，大凡六万四千五百八十二卷”，著录图书数量与《古今书录》载相差很大。谢灵运于文帝元嘉三年（426）“征为秘书监……使整理秘阁书，补足遗阙”（《宋书·谢灵运传》），其主持秘书监时间很短，于元嘉五年（428）托疾东归，因此元嘉八年（431）书目编撰时并不在其位。姚名达认为《隋志》载谢灵运或亦为殷淳之误[①]。来新夏经详加分析，认为该目的实际撰者应为殷淳，而且“《隋志序》的数字多有误，此‘六万’应以‘一万’为是”[②]。

四是《宋元徽元年秘阁四部书目录》，王俭撰。宋后废帝元徽元年（473）正是王俭22岁，由其主持秘阁整理所成，按四部分类。《古今书最》载“《宋元徽元年秘阁四部书目录》二千二十帙，一万五千七十四卷”（著录图书2020帙，15074卷）。章宗源《隋书经籍志考证》“史部簿录”说该目录有4卷。

齐时，有文林馆，掌管著作及校理典籍，兼培养学生，文林馆的文学之士称待诏。沈约在齐时“为步兵校尉、管书记、直永寿省，校四部图书”[③]。齐对政府藏书进行整理，之后编纂完成国家目录——《齐永明元年秘阁四部目录》，王亮、谢朏撰，齐永明元年即483年。《古今书最》载“《齐永明元年秘阁四部目录》五千新足合二千三百三十二帙，一万八千一十卷”（著录图书2332帙，18010卷）。

梁时，承接南齐遗书，“齐末兵火，延烧秘阁，经籍遗散。梁初，秘书监任昉躬加部集，又于文德殿内列藏众书，华林园中总集释典，大凡二万三千一百六卷，而释氏不豫焉”（《隋书·经籍志·序》）。而文德殿内别藏众书，“使学士刘孝标等重加校进，乃分数术之文，更为一部”（《七录·序》）。图书整理重在挑选精善本，形成“正御本”国家藏书的

---

① 姚名达：《中国目录学史》，上海古籍出版社2011年版，第148页。

② 来新夏：《古典目录学》，中华书局1991年版，第119—122页。

③ （唐）姚思廉：《梁书》，中华书局2000年版，第158页。

这一做法沿袭到隋代。元帝时更加重视收藏和校勘活动，据《北齐书·颜之推传》，颜之推在《观我生赋》自注中记载了当时藏书校书盛况："王司徒表送秘阁旧事八万卷，乃诏比校，部分为正御、副御、重杂三本，左民尚书周弘正、黄门郎彭僧朗、直省学士王圭、戴陵校经部；左仆射王褒、吏部尚书宗怀正、员外郎颜之推、直学士刘仁英校史部；廷尉卿殷不害、御史中丞王孝纪、中书郎邓荩、金部郎中徐报校子部；右卫将军庾信、中书郎王固、晋安王文学宗善业、直省学士周确校集部也。"这里，首次提到校四部：经部、史部、子部、集部。在魏晋四部分类只称甲乙丙丁方法上更进一步，经史子集四部名称的确定早于《隋书·经籍志》。而且分部由专人负责校书，继承了汉代分科校书的传统。梁国家目录编纂颇有成就，有三部：

一是《梁天监四年文德正御四部及术数书目录》，刘孝标、祖暅撰。《古今书最》载"《梁天监四年文德正御四部及术数书目录》合二千九百六十八帙，二万三千一百六卷。秘书丞殷钧撰，秘阁四部书少于文德故书不录其数也"。两《唐志》著录为4卷，原题丘宾卿撰。梁武帝天监四年即505年，"文德正御四部"指文德殿经过整理以备皇帝参阅的经史子集四部藏书。这部目录也称为《五部目录》，因"其术数之书，更为一部，使奉朝请祖暅撰其名"（《隋志·序》）。祖暅是一位天文历法学家。故梁有《五部目录》。

二是《梁天监六年四部书目录》4卷[①]，任昉、殷钧撰。《隋志·序》载"梁有秘书监任昉、殷钧四部目录"，但簿录类却著录为"梁殷钧撰"。梁武帝天监六年即507年。殷钧，字季和，梁武帝以女永兴公主妻钧，《南史·殷钧传》载"拜附马都尉，历秘书丞，在职启校秘阁四部书，更为目录，又受诏料检西省法书古迹，列为品目"[②]。

三是《梁东宫四部目录》4卷，刘遵撰。《隋志》簿录类著录此目。刘遵，字少陵，官太子中庶子。

陈时，虽然"陈天嘉中，又更鸠集"，但"考其篇目""遗阙尚多"

---

① 另有四十卷说和三十九卷说。

② （唐）李延寿：《南史》，中华书局2000年版，第993页。

(《隋书·经籍志》)。到太建十四年(582),陈后主下诏:“僧尼道士,挟邪左道,不依经律,民间淫祀妖书诸珍怪事,详为条制,并皆禁绝”(《陈书·后主纪》),佛典道藏因此受到了破坏。

2. 北朝

北朝有北魏、东魏、西魏、北齐、北周。东魏、西魏的政府藏书和目录活动未见记载,北魏、北齐、北周都有一定规模的政府图书整理和目录活动,但总体规模和成就不如南朝。

北魏,有三次大规模政府图书整理。第一次是立国之初,太祖便接受博士李先的建议,让各州郡县“搜索备送”典籍,“太祖于是班制天下,经籍稍集”①。第二次是孝文帝时,命人检查北魏缺书状况,编定《魏阙书目录》1卷,派人至南齐按目借书。迁都洛阳后,又诏求遗书于天下。第三次是宣武帝即位后,秘书丞孙惠蔚上疏请求征集整理图书,求令四门博士及在京儒生四十人在秘书省专精校考,参定字义,并进行了大规模校书活动。《魏书·孙惠蔚传》记载其在疏文中提到秘书丞卢昶曾编目录,称《甲乙新录》。南北朝时,四部已成定法,按古人的统称习惯,这里的“甲乙”并非只有经史两类,而是经史子集四类,如《隋志·序》所云“以甲乙为次”以及后世“部次甲乙”的统称同义。

北齐,在接受东魏藏书基础上,有所收集,但书籍总体质量不高。天保七年(556)诏令樊逊、高乾和等11人校订图书,《北齐书·樊逊传》载“时秘府书籍纰缪者多”,樊逊向邢子才、魏收等多家借书参校,“凡得别本三千余卷,五经诸史,殆无遗阙”。《隋书·牛弘传》说隋代牛弘上《请开献书之路表》,提出“高氏据有山东,初亦采访,验其本目,残缺犹多”。可见北齐曾编纂有国家目录。

北周,继承两魏藏书,约8000卷左右,后经过收集,达到万卷。据《周书》第4卷记载,北周有校书活动,明帝即位后,曾“集公卿已下有文学者八十余人于麟趾殿刊校经史”②。《隋书·经籍志·序》记载周武帝灭北齐后“先封书府,所加旧本,才至五千”。北周从北齐藏书中选出

---

① (北齐)魏收:《魏书》,中华书局1974年版,第789页。

② (唐)令狐德棻等:《周书》,中华书局2000年版,第42页。

所需典籍5000卷，连同原有藏书，总量达15000卷。唐封演《封氏见闻记》第2卷有“后周定目，书也八千”。可知北周初已编过目录。

二 私家藏书目录事业

汉以后，由于纸制书籍的普遍流行，对于一般百姓布衣而言，可以买书、读书和藏书，促进了私家藏书的发展。私家藏书和汉代相比，大有增加。

据载，在魏晋南北朝300多年当中，私人藏书家数量已超百人，其藏书规模和一些情况只能在诸如《南史》《北史》等正史中略知，总体藏书规模小，大多为几千卷，只有少数规模较大，如西晋张华、束皙等藏书颇丰。张华，字茂先，范阳方城人，“雅爱书籍，身死之日，家无余财，惟有文史溢于机箧。天下奇秘，世所希有者，悉在华所。由是博物洽闻，世无与比”（《晋书·张华传》）。南北朝藏书家，齐有王俭、陆澄，梁有任昉、沈约等。其藏书数量多寡不一，以千卷藏书较为普遍。其中任昉、王僧孺、张缅等藏书都过万卷。沈约、萧纶、张缵等藏书达到2万卷。萧统、萧劢等藏书多达3万卷。而萧绎更以元帝之尊“聚书四十年，得书八万卷”（《金楼子·聚书篇》）。

最早编写私人藏书目录的，当推任昉。《梁书》卷14《任昉传》云：“自齐永元以来，秘阁四部，篇卷纷杂。昉手自雠校，由是篇目定焉。……昉坟籍无所不见，家虽贫，聚书至万余卷，率多异本。昉卒后，高祖使学士贺纵共沈约勘其书目，官所无者，就昉家取之。”①

然而，魏晋南北朝时期，兵荒马乱，人们穷于奔命，没有藏书条件，这就直接制约了私人藏书的发展。这个时期的私人藏书家，大多没有留下自己的藏书目录，这与当时的不安定也有关系。此外，国家的禁书制度，也使得私人藏书家的收藏受到限制。西晋司马炎泰始四年（268）颁行的《泰始律》明确规定对那些私自收藏天文、图谶之书的，判以徒刑。北魏禁谶纬。民间不敢收藏天文、图谶这类被禁之书。

---

① （唐）姚思廉：《梁书》，中华书局2000年版，第171—172页。

三　佛道目录学

魏晋南北朝时期，有关佛教和道教的图书整理以及相关的目录得到发展，佛道目录学开启。从《综理众经目录》和《出三藏记集》等目录的内容看，目录的范围并不限于佛经（佛典）和道经（道典），因而目录学史上将之称为“佛经目录”“佛典目录”与“道经目录”“道典目录”①都不准确，应当称之为“佛教图书目录”和“道教图书目录”②。以“佛教图书目录”为对象的佛教目录学不宜称之为“佛经目录学”或“佛典目录学”，而以“道教图书目录”为对象的道教目录学不宜称之为“道经目录学”或“道典目录学”。

（一）佛教目录学

佛教图书目录是应佛教迅速传播与佛教图书的大量增长的需要而产生的。佛教伴随着佛经一起传入，并开始了佛经翻译的一个漫长过程。到公元三四世纪，佛经翻译增多，佛学研究盛行。此时“佛学著作往往被人用道家哲学的观念进行解释。这种方法叫做‘格义’，就是用类比来解释。这样的方法，当然不会准确，容易造成曲解。于是在5世纪，这时候翻译的《佛经》大量地迅速地增加了，这才坚决不用类比解释了。可是仍然存在这样的情况，就是5世纪的佛学大师，甚至包括印度来的鸠摩罗什在内，继续使用道家的术语，诸如‘有’‘无’‘有为’‘无为’，来表达佛学的观念”③。鸠摩罗什于401年到长安（今陕西西安）定居，直到413年逝世。在这13年中，他将许多佛经译为汉文，传授弟子，为佛经在中国的传播作出了很大贡献。

魏晋僧人朱士行编撰的《汉录》是中国第一部佛教图书目录。朱士

---

① 王重民《中国目录学史论丛》第71—72页称之为“佛经专科目录”“佛经目录”。来新夏著《古典目录学》中华书局1991年版第三章（魏晋南北朝）第五节称之为“佛典目录”，第四章（隋唐五代）第五节称之为“佛经目录”“道经目录”，第五章（宋元）第五节称之为“佛录”。

② 用道教图书目录可包括各种道藏目录如《宋朝明道宫道藏目录》、道经目录如《洞元部道经目录》

③ 冯友兰：《中国哲学简史》，北京大学出版社2013年版，第231页。

行，颍川（今河南禹县）人，“少怀远悟，脱落尘俗”。《高僧传》载其誓志躯身，远求大本，于甘露五年（260）发迹雍州，西渡流沙，至于阗，得梵书正本90章，派弟子于晋太康三年（282）送回洛阳，译成汉文，名为《放光般若经》，最后于八十高龄死在于阗。其所撰《汉录》当是在去于阗之前编撰，是汉代所译佛经的第一个总目录。

晋武帝时，敦煌人竺法护随师至西域，法护通西方36种语言，归来后译经154部（见释僧祐《出三藏记集》）。竺法护编有《众经目录》（又称《竺法护录》《竺法护经目》）一卷，记录自己的译经。该目录久佚，来新夏认为“这是我国可以考定为最早的一部佛典目录”[①]。此时佛教盛行，翻译经书成一时之风。西晋荀勖的《中经新簿》也收录了佛经。

东晋时，佛教兴盛。据唐法琳《辨正论》卷三载，东晋百余年建寺达1700多所。在这一背景下，东晋佛教目录学产生重要成果，以孝武帝时释道安《综理众经目录》颇为著名，尚有支敏度撰《经论都录》《经论别录》，通录古今，并且似已有分类。

南朝时，佛教盛行[②]，《七志》《七录》均著有佛教图书。南齐有释王宗撰《众经目录》、释道慧撰《宋齐录》，另有佚名撰《众经别录》2卷[③]，收佛典1089部，2596卷，共分10类，上卷3录（大乘经录第一，三乘通教录第二，三乘中大乘录第三），下卷7录（小乘经录第四，篇目阙本录第五，大小乘不判录第六，疑经录第七，律录第八，数录第九，论录第十）。梁武帝时，约520—526年间，达摩来到中国，成为中国禅宗初祖。达摩将心传传给慧可（486—593），为中国禅宗二祖。禅宗五祖弘忍（605—675）之后，其两个大弟子神秀（706年卒）和慧能（638—713）分别创北宗、南宗。不久南宗超过北宗，慧能被认为禅宗六祖。梁产生了著名佛教目录《出三藏记集》，这也是现存最早的一部完整佛教目

---

① 来新夏：《古典目录学》，中华书局1991年版，第145页。

② 据唐法琳《辨正论·十代奉佛篇》著录南朝僧尼寺数、口数以及译经部数，宋全国寺数1913个，僧尼数36000人，译经人数23人，译经部数210部；南齐全国寺数2015个，僧尼数32500人，译经人数16人，译经部数72部；梁全国寺数2846个，僧尼数82700人，译经人数42人，译经部数238部；陈全国寺数1232个，僧尼数32000人，译经人数3人，译经部数11部。

③ 伯希和所劫敦煌写经之中有残卷，编号为伯3747。残卷现存巴黎国家图书馆。

录。之后有释僧绍对《出三藏记集》略事增减，撰成《华林佛殿众经目录》。梁武帝对此并不满意而命释宝唱重撰，在《华林佛殿众经目录》基础上“注述合离”，详细分为二十类，成《梁世众经目录》4 卷[①]。

北朝时，据《魏书·释老志》载，北魏孝文帝承明元年（476），全国有寺庙 6000 多所，僧尼 7 万多人。至宣武帝延昌二年（513）寺数增至 12000 多所。东魏孝静帝兴和二年（540）时，全国寺庙发展到 3 万所，僧尼 200 万人。北魏宣武帝永平年间，李廓奉命撰录，于东魏孝静帝天平年间撰成《元魏众经目录》4 卷，收书 427 部，2053 卷，分为大乘经、大乘论、大乘经子注、大乘未译经论、小乘经律、小乘论、有目未得经、非真经、非真论、全非经愚人妄称等十类，颇有特色。北齐释法上于北齐后主武平年间撰成《齐世众经目录》，收书 787 部，2334 卷，分为杂藏录、修多罗录、昙尼录、阿毘昙录、别录、众经抄书、集录、人作录八类。

（二）释道安与《综理众经目录》

魏晋南北朝时期，对佛教目录学奠基起重要作用的两位目录学家：释道安和释僧祐，前者著有《综理众经目录》，后者著有《出三藏记集》。

释道安（312—385），常山扶柳（今河北冀县）人。佛教学者。晋孝武帝宁康二年（374），释道安编撰综合性佛教图书目录《综理众经目录》。释道安弟子释僧睿的《二秦众经目录》，则是续补道安，收录苻秦、姚秦兼及北凉新译之佛经。

《综理众经目录》在编纂上继承了《别录》《七略》的方法。据《世说新语》注引《安和尚传》说：“释道安以佛法东流，经籍错谬，更为条章，标序篇目，为之注释。”即先行校雠整理，条其篇目，而后撮其旨意。由于《综理众经目录》已佚，只能通过《出三藏记集》考见其体例，“爰自安公，始述名录，铨品译才，标列岁月”（卷二《小序》），“总集名目，表其时人，铨品新旧，撰为经录”（卷十五《道安法师传》）。由此可知，它以经名为目，首录经名、著者，次对译者加以介绍，次对译

---

① 《华林佛殿众经目录》和《梁世众经目录》均已佚，但从《历代三宝纪》可略知其梗概。

经时间加以考订，最后评价翻译优劣。

《综理众经目录》的分类采用不同译本为标准，共分七大类：经论录第一，古异经录第二，失译经录第三，凉土失译经录第四，关中失译经录第五，疑经录第六，注经及杂志录第七。所收录自安世高至法立，共17家，并按译者年代为次序，逐家汇列。

道安对当时所有佛经进行了系统化的整理，实属难得。梁启超指出："安录虽仅区区一卷，然其体裁足称者盖数端：一曰纯以年代为次，令读者得知兹学发展之迹及诸家派别；二曰失译者别自为篇；三曰摘译者别自为篇，皆以书之性质为分别，使眉目厘然；四曰严真伪之辨，精神最为忠实；五曰注解之书别自为部不与本经混，主从分明。凡此诸义，皋牢后此经录，殆莫之能易。"①

道安的目录学重要思想是"辨真伪"。他从众经中，辨认出当时的伪造之著译经26部、30卷，并专立"疑经录"类，以便后学知其真伪。正如梁启超所说："严真伪之辨，精神最为忠实。"

道安对佛教目录学有开创之功，以丰富的学识和卓越的目录学成就，使《综理众经目录》成为后世佛教图书目录的典范，是中国佛教目录学史上的奠基之作。

（三）释僧祐与《出三藏记集》

僧祐是继道安之后最重要的佛教目录学家，其目录学思想在本章第三节有讨论，这里只简单介绍其佛教图书目录《出三藏记集》。

《出三藏记集》共15卷，其编纂体例是："一撰缘记，二铨名录，三总经序，四述列传。缘记撰则原始之本克昭，名录铨则年代之目不坠，经序总则胜集之时足征，列传述则伊人之风可见。"

"缘记"——卷1述印度佛经和中国译经的起源，阐明佛经的"原始之本"。

"铨名录"——卷2至卷5是铨名录的部分，依中国传译佛经的具体历史发展和情况（不是依佛经的学术思想体系）撰成了1篇总录和11篇分录。总录依译人著录历代所有的佛经译本，以达到"年代之目不坠"

① 梁启超：《佛家经录在中国目录学之位置》，《图书馆学季刊》1926年第1期。

的总括目的。又撰成异出经（胡本同而汉文异的译本）、古异经、失译经（遗失译人名字的）、抄经（撮举诸经大要者）、疑经、注经和四部律等的分析目录，与总录相辅相成。这一方法类似于分析著录方法[①]。

“总经序”——卷6至卷12是序卷，专辑佛经译本的前序和后记（如出经后记等），其中卷12称为“杂卷”。总经序部分共收录各经之序跋120篇。

“述列传”——卷13至卷15是述列传的部分，是对于名录内译人事迹和译经年月的进一步补充。

《出三藏记集》具有重要学术价值，其考证版本源流，分析产生同书异本的原因，有版本目录的功用[②]。在中国佛教目录学史上，《综理众经目录》起到了奠基作用，而《出三藏记集》是一个重要的里程碑。

（四）道教目录学

道教图书著录源于《汉志》“神仙”“方技”等类，收录道书171种3867卷[③]，专门的道教图书目录始于东汉《太平经目录》，道教目录学则产生于魏晋南北朝。与魏晋南北朝时期佛教图书目录的巨大成就相比，道教图书目录逊色了许多。可以称道的有葛洪的《抱朴子·遐览》、陆修静的《三洞经书目录》。

晋时，道经“至于山积”（葛洪语），著名道教理论家葛洪（283—约363）遂将当时所见部分道教经籍著录汇编，成为《抱朴子·遐览》。葛洪，字稚川，丹阳句容人。《晋书·葛洪传》：“洪乃止罗浮山炼丹……在山积年，优游闭养，著述不辍。其自序曰：……世儒徒知服膺周孔，莫信神仙之书，不但大而笑之，又将谤毁真正。故予所著子言黄白之事，名曰内篇；其余驳难通释，名曰外篇。大凡内外116篇。虽不足藏诸名山，且欲缄之金匮，以示识者。”[④] 葛洪自号抱朴子，因以名书。葛洪将编撰的这部道教图书目录称为“遐览”，“欲令好道者知异书之名目也”。

---

① 王重民：《中国目录学史论丛》，中华书局1984年版，第71页。

② 曹之、马刘凤：《〈出三藏记集〉是一部版本目录》，《中国图书馆学报》2007年第3期。

③ 詹石窗：《道教文化十五讲》，北京大学出版社2012年版，第94页。

④ （唐）房玄龄等：《晋书》，中华书局2000年版，第1269—1270页。

葛洪的《抱朴子·遐览》是我国最早的私家道藏目录，记录有其师郑隐所藏汉魏晋初道书目录。郑隐，字思远，少为书生，善律历候纬，晚师事葛玄，受正一法文、三皇内文、五岳真形图、太清金液经。葛洪《抱朴子·内篇》卷之四《金丹》载："余师郑君者，则余从祖仙公之弟子也，又于从祖受之，而家贫无用买药。余亲事之，洒扫积久，乃于马迹山中立坛盟受之，并诸口诀诀之不书者。江东先无此书，书出于左元放，元放以授余从祖，从祖以授郑君，郑君以授余，故他道士了无知者也。然余受之已二十余年矣，资无担石，无以为之，但有长叹耳。"① 由此可知，郑隐藏书分为道经和诸符两大类。《抱朴子·遐览》除概述道教典籍和郑隐言论外，著录分两部分：第一部分"道经有《三皇内文天地人》三卷、《元文》上中下三卷、《混成经》二卷、《玄录》二卷、《九生经》《二十四生经》……凡有不言卷数者，皆一卷也"，共有道经 205 种，677 卷。第二部分"其次有诸符，则有《自来符》《金光符》《大玄符》三卷、《通天符》……此皆大符也，其余小小，不可具记"，共有诸符 56 种，620 卷。著录只有书名和卷数，极其简略，更没有道经分类。

南朝时，宋著名道士陆修静是一位道教目录学家，陆修静（406—477）是早期道教的一个重要人物，在道教组织、科仪等方面均有贡献，其著述颇丰，刘大彬《茅山志》称其"凡撰记议论百有余篇，所著斋戒仪范百余卷"。在道教目录学方面，陆修静有《灵宝经目》与《三洞经书目录》两种，均有影响。《灵宝经目》产生于宋文帝元嘉十四年（437），是中国最早的道经目录。《三洞经书目录》为何称为"三洞"，源于两晋时《太上洞渊神咒经》《太上诸天灵书度命妙经》《太上洞玄灵宝本行宿缘经》等中的三洞之说，但以往的三洞并非指道经的分类。陆修静借用"三洞"之名总揽道教经书，将道经分为三组：以《上清大洞真经》为首的"洞真"；以《灵宝五篇真文》为首的"洞玄"；以《三皇经》为首的"洞神"。"洞"旨意为"通"。《云笈七签》卷六引《道门大论》谓："三洞者，洞言通也。通玄达妙，其统

① （东晋）葛洪：《抱朴子内篇》，张松辉译注，中华书局 2011 年版，第 110 页。

有三，故云三洞。”陈国符《道藏源流考》称：“东晋葛洪撰《抱朴子》，尚未有三洞之称。至刘宋陆修静总括三洞，三洞之名实昉于此。”① 陆修静的三大类（三洞）之分，首次确立了道经分类的基本框架，意义重大。《三洞经书目录》是一部专门的道经目录，可谓道教目录学的奠基之作。

由于“三洞”分类没有包括当时的天师道正一类经书和太平道经书等，因而出现了辅助“三洞”的“四辅”分类，指太清、太平、太玄、正一四部辅经。以太清辅洞神，以太平辅洞玄，以太玄辅洞真，以正一贯通“三洞”和太清、太平、太玄这“三太”，从而形成了南朝时期道教图书“三洞四辅”的七部分类体系。梁孟法师《玉纬七部经书目》便是道经七分法的代表，奠定了中国道经目录的分类体系。此后，这一体系不断完善。到南北朝后期，三洞之下备分 12 类（一本文，二神符，三玉诀，四灵图，五谱录，六戒律，七威仪，八方法，九众术，十记传，十一赞颂，十二表奏），合为 36 部。当时的《三十六部尊经目》即是证明。

萧梁金明七真撰《洞玄灵宝三洞奉道科诫营始》凡 6 卷，是一部重要的科仪汇编。其中卷四和卷五的三个经目是继《遐览》和宋文明《灵宝经目》之后，至今仍存的三部重要道经目录。经目一《法次仪》载道士分阶授度经戒法箓之制度，著录道书近 250 种。经目二《灵宝中盟经目》著录了 42 种古灵宝经。经目三《上清大洞真经目》著录了 43 种古上清经。

北朝时，由于北周武帝宇文邕（561—578 年在位）灭佛②，道教亦受影响。北周虽有《玄都观经目》和《珠囊经目》等道教图书目录，但比不上南朝经目著名。

---

① 陈国符：《道藏源流考》上册，中华书局 1963 年版，第 1 页。

② 据《周书》卷五《武帝纪上》，天和四年（569）及建德元年（572），武帝两次御正殿，量述三教。建德二年（573）遂定三教先后，以儒教为先，道教为次，佛教为后。建德三年（574），武帝严令一齐禁断佛教以及道教，经像悉毁，罢沙门、道士，并令还俗，同时下令营建通道观，以圣贤之微言典训、金科玉篆、秘迹玄文为济养黎元、扶成教义者，并宜弘阐。

四 地方文献目录学

（一）地方图书整理与编目

公元6世纪，北齐宋孝王著《关东风俗传》，其中有《坟籍志》，这是目前已知最早的地方文献目录。唐刘知几《史通·书志》载："近者宋孝王《关东风俗传》亦有《坟籍志》，其所录皆邺下文儒之士，雠校之司。所列书名，唯取当时撰者。习兹楷则，庶免讥嫌。语曰：'虽有丝麻，无弃菅蒯。'于宋生得之矣。"其事迹载于《北齐书》。《北齐书》卷46《宋世良传附》："世良从子孝王，学涉，亦好缉缀文藻。形貌短陋而好臧否人物，时论甚疾之。为段孝言开府参军，又荐为北平王文学。求入文林馆不遂，因非毁朝士，撰《别录》二十卷。会平齐，改为《关东风俗传》，更广见闻。勒成三十卷以上之。言多妄谬，篇第冗杂，无著述体。"《北史》卷26同。新旧《唐书》皆载："《关东风俗传》六十三卷宋孝王撰。"可知其书乃私撰。且记邺下（今洛阳）时人撰述。姚名达《中国目录学史》以为，《关东风俗传·坟籍志》虽兼具传记、方志之体制，然专录一方人士著作，实开后世方志著录地方著作目录之风气。

（二）个人图书整理与编目

姚名达认为，个人著述目录产生于三国时期。"有著者自定者，有他人代撰者。著者自定，始于魏之曹植。"① 曹植（192—232）是曹操第三子且有"七步成章""才高八斗"之誉。《三国志·陈思王传》："前后所著赋、颂、诗、铭、杂论，凡百余篇。"《隋书·经籍志》著录有《魏陈思王曹植集》30卷，《列女传》1卷。其集后散佚，辑本有明人百三家集本《陈思王集》2卷，清人名家集初刻本《曹子建集》10卷，佚文1卷。曹植所编自著目录，晋时其子曹志使用过。《晋书·曹志传》载晋武帝咸宁初，植子志为国子博士，后迁祭酒，武帝"尝阅《六代论》，问志曰：'是卿先王所作邪?'志对曰：'先王有手所作目录，请归寻按。'还奏曰：'按录无此。'帝曰：'谁作?'志曰：'以臣所闻，是臣族父冏所作。以先王文高名著，欲令书传于后，是以假托。'帝曰：'古来亦多有是。'顾

---

① 姚名达：《中国目录学史》，上海古籍出版社2011年版，第327页。

谓公卿曰：'父子证明，足以为审。自今以后，可无复疑。'"[①] 晋武帝疑《六代论》非曹植所作，其子曹志根据曹植自撰目录而得以考定。

此外，据《三国志》裴松之注所引，有《嵇康集目录》。清末姚振宗认为，"当时撰著繁富者，皆各自为目录"。

西晋史学家陈寿（233—297）编有《诸葛亮著作集目录》。陈寿之父为马谡参军，马谡为诸葛亮所诛，寿父亦被髡，然陈寿不以恩怨褒贬前人，曾搜集诸葛亮著述，编纂成集，上表献之，称亮"科教严明，赏罚必信，无恶不惩，无善不显"。其《三国志·诸葛亮传》收录上表全文以及《诸葛亮著作集目录》。王鸣盛指出：陈寿"入晋后，撰次《亮集》，表上之，推许甚至，本传特附其《目录》并上书表，创史家未有之例，尊亮极矣！"[②] 此目录是诸葛亮文集的各篇目录，非文章著述题目。文集集诸葛亮著作，随类相从，计有"开府作牧第一""权制第二""南征第三"等共24篇。

梁阮孝绪曾自编著述目录，附载《七录》"目录"后，收录阮氏《七录》以外的著述《文字集略》《正史删繁》《高隐传》等7种，21帙，181卷，谓"阮孝绪撰，不足编诸前录，而载于此"。

第三节　魏晋南北朝目录学思想

一　四部分类思想

四部分类起于魏郑默，发于西晋荀勖，定于东晋李充。

魏郑默《中经》首创四部分类法。之后，西晋荀勖依《中经》体例编纂《中经新簿》，形成甲乙丙丁四部分类，其内容顺序甲（经）—乙（子）—丙（史）—丁（集），并已有二级类目。东晋李充《晋元帝四部书目》仿此法，仍采用将四部分类"甲乙丙丁"类名，但在类的次序上进行了调整，主要是乙、丙内容互换，将荀勖的"乙（子）"调整为"乙（史）"，"丙（史）"调整为"丙（子）"，形成甲（经）—乙

① （唐）房玄龄等：《晋书》，中华书局2000年版，第919页。

② （清）王鸣盛：《十七史商榷》，凤凰出版社2008年版，第214页。

（史）—丙（子）—丁（集）新的分类次序。至此，四部次序固定下来，并形成了四部二级的分类体系。

据《北齐书·颜之推传》载，颜之推《观我生赋》自注记载，梁元帝时，颜之推等人奉命分校经、史、子、集四部书，此后，经史子集的概念便渐渐被人们所使用。

四部分类思想是勇于创新的分类思想。为什么四部分类产生于魏晋南北朝时期，为什么要突破汉代的六分法，正是因时制宜、与时俱进的分类创新思想。其一，汉代六分法中，虽将六艺居首，但将儒家置于诸子，导致经学图书的分离，四部分类解决了这一问题，以经部统领儒家典籍放置于首要位置，这既符合统治者重儒尊经的政治需要，也符合古代经学典籍占有突出地位的实际状况。其二，汉代史书数量较少，《七略》和《汉志》没有给史书专门设类，而是将史书附设于六艺略之春秋，这是符合当时实际情况的，也是比较合理的。但到了魏晋南北朝时，史学已成显学，史书体裁得到拓展和丰富，数量倍于经典。此时，若仍守汉代六分不设史类，就无视于史学和史书的重大变化。

四部分类思想是以学术为基础的分类思想。四部分类以学术分类为基础，充分考虑到了学科的发展演变与学术变化特征，也兼顾到图书的变化与发展特征，从图书品种与数量的实际分布而确定类别。将学术分类与图书分类紧密结合，从而形成比较完善的四部分类。

四部分类思想是不断发展和完善的分类思想。据《文献通考·经籍考》集部小序，吴氏曰："晋孙勉分书为四部，其四曰丁部。"明胡应麟《经籍会通》卷二云："屡朝书目，若谢客、王亮、谢朏、任昉诸人，史但言纂修而不录其类例，其大数尚存也。至李充、殷钧、祖暅、萧绎辈，则并其卷数，皆不得而知矣。唯刘氏《七略》大概存《汉书》中，荀勖、王俭、阮孝绪类例并载诸史，差可考焉。观其类例，而四部之盛衰始末亦可以概见矣。"清钱大昕《补元史·艺文志序》"晋荀勖撰《中经簿》，始分甲乙丙丁四部，而子犹先于史。至李充为著作郎，重分四部，而经史子集之次始定"。

四部分类是魏晋南北朝时期对于目录学发展的最大贡献。四部分类思想对于此后的历朝历代产生了深远的历史影响。在中国目录学史上，四部分类之所以能够长盛不衰，获得一千多年的统治地位，除了它较好地适应了封建文化注重伦理和政治的需要，更重要的是它高度概括了古代的学术文化，掌握了分类的规律，具有独特的学术价值。

二　王俭的目录学思想

王俭（452—489），字仲宝，琅琊临沂（今山东临沂县）人。南朝宋齐时文学家、目录学家、藏书家。俭生时，父僧绰遇害，为叔父僧虔所养。其父僧绰被封为豫章侯。王俭 6 岁承袭豫章侯爵位。宋明帝时娶阳羡公主，拜驸马都尉。18 岁为秘书郎，历任秘书丞、义兴太守、太尉左长史等职。27 岁助萧道成篡刘宋王位，建立南齐，成为齐高帝。齐永明三年（485）以卫将军、尚书令，兼领国子祭酒。37 岁卒，谥号文宪。著有文集 60 卷，明人辑有《王文宪集》。

王俭的目录学思想反映在其校雠目录活动中。

（一）《元徽书目》和《七志》

刘宋后废帝元徽年间，王俭主持撰成两部目录：一是《宋元徽四年四部书目》（《元徽书目》），属于官修的国家目录；二是《七志》，是私家的专门目录。《元徽书目》系根据国家藏书编目，而《七志》并非依据国家藏书，据《文选》收录的任昉《王文宪集序》称王俭的《七志》“采公曾之《中经》，刊弘度之《四部》”。阮孝绪《七录·序》称王俭于七志之外“又条《七略》及二汉《艺文志》[①]、《中经簿》所阙之书，并方外之经，佛经道经，各为一录”，可见《七志》收录的图书既有私人藏书，也有古今各种目录的记载。王俭家藏丰富，据《南齐书》记载，南齐武帝废总明观，诏“于俭宅开学士馆，悉以四部书充俭家”[②]。

《七志》成于何时？据《古今书录序》“刘歆作《七略》，王俭作《七志》，逾二纪而方就”，说王俭用了 20 年才编成《七志》。从《南齐书》本传看，是先有《七志》后有《元徽书目》，但据《七录·序》“俭又别撰《七志》”，应当是《元徽书目》在前，《七志》在后。吕绍虞认

---

① “二汉《艺文志》”指班固《汉书·艺文志》和袁山松《后汉书·艺文志》。

② （梁）萧子显：《南齐书》，中华书局 2000 年版，第 290 页。

为《七志》是王俭于485年在家开学士馆以后完成的①。

《七志》② 的卷数，《宋书·后废帝纪》“元徽元年（473）八月，王俭表上所撰《七志》三十卷”，《南齐书·王俭传》“解褐秘书郎，太子舍人，超迁秘书丞，上表求校坟籍，依《七略》撰《七志》四十卷”③。《隋书·经籍志》《旧唐书·经籍志》《新唐书·艺文志》均著录70卷。可见《七志》有30卷、40卷和70卷之说④。

王俭撰《七志》时得到目录学家何宪的帮助，《南史》卷49记载何宪之博学“任昉、刘沨共执秘阁四部书，试问其所知，自甲至丁，书说一事，并叙著作之体，连日累夜，莫见所遗”。

《七志》在目录学上的重要建树有六：一是开私人编目之先，其在编纂、体例等方面的成就远超过《元徽书目》；二是在分类上改变了李充的四部分类法，实现了分类上的创新；三是开创了目录解题体制中的传录体；四是恢复刘向、刘歆父子辨章学术的优良传统，仿效《七略》在卷首写列9篇条例作为各部小序；五是重视图谱，设立图谱志；六是作为东晋后最新综合目录，为后世提供了南齐以前的重要史料和资料线索。

（二）以孝道维护封建统治的思想

王俭在南朝宋、齐两朝政治地位极高，被称为“一代文宗”。《南史·王俭传论》“仲宝雅道自居，早怀伊、吕之志，竟而逢时遇主，自致宰辅之隆，所谓衣冠礼乐尽在是矣”。《南齐书》卷39载：“王俭为辅，长于经礼，朝廷仰其风，胄子观其则，由是，家寻孔教，人诵儒书，执卷欣欣，此焉弥盛。”⑤

---

① 吕绍虞：《中国目录学史稿》，安徽教育出版社1984年版，第60页。

② 《隋书·经籍志》“簿录篇”著录“今书七志七十卷　王俭撰”；《旧唐书·经籍志》“杂四部书目”类著录“今书七志七十卷　王俭撰贺踪补”；《新唐书·艺文志》“目录类”著录“今书七志七十卷　贺踪补注”。

③ （梁）萧子显：《南齐书》，中华书局2000年版，第288页。

④ 来新夏《古典目录学》第129页分析七十卷之说可能有两种情况，一则或者《隋志》误将四十卷与三十卷合作七十卷，因此三数正巧合；一则或是由于贺踪补注而卷帙有所增加。余庆蓉、王晋卿《中国目录学思想史》第53页分析《七志》成书在前，故《宋书》所记为30卷，佛道录成书在后，故《南齐书》所记为40卷，《梁书》多处提及梁学士贺纵典校秘籍，贺踪补注《七志》达70卷。

⑤ （梁）萧子显：《南齐书》，中华书局2000年版，第465页。

王俭的校书编目工作体现了维护封建统治者的政治目的。当时，重封建伦理，为巩固封建统治服务。太学将《孝经》立为博士，却遭到陆澄的反对，陆澄对尚书令王俭说：“《孝经》小学之类，不宜列在帝典。”王俭答曰：“仆以此书明百行之首，实人伦所先，《七略》《艺文》并陈之六艺，不与《苍颉》《凡将》之流也。”[①] 王俭在《七志》中，将《孝经》作为“经典志”的第一个类目，改变了《七略》以《易经》为首的做法，正是因为认为《孝经》为“百行之首，人伦之先”。

（三）复兴古制的分类思想

《七志》的分类创新体制在目录学史上颇有成就。魏晋之际，四部分类成主流之势，王俭编撰《元徽书目》，因为国家目录限制，不得不采用四分。但他从思想上对四分法是不满意的，于是通过《七志》，建立新的分类体系，从实践上否定了当时封建统治者所认可的四分法。

《七志》变四分为七分：一是经典志，纪六艺、小学、史记、杂传；二是诸子志，纪古今诸子；三是文翰志，纪诗赋；四是军书志，纪兵书；五是阴阳志，纪阴阳、图纬；六是术艺志，纪方技；七是图谱志，纪地域及图册。此七志之后又附道经录、佛经录两种。

刘宋时期王俭的分类思想是复兴古制，在编纂体例上，“作九篇条例，编于卷首，盖亦《辑略》之意”（明胡应麟《经籍会通》卷2）；而在分类上，倡导恢复汉代向歆父子的分类体制。

《七志》主要仿刘向、刘歆的六分法，其分类体系与《七略》大致相同，是《七略》《汉志》六分法改进的结果。不过，他复兴古制，没有简单照搬《七略》《汉志》六分，而是基于古制有所创新。

创新之一，改“略”为“志”。比班固更进一步，不仅目录名“志”，而且各类不称“略”。

创新之二，在类名上做了更改。如将六艺略改名为经典志，将诗赋略改为文翰志，改兵书略为军书志，改术数略为阴阳志，改方技略为术艺志。但并不是全部都改名，如《七略》有诸子略，《七志》有诸子志。合理则用，不合理则改。《七志》的类名，更符合学术发展和图书的变化

① （梁）萧子显：《南齐书》，中华书局2000年版，第464页。

情况，有的类名被后来的《七录》所继承。王俭以为“六艺”尚不能标榜经目，于是改称“经典”，阮孝绪《七录》以为合理“今则从之”。然而，明胡应麟《经籍会通》卷2评论说：王俭《七志》“经不曰六艺而曰经典，则史固渐备矣。《隋志》谓其文义浅近，远非歆、向伦。余谓俭齐相佐命，百事填委，故无暇此，浮剽其名耳”。

创新之三，增加图谱一志，专收记地理方面的书籍和图谱。不仅吸收了汉以前学术六大类的思想，而且根据学术和图书发展，增加新的分类。及时反映了地理学和图谱学的兴起与成就，实际是在与时俱进的“复兴古制”思想指导下创设的。

创新之四，《七志》在七分之外，附加佛教书籍和道教书籍，也是从学术和图书发展的现实出发的。佛教传入中国后，道教逐步兴盛，佛、道两类书籍增多。这两类宗教书籍，以往目录中不著录，在七分中又无类可归，于是采用附录的方法，及时记录佛、道图书，巧妙地解决了这一问题。

创新之五，将六分法发展为七分法。有人认为《七志》为九分法，如明胡应麟《经籍会通》卷23云：王俭《七志》“前六志咸本刘氏六略，但易其名而益以图谱及佛、道二家，名虽曰七，实九志也”。这是把附录算上了，因为附录不入主体，依主体论，是七分法而非九分法。

七分法创始于刘宋王俭《七志》，打破了四分法一统天下的局面，为后来的《七录》及其他目录突破四分法的局限性，开辟新的分类体系，树立了榜样。

（四）为作者立传的书录思想

王俭《七志》继承了汉代目录学的书录传统，创立传录体新体例。所谓传录体，《隋书·经籍志》阐释它是“不述作者之意，但于书名之下每立一传”，即采用为作者立传的形式揭示图书。虽然《七志》已佚，但李善注《文选》卷29《枣道彦杂诗》保存了《七志》的书录。《文选·枣道彦杂诗》引《七志》原文曰：“枣璩，字道彦。颍川人，弱冠，辟大将军府。迁尚书郎，太尉贾允为伐吴都督，请为从事中郎，迁中庶子，卒。”

历来对于王俭《七志》的传录体以此为依据多有评论。如《隋书·

经籍志·簿录篇·序》载“刘向《别录》、刘歆《七略》，剖析条流，各有其部”；“自是以后，不能辨其流别，但记书名而已。博览之士，疾其浑漫。故王俭作《七志》、阮孝绪作《七录》，并皆别行。大体虽准向、歆，而远不逮矣。”批评《七志》只记作者的生平事迹，不揭示其学术思想，无“辨章学术”之传承。

针对这一问题，笔者认为要做客观的分析，更准确地认识王俭为作者立传的书录思想。

第一，王俭没有采取刘向的叙录体书录，因为刘向的书录为校书之后奏明皇上的一种形式，此时并不具备这一条件。《别录》为国家目录，《七志》为私家目录，私家目录不能越过国家目录而做校雠书录之事。既无法实现叙录体书录，又不能不反映学术渊源，遂创立新的体制。

第二，汉以前已有私家为书作传的传统，如汉刘安《离骚传叙》。王俭用另一种方式继承和发展了汉代的书录思想，为书籍的作者立传，类如列传，又与详细的列传不同，表述更为简洁和精辟，以简洁的文字高度概括作者生平与学术，这是很不容易的。

第三，传录体书录的重要意义，不仅仅是创立了一种新的体例，更为重要的是，体现了对于作者的高度重视。从重在校雠记录到重在思想记录，从记书为中心到记人为中心，从作者入手认识图书，这是一个巨大的进步，也是魏晋南北朝思想活动、彰显个人著述的社会反映。这一进步，为后来的“以书类人”著录法奠定了思想基础。《目录学读本》认为：传录体的出现自然与当时重门第、好品骘之风气有关，但它继承了中国知人论世的学术遗风，详细考究作者的生平思想、时代及其学术状况，使人对著作的理解加深①。实际上，传录体论人及书，是对叙录体论书及人的发展，是将目录学推向人文思想的一个重要转变。

第四，《七志》对后世目录产生了积极的影响。余嘉锡考证，梁朝阮孝绪《七录》的解题也属于传录体类型。余嘉锡肯定了传录体的意义，在《目录学发微·目录书之体制二·叙录》中说：“凡其身世之所接触，怀抱之所寄托，学者观叙录而已得其大概，而后考之于其书，则其意志

① 来新夏、柯平：《目录学读本》，上海交通大学出版社2014年版，第104页。

之所在，出于语言文字之表者，有以窥见其深。斯附会之说，影响之谈，无自而生，然后可与知人论世矣。”因此，了解作者生活的时代很有必要，“人不能脱离时代，斯其动于中而发于外者，无不与时事相为因缘。著作之时代明，则凡政治之情况，社会之环境，文章之风气，思想之潮流，皆可以推寻想象得之。然后辨章学术，考镜源流，乃有所凭藉，而得以着手”①。

第五，现有目录学史著作中都认为传录体的内容是在著录图书后，详细介绍作者，偏重作者生平事迹与思想抱负，兼及作者时代，通过对作者的了解来理解书籍内容及其产生的时代背景，论世知人，正确把握作者的原意与作品的意蕴，这对于考辨学术源流是有意义的。值得注意的是，因为载有这种书录的目录已不存在，而现存的引自《七志》的原文只是一些片段，并非传录体全貌。如果只是对作者简单介绍，便失去了书录的意义，也非王俭意旨。可以想见，《七志》对于作者的学术渊源和流派不会不涉及。

由上可知，传录体为书作传，把人放在重要地位，以作者为本，不只是简单介绍作者，重点揭示作者的学术成就与思想根源，具有辨章学术的意义。

魏晋南北朝时，汉以前目录学的学术史传统并没有得到很好地继承，简化的思想成为主流，晋《中经新簿》以后官修目录只记书名，把目录变成“账簿”，失去目录的本来意义。王俭的书录创新思想，在魏晋南北朝图书揭示中，点亮一束烛光，开辟一条新道，起到承向歆传统启后世创新之先，很好地解决了继承与创新的关系。

《七志》创立的传录体书录体例，不仅为《七录》所继承，而且为佛教图书目录所仿效，梁代释僧祐《出三藏记集》中的《列传》，专载译经人的传记，唐代道宣、智升所作的目录亦有此例，都源于《七志》为作者立传。

（五）图谱学思想

《七志》增加“图谱志”反映了王俭的图谱学思想。魏晋南北朝时，

---

① 余嘉锡：《目录学发微》，中华书局 1963 年版，第 48 页。

门阀氏族重视世系，编修家谱族谱形成风气。王俭精通图谱学，编有《百家集谱》10 卷。

然而，梁阮孝绪未能领会王俭的图谱学思想，反批评《七志》“王氏图谱一志，刘略所无。刘数术中虽有历谱而与今谱有异。窃以图书之篇，宜从所图为部。故随其名题，各附本录；谱既注纪之类，宜与史体相参”（《七录·序》）。

目录不记录图谱，而图谱失。《七略》只有“兵书略”著录图 44 卷[①]，因此被郑樵对刘向、刘歆大加批评：“虞、夏、商、周、秦、汉、上代之书俱在，而图无传焉”，“向歆之罪，上通于天”（《通志·图谱略》）。郑樵之批评显然过分。殊不知汉以前图谱数量有限，难以立类，郑樵既肯定任宏校兵书有图“载在《七略》”，却又责“刘氏作《七略》，收书不收图”（《通志·总序》）。郑樵盛赞王俭之功。郑樵说“宋齐之间，群书失次，王俭于是作《七志》以为之纪，六志收书，一志专收图谱，谓之图谱志，不意末学而有此作也”。在中国目录学史上，有两位目录学家奠定了图谱学的地位，前有王俭，后有郑樵。王俭的思想对后世郑樵产生了重要影响。

三　阮孝绪的目录学思想

阮孝绪（479—536），字士宗，陈留尉氏（今属河南）人。南朝齐梁时期处士、目录学家。幼至孝，遍通五经，既冠，屏居一室，除了按时给父母问安，其他时间未尝出户。外兄王晏贵显，屡至门，孝绪穿篱逃，不与相见。及晏诛，竟获免。阮孝绪终身不仕，以清高隐逸闻名，御史中丞任昉望而叹曰：“其室则迩，其人甚远。”（《梁书》《南史》）梁武帝大同二年卒，年 58 岁，私谥文贞。其博学多识，著有《文字集略》《正史削繁》《高隐传》《古今世代录》《杂文》《声纬》及《诸序录略》共 8 种 21 帙 181 卷。

---

① 姚振宗《七略佚文》标注有兵权谋图 13 卷，兵形势图 18 卷，兵阴阳图 10 卷，兵技巧图 3 卷，合 44 卷。据实际著录统计，兵权谋图 9 卷，兵形势图 21 卷，兵阴阳图 10 卷，兵技巧图 3 卷，合 43 卷。

(一)《七录》与《七录·序》

梁武帝普通中(520—527),阮孝绪博采宋齐以来王公缙绅藏书之家的藏书目录,“凡自宋齐已来,王公缙绅之馆,苟能蓄聚坟籍,必思致其名簿。凡在所遇,若见若闻,校之官目,多所遗漏”(《七录·序》)。以此为基础,于普通四年(523)仲春编纂完成《七录》12卷,行于世。

《七录》是一部比较完整地反映梁代藏书的私家目录,其来源有三。

一是以政府藏书之文德殿目录为底本,据刘知几《史通》记载,“孝绪《七录》,书有文德殿者,丹书写其字,由是区分有别,品类可知”。《七录》收书6288种,8547帙,44526卷[①],比官修《梁天监四年文德正御四部及术数书目录》的23106卷多出21420卷。姚名达认为“孝绪惟据诸家名簿,并非尽有其书。故其所收卷帙虽巨,未必可靠”,并将《七录》佛法录与宝唱所录的华林园佛经卷数对比,批评《七录》之“滥收多误”[②]。而王重民提出相反意见,认为“凡是《七录》中所著录的图书,都经过他详细的比勘研核,都是现实的存书,所以阮孝绪在大类小类中所举的图书数量都是可以信任的”[③]。

二是得友人刘杳之抄集。刘杳(487—536),字士深,平原人。曾参与编撰国史和类书《华林遍略》,又有《古今四部书目》5卷行于世。《经典会通》说:“孝绪之撰《七录》,得其友人刘杳之力为多。”阮孝绪在《七录·序》中也有记述。

三是利用其他私人藏书和藏书目录进行补充。

《七录》久佚[④],唯《七录·序》载于道宣所著《广弘明集》卷三中。明胡应麟《经籍会通》卷二云:“前史所述魏晋诸家书目,条流仅

---

① 《古今书最》所载《七录》有三类统计,首先是第一类总计,其次是第二类内外篇共计,最后是分录部合计。第一类总计载“新集七录内外篇。图书凡五十五部,六千二百八十八种,八千五百四十七帙,四万四千五百二十六卷。六千七十八种,八千二百八十四帙,四万三千六百二十四卷经书;二百三种,二百六十三帙,八百七十九卷图符”。

② 姚名达:《中国目录学史》,上海古籍出版社2011年版,第218页。

③ 王重民:《中国目录学史论丛》,中华书局1984年版,第63页。

④ 《隋书·经籍志》“簿录篇”著录“七录十二卷 阮孝绪撰”;《旧唐书·经籍志》“杂四部书目”类著录“七录十二卷 阮孝绪撰”;《新唐书·艺文志》“目录类”著录“阮孝绪七录十二卷”。清王仁俊辑有《七录》一卷,臧镛堂辑有《七录》二卷。

举，铨次靡详，惟阮氏《七录》始末备载《弘明集》中。余睹其分门创义，损益前规，综核之功勤且力矣。”

《七录·序》云：

> 日月贞明，匪光景不能垂照；嵩华载育，非风云无以悬感。大圣挺生，应期命世，所以匡济风俗，矫正彝伦，非夫丘素坟典，诗书礼乐，何以成穆穆之功，致荡荡之化也哉！故洪荒道丧，帝昊兴其爻画；结绳义隐，皇颉肇其文字。自斯已往，沿袭异宜，功成治定，各有方册，正宗既殄，乐崩礼坏，先圣之法，有若缀旒。故仲尼叹曰：“大道之行也，与三代之英，丘未逮也，而有志焉。”夫有志，以为古文犹好也，故自卫反鲁，始立素王。于是删诗书，定礼乐，列五始于《春秋》，兴《十翼》于易道。夫子既亡，微言殆绝，七十并丧，大义遂乖，逮于战国，殊俗政异，百家竞起，九流互作……凡内外两篇，合为《七录》。天下之遗书秘记，庶几穷于是矣。有梁普通四年岁维单阏仲春十有七日，于建康禁中里宅始述此书。通人平原刘杳从余游，因说其事，杳有志积久，未获操笔，闻余已先著鞭，欣然会意，凡所抄集，尽以相与，广其闻见，实有力焉。斯亦康成之于传释，尽归子慎之书也。

《七录·序》是一篇重要的目录学文献，主要内容有：一是系统总结了汉至齐梁时的目录学发展。既评述了《别录》《七略》《中经》《中经新簿》《晋元帝四部书目》《宋元徽元年四部书目录》《四部书目》《梁文德殿四部目录》等国家目录，也评述了《汉志》《后汉志》等史志目录，还评述了《七志》私家藏书目录。因为其中一些目录已亡佚，从而保存了有珍贵价值的目录学史料。二是系统阐述了融合前人分类加以改进的分类思想。“今所撰《七录》，斟酌王、刘。”指出刘歆《七略》和王俭《七志》在分类上存在的局限性，说明了《七录》设置类目和更改类名的理由。三是反对简化著录，主张继承书录传统。指出“著作佐郎李充始加删正，因荀勖旧簿四部之法，而换其乙丙之书，没略众篇之名，总以甲乙为次。自时厥后，世相祖述”。对李充等人所编目录的简略著录提出了批评。

《七录·序》在中国目录学史上具有重要的地位，它系统反映了阮孝绪的目录学思想，是继《汉志》之后，第一次保持完整的早期目录学发展史。

《七录·序》对后世产生了深远的历史影响，是目录学理论的基础，成为《隋书·经籍志》的蓝本。《隋书·经籍志》认为“其分部题目，颇有次序”，给予较高的评价。《七录·序》对于文献学和史学也都具有重要价值，瞿林东认为《七录·序》反映了作者自觉的文献学史意识：“从阮孝绪的叙述中，我们可以发现一个规律性的现象，即凡社会动乱致使文献遭到破坏之后，必有关于搜求、整理文献的言论和行动，如孔子整理文献，是在‘正宗既殄灭，乐崩礼坏，先圣之法，有若缀旒’的情况下进行的；西汉废除‘挟书律’是在秦朝焚书坑儒之后发布的；刘向、刘歆父子校书，是在汉武帝时文献‘颇有亡逸’的背景下开始的；南朝梁的整理文献，是在社会长期动荡、宋时文献‘所亡者犹大半’、‘齐末兵火延及秘阁’致使文献‘缺亡甚众’的历史条件下开展的，等等。这里，我们不仅可以看出一个规律性现象，即有破坏与散亡，必有整理与积累；同时，还可以看出，中国历史上始终存在着重视整理历史文献、重视文化积累的优良传统。这是中华民族的精神遗产之一，值得永远珍惜。”①

（二）融合改进的分类思想

由于《七录》已亡，仅根据《七录·序》，只知七大类情况，不知细目。但《古今书录》完整地保存了《七录》的分类情况。《七录》分为内外篇，内篇五录共46部，外篇二录共9部，合为七录55部，具体类目如下。

内篇一经典录（9部）：易；尚书；诗；礼；乐；春秋；论语；孝经；小学。

内篇二记传录（12部）：国史；注历；旧事；职官；仪典；法制；伪

---

① 瞿林东：《中国史学史（第3卷）魏晋南北朝隋唐时期：中国古代史学的发展》，上海人民出版社2006年版，第342页。

史；杂传；鬼神；土地；谱状；簿录。

内篇三子兵录（11 部）：儒；道；阴阳；法；名；墨；纵横；杂；农；小说；兵。

内篇四文集录（4 部）：楚辞；别集；总集；杂文。

内篇五术伎[①]录（10 部）：天文；纬谶；历算；五行；卜筮；杂占；刑法；医经；经方；杂艺。

外篇佛法录（5 部）：戒律；禅定；智慧；疑似；论记。

外篇仙道录（4 部）：经戒；服饵；房中；符图。

《七录》在分类体系上的进步在于继承传统并融合，因时制宜而改进。阮孝绪以《文德殿五部目录》为基础编目，但并没有按五部分类，而是采用了七分法。这一点是秉承了王俭突破四部分类、继承与创新的精神。阮孝绪参照了王俭的七分法，但在王俭《七志》基础上作了较大调整，取得了重要进步。一是重新给予史学应有的位置。《七志》将史书放在经典志中，无视四部分类中史学的地位。《七录》吸收了四部分类中的合理内核——经史分类，将史学独立为一录，并定名为“记传”，这是融合四分法的表现。二是将七分法中的“诸子”、四分法中的“子”与王俭的军书志合并，成为“子兵录”，这是一个大胆的融合尝试。从细分看，子兵录 11 部，前 10 部为诸子，最后 1 部是兵书，如果将兵书作为主流学术百家的一个流派——军事学派，这样的划分有其合理的意义。三是突出了佛教、道教典籍的重要性。王俭《七志》增收佛道经书入附录，阮孝绪《七录》更进一步，将佛教、道教正式纳入分类目录，成为外篇的佛道录和仙道录，既提升了宗教的地位，符合当时佛道兴盛的现实，又照顾到了佛道与儒家正统的关系，内外有别。四是继承而不是全部照搬，兼容并蓄而有独到见解。《七录》没有采用《七志》的“图谱志”，而是将图谱拆开，分入有关各类。《七志》继承《七略》设阴阳志和术艺志，《七录》也没有完全照搬，而是将这两类合并为“术伎录”，在名称上也没有采用《七志》的名称进行合并，而是采用《七略》“术数略”的“术”和“方伎略”的“伎”进行组合。五是在类目定名上力求准

---

① 目录学史论著中一般写作“技”，此处采原文。

确。《七略》的“诗赋”，《七志》改为“文翰”，四部分类用“丁”表示，没有定名。《七录》定为“文集”，收楚辞、别集、总集、杂文，从以往用文学体裁概括的名称发展到文学图书类别名称，更加符合图书分类的特征。《七录》分类中用“文集”之名，成为四部分类“集”部的最早定名，为后来的四分定名奠定了基础。

阮孝绪的分类思想，一方面吸引并融合了刘歆《七略》和王俭的《七志》的分类思想，另一方面又吸引并融合了魏晋时期四部分类的思想；一方面以学术分类思想为基础，符合当时的学术变化情况，另一方面又以图书分类思想为基础，适应了当时图书的发展情况。在这一思想指导下，《七录》形成了以融合改进为特征的比较合理的二级分类体系。

（三）正史思想

“正史”一词源自南朝梁阮孝绪《正史削繁》。梁以前并无正史观，只有史记、纪传、传记、国史等概念。有纪传体史书（本纪、世家、表志、书和列传等）、编年体、纪事本末体史书等；有通史和断代史之别，由后一朝代记述前朝的历史，也有本朝人写本朝的“国史”。从阮孝绪《七录》对于“记传录”的分类排序看，将“国史”放在首位，其次有注历、旧事、职官、仪典、法制等。

阮孝绪提倡正史，是以历代皇家修史为本，以得到政府认可为标准，与霸史、伪史等史书划清界限。“阮氏《七录》，以田、范、裴、段诸记，刘、石、苻、姚等书，别列一名，题目伪史。”（刘知几《史通》）阮孝绪在《七录》“记传录”创设“伪史”一类，其后有“杂传”，比“伪史”地位更低一等，正是其“正史”思想在分类上的反映。

阮孝绪之后，唐初有“三史”（《史记》《汉书》《后汉书》）之说，宋有“十七史”，明有“二十一史”。至清，《四库全书总目·史部·正史》认定从《史记》《汉书》直到《元史》《明史》共24部纪传体史书为“正史”。民国之际，《新元史》（1921）列入“正史”，合为二十五史；1931年《清史稿》列入正史，是为二十六史。于兹而还，对“正史”的理解达成共识。

（四）流略思想

阮孝绪基于对目录学的认识，第一次在目录著作中设“簿录部”，收目录著作36种，62帙，338卷。一方面反映了目录著作不断增多的现实，另一方面也反映出他对目录的重视，因为“簿录部”在记传录12部之中收录数量属于最少的三部，另两部为“伪史部”26种，27帙，161卷，“鬼神部”29种，34帙，205卷。

阮孝绪《七录》不仅分类细密，图书著录也极为重视。“篇”下分“录”，“录”下分“部”，每一“部”下详细著录图书的种、帙和卷。《七录》七大类的收录图书情况如下①：

内篇五录：一经典录591种，710帙，4710卷；二记传录1020种，2248帙，14888卷；三子兵录290种，553帙，3894卷；四文集录1042种，1375帙，10755卷；五术伎录505种，606帙，3736卷。这五录共有图书3448种，5492帙，37983卷②，收录数量最多的是记传录，其次是文集录。

外篇二录：一佛法录2410种，2595帙，5400卷；二仙道录425种，459帙，1138卷。这两录共收录图书2835种，3054帙，6538卷③。

阮孝绪继续了《汉志》的“尾计”体例，每类都有详细的统计。每部之后有部合计，每录之后有录总计。例如，术伎录下“天文部”49种，67帙，528卷；“纬谶部”32种，47帙，254卷。

值得注意的是，《七录》除著录图书外，还著录有“图”和“符图”。《七录》除详细统计各录、各部图书外，还总计图符。内篇著录有“经书”3318种，5306帙，37108卷；“图”153种，187帙，775卷④。

---

① 以下数据系《古今书最》载《七录》第三类分录部合计。

② 这是根据《古今书最》载《七录》第三类分录部合计相加的结果。内篇相加数与第二类内篇统计的卷数合，但种帙数与第二类内篇统计的3453种、5493帙不合。《古今书最》载《七录》第二类统计为内篇“五录四十六部三千四百五十三种，五千四百九十三帙，三万七千九百八十三卷”。

③ 这是根据《古今书最》载《七录》第三类分录部合计相加的结果。外篇相加种、帙、卷数均与第二类外篇统计数合。《古今书最》载《七录》第二类统计为外篇“二录九部二千八百三十五种，三千五十四帙，六千五百三十八卷”。

④ 内篇“经书”和“图”两类种数相加得3453种，帙数相加得5493帙，与《古今书最》第二类内篇统计合；但两类卷数相加37883卷，与《古今书最》第二类内篇统计37983卷数不合。《古今书最》载《七录》第二类内篇“三千三百一十八种，五千三百六帙，三万七千一百八卷经书；一百三十五种，一百八十七帙，七百七十五卷图也”。

外篇著录有“经书”2759 种，5978 帙，6434 卷；“符图”76 种，78 帙，100 卷[①]。阮孝绪反对王俭将图谱设立一类，但并不反对收图。由此可以看出，他是主张将“图谱”按内容分散在各类之中，避免将图与文割裂开来。

阮孝绪一生酷爱读书与搜罗典籍，“孝绪少爱坟籍，长而弗倦。卧病闲居，傍无尘杂。晨光才启，缃囊已散；宵漏既分，绿帙方掩，犹不能穷究流略，探尽秘奥。每披录内省，多有缺然”（《七录·序》）。目录学界根据阮氏“犹不能穷究流略，探尽秘奥”有“流略之学”一说，乔好勤认为，阮孝绪的“流略之学”就是目录学，其标志是目录学家群的出现，“流略”术语的出现，以及“簿录类”的确立。认为流略“这一术语也许在当时已相当流行”，而因有簿录类，“倘若类目之名即学科之学，则目录学当时又可能称之为‘簿录之学’”[②]，这一观点只是猜测，并没有依据。余庆蓉和王晋卿更进一步，将阮孝绪的“流略之学”作为中国目录学成为一门独立学科的标志，“这在我国目录学史上具有划时代的意义”[③]。

阮孝绪对“流略”并没有解释，其含义到底是什么，值得深究。乔好勤解释“流”是指学术源流派别，“略”是指简要记载，源于《七略》和诸子“九流”。笔者认为，“流略”应有穷究源流之意，“略”则指《别录》《七略》之“录”“略”，阮孝绪著《七录》，其中又有“簿录”，均崇尚向歆之“录”“略”。谢国桢《史料学概论》第二章讲“目录学的发展及其流派”，其第一节就谈“流略之学”，是从学术源流角度说的。

（五）佛道目录学思想

阮孝绪继承和发展了王俭的佛道入目录的思想。

一是将佛道目录从《七志》的附录地位提升到正目的地位，占七分

---

① 外篇“经书”和“符图”两类种数相加得 2835 种，与《古今书最》第二类外篇统计合，帙数相加得 6056 帙、6534 卷，与《古今书最》第二类外篇统计 3054 帙数、6538 卷数不合。《古今书最》载《七录》第二类外篇“二千七百五十九种，五千九百七十八帙，六千四百三十四卷经书；七十六种，七十八帙，一百卷符图”。

② 乔好勤：《中国目录学史》，武汉大学出版社 1992 年版，第 126—127 页。

③ 余庆蓉、王晋卿：《中国目录学思想史》，湖南教育出版社 1998 年版，第 64 页。

之二。明胡应麟《经籍会通》卷二云："阮孝绪《七录》：一经典、二纪传、三子兵、四文集、五伎术、六佛、七道，又本王氏而加纪传，并诸子、兵书为子兵，阴阳、术艺为伎术，又益以佛、道二家，史书至是渐盛，与经子并列，而佛、道二家之言大行中国矣。"

二是在定名和收录范围上，《七志》只重经书，成为"道经录"和"佛经录"。《七录》将"道经录"定名为"仙道录"，"佛经录"定名为"佛法录"。

三是佛道的次序，将《七志》的道经在前、佛经在后，改变为佛教典籍在前、道教典籍在后。

阮孝绪《七录》开佛道分类入正式目录之先，其佛道目录学思想一直影响到后世的目录学家。

四　僧祐的目录学思想

僧祐（445—518），本姓俞，彭城下邳（今江苏睢宁西北）人。南北朝齐梁时期僧人、佛教史学家、目录学家。14 岁出家，从定林寺法达受业，后师事律宗名僧法颖，以精通律学著称。编著有《出三藏记集》15 卷、《萨婆多部相承传》、《十诵义记》、《释迦谱》5 卷、《世界记》5 卷、《法苑集》10 卷、《弘明集》14 卷、《法集杂记传铭》10 卷，现存仅《出三藏记集》[①]《释迦谱》《弘明集》3 种。

僧祐的目录学思想主要有以下方面。

（一）"造立经藏，搜校卷轴"的佛教图书整理思想

僧祐讲学所得信施，都用来修治建初、定林诸寺，并在两寺造立经藏。僧祐倡"造立经藏，搜校卷轴"，开诸佛寺搜藏佛教图书之先河。

僧祐认为，图书有"指事取征"的作用，因而编撰《弘明集》"故复撮举世典，指事取征，言非荣华，理归质实，庶迷涂之人，不远而复。总释众疑，故曰'弘明论'"[②]，以事实取得征信。一方面强调收集图书

---

① 陈垣《中国佛教史籍概论》第 1 页说："《出三藏记集》者，记集此土所出翻译经、律、论三藏也。然自《历代三宝记》以来，即有引作'集记'者，故文廷式《补晋书艺文志》引此书凡三十二回，皆误作'出三藏集记'。"

② （梁）僧祐：《弘明集》，中华书局 2011 年版，第 333 页。

汇聚古今，“遂以药疾微间，山栖余暇，撰古今之明篇，总道俗之雅论”，“制无大小，莫不毕采。又前代胜士，书记文述，有益三宝，亦皆编录”（《弘明集·序》）。另一方面又强调选择性，“余所集《弘明》，为法御侮，通人雅论，胜士妙说，摧邪破惑之冲，弘道护法之堑，亦已备矣”（《弘明集·后序》），以“刻意翦邪”“有益三宝”“弘道护法”为标准收录图书。梁武帝天监六年（507），宜都太守范缜著《神灭论》，引发“神灭不灭”的激烈争论。僧祐批评范缜的《神灭论》“非直诬佛，亦侮圣也”。在《弘明集》卷二中，他选择了南朝刘宋宗炳（375—443）的《明佛论》（又作《神不灭论》）。在《弘明集》卷九中，他不仅选了梁武帝萧衍（464—549）令光宅寺法云法师起草的《大梁皇帝敕答臣下神灭论》，还选了范缜的内兄梁萧琛（478—529）所撰《难神灭论》和梁曹思文所撰《难神灭论》等，以驳斥范缜。僧祐与梁文学理论批评家刘勰（约465—约532）共同居处十余年。南齐末年，刘勰写成《文心雕龙》五十篇。刘勰深受僧祐影响，精通佛教经论，晚年出家为僧，改名慧地。《弘明集》卷八收有《灭惑论》，为刘勰驳斥某道士《三破论》而作。

僧祐强调佛教图书分类整理，其分类思想是“类聚区分”[①]。僧祐一生致力于佛教图书收集整理与佛教史著述，其八种著述曾总名为《释僧祐法集》。自序称：“窃有坚誓，志是大乘，顶受方等，游心四含。加以山房寂远，泉清松密，以讲席间时，僧事余日，广讯众典，披览为业；或专日遗餐，或通夜继烛，短力共尺波争驰，浅识与寸阴竞晷。……仰禀群经，傍采记传，事以类合，义以例分；显明觉应，故序释迦之谱；区别六趣，故述世界之记；订正经译，故编三藏之录；尊崇律本，故铨师资之传；弥纶福源，故撰法苑之编；护持正化，故集弘明之论；且少受律学，刻意毗尼……既禀义先师，弗敢坠失，标括章条，为律记十卷；并杂碑记撰为一帙。总其所集，凡有八部。冀微启于今业，庶有借于来津。”这八种著述集录了很多古记遗文，多是古代重要的佛教史资料，极为珍贵。

---

① （梁）僧祐：《弘明集》，中华书局2011年版，第4页。

（二）“总集众经，遍览群录”的专科目录学思想

僧祐博学多识，对佛教诸派均有研究，于律学钻研尤为精深。少时从法达为师，法达为昙摩密多的弟子，“戒德精严，为法门栋梁”（《高僧传·僧祐传》）。后又受业于当时律学大师法颖，随侍尽心钻研二十余年，终于精通律部，戒德高严，有名于当世，史称“僧祐律师”。齐高帝建元四年（482）法颖逝世后，永明年中（483—493）竟陵王萧子良每请他开讲律学。由于他披释精详，辩解入微，听众常七八百人。又奉齐武帝敕，往三吴（今湖州、苏州、绍兴地区）去试简僧众，并讲《十诵律》，说受戒法。其后半生数十年，经常为学众广开律席，“春秋讲说，七十余遍”（见《出三藏记集》卷12《僧祐法集总序》），为传弘律学作出了巨大贡献。

僧祐对东晋道安编《综理众经目录》中注明译经质量高低和译经年代的做法十分推崇，《出三藏记集》说：“爰自安公，始述名录。铨品译才，标列岁月。妙典可征，实赖斯人。”僧祐继承了“铨品译才，标列岁月”这一思想，并加以引申。《出三藏记集》序称：“原夫经出西域，运流东方。提挈万里，翻传胡汉。国音各殊，故文有同异；前后重来；故题有新旧。而后之学者鲜克研核，遂乃书写继踵，而不知经出之岁，诵说比肩，而莫测传法之人。授之受道亦已阙矣。夫一时圣集，犹五事证经。况千载交译，宁可昧其人世哉？昔安法师以鸿才渊鉴，爰撰经录。订正闻见炳然区分。自兹以来，妙典间出，皆是大乘宝海时竞讲习。而年代人名，莫有铨贯。岁月逾迈，本源将没。后生疑惑，奚所取明？”僧祐在“铨品译才，标列岁月”的基础上，进一步扩大参考资料的范围，以提高佛教图书目录的参考价值。

《出三藏记集》中的“杂卷”专辑中国学者和高僧关于佛教史论的论文总集，包括陆澄的《法论目录》和僧祐自编的《弘明集目录》等，陆澄《法论目录》载魏武帝曹操致孔文举书，称述佛教。僧祐大加称赞“魏武英鉴，书述妙化”（《弘明集·后序》）。“杂卷”在佛经的目录参考资料之外，又包括了论文的目录，“使目录兼有着索引的作用，这样的作法，的确是我国古代专科目录最出色的地方”①。

① 王重民：《中国目录学史论丛》，中华书局1984年版，第72页。

（三）“道由人弘，法待缘显”的佛教目录学思想

南北朝时，儒佛道三教论争，既有儒佛之争，也有“夷夏之辨”。僧祐认为佛教远胜于俗教即儒教，将世俗对于佛经的怀疑归纳为六类：“一疑经说迂诞，大而无征；二疑人死神灭，无有三世；三疑莫见真佛，无益国治；四疑古无法教，近出汉世；五疑教在戎方，化非华俗；六疑汉魏法微，晋代始盛。”[①] 因而以《弘明集》破解世人之疑惑。其《弘明集·后序》多引用儒家五经以及《列子》等言论以驳“六疑”，说“孔修五经，垂范百王”，却遭秦皇燔烬，“岂仲尼之不肖，而《诗》《书》之浅鄙哉？”又说“迩及汉武，始显儒教。举明经之相，崇孔圣之术。宁可以见轻七国，而遂废于后代乎？案汉元之世，刘向序仙云：七十四人出在佛经。故知经流中夏，其来已久。逮明帝感梦，而傅毅称佛，于是秦景东使，而摄腾西至。乃图像于关阳之观，藏经于兰台之室”。

僧祐通过佛教图书编纂以保存图书、弘道明教。其《弘明集》旨在“道以人弘，教以文明，弘道明教”，收录了自东汉至南朝齐、梁500年间教内外人士护法御侮、弘道明教及其与之相关的论文、书信、诏令、奏表、檄魔等各类文论共186篇，其中东汉2篇，东晋47篇，刘宋39篇，南齐15篇，姚秦10篇，梁朝73篇。该书涉及作者共123人，其中僧人19人，其余多为王公大臣和文人学士。既保存了南朝佛与反佛斗争的重要资料，也保存了当时社会名家之作。正如《四库全书总目提要》说“然六代遗编，流传最古，梁以前名流著作，今无专集行世者，颇赖以存”。

《出三藏记集》保存了古代译经史上许多原始资料。僧祐在佛教目录编撰过程中，旁征博考，“钻析内经，研镜外籍，参以前识，验以旧闻。若人代有据，则表为司南，声传未详，则文归盖阙。秉牍凝翰，志存信史。三复九思，事取实录。有证者既标，则无源者自显”。

僧祐继承和发展的道安的“辨真伪”思想。《出三藏记集》卷五引释道安《综理众经目录·序》：“经至晋土，其年未远，而喜事者以沙标金，斌斌如也，而无括正，何以别真伪乎？”所以“列谓非佛经者如左，以示

① （梁）僧祐：《弘明集》，中华书局2011年版，第333页。

将来学士共知鄙信焉”，这反映了道安在图书著录中辨伪的思想，可知这部目录有图书辨伪的内容。他认为，自汉至晋，在众多译经中，有不少“以沙标金”的伪译经。若不加以“括正”，势必真伪不明，贻误读者。

（四）总经序的解题思想

僧祐继承了古代目录学重视作者的优良传统，将记述作者的思想发展为既记撰者又记译者的思想。自从荀勖等目录学家用传录体撰文章志，王俭《七志》为作者立传，将解题从记述内容发展到记作者事迹，通过揭示作者的思想来揭示图书。僧祐专为译经人立传，是古代目录解题的一个创举。

更为重要的是，僧祐创立了“总经序”，提出了以序跋代替解题的思想。《出三藏记集》把序跋作为重要图书收录在目录中，以达到“胜集之时足征”，即显示其图书价值的目的。“总经序”共7卷，在《出三藏记集》15卷中占有较大比重，足见其重要性。既保存了大量第一手资料，也达到了揭示学术图书源流的目的。这种方法被元代马端临的《文献通考·经籍考》继承并加以改进。陈垣称《出三藏记集》为“簿录体”，在《汉志》之后，《隋志》之前，其体制与外学目录书不同，认为“本书之特色，全在第三方式之经序，为其他经目所未有，可以考知各译经之经过及内容，与后来书录解题、书目提要等用处无异。其后记多记明译经地点及年月日，尤可宝贵。朱彝尊撰《经义考》，每经录其前序及后跋，即取法於此。《四库提要》释家类谓其取法《开元释教录》者，非也”①。

五 总结

魏晋南北朝360年间，目录学随着社会变化而产生了许多变化。虽然社会动荡，国家既无经济实力，亦不可能花费大量时间、精力来收集和校理藏书，但目录学在这个不利的环境下，仍然取得了不少成绩，表现出一系列新的特点。

1. 多元学术文化交融对目录学的影响

魏晋南北朝间的政权频繁更替，如司马光所说，魏晋皇室“骨肉相

① 陈垣：《中国佛教史籍概论》，上海书店2005年版，第3页。

残”，“而胡、羯、氐、羌、鲜卑争承其弊，剖裂中原，齑醢生民，积骸成丘，流血成渊，几三百年，岂不哀哉!” （《稽古录》卷13“臣光曰”）① 在分裂和破坏的过程中，出现了多民族文化交融现象。这种文化交流促使目录学活动频繁，目录学思想活跃。魏晋南北朝时期目录类例的设置有自己的特色，适应了学术和图书的变化。魏晋南北朝时期的学术，与先秦汉代相比，有了重要的变化。

第一，子学的进一步衰落。春秋战国是中国的子学时代；自汉代开始，中国由子学转入经学时代，魏晋南北朝的玄学无力取代学术的创新，思想的创造力大大减弱，学术研究成为主流，社会精英转向学术的创造。

第二，文学发展促进文学图书的整理。

魏晋南北朝时期，各种文体产生，南朝梁刘勰《文心雕龙·龙宗经》谈到文体产生的原因时说：“《六经》象天地，效鬼神，参物序，制人纪，洞性灵之奥区，极文章之骨髓者也。论、说、辞、序，则《易》统其首；诏、策、章、奏，则《书》发其源；赋、颂、歌、赞，则《诗》主其本，铭、诔、箴、祝，则《礼》总其端；纪、传、铭、檄，则《春秋》为根。”虽然他将文体的产生原因都附会于“五经”的派生，不符合历史的实际，但是他较早地对古代的文体做了各种概括。简要地说，古代文学作品可分为两大类，即韵文和散文。韵文泛指用韵的文体，如歌、辞、赋、诗、词、曲以及有韵的骈文等；凡属韵文之外，不押韵、排偶的散体文章，皆可称为散文。散文文体又有多种多样的说法，概括起来可为论辩、序跋、赠序、书启、公牍、奏议、诏令、杂记、箴铭、颂赞、传状、碑志、哀祭、祈谢等十几类。

此时，文集（别集和总集）编撰风气极盛，数量大增。总集的编集也有许多类型，可分为历代各体总集、历代分体总集、一代文总集、一代诗总集、地方总集、氏族总集、专题总集等，不一而足。各种文体的综合性总集以西晋挚虞的《流别集》为始。南北朝时，梁昭明太子萧统

---

① 杨尔增《两晋秘史》第109回引《历年图》曰：“祸起于闺门，成于宗室，骨肉相残，胡羯、氐、羌、鲜卑争承其弊，剖裂中原，齑醢生民，积骸成丘，流血成渊，几三百年，岂不哀哉!”

编的《文选》，上起周代，下至梁朝，全书60卷，收入各种重要文体22类，作品的选择较注重文采，以“事出于沈思，义归乎翰藻”为采选标准，不收经史子书，虽遗漏了汉乐府等好作品，但选入作品，大体都比较精[1]。《文选》对后世影响很大，许多学者对其进行研究、注释，形成了“文选学”。

学术的变化势必引起著作类型和数量的变化。学科的衰落会引起原有图书数量的减少，学科的兴起会引起新图书的增加。在目录类例中，图书数量少的学科，会被合并到相近的学科，而图书数量多的学科，会从原有的附属类目中独立出来，或增设新的类目。如果这些变化过巨，甚至会引起大类的设置和顺序的调整。随着封建文化结构的变化，南朝以来，学校教育内容有所扩大。刘宋元嘉间，学校的教育内容是儒学经典、玄学、史学、文学四科，这也是当时学术的主体。我们可以看出，魏晋南北朝时期的目录类例正是一个变化比较剧烈的时期。这一阶段，汉代发明的七分法（其实是六分法）被人沿用其名而实则被不同程度地改变着，而新创的四分法也在演变着，两家各有势力，但是都不同程度地适应着学术和图书的现实变化，被称为“七略与四部互竞时期”。[2]

2. 图书概念的认识

“坟（墳）籍”一词在古代使用较为普遍：《七录·序》“苟能蓄聚坟籍”；《梁书·任昉传》“昉坟籍无所不见”；《晋书·鲁芝传》“耽思坟籍”；唐马怀素《请编录典籍疏》“南齐以前坟籍”；唐毋煚“诸司坟籍”；清章学诚《校雠通义自叙》“以想见于坟籍之初”。其意义是什么，它与典籍有区别吗？一般理解为坟籍就是典籍。坟籍与典籍之“籍”都是指先秦时期的书，《说文》解释“簿书也”，因为当时书为竹简，所以“簿”“籍”字从竹。从语源上讲，坟籍之“坟”和典籍之“典”当源于《三坟》《五典》。但据《尔雅·释言》：“典，经也”、《尔雅·释诂》：“坟，大也”，可知，“典籍”与“经籍”同义，通常指比较重要的书籍；

① 中国科学院文学研究所中国文学史编写组：《中国文学史》第一册，人民文学出版社1962年版，第316页。

② 汪辟疆：《目录学研究》，华东师范大学出版社2000年版，第19页。

而“坟籍”泛指普通书籍，包括经典书籍和各种异书等。《魏书·孙惠蔚传》“魏晋之世，尤重典坟”，这里用“典坟”概括了“典籍”和“坟籍”的意义。

还有“篇籍”一词，与“坟籍”意义相近。《汉志·总序》有“汉兴，改秦之败，大收篇籍”“今删其要，以备篇籍”，两次提到篇籍。曹魏时曹丕《典论·论文》云：“盖文章经国之大业，不朽之盛事。年寿有时而尽，荣乐止乎其身，二者必至之常期，未若文章之无穷。是以古之作者，寄身于翰墨，见意于篇籍，不假良史之辞，不托飞驰之势，而声名自传于后。”

3. 辑佚活动与类书产生

魏晋南北朝时期，政府重视并组织辑佚活动，将各种书籍资料按类摘录，加以编排，形成类书，以便查检取用。辑佚活动由众多学者参与，所编类书也达到一定规模。

类书源于类事。《玉海》（宋王应麟）卷54《艺文·承诏撰述·类书》篇说：“类事之书，始于《皇览》。”魏文帝延康元年（220），以刘劭、王象为首的一批儒士奉文帝命，集《五经》群书，从经传和其他图书内摘取引文编辑成中国第一部类书——《皇览》。《三国志·魏书·文帝纪》载：“帝好文学，以著述为务，自所勒成，垂百篇。又使诸儒撰集经传，随类相从，凡千余篇，号曰《皇览》。”① 该书各部单行，“合四十余部，都有数十篇，通合八百余万字”②。它将史料分成40多个大类，1000多篇（子目），680卷，有800余万字。其规模宏大。此书已亡佚。

继《皇览》之后，晋陆机撰《要览》③。宋有何承天撰《合皇览》④。齐皇帝于572年使祖珽等仿《皇览》编《修文殿御览》360卷⑤，分为50

---

① 载《三国志》卷二《文帝纪》。

② 《三国志》卷二三《杨俊传》裴注所引《魏略》，中华书局点校本。

③ 《旧唐书·经籍志》和《新唐书·艺文志》均在“杂家”类著录“要览三卷陆士衡撰”；《崇文总目》著录为二卷；《玉海》引《书目》一卷。

④ 《隋书·经籍志》著录五十卷；《旧唐书·经籍志》“类事”类著录“皇览一百二十卷何承天撰”；《新唐书·艺文志》“类书”类著录“何承天并合皇览一百二十卷”。

⑤ 《旧唐书·经籍志》“类事”类著录“修文殿御览三百六十卷”；《新唐书·艺文志》“类书”类著录“祖孝徵等　修文殿御览三百六十卷”。

部。梁初刘孝标编撰类书《类苑》120卷[①]。之后，梁武帝命华林园学士七百余人，人撰一卷，成《华林遍略》[②]，所载事比《类苑》多出数倍。其部帙虽超《类苑》，但内容芜杂，重复颇多。

类书编纂是目录学活动。类书是中国古代的百科全书，其征引旧文与今天的百科全书自撰文字有所差异，但其价值不亚于百科全书。

4. 目录学方法的突破

魏晋南北朝的校书活动比较频繁。据姚名达统计，魏吴两晋校书六次，南北朝校书十余次[③]。有一种观点认为，“自魏晋以来，目录工作已开始同校书工作脱离”[④]。事实上并非如此，从魏晋南北朝时期政府藏书与国家目录的关系看，大都是校书与目录融为一体。目录学依然在刘向的规制下向前发展，西晋目录学家荀勖主持的校雠目录工作规模甚大，与刘向时的校雠目录工作规模相当。

然而，魏晋以来，出现以简化著录代替图书揭示的方法，目录趋于苟简，这与汉代的详细著录并揭示图书的方法，相差较大。但是，魏晋南北朝在著录方法上，无论是官录还是私目，收录古今著述，重视反映现实藏书，都是值得肯定的。

魏晋南北朝时期目录学方法的最大突破在于四部分类体系的建立。从最初的“甲、乙、丙、丁”标列四部到四部次序的固定以及各部的收录内容范畴的明确，这是一个不断优化的过程，也是不断革新与创新的过程。四部分类以向歆的“六分法”为基础，既继承了六分法以“六艺”为宗的传统，保证了经学的首要地位，又解决了六分法无法适用于时代的问题，突破了使用多年的六分体制。而且，这一阶段，出现了“四分”“五分”“七分”多种分类方法并存、相互影响并共同发展的局面。

魏晋南北朝还出现了新的著录方法，即颜色标识法。如阮孝绪《七

---

① 《旧唐书·经籍志》“类事”类著录“类苑一百二十卷刘孝标撰”；《新唐书·艺文志》“类书”类著录“刘孝标 类苑一百二十卷”。

② 《旧唐书·经籍志》“类事”类著录“华林遍略六百卷徐逸撰”；《新唐书·艺文志》“类书”类著录“徐逸 华林遍略六百卷”。

③ 姚名达：《中国目录学史》，上海古籍出版社2011年版，第145—151页。

④ 余庆蓉、王晋卿：《中国目录学思想史》，湖南教育出版社1998年版，第64页。

录》中创始了以丹书著录文德殿藏书的方法。

5. 新目录类型产生

魏晋时目录多称“簿录”，魏晋南北朝目录学的一个突出亮点是首次将目录书设立专类——“簿录类”。《七录》之“簿录”类共收目录36种，反映了目录不断增多的特点。

魏晋南北朝时期，国家目录仍然占主导地位，数百年间，虽朝代更替频繁，但各朝都有校书和目录活动，国家藏书目录得到发展。更为重要的是，新的目录类型不断产生，呈现出目录类型多样化的新局面。

——私家目录。私家目录产生于南北朝时期，既出现了私人藏书目录，据《梁书·任昉传》称其有家藏目录，《七录·序》亦收有多家当时的私人藏书目录；又出现了私家著录，如王俭《七志》、刘杳《古今四部书目》等。

——宗教目录。魏晋时既有佛教目录《汉录》《众经目录》，也有道教目录《抱朴子·遐览》。

——个人著述目录。魏曹植自著目录是最早的个人著述目录。

——地方文献目录。地方文献目录产生于北朝时期，北齐宋孝王《关东风俗传·坟籍志》是已知中国第一部地方文献目录。

——补史艺文（或经籍）志。东晋史学家袁山松（？—401）《后汉书·艺文志》收录东汉一代著述，成为后世补史艺文（或经籍）志的滥觞。

——引用书目。《七录·序》后附《古今书最》列举10种古代目录，相当于引用书目。

此外，索引的萌芽可以追溯到南朝刘宋时期裴松之编纂的《史目》，此后的几部类似史目的作品都部分具有篇目索引的性质。

6. 佛道目录学产生

佛道目录学作为目录学分支而产生，既要有产生的环境和条件，也要有产生的标志。从产生的环境和条件看，佛教和道教在魏晋南北朝时都得到了很大的发展，派别林立，翻译和著述很多。尤其是佛教从东晋十六国开始，社会纷乱与苦难加快了佛教传播，加上政府支持，南北两地佛教领袖受到尊崇。北方民众不服胡人统治，后赵石勒、石虎父子信任神僧佛图澄。前秦苻坚曾征集道安等名僧数千人于长安弘佛法，由秘书郎赵政组织中外名僧翻译佛典。后秦姚兴儒佛并重，迎鸠摩罗什到长安。南方东晋世家大族多支持佛教，如王导、王敦、庾亮、谢安、谢石、郗超、谢琨、桓彝、周嵩、王恭等，都与名僧密切交往。南北朝时佛教更盛。在北方，佛教大师有道安、罗什，道教大师有寇谦之。北朝重视佛经翻译，流行大乘教义。北魏、北齐君主登帝位，必受天师符箓。在南方，佛教大师有支遁、慧远，道教大师有陶弘景。南朝重视佛经义解，流行小乘宗风。由于北朝佛教高出南朝，北僧多到南方传教，大乘逐渐战胜小乘。魏晋南北朝时，佛道藏书事业得到发展，目录中应当反映这一新的形势，因而《七志》和《七录》对于佛道书籍均有收录。从产生的标志看，一个是有标志性的目录学成果。佛教目录学成果有《综理众经目录》和《出三藏记集》，道教目录学成果有《抱朴子·遐览》和《三洞经书目录》。另一个是有代表性的佛道目录学家及其目录学思想，佛教目录学家有释道安和释僧祐；道教目录学家有葛洪和陆修静。

7. 史学目录学兴起

汉代史学只是经学的附庸。到魏晋南北朝，史学兴起，史书的体裁和数量都大大超越以往。梁代阮孝绪编定《七录》时，在记传录内，总计 12 部，1020 种，14888 卷。说明魏晋南北朝时期，历史书籍的写作是很发达的。①

魏晋南北朝时，史部图书整理成为专门学问。到曹魏郑默的《中经》、西晋荀勖的《中经新簿》两部目录，开始为史书独立部类，确立了史书在古代典籍中应有的地位。此后，又经阮孝绪《七录》的“记传录”，《隋书·经籍志》的史部对史籍爬梳清理、条分缕析，从而奠定了史部图书源流类别的基础。

史学目录如刘宋裴松之《史目》，文学目录如挚虞《文章志》4 卷，书画目录如刘宋虞和《二王镇书定目》12 卷、梁武帝时有《图画目录》。

8. 目录学理论形成

魏晋南北朝时期的目录活动虽然在总体上不如汉代集中，但也有其

① 张舜徽：《中国古代史籍校读法》，上海古籍出版社 1980 年版，第 73 页。

特色，目录活动分散，且丰富多彩。丰富的目录学实践活动一方面需要加强理论和方法的指导，另一方面也促进人们更多地思考，成为理论的源泉，目录学理论开始形成。

在这一阶段产生了一批有代表性的目录学人物，如郑默、荀勖、道安、李充、王俭、阮孝绪、僧祐等，以王俭和阮孝绪的目录学思想最为突出。王俭和阮孝绪都出身于官宦世族家庭，虽然王俭成为政治人物，阮孝绪终身不仕，但他们都有条件接触国家藏书，并参考借鉴了历代目录学著作及其思想，形成了继承与创新相结合的目录学新思想。

魏晋南北朝时期的目录学理论集中于对图书和目录的认识。例如，关于图书作用的认识，北魏时秘书丞孙惠蔚上疏力陈经籍之重要，“六经、百氏、图书秘籍，乃承天之正术，治人之贞苑”①。关于目录功用的认识，《梁书》卷34《张缵传》说张缵担任秘书郎时：“欲遍观馆内图籍。尝执《四部书目》曰：‘若读此毕，乃可言优仕矣。’”② 强调按目录指导读书的重要性，“当博学的影响和目录学的功用，被读书人认识到这样清楚的时候，目录学的意义、目录学的方法和理论，就不但为做目录实践工作的人所掌握，也必然为一般读书人所理解，并能应用来共同提高和创造目录学上更新的方法和理论”③。

此外，魏晋南北朝时期还创造了目录学的新术语，如“整理”“流略”“簿录”等。

虽然这些理论还只是非常粗浅的认识，只是一种价值观和方法论，但已将目录学实践提升到了认识论，具有重要的理论指导意义。

总体而言，魏晋南北朝时期的目录学处于一个“变”的状态。从环境上来说，动荡的社会环境和纷繁复杂的学术文化都给目录学以鲜明的影响。目录学处于不利的环境，受各种因素的影响，只有求变才能生存与发展，四部分类创始即是明证。受宗教环境的影响，佛道目录学得以

---

① （北齐）魏收：《魏书》，中华书局2000年版，第1253页。

② 《南史》卷五六的记载与此稍异：“欲遍观馆内书籍。皇帝执《四部书目》曰：‘君读此毕，可言优仕矣。’”

③ 王重民：《中国目录学史论丛》，中华书局1984年版，第77页。

产生和发展。然而，动荡的环境也会导致校雠目录事业难以达到规模且可持续，以简化和速成应时代之变，“簿录”大行其道，难有目录学重要成果，体现校雠之功和学术价值的目录学传统未得到发展。这样，目录学的系统记录职能虽然有所发展，但目录学的学术史职能被削弱了，目录学的学术性凭借佛道目录学和少数私家目录得以保存下来。这一阶段，在学术和图书各种环境的作用下，目录学出现了学术分流现象，开始出现以“簿录”为标志的目录学记录学派和以“流略”为标志的目录学考辨学派。前者突破汉代目录学传统另开新路，后者重视对汉代目录学特别是刘《略》班《志》的继承与发展。总之，魏晋南北朝时期的目录学成就是不能否定的，王俭、阮孝绪、僧祐等的目录学思想丰富了中国目录学的理论与方法。目录学超越了学术与文化范畴，加强了目录学服务于政治和社会的价值与功用。

第六章

隋代目录学

历来研究目录学史，在春秋战国和汉之间，不讲秦代目录学；而在魏晋南北朝和唐代之间，通常用隋唐目录学概括之，将隋代目录学一带而过。笔者认为，隋代在社会和学术文化方面，有其自己的特点，其目录学在这样的环境下也有其独特性，因此对隋代目录学应当予以重视并重新认识。

第一节　隋代学术文化与图书体制

一　隋代学术文化

隋代（589—618）[①] 系杨坚于581年灭北朝的北周，于589年灭南朝的陈，统一全国之后建立，建都大兴（今陕西西安）。隋结束了魏晋南北朝分裂割据的局面，建立了统一的隋帝国，并且采取一系列措施发展社会经济和文化。但隋承袭魏晋以来的门阀制度和文化传统，“自隋唐而上，官有簿状，家有谱系……所以人尚谱系之学，家藏谱系之书”（《通志·氏族略·序》），这种承袭导致隋代目录学重继承的特征。

隋初继续实行九品中正制，为了扩大统治基础，缓和社会矛盾，开始科举取士。文帝开皇三年（583）正月“诏举贤良”。次年，“普诏天下，公私文翰，并宜实录”。开皇十八年（598）七月，诏令“京官五品

① 白寿彝主编《中国通史纲要》关于隋时间断限为“隋，传二代，二帝，三十七年，约当于五八一至六一八年”；范文澜著《中国通史简编》关于隋时间断限为五八九年至六一七年。

以上，总管、刺史，以志行修谨、清平干济二科举人”。炀帝时分十科选举人才，“分科举人”的科举制产生。

隋代兴文重教，儒学复兴，佛、道教得以发展。《隋书·儒林传》记载“超擢奇隽，厚赏诸儒，京邑达乎四方，皆启黉校。齐、鲁、赵、魏，学者尤多，负笈追师，不远千里，讲诵之声，道路不绝。中州儒雅之盛，自汉、魏以来，一时而已”，“炀帝即位，复开庠序，国子郡县之学，盛于开皇之初”①。王通著《中说》，主张儒、道、佛“三教可一”。

隋统一后，在学术上是北方战胜了南方，而在文学上却是南朝的浮艳文风占据统治地位。北周时苏绰曾提倡文风改革。隋时，李谔上书请正文体，指斥南朝华靡文风，“故文笔日繁，其政日乱，良由弃大圣之轨模，构无用以为用也”②。

二　隋代图书体制

隋以后，写本书进入空前发展时期。这一阶段，图书的主要形态是卷轴式纸质墨写的写本书，图书的传播主要依赖传抄，由于抄书者渐多，图书数量剧增。

隋代以前，卷轴装已颇盛行，至隋更重视图书卷轴装装帧。据唐韦述《集贤注记》，“隋旧书用广陵麻纸写，作萧子云书体，赤轴绮带，最丽好”（《玉海》卷52）。最典型的是皇家图书装帧，观文殿正御书，“皆装翦华净，宝轴锦标”，正御书抄副本，分上中下三品，分别以红色、绀色、黑色三种颜色的琉璃做轴，使图书更为精美。

在魏晋南北朝基础上，纸张应用更为普遍，纸质材料得到发展。隋代图书以各种途径传播。隋重视佛教，王重民曾介绍敦煌佛教文献所用纸墨及抄写情况，“大约说来，北魏到隋代的一段，纸幅较低，纸色垩白，不用潢染，笔迹犹是隶体，每行多在二十字以上，三十字上下的很普遍”③。写经本既得益于宗教发展，又促进了佛道经的传播。

---

① （唐）魏徵：《隋书》，中华书局2000年版，第1148页。

② （唐）魏徵：《隋书》，中华书局2000年版，第1038页。

③ 方广锠：《敦煌遗书整理的回顾与展望》，《文汇报》2012年2月13日第00C版。

◈ 第二节　隋代目录学发展流变

一　政府校雠目录事业

隋代成立著作省，专门负责官方书籍的编撰。政府藏书管理沿袭东汉以来秘书监[①]管理体制，为开展校雠与编目活动提供了有利条件。隋初秘书监设监、丞各一人，下设郎、校书郎、正字、录事以及著作、太史二曹官吏共46人。炀帝时，改监、少监为令、少令，置儒林郎10人、文林郎20人。加置校书郎员40人、楷书郎员20人，专掌抄写御书（《隋书·百官志下》）。

隋代政府藏书事业有所发展，宫廷藏书丰富。隋代有四次大规模政府图书整理活动。

第一次政府图书整理：

隋文帝杨坚建国，国家藏书不过1.5万余卷，"保定之始，书止八千；后稍加增，方盈万卷。周武平齐，先封书府，所加旧本，才至五千"（《隋志·序》），"今御书单本，合一万五千余卷"（《隋书·牛弘传》）。开皇三年（583），秘书监牛弘上表提出鼓励民间献书的建议被采纳，于是"诏购求遗书于天下"（《隋书·高祖纪》），并分遣专使到各地搜访异本，凡献出异本书一卷者，赐绢一匹，献出之书待朝廷校定缮写完毕，再将旧本归还原主。因此获得北方数经战乱散落民间的大量书籍，"二年间篇籍稍备"。以此为基础，牛弘编纂完成《开皇四年四部目录》4卷。

第二次政府图书整理：

开皇八年（588）冬，文帝派晋王杨广为元帅攻陈，丹阳（今江苏南京）攻破，杨广令裴矩与高颖"收陈图籍，归之秘府"（《旧唐书·裴矩传》）。在隋所得陈藏书中，"多太建时书，纸墨不精，书亦拙恶"（《隋书·经籍志》）。立即开展总集编次工作，存为古本。又召集天下工书之士，京兆韦霈、南阳杜颖等，于秘书内补续残缺。整理后分为正副二本，藏于宫中，其余则充实到秘书内外三阁。经过这些工作，藏书达到3万

---

① 唐代改为秘书省、兰台、麟台。

余卷，比开国初的1.5万卷多了一倍，藏书经整理撰成官藏目录《开皇八年四部书目录》4卷，《隋志》有著录但未著撰者，《旧唐志》未著录，说明该书目亡佚于唐中后期。

第三次政府图书整理：

开皇十七年（597），许善心任秘书丞。当时秘藏图籍尚多淆乱，许善心遂仿阮孝绪《七录》，更制《七林》，各总叙冠于篇首，又于部录之下，明作者之意，区别其类例。又“奏追李文博、陆从典等学者十许人正定经史错谬”（《隋书·许善心传》）。博陵李文博本为经学，后读史书，于诸子及论尤所该洽，“直秘书内省，典校坟籍”（《隋书·李文博传》）。吴郡陆从典笃好学业，博涉群书，“仕隋为给事郎，兼东宫学士。又除著作佐郎。右仆射杨素奏从典续司马迁《史记》迄于隋，其书未就”（《陈书·陆从典传》）。开皇二十年（600），文帝派许善心领导校书，成《开皇二十年书目》4卷，《隋志》未著录，两唐志均著录并题为王劭撰。王劭，字君懋，晋阳人，北齐时任太子舍人，入隋后先后任著作佐郎，炀帝时任秘书少监，主管国史编撰工作近20年。曾著《隋书》80卷，《齐书》纪传百余卷，《读书记》30卷。

第四次政府图书整理：

隋炀帝杨广被封为晋王时，在府里征邀100多名学者如柳䛒、诸葛颖、虞世南、王胄等“充学士”。炀帝即位后迁都洛阳，更加重视保存文化，“炀皇好学，喜聚逸书”（《唐书·经籍志·序》），对藏书事业颇为支持，在西京、东都都有藏书。据《文献通考》载，除东都洛阳观文殿外，为充实各处藏书，炀帝还命“秘阁之书，限写五十副本”，以副本书贮藏各地宫室、官府。西京长安都城内的嘉则殿、江都（今扬州）均有大批藏书。嘉则殿藏书37万卷，规模空前。这是隋最大规模的一次图书整理活动，在目录学史上亦有一定地位。

炀帝大业三年（607）改革官制，秘书省地位提高到与尚书、门下、殿内、内史诸省并列，成为五省之一，编制从原38人扩编为120人。秘书省官员官阶普遍提高，秘书监由正三品升从二品，秘书少监为从四品，秘书郎由正七品升从五品，著作郎由从五品升正五品，并增设儒林郎10人正七品，文林郎20人从八品，增校书郎员40人，另增楷书郎员20人，从九品。隋炀帝曾令秘书监柳䛒在西京嘉则殿领导校书编目工作。柳䛒仕梁，释褐著作佐郎。由梁入隋，“炀帝嗣位，拜秘书监，封汉南县公。帝退朝之后，便命入阁，言宴讽读，终日而罢”①。柳䛒受诏整理嘉则殿藏书，“除其重复猥杂，得正御本三万七千余卷，纳于东都修文殿”②，这比文帝时增加了7000卷。柳䛒将整理后的3.7万余卷进行编目，主持编纂完成一部国家目录——《隋大业正御书目录》九卷。《隋志》有著录。《隋志·序》中所说的李世民洛阳收隋宫之书，运往长安时书籍落水，“其《目录》亦为所渐濡，时有残缺”应当指的就是这部目录。

隋藏书管理有序，藏书机构有三类：一是“殿”。西京嘉则殿、东京观文殿收藏正御书，又增设书库，命令在东都洛阳观文殿东西厢建造书屋，“于观文殿前为书室十四间”，秘阁图书按内容分库管理，“东屋藏甲乙，西屋藏丙丁”（《隋书·经籍志·序》）。二是“台”，聚魏以来古迹名画，在观文殿后起二台。东曰妙楷台，收藏古迹；西曰宝迹台，收藏古画。三是“厨”，有宝厨，收藏炀帝命学士文人编纂的新书，《大业杂记》说“制成新书凡三十一部总万七千余卷，入观文殿宝厨”。隋有《香厨四部目录》4卷（不著撰人），香厨应当是与宝厨并列的藏书机构。《隋志》著录该目录在《开皇八年四部书目录》与《隋大业正御书目录》之间，详情已无从可考。从隋藏书以及目录情况看，隋继承了魏晋以后的甲乙丙丁四部分类体系，且著录图书的部与卷数。

隋政府藏书超越前代的突出特色在于豪华。首先是藏书装饰极为华丽，所有正御书抄写五十副本，并按书的质量分上中下三品，上品是红色琉璃轴，中品是绀色琉璃轴，下品是黑色琉璃轴，将藏书饰以精美材料的轴，以不同颜色原料的卷轴区分馆藏，这在藏书管理上是一个创新。可以想见当时的写本目录《隋大业正御书目录》亦有此华丽装饰。其次是空间装饰极为华丽，观文殿前十四间书室“窗户、床褥、厨幔，咸极珍丽；每三间开方户，垂锦幔；上有二飞仙，户外地中施机发，帝幸书室，有宫人执香炉前行，践机则飞仙下，收幔而上，户扉及厨扉皆自启，

① （唐）魏徵：《隋书》，中华书局2000年版，第954页。

② （宋）司马光：《资治通鉴》，胡三省音注，中华书局1976年版，第5694页。

帝出则复闭如故”（《文献通考·经籍考·叙》）。炀帝时藏书管理如此奢华，与炀帝极端骄奢且好大喜功颇为吻合。

二　私家藏书目录事业

魏晋以来，读书人喜搜读民间异书，至隋更成一时风气。如卢思道“因就魏收借异书，数年之间，才学兼著”（《隋书·卢思道传》）；薛胄“少聪明，每览异书，便晓其义”（《隋书·薛胄传》）。在此背景下，隋私家藏书有一定发展。

隋代藏书家著名者多为学者和官员，如礼部侍郎明克让（525—594），字弘道，平原鬲人，“少好儒雅，善谈论，博涉书史，所览将万卷”“诏与太常牛弘等修礼议乐，当朝典故多所裁正”（《隋书·明克让传》）。秘书监柳䛒（537—605），字顾言，河东（今山西永济）人。“少聪敏，解属文，好读书，所览将万卷。”（《北史·柳䛒传》）仕梁入隋，为晋王杨广咨议参军。因杨广喜好文雅，广招四方学士百余人，以柳䛒为其中翘楚。隋文帝时任承奉郎的陆法言（562—?）著有《切韵》，其父陆爽，字开明，魏郡临漳人，“及齐灭，周武帝闻其名，与阳休之、袁叔德等十馀人俱征入关。诸人多将辎重，爽独载书数千卷”（《隋书·陆爽传》）。河东人张文诩之父张琚开皇年间任洹水令，“有书数千卷，教训子侄，曾以明经自达”，张文诩“博览文籍，特精《三礼》，其《周易》《诗》《书》及《春秋三传》，并皆通习”（《隋书·张文诩传》）。

隋私家藏书少有目录传世，已知的私家目录有许善心《七林》。

许善心（558—618），字务本，高阳北新城人，家藏书万余卷。《隋书·许善心传》“十七年，除秘书丞，于时秘藏图籍，尚多淆乱。善心放阮孝绪《七录》，更制《七林》，各为总叙，冠于篇首。又于部录之下，明作者之意，区别其类例焉”。从“仿（放）阮氏《七录》，更制《七林》”可知，许善心采用七分法分类。《七林》有总序叙学术源流，除总序外，部类之下又有“类例”，以“明作者之意，区分其类例”，即各部类的小序。由于该书早已失传，《隋志》未著录，且无其他记载，其具体分类体系和是否有提要等均已无从考查。《七林》虽是一部私家著录，却反映了隋政府藏书的情况。在隋以四部为正统的环境下，《七林》不按四部法，而许善心又参加过开皇九年至二十年的校书编目活动，在主持编撰《开皇二十年书目》后，别撰《七林》，这一点更像南朝时的目录学家王俭。

这一阶段的总体特点是，藏书家数量少，私家目录少，私家藏书整理未见奇功。

三 佛道目录学

（一）佛教目录学

隋代，文帝、炀帝均崇信佛教，支持佛经传播。为增加佛典藏量，用官费从事写经事业。佛教图书快速增长，寺庙均有藏书。

开皇元年（581），文帝"普诏天下，任听出家，仍令计口出钱，营造经像。而京师及并州、相州、洛州等诸大都邑之处，并官写一切经，置于寺内；而又别写藏于秘阁"（《隋书·经籍志》）。开皇五年（585），大兴善寺建成，命释彦琮等数十人在内翻译、解释、校勘佛经。据释法琳《辨正论》，自开皇之初至仁寿末年，为京师和大都市写经 46 藏，13.2086 万卷，民间佛经，更是多于儒经数十倍。根据《释迦方志》《法苑珠林》的记载，隋代有寺院 3985 所，僧尼 23 万众。

隋代奉敕撰经录者，先后有法经、费长房、彦琮、智果等。

开皇十四年（594），大兴善寺释法经等二十大德撰修，释彦琮等参加，最终撰成《大隋众经目录》7 卷，著录佛经 2257 部，5310 卷。

法经的上表说："总标纲纪，位为九录，区别品类，有四十二分：九［录］，初六录三十六分，略示经律三藏大小之殊，粗显传译是非真伪之别。后之三录，集传记注，前三分省，并是西域圣贤所撰，以非三藏正经，故为别录；后之三分，并是此方名德所修，虽不类西域所制，莫非毗赞正经，发明宗教，光辉前绪，开进后学，故并载焉。"

《大隋众经目录》创设了三大类、九录、四十二分的三级分类体系如下：

大乘：

众经录 1—6 分；

众律录 7—12 分；

众论录13—18分。

小乘：

众经录19—24分；

众律录25—30分；

众论录31—36分。

别录：

钞录集37—38分；

传记集39—40分；

著述集41—42分。

在这一体系中，先将佛经分为教义和阐释经义的杂著两大部分，教义部分分为大乘、小乘两大类，每个大类各分经（修多罗藏）、律（毗尼藏）、论（阿毗昙藏）3录，共6录（二级类目），每录之下再分6分即一译分、异译分、失译分、别生分、疑惑分、伪妄分。6录共36分（三级类目）。教义部分3大类9录这二级类目是按佛教的学术思想体系分的，而后42分完全按照9录里面的佛经佛书在中国传译著述的具体情况分的[①]。

杂著部分称为“别录”，按体裁分抄录、传记、著述3集（二级类目），每集之下再分为2分：西域圣贤分、此方诸德分。3集共6分（三级类目）。

这一佛教图书目录分类体系完善，在佛教目录学史上具有重大意义。姚名达指出：“先分教义为大乘、小乘，再各分文裁为经、律、论，最后复将经、律、论之流传情状即体质分为一译、异译、失译、别生、疑惑、伪妄六类。其非经、律、论三藏之杂书，则先分文裁为抄录、传记、著述，再各分地域为西域、此方。故合计共有九大类，四十二小类。所用分类原则有教义、文裁、地域、体质四项，较南北朝诸录为复杂，而又不失其整洁。体质六分法之意义尤为明了。”[②] 梁启超认为“经、律、论三藏厘然分明，每藏又分大、小乘，在佛典分类中最为科学。其三藏以

---

① 王重民：《中国目录学史论丛》，中华书局1984年版，第73页。

② 姚名达：《中国目录学史》，上海古籍出版社2002年版，第223页。

外之书分抄录、传记、著述三类，而每类中又分西域与此土，则一切典籍可以包括无遗。”① 王重民说：“这样的分类体系，既符合于学术思想体系，又兼反映了传译情况。这在中国佛经目录的发展史上是划时代的，因为这样的体系建成以后，才能产生更有实用的佛经专科目录。”②

由于《大隋众经目录》编目时并未见原书，且只花了两个月的时间编成，因而所收经书真伪存佚不明，分类排次存在不少失当与混乱，释智昇《开元释教录》曾指出其不少错误。尽管如此，该目录的分类体系结合了佛教思想体系、传译情况和文体分类的思想，对以后的佛教图书目录的编纂影响巨大。③

译经学士费长房于隋开皇年间参加翻经场，“以列代经录，散落难收”，用十多年寻访旧志，于开皇十七年（597）撰成《历代三宝纪》④ 15 卷，著录译者 197 人的经、律、戒、论、传著作 2146 部，6235 卷，全书分帝年（1—3 卷）、代录（4—12 卷）和入藏（13、14 卷）三部分。一为帝年，是记录周至隋佛教史迹和出经的年表，卷 1 周、秦，卷 2 前后汉，卷 3 魏、晋、宋、齐、梁、周、隋；每卷前有叙论，后列年表，年下间注时事、佛事，或所出经卷，颇便检阅。二为代录，是记录各朝代译经的目录，卷 4 后汉录有经 259 部，卷 5 魏、吴录有经 271 部，卷 6、卷 7 西东晋录有经 718 部，卷 8 前后秦录，卷 9 西秦、北凉、魏、齐、陈 5 录（卷 8、卷 9 前后西秦、北凉录，有经 223 部），卷 10 宋录，卷 11 齐、梁、周录，卷 12 隋录；每卷前有叙论，次列经卷，经卷后为译人传；或摘引著者自序，兼融释僧祐《出三藏记集》的诠名录、总经序、述列传的方法为一体。三为入藏录，卷 13 大乘经入藏目，卷 14 小乘经入藏目。代录记历代所出之经，而入藏录则记隋代现存之经，是隋代现存佛经的收藏分类目录。三个部分之后有序目一卷（第十五），“犹是马、

① 梁启超：《佛学研究十八篇·佛家经录在中国目录学之位置》，上海古籍出版社 2001 年版，第 349 页。

② 王重民：《中国目录学史论丛》，中华书局 1984 年版，第 73—74 页。

③ 乔好勤：《中国目录学史》，武汉大学出版社 1992 年版，第 160 页。

④ 又名《开皇三宝录》。姚名达《中国目录学史》称之为“《历代三宝纪》”，来新夏《古典目录学》称之为“《历代三宝记》”。

班以来遗法”[①]。其《总目序》说：“位而分之，为十五轴。一卷总目，两卷入藏，三卷帝年，九卷代录。代录编鉴经翻译之少多，帝年张知佛在世之遐迩，入藏别识教小大之浅深。”这部目录既有历代经书参考目录，又有现实分类藏书目录，按印度三藏分类体系，反映古今存佚，首创“见存之经”，体例较为周密完备，姚名达评价说“其特色在兼有考年、分代、入藏三体。既能包罗古今存佚，纤悉无遗；对于翻译时代，尤为详尽；又能简择重要经论，抄集入藏，僧祐而后，始见此人”[②]。《历代三宝纪》序目里（卷末）详细列举了他所引用的六家佛经目录的卷数、子目和每个子目内所著录的佛经数量，还附载另外 24 家佛经目录。

《历代三宝纪》上承《出三藏记集》，《出三藏记集》仅详记南朝诸经，而《历代三宝纪》则兼详北朝诸经。费长房《历代三宝纪》著录有释灵裕撰《译经录》1 卷，是专门收录炀帝以前隋代所译诸经的目录。

隋文帝仁寿二年（602）命释彦琮等撰《隋仁寿年内典录》。彦琮（557—610），赵郡柏（今河北隆尧西）人，历周齐二代入隋，主持翻经馆，是馆中最精通梵汉文字者，著有《辨正论》阐述译经方法。《隋仁寿年内典录》5 卷，为入藏佛经目录，分为单本、重翻、别生、贤圣集传、疑伪五类。其中，“别生，不须抄写，已外三分，入藏见录”。共著录图书 2109 部，5058 卷。

大业二年（606），炀帝于洛阳上林园设立翻经馆，共译佛经 90 部 515 卷。时新平林邑，所获佛经合 564 夹，1350 余部，并昆仑书，多梨树叶，炀帝命将这些书送翻经馆，供释彦琮等披览，并使“编叙目录”。释彦琮撰成《林邑所得昆仑诸经目录》（又称《昆仑经录》）5 卷，分为经、律、赞、论、方字、杂书等 7 类。此书撰成后，彦琮于大业六年七月二十四日卒于翻经馆。

此外，释智果当初因不肯为晋王杨广写经而被囚于江都，守宝台经藏。杨广即位后东巡，智果上颂，始获释，召入慧日寺整理佛经。大业年间，释智果于东都内道场“撰诸经目，分别条贯”（《隋书·经籍

① 陈垣：《中国佛教史籍概论》，上海书店 2005 年版，第 5 页。

② 姚名达：《中国目录学史》，上海古籍出版社 2011 年版，第 225 页。

志》）。智果撰《大隋众经目录》，收书1950部，6198卷。分为11类，其中，经“佛所说经”为大乘、小乘、杂经三部，其余似后人假托为之者，别“疑经”一部，又有菩萨及诸深解奥义，赞明佛理者，名之为“论及戒律”并有大小及中三部之别，又所学者，录其当时行事，名之为“记”。该目录未见于诸家佛经目录著录，其分类体系被《隋志》所采用。

（二）道教目录学

隋代佛教兴盛而道教弱，直至隋炀帝时，因炀帝支持道教，隋道教经书大量增长。

炀帝时于内通场集《道佛经》，别撰目录（《隋志》）。“此种横亘于四部书画、佛道之大规模整理，实为梁武帝以后范围最大之一次，前此惟汉成帝可比，后此惟唐玄宗、宋仁宗、清高宗时可比。其余皆不堪相拟焉。”[①]《隋朝道书总目》4卷，著录有经戒301部908卷；饵服46部167卷；房中13部38卷；符箓17部103卷[②]。四部共计377部1216卷。

相对于佛教目录学，隋代道教目录学无大进步。

第三节　隋代目录学思想

一　牛弘的目录学思想

牛弘（545—610），字里仁，安定鹑觚（今甘肃省灵台县）人。学者、目录学家。北魏侍中尞允[③]之子。年少好学博闻。北周时期，起家中外府记室、内史上士，俄转纳言上士，专掌文翰。宣政元年（578），转内史下大夫，进位使持节、大将军、仪同三司。开皇初，迁授散骑常侍、秘书监，进爵奇章郡公。开皇三年（583），拜礼部尚书，请求修建明堂，制定礼乐制度，迁吏部尚书，官至上大将军。

牛弘于隋初任秘书监期间，重视收集与整理典籍，组织校雠目录活动。为隋初政府藏书的丰富以及目录学做出了重要贡献。其目录学思想

① 姚名达：《中国目录学史》，上海古籍出版社2011年版，第151页。

② 郑樵《通志》卷67《艺文略五·道家一》。

③ 本姓尞氏，北魏时受赐姓为牛氏。

表现在以下方面。

（一）五厄论

隋代牛弘历数周秦至六朝书籍散亡，总结为五大劫，即“五厄”：秦始皇焚书为第一厄。两汉之际王莽之乱“王莽之末，长安兵起，宫室图书，并从焚烬”[①] 为第二厄。东汉末董卓之乱，献帝初平元年（190），董卓把持朝政，将都城从洛阳迁至长安，“孝献[②]移都，吏民扰乱，图书缣帛，皆取为帷囊。所收而西，裁七十余乘，属西京大乱，一时燔荡”（《隋书·牛弘传》）为第三厄。西晋末八王之乱，“刘、石凭陵，京华覆灭，朝章国典，从而失坠”[③] 为第四厄。梁亡之际侯景之乱和江陵焚书，“萧绎据有江陵，遣将破平侯景，收文德之书，及公私典籍，重本七万余卷，悉送荆州。故江表图书，因斯尽萃于绎矣。及周师入郢，绎悉焚之于外城，所收十才一二”（《隋书·牛弘传》）[④] 为第五厄。

牛弘之前，阮孝绪《七录·序》也梳理了文献发展史。但牛弘作为朝廷重要官员与作为“处士”的阮孝绪视角不同，他更“着眼于政治史来考察文献盛衰的历史”[⑤]，五厄论历叙书籍聚散的历史，分析了书籍散失的原因，将图书发展史从关系文化提升到关系政治的高度，从而赋予了目录学更为重要的社会使命。

（二）图书价值论

隋文帝开皇三年（583），牛弘奉诏修撰《五礼》，勒成百卷，行于当世。

---

① 见《隋书》卷四九《牛弘传》。另：《后汉书》之《儒林传》亦云：“昔王莽，更始之际，天下散乱，礼乐分崩，典文残落。”

② 孝献指汉献帝。

③ 见《隋书》卷四九《牛弘传》。刘即刘元海、刘曜等，匈奴人，是冒顿的后人；石即石勒、石崇龙等，为羯人。他们在晋惠帝、怀帝时不断壮大，进逼中原，攻陷晋的都城洛阳。《魏书·儒林传》载：“自晋永嘉之后，运钟丧乱，宇内分崩，群凶肆祸，生民不见俎豆之容，黔首唯睹戎马之迹，礼乐文章，扫地将尽。”

④ 据《太平御览》卷六一九所引《三国要略》：“周师陷江陵，梁王知事不济，入东阁竹殿，命舍人高善宝焚古今图书十四万卷，欲自投火，与之俱灭。宫人引衣，遂及火灭尽，并以宝剑斫柱令折，叹曰：‘文武之道今夜穷矣！’”

⑤ 瞿林东：《中国史学史（第3卷）魏晋南北朝隋唐时期：中国古代史学的发展》，上海人民出版社2006年版，第343页。

牛弘认为典籍具有经邦立政的功用，昔陆贾奏汉祖云“天下不可马上治之”，“故知经邦立政，在于典谟矣，为国之本，莫此悠先”①，强调典籍是“圣人所以弘宣教导，博通古今，扬于王庭，肆于时夏”② 的工具，而“孔子以大圣之才，开素王之业，宪章祖述，制《礼》刊《诗》，正五始而修《春秋》，阐《十翼》而弘《易》道”③，以达到“治国立身，作范垂法”的目的。从而表达了对图书的全面认识，这一认识将先秦以来对图书作用的认识上升到了图书价值论。

（三）广开献书的思想

牛弘上《请开献书之路表》，力陈广开献书的重要性。他历数各代藏书之盛，以示来者；焚毁之厄，以警当世。他认为隋统一后“土宇迈于三王，民黎盛于两汉”，为适应“大弘文教，纳俗升平”，“今秘藏见书，亦足披览，但一时载籍，须令大备。不可王府所无，私家乃有”，于是建议开献书之路，“必须勒之以天威，引之以微利”，“则异典必臻，观阁斯积，重道之风，超于前世”④。《隋书·经籍志·序》说牛弘奏请搜访民间藏书，悬定赏格，鼓励献书：“分遣使人，搜访善本，每书一卷，赏绢一匹，校写既定，本即归主。”

牛弘生活在隋文帝治下，《隋书·高祖纪》说文帝杨坚“素无学术”，“又不悦诗书，废除学校，唯妇言是用，废黜诸子”。要说服这样一位君王，是何其不易。可以想见，除了上表所陈极有说服力外，牛弘竭尽所能，付出了巨大努力。最终使隋文帝接受牛弘的建议，昭示天下，广征图书，使“篇籍稍备”，并取得成效，“于是民间异书，往往间出”，以致出现了像穷困潦倒的学者刘炫“伪造书百余卷”⑤ 录上送官取赏，后被发现，差点被杀事件，可见当时献书风气之盛。经过这次国家组织的大规模献书，从黄河流域搜访而得的民间异本充实了隋初的藏书。

牛弘主持国家图书整理工作，于开皇四年（584）编纂完成国家目录

① （唐）魏徵：《隋书》，中华书局 2000 年版，第 869 页。
② （唐）魏徵：《隋书》，中华书局 2000 年版，第 867 页。
③ （唐）魏徵：《隋书》，中华书局 2000 年版，第 867 页。
④ （唐）魏徵：《隋书》，中华书局 2000 年版，第 869 页。
⑤ （唐）魏徵：《隋书》，中华书局 2000 年版，第 1157 页。

《开皇四年四部目录》，开隋国家目录之先河，对其后的国家目录产生重要影响。《隋志》《旧唐志》均有著录。其《请开献书之路表》成为《隋志·总序》的一个主要依据，是中国目录学史的重要文献。

二　总结

隋统一后，结束了南北朝分立动乱的局面，为文化的发展扫清了道路。由于隋时间短，对魏晋以来的文化又多有接纳，使得隋目录学发展呈现出多继承少创新、有事业推进缺理论提升等特点。

1. 开图书征集之先河

隋代继在魏晋南北朝“成穆穆之功，致荡荡之化”“指事取征”这些认识的基础上，认识到典籍“弘宣教导”的教育作用和“为国之本”的政治作用。

隋初藏书不富，承接北周的藏书15000卷。隋文帝开国，重视文治，优礼学者，隋初集书，以牛弘功劳最著。其结果是“隋之书籍，所以盛绝古今者，奇章力也”（胡应麟《经籍会通》）。

隋代校雠目录事业有所发展，与皇帝的重视有关。皇帝将图书修撰、藏书与校雠目录于一体，成为发展文化事业的重要部分。《资治通鉴》卷182载隋炀帝“好读书著述，自为扬州总管，置王府学士至百人，常令修撰，以至为帝，前后近二十载，修撰未尝暂停”。

2. 禁书制度不利于目录学发展

隋代为了巩固统治，一方面加强搜集民间藏书，另一方面开始实施禁书制度。开皇十三年（593）二月，隋文帝下诏：“人间有撰集国史、臧否人物者，皆令禁绝。”（《隋书·高祖纪下》）除禁止私人著史外，还禁止收藏谶纬图书，“私家不得隐藏纬候图谶”（《隋书·高祖纪》），对谶纬活动及谶纬图书进行了大规模禁毁。炀帝即位后，禁毁谶纬图书活动变本加厉，“乃发使四出，搜天下书籍与谶纬相涉者，皆焚之，为吏所纠者至死”（《隋志》经部谶纬类小序）。

隋代将谶纬图书禁毁，给官私藏书以沉重的打击，使已有的谶纬图书大量损失，至炀帝末，“空有建学之名，而无弘道之实。其风渐坠，以至灭亡，方领矩步之徒，亦多转死沟壑。凡有经籍，自此皆湮没于煨尘矣”（《隋书·儒林传》）。

3. 类书编纂进一步加强

类书自魏晋创始，但所编类书，隋以前亡佚殆尽。炀帝重视编纂图书，炀帝为晋王时，曾召集诸儒编纂《江都集礼》120卷，并“奉诏与秘书郎虞世南、著作佐郎庾自直等撰《长洲玉镜》等书十余部”（《隋书·虞绰传》）。《长洲玉镜》400卷，以梁《华林遍略》为底本增修改纂而成。自晋王起及至在位期间，广揽人才进行编纂活动，“自经术、文章、兵农、地理、医卜、释道，乃至捕博鹰狗，皆为新书，无不精洽。共成书三十一部，万七千卷”（《文献通考·经籍考》叙）。炀帝还敕纂《区宇图志》。“隋大业中，普诏天下诸郡，条其风俗物产地图，上于尚书。故隋代有《诸郡物产土俗记》一百五十一卷，《区宇图志》一百二十九卷，《诸经图经集》一百卷。其余记注甚众。”（《隋书·经籍志》）

隋代还有私纂类书活动，如著作郎杜台卿撰有《玉烛宝典》12卷，陈《录》评其“月为一卷，颇号详洽”。著作佐郎杜公瞻撰有《编珠》4卷，《宋志》类书类著录。隋末，虞世南编纂有《兔园策》，将古今事分为48门，皆偶丽语。

4. 佛教目录学得到进一步发展

隋代道教目录学薄弱，而佛教目录学大有成就，这与隋文、炀二帝信奉佛教并支持佛教图书事业有关。“天下之人，从风而靡，竞相景慕，民间佛经，多于六经数十百倍。”（《隋书·经籍志》佛经后序）有了这一条件，佛教目录编纂取得成绩，最著名者有《历代三宝纪》《隋仁寿年内典录》《大隋众经目录》。

魏晋南北朝形成目录学的两大学派对隋代目录学是有重要影响的。隋代目录学与魏晋南北朝一样，由于记录学派占了主流，在一定程度上考辨学派未能得到很好的发展，佛道目录学为保存目录学的学术性作出了一定贡献。客观上说，记录学派对于保存图书和文化起到了积极作用。显而易见，隋代目录学在中国目录学史上就是一个过渡。在它之前有数百年的动荡，在它之后有百年以上的稳定。短短的历史以及各种条件的制约，都使隋代目录学难以产生史无前例的重大突破和贡献，也难有后无来者的目录学大家及其思想。

继目录学初创之后，魏晋将中国目录学推向一个新的时期——分化时期。在魏晋南北朝至隋的398年里，两大学派使目录学沿着两条道路进发。考辨学派在这一时期虽然受到挤压，但由汉代已经形成的传统优势仍然存在，这一学派的主旨是以人为核心，具有“重人及书”的特征，体现目录的学术价值，强调目录学的学术性，并将目录学引向人文学科。记录学派则另辟新路，以书为核心，具有“重书及人”的特征，特别强调目录的实用价值和目录学的致用性，从而把目录学推向应用学科。

第七章

唐代目录学

先秦之后，汉唐两代堪称古代文化发展的极盛期，而汉唐之间的魏晋南北朝和隋代这两个时期就成了文化极盛之间的转折或转化期，犹如两峰之间的低谷或原野，其风景向来被夺目的高峰所掩盖，未引起人们足够的重视。在中国目录学史上，汉代目录学已奠定了一个高峰的地位，那么，唐代目录学是不是另一个高峰呢？这是值得研究的。

第一节　唐代学术文化与图书体制

一　唐代学术文化

唐代（618—907）[①] 系李渊灭隋后建立，建都长安（今陕西西安）。唐以后在中国北方大部分地区先后建立政权的有梁、唐、晋、汉、周，史称五代。同时在南方和山西地区先后建立了 10 个割据政权，史称十国。合称五代十国时期（907—960）。

唐代建立了强大而高度集中的政权，在注重农业经济发展的同时，也注意发展商业和手工业，经济繁荣，文化发达，在政治上、文化上都是中国的黄金时代，可与强盛的汉代媲美，在某些方面还超过了汉代。“唐代之史可分前后两期，前期结束南北朝相承之旧局面，后期开启赵宋

① 白寿彝主编《中国通史纲要》关于唐时间断限为“唐，传十四代，二十一帝，其中包括女皇帝一人，二百八十九年，约当于六一八年至九零七年”；范文澜著《中国通史简编》关于唐时间断限为六一八年至九〇七年。

以降之新局面，关于政治社会经济者如此，关于文化学术者亦莫不如此”①，但五代十国时期，中国再度由统一走向分裂，频繁的朝代更替不断削弱着社会财富的积累，文化也颇受影响。

唐代沿袭隋科举并使之制度化。622 年重建由儒家经典占支配地位的选拔官员的考试制度。628 年，唐太宗（627—649 年在位）命令在太学内建孔庙。630 年又命令学者们准备出儒家经典的官方版。这项工作的一部分，是从前代浩繁的注释中选出标准的注释，再为标准注释作疏。以这种方式，儒家经典又被重新确立为国家官方教义。唐代兴科举，使大批中下层知识分子走上政治舞台，缓解了不公正的社会制度下的暴戾之气，也直接促进了唐代学校、书院的发展以及社会对于书籍广泛的需求。

唐代兴义疏之学。为了巩固思想统治，唐太宗敕令统一经书文字，诏颜师古校正五经文字。校定的五部经书称为“新定五经”，颁行天下。太宗还令国子祭酒孔颖达等人撰定五经义疏，定名为《五经正义》，使经书注解趋于统一。唐代将一些“传”“记”升为正经，加《仪礼》《礼记》《春秋左氏传》《春秋公羊传》《春秋谷梁传》，称九经。陆德明《经典释文》、孔颖达《五经正义》是唐代经学的代表作。

唐代学术昌盛。史学方面，到了唐代以后，国家设立史馆、国史院，直到清代沿袭不改。唐代国史屡经纂修，颜师古《汉书注》是注解《汉书》的经典之作，而刘知几《史通》更是中国第一部史学理论著作，标志着史学在唐代的发展程度。

唐代文学艺术发达，音乐、舞蹈极盛。诗歌达到了中国诗歌史上的巅峰，涌现出李白、杜甫、白居易等伟大诗人，并出现了许多诗派，如以王维、孟浩然为代表的田园山水诗派和以高适、岑参为代表的边塞诗派。词在初唐时由民间产生，到中晚唐时开始流行。唐五代编选的词选，有敦煌石窟发现的《云谣集》和五代后蜀赵崇祚编的《花间集》。唐代文集的编撰更为兴盛，自编文集明显增多。据《中国丛书综录》著录，唐代文集有 278 种，约在千卷以上。丛书而外，单行之总集、别集尚多。

佛学经过不断的融合和改造，已经具有浓重的中国特色，并影响着

① 陈寅恪：《论韩愈》，《历史研究》1954 年第 2 期。

其他学术和艺术，这一阶段的学术被史家称为“隋唐佛学”。伴随着佛教的兴盛，佛教典籍的翻译和著述达到鼎盛阶段，数量众多，质量上乘。道教在唐代也受到尊重，尽管儒释道三教之间明争暗斗，但是在朝廷的控制下，三教共存共荣。五代的学术文化仍然缓慢地发展着。

二 唐代图书体制

唐代政治、经济及文化得到空前发展，呈现出繁荣兴盛景象。雕版印刷起于唐代中后期，当时主要用于刊刻日历、字书、阴阳杂记及其他日用、迷信的小册子，虽亦有精彩之作，如懿宗咸通九年（868）王玠所造《金刚经》，但大多数印刷粗劣，“浸染不可尽晓”（柳玭《柳氏家训序》）。唐代有了雕版印刷术，书经雕版印刷后，可以化身千百，为图书制作带来了变革，而且“八世纪初期，亦即一千二百年前，中国雕版印刷术，已经传布到日本去了”[①]。此时印刷和传抄并行，书籍数量迅速增加。

造纸业的发展和印刷术的发明为图书批量生产提供了便利。由于五代时期朝廷的认可和改进，雕版印刷术遂进入比较成熟的阶段。后唐长兴三年（932）二月，中书奏“请依石经刻《九经》印板”（《旧五代史》卷13《列传第三》），是中国大规模刻刊图书之始。国子监负责刻刊，经后唐、后晋、后汉、后周四朝历时20余年刻成九经，宋人称之为“旧监本”或“古京本”。“雕印文字，唐以前无之，唐末益州始有墨板，后唐方镂《九经》，悉收人间所有经史，以镂板为正”（《猗觉寮杂记》）。唐五代积累了宝贵的雕版印刷经验，对印刷术的普及和图书传播起到了有力的推动作用。

唐代多卷轴装，其形制略如今天的画轴。由于这种图书携带不便、翻检不易，唐后期开始对卷轴装的形式进行改革，经折装、旋风装、蝴蝶装等新形式应运而生。

唐末受印度佛教贝叶经装帧的影响，改革卷轴书，按一定大小将卷子来回对折，两头施以夹板。因当时多用于佛经，故称为经折装。明胡

---

① 赵万里：《中国印本书籍发展简史》，《文史参考资料》1952年第4期。

应麟《经籍会通》卷四云："三代漆文竹简，冗重艰难不可名状；秦汉以还，浸知抄录，楮墨之功，简约轻省，数倍前矣。然自汉至唐，犹用卷轴，卷必重装，一纸表里，常兼数番，且每读一卷，或每检一事，紬阅展舒，甚为烦数，收集整比，弥费辛勤。至唐末宋初，抄录一变而为印摹，卷轴一变而为书册，易成难毁，节费便藏，四善具焉。"经折装又称"梵夹装"。《资治通鉴》卷250懿宗成通三年夏四月条云："又于禁中设讲席，自唱经，手录梵夹……"胡三省注："梵夹者，贝叶经也，以板夹之，谓之梵夹。"敦煌遗书中有这种形制。

唐代另有一种"叶子"的装帧形式。宋程大昌《演繁露》卷15"古书皆卷，至唐始有叶子，今书册是也"。宋欧阳修云："唐人藏书，皆作卷轴，其后有叶子，其制似今策子。凡文字有备检用者，卷轴难数卷舒，故以叶子写之，如吴彩鸾《唐韵》、李郃彩选之类是也。"（《欧阳修全集》卷127《归田录》）宋张邦基《墨庄漫绿》卷三云："世间所传（吴彩鸾）唐韵，犹有旋风叶，字画清劲，人家往往有之。"

五代在中国书籍印刷史上是一个重要的时代，实现了书籍从写本到印本的转变。五代刻书对后世影响最大的，是后唐明宗长兴三年（932）宰相冯道、李愚等奏请雕印九经，以唐开成石经为依据，命国子监主持其事，到后周广顺三年（953）六月全部完成，共历后唐、后晋、后汉、后周四朝，凡22年。这就是所谓五代监本九经。这是儒家经典第一次开雕，是中国印刷史上的一件大事。除官刻外，私刻、坊刻也很兴旺。五代刻本除儒家经典和佛、道经外，又有文学、史书、法律、类书等，大都没有原本流传下来。

第二节　唐代目录学发展流变

一　政府校雠目录事业

唐代主持校雠目录事业的政府机构是秘书省，"秘书监之职，掌邦国经籍图书之事"[①]，下设著作局和太史局。从事校雠目录活动的相关机构

① （后晋）刘昫：《旧唐书》，中华书局2000年版，第1265页。

有弘文馆、崇贤馆、史馆、翰林院、集贤殿等。

（一）*唐初*

唐代进一步实行馆阁制，各馆阁兼有管理本馆阁藏书的职责。唐初开始重视搜集书籍，秘书省、弘文馆、史馆、集贤殿等机构都有藏书，仅集贤殿藏书极盛时就达到 8 万卷。武德初置修文馆，后改为弘文馆。后避太子讳，改曰昭文馆。“馆中有四部书及图籍，自垂拱已后，皆宰相兼领，号为馆主”，“弘文馆学士掌详正图籍，教授生徒。凡朝廷有制度沿革，礼仪轻重，得参议焉。校书郎掌校理典籍，刊正错谬。其学生教授考试，如国子学之制焉”①。可见其重要。

唐高祖武德四年（621）李渊克平王氏伪郑，李世民派司农少卿宋遵贵将收缴隋东都洛阳府的藏书及其《目录》运往西京长安，运送图书的船在黄河三门峡附近行经砥柱，多所漂没，存者甚寡，其中有残缺目录。次年秘书监令狐德棻“奏请购募遗书，重加钱帛，增置楷书，令缮写，数年间，群书略备”（《旧唐书·令狐德棻传》）。据《新唐志·序》，“至武德初，有书八万卷，重复相揉。王世充平，得隋旧书八千余卷”可知，隋洛阳官府藏书实际数量为“八千余卷”；唐武德初，另缴获隋西京长安官府藏书“八万卷”。后来，魏徵等人“今考见存，分为四部，合条为一万四千四百六十六部，有八万九千六百六十六卷”（《隋志·序》）。所谓“有八万九千六百六十六卷”，正合东都“八千余卷”和西京“有书八万卷”之数。武德九年（626）仅弘文馆藏书即达 20 余万卷，此后多次征求遗书，中央各机构都有藏书。

唐太宗贞观二年（628），秘书监魏徵“以丧乱之后，典章纷杂，奏引学者校定四部书。数年之间，秘府图籍，粲然毕备”（《旧唐书·魏徵传》）。贞观五年（631），魏徵主编《群书治要》50 卷，采经书 12 种，史书 8 种，子书 47 种，共 67 种。之后，虞世南、颜师古继任此职，请购天下之书，选工书者缮写。

唐高宗乾封元年（666），“以四部群书，传写讹谬，并亦缺少”，乃诏赵仁本、李怀严、张文瓘等，“集儒家之士刊正，然后缮写”。景云二

① （后晋）刘昫：《旧唐书》，中华书局 2000 年版，第 1261 页。

年（711），睿宗“以经籍多缺，令京官有学行者分行天下，搜检图籍”（《唐会要·经籍》）。明胡应麟说唐初“诸臣亦绝无目录之修”（《少室山房笔丛》）不是事实，因魏徵“尝撰序录”，此为“唐初有一大事，为一般所不注意者”[①]。

（二）唐中期

唐玄宗开元时期，政治经济非常发达，藏书最盛。“藏书之盛，莫盛于开元。其著录者，五万三千九百一十五卷，而唐之学者自为之书者，又二万八千四百六十九卷。呜呼！可谓盛矣。”[②]（马端临《文献通考·经籍考》总叙）当时藏书重心在长安，两都各聚书四部，以甲、乙、丙、丁为次，列经、史、子、集四库，藏书管理甚为讲究，其藏书装饰，轴带帙签，以不同颜色区分，华丽不亚于隋炀帝时。集贤殿藏书“经库皆钿白牙轴，黄带，红牙签；史库钿青牙轴，缥带，绿牙签；子库雕紫檀轴，紫带，碧玉签；集库绿牙轴，朱带，白牙签，以为分别”（《唐六典》《旧唐志》）。

唐代校雠目录事业盛于开元。开元三年（715），唐玄宗因内库皆太宗、高宗先代旧书“所有残缺，未遑补缉，篇卷错乱，难以检阅”（《旧唐书·经籍志·序》），令左散骑常侍褚无量、马怀素为修书史，分东西二京进行。在东京乾元殿，由褚无量主持藏书整理，卢僎、陆去泰、王择从、徐楚璧等协助，“充使检校”“部汇整比”“分部雠定”（《新唐书·褚无量传》）。开元六年（718）八月，东京乾元殿整理既定，玄宗令百官乾元殿东廊观书，无不骇其广。玄宗又命褚无量继续整理丽正殿所集新书。开元七年（719），昭文馆复为弘文馆，隶门下省。

在西京秘书省，由马怀素主持领校图书。马怀素提出整理典籍建议，“请采近书篇目及前志遗者，续俭《志》以藏秘府”[③]，得到玄宗支持。唐玄宗命马怀素为秘书监，召集各地官吏中的有名学者26人，集中整理图书，进行编目。开元六年（718）七月，马怀素卒后，其他官员改变续

---

① 姚名达：《中国目录学史》，上海古籍出版社2011年版，第151页。

② 据《新唐书·艺文志·序》记载，当时著录的书有53915卷，而唐人著作又有28469卷，共计82384卷。

③ （宋）欧阳修：《新唐书》，中华书局2000年版，第4358页。

《七志》主张，“草定四部”，因“人人意自出，无所统一，逾年不成”（《旧唐书·马怀素传》），玄宗又诏在丽正殿校书的褚无量负责此事，褚无量奏“修撰有条，宜得大儒综治”，于是，诏右散骑常侍元行冲总领其事，又命毋煚、韦述、余钦“总缉部分”。元行冲（663—729），字儋，以字行，高宗时进士，官至太常少卿，弘文馆学士。元行冲于开元七年表请“通撰古今书目，名为《群书四录》”[①]，重组编撰机构，分工整理编目。从开元七年至九年十一月，编撰完成《群书目录》（也称《群书四录》）200卷，著录图书2655部，48169卷[②]。

《群书四录》分甲乙丙丁四部42类：

甲部经（12类）：易；书；诗；礼；乐；春秋；孝经；论语；图纬；经解；诂训；小学。

乙部史（13类）：正史；古史；杂史；霸史；起居注；旧事；职官；仪注；刑法；杂传；地理；谱系；略录。

丙部子（14类）：儒家；道家；法家；名家；墨家；纵横家；杂家；农家；小说家；兵法；天文；历数；五行；医方。

丁部集（3类）：楚词；别集；总集。

由于《群书四录》历经马怀素、褚无量、元行冲等人，成书时间短，收书数量较多，存在许多不足。参与其事的毋煚自行修订补充简化，编撰完成了《古今书录》40卷。《古今书录》收书止于开元年间，著录图书3060部，51852卷，收书数量远远超过了《群书四录》。

开元十二年（724），玄宗在东都设置丽正书院，次年改为集贤殿。

玄宗时代，编目较多，除《群书四录》和《古今书录》外，国家目录还有《开元四库书目》14卷。天宝年间编纂有《见在库书目》《集贤书目》1卷、《秘阁书目》4卷等。《见在库书目》编撰于天宝三年（744），共著录图书54642卷[③]，后又陆续搜集。据《唐会要》，到天宝十四年（755）续写了16843卷，加上天宝三年所收卷数合计有71485卷。

---

① （后晋）刘昫：《旧唐书》，中华书局2000年版，第2153页。

② 《玉海》卷五二引《会要》载图书2655部，48169卷。另据《新唐书·艺文志·序》开元著录图书53915卷，“唐之学者自为之书”28469卷，共有82384卷。

③ 其中，经库7776卷；史库14859卷；子库16287卷；集库15720卷。

《集贤书目》为韦述管理校雠集贤院藏书时所编撰，编纂达40年之久。

（三）安史之乱后

安史之乱，使唐代官藏由极盛而剧衰，政府校雠目录事业遭到破坏。

肃代两朝，屡次诏求遗书，至德宗时有所鸠集。德宗贞元年间，详校九经，添写史书，根据秘书少监陈京的奏请，“求遗书，凡增缮者，乃作艺文新志”[①]，编撰完成《贞元御府群书新录》，著录图书2万余卷。

文宗时，搜访遗文，日令添写，“所填补旧书，及别写新书，并随日校勘”[②]。至开成元年，“秘书省四库，见在新旧书籍共56476卷”（《唐会要·经籍》）。黄巢起义后，“尺简无存”（《旧唐书·经籍志·序》）。

（四）唐末五代

唐末五代时期，因为战事和动荡，校雠目录活动沉寂，仅有前蜀《蜀王建书目》1卷见于记载。但历代朝廷仍有藏书事业，只是国祚短促，宫廷藏书在朝代更替之际，多遭焚毁。

二　私家藏书目录事业

叶少蕴云：“唐以前，凡书籍皆写本，未有摹印之法，人以藏书为贵。”（胡应麟《经籍会通》卷四）唐代，书籍较以前易得，私家藏书风气日盛，藏书家众多，藏书数量增加。据傅璇琮、谢灼华《中国藏书通史》统计，隋唐时期各地藏书家100余人，其中长安55人，洛阳10人，其他地区50人[③]。唐代藏书家的藏书数量，比前代各朝明显增多。300年间，私人藏书家可考者多达60人。藏书家队伍中有达官显贵，也有学者诗人，还有普通民众。著名藏书家有魏徵、颜师古、元行冲、韦述、吴兢、李泌、柳公绰等，藏书万卷以上者不乏其人。柳宗元、蒋义、韦处厚、柳仲郢、张弘靖、田弘正、牛僧孺、王涯、段成式、李元嘉都藏书丰富。柳公绰“家有书万卷，所藏必三本，上者贮库，其副常所阅，下者幼学焉”（《新唐书·柳公绰传》）。李元嘉“聚书至万卷，又采碑文古

① （宋）王应麟：《玉海艺文校证》（修订本），武秀成、赵庶洋校证，凤凰出版社2017年版，第863页。

② 《宋史·艺文志》著录《四库搜访图书目》1卷可能于此时编撰。

③ 傅璇琮、谢灼华：《中国藏书通史》，宁波出版社2001年版，第226—228页。

迹，多得异本”。苏弁“聚书二万卷，手自雠定，当时称与秘府埒”（《新唐书·苏弁传》）。李泌藏书三万余卷，装饰考究，经用红牙签，史用绿牙签，子用青牙签，集用白牙签，号称“邺架”。韩愈有诗赞其藏书：“邺侯家多书，插架三万轴，一一悬牙签，新若手未触。”

唐代私家目录有吴兢《西斋书目》、韦述《集贤书目》[①] 以及蒋彧《新集书目》1卷、杜信《河南东斋史目》3卷，以《西斋书目》较具影响。

吴兢（669/670—749），汴州浚仪（今河南开封）人，唐代大臣，累官谏议大夫，修文馆学士。史学家，著有《贞观政要》10卷。其生活在武则天至玄宗时期，励志勤学，博通经史，藏书13468卷，多珍本。“聚书颇多，尝目录其卷第，号吴氏《西斋书目》”（《旧唐书·吴兢传》）。书目分57部，首创“文史”类，收录图书10403卷。宋《三朝国史艺文志》叙云：“惟吴氏《西斋书目》有文史之别，今取其名而条次之。”这个类目被《三朝国史艺文志》《崇文总目》乃至以后的《遂初堂书目》《文献通考·经籍考》《明史·艺文志》等沿用，至《四库全书总目》始改为诗文评类。

五代十国藏书家的藏书来源，除传统的抄写和帝王赏赐外，有相当一部分则是从市场采购而来。这是由于当时已有了雕版印刷，书籍成了商品供应，为人们购置提供了方便。像后唐的王都“令人广将金帛收市，以得为务，不责贵贱，书至三万卷”（《旧五代史》卷54《王都传》）。

据载，五代十国藏书家有40余名，以中小官吏为多。因其时分裂割据，私人藏书分散于南北各地，青州有王师范、石昂、何鲁在，蜀有毋昭裔、王锴，开封有丁顗、张明远，荆南有孙光宪、赵匡凝，杭州有诸钱氏、暨齐物，江州有郑元素、陈究。其中以蜀相毋昭裔藏书最为著名。这些藏书家的藏书目录情况，无法获知。

三 史志目录学

唐五代产生了两部重要的史志目录，即《隋书·经籍志》和《旧唐

---

① 韦述“蓄书二万卷，皆手校定，黄墨精谨，内秘书不逮也。古草隶帖、秘书、古器、图谱无不备”（《新唐书·韦述传》）。

书·经籍志》，使史志目录学出现了中兴。

（一）《隋书·经籍志》

唐“贞观之治”以后，高宗显庆元年（656）产生了继《汉志》之后的又一部正史艺文志——《隋书·经籍志》（简称《隋志》）。

《隋志》原本并不是《隋书》的1卷。据赵翼《廿二史札记》“隋书志”条考证指出：“《隋书》本无志，今之志，乃合记梁、陈、（北）齐、周、隋之书，旧名《五代史志》，别自单行，其后附入《隋书》，然究不可谓《隋志》也。自开皇仁寿时，王劭为《隋书》八十卷，以类相从，至编年纪传尚阙。唐武德五年，令狐德棻奏修《五代史》梁、陈、北齐、周、隋。封德彝、颜师古修《隋书》，历年不就而罢。贞观三年，又诏魏徵修之，房玄龄为监修，徵又奏颜师古、孔颖达、许敬宗同撰。序论皆徵所作，凡帝纪五，列传五十。十年正月上之，此《隋书》也。十五年，又诏于志宁、李淳风、韦安仁、李延寿，同修《五代史志》。凡成十志，三十卷。显庆元年，长孙无忌等上之，此《五代史志》也”。这就说明，唐高祖武德间曾开修梁、陈、北齐、北周、隋五代史书，但没有修成。太宗贞观年间又由魏徵“总知其务”，设史馆再度开修，结果撰成只有纪传的《五代史》。贞观十五年（641）遂开修《五代史》的志书，至显庆年间修成十志，称为《五代史志》，《经籍志》是十志之一。包括《经籍志》在内的十志皆附于魏徵主编的《隋书》，但在时间跨度上却兼及梁、陈、北齐、北周、隋五代。因而《隋志》实为《五代史》的“经籍志”。

关于《隋志》的作者，有多种说法。旧题魏徵撰，亦有题长孙无忌撰、令狐德棻撰。清姚振宗认为“大抵是志初修于李延寿、敬播，有网罗汇聚之功；删订于魏郑公（徵），有披荆剪棘之实，撰人可考者凡三人”（姚振宗《隋书经籍志考证》）。钱亚新和来新夏都认为是李延寿和敬播二人所撰[①]。还有一种观点认为“长孙无忌是《隋书》总纂官，而魏徵分撰了《隋书·经籍志》，所以，两种说法都没错；或者题长孙无忌

---

① 钱亚新《隋书经籍志新探》（载《图书馆学通讯》1985年第1期）一文认为魏徵因卒于五代史志始修后的第三年，在时间上不可能承担《隋志》的删定工作。来新夏《古典目录学》（中华书局1991年版第163页）认为“《隋志》的撰者，旧题魏徵，实际上是李延寿和敬播二人”。

和魏徵合撰也是正确的”[①]。这里，根据王重民[②]等对于《隋志》的专门研究，认定为《隋志》的作者是魏徵。

《隋志》9卷，采取了以参考官修目录为主、以参考私家目录为辅的编撰原则。以隋代官府目录《隋大业正御书目录》为蓝本，著录隋代藏书之在唐初仍见存者，同时，“远览马史、班书，近观王、阮志、录”，尤其参考了梁阮孝绪《七录》。既作增补，“旧录所遗，辞义可采，有所弘益者，咸附入之”，又作删减，“旧录所取，文义浅俗、无益教理者，并删去之”。不仅保存了《汉志》记一代藏书之盛的特点，而且还记六朝图书存亡与流通情况，与《隋书》以“隋代”为断并不一致。然而，《隋志》本为《五代史经籍志》，所谓“五代”是指梁、陈、北齐、周、隋，所以它既记隋代藏书之盛，也反映五代（尤其是梁代的）图书存佚。因此，《隋志》虽与“隋书”的时间断限不尽一致，但却与它原本所从属的《五代史》相一致。

《隋志》是中国现存第二部史志目录，也是中古时期最重要的国家目录之一。史学界和目录学界对这一史志目录都有高度评价，“是自《汉书·艺文志》以来，‘正史’中惟一继承《汉书·艺文志》的力作，在历史文献学发展史上有非常重要的地位”[③]。

（二）《旧唐书·经籍志》

后晋高祖天福六年（941），石敬瑭命修唐史，由刘昫监修，张昭远、贾纬等撰修，至开运二年（945）完成《旧唐书》[④] 200卷，分纪、志、列传。刘昫等因仍旧本，前半采用唐代官修实录、国史旧本，故颇为详明。十一志以“记礼法之沿革”的各类典志为主要史源。宣宗以后，无底本可据，杂采各书，明显不足。

《旧唐书·经籍志》（简称《旧唐志》）为《旧唐书》之一志，系以

---

① 来新夏、柯平：《目录学读本》，上海交通大学出版社2014年版，第54页。

② 王重民：《中国目录学史论丛》，中华书局1984年版，第88—89页。

③ 瞿林东：《中国史学史（第3卷）魏晋南北朝隋唐时期：中国古代史学的发展》，上海人民出版社2006年版，第339页。

④ 上奏时称《李氏书》，北宋初始称《唐书》。因与北宋欧阳修新撰《唐书》区别，而称为《旧唐书》。

毋煚的《古今书录》为蓝本编成。该书借鉴了《汉志》《隋志》改编官修目录的旧例，但并没有改编唐代官修目录《群书四录》，而是据私家目录《古今书录》改编，因为《古今书录》的作者毋煚直接参与了《群书四录》编撰，且对《群书四录》进行了订正，《古今书录》的质量显然优于《群书四录》。《旧唐志》不采官目，而选质量较高的私目，“煚等撰集，依班固《艺文志》体例，诸书随部皆有小序，发明其旨。近史官撰《隋书·经籍志》，其例亦然。窃以纪录简编异题，卷部相沿，序述无出前修。今之杀青，亦所不取，但纪部帙而已”（《旧唐志序》），体现了优选的原则。

《旧唐书·经籍志·序》云：

> 夫龟文成象，肇八卦于庖牺；鸟迹分形，创六书于苍颉。圣作明述，同源异流。《坟》《典》起之于前，《诗》《书》继之于后。先王陈迹，后王准绳。《易》曰：“观乎人文以化成天下。”《礼》曰：“君子如欲化民成俗，其必由学乎！”学者非他，方策之谓也。琢玉成器，观古知今，历代哲王，莫不崇尚。自仲尼没而微言绝，七十子丧而大义乖……天宝已后，名公各著文章，儒者多有撰述，或记礼法之沿革，或裁国史之繁略，皆张部类，其徒实繁。臣以后出之书，在开元四部之外，不欲杂其本部，今据所闻，附撰人等传。其诸公文集，亦见本传，此并不录。四部区分，详之于下。

在分类上，《旧唐志》虽采用经、史、子、集四部之法，却没有重大调整，只是将魏晋南北朝使用的甲乙丙丁符号和《隋志》创制的经史子集类名合而用之，可算是符号和类名相结合的一种方法创新。

值得注意的是，《旧唐志》在分类中首次提出以“目录”替代“簿录”，解决了目录学史上目录著作使用多种名称而无定名的问题，并从此确立了“目录”术语的地位。范希曾说：“‘书目’之名，起于晋元帝书目。其称目录，则始荀勖晋义熙以来新集目录。于昔无定称也，或曰‘录’，刘向《别录》是也；或曰‘簿’，郑默《中经簿》、荀勖《晋中经新簿》是也。阮孝绪《七录》，综合此等书为一类，以‘簿录’名之，本此。唐志易‘簿录’而称‘目录’，目录之名遂显。”[①]《旧唐志》以前，《七录》《隋志》用“簿录”。《旧唐志》用了两个名称：前面用“目录类”，后面则用“杂四部书目”。宋以后，“目录”类广泛应用，如宋《崇文总目》《新唐志》《晁志》《陈录》《尤目》，元《宋志》《文献通考·经籍考》，明《百川书志》《万卷堂书目》，清《四库全书总目》均设目录类，产生了积极的影响。

在著录上，《旧唐志》以开元为断，开元之后的唐人著作未予著录。《古今书录》约完成于开元二十四年（736），距唐亡尚有170余年，《旧唐书·经籍志》并没有反映这个时段的唐人著述，这是明显的缺陷。当然，在照搬《古今书录》著录基础上，适当补充了唐人著作，从而“录开元盛时四部诸书，以表艺文之盛”。在揭示图书方面，只著录书名和著者。“煚等《四部目》及《释道目》，并有小序及注撰人姓氏，卷轴繁多，今并略之，但纪篇部，以表我朝文物之大……臣以后出之书，在开元四部之外，不欲杂其本部，今据所闻，附撰人等传。其诸公文集，亦见本传，此并不录。四部区分，详之于下”（《旧唐志序》）。《旧唐志》只有总序一篇，将《古今书录》的“小序及注撰人姓氏”并删去之，采取了书后“附撰人等传”简明注释方法。

总体上看，虽然《旧唐志》以《汉志》《隋志》为楷模，却未能继承其大小序等“学术史”优良传统，采取了简化的方法，只记部帙，使史志目录的学术价值大大削弱。来新夏批评说，“《旧唐志》的编修者既未能奉行记一代艺文的传统遗规，又以‘序述无出前修’、‘卷轴繁多’为由，而将《古今书录》的小序一概删除，使学术文化发展的线索出现了‘断层’。开史志目录无小序的恶例”[②]。就此而言，《旧唐志》的目录学水平和价值与《汉志》《隋志》有较大的落差。这与《旧唐书》缺乏像《隋书》那样强有力的领导和修史班底，特别是刘昫“性少容恕”“在相位，不习典故”（《新五代史·刘昫传》）、缺乏领导才能不无关系。

存留于今的各种史志目录有72种之多，但仍以前两部正史目录——

---

① 范希曾：《校雠学杂述》，《史学杂志》1929年3月第1卷第1期。

② 来新夏：《古典目录学》，中华书局1991年版，第195页。

《汉志》和《隋志》——最具典范意义，也最为学术界所重视。

（三）典志体史书

历来讲史志目录学者，只讲史志目录，是将目录学狭义为“目录编制”及其成果了。史志目录学以正史目录为重点，兼及各类史学图书。典志体史书不仅是史学成果，也是历史图书的整理成果。

唐典志体史书，先有《政典》，后有《通典》。《旧唐书》卷 147 载“初，开元末，刘秩采经史百家之言，取周礼六官所职，撰分门书三十五卷，号曰《政典》，大为时贤称赏，房绾以为才过刘更生。佑得其书，寻味厥旨，以为条目未尽。因而广之，加以开元礼乐书，成二百卷，号曰《通典》”。《政典》为唐史学家刘知几之子刘秩所纂。刘秩，字祚卿，历任尚书右丞、国子祭酒。《政典》撰写于唐玄宗开元二十二年（734）前后[①]。《通典》为唐代政治家、史学家杜佑所纂，杜佑（735—812），字君卿，京兆万年（今陕西西安）人，诗人杜牧的祖父，贞元初任尚书右丞，贞元十九年（803）拜检校司空、同平章事，成为宰相。《通典》撰写于代宗大历元年（766）至德宗贞元十七年（801）前后历 36 年，记录上起传说中的唐虞，下讫唐肃宗、代宗时的历代典章制度，以唐代尤详，是中国现存第一部记述古代典章制度沿革的通史。该书秉承了目录学的学术分类传统，分食货、选举、职官、礼、乐、兵、刑、州郡、边防九门，每门又分为若干子目，以学术分类汇聚典制资料，以学术源流整理相关图书，有极高的史料价值和目录学意义。只不过他受到了刘知几的影响，摒弃了《五行志》《艺文志》和《天文志》等部分，典制体史书缺记艺文，未能继承史志目录学的图书著录传统。

四 佛道目录学

唐代在儒释道三教共荣的背景下，佛道目录学得以发展。

（一）佛教目录学

佛教传播有赖于佛经的流传，而佛经流传又得益于佛经的翻译。从

---

① 李之勤:《论杜佑〈通典〉与刘秩〈政典〉》，《西北大学学报》（哲学社会科学版）1978 年第 3 期。

东汉到唐代是佛经输入时期，译经家有直译、意译两派。唐代在东西两都设立译场，共译出佛经 372 部、2159 卷。

唐三藏法师玄奘游历五天竺十七年，博通佛学，于贞观十九年（645）用 20 匹马载回经、律、论 520 夹，657 部，这是自东汉以来的佛经第一次大输入。玄奘居长安弘福寺（后居慈恩寺）终身从事翻译，译出经、论合 74 部，1335 卷。

唐代诸大寺院藏经数量丰富，如西明寺，开始收藏佛经 800 部 3361 卷，至龙朔初年（661）前后，藏经已达 5000 余卷。东林寺藏书在元和七年（812）藏书达 1 万卷。唐代寺院藏书除佛经外，还有儒道图书。寺院藏书有专人管理，并有严格的借阅制度。为了防止毁佛事件对于佛经的损毁，佛家藏书多有秘藏。

唐代，随着佛经翻译与佛经藏书达到极盛，佛教图书目录也日趋成熟。这一阶段佛教目录学大师，前推道宣，后有智升。

道宣（596—667），俗姓钱，丹徒（今属江苏）人，与处士孙思邈结林下之交，及京师西明寺建成，应诏充任上座。玄奘取经回国后，随从参与译经。唐高宗麟德元年（664），释道宣撰《大唐内典录》十卷[①]。其继承法经、费长房诸录，分为十录：历代众经传译所从录第一（谓代别出经及人述作，无非通法，并入经收，故随经出）；历代翻本单重人代存亡录第二（谓前后异出，人代不同，又遭离乱，道俗波迸。今总计会，故有单重，缘叙莫知，致传失译）；历代众经总撮入藏录第三（谓经部繁多，纲要备列，从帙入藏，以类相从，故分大小二乘显单重两译）；历代众经举要转读录第四（谓转读寻玩，务在要博，繁文重义，非曰彼时，故随部撮举，简取通道，自余重本，存而未暇）；历代众经有目阙本录第五（谓统检群录，校本则无，随方别出，未能通遍，故别显目访之）；历代道俗述作注解录第六（谓注述圣言，用通未悟，前已杂显，未足申明，今别题录，使寻览易晓）；历代诸经支流陈化录第七（谓别生诸经，曲顺时俗，未通广本，但接初心，一四句偈，未可轻削故也）；历代所出疑伪

---

① 郑樵《通志 · 艺文略》诸子类释家一“目录”，除著录“《大唐贞观内典录》十卷”外，还著录有“《大唐内典录》十卷，西明寺僧撰”。

经论录第八（谓正法深远，凡愚未达，随俗下化，有勃真宗，若不标显，玉石斯滥）；历代众经录目终始序第九（谓经录代出，须识其源）；历代众经应感兴敬录第十（谓经翻东夏，应感征祥，而有蒙佑增信，故使传持远惟）。每录之后，道宣均给出解释，具有解题意义。

《大唐内典录》著录佛经2232部，7200卷，共18代译经。其突出特色与贡献在于：其一，揭示著述渊源。按代记人，依次列其所译，并把费长房《历代三宝纪》全部录入。一经而有数译者，皆注“初出”“第二出”“第三出”等字样，并注明某经初见于某目录中。其二，重新整合。将释法经编撰的《众经目录》全部录入；据当时现存者，分别大小二乘，单重两译；并在每类之下皆分一译、异译、失异、别生、疑惑、伪妄六门，在组织上最合理。此“别生”诸经，释法经绝对排斥，释道宣则相对保存。“疑惑”及“伪妄”，释法经分为二，释道宣合而为一。其三，记亡佚供搜访之用。释道宣立“有目阙录”，此类为目存书亡之佛经。且明言录之为将来采访之资。梁启超称赞“抱残守缺，确是目录学家应有之态度”①。其四，重视举要和推荐。“众经举要转读录”可视为推荐目录。为指引习经门径，指出何经为要、何本为善。其于异译别行诸经，各择最优一本为代表。例如《华严经》有14个译本，举佛陀跋陀罗译之六十卷本为要；《涅槃经》有5个译本，举昙无谶所译之四十卷本为要。梁启超说：“道宣录中最有价值之创作，尤在《众经举要转读录》一篇。盖佛典浩如烟海，读者本已穷年莫殚，加以同本异译，摘品别行，叠屋支床，益苦繁重。宣公本篇，于异译别行诸经，各择其最善之一本以为代表……其裨益于读者实不少。”② 王重民认为，“转读”本来是指翻译而言的，就是诵读学习的意思，释道宣编辑“历代众经举要转读录”的主要内容和用意是向读者（包括佛教徒和教外人士）介绍重要佛经的优良译本，在这里充分表现了目录学的推荐意义③。

唐代开元年间（713—741），玄宗发求道之使，搜访道书，详加刊

① 梁启超：《佛家经录在中国目录学之位置》，《图书馆学季刊》1926年第1期。

② 梁启超：《佛家经录在中国目录学之位置》，《图书馆学季刊》1926年第1期。

③ 王重民：《中国目录学史论丛》，中华书局1984年版，第128页。

校，修纂成藏，凡3744卷[①]，史称“开元道藏”。寺观藏书往往远离市井，又带有公共性质，经常有人翻阅，便于保护。

唐玄宗开元十八年（730），释智升撰《开元释教录》20卷[②]。其序云：“自后汉孝明皇帝永平十年岁次丁卯至大唐神武皇帝开元十八年庚午之岁，凡六百六十四载，中间传译缁素，总一百七十六人；所出大小二乘三藏圣教，及圣贤集传，并及失译，总二千二百七十八部，都合七千四十六卷，其见行阙本，并该前数。新录合二十卷，开为总、别。总录括聚群经，别录分其乘繁，二录合成十卷。就别更有七门，今先叙科条，余次编载。”其体例基本仿《内典录》，分“总录”“别录”两大部分。“总录”即“总括群经录”。以译人为主，分十九朝代记之，末附诸家目录。共10卷：卷一汉、魏；卷二吴、晋；卷三东晋、苻秦；卷四姚秦、西秦、前凉、北凉；卷五宋；卷六齐、梁、元魏、高齐；卷七周、陈、隋；卷八、卷九唐；卷十诸家目录。每朝代先记其国姓、都城、几帝几年、译者几人、所出经几部几卷、见存几部、亡几部，然后按人记其所出经及本传。“别录”即“别分乘藏录”，记佛经所出岁月，并有译人小传。以经为主，分七类记之，末为入藏录，共10卷。

《开元释教录》上距隋《历代三宝纪》133年，其突出特色与贡献在于：其一，收录系统，记19代664年间的佛教译述，是佛教目录的集大成之作。该目录收录汉明帝永平十年（67）至唐玄宗开元十八年（730）176人所出佛籍2278部7046卷，“别录”分七大类：一为“有译有本录”，收录大乘、小乘、圣贤传。二为“有译无本录”，收录名存本阙之佛经。三为“支派别行录”，“别行”指从大部经中抄出一部单行，仍收录大乘、小乘、圣贤集传[③]。四为“删略繁重录”，指删除同本异名，将

---

① 一说5700卷，一说7300卷。

② 陈垣《中国佛教史籍概论》云：“晁氏《读书志》及明北藏目录作三十卷，书实二十卷，不过中有一卷分为上下者耳。”

③ “支派别行录”下分16小类：大乘别生经；《般若部》中别生；《宝积部》中别生；大集部中别生；《华严部》中别生；诸大乘经别生；大乘律别生；大乘论别生；小乘别生经；《长阿含部》分别生；《中阿含部》分别生；《增一阿含部》分别生；《杂阿含部》分别生；诸小乘经别生；小乘律别生；贤圣集传别生。

大部经书删繁摘要另成一书。五为“拾遗补阙录”，收录旧录阙题、新翻未载诸经。六为“疑惑再详录”，收录真伪互参，是非相矛盾之佛书。七为“伪妄乱真录”，收录经智升考定确为伪经者，并皆附考证之语。由此可见，不仅完善，且极具价值。其二，分类科学细密，超过了一般分类层级。该目录以时代、分类和专题多种方法排列，梁启超指出，其“大小乘经论又各分类焉，派别分类自此始也”；又其《别录》“分目最精，创例颇多”：“将大小乘经论更加解剖，此应于时势要求，自然之运也。其分类以大乘论分释经、集义两门为最合论理，盖纯依原书性质为分也。自余若大乘经之分五部，而五部外单译本别自为类，小乘经分四含，而四含外单译本别自为类。此皆因部帙繁简，姑为此划分，以便省览，在学理上非有绝对正确依据，但就目录学的立场言之，则取便检查，亦正是此学中一重要条件。智升创此，其功不可没。而后此制录者亦竟罕能出其范围也。”[①] 派别的细分，标志着学术的发达。细分后的类目能进一步揭示、区分图书。唐以前的目录分类一般达到三级类目，但《开元释教录》对佛典的分类至五级类目。其三，内容丰富，注释详细，发展推荐。《开元释教录》中，“别分乘藏录”的第一录为“有译有本录”。智升继承并发展了道宣的推荐方法。智升强调“重译诸经，文义备足”，以新译本优于旧译本，因此在著录每一佛经的各种译本时均“以重译者居首”，读者首先可见到“文义备足”的译本，“这就充分发挥了目录的推荐好书的先进作用”[②]。

赞宁《宋高僧传·释智升传》：“释智升，义理悬通，二乘俱学，然于《毗尼》，尤善其宗，此外文性愈高，博达今古。撰《开元释教录》二十卷，最为精要。何耶？诸师于同本异出旧目新名，多惑其文，真伪相乱。或一经为两本，或支品作别翻。一一裁量，少无过者。”与当时玄琬的《众经目录》、静泰的《大敬爱寺一切经目》、明铨的《大周刊定众经目录》、毋煚的《开元内外经录》、圆照的《大唐贞元续开元释教录》《贞元新定释教目录》相比，智升的《开元释教录》可谓出类拔萃。

---

① 梁启超：《佛家经录在中国目录学之位置》，《图书馆学季刊》1926 年第 1 期。

② 王重民：《中国目录学史论丛》，中华书局 1984 年版，第 128 页。

《开元释教录》的“入藏录”记载了佛藏中每部佛经的卷数、用纸张数和装成的帙数。大藏中另有一部《开元释教录略出》4 卷[①]，著录书名、卷数、译撰人、帙数、纸数，均与《开元释教录》“有译有本”相同，而无考证注释，实即从此录中“略出”之简明目录。但著录一经的卷数和纸数与《开元释教录》有所不同，如著录鸠摩罗什译《摩诃般若波罗蜜经》三十卷计四百八十三纸，《开元释教录》则著录为四十卷六百二十三纸。《开元释教录略出》的独特之处是，在帙数下有千字文编号，卷一至卷二从“天”字至“临”字，卷三至卷四从“深”字至“群”字，“是我国现存最古的图书排架号”，“也可说是我国最古的索书号”[②]。

王重民认为唐代佛教图书目录突出发展的地方，正是隋代目录在分析著录上所不足的地方：以“总括群经录”为纲，以备参考；以“大小乘入藏录”为现存佛经的分类目录，以备按类查书；又添了别录中的有译有本等 7 录，则佛经中的一些译本、别行、异名、阙题、疑惑、伪妄等重大问题，都有专录做分析解答，共同构成佛教图书目录的整体[③]，从而使目录更好地发挥参考作用。

（二）道教目录学

唐代为李家天下，因与老子李耳同姓，自认老子为始祖。武德九年（626），高祖李渊颁《先老后释诏》“老教孔教，此土先宗，释教后兴，宜崇客礼。令先老，孔次，末后释宗”。贞观十一年（637），太宗李世民颁《道士女冠在僧尼之上诏》规定“道士、女冠可在僧尼之前”。高宗李治封老君为“太上玄元皇帝”，尊《老子》为上经，并作为“贡举人”的考试内容。于是，朝野上下遂奉道成风，不少人将编纂《道藏》当作义不容辞的责任。大约在唐高宗、武则天年间，终于出现了道教的大型丛书——《道藏》。《道藏》在当时称为《一切适经》或《一切经》与当时佛经的情形十分类似。《隋书·经籍志》记载道教藏书 377 部 1216 卷。高宗时昊天观和宗圣观主尹文操编《玉纬经目》，藏经 7300 卷。

---

① 方广锠提出《开元释教录略出》非智升所撰说，见方广锠《佛教大藏经史》，中国社会科学出版社 1991 年版，第 281—290 页。

② 王重民：《中国目录学史论丛》，中华书局 1984 年版，第 130 页。

③ 王重民：《中国目录学史论丛》，中华书局 1984 年版，第 129 页。

唐玄宗李隆基规定道举制度，以“四子真经”[1]开科取士，置玄学博士。加上开元年间国力鼎盛，大修道藏及目录。太清观主史崇玄编《一切道经目》，2000卷以上。李隆基亲自领导编纂《三洞琼纲》和《三洞玉纬》，前者著录道经7300余卷，后者著录道经9000余卷，规模空前。后有人将二者合称为《开元道藏》。可惜的是，《开元道藏》毁于“安史之乱”，其目录无法考知。

安史之乱之后，道藏搜集散佚。如唐代宗大历年间光天观道士申甫搜集并缮写道经7000余卷，唐文宗太和二年太清宫使奏称两街仅余道经5300余卷。黄巢起义之后，神隐子收合余烬，拾遗补阙，编《三洞经》，不知卷数，著名道士杜光庭随唐僖宗逃到三蜀避难，其搜集散失的道经而编的《三洞藏》卷数今亦不明。

唐代有三部经记叙了由法次仪或造经神话产生的《道藏编目》。一部见于唐张万福注《传授三洞经戒法录略说》。该经上卷到《戒目》《正一法目》《道德经目》《三皇法目》《灵宝法目》，基本上继承了《科戒营始》的授经目。另一部见于唐代《太上洞神三皇仪》。其中著录了“《洞神经》”14卷的细目，也是授经目。还有一部见于唐末五代杜光庭删订《太上黄箓斋仪》。其第52卷收有《三洞真经部秩品目》。该目只是36部分类的类目，不是经目。但在《品目》之后，列有《历代圣人神仙所受经》，其中所录既有部的经目，又有类的经目，还有只记某类经诀的总数。

五代十国时期佛教道教的发展速度减缓下来，但是通过佛藏和道藏方式积累的图书并没有受到严重损失。

五 类书目录学

姚名达将类书纳入目录学的范畴，论“类书与目录学”，“著者认类书为主题目录之扩大。盖分类之道，有时而穷。惟以事物为主题，汇列参考资料于各主题之下，使学者一目了然，尽获其所欲见之书。此其功用较分类目录为又进一步。倘删其繁文，仅存书目，即现代最进步之主

---

① 指《老子》《庄子》《列子》《文子》四部道家书籍。

题目录也”[①]。

类书自魏文帝时《皇览》始，经过隋代，至唐进入类书编纂的繁荣阶段。除唐太宗之辑《文思类要》、周则天帝之辑《三教珠英》以及白居易《白氏六帖》外，以虞世南《北堂书钞》、欧阳询《艺文类聚》、徐坚《初学记》最为著名。

关于《北堂书钞》的成书年代有“隋代说”[②]和“唐代说”[③]之争，据郭醒考证，系成书于唐代虞世南任秘书监之时[④]。虞世南将群书中“事而为文者”，摘录其原句，分隶80部，801个子目内，共成173卷[⑤]。《北堂书钞》现存160卷，分19部：帝王、后妃、政术、刑法、封爵、设官、礼仪、艺文、乐、武功、衣冠、仪饰、服饰、舟、车、酒食、天、岁时、地。有851个类目，总收条目21000多个。每一类下，先汇集相关材料，后注明文句出处或列出原文。其采摘群书名言隽句，供当时作文采摭辞藻之用。《北堂书钞·艺文部》（卷95至卷104）分56类目：经典、易、书、诗、春秋、礼、儒术、史、图、谶、好学、博学、谈讲、读书、诵书、敏捷、著述、名理、论书、论文、叹赏、谏诤、写书、藏书、刊校谬误、采求遗逸、载书负书、赐书、废学、诗、赋、颂、箴、连珠、碑、诔、哀辞、吊文、诏、章、表、书记、符、檄、笔、纸、砚、墨、策、简、牍、札、刺、券契、衮、封泥。《北堂书钞》是现存最早的类书，因成书早，引书除集部外，有800多种，均隋以前典籍，所引原书材料较可靠，考据学家常以为据。其不足是引文首尾不完备，又未尽所出，比后来的类书在使用价值上稍差。

唐高祖武德五年（622），弘文馆学士欧阳询应诏与秘书丞令狐德棻、

---

① 姚名达：《中国目录学史》，上海古籍出版社2011年版，第57页。

② 《北堂书钞》是虞世南在隋代做秘书郎时编成的。北堂是隋秘书省的后堂。

③ 瞿林东：《中国史学史（第3卷）魏晋南北朝隋唐时期：中国古代史学的发展》，上海人民出版社2006年版。该书第333页云“隋末唐初虞世南编的《北堂书钞》”，第366页云“唐初，虞世南所纂《北堂书钞》”，两处说法不一。

④ 郭醒：《〈北堂书钞〉成书年代考论》，《社会科学辑刊》2010年第3期。

⑤ 见两唐书《经籍志》《艺文志》著录，《隋书·经籍志》著录174卷，《四库全书总目》著录为160卷。瞿林东著《中国史学史（第3卷）魏晋南北朝隋唐时期：中国古代史学的发展》第333页云“原有一百七十四卷”。

侍中陈叔达、齐王文学袁朗等十数人同撰《艺文类聚》。武德七年（624）书成，题欧阳询撰。《艺文类聚》100卷，分46部，以天部、地部、岁时部为始，包括人事（如帝王部、职官部、刑法部等）、方物（火部、鸟部、兽部等）。部下有727个子目。每目之下，“事列于前，文列于后”，末后附赋、诗、铭、颂等文，征引唐以前古籍1431种，今所存十不一二。《艺文类聚》是现存最早的官修类书，为清以来辑佚家所重视，对后世影响最大。

唐徐坚等所撰《初学记》30卷，是唐玄宗下令专为其儿子“检事及看文体”所编的类书。该书分23部，313个类目。其编撰体例是，先为“叙事”，次为“事对”，末为“诗文”。《初学记》分部与子目均比《艺文类聚》要少，但其有特色且实用，因而宋人评价说：“非止初学，可以终身记。”[①] 而《四库全书总目》评价说，“在唐人类书中，博不及《艺文类聚》，而精则胜之”。

类书编纂既有官修，也有私编，还有书坊编。按韵编排的类书起源于唐颜真卿的《韵海镜源》，该书首创了“事系于字，字统于韵”的音韵检索体系。

唐末在民间流传一种小类书——《杂钞》，因为实用且便利，也称为《珠玉钞》或《随身宝》。敦煌出土的《杂钞》有许多写本，其中有一节为青年士子开列了25种图书，这是中国现存最早的一个推荐性学习书目。兹将此节《杂钞》（伯2171号卷子）录其原文如下[②]：

> 经史何人修撰制注？
>
> 《史记》司马迁修；《三国志》陈寿修；《春秋》孔子修，杜预注；《老子》河上注；《三礼》孙子修，郑玄注；《周礼（易）》王弼注；《离骚经》屈原注（著）；《流子》刘协注（著）；《尔雅》郭璞注；《文场秀》孟宪子作；《庄子》郭象注；《切韵》六（陆）法言作；《毛诗》、《孝经》、《论语》孔子作，郑玄注；《急就章》中献

① 刘子仪语，参见宋敏求《春明退朝录》。

② 王重民：《中国目录学史论丛》，中华书局1984年版，第130—135页。

（史游）撰；《文选》梁昭明太子召天下才子相共撰谓之文选；《汉书》班固撰修；《典言》季德杜撰之；《尚书》孔安国注，尚书几家书？虞、夏、商、周作；《兔园策》杜嗣先撰之；《开蒙要训》马仁寿撰之；《千字文》锺繇撰，李暹注，周兴嗣次韵。

何名九经？

《尚书》、《毛诗》、《周易》、《礼记》、《周礼》、《仪礼》、《公羊》、《谷梁》、《左传》。

何名三史？

《史记》、《前汉》、《东观汉记》。

由上可见，该目录采用问答体方式，以问为纲，以著录图书为答案。其揭示图书虽然简单，但采用了注释方式，在书名之下注释作者（如《史记》作者为司马迁）、著作方式（有“修”“作”“撰”“撰修”等）、版本（某“注”、某“韵”等）。该目录内容为三问三答。第一问“经史”所列21目，其中“《三礼》”一目为3部，“《毛诗》《孝经》《论语》”一目为3部，实际上收书共25部。这25部书分“经”“史”“文”“辅”四类。为什么推荐此四类，是为了适应唐代科举之需要。唐代科举将经书分为大、中、小三级，士子可投考一经以至五经，但需要大、中、小配合。在十二经中以九经为主，第二问列出“九经”之名，这九经在第一问中推荐了版本，但王重民认为“这个书目单里的‘三礼’一目，不一定指的是《周礼》《仪礼》和《礼记》”①，推荐郑玄注本：“《公羊》《谷梁》《左传》”为《春秋》三家。九经之外，有推荐“明经”科的《老子》《庄子》。“史”类包括了史学名著“前四史”中的前三部（《史记》《汉书》《三国志》），但未推荐《后汉书》，也未推荐第三问“三史”中的《东观汉记》。“文”类为士子推荐作文作诗用的《离骚经》《文选》和《切韵》。“辅”类是辅助前三类的参考工具，包括概论诸子

① 关于书目中的“三礼”，很多文献直接理解为《周礼》《仪礼》《礼记》，且将“孙子”改为“孔子”，并无依据。此处引用王重民《中国目录学史论丛》的分析。至于此“三礼”与《周礼》《仪礼》《礼记》的关系，有待进一步考证。

的《流子》和概论时政的《典言》、“仿应科目策”必诵之《兔园策》、开蒙课本《开蒙要训》以及书法用《急就章》和《千字文》。从书目排列看，四类混杂，图书的排列并无严格次序，只是紧密结合当时实际，挑选当时最实用的图书和最通行的版本，以满足士子阅读需要，虽然编纂水平不高，但起到了举要和推荐的作用。

类书之所以得到发展，首先是满足封建政治的需要，粉饰太平，表现“文治之盛”，为皇家歌功颂德。唐代类书，部类顺序，先天地帝王，次典章制度，后及其他，反映了类书编撰的“敬天、尊君”观念。其次，学术文化发展，图书发展到一定程度，类书成为图书整理的一种新的方式，可以汇聚资料，可以保存图书，可以全面反映学术文化。唐代类书，部类之下，复加子目，子目之下，先录经史百家言（事类），后依所引之书的时代先后征引诗文。最后，类书得以发展，也是实际利用的需要。其“俾览者易为功，作者资其用”（《艺文类聚·序》），临事检索，以缩短寻觅资料的时间，具有鲜明的检索功能和实用工具的价值。

第三节 唐代目录学思想

一 合作编目思想

唐以前，无论是官修目录还是私家目录，无论是国家目录还是专门目录，编纂目录的工作都只是少数主管图书的官员或者学者进行。例如，汉时一些目录编纂者仅一人，西晋荀勖时目录编纂只有中书令张华一个合作者。这种状况越来越不能适合校雠目录事业的发展要求，工程浩大，人力不足，耗时较长，成果较少。

到了唐代，目录学家们在实践上寻求解决方案，形成了合作编目的思想。

合作编目思想首先是大团队集中编目。如唐玄宗时，参与《群书四录》编纂工作的著名学者就有36人[①]之多，明确职位为“修书学士”。负

① 王重民《中国目录学史论丛》根据《新唐书》卷199《儒林传》以及《韦述传》，得出参与其事的著名学者26人。乔好勤《中国目录学史》则认为史文可考的就有36人之多。

责编纂《群书四录》的马怀素在编撰目录之前就上奏《请编录典籍疏》："南齐以前坟籍，旧编王俭《七志》，已后著述，其数盈多。《隋志》所书，亦未详悉。或古籍近出，前志缺而未编，或近人相传，浮词鄙而犹记。若无编录，难辨淄渑。望括检近书篇目，并前志所遗者，续王俭《七志》，藏之秘府。"① 可见，大型目录编纂前，要研究和分析前人编纂的诸目录，结合实际拟定目录编纂计划，同时也说明这一阶段目录编纂过程中的组织工作已引起充分注意。

合作编目是分科校书思想的进一步发展。汉代已有刘向的分科校书思想，其后各朝都有继承这一思想。合作编目思想就是在分科校书的基础上强调分工与合作相结合。例如，《群书四录》编纂班子中，由毋煚和余钦总负责，其下按四部分为四组：殷践猷、王惬负责经部，韦述、余钦负责史部，毋煚、刘彦直负责子部，王湾、王仲丘负责集部②。

合作编目思想还强调领导者与组织结构的重要性。如果不能选好编目领导人，可能会导致编目工作拖延或者无果，《群书四录》最初指定马怀素统领其事就是一个证明。即使配备了强大的编目班子，但因领导者马怀素"不善著述，未能有所绪别"，编目工作进展缓慢。这正是褚无量所提"大儒综治"的编目思想。既有总领其事，又有总缉协助各负其责，再有分组，形成了编目工作组织的三层架构。

二 魏徵的目录学思想

魏徵（580—643），字玄成，魏郡内黄（今河南内黄）人，祖籍巨鹿下曲阳（今河北晋州西）人，一说馆陶（今属河北）人。政治家、思想家、史学家和目录学家。少孤贫好学，怀有大志。隋末隶李密，武德元年（618）归唐。太宗即位后，擢为谏议大夫。后任秘书监、侍中，官至光禄大夫，封郑国公，谥号"文贞"。因直言进谏，辅佐唐太宗创"贞观之治"大业，后世称之为"一代名相"。有《魏郑公文集》3 卷。

---

① （后晋）刘昫：《旧唐书》，中华书局 2000 年版，第 2144 页。

② 《新唐书·儒学中》载"煚、钦总缉部分，践猷、惬治经，述、钦治史，煚、彦直治子，湾、仲丘治集"。

魏徵的目录学思想主要有以下方面。

（一）纲纪典籍的簿录思想

贞观三年（629），魏徵任秘书监，参与朝政，校定古籍。

魏徵在《隋书·经籍志》史部簿录类序中专门论述了目录学的起源："古者史官既司典籍，盖有目录以为纲纪。体制湮灭，不可复知。孔子删《书》，别为之序，各陈作者所由。韩、毛二《诗》，亦皆相类。汉时，刘向《别录》、刘歆《七略》，剖析条流，各有其部，推寻事迹，疑则古之制也。"魏徵认为"史官既立，经籍于是兴焉"，周朝既然有专门藏书和专职管理人员，就会编制目录来管理藏书。将早期的《诗》《书》之序作为目录的萌芽，而后来刘向、刘歆编纂的目录，应该是受到《诗》《书》之序的启发。

魏徵的"纲纪典籍"思想是对目录功用的总结。魏徵通过图书的产生、发展、聚散，阐述目录在纲纪群籍、辨章学术源流方面的重要价值。

《隋书·经籍志·序》云：

> 夫经籍也者，机神之妙旨，圣哲之能事，所以经天地，纬阴阳，正纪纲，弘道德，显仁足以利物，藏用足以独善。学之者将殖焉，不学者将落焉。大业崇之，则成钦明之德；匹夫克念，则有王公之重。其王者之所以树风声，流显号，美教化，移风俗，何莫由乎斯道。故曰："其为人也，温柔敦厚，《诗》教也；疏通知远，《书》教也；广博易良，《乐》教也；洁静精微，《易》教也；恭俭庄敬，《礼》教也；属辞比事，《春秋》教也。"遭时制宜，质文迭用，应之以通变，通变之以中庸。中庸则可久，通变则可大。其教有适，其用无穷。实仁义之陶钧，诚道德之橐籥也。其为用大矣，随时之义深矣，言无得而称焉。故曰："不疾而速，不行而至。"今之所以知古，后之所以知今，其斯之谓也。是以大道方行，俯龟象而设卦；后圣有作，仰鸟迹以成文。书契已传，绳木弃而不用；史官既立，经籍于是兴焉……其旧录所取，文义浅俗、无益教理者，并删去之。其旧录所遗，辞义可采，有所弘益者，咸附入之。远览马史班书，近观王阮志录，挹其风流体制，削其浮杂鄙俚，离其疏远，合其近

密，约文绪义，凡五十五篇，各列本条之下，以备《经籍志》。虽未能研几探赜，穷极幽隐，庶乎弘道设教，可以无遗阙焉。夫仁义礼智，所以治国也，方技数术，所以治身也；诸子为经籍之鼓吹，文章乃政化之黼黻，皆为治之具也。故列之于此志云。

《隋志》总序篇幅较《汉志》长。除总序首外，从“考之前载，则《三坟》《五典》《八索》《九丘》之类是也”开始，历数传说中的三皇五帝到唐初武德五年间典籍的产生与流传历史，讨论自春秋时孔子整理典籍至唐初千余年间历代典籍聚散、变迁，概述文献发展之十变：从“殷、周，史官尤备，纪言书事，靡有阙遗”到“暨夫周室道衰，纪纲散乱，国异政，家殊俗，褒贬失实，隳紊旧章”为一变。从孔丘“述《易》道而删《诗》《书》，修《春秋》而正《雅》《颂》”到“哲人萎而微言绝，七十子散而大义乖”为二变。从“战国纵横，真伪莫辨”到秦“划先代之迹，焚《诗》、《书》，坑儒士，以刀笔吏为师，制挟书之令”为三变。从汉“惠帝除挟书之律”到“武帝置太史公”“开献书之路”“置写书之官”为四变。从“王莽之末，又被焚烧”到“光武中兴，笃好文雅，明、章继轨，尤重经术。四方鸿生巨儒，负袠自远而至者，不可胜算。石室、兰台，弥以充积”为五变。从“董卓之乱，献帝西迁”到“魏氏代汉，采掇遗亡”为六变。从“东晋之初，渐更鸠聚”到“其后中朝遗书，稍流江左”为七变。从“齐末兵火，延烧秘阁”到“周武平齐，先封书府”为八变。从“隋开皇三年”到“及平陈已后，经籍渐备”为九变。从“大唐武德五年”到“行经底柱，多被漂没”为十变，成为继萧梁时期阮孝绪《七录·序》和隋代牛弘《五厄论》之后又一篇重要学术名篇。是一部中古以前的图书发展史。

魏徵在《隋志序》中，全面总结了历史上的校雠目录活动，包括春秋时孔丘、汉成帝刘向、明章时班固等从事图书整理的重要工作。对历代图书整理所产生的重要目录皆有记述，包括汉《七略》《汉志》，魏晋《中经》《新簿》、李充书目，南北朝谢灵运《四部目录》，王俭《七志》，王亮、谢朏《四部书目》，任昉、殷钧《四部目录》和《文德殿目录》，祖暅《五部目录》，阮孝绪《七录》，隋《隋大业正御书目录》共12部。

针对这些目录，除作者和时代外，详记其分类、收录卷数等，间或评论，全面反映了中国古代目录的编纂体例、目录方法的沿革和目录著作的得失。特别是关于历代分类的发展变迁，从《七略》六分法到荀勖《新簿》四部，以及王俭《七志》分为九类，祖暅《五部目录》五大类，阮孝绪《七录》七分，描述了从《七略》到《隋志》之间的分类画卷。可以说这是一部中国中古以前比较完整的目录学发展史。

《隋志序》是一篇全面评价汉代以来目录编纂及其得失的重要文献。这篇目录学文献，借鉴了《七录・序》中关于齐梁以前目录评价，新增了关于隋代目录评价。魏徵以是否纲纪典籍作为对历代目录的评价标准之一，他赞同刘氏父子的做法，对于历史上著名的目录从类例、著录、提要等多个方面进行了评价。对没有提要或者提要质量不高的目录提出了批评。如批评王俭《七志》没有继承刘向《别录》叙录“然亦不述作者之意，但于书名之下，每立一传”，以及模仿《七略》“辑略”的九篇条例文字浅薄，难以成为典范规则，“又作九篇条例，编乎首卷之中。文义浅近，未为典则”。

魏徵在《隋志序》中述编撰方法、体例和收录范围，一是为“纲纪典籍”，并非有书即录，而是精选图书，“其旧录所取，文义浅俗、无益教理者，并删去之。其旧录所遗，辞义可采，有所弘益者，咸附入之”。即去除“文义浅俗、无益教理者”，而补录“辞义可采，有所弘益者”。二是不以藏书为限，参考前代目录编纂，“远览马《史》、班《书》，近观王、阮《志》、《录》，挹其风流体制，削其浮杂鄙俚，离其疏远，合其近密，约文绪义，凡五十五篇，各列本条之下，以备《经籍志》”。《隋志》每类的序（小序）参考了历史上的许多重要目录，甚至参考了不是目录之作的《史记》，汲取优良，删其不合理之处。

姚振宗评价《隋志》贡献很大：“虽为前代志经籍，亦即为当代立法程”。魏徵目录学思想及其贡献在中国目录学史上占有重要地位。

（二）经籍治之具的史志目录学思想

魏徵在政治上提出“兼听则明，偏听则暗”“居安思危，戒奢以俭”“任贤受谏”等许多言论，曾主编《贞观政要》。为长治久安，以图书为“治之具”。魏徵的“经籍治之具”思想是对图书价值的认识。《隋书・

经籍志·序》是中国中古时期最重要的一篇目录学文献，具有重要的史料价值。《隋书·经籍志·序》指出经籍的价值存在于天地、阴阳、纪纲、道德之间以及王者与匹夫之间，只有重视文献才能获得发展与成功。魏徵以儒家六经为例，阐述经籍的教育作用，“遭时制宜，质文迭用，应之以通变，通变之以中庸。中庸则可久，通变则可大。其教有适，其用无穷。实仁义之陶钧，诚道德之橐籥也。其为用大矣，随时之义深矣，言无得而称焉”，经籍使人获得教益，其作用之大意义之远难以形容。魏徵因此归结到经籍关系历史与现实，说：“今之所以知古，后之所以知今，其斯之谓也。”从而深刻认识了经籍的“知古今”恒久价值。

魏徵指出，“夫经籍也者，先圣据龙图”，“故曰：‘君举必书’，惩劝斯在”，强调典籍的功能在于政治教化，具有治国、治身、政化等“为治之具”的意义。

魏徵充分认识到目录的政治作用，而目录的政治作用是以图书的政治作用为基础的。他说：“夫仁义礼智，所以治国也；方技数术，所以治身也；诸子为经籍之鼓吹，文章乃政化之黼黻，皆为治之具也。”这就阐明了目录学家的职责是通过揭示图书和目录编撰为统治阶级的文化政策服务，从而也说明了编撰《隋志》的理由。

魏徵主持修撰梁、陈、齐、周、隋史，其“经籍治之具”思想是其史志目录学思想的核心。他认为编撰经籍志的目的，是通过一系列目录方法，弘扬大道，设立教化，“虽未能研几探赜，穷极幽隐，庶乎弘道设教，可以无遗阙焉”。这一思想以及史志目录的价值定位，对其后《唐志》《宋志》《明志》《清志》等史志目录产生重要影响。

班固在《汉书》中首提“艺文志”入史的思想，而魏徵则提出“经籍志”入史的思想。为什么既不使用“典籍”的概念，也不使用“艺文”和“坟籍”“篇籍”的概念，而要使用“经籍”的概念呢？由本书第五章第二节关于“典籍”“经籍”“坟籍”“篇籍”可知，“经籍”一词，意义更高于普遍书籍。东汉荀悦有《经籍论》，应当也有一定的影响。

（三）兼收并蓄的分类思想

魏徵的分类思想来源于对分类历史发展的研究，首先，隋以前，有六分、七分、五分、四分之别。图书分类经历了六分法到四分法的转变，虽然魏晋南北朝时期也有继承和发展六分法的，但魏徵看到了分类发展的总体趋势，充分认识到四分法的先进性以及各种分类必须统一到四部分类的必要性。最终选择了四部分类。其次，魏徵对魏晋以来的四部分类传统进行了分析，发现魏晋以来的四分法存在两大问题，一是已有的四分法中，西晋《中经新簿》和东晋《晋元帝四部书目》都只有甲、乙、丙、丁之序，却没有四部名称，而南北朝《七志》和《七录》等都标注有类名。二是四部之下范围和类别不够明确，一些类目比较模糊，分类过于简单和疏略。

因此，魏徵在充分肯定四部分类的前提之下，不是简单照搬已有的四部分类体系，而是在继承四部分类基础上进行改进与创新。在分类上的主要贡献在于：

第一，四部定名，名副其实。魏徵认为类名能概括各部所包括的图书内容和性质，首次将四部分类的甲、乙、丙、丁四大类符号确定为经、史、子、集四个类名，这标志着四部分类法的真正确立。从魏郑默《中经簿》开始，中经晋荀勖《中经新簿》、李充《晋元帝四部书目》，再到《隋志》，在这300年间，四部分类未有重大突破。四部分类虽不是由魏徵首创，但四部定名在奠基四分法的历史进程中起着关键的作用。

第二，审定细目，建构体系。魏徵参考且采取了《七略》《汉志》《七录》在人类之下分列小类的遗规，经史子集四部之下分40类作为二级类目，形成四部40类的分类体系：

经部（10类）：易；书；诗；礼；乐；春秋；孝经；论语；谶纬；小学。

史部（13类）：正史；古史；杂史；霸史；起居注；旧事；职官；仪注；刑法；杂传；地理；谱系；簿录。

子部（14类）：儒；道；法；名；墨；纵横；杂；农；小说；兵；天文；历数；五行；医方。

集部（3类）：楚辞；别集；总集。

附道经；佛经。

《隋志》的这40个二级类目，是在参考《七略》《汉志》的28小类、《七录》的55小类基础上形成的，是总结六分、四分、七分诸家的成就与经验，推陈出新的四分法。因此，这一体系比魏晋以来的各个四分法都要科学和先进，是中国目录学史上首次建立的比较完备的四部分类体系。

唐代统治者曾将四部40小类体系视为法程，编入《唐六典》。《唐六典》对40个类目均给一概要说明如下：

经部：易以纪阴阳变化；书以纪帝王遗范；诗以纪兴衰诵叹；礼以纪文物体制；乐以纪声容律度；春秋以纪行事褒贬；孝经以纪天经地义；论语以纪先圣微言；图纬以纪六经谶候；小学以纪字体声韵。

史部：正史以纪记传表志；古史以纪编年系事；杂史以纪异体杂记；霸史以纪伪朝国史；起居注以纪人君动止；旧事以纪朝廷政令；职官以纪班序品秩；仪注以纪吉凶行事；刑法以纪律令格式；杂传以纪先贤人物；地理以纪山川郡国；谱系以纪世族继序；略录以纪史策条目。

子部：儒家以纪仁义教化；道家以纪清净无为；法家以纪刑法典制；名家以纪循名责实；墨家以纪强本节用；纵横家以纪辩说谲诈；杂家以纪兼叙众说；农家以纪播植种艺；小说家以纪刍辞舆诵；兵法以纪权谋制变；天文以纪星辰象纬；历数以纪推步气朔；五行以纪卜筮占候；医方以纪药饵针灸。

集部：楚辞以纪骚人怨判；别集以纪辞赋杂论；总集以纪类分文章。

第三，辨章学术，体现流别。例如，集部的名称与收录内容，大体上承袭了《七录》文集录，只是减去杂文一类，集部的主要收录范围至此基本确定。

四部之后另设道、佛两类。道佛二类共分15个小类，其中，道经类下4个小类：经戒、饵服、房中、符箓；佛经类下11个小类：大乘经、小乘经、杂经、杂疑经、大乘律、小乘律、杂律、大乘论、小乘论、杂论、记。有观点认为“若绳以后世标准，《隋志》仍然是不完全的四部分类法”[①]。实际上，正因为“录其大纲，附于四部之末”，两类都只有图书数量的统计以及道经序、佛经序各一篇，没有两类书的实际著录，因而这两类并不是正式的分类，只是一个附件。既不能因为没有收录图书

---

① 来新夏、柯平：《目录学读本》，上海交通大学出版社2014年版，第51、156、179页。

就说是不完全，也不能因为它附于四部之外就怀疑其四分本质。同时，这也反映了魏徵的佛道事可入史但佛典道典不入史的史志目录学思想。

第四，四部既定，影响深远。姚名达说："自《隋志》采用《七录》之分类法，删并为四部四十种后，一千二三百年来，官簿私录，十九沿袭，视为天经地义，未敢推翻另创。故此第二时期之四部分类法（非第一时期之李充单纯四部分类法），实为中国目录学史之主要潮流，亦即分类史之正统派。"① 由于魏晋时期四部分类目录久佚，《隋志》便成为现存最早的四部分类目录。从史志目录学看，其地位仅次于《汉志》，是中国第二部最重要的史志目录，对后世的影响不仅仅在于史志目录，对所有目录的类例和编纂都产生了极大的影响。唐宋以后，《隋志》的分类体系一直被继承和沿用。如两唐书、《宋史》《明史》中的经籍志、艺文志，尤袤《遂初堂书目》，晁公武《郡斋读书志》等。《四库全书总目》在分类上受《隋志》影响，其凡例指出："自《隋志》以下，门目大同小异，互有出入，亦各具得失，今择善而从。"

从上述魏徵的经史子集四部分类思想中可以看到魏徵"兼收并蓄"的分类思想，主要表现为：第一，魏徵的《隋志》继承《汉志》体例，却在分类上没有按《七略》和《汉志》的六分法，反而采用了魏晋以来的四分法，这是既看到了《汉志》分类无法适应时代的弊端，又注意到魏晋以来分类的进步，一方面充分吸收了《汉志》的体例精华，另一方面又将新的分类吸收到史志目录。第二，魏徵对荀勖、李充的做法多有批评，却采用他们创始的四部分类，并以他们的分类为基础进行了扩充和改进。第三，魏徵对王俭《七志》和阮孝绪《七录》颇为重视，虽没有采用其分类体系，但在四部定名时，既借鉴了《汉志》的类名，也借鉴了《七志》和《七录》的类名。姚振宗《隋书经籍志考证》指出："以《七录》叙目校之，唯史部之正史、古史、杂史、起居注四篇不用阮例，余或合并篇目，或移易次第，大略相同。"《隋志》的40个二级类目设置上对阮孝绪《七录》的借鉴是比较多的。第四，魏徵在四部之后另设道、佛两类，借鉴了《七志》在七分之后附道经录、佛经录两种的做法。

---

① 姚名达：《中国目录学史》，上海古籍出版社2011年版，第77页。

（四）究其源流的学术史思想

魏徵推崇向歆父子的“剖析条流，各有所部”。他认为《晋元帝四部书目》“充遂总没众篇之名，但以甲乙为次。自尔因循，无所变革”。指出其分类过于简陋，不能辨其流别，既无类名，又无细目。

《隋志》继承《汉志》总序、大序和小序之传统，并进一步完善小序体例。《隋志》共有类序48篇，包括总序1篇，后序1篇，四部类大序各1篇，道佛经大序各1篇，各类小序40篇。此外，《隋志》大小序之前均有对图书著录的统计，如经部易类小序前有“右六十九部，五百五十一卷。通计亡书，合九十四部，八百二十九卷”，经部大序前有“凡六艺经纬六百二十七部，五千三百七十一卷。通计亡书，合九百五十部，七千二百九十卷”。

类序体例完备，旨在辨章学术，考镜源流，可从中考见中古时期的典籍变迁和学术发展概貌。《隋志》紧随《汉志》，连总序也仿《汉志》总序，其“自哲人萎而微言绝，七十子散而大义乖，战国纵横，真伪莫辨，诸子之言，纷然淆乱”等直接袭用《汉志》总序“昔仲尼没而微言绝，七十子丧而大义乖。……战国从衡，真伪分争，诸子之言纷然殽乱”。

一是讨论学术本质与演变。经部大序引述《汉志》六艺略序的观点叙圣人抒作之意，指出孔子之后各时期经学之弊端。后汉以来经学多入歧途。“至后汉好图谶，晋世重玄言，穿凿妄作，日以滋生”，至于“近代”每况愈下。不仅体例上以“注疏”取代纪传，“无复师资之法，学不心解，专以浮华相尚”，而且解说上“豫造杂难，拟为雠对，遂有芟角、反对、互从等诸翻竞之说”。徐有富认为，由此“可见一部经学发展史，都是人们为了现实的利益，不断对之进行曲解的历史”①。

二是阐述学术分类。经部大序阐述经学各类之流别。如“班固列六艺为九种，或以纬书解经，合为十种”，说明《隋志》对《汉志》六艺略所分9种的增加。史部大序重在说明史部分类之缘由，如“班固以《史记》附春秋，今开其事类，凡十三种，别为史部”，具有史学分类意义。子部大序曰：“《汉书》有《诸子》《兵法》《数术》《方伎》之略，

---

① 徐有富：《目录学与学术史》，中华书局2009年版，第104页。

今合而叙之，为十四种，谓之子部。”集部大序曰：“班固有诗赋略，凡五种，今引而申之，合为三种，谓之集部。”分别说明四部与《汉志》六略的关系。

三是说明图书归类依据。如《尚书》类小序：“又有《尚书逸篇》，出于齐、梁之间，考其篇目，似孔壁中书之残缺者，故附《尚书》之末。”《孝经》类小序曰：“又云魏氏迁洛，未达华语，孝文帝命侯伏、侯可、悉陵，以夷言译《孝经》之旨，教于国人，谓之《国语孝经》。今取以附此篇之末。”《论语》类小序曰：“其《孔丛》、《家语》，并孔氏所传仲尼之旨。《尔雅》诸书，解古今之意，并五经总义。附于此篇。”

四是推究图书的产生及其学术影响，从学术源流的角度看待图书，梳理其学术发展历程与得失。如经部易类小序从探究《周易》成书开始，“昔宓羲氏始画八卦，以通神明之德，以类万物之情，盖因而重之，为六十四卦。及乎三代，实为三《易》，夏曰《连山》；殷曰《归藏》；周文王作卦辞，谓之《周易》。周公又作《爻辞》”，这是《周易》本经的产生。而后孔子作“《彖》《象》《系辞》《文言》《序卦》《说卦》《杂卦》”完成《易传》十篇；“子夏为之传”则是后世易学初祖。在此基础上，以时代为序、以重要易学人物为要点，梳理出《周易》图书的历代流传情况与学术传承，包括秦焚书时“《周易》独以卜筮得存，唯失《说卦》三篇。后河内女子得之”；西汉初“传《易》者有田何，何授丁宽，宽授田王孙”，王孙授施雠、孟喜、梁丘贺，“由是有施、孟、梁丘之学”；西汉又有京房易学，立后又罢，至东汉时出现施、孟、梁丘、京氏“四家并立，而传者甚众”；此外，费直《古文易》“行于人间，而未得立”，经东汉陈元、郑众、马融、郑玄、荀爽等传授，使“费氏大兴，高氏遂衰”；五代以后，有各家传注及各家传授废立，如梁陈之际“郑玄、王弼二注，列于国学”；齐代“唯传郑义”；隋代“王注盛行，郑学浸微，今殆绝矣”。史部正史类小序界定其范围为纪传体史书，论述《史记》《汉书》《三国志》及《东观汉记》等正史成书历程；古史类小序界定编年体之史书为古史，“以为《春秋》则古史记之正法，有所著述，多依《春秋》之体”。道经类大序论述道经图书产生和流传；佛经类大序论述佛经图书的产生、佛经传入中国及其在中国的翻译与流传。这些讨论与该类中的小注相配合，反映图书著录、小注及小序三位一体共同辨章学术的逻辑统一。

《隋志》大小序上承《汉志》，揭示了从东汉到隋乃至唐初[①]的学术面貌与图书发展概况，提供了各学科的珍贵史料，具有重要的史料学价值和学术史价值。余嘉锡对《隋志》经、子两部大序因袭《汉志》少所发明且舛误颇多提出了批评，但对其史、集、道、佛诸部之序则赞赏有加："其经子两部小序，并依仿《汉志》，凡所论说，不能出刘、班范围，及其补叙源流又多违失，《四库提要》讥之，以为在《隋书》诸志中为最下。然史、集、道、佛四部，为《汉志》所未有，并能穷源竟委，自铸伟词。如序古史则推本于《纪年》，序起居注则推本于《穆天子传》，序旧事知即《周官》太史掌万民之约契与质剂，序职官知即御史所掌在位之名数，至于杂传序言史传当纪穷居侧陋之士，足以正《地理书》不记人物之非，簿录序言当辨流别，足以纠目录书但记书名之失。皆独具特识，通知著作之体。固不宜因偶有疏略，概肆讥弹也。"[②] 姚名达《中国目录学史》对《隋志》有所批评，但高度评价了《隋志》的小序"唯一之优点为各类之小序，稍采《汉志》，接其后事，叙述各类学术之由来，颇具学术史性质"[③]。

（五）论其旨归的图书揭示思想

魏徵对于史志目录的收录范围是有标准的。尽管当时国家藏书达"一万四千四百六十六部，有八万九千六百六十六卷"，但《隋志》并没有全部收入，而是删除了"文义浅俗、无益教理"的"见存"图书，最终收录图书 3127 部，36708 卷。通计亡书，合 4191 部，49467 卷，其中参考前人目录而得到"古有（尤其是梁有）今无"的"曾有"图书共计约 1000 部[④]、12000 余卷[⑤]。主要特点是记亡佚，既著录了隋代国家图书馆的藏书，又著录唐初已亡佚或残存的梁、陈、北齐、周、隋图书，如

① 《隋志》所谓"近世"。

② 余嘉锡：《目录学发微》，中华书局 1963 年版，第 65 页。

③ 姚名达：《中国目录学史》，上海古籍出版社 2011 年版，第 174 页。

④ 4191 部减去 3127 部。

⑤ 49467 卷减去 36708 卷。

在注文中附载“梁有今亡”，进而反映六朝之际图书变动的情况。在“今考见存”著录唐初现实藏书的同时，还将隋代已亡、已残或梁代别本，“约文绪义”，“各列本条之下”。《隋书·经籍志》采用以书名、卷数为标目的形式著录图书，有关作者方面的信息主要通过小注出具。

魏徵的目录学受到了班固简约揭示的目录学思想的影响，继承和发展了班固的著录和注释方法。

魏徵继承《汉志》图书合一著录的方法。《四库全书总目·子部·杂家类·杂编》按语曾指出：“古无以数人之书合为一编而别题以总名者，惟《隋志》载《地理书》一百四十九卷，录一卷，注曰：‘陆澄合《山海经》以来一百六十家以为此书。澄本之外，其旧书并多零失，见存别部自行者惟四十二家’。又载《地记》二百五十二卷，注曰：‘梁任昉增陆澄之书八十四家以为此记。其所增旧书亦多零失。见存别部行者惟十二家。’是为丛书之祖。”这里，“《地理书》一百四十九卷，录一卷”实际包括《山海经》23 卷、《水经》3 卷、《黄图》1 卷、《洛阳记》4 卷、《洛阳记》1 卷、《洛阳宫殿簿》1 卷等 6 种著作单行本。

《汉志》对所录书籍已有简明的小注，注释内容包括作者介绍（姓名、字号、爵里、时代、事迹及学术思想）、作品内容介绍、图书辨伪、图书存佚及图书著录分类方法的介绍，是学术考辨型注释。《隋志》采用以书名、卷数为标目的形式著录图书，继承了《汉志》的注释传统而又有所发展，其注释的内容十分丰富①。

关于作者和著作方式的注释有多种形式：作者注释大多包括作者时代或朝代、官阶或官爵、姓名等。而著作方式注释分“撰”“撰议”“注”“章句”“集解”等不同方式。例如经部礼类有“月令章句十二卷　汉左中郎将蔡邕撰”“礼记三十卷　魏秘书监孙炎注”，经部乐类有“乐悬一卷　何晏等撰议”，经部春秋类有“春秋左氏长经二十卷　汉侍中贾逵章句”“春秋谷梁传四传残缺，张、程、孙、刘四家集解”等。还有的作者注释其学术流别，颇有价值。如子部道家类《文子》十二卷注：“文

---

① 张冬云《〈隋书·经籍志〉对目录学与学术研究之贡献》，《天中学刊》2000 年第 1 期，第 66—68 页。

子，老子弟子。”墨家类《随巢子》一卷注“巢，似墨翟弟子”。余嘉锡《古书通例》则认为，《隋书·经籍志》在著录图书时，为了整齐有法，把先秦汉魏的著作一律题署著作者，这是不合适的。因为先秦汉魏著作，多是思想家门徒、宾客或后人汇编成书，与后世成于一人的著作并不相同。先秦图书在流传时，并未题有著者姓名，那是符合实际的。

关于图书特征的注释有多种形式：

一是考书的来历，叙关联。如子部医方类《墨子枕内五行纪要》一卷注“梁有《神枕方》一卷，疑此即是”，《疗马方》一卷注“梁有伯乐疗马经一卷，疑与此同”。

二是述书的内容，列重点。如史部地理类《黄图》一卷注“记三辅宫观、陵庙、明堂、辟雍、郊畤等事”，《神壤记》一卷注“记荥阳山水，黄闵撰”。

三是定书的性质，述推论。如史部霸史类《凉记》十卷注“沮渠国史”，起居注类《穆天子传》六卷注“汲冢书，郭璞注”。

四是辨书的真伪，记存疑。如经部孝经类《古文孝经》一卷注“孔安国撰。梁末亡逸，今疑非古本。”

关于图书存亡的注释有多种形式：

一是记“残缺”。其最大特色是注明“梁有若干卷”或“梁若干卷”，而梁有的具体卷数要多于今存卷数。例如，史部正史类《吴书》二十五卷注“韦昭撰，本五十五卷，梁有，今残缺”。有的注明今存之书的原有卷帙，如子部医方类《诸药异名》八卷注“沙门行矩撰，本十卷，今阙”。

二是记“亡佚”。从时间上说，《隋志》所著录的“亡”多为“梁有”而“今亡”之书，如集部总集类《诗集钞》十卷注“谢灵运撰。梁有《杂诗钞》十卷，录一卷，谢灵运撰，亡”，《五岳七星回文诗》一卷注“梁有《杂诗图》一卷，亡”等。另有少数“今亡”之书似非梁时所实存。如史部正史类《吴纪》九卷注“晋太学博士环济撰，晋有张勃《吴录》三十卷，亡”，这里的“亡”说明梁时已不存。还有的注释记隋代以前相关书籍流通传播的概貌，如经部小学类《三苍》三卷注“郭璞注，秦相李斯作《苍颉篇》，汉扬雄作《训纂篇》，后汉郎中贾鲂作《滂喜篇》，故曰《三苍》。梁有《苍颉》二卷，后汉司空杜林注，亡”。

注释的优势在于以简洁的文字揭示图书，但《隋志》注释并非千篇一律，而是有目的有选择地进行注释。例如，经部易类著录图书 69 部，有 7 部[①]仅著录书名卷数没有注释，其他 62 部均有注释。在有注释的图书中，只注作者的有 13 部[②]，注“作者 + 朝代”的有 4 部[③]，注“作者 + 朝代 + 官爵”（本朝不注朝代）的有 24 部[④]，其他 21 部则有更多项注释。这恰恰是注释方法的灵活运用。

《隋志序》贯穿全文的中心思想是“论其旨归，辨其讹谬”。魏徵深得目录学旨趣，称赞刘向每校完一书，“辄为一录，论其旨归，辨其讹谬”，刘歆“总括群书，撮其旨要”。强调目录的编纂应该效仿向、歆父子的做法。他批评《中经新簿》“但录题及言，盛以缥囊，书用缃素。至于作者之意，无所论辩”。客观评价《七录》类例设置较有次序，但其提要的文辞质量和学术价值并不高，“其分部题目，颇有次序，割析辞义，浅薄不经”。

魏徵论其旨归的图书揭示思想最突出之处在于以注释考辨源流，使注释具有学术价值。具体表现有两个特征：一是以客观记录为主，辅以推论。注释并非对图书和作者做一般性的简单介绍，而是研究性的揭示，

---

① 这 7 部是：《周易马、郑、二王四家集解》十卷；《周易荀爽九家注》十卷；《周易玄品》二卷；《周易释序义》三卷；《周易问》二十卷；《周易私记》二十卷；《周易谱》一卷。

② 这 13 部是：《周易》七卷 姚规注；《周易》十三卷 崔觐注；《周易》十三卷 傅氏注；《周易》一帙十卷 卢氏注；《周易系辞》二卷 荀柔之注；《周易音》一卷 范氏撰；《周易论》四卷 范氏撰；《周易统例》十卷 崔觐撰；《周易爻义》一卷 干宝撰；《周易太义》二卷 陆德明撰；《周易开题义》十卷 梁蕃撰；《周易系辞义疏》三卷 萧子政撰；《周易系辞义疏》二卷 刘瓛撰。

③ 这 4 部是：《周易系辞》二卷 晋桓玄注；《周易大义》二十一卷 梁武帝撰；《周易讲疏》三十五卷 梁武帝撰；《周易系辞义疏》一卷 梁武帝撰。

④ 这 24 部是：《归藏》十三卷 晋太尉参军薛贞注；《周易》十卷 汉魏郡太守京房章句；《周易》十一卷 汉司空荀爽注；《周易》十卷 魏卫将军王肃注；《周易》十卷 吴太常姚信注；《周易》九卷 吴侍御史虞翻；《周易》十五卷 吴郁林太守陆绩注；《周易》十卷 晋散骑常侍干宝注；《周易》十卷 后魏司徒崔浩注；《周易系辞》二卷 晋西中郎将谢万等注；《周易系辞》二卷 晋太常韩康伯注；《周易音》一卷 东晋太子前率徐邈撰；《周易音》一卷 东晋尚书郎李轨弘范撰；《周易并注音》七卷 秘书学士陆德明撰；《周易象论》三卷 晋尚书郎栾肇撰；《周易卦序论》一卷 晋司徒右长史杨乂撰；《周易统略》五卷 晋少府卿邹湛撰；《周易论》二卷 晋冯翊太守阮常撰；《周易义》一卷 宋陈令范歆撰；《周易讲疏》十六卷 梁五经博士褚仲都撰；《周易义疏》十四卷 梁都官尚书萧子政撰；《周易讲疏》三十卷 陈谘议参军张讥撰；《周易义疏》十六卷 陈尚书左仆射周弘正撰；《周易讲疏》十三卷 国子祭酒何妥撰。

发挥学术的作用。二是注释记存亡，是《汉志》所没有的，在一定意义上发挥了目录考镜源流的作用。

三 刘知几的目录学思想

刘知几（661—721），字子玄，彭城（今江苏徐州）人。史学家、目录学家。唐高宗永隆元年（680）举进士，授获嘉主簿，迁定王府仓曹参军。武后时历任著作佐郎、左史（起居郎）等职，兼修国史。玄宗时官至左散骑常侍。开元九年（721），坐事贬为安州都护府别驾。

刘知几著《史通》对历代史书及其体例、编撰方法进行了系统评论，是中国第一部史学评论著作，在这部著作中系统阐述了他的目录学思想。

（一）史书艺文志论

武周长安二年（702），刘知几修撰起居注，成为史官。武周长安三年，联合朱敬则修撰《唐书》80卷。神龙年间，联合徐坚撰写《则天皇后实录》。先天元年（712），联合家谱学家柳冲等改修《氏族志》，撰成《姓族系录》200卷，联合吴兢撰成《睿宗实录》20卷，重修《则天实录》30卷、《中宗实录》20卷。由于屡任修史之责，深知官设史局之流弊。景龙二年（708）辞去史职，从事私人修史工作。

刘知几一生专攻史学，通览诸史。认为史家须兼“史才”“史学”“史识”三长，而尤重史识。于著史，提倡“不掩恶，不属善”“爱而知其丑，憎而知其善”，强调有直笔态度。他特别强调了史家和史籍的重要性，其《史通》“史官建制篇”说：“苟史官不绝，竹帛长存，则其人已亡，杳成空寂，而其事如在，皎同星汉……由斯而言，则史之为用，其利甚博，乃生人之急务，为国家之要道。”

刘知几认为，目录代有编撰，自成一家；而且图书不朽，传至无穷，而艺文志著录历代图书，不免重复，“前志已录，而后志仍书，篇目如旧，频频互出，何异以水济水，谁能饮之者乎”。因此，提出了史书不应有艺文志的观点。《史通》“书志篇”说：“唯艺文一体，古今是同，详求阙义，未见其可。愚谓凡撰志者，宜除此篇。”

针对刘知几对于正史艺文志必要性的质疑，引发后人众多批评，如清代朱彝尊在《经义考·著录篇》中批评说："班固《汉书》依《七略》作《艺文志》，诚良史之用心而史家体例之不可少者也。而刘知几《史通》反讪之，谓骋其繁富，凡撰《志》者宜除此篇。抑何见之褊乎？"

实际上，刘知几是批评《汉书》之后汉魏六朝所编纂的综述一朝事迹的正史中，每每有记载"千古不变"天象的天文志、著录古人著作的艺文志和专论天人交感的五行志不妥。对《汉志》本身不仅没有完全否定，而且从另一面肯定了其价值，认为《汉志》的编撰尚可理解，因为："文字既少，披阅易周，故虽乖节文，而未甚秽累。"至于后世正史艺文志就没有必要了："而近世有著《隋书》者，乃广包众作，勒成二志，骋其繁富，百倍前修。非唯循覆车而重轨，亦复加阔眉以半额者矣。"由此可见，刘知几的思想不是要彻底否定正史艺文志，而是对《隋书》多有批评。而且，刘知几借批评正史天文志、艺文志和五行志，以树他的新三志论，即都邑志、方物志、氏族志，认为此三志"实为志者所宜先，而诸史竟无其录"。

刘知几主张史书艺文志应记一代著述。在他看来，艺文志"若必不能去，当变其体"，应改通记古今为仅录一代著述。这一思想是有积极意义的，对于后来的史志目录产生了影响。

刘知几对于史志目录有自己的标准和看法。他赞成《关东风俗传》中的"坟籍志"记录一地著述的方法。他重视地方文献，除地方史如《益都耋旧传》之类和地方志如《华阳国志》之类外，还将地区图册如《三辅皇图》之类纳入史籍的范畴，而且将一些子部的书如《西京杂记》和《世说新语》等都当作史籍看待，"扩大了史籍的范围"①。

（二）史籍分类思想

刘知几在《史通》中对正史和杂史进行了专门研究，提出了史籍分类的六家、二体之说。

六家之说是从史学流派上进行的史籍分类，包括尚书家、春秋家、左传家、国语家、史记家、汉书家六家。刘知几认为六家是史学的正宗之源。这里，将《尚书》《春秋》等经书入史，"这是刘知几的一个创

---

① 来新夏：《古典目录学》，中华书局1991年版，第188页。

见，开‘六经皆史’说之先河”①。

二体之说是从体裁上进行的史籍分类，当时历史著作有两种主要体裁，“丘明传《春秋》，子长著《史记》”，一为编年，一为纪传。

由于当时各种内容和体裁的史籍不能用六家二体所包揽，于是刘知几在《杂述》篇又细分为十流，每类举出例书：偏记（如陆贾《楚汉春秋》）；小录（如王粲《汉末英雄记》）；逸事（如葛洪《西京杂记》）；琐言（如刘义庆《世说新语》）；郡书（如陈寿《益都耆旧传》）；家史（如扬雄《家牒》）；别传（如刘向《列女传》）；杂记（如干宝《搜神记》）；地理书（如常璩《华阳国志》）；都邑簿（如《三辅皇图》）。

对于这些类别，刘知几都有小序性质的说明，如偏记类“大抵偏记小录之书，皆记当日当时之事，求诸国史，最为实录”；逸事类“逸事者，皆前史所遗，后人所纪，求诸异说，为益实多”等。

将上述六家、二体与十流合起来，形成了三维立体的史籍分类体系。这一多标准划分的分类思想对于后来的史籍分类产生了深远影响。

（三）辨伪学思想

到了唐代，辨伪学者渐多，且有系统的辨伪方法，详述其判定伪书理由，推动了辨伪学的建立，其中最有贡献的是刘知几。

刘知几不仅在其所著《史通》的《疑古篇》《惑经篇》《申左篇》等有大量的辨伪内容，而且还在开元初年，专门上书请废除《孝经》郑玄注、《老子》河上公注和《易》子夏传。刘肃在其所著《大唐新语》卷九中记其事说：“开元初，左庶子刘子玄奏议，请废郑子《孝经》，依孔注；《老子》请停河上公注，行王弼注；《易传》非子夏所造，请停。引今古为证，文多不尽载。其略曰：‘今所行《孝经》，题曰郑氏，爰在近古，皆云是郑玄，而魏晋之朝无有此说。后魏、北齐之代，立于学宫。盖虏俗无识，故致斯谬。今验《孝经》，非郑玄所注。河上公者，汉文帝时人，菴于河上，因以为号，以所注《老子》授文帝，因冲空上天。此

---

① 瞿林东：《中国史学史（第3卷）魏晋南北朝隋唐时期：中国古代史学的发展》，上海人民出版社2006年版，第274页。

乃不经之鄙言，习俗之虚语。案《艺文志》，注《老子》有三家，而无河上公注。虽使才别朱紫，粗分菽麦，亦皆嗤其过谬，况有识者乎！《艺文志》：《易》有十三家，而无子夏传。’子玄争论，颇有条贯，会苏宋文吏，拘于流俗，不能发明古义，竟排斥之。深为识者所叹。”

《唐会要》卷 77《论经义》，详载了刘知几判定《孝经》郑玄注为伪书的 12 条理由。刘知几认为，郑玄卒后，其弟子编《郑志》，追论其师之著述之中没有注《孝经》；《郑志》之目录专记郑玄所注书，而且是“寸纸片札莫不悉载”，亦无注《孝经》事；在《郑志》中还有诸弟子“各述师言，更相问答，编录其语”，涉《诗》《书》《礼》《易》《论语》，而不及《孝经》；《晋中经簿》著录郑玄《周易》《尚书》《尚书中候》《尚书大传》《毛诗》《周礼》《仪礼》《礼记》《论语》凡九种，皆云：“郑氏注，名玄。”独《孝经》则只曰“郑氏解”，无“名玄”二字。

刘知几在判断所谓“郑氏注《孝经》”并非郑玄所注释，至少考察了三个方面的情况，一是郑氏自己的言论，郑玄学生的言论，以及诸贤达包括专挑郑玄注失误的学者之言论；二是考察了相关目录著录的情况；三是考察了存世诸家后汉史书的郑玄传。有力地证明了郑玄没有注过《孝经》，但他写过《孝经说略》。

四　毋煚的目录学思想

毋煚（约 668—744），洛阳人。目录学家、藏书家。开元初，授右补阙。开元三年，受秘书监马怀素之聘，整理国家藏书。后奉诏与韦述、余钦等人编校国家书目，为修书学士。《群书四录》成书后，提升为集贤院直学士。累至右率府胄曹参军。著有《古今书录》和《开元内外经录》[①]。

毋煚一生，致力于校雠目录事业和目录学研究，不仅参与《群书四录》编纂，还著有《古今书录》。《古今书录》虽佚，但《古今书录·

① 郑樵《通志·艺文略》诸子类释家一“目录”著录有“《开元内外经录》十卷，毋煚撰”。

序》保留在《旧唐志》中，这是中国中古时期目录学的一部重要文献，这篇文献系统反映了他的目录学思想。

（一）“开物成务，垂教作程”的经籍思想

毋煚学识渊博，长期参与整理国家藏书，专治子部图书，特别是参与国家书目《群书四录》的编撰，对图书有了更加深刻的认识。

《古今书录·序》云：

> 窃以经坟浩广，史图纷博，寻览者莫之能遍。司总者常苦其多，何暇重屋复牀，更繁其说？若先王有阙典，上圣有遗事，邦政所急，儒训是先，宜垂教以作程，当阐规而开典，则不遑启处，何获宴宁。曩之所修，诚惟此义。然礼有未惬，追怨良深……夫经籍者，开物成务，垂教作程，圣哲之能事，帝王之达典。而去圣已久，开凿遂多。苟不剖判条源，甄明科部，则先贤遗事，有卒代而不闻，大国经书，遂终年而空泯。使学者孤舟泳海，弱羽凭天，衔石填溟，倚杖追日，莫闻名目，岂详家代？不亦劳乎！不亦弊乎！将使书千帙于掌眸，披万函于年祀，览录而知旨，观目而悉词，经坟之精术尽探，贤哲之睿思咸识，不见古人之面，而见古人之心，心传后来，不其愈已！

毋煚在《古今书录·序》中阐述了经籍“开物成务，垂教作程”的作用。一方面，《易·系辞上》“夫《易》开物成务，冒天下之道，如斯而已者也。”掌握经籍，通晓万物而至成功，说明了图书的知识价值。另一方面，汉蔡邕《陈太丘碑文》“含光醇德，为士作程”。《文选·陆倕》“配皇等极，为世作程”。唐牛僧孺《辨私论》“宣父之作《春秋》，删《诗》《书》，是公其身于垂教也。”通过经籍，可垂训赐教，启迪示范，强调了图书的教育作用。

（二）“览录而知旨”的书录思想

《古今书录》是《群书四录》的修订、补充和简化。毋煚继承了录的传统和汉代的书录方法，第一次以“书录”命名目录。

毋煚在《古今书录·序》中将目录的作用定位于“览录而知旨，观目而悉词”，可以达到“经坟之精术尽探，贤哲之睿思咸识”。来新夏认为“毋煚的这种见解，不免有夸大之处，因为目录书使人们对古籍能‘知旨’、‘悉洞[①]’是完全可能的，而说对古籍和各种学术思想都能达到‘尽探’和‘咸识’，就不符实际了；但是，至少能得到探求知识宝藏的入门途径”[②]。

毋煚的思想，主要在于强调“录”和“目”的价值。从“录”中可以获得一书的思想和意旨，“知旨”正是目录学揭示图书内容的深度。从“目”中可以了解一书的名称、作者等相关信息，“悉词”正是目录学揭示图书内容的广度。因此，毋煚深刻认识了目录对于揭示图书的价值与重点。而通过“录”与“目”，进一步达到目录学的两大意义：一是探求并掌握学术思想发展，达到目录学通古今的学术史意义；二是探究并获知圣哲先人们的思想精华，达到目录学“知人”“知心”的哲学意义。这里的两大意义不是夸大，而是宏大且深邃，与其“开物成务，垂教作程”的经籍思想相统一。其宏大目标，值得目录学家去追寻；其深邃的意旨，值得目录学家去思考。

（三）通录古今的完备著录思想

毋煚开元初任左补阙，作为主要成员参与《群书四录》的编撰工作，任修书学士。毋煚深知《群书四录》存在的缺陷，从五个方面对《群书四录》提出了批评意见：其一，于时秘书省经书，实多亡阙，诸司坟籍，不暇讨论，此则事有未周。其二，其后周览人间，颇睹缺文，新集记贞观之前，永徽以来不取；近书采长安之上，神龙已来未录。此则理有未弘。其三，书阅不遍，事复未周，或不详名氏，或未知部伍。此则体有未通。其四，书多阙目，空张第数，既无篇题，实乖标榜。此则例有所亏。其五，所用书序，咸取魏文贞；所分书类，皆据《隋经籍志》，理有未允，体有不通。此则事实未安。

毋煚强调著录要完备，应通录古今典籍。《古今书录》著录经录 575 部，6241 卷；史录 840 部，17946 卷；子录 753 部，15637 卷；集录 892

---

① 即“词”。

② 来新夏：《古典目录学》，中华书局 1991 年版，第 57 页。

部，12028卷，“凡四部之录四十五家，都管三千六十部，五万一千八百五十二卷，成《书录》四十卷”。从《古今书录》编纂可见，通录古今的思想在标题就已体现，在实际著录中，以现存书为主，既记注亡阙之书，又及时反映当代新书，体现了著录全面又有重点的完备思想。

毋煚强调目录编纂的科学性，反对《群书四录》的草就。“昔马谈作《史记》，班彪作《汉书》，皆两叶而仅成；刘歆作《七略》，王俭作《七志》，踰二纪而方就。孰有四万卷目，二千部书，名目首尾，三年便令终竟，欲求精悉，不其难乎?”由此可以看到毋煚强调目录工作管理的思想，对于目录学家在编目过程中所采取的某些草率态度和在方法上存在的问题“追怨良深”，书目编纂应有充分的时间保证。书目工作是一项具有学术性和严肃性的工作，毋煚主张目录工作要严谨求精，这就指明了目录学家应有的科学态度和科学精神。

为纠正《群书四录》的缺漏和谬误，毋煚“纰缪咸正，混杂必刊”，改正了《群书四录》中收书不完备，分类、解题不正确等错误300余条；审正旧疑，刊证旧传之失；积思潜心，详开新制，增补了永徽以后新集、神龙以后新书并做提要，考释补充并加论述，增加著录了书籍6000多卷，“检获便增”，将“理有未允，体有未通”者“详宜别作”，最终形成了《古今书录》这部高水平的目录。

《古今书录》因为著录完备，在中国目录学史上有着突出的成就，不仅《旧唐书·经籍志》是完全依据《古今书录》抄录，而且也成为宋代一些目录的征引和参考材料。

《群书四录》编纂晚于《隋志》60年后，却未能像《隋志》那样将道经佛经附于四部之后。有鉴于此，毋煚在《古今书录》之外，奉敕撰《开元内外经录》10卷，收道释书2500余部，9500余卷，翻译名氏，序述指归。将道经和释经合为一目，是唐代重道且道佛共同发展的结果，既可补官修目录之遗，又开佛道目录合一之先例，还与《古今书录》体例合，进一步体现了毋煚的完备著录思想。

（四）“剖判条源，甄明科部”的目录学思想

毋煚第一次认识到目录学存在着矛盾现象，一方面，图书大量增长，“经坟浩广，史图纷博”，而且图书发展变化加快，“去圣已久，开

凿遂多”。另一方面，获取和利用图书出现了困难，“寻览者莫之能遍，司总者常苦其多”。这一矛盾带来不好的结果和负面的影响，既直接影响到了图书保存与传播，“先贤遗事，有卒代而不闻，大国经书，遂终年而空泯”；也直接影响到了读者的利用，“使学者孤舟泳海，弱羽凭天，衔石填溟，倚杖追日，莫闻名目，岂详家代？不亦劳乎！不亦弊乎！”毋煚认为，要解决这一矛盾，其根本途径和方法在于“剖判条源，甄明科部”。

从目录学的矛盾出发，毋煚全面而深刻地阐明了目录学的重要性。“剖判条源，甄明科部”是目录学的基本方法，以此既可以为读者打开图书内容和知识的宝库，也可以为读者提供了解前人学术思想的窗口，目录学既是打开知识宝库的钥匙，也是沟通古今的桥梁。

毋煚的“剖判条源，甄明科部”思想具体体现在书目分类上，《古今书录》分经史子集四部 45 小类：

甲部经录（12 类）：易；书；诗；礼；乐；春秋；孝经；论语；谶纬；经解；训诂；小学。

乙部史录（13 类）：正史；编年；伪史；杂史；起居注；故事；职官；杂传；仪注；刑法；目录；谱牒；地理。

丙部子录（17 类）：儒；道；法；名；墨；纵横；杂；农；小说；天文；历算；兵书；五行；杂艺术；事；经脉；医术。

丁部集录（3 类）：楚辞；别集；总集。

毋煚的“剖判条源，甄明科部”思想还体现在揭示图书方面。《古今书录》每部有小序，每书注撰人且有解题，是一部解题目录，尽管其序文和解题比《群书四录》简略，但体现了辨章学术的思想。

五　总结

从上述目录学发展流变和目录学思想的讨论中可以发现，唐代目录学一改隋萎靡不振的局面，将目录学理论推进到前所未有的水平。

1. 经籍与目录作用的认识

唐代经济的发达以及学术文化的繁荣，特别是纸和印刷技术的发展，直接推动了图书的发展，唐代不仅设置了较完善的职官机构，而且藏书规模十分可观，藏书质量有较大提高，目录数量与之相应增加。《隋书·经籍志》史部之立“簿录”类、《旧唐志》史部之立“目录”类以及《唐六典》列“略录”类都反映了发展增多的情况。

目录学的学术史作用在汉代就有认识，到了唐代，目录学的学术文化功用得到了进一步加强。魏徵、刘知几等目录学家不断认识到目录学辨章学术之功用，而且在实践上付诸实施。

目录学的教育作用以孔子的目录学思想为基础，经过汉代和魏晋南北朝的发展，更加强调了经籍和目录的教育导向作用，“其教有适，其用无穷”（魏徵）。无论是“机神之妙旨”还是“垂教作程”，都是“圣哲之能事”（魏徵、毋煚），目录学家们只有继承才能发展。

魏晋南北朝以后，图书与目录的社会需求与致用性不断加强，到了唐代进一步强化了目录学的检索作用。毋煚认识到目录对于“寻览者”和“司总者”利用图书的功用。智升《开元释教录》称：“夫目录之兴也，盖所以别真伪，明是非，记人代之今古，标卷帙之多少，摭拾遗漏，删夷骈赘，欲使正教伦理，金言有绪，提纲举要，历然可观也。”将目录学的检索作用具体化了，目录是群书系统化的结果，目的在于给读者提供方便，不仅可全面了解图书的内容，也可以检索到图书的书名、卷数、著者、著作年代、真伪等重要信息。唐代目录学家对经籍与目录作用有如此深刻的认识，这从理论上强化了目录学的功用。

2. 四部分类成为制度

“四部”分类法从魏晋创始以来，经过了一个复杂的发展过程，到唐代《隋志》时才正式确立其在目录学上的地位。

四部制度的形成，与图书的发展变化相关，目录学家充分认识到了这一变化，及时通过类例予以反映。以史书为例，《七略》收录的史书，自《世本》至《汉大年纪》才411篇；而到唐初修《隋志》时，史部图书达到了16585卷，数百年间，增加了40倍。

四部制度的确立，与目录的发展变化相关，得益于目录学家们众多的创新实践，并在实践中检验其科学性和有效性。东晋以后，四部分类成为官修目录的一种定制，宋、齐、梁、陈、隋五代都出现过四部分类目录，如阮孝绪《古今书最》就载有《元嘉八年秘阁四部目录》，王俭

《元徽元年四部书目》等。在这一过程中也受到其他分类方法的影响与比较。到了唐初，《隋书·经籍志》的出现，将四部分类推到一个新的水平。

3. 艺文志之争

史志目录学启于汉代，《史记》《汉书》为目录学作出了贡献。在二十四史中，有《后汉书》《三国志》《晋书》《魏书》《宋书》《南齐书》《梁书》《陈书》《北齐书》《周书》《隋书》《南史》《北史》及《旧唐书》共14种产生于魏晋到五代之间，但大多没有艺文志，只有到了唐代，史志目录学得以中兴，以《隋志》和《旧唐志》两部目录为标志。

然而，刘知几《史通·书志》反对史书设艺文志，掀起了史志目录学的“艺文志之争”。刘知几反对史书设艺文志，实际是发现了艺文志存在的收录重复、“以水济水”而不能“饮”的问题，反对过去目录学家的史志目录方法，并非一棍子将正史艺文志打死。他主张正史若设艺文志，必须走“变体”之路。艺文志之争愈争愈明。通过学术争鸣，革弊求新，这在目录学发展中是有指导和推动意义的。

实际上，史志目录学由史家发起，与史学家的修史思想与方法相关。吴兢撰《贞观政要》，“缀集所闻，参详旧史，撮其指要，举其宏纲”（《贞观政要·序》），清高宗序其书曰：“书中分目，目中有条，条之末，引先儒之言而论断之，其有望于后王也深矣！”（《贞观政要·书首》）有艺文与史料、史论相配合，史家“撮其指要”之法既体现在史书之中，也体现在史志目录小序之中。

4. 目录工作的组织

唐代藏书与目录都达到了一定规模，校雠目录事业得以发展，得益于且匹配了盛唐的繁荣景象。究其根本原因，除了外部环境有利外，还在于政府特别是皇帝的重视，以及目录学人才济济等。

唐代重视目录工作的组织，目录从图书整理中产生，编目工作形成了强有力的编纂队伍，在借鉴历史上分工校书经验的基础上，形成了合作编目的目录学思想。

唐代目录学方法重视对汉代目录学方法的继承与发展。魏徵《隋志》和毋煚《古今书录》都有小序，从现存的《隋志》来看，书序包括总序、大序、小序，承继了《汉志》的小序体例，确立了史志目录的类序体制。

唐代目录学还产生了一个重要术语——“类例”。这一术语最早出现于《隋书·许善心传》，许善心之“类例”，指每一部类具叙作者之意，以明其著录之例。后世虽沿袭这一术语，但有着不同的概念内涵和外延。宋代郑樵的类例，则但分四部之书为 12 类，类之中分为若干家，家之中又分为若干种。正如余嘉锡所说：“所谓必谨类例者，谨其分类之例而已，于每类作者之意未尝一言，二者似同而实异也。”①

5. 辨伪

唐代的造伪不少已脱离了学术范畴，而形成了党同伐异的攻击。其中最典型的是因“牛李党争”而产生的《周秦行记》与《牛羊日历》。唐大臣李德裕与宰相牛僧孺结怨。因牛僧孺好作小说，李德裕的门客卫瓘②便托名牛僧孺撰《周秦行记》，以小说形式诬损牛僧孺。鲁迅在《中国小说史略》中称：“自来假小说以排陷人，此为最怪，顾当时说亦不行。”③《牛羊日历》也是攻击牛僧孺的，牛即指牛僧孺，羊则指杨虞卿和杨汉公兄弟。

6. 推荐目录和专科目录

唐代科举考试制度促进了教育发展和士子的读书热情，由此产生了一种新的目录——推荐目录。《杂钞》中以问答体形式为青年士子开列了书单，是中国现存最早的推荐目录。

唐五代的专科目录也得到一定的发展。经史方面，有唐代杨松珍《史目》3 卷，另《新唐志》著录有《河南东斋史目》3 卷等。唐李肇《经史解题》2 卷。《玉海》卷 42 引李肇自序：“经以学令为定，以《艺文志》为编；史以《史通》为准。各列其题，从而释之。”《崇文总目》也有关于《经史解题》的记载：“上起九经，下止唐氏实录，列篇帙之凡概，释其题。”由此可见其收录范围和编撰体例。文学方面，有吴兢撰《乐府古题要解》1 卷，解释乐府所起本义或者古乐曲所以名篇之义。另

---

① 余嘉锡：《目录学发微》，中华书局 1963 年版，第 57 页。

② 1924 年北大第一院新潮社版《中国小说史略》、《鲁迅全集》1938 年初版和 1948 年第三版均为“卫瓘”。《鲁迅全集》1973 年版为“韦瓘”。

③ 鲁迅先生纪念委员会：《鲁迅全集》第九卷，鲁迅全集出版社 1948 年版，第 233 页。

有南唐朱遵度撰古今文章，分六籍琼华、信史瑶英、玉海九流、集苑金峦、绛阙蕊珠、凤首龙编六例，合 267 门，总杂文 13080 首，共 1000 卷，别撰《群书丽藻目录》50 卷，这些都具有重要参考价值。

总体而言，与唐代的政治和学术文化繁荣在中国历史上的地位相比，唐代目录学并没有达到“辉煌”和那么高的地位，就这一点，目录学史的兴衰与文化史的兴衰虽有密切的联系，但并不完全同步或成正比。因为隋代目录学比较薄弱，而显得唐代目录学一下子强大起来了。唐代目录学除了史志目录学中兴和类书目录学开启，校雠目录事业比以往有更好的经济与技术条件，却没有取得影响目录学史的重大成果。这既与魏晋以来目录学重簿纪、轻学术的流弊相关，也与学术文化过度集中于文学、史学和佛学相关。所幸的是，由于史志目录学的发展，目录学的学术性有所加强，目录学的记录学派和考辨学派在唐代得到了均衡的发展。唐代目录学的重要贡献在于：一是继承和发展了汉代目录学三支柱，形成了以“官藏目录学、史志目录学、私藏目录学”三支柱为主（内圈），以“佛道目录学、类书目录学”二支柱为辅（外圈）的目录学新体系。二是目录学方法以继承与创新为主基调，形成合作编目思想，推进四部分类制度，为目录学方法体系的完善奠定了基础。三是唐代目录学家如魏徵、刘知几、毋煚等的目录学思想大大丰富了目录学的理论。目录学的学术文化史作用与辅政致用功能得到彰显。

第八章

宋代目录学

宋代目录学，历来是目录学史研究的重点。无论是宋代目录学的校雠目录活动，还是宋代目录学的人物及其著作，都是可圈可点。特别是宋代目录学将理论研究推向一个新水平，形成了比较成熟的目录学体系。因此，中国目录学自汉代有了第一次高潮，经过魏晋南北朝和隋代的缓缓渐进，特别是经过唐代目录学的发展，到宋代形成了第二次高潮，目录学从进入魏晋以来的成长期进入到成熟期。

第一节　宋代学术文化与图书体制

一　宋代学术文化

宋代是中国封建社会继续发展的时期。赵匡胤于960年灭五代后周之后建都汴京（今开封），史称北宋（960—1126）[①]。北宋在军事上不及汉唐强大，经常受到北方、西北方外部部落的威胁，终招致灾难，首都汴京陷于来自东北的通古斯部落的女真之手，被迫南渡，建都临安（今浙江杭州），史称南宋（1127—1279）[②]。由于“宋朝是一个有创辟的时代，

① 白寿彝主编《中国通史纲要》关于北宋时间断限为“北宋，传七代，九帝，一百六十八年，约当于公元九六零至一一二七年”；范文澜著《中国通史简编》关于北宋时间断限为九六〇年至一一二七年。

② 白寿彝主编《中国通史纲要》关于南宋时间断限为“南宋，传七代，七帝，一百五十年，约当于公元一一二七至一二七六年”；范文澜著《中国通史简编》关于南宋时间断限为一一二七年至一二七九年。

其学术思想和文艺，都有和前人不同之处”[1]，目录学在这一学术文化环境中有了巨大变化。

宋代经学在中国学术思想上占有重要的地位。自汉立五经，至唐加《仪礼》《礼记》《春秋左氏传》《春秋公羊传》《春秋谷梁传》而成九经。宋代又加《论语》《孝经》《孟子》《尔雅》，合称十三经。《十三经注疏》是发展到宋代才完成的。仁宗庆历以前，多尊章句注疏之学，至刘敞作《七经小传》及王安石作《三经新义》，才以己意改经，与前此诸儒之说立异。欧阳修排《系辞》，欧阳修与苏轼毁《周礼》，李觏、司马光毁《孟子》，苏轼讥《书》，晁说之黜《诗序》，都力排经师旧说。杨东莼引纪昀语“汉儒重师传，渊源有自；宋儒尚心悟，研索易深。汉儒过于信传，宋儒勇于改经，计其得失，亦复相当”，认为纪昀所言汉宋治经方法之异很扼要[2]。

宋代儒学发生了重大转变，以理学为学术中心。北宋学术“宋初三先生”（胡瑗、孙复和石介）开始，以五子（周敦颐、程颢、程颐、张载、邵雍）最为著名。程颢，字伯淳，称明道先生。程颐，号伊川先生。程氏兄弟世居中山，后从开封徙河南（今河南洛阳）。其父是周敦颐的朋友、张载的表兄弟。年少时受过周敦颐的教诲，后来又常与张载进行讨论。“这五位哲学家的亲密接触，确实是中国哲学史上的佳话。”[3] 仁宗之后，经学学者抛弃了汉唐旧说，自创新注，阐发义理，形成了新的儒学学派——宋学。新儒家有两个主要学派：一派称为“程朱学派”或“理学”，由“二程”中的弟弟程颐（1033—1108）开创，朱熹（1130—1200）完成。另一派称为“陆王学派”或“心学”，由“二程”中的哥哥程颢（1032—1085）开创，陆九渊（1139—1193）继续，王守仁（1473—1529）完成。“宋学中陆王一派，是不讲究读书的，程朱一派本不然，朱子就是一个读书极博的人。其后学如王应麟等，考据尤极精审。”[4] “宋学实到周、张出而其说始精，二程继之而后光大，朱、陆及王

---

① 吕思勉：《中国通史》（彩图珍藏版），中华书局 2015 年版，第 243 页。

② 杨东莼：《中国学术史讲话》，岳麓书社 1986 年版，第 212 页。

③ 冯友兰：《中国哲学简史》，北京大学出版社 2013 年版，第 267 页。

④ 吕思勉：《吕著中国通史》，中华书局 2020 年版，第 286 页。

阳明又继之，而其义蕴始尽。”[①] 南宋理学形成了朱（朱熹）、陆（九渊）和吕（祖谦）三大流派。宋学吸收了一些佛道思想，宋儒深通佛老，却讳莫如深，因而宋学也称为“儒佛道混合物”[②]。

宋代学术思想文化达到了中国古代登峰造极的地步，历来为史家所称道。宋代以文治国，学者可以在比较宽松的环境中进行交往、讨论、创作，著述题材广泛，数量众多。在哲学思想上，南宋朱熹集北宋以来理学之大成，掺揉佛教思想，创造了理学的客观唯心主义体系；由于这个思想适应了社会需要，被统治者大力提倡，成为元明清700余年占统治地位的意识形态。一大批理学著作使传统儒学在新时期发扬光大。

宋元史学有承前启后之功，欧阳修《新唐书》及《新五代史》成“十七史”[③]。北宋司马光撰成中国第一部编年体通史——《资治通鉴》294卷及《目录》30卷，此后形成了《通鉴》学。南宋李焘《续资治通鉴长编》是中国第一部当代编年通史，南宋袁枢《通鉴纪事本末》，开创了纪事本末体。郑樵《通志》和马端临《文献通考》发展了典章制度的记载，贡献巨大。史书体裁至此始堪称完备。两宋之际和南宋一代，由于各种矛盾的激化，野史笔记的创作空前繁盛。《大元一统志》是中国古代史上篇幅最大的一部官修地理志书。

宋代继承唐诗成就，又有发展，留传下来大量的诗歌仅清厉鹗撰《宋诗纪事》就著录了3800多人。宋代是词高度发展的时期，词成了宋代文学的重要标志。宋欧阳修《六一诗话》为诗话代表作。《宋史·艺文志·总序》云：“君臣上下，未尝顷刻不以文学为务，大而朝廷，微而草野，其所制作、讲说、记述、赋咏，动成卷帙，累而数之，有非前代之所及也。”

---

① 吕思勉：《吕著中国通史》，中华书局2020年版，第281页。

② 范文澜：《中国通史简编》下册，商务印书馆2010年版，第806页。

③ “十七史”指在“前四史”基础上，增房玄龄《晋书》、沈约《宋书》、萧子显《南齐书》、姚思廉《梁书》与《陈书》、魏收《魏书》、李百药《北齐书》、令狐德棻《周书》、李延寿《南史》和《北史》、魏徵《隋书》以及欧阳修《新唐书》及《新五代史》。《宋史·文天祥传》载文天祥云“一部十七史从何说起”。

二　宋代图书体制

宋代是中国雕板印刷的黄金时代。北宋刻书有两大中心，一是浙江杭州（今杭州），所刻书世称“浙本”；二是四川眉山（今四川眉山市），所刻书世称“蜀本”。南宋时，福建建阳成为刻书中心，所刻书世称“建本”“闽本”。又由于建阳书坊主要集中于麻沙、崇化二坊，故又称“麻沙本”。宋人叶梦得《石林燕语》评四地刻书：“今天下印书，以杭州为上，蜀本次之，福建最下。京师比岁印板，殆不减杭州，但纸不佳；蜀与福建多以柔木刻之，取其易成而速售，故不能工；福建本几遍天下，正以其易成故也。”与此同时，北方金朝的刻书中心在平阳[①]，所刻书世称“平水本”。北宋仁宗庆历年间（1041—1048）中国发明了活字印刷术，比德国的谷腾堡早400年。毕昇是世界上第一个发明活字印刷的人，沈括《梦溪笔谈》载“庆历中，有布衣毕昇，又为活版”。这一方法在宋代虽未广泛流行，但它对印刷术的变革和发展产生了巨大影响。

随着雕版印刷空前发展，宋代官、私、坊三大刻书系统，各尽其能，各显神通，争先刷印，竞相发展。各类图书，盛行于市，多为楮墨优良，刊版精审之善本。

私家刻书称私刻本。史载五代蜀相毋昭裔刻书缘起，《焦氏笔乘·绪四》载：“蜀相毋公，先为布衣，尝从人借《文选》《初学记》，多有难色。公叹曰：‘恨余贫不能力致，他日稍达，愿刻版印之，庶及天下学者。’后公果显于蜀。乃曰：‘今可以酬宿愿矣。’因命工日夜雕版，印成二书。复雕《九经》、诸史，两蜀文字，由此大兴。”宋平蜀，尽取蜀书入都，而这些书的卷尾都刻有毋氏的名字，赵匡胤大为不解，臣僚回答说：“此毋氏家钱自造。”毋昭裔所刻书是目前已知最早的私刻书。南宋奸相廖莹中世綵堂所刻《昌黎先生集》《河东先生集》，元初相台岳氏所刻九经、三传等，都是有名的私刻本。家刻本看重其家声，大多刊刻精良。

书坊所刻书皆称坊刻本。坊刻本多有牌记。如宋刻《周贺诗集》，即

---

① 又称平水，即今山西临汾。

有："临安府棚北睦亲坊南陈宝书籍铺印"的牌记。坊刻本较为复杂，叶梦得说："蜀与福建多以柔木刻之，取其易成而速售，故不能工。"（《石林燕语》卷8）

宋代刻书讲究避讳，为后来校雠目录工作增加了辨识的困难。

宋代盛行蝴蝶装，这种形制是将一张印页从中折线，将有字的一面朝内对折，版心向内，书口的外边以次粘连，书多白口，外包一硬纸即成一册。南宋以后逐渐有了包背装和线装。包背装与蝴蝶装正好相反，将一个印页从中折线，有字的一面朝外对折，版心向外，书口亦朝外。再将折叠而成两个单页的一方顺次粘连在书背上，外加书衣，即成包背装。后来，因粘连书页费工费时，多在需要粘连的一侧打若干小孔，再用纸捻将书页订牢，此种订法已接近后来的线装了。

第二节　宋代目录学发展流变

一　政府校雠目录事业

宋代是在极其复杂的社会多重变化之中开展校雠目录事业，其频繁的图书整理活动，除了皇帝的重视，主要得益于当时的学术文化的发展需要。

（一）北宋时期

宋袭唐制，藏书于昭文、集贤和史馆三馆，总称崇文院。三馆与秘阁各有专官管理，官员多是博学俊才。元丰改制，改崇文院为秘书省，统一领导三馆，专事藏书的搜求与管理。北宋灭亡，藏书或遭毁坏，或被金人掠去。

北宋政府组织的大规模图书整理有三次。

第一次政府图书整理：

宋初国家藏书为后周原藏，太祖建隆初年，三馆藏书仅12000余卷，其后平定南方诸国，收其图籍，其中得蜀书13000卷，江南书20000余卷。"及下诏遣使购求散亡，三馆之书，稍复增益。"（《宋志总序》）宋初三朝注意访求和保存图书，鼓励民间献书，使官府藏书不断丰富。太祖乾德五年（967），编撰《新定书目》4卷，著录史馆藏书14409卷。

开宝年间，宫廷藏书达 8 万卷。

宋太宗说："朕年长，他无所爱，但喜读书"（《续资治通鉴长编》卷 32）。太平兴国二年（977），于乾元殿东改建三馆，次年二月赐名崇文院，西序启便门，以备皇帝临幸，"尽迁旧馆之书以实之。院之东廊为昭文书，南廊为集贤书，西廊有四库，分经史子集四部，为史馆书。六库书籍正副本凡八万卷，策府之文焕乎一变矣"（《续资治通鉴长编》卷 19）。又分三馆书万余卷别为书库，目曰秘阁。阁成，太宗入阁观书，又命近习侍卫之臣纵观群书。九年，"上谓侍臣曰：'教化之本，治乱之原，无书籍，何以取法。今三馆贮书，数虽不少，若观开元书目，即遗逸尚多，宜广行求访'。乃诏以《开元四部书目》比较，阙者搜访，具录所少书，示中外"①，以唐开元四部目录检核三馆藏书，编纂阙书目录《太平兴国搜访书目》。于端拱元年（988）建秘阁于崇文院中堂，分内库书籍四万卷藏之。

真宗咸平元年（998）十一月，以三馆秘阁书籍岁久不治，诏朱昂、杜镐、刘承珪整比，著为目录。二年闰三月，诏三馆写四部书二本，置禁中之龙图阁及后苑之太清楼。而玉宸殿、四门殿亦各有书万余卷。又以秘阁地隘，分内藏西库以广之。三年，诏朱昂、杜镐、刘承珪整理编目，《咸平馆阁图籍目录》② 告成。五年（1002），因龙图阁及太清楼藏书尚有舛误，未校雠者达 2 万卷。又命刘均、聂震等七人就崇文院校勘。次年，真宗谓龙图阁书屡经校雠，最为精详，分为经典、史传、子书、文集、天文、图画六阁。景德二年（1005）五月，真宗幸国子监阅书库，问祭酒邢昺曰书板几何？于是"馆阁博聚群书，精加雠校，经史未有印板者，悉令刊刻"（《续资治通鉴长编》卷 60）。

真宗大中祥符六年（1013），真宗赐王旦以下《龙图阁书籍图画目》。大中祥符八年（1015），因荣王宫火延燔崇文院和秘阁，太宗、真宗二代藏书大半煨烬，其仅存者，迁于右掖门外，谓之崇文外院。乃命枢密使、

---

① （宋）王应麟：《玉海艺文校证》（修订本），武秀成、赵庶洋校证，凤凰出版社 2017 年版，第 865 页。

② （宋）王应麟：《玉海艺文校证》（修订本），武秀成、赵庶洋校证，凤凰出版社 2017 年版，第 868 页。

翰林学士、馆阁校勘等借大清楼补写所缺之书，王钦若主其事，陈彭年副之，书成，归于太清楼。同时，访求天下遗书。对献书者，小则授以金帛，大则授之以官。短短几年，三馆秘阁藏书十分可观。编撰《紫微楼书目》和《皇朝秘阁书目》1 卷[①]。其后尚有《太清楼书目》4 卷、《龙图阁书目》7 卷、《玉宸殿书目》和《国子监书目》1 卷等。

仁宗天圣九年（1031），重建崇文院，增募书吏，专事补辑。

景祐元年（1034）闰六月，因三馆所藏有谬滥不全之书，“命翰林学士张观、知制诰李淑、宋祁编修三馆秘阁书籍，仍命判馆阁盛度、章得象、石中立、李仲容覆视之”（《续资治通鉴长编》卷 114）。张观、李淑、宋祁“将馆阁正副本书看详，定其存废，伪谬重复，并从删去。内有差漏者，令补写校对，仿开元四部录，约国史艺文志，著为目录”（《玉海》卷 52）。三年，补写四部书完成。

此后，命王尧臣、王洙、欧阳修等校正条目，讨论撰次。并令仿唐代开元《群书四录》，对图书进行分类、校勘，编著目录，使书守其类，人按类索书，书不至于散亡。经过七年补写编目，至庆历元年（1041）成书，由王尧臣奏上，赐名《崇文总目》。

《崇文总目》最初由张观主持编纂[②]。由于主持编纂者更易，导致后世对于《崇文总目》作者有两种不同的意见，一说是王尧臣、欧阳修等撰；一说是欧阳修等撰。持前说者，见于宋王应麟《玉海·艺文》、宋王珪等撰《两朝艺文志》、宋晁公武《郡斋读书志》、宋陈振孙《直斋书录解题》、宋江少虞《宋朝事实类苑》、元脱脱《宋史·艺文志》、清《四库全书总目》及多方辑佚从诸书中辑出《崇文总目》的清钱侗等人；持后一说者，见于清沈嘉辙《南宋杂事诗·引用书目》。可见，大多数意见还是王尧臣、欧阳修等撰。至于后人多题王尧臣或欧阳修编撰，是因为前者的官位高，且领衔上进；后者则学识渊博，声望高，且在其全集中钞存了若干叙释。

---

① 据《玉海·艺文》“《中兴书目》有《皇朝秘阁书目》一卷，分十九门，六千七百九卷，不知作者”。

② 《宋志总序》云“仁宗既新作崇文院，命翰林学士张观等编四库书，仿《开元四部录》为《崇文总目》，书凡三万六百六十九卷”。

王尧臣（1003—1058），字伯庸，应天虞城（今河南商丘）人。宋仁宗天圣五年（1027）举进士第一，授将作监丞，通判湖州。历任知制诰、翰林学士、三司使等职，后迁翰林学士承旨兼端明殿学士，为群牧使。皇祐三年（1051）充枢密副使，深得仁宗信任。王尧臣通军事、明吏治、精目录学，除编有《崇文总目》外，还有文集数十卷，今已不传。

《崇文总目》的编纂者都是当时著名的学者，除王尧臣、欧阳修外，还有聂冠卿、郭稹、吕公绰、王洙、张观、宋庠、李淑、宋祁等，皆学识渊博、才华出众。王尧臣是翰林学士兼龙图阁学士；欧阳修是馆阁校勘；郭稹是尚书兵部员外郎、知制诰；吕公绰是太常博士、直集贤院。当时，分工细致，每项工作都设有专职的官员负责，如《崇文总目》的校勘官是张观、李淑、宋祁等人专任。依据《玉海》卷五十二记载，他们在景德元年（1004）已有30年的工作经历，经验丰富。

《崇文总目》66卷，叙录1卷。著录书籍共3445部，30669卷。

《崇文总目》分为经史子集4部45类，其类例为：

经部（9类）：易；书；诗；礼；乐；春秋；孝经；论语；小学。

史部（13类）：正史；编年；实录；杂史；伪史；职官；仪注；刑法；地理；氏族；岁时；传记；目录。

子部（20类）：儒；道；法；名；墨；纵横；杂；农；小说；兵；类书；算术；艺术；医书；卜筮；天文占书；历数；五行；道书；释书。

集部（3类）：总集；别集；文史。

《崇文总目》参考借鉴了《旧唐志》及以往目录的四部分类，但在二级类目上有较多调整：

经部——《群书四录》《古今书录》《旧唐志》均分12类，所不同者在于其中设有“图纬”或“谶纬”一类。《崇文总目》不仅删除以前经部独立成类的“谶纬”，而且删“经解”和“训诂”，将原12类减至9类。

史部——数目上保持13类，但不用“霸史”名称而恢复“伪史类”，收录五代十国的史书。新增“实录类”和“岁时类”，反映宋初的重农政策。原“起居注类”改为“实录类”，“杂传类”改为“传记类”。并改“谱牒类”为“氏族类”。省去“故事类”，将原属于这类的典籍并入“职官”“杂史”“传记”三类中。

子部——《隋志》《群书四录》均为14类，《古今书录》《旧唐志》扩至17类。《崇文总目》再扩大为20类。将《七略》“术数类”的天文、历谱二种并为一类，改“兵书类”为“兵家类”、“天文类”为“天文占书类”，改“历算类”为“历数”“算术”二类。将五行、蓍龟、杂占、刑法四种合并为“五行类”和“卜筮类”二类，并省“经脉”“医术”二类为“医书”一类。将《七略》“杂艺类”改为“艺术类”，将类书独立于子部。将《隋志》作为附录而《新唐志》附于道家的释道之书，各为一类（道书与释书），著录道书多且分类极细，与北宋帝王崇尚道佛二教相统一有关。

集部——《隋志》《群书四录》《古今书录》《旧唐志》均分楚辞、别集、总集三类。《崇文总目》并“楚辞”入“总集”，新增“文史”，著录诗品、文心雕龙、文旨、赋诀等，反映宋代崇尚文学评论之风气。这些调整，主要适应当时图书数量剧增的需求，切合学术和图书的实际。

《崇文总目》的结构次序为“其编类，首宫殿疏，尊宸居也。次总志，大一统也。次都会郡县，辨方域也。次河防、次边防，崇实用也。次山川、次古迹、次杂记、次游记，备考核也。次外纪，广见闻也。若夫山海经、十洲记之属，体杂小说，则各从其本类，兹不录焉”，各部分从大到小，从内到外，体系严谨，结构合理。

《崇文总目》分类细密，如史部传记类再细分为圣贤、名人、总录、杂录、别录5个子目。史部地理类再细分为宫殿疏、总志、都会郡县、河渠、边防、山川、古迹、杂记、游记、外记10个子目。说明《崇文总目》实际是三级分类体系。

《崇文总目》在分类上颇具特色，尽管后人如黄伯思《东观余论》指出17条、焦竑《国史经籍志》指出22条，纠正其分类失当之处，但与以前的四部分类体系相比，更加细密和进步了，对南宋郑樵之图书分类理论也产生了影响。《崇文总目》的分类体系和新创的类目，为中国目录学分类史作出了重要贡献。

《崇文总目》仿唐代开元年间所编《群书四录》，前有总序，每类有小序，今总序已不存，小序也不完整。由欧阳修所撰的小序保存在《欧阳文忠公全集》卷124《崇文总目叙释》1卷中，由此可窥知《崇文总目》小序之面貌。

《崇文总目》仿《群书四录》体例编纂，并有所改进，每书有注释[①]，注释灵活，形式多样，不拘一格。主要有三大类，第一类是关于著者和传注者的注释，如集部总集类《文选》六十卷，梁太子统编，原释“唐李善因五臣而自为注”。第二类是关于图书的注释，有解释题目，如子部杂家类《两同书》二卷，原释“唐罗隐撰。采孔老之书，著为内外十篇，以老子修身之说为内，孔子治世之道为外，会其旨而同元”。有说明篇卷数，如经部乐类《琴操》三卷，原释“晋广陵相孔衍撰，述诗曲之所从，总五十九章”。有说明书的内容，如子部儒家类《帝范》一卷，唐太宗撰，原释“述修身治国之要言”。第三类是关于考辨源流的注释，有叙学术源流的。如经部乐类：《广陵止息谱》一卷，原释“晋中散大夫嵇康作琴调广陵散，说者以魏氏散亡自广陵始。晋虽暴兴，中止于此。康避魏晋之祸，托之于鬼神。河东司户参军李良辅云：袁孝已窃听而写其声，后绝其传。良辅传之于洛阳僧思古，思古传于长安张老，遂著此谱。总三十三拍，至渭又增为三十六拍”。有考订著书原因或经过的，如子部小说类《补江总白猿传》一卷，原释为“唐人恶欧阳询者为之”。有辨别书之真伪、存亡与残缺的。如史部杂史类《越绝书》十五卷，原释“旧有内纪八，外传十七。今文题阙舛，才二十篇。又载春申君，疑后人窜定，世或传二十篇者，非也”。

《崇文总目》，“每类有序，每书有释，盖祖向、歆之成规”。后世对此有较高评价，如朱彝尊《曝书亭集》第四十四卷《崇文总目跋》认为《崇文总目》注释“辞不费而每书之本末具见，法至善矣”。“《崇文总目》当时撰定诸儒，皆有论说，凡一书大义，为举其纲，法至善也。其后《郡斋读书志》《书录解题》等编，咸取法于此。故后之学者览其目录，犹可想见全书之本末也。”《四库全书总目》评论说：“其书载籍浩繁，抵牾诚所难保，然数千年著作之目，总汇于斯，百世而下，藉以验存佚、辨真赝、核同异，固不失为册府之骊渊，艺林之玉圃也。”[②]

① 因故被删，后由钱侗等人从群书中辑佚残卷。

② （清）永瑢：《四库全书总目》上册，中华书局1965年版，第729页。

第二次政府图书整理：

仁宗嘉祐四年（1059），秘阁校理吴及以“近年用内臣监馆阁书库，借出书籍，亡失已多。又简编脱落，书吏补写不精，非国家崇乡儒学之意。请选馆职三两人，分馆阁吏人编写书籍”，二月丁酉，置馆阁编定书籍官，命秘阁校理蔡抗、陈襄，集贤校理苏颂，馆阁校勘陈绎，分别校编史馆、昭文馆、集贤院、秘阁的书籍，并广开献书之路。嘉祐七年（1062）三月，又命参知政事欧阳修提举三馆秘阁写校书籍。于《崇文总目》之外，定著1474部，8494卷。

神宗元丰三年（1080）改官制，遂废馆职，以崇文院为秘书省，刊写分贮集贤院、史馆、昭文馆、秘阁经籍图书，以秘书郎主之，编集校定，正其脱误，则校书郎正字主之。

第三次政府图书整理：

徽宗崇宁初，秘阁补写正本。大观四年（1110），秘书监何志同奏《崇文总目》所载之书全本者不过二万余卷且有脱简断编、亡散阙逸者，宜及今有所搜采，视庆历旧录及总目之外，别有异书，并许借传。政和七年（1117），校书郎孙觌及著作郎倪涛、校书汪藻、刘彦适撰次《秘书总目》，在《崇文总目》基础上增25254卷①，共收录图书55923卷。诏购求士民藏书，其有所秘未见之书足备观采者，仍命以官。宣和四年（1122），成立补缉校正文籍所。设官总理，募工缮写。分置三处：宣和殿、太清楼、秘阁。自熙宁以来，搜访补辑，至是为盛。馆阁藏书，达到6705部，73877卷。

（二）南宋时期

南宋朝廷采取重建政府藏书系统、设置秘书省、厚奖献书者、补写典籍、严格管理等一系列措施，恢复和发展政府藏书事业。

南宋政府组织的大规模图书整理有两次。

第一次政府图书整理：

靖康之难，汴京沦陷，金人掠财物，书籍遭厄运。宣和馆阁之储荡

---

① 因《秘书总目》系增补《崇文总目》而成，故南宋以后诸书称引该书目时多作《崇文总目》。

然靡遗。高宗继立，未及定都，便已忙于搜书。李心炎《建炎以来系年要录》载绍兴二年（1132）诏平江府守臣收贺铸家所卖图书，以充三馆。高宗南渡定都临安，乃建秘书省于国史院之右。高宗绍兴十四年（1144）五月，秘书省复置补写所，补其遗缺，下诏求书州郡，规定献书赏格，征集图书充实四库，分官日校。由于收书及时，且当时印刷技术发达，仅45年时间，国家藏书得以恢复重建，当时类次书目，得44486卷。

南宋时，王应麟《玉海》、郑樵《通志·校雠略》、李焘《续资治通鉴长编》等都曾指责《崇文总目》的缺失。南宋初期，政府编纂有《秘书省续编到四库阙书目》2卷，以经史集子为次，子部又分儒家、道书、仙家、释书、子书。孝宗年间，藏书增多，淳熙四年（1177）秘书少监陈骙奏请整理图书进行编目，次年编成，孝宗淳熙五年（1178），秘书少监陈骙上《中兴馆阁书目》70卷，分为52门。

陈骙（1128—1203），字叔进，台州临海人，绍兴二十四年试春官第一，而秦埙居上，累官将作少监、秘书少监、秘书监、终礼部尚书、知枢密院事兼参知政事，《中兴馆阁书目》编撰时任秘书少监，尤袤任秘书监。

《中兴馆阁书目》著录见在书44486卷，比《崇文总目》著录多收13817卷。《中兴馆阁书目》“仿《崇文总目》类次”，但在小类上有不少变动增设，经部增加二类，史部增加二类，子部增加一类，集部增加一类。从增加的谶讳、经解、谥法、楚辞等类目来看，说明南宋图书与北宋相比有了某些变化，正如马端临《文献通考·经籍考》所说：“盖自绍兴至嘉定承平百载，遗书十出八九，著书立言之士又益众。”《中兴馆阁书目》有解题，今已残缺。陈垣《中兴馆阁书目辑考序》说：“此目下及淳熙，有宋一代人文粗具于是，况《宋志》之所由出。《宋志》芜陋，订正史阙，惟兹是赖，不仅考存佚，验异同已也。”

第二次政府图书整理：

又过40余年，国家藏书量继续上升，“四库之外，书复充斥”。宁宗嘉定十三年（1220），诏秘书丞张攀等继续图书整理，张攀受命撰《中兴馆阁续书目》30卷，收录图书14943卷，类例设置和著录方法都仍仿《崇文总目》，每书有提要，每类有小序。

《中兴馆阁书目》70卷及《续书目》30卷是南宋重要的国家藏书目录。这两部目录编纂是在国家内忧外患情势下完成的，因为缺乏更多博学之士参与，总体编纂质量不高。但反映了南宋国家的藏书状况，是校雠目录事业的重要成果。因两目都已亡佚，现存有1932年赵士炜汇辑成的辑佚本，为《中兴馆阁书目辑考》5卷，《中兴馆阁续书目》1卷，据此可了解原书大概。

十年后，绍定四年（1231），馆阁遭火灾，藏书损失惨重，书多阙。

值得注意的是，历代在聚书的同时，又多有禁书之举。宋代亦有官府禁书，如崇宁元年（1102）十二月二十七日诏“诸邪说诐行非圣贤之书，并元祐学术政事，不得教授学生，犯者屏出”（《宋会要·刑法》），大观元年（1107）七月六日诏“天文等书，悉已有禁”（《宋会要·刑法》）。于是有禁书目录。《宋史·艺文志》“目录”类著录有《禁书书目一卷》（学士院司天监同定）。

二　私家藏书目录事业

宋代科举制度的发展，导致教育的进一步普及，学校、书院规模空前，自由讲学风气很浓，社会阅读能力大大提高，图书的生产和流通更为便利，一些大城市书肆林立，图书资源相对增多，图书收集相对容易，私人藏书成为宋代重要的文化现象，以至于宋代的很多图书，竞相记载藏书家的故实。

宋代私家藏书兴盛，藏书家众多。关于宋代藏书家的统计，据叶昌炽《藏书记事诗》，宋代有藏书家117人。其后有多种统计，如“126人说”[①]“214人说”[②]“700人说”[③]等。其藏书规模超过以往，藏书万卷乃

① 据潘美月《宋代藏书家考》，台北：学海出版社1980年版，宋代有文献可考的藏书家凡126人，计宋初14人，北宋承平时48人，两宋之际24人，南宋中兴期24人，南宋末16人。

② 据范凤书《中国私家藏书史》大象出版社2001年版第82页：藏书万卷以上者多达214人，只占到宋藏书家总数的三分之一左右。

③ 据来新夏、柯平主编《目录学读本》上海交通大学出版社2014年版第212页：据文献记载，宋代300年中，藏书家人数多达700人，几乎是周代至唐五代千年左右藏书家总和的近3倍。

至数万卷者不乏其人，宋敏求、王钦臣、李淑、田镐、晁公武、王仲至、叶梦得、贺铸、赵明诚等人都是藏书数万卷乃至十万卷的藏书家。

由于两宋私家藏书迅速发展，从而与宫廷官府、书院寺观的藏书比肩，形成三足鼎立之势。

宋代私家藏书目录活动蔚成风气，“魏晋以还，藏书家至寡，读《南北史》，但数千卷，率载其人传中。至《唐书》所载，稍稍万卷以上，而数万卷者尚希。宋世骤盛，叶石林辈弁山之藏，遂至十万。盖雕版始唐中叶，至宋盛行，荐绅士民，有力之家，但笃好则无不可致”[①]。

宋代私家藏书目录，可考的约有 40 种。但因时代久远，目录多已不存。而流传至今的传本仅有南宋藏书家编纂的《郡斋读书志》（晁公武）、《直斋书录解题》（陈振孙）和《遂初堂书目》（尤袤）三部，这三部不仅是宋代也是历史上著名的私家目录。

（一）北宋时期

宋代雕板印刷之盛使图书印制量大且快速，导致私家藏书盛行。士大夫家藏书数千卷的，较为普遍。

北宋初宋绶家中藏书数量，同秘阁藏书相当，其子敏求（字次道）藏书 3 万卷，每书校三五遍，世称善本。

王洙子王钦臣（字仲至）藏书有数万卷，手自校雠，其目有 43000 卷。至于《太平广记》之类的大部书，还不计算在内。

河南李淑家有藏书，被叶氏《过庭录》称之为“公卿名藏书家”。李淑，字献臣，丰（今江苏丰县）人。李淑及其父李若谷均任职于馆阁，李淑参加过《崇文总目》及其他图书的编撰。其藏书不仅传钞于官家藏书，还多名臣旺族藏书中购抄，“李邯郸所蓄三万卷”（陆游《跋京本家语》）。据《郡斋读书志》记载，北宋仁宗皇祐元年（1049），河南李淑编《邯郸书目》（或称《邯郸图书十志》）10 卷，是一部提要目录，不用四部成法而另创新法，分 8 大类 57 子目，8 大类为经、史、子、集、艺术志、道书志、书志、画志。其中道书志复分经诰类、传录类、丹药类和符箓类。前四类共收录图书 1836 部，23186 卷。后四类中，“《邯郸书

① （明）胡应麟：《少室山房笔丛》，上海书店出版社 2009 年版，第 40 页。

目》载道书甚众”（晁公武《郡斋读书志》卷16）。“胡应麟谓李氏类例，于四部之外，更列四目，亦阮氏外篇之意。然书画一类，分为二门；有道书而无释典，不可晓也。”[①] 此目已亡佚。

荆州田镐家藏丰富，被叶氏《过庭录》称之为“四方士民藏书家”。其父田伟本是北方人，因任江陵尉而安家江陵（荆州）。田镐将家藏图书37000卷整理编目，撰成《田氏书目》6卷，其中著录图书，为其他书目所未见，多有价值。

董逌家有藏书，于北宋末任秘书省正字和国子监司业时，已有藏书整理。董逌撰有《广川藏书志》26卷，另有《广川书跋》10卷、《广川画跋》6卷。其中《广川藏书志》是一部解题目录，类例设置有其特色，“隋唐以来，子部遂阙阴阳一家，至董逌藏书志始以星占五行书为阴阳类”（陈振孙《直斋书录解题》卷12），每书均有解题，考书的本末而为之论说，颇有价值。

北宋藏书丰富的，还有毕士安、钱勰、王洙、曾巩、苏颂等。晁迥家藏丰富，且多佛书，传承四代。赵明诚夫妇家收藏典籍、书画、彝器、石刻甚多，离散之余，还有书2万余卷，金石刻2000卷。筠州庐山刘氏自刘涣始三代藏书，达万余卷，编纂藏书目录。

（二）南宋时期

到南宋时，由于刻书发达，无论达官显贵还是布衣百姓，要想藏书，颇为容易，因而私家藏书更为普遍。王明清说：“承平时士大夫家，如南都戚氏、历阳沈氏、庐山李氏、九江陈氏、番阳吴氏，俱有藏书之名，今皆散逸。近年所至郡府多刊文籍，且易得本传录，仕宦稍显者，家必有书数千卷，然多失于雠校也。”

周密，字公谨，其曾祖随高宗南渡，三代藏书，晚年居杭州癸辛街，著《癸辛杂志》，家有藏书42000余卷以及三代以来金石之刻1500余种，分别贮藏在书种、志雅二堂。周密说：“吾家三世积累……日事校雠，居然赢金之富。”[②]

① 蒋元卿：《中国图书分类之沿革》，中华书局1941年版，第44页。

② 周密：《齐东野语》，商务印书馆1939年版，第150页。

叶梦得，字少蕴，号石林居士。嗜好藏书，在吴兴弁山（今浙江吴兴）建藏书楼，藏书逾十万卷。又在建康建细书阁，供他人阅读。

其他如越州（今绍兴）的陆氏、石氏、诸葛氏，四川的李氏、高氏、牟氏，藏书颇有影响。

南宋藏书家虽多，但流传下来的目录甚少。宋代私家目录传世者，只有晁公武《郡斋读书志》、陈振孙《直斋书录解题》和尤袤《遂初堂书目》三部，晁公武、陈振孙及尤袤都是著名藏书家，其目录流传下来，使后人可以了解到宋代私家藏书之盛。

钜野晁氏自晁迥以来，七世以翰墨为业，藏书至晁公武为盛。公武传承家学，喜藏书校雠，自撰提要式藏书目录《郡斋读书志》（简称《晁志》）。成为具有示范意义的提要目录，是宋代私家藏书目录巨擘。

《郡斋读书志》原本 4 卷，约在公元 1157 年由杜鹏举校刻于四川，因而称为“蜀本”①。其后，有姚应绩重编的 20 卷本。淳祐九年（1249）袁州守黎安朝在江西宜春郡重刻杜鹏举校刻的四卷本，因宜春郡属于袁州而称为“袁本”。而衢州守游钧据其先人在蜀时所“募而藏之”的姚应绩刻本，衍为 20 卷，重刻于浙江信阳郡，因信阳属衢州而称为“衢本”。从此便有袁本和衢本两个版本行世②。钱大昕《十驾斋养新录》云：“晁公武《郡斋读书志》，宋时有两本：袁本仅四卷，淳祐庚戌潘阳黎安朝知袁州刊之郡斋，又取赵希弁家藏书续之，谓之附志；衢州本二十卷，则晁之门人姚应绩所编，淳祐己酉南充游钧知衢州所刊。两书卷数不同，所收书则衢本几倍之。其后希弁得衢州本，参校为后志两卷，以补其缺。其与希弁同者，不复重刊。盖已非完书矣。《马氏经籍考》所引晁说，皆据衢本，不用袁本。当是时两本并行，而优劣自判。今世通行本，皆依袁本翻雕。”

---

① 晁公武撰《郡斋读书志》曾有两种版本，同刊行于蜀地，今皆不存。

② 今天所见的两个版本是袁本与衢本。袁本分“前志”4 卷（杜鹏举刻四卷本），“附志”1 卷（赵希弁依据自家藏书，补刻四卷本未收编之书，共 486 部 8245 卷），“后志”2 卷（杜刻本校姚刻本，即二十卷本多于四卷本的书籍，435 部），合为 7 卷。袁本收书 1468 部。衢本 20 卷，清光绪十年（1884）王先谦以袁本校衢刊行，仍为 20 卷，并附于赵希弁“附志”。衢本收录 1461 部。

江西宜春人赵希弁，曾为秘书省校勘书籍，家有藏书，著有《纲目考异》和《通鉴长编补注》等。赵希弁曾受命于黎安朝校刻《郡斋读书志》，将他家藏书中《郡斋读书志》所未收的部分编为附志1卷。附志著录图书486种，多为《郡斋读书志》出版后近百年间的刻本书，有一定价值。只是未按《郡斋读书志》的类目排列，分类较杂乱。

浙江安吉人陈振孙生活于出版与藏书发达地区，50岁以前，在江西南城、福建莆田和浙江等地做过20多年的地方官，交游颇广，尤多与藏书家往来，购买、抄录藏书。其收藏图书大约始于嘉定末年任职于江西南城，至任职国子监司业时，已成为藏书家。他在莆田通判兴化军时，曾钞录郑氏、方氏、林氏和吴氏藏书，积书至51000余卷，“近年惟直斋陈氏书最多，盖尝仕于莆，传录夹漈郑氏、方氏、林氏、吴氏旧书到五万一千一百八十余卷”（周密《齐东野语》卷12《书籍之厄》）。陈振孙以这样的藏书为基础，晚年以近20年之力撰成《直斋书录解题》，简称《陈录》，是宋代著名的提要目录。然而，《四库全书总目》云宋人目录存于今者，只提到尤目和晁志，没有提及陈目。因陈目久已失传。清乾隆纂修四库时，馆臣从明代《永乐大典》中将所载的陈目辑出22卷，成为陈振孙《直斋书录解题》的辑本。

尤袤在无锡九龙山下，藏书至多，法书尤富。因取晋孙绰的《遂初赋》以自号，光宗皇帝曾书匾额相赐，故用“遂初”名其堂。尤袤晚年将所见闻的各种不同版本（包括写本和刊本）汇集，编纂《遂初堂书目》1卷，又名《益斋书目》，简称《尤目》。《遂初堂书目》著录图书3150余部，且将记载版本作为目录中重要的内容。其在编纂体制上的不足之处在于：一是未继承小序之传统，没有总序，每类之前又无小序；二是著录简略，每书只记书名卷数、著者姓名，无提要。

郑寅，字子敬，郑樵从孙，南宋藏书家，与陈振孙结交为友。陈振孙称其“靖重博洽，于本朝典故尤熟”（《直斋书录解题》卷5《中兴论言集》解题）。郑寅将家藏图书进行编目，编纂《郑氏书目》7卷，书目不遵循四部，而分为七录：经、史、子、艺、方技、文、类。这里的七分，实际上是对四分法的扩充，将子中的方技和类书单列，将集分出“艺”和“文”两类，将经部乐书转入“艺”类。

需要补充的是，金朝曾以“图书为反具”，并由此定罪而杀了宇文虚中和高士谈两位被拘留金朝的南宋官员。据《金史》卷 79《宇文虚中传》载：“虚中恃才轻肆，好讥讪，凡见女真人辄以矿卤目之，贵人达官，往往积不能平……（皇统）六年二月，唐括酬翰家奴杜天佛留告虚中谋反。诏有司鞫治无状，乃罗织虚中家图书为反具。虚中曰：‘死自吾分。至于图籍，南来士大夫家家有之，高士谈图书尤多于我家，岂亦反邪？’有司承顺风旨，并杀士谈，至今冤之。”[①] 因藏书多便被杀头，无人再敢藏书！

三　史志目录学

伴随着宋代史学的发展，宋代史志目录数量众多，比较重要的有《新唐书·艺文志》《三朝国史艺文志》《两朝国史艺文志》《四朝国史艺文志》《通志·艺文略》《玉海·艺文》等，史志目录学取得突出成就。

（一）北宋时期

1. 国史艺文志

国史艺文志是在正史艺文志的启发下为正史提供依据所撰的一种目录。宋代的制度是在编撰国史时根据馆阁藏书目录编《艺文志》，按所包朝代命名。北宋从太祖至钦宗分编为三朝、两朝、四朝等国史艺文志。北宋完成的国史艺文志有《三朝国史艺文志》和《两朝国史艺文志》两部。

《三朝国史》吕夷简等纂修，是太祖、太宗、真宗三朝的历史，共 150 卷。其《艺文志》根据宋初《龙图阁书目》7 卷、《太清楼书目》4 卷、《玉宸殿书目》4 卷和三馆的其他库藏目录编成，收录建隆至大中祥符年间藏书 36280 卷。

《两朝国史》王珪等纂修，是仁宗、英宗两朝的历史，共 120 卷。其《艺文志》为 1077—1082 年间宋敏求所编撰，是根据《崇文总目》和崇文院新补充的其他图书资料，除前志所载、删去重复讹谬编纂而成，收

---

① （元）脱脱等：《金史》，中华书局 2000 年版，第 1188 页。

录《三朝国史艺文志》未收的新书 8494 卷。

2.《新唐书·艺文志》

仁宗至和元年（1054），欧阳修和宋祁奉敕重修唐书即《新唐书》。《新唐书》的编撰，是因为五代后晋的《唐书》成书草率，颇受讥议，因此宋代有重修之举。仁宗嘉祐五年（1061）成书。《新唐书》历时 7 年，共 225 卷。《新唐书》问世后不久，便取代《旧唐书》，成为记述唐代历史的一部正史。

《新唐书·艺文志》（简称《新唐志》）4 卷先后由王尧臣、欧阳修主其事。

关于《新唐志》的分类、著录等方面的情况，详见本章第三节“欧阳修的目录学思想”。

（二）南宋时期

1. 国史艺文志

《四朝国史》李焘等纂修，是神宗、哲宗、徽宗、钦宗四朝的历史，共 350 卷。其《艺文志》为李焘之父李舜臣所编撰，是根据《崇文总目》的补充本《秘阁总目》并参考之前的几种《艺文志》，加上这几朝所献所撰的图书编纂而成，收录图书 1443 部，25254 卷。

《中兴四朝国史》修成于南宋宝祐二年（1254），是南宋高宗、孝宗、光宗、宁宗四朝的历史，不详卷数。其《艺文志》根据《中兴馆阁书目》及《续书目》以及搜访所得嘉定以前图书编成。

宋代重视本朝国史纂修，亦注重本朝史料之收集。宋人所修四部国史都有《艺文志》，北宋两部即吕夷简等《三朝国史艺文志》（太祖、太宗、真宗三朝）、王珪等《两朝国史艺文志》（仁宗、英宗两朝）；南宋两部即李焘等《四朝国史艺文志》（神宗、哲宗、徽宗、钦宗四朝）、佚名《中兴国史艺文志》（高宗、孝宗、光宗、宁宗四朝）。这些是国史艺文志的前驱，为中国史志目录增添了新类型。

在收录图书范围上，这四种《艺文志》除利用官修目录外，还收录了新入藏和撰作的图书，所收录图书不相重复，基本上做到了与记录的纪传体断代史书的体例保持一致。《宋史·艺文志》总叙：“三朝所录，则两朝不复登载，而录其所未有者；四朝于两朝亦然。”

在编撰方法上，赵士炜在《宋国史艺文志》辑本序中指出："国史志每类有小序，每书有解题，此异于历朝史志者。"成为后来编撰《宋史·艺文志》时北宋部分的主要依据，其书虽已不得见，但《宋史·艺文志·序》中曾记其事说："始太祖、太宗、真宗三朝，三千三百二十七部，三万九千一百四十二卷，次仁、英两朝一千四百七十二部，八千四百四十六卷，次神、哲、徽、钦四朝，一千九百六部，二万六千二百八十九卷。三朝所录，则两朝不复登载，而录其所未有者。四朝于两朝亦然，最其当时之目，为部六千七百有五，为卷七万三千八百七十有七焉。"

2.《通志·艺文略》

《通志·艺文略》是南宋末年郑樵所著200卷纪传体通史《通志》的一部分，计有8卷。

在《通志·艺文略》之前，郑樵已著《群书会记》36卷。《艺文略》就是在《群书会记》的基础上重新编纂完成的，是《通志》"会通"史观在目录学上的反映。

该目录通记古今有无图书，其收录图书数量：经类913部，7563卷，71篇。礼类460部，7697卷，77篇。乐类181部，1004卷。小学类240部，1839卷。史类2021部，37613卷，12章。诸子类2349部，9879卷，370篇。天文类449部，2011卷。五行类1014部，3239卷。艺术类175部，352卷，37图。医方类662部，7382卷。类书70部，4558卷。文类2378部，27885卷，230篇。总计10912部、110972卷、748篇、12章、37图。

关于《通志·艺文略》分类、著录等方面的情况，详见本章第三节"郑樵的目录学思想"。

南宋末年王应麟（1223—1296），字伯厚，号深宁，史学家、目录学家。度宗咸淳元年（1265）除著作郎。著有《玉海》《困学纪闻》《通鉴地理通释》《通鉴答问》《通鉴地理考》《古易考》《诗考》《诗地理考》《汉制考》《深宁集》等。他研究史志目录，著有《汉艺文志考证》十卷，《四库全书总目》评价其捃摭旧文，各为补注，"论其该洽，究非他家之所及也"。

四 佛道目录学

（一）佛教目录学

雕版印刷术的发展和应用给佛经的大规模汇集刊刻提供了条件，加速了佛经的传播。据姚名达《大藏刊版所知表》，宋代著名的刊版佛藏就有《开宝藏》约5048卷、《崇宁万寿藏》6434卷、《契丹藏》约6000卷、《毗卢藏》6117卷、《思溪圆觉寺藏》5480卷、《赵城藏》约6900卷、《思溪资福寺藏》5740卷、《碛砂藏》6362卷。

北宋初，宋太宗命天息灾等在译经院翻译经典，天息灾定译经九步仪式。从971年到983年官刻《大藏经》达5048卷。但北宋时代，佛教在思想界的地位被宋学夺去。宋代虽然译经组织详备，但此时佛学已衰，译经事业远逊唐代。

与译经事业不振相似，译经目录也进入了低潮。宋真宗祥符四年，赵安仁、杨亿始撰《祥符法宝录》；仁宗景祐四年，吕夷简、宋绶撰《景祐新修法宝录》。这两种都只是一般译经目录。北宋太祖建隆五年，沙门文胜撰《大藏经随函索隐》660卷，仁宗天圣二年释慈云又撰《教藏随函目录》，撮述诸部著作大义。二目今已不传，可能是提要目录。宋代佛经目录值得称道的是《大藏经纲目指要录》和《大藏圣教法宝标目》。

东京法云禅寺住持惟白崇宁二年奉旨游天台，中秋后至金华山智者禅寺，阅大藏，至崇宁三年（1104）三月撰成《大藏经纲目指要录》8卷，是现存最早的一部《大藏经》提要目录。全书计20余万字，著录佛经1049种，每书均“撮其要义”，撰为提要。先述其书大旨，以明其要领；次述经书内容，以明其梗概；最后分析论辩，以指导阅读。条理清晰，语言生动，发人深省，引人入胜。例如《大般若经》提要云：“总部四处十六会所说，传此方，入藏者七百一十卷。前六百卷，唐三藏玄奘法师在玉华宫重译，西明寺僧玄则述十六序，冠十六会，明其旨也。太宗皇帝御制《圣教序》，高宗皇帝作《圣记》。然此经诸佛之知母，菩萨之慧父，断烦恼之宝刀，度爱河之舟楫，利生之极致，成道之正因，表其尊，故标众经之首也。”在撮述各卷内容，分析论证之后又指出：“今撮略纲目，欲广见闻，以龙树尊者所造《大智度论》，摘其义意，注于科例，俾看《般若》者披阅其大旨，即成智智也。”释惟白自述其目录有“五利”：“宗师提倡者，得随宜开觉故”“法师讲演者，资阐明训徒故”“乐于注撰者，助检阅引文故”“有缘看藏者，易晓品义故”“无因披教者，知藏乘要义故”。因此“故集斯录，使人人知其法义，家家有《大藏》，因缘资乎种智，而脱生死也”。姚名达称之为“大弘解题释要之业”，“在佛录中，允推为至高无上之解题杰作”①。

宋清源居士王古在徽宗时官至尚书，于崇宁四年（1105）撰成《大藏圣教法宝标目》8卷。这是一部比较简明的佛经提要目录。释克己为该目录作序说：“公读经该贯，演义深玄。举教纲而目张，览智镜而神智，故兹集要，略尽教条，溥为来机，豁开宝藏。流传既久，见笈未收，眼目所存，诚为缺事。即有前松江府僧录广福大师管主八续集秘密经文，刊圆藏典，谓此《标目》，该括详明，谨录藏中，随衔披阅，俾已通教理者，睹智灯而合照心之解，未阅圣言者，掬法流而藻惑业之垢。一览之余，全藏义海，燎然于心目之间矣。”梁启超说：“王古《标目》纯属提要体，于各经论教理之内容，传译之渊源，译本之分合同异等，一一论列，文简而意赅，非直空前创作，盖直至今日，尚未有继起之第二部也。”②

这两部佛经提要目录一详一略，相得益彰，影响甚大。其突出贡献在于将佛教图书目录的编纂从重视外部特征的记录和按译本分类发展到揭示佛经内容和按佛教思想体系分类，使佛教图书目录有一个重要进步。

（二）道教目录学

北宋崇奉道教，对宋学、理学均有影响。宋真宗仿效唐高祖和唐太宗，虚构一位道教主神“上灵高道九天司命保生天尊大帝”赵玄朗，将他奉为赵氏皇族始祖。宋徽宗极信道教，稍稍排佛，自封为教主道君皇帝，改天下之寺曰宫，改院为观，企图将佛道合一。

宋太宗端拱二年（989）至淳化二年（991）间徐铉、王禹偁校正的《道藏》，凡3337卷；大中祥符三年（1010），命王钦若选官详校《道藏

① 姚名达：《中国目录学史》，上海书店1984年版，第289—290页。

② 梁启超：《佛家经录在中国目录学之位置》，《图书馆学季刊》1926年第1期。

经》，九年奏上。宋真宗大中祥符五年（1012）王钦若编纂的《宝文统录》凡4359卷；张君房完成于宋真宗天禧三年（1019）的《大宋天宫宝藏》，凡4565卷；宋徽宗崇宁间（1102—1106），命刘道元校定《道藏》，增至5387卷；宋徽宗政和（1111—1117）年间编成的《政和万寿道藏》，凡5481卷。《政和万寿道藏》是第一部全藏雕版印刷的《道藏》，使《道藏》编纂规模超前。这几部《道藏》均已亡佚。

北宋初年孙夷中集《三洞道修仪》，是一部记录法次仪的授经目录。《无上黄箓大斋立成仪》第一卷署名留用光传授，蒋叔舆编次，二人皆宋人。该卷收录了一部《斋坛安镇经目》，著录经目35种。

《通志略》诸子类道家著录宋代道教图书目录有：《宋朝明道宫道藏目录》6卷，《洞元部道经目录》1卷，《太真部道经目录》2卷，《洞神部道经目录》1卷，《三洞四辅部经目录》7卷，王钦若等撰；《灵宝经目序》1卷，陆修静撰；《道藏经目》7卷，《修真秘旨事目历》1卷，司马道隐撰。《秘书省续编到四库阙书目》史类目录和子类道书著录有：《道门藏经录》1卷，《道经目录》1卷，王钦若等撰《三洞四辅部经目》7卷。《道藏阙经目录》著录有：《三洞要录》10卷，《洞元灵宝三洞经录品格要训目录》，《洞神三皇五岳目录》，《宋万寿道藏三十六部经品目》，《宋万寿道藏目录》10卷。晁公武《郡斋读书志》“书目类”著录有：《道藏书目》1卷，右皇朝邓自和撰。

据《云笈七签·序》，《大宋天宫宝藏》采用道经七分法，但“起《千字文》天字为函目，终于宫字，号得四百六十六字”。辅以千字文排序，便于寻检。宋人张君房，岳州安陆人，景德中进士及第，官尚书度支员外郎，充集贤校理，祥符中自御史台谪官宁海，适真宗崇尚道教，参与道藏编纂。编成《大宋天宫宝藏》后，摘录精华，将之缩编成一部小《道藏》，即《云笈七签》120卷。之所以称《云笈七签》，是采道家之言，以天宝君说洞真为上乘，灵宝君说洞玄为中乘，神宝君说洞神为下乘，加上太玄、太平、太清部三部辅经，以及“三洞真文”（含正一、法文、遍乘三乘）。其1—28卷总论经教宗旨及仙真位籍之事，29—86卷叙道家服食炼气、内丹外丹、方药符图、守庚申、尸解诸术，87—122卷载前人文字及诗歌传记，凡有涉于道家者，大都摘录原文，不加论说，

“类例既明，指归略备，纲条科格，无不兼该。道藏菁华，亦大略具于是矣”①。

南宋道教内部宗教纷起，符箓、符法门派众多。此时，仅在宋孝宗时，命太乙宫抄录《万寿道藏》，改名为《琼章道藏》。

金朝原无文字，破辽后习契丹文和汉文，又破北宋，至世宗时达到金朝全盛时代，安抚、利用道教。金世宗、章宗支持编撰《道藏》，由道士孙明道、赵道真等编成《大金玄都宝藏》，辑经 6455 卷。《道藏阙经目录》卷下著录金有《金万寿道藏三十六部经品目》和《金万寿道藏经目录》10 卷。《金万寿道藏》，或即《大金玄都宝藏》。金藏已亡佚。

五　类书目录学

类书目录学在唐代有《艺文类聚》《初学记》等重要成果，到了宋代达到较高水平，以朝廷编撰四大类书《太平御览》《太平广记》《文苑英华》和《册府元龟》为标志，直接推动了类书目录学的发展。

太平兴国二年（977），宋太宗命大臣李昉修两部大书，一为《太平御览》，一为《太平广记》。

《太平御览》仿《修文殿御览》，历时七年，于太平兴国八年十二月（984 年 1 月）编成，共一千卷，初名《太平总类》。书成后，“帝每听政之暇，日读《御览》三卷，有故或缺，即追之，虽隆冬短景必及其数”（《国朝会要》）。太宗用了一年时间才读完此大书，该书遂改称《太平御览》。

《太平御览》分类细密，据《周易·系辞》“凡天地之数五十有五”分 55 部，下设 4558 个子目②，如开首天部，从元气、太初、日、月、星、云到风、雨、雷、电等共有 35 个子目；地部则从土、壤、山、石、丘、陵、林麓、江、河、湖、海到薮、泽、渠、渎等共有 155 个子目，还包括 432 座名山，117 道大水。至于人事万物，则有帝王、皇亲、封建、职官、服用、饮食以及鸟兽、虫鱼、竹木、药材等部，应有尽有。各子

---

① （清）永瑢：《四库全书总目》下册，中华书局 1965 年版，第 1252 页。

② 一说 5363 目，加上 63 个附目，合计 5426 目。

目下，按时间顺序汇录相关材料。

《太平御览》内容宏富，征引赅博，所用材料多是原文，且少更改，注明出处，保存了大量史料，具有查检工具性质。据《太平御览图书纲目》所载，《太平御览》引宋及宋以前古籍共1690种，删去重复，约有1000余种[①]。《太平御览》引用的古书，十之七八今已失传。保存失传古籍零篇较《艺文类聚》《北堂书钞》要丰富得多。

《太平广记》虽与《太平御览》同时编修，却早于《太平御览》完成。历时一年多，到太平兴国三年（978）八月书成表进，到太平兴国六年奉旨雕版刻行。全书500卷，所采材料自汉代至宋初的野史、传说、小说等，按题材分成92大类150余目，目下再分子目，共约有子目3000余个，子目之下汇集原文，注明出处。引书475种[②]，保存了大量的小说史料。该书另有目录10卷，集中了当时存在的许多小说资料，加以选择和分类。因引书半数以上散佚，故而《太平广记》保存的图书十分珍贵，成为辑佚和校勘的重要资料来源。

太平兴国七年（982），宋太宗命学士李昉、扈蒙、徐铉、宋白等采前代文章，撮其精要，以类分之。续又命苏易简、王祐等。至雍熙三年（986）编成《文苑英华》1000卷，分36大类，选录梁以后2200余人的诗文23000余篇，以续《昭明文选》。

宋真宗景德二年（1005）命王钦若等编纂《历代君臣事迹》，至大中祥符六年（1013）成书，真宗题为《册府元龟》。共1000卷，另有目录和音义各10卷。专门采集自上古至五代各种资料，以“正史”为主，间及经书与子书而不取小说与杂书，专录历代君臣事迹，按人事、人物分门编纂。从帝王、宗室、外戚等部到幕府、陪臣、外臣，应有尽有。《册府元龟》共分31部：帝王；闰位；僭伪；列国君；储宫；宗室；外戚；宰辅；将帅；台省；邦计；宪官；谏诤；词臣；国史；掌礼；学校；刑法；卿监；环卫；铨选；贡举；奉使；内臣；牧守；令长；宫臣；幕府；陪臣；总录；外臣。部有总序，详述本部事迹的沿革，字数从几百到上

① 这个数字并不包括诗、赋、铭、箴、杂书在内。如果加上诗赋，则有2800多种。

② 据马念祖《水经注等八百种古籍引用书目汇编》统计，引书实为526种。

千不等。部下有门，共有 1104 门（子目），门有小序，简论本门内容。于小序之后，罗列所采材料。该书引书以经籍为先；原文照录，有改动必“注释其下”；繁碎之书不取，取较为系统的著述；酌取前代类书。《册府元龟》数量比《太平御览》大一倍，是宋代编成的最大的一部类书。该书“概括全部十七史，其所见史，又皆北宋以前古本，故可以校史，亦可以补史”（陈垣《影印册府元龟序》）①。

南宋末年王应麟编纂《玉海》204 卷。该书编纂目的是为科举应试参考之用。全书分 21 门 240 余类子目。其 21 门如下：天文；律宪；地理；帝学；圣制；艺文；诏令；礼仪；车服；器用；郊祀；音乐；学校；选举；官职；兵制；朝贡；宫室；食货；兵捷；祥瑞。在编辑体例上，标分门类与其他类书大异。部类仅限于天文、地理和典章，其子目有编题，每个大编题（子目）之下又分若干小编题，分别排列材料。在类书纯粹按形式（编题）编排方面有所变化。

《玉海》所引资料赅博，贯串有序。引书有经史子集及传记、杂书，并附有图书目录。而于宋代典故，多据当时《实录》《会要》记载，兼采诗文辞藻；分类材料之外，多用提要、概述方式撮叙事实，并略作考证。“其作此书，即为词科应用而设，故胪列条目，率钜典鸿章。其采录故实，亦皆吉祥善事，与他类书体例迥殊。然所引自经、史、子、集，百家传记，无不赅具，而宋一代之掌故，率本诸实录、国史、日历，尤多后来史志所未详。其贯串奥博，唐宋诸大类书未有能过之者。”②

王应麟继承吕学“综罗文献”的传统，以书目广记艺文。《玉海》第 35—63 卷为《艺文》，共 28 卷。《玉海·艺文》分为 44 个子目：易拟易附；书；诗；三礼又见礼制；春秋；续春秋又见编年；论语；孝经；孟子；经解总六经；雠正五经、石经；小学；古文；正史；杂史；编年；实录；记注；政要宝训、圣政附；论史；谱牒；玉牒图谱；典故会要；书目藏书；诸子又见著书等类；总集文章；承诏撰述类书；著书杂著别集；赐书详见御书；图；图绘名臣；记志；传；录；诗歌；赋；箴；铭、

① （宋）王钦若等：《册府元龟》，中华书局 1960 年版，第 1 页。
② （清）永瑢：《四库全书总目》下册，中华书局 1965 年版，第 1151 页。

碑又见纪功；颂；奏疏策；论；序赞；经；艺术。从这些子目的排序看，大体上是按经、史、子、集四部的顺序，但其实与四部分类尚有很大的不同。类书艺文志体例不同于普遍图书目录，没有按照设计的类例统括群书。《玉海·艺文》采取的是按照内容和主题来区分图书。其编题方法，有的是事物主题，有的是图书类别，编题很详尽。例如史部有 12 个子目，其中“正史”目有 38 个编题；集部有 19 个子目，其中“传”目有 45 个编题，“录”目有 74 个编题。在每一组编题之后，辑录前代有关记载的原文，以供读者参考和诵记。《玉海·艺文》实现了分类与主题的结合，读者既可以从图书内容入手也可以从书名形式入手找到所需的图书资料。王重民认为这是主题目录的新方向，“是进步的方法和方式，是王应麟的新创造”。①

宋代类书是宋代图书整理工程的重要成果，既是宋代学术文化的结晶，又进一步促进了宋代学术文化的发展。

六 地方文献目录学

（一）地方文献目录发展

宋代重视地方文献尤其是方志编纂，太祖、太宗、真宗、仁宗、神宗、徽宗、宁宗等朝，曾诏书谕旨编纂或征集方志，方志数量剧增，由此产生了方志目录。嘉定七年（1214）南宋余姚人高似孙（1158—1231）为剡地（今浙江嵊县）编写县志《剡录》，次年刊行，“此乃其所作嵊县志也。嵊为汉剡县地，故名曰《剡录》。”（《四库提要》）。该志体例严谨，序述有法，简洁古雅。特别是创设收录文、诗、画，多有创新。《剡录》卷五设“书”门，收录戴逵、阮裕、王羲之、谢玄、谢灵运等 14 人的著述及阮、王、谢三氏家谱等书 42 种。《剡录》有“文”，移抄了谢安、戴逵、孔德璋、沈约、白居易等人有关剡地的文章 15 篇。卷六“诗”，“诗中有及剡者采焉”。这是方志最早记载地方文献。“后来方志必列人物艺文者，其体皆本于史。”（《四库总目·太平寰宇记》）

四明一地宋时为学术重镇，北宋就有著名的杨适、杜醇、王致、楼

① 王重民：《中国目录学史论丛》，中华书局 1984 年版，第 158 页。

郁、王说、舒璘、沈焕、杨简、袁燮九先生。宋庐陵人罗浚官赣州录事参军，其撰《宝庆四明志》21卷、《四明续志》12卷。《四库提要》云："其自序称《续志》之作，所以志大使丞相履斋先生吴公三年治鄞之政绩。……此志载《潜吟槁》二卷，共古今体诗二百九首，诗余二卷，共词一百三十卷，皆世所未观，虽其词不必尽工而名臣著作藉以获存，固亦足资援据，故今仍与罗浚书并录存焉。"

宋施宿，字武子，湖州人，尝知余姚县，迁绍兴府通判。宋施宿等撰有《会稽志》20卷。宋张淏，字清源，本开封人，侨居婺州，官至奉议郎。张淏撰有《续志》8卷。《会稽志》卷二十"古诗文"说："会稽古文之传于世，三代以前不可考，越灭吴北与诸侯会盟，周室归胙，宜有诰命。盟誓之文，可传后世。编简残阙，亦无闻焉。惟秦金石刻之在会稽者今具。见太史公书断。以为古文之首。"

（二）个人著述目录出现新的类型

个人著述目录源自《史记自序》《汉书叙传》等，记一书著作之旨、众篇之目。宋代产生了个人诗文著作系年目录。北宋元丰七年（1084），吕大防"苦韩文杜诗之多误，既雠正之，又各为年谱以次第其出处之岁月"[①]，撰成《韩吏部文公集年谱》1卷和《杜工部年谱》1卷，条列韩愈和杜甫作品出处年月。其他如赵子栎和鲁訔的《杜工部草堂诗年谱》、方松卿的《韩文年表》和孙汝聪的《三苏年表》均为诗文著作系年目录。南宋郑樵"记其平生所自著之书"，撰成《夹漈书目》1卷，另有《图书志》1卷。

七　专科目录学

魏晋南北朝时已有史学目录学的兴起，经过隋唐发展，形成了由多个分支组成的专科目录学。

（一）史学专科目录学发展

宋代在史学专科目录方面颇有成就。宋高似孙撰有《史略》《子

① 王重民：《中国目录学史论丛》，中华书局1984年版，第127页。

略》[①]《纬略》等专科目录，尤以《史略》6 卷最具影响。《史略》卷一、卷二著录从《史记》到五代薛史和欧史的正史，每书后各附有关史注、杂传、史考、史音、别史等图书；卷三著录历代政府史官纂修的史书和政书，如实录、起居注、时政记和会要；卷四著录史典、史表、史略、史抄、史评、史赞、史草、史例、史目和通史、通鉴等；卷五著录霸史、杂史；卷六著录古代历史书籍，如《山海经》《世本》《水经》《竹书》等。该目录解题采用辑录体，记录每书多种版本，是一部有价值的史学专科目录。

（二）词学专科目录学兴起

由于词学发达，宋代有了词学专科目录。阮宏休撰《诗话总龟·集一百家诗话总目》，另撰有《百家诗话总龟后集目录》，为《诗话总龟》引用目录，引书达百余种。

（三）金石目录学产生

以“金”（青铜器及其铭文）“石”（碑刻文字）为载体的图书称金石图书。朱剑心《金石学》认为，“金”是“以钟鼎彝器为大宗，旁及兵器、度量衡器、符玺、钱币、镜鉴等物，凡古铜器之有铭识或无铭识者皆属之”；“石”是“以碑碣墓志为大宗，旁及摩崖、造像、经幢、柱础、石阙等物，凡古石刻之有文字图像者皆属之”；金石学肇始于两汉，至隋唐时渐渐引起学界的重视，汇录、整理金石图书，收录、考释金石文字，金石目录由此产生。《隋志》把金石图书附于小学类。《隋志》小学类序曰：“又后汉镌刻七经，著于石碑，皆蔡邕所书。魏正始中，又立三字石经，相承以为七经正字。后魏之末，齐神武执政，自洛阳徙于邺都，行至河阳，值岸崩，遂没于水。其得至邺者，不盈太半。至隋开皇六年，又自邺京载入长安，置于秘书内省，议欲补缉，立于国学。寻属隋乱，事遂寝废，营造之司，因用为柱础。贞观初，秘书监臣魏徵，始收聚之，十不存一。其相承传拓之本，犹在秘府，并秦帝刻石，附于此篇，以备小学。”

---

① 《四库全书总目》目录类著录有《子略》四卷目录一卷，云其有题识者凡三十八家，实为三十六篇，“录而存之，备考证焉”。

金石目录学产生于宋。对金石目录学的产生作出重要贡献的有欧阳修、郑樵和赵明诚。欧阳修著《集古录》，有开创金石目录学之功，在金石目录学实践上作出突出贡献。而郑樵著《金石略》，在金石学和金石目录学理论上作出了突出贡献。

宋代金石学研究，以赵明诚成就最大。赵明诚（1081—1129），字德甫，山东诸城人，自少小喜从当时士大夫访问前代金石刻词以广异闻，精通考古、金石、书画研究。赵明诚继承了欧阳修的金石目录学思想。他撰《金石录》著录其所见从上古三代至隋唐五代，钟鼎彝器铭文款识和碑铭墓志等石刻文字。该书30卷。前10卷为简目，以时代为序，著录2000余种所收藏的金石铭刻，篇目下著明其年月、撰者、书者。后20卷为跋尾即提要目录，著录图书520余种，颇为可观。其考订精核，评论独具卓识。该书“取上自三代，下迄五季，钟、鼎、甗、鬲、盘、匜、尊、敦之款识，丰碑大碣、显人晦士之事迹，凡见于金石刻者二千卷，皆是正讹谬，去取褒贬，上足以合圣人之道，下足以订史氏之失者皆载之，可谓多矣。”（李清照《金石录后序》）赵明诚之妻李清照于金石书画亦造诣颇深，且襄助夫君金石考录。李清照在《金石录后序》中说：“赵、李族寒，素贫俭，每朔望谒告出，质衣取半千钱，步入相国寺，市碑文果实归，相对展玩咀嚼，自谓葛天氏之民也。后二年，出仕宦，便有饭疏衣练，穷遐方绝域，尽天下古文奇字之志”，其后“每获一书，即同共勘校，整集签题；得书画彝鼎，亦摩玩舒卷，指摘疵病，夜尽一烛为率，故能纸札精致，字画完整，冠诸收书家”。

宋代的金石目录成果，除欧阳修、赵明诚之外，还有王象之和陈思的目录比较重要。王象之著《舆地纪胜》200卷，其中《舆地碑记目》4卷以天下碑刻地志之目，分郡（南渡后疆域）编辑，各注其年月姓氏大略于其下，起临安，迄乾州。后别出单行。体例更为庞杂。陈思《宝刻丛编》20卷，著录从秦石鼓文到五代石刻文字的目录，除碑刻外也包括少量铜、铁器的铭文，还选取了一些法帖，其编次以《元丰九域志》京府州县为纲，其器物在地理上可以确定者，分别按各路编辑；不详者，则附于卷末，并采录了各家的考证。陈思《宝刻丛编》比较完备，但传下来的书多残缺不全。

此外，南宋无名氏所撰《宝刻类编》8 卷，广搜博采，叙述详明，其收录碑刻，上自周秦，下至五代。收录数量比郑樵《金石略》、王象之《舆地碑记目》为多。此书以人名为纲，刻书按碑刻书写人的身份分类，将书写人分为帝王、太子、诸王、国主、名臣、释氏、道士、妇人八类，在人名下著录碑目及年月地名。宋元丰间北平田概撰《京兆金石录》6 卷，是记载一地金石的目录。

宋翟耆年撰《籀史》1 卷（原本 2 卷，后散佚）。首载《宣和博古图》，又有吕与叔《考古图》、薛尚功《历代钟鼎彝器款识法帖》等，是一部专门收录金石著录的金石书目。

这些目录成果，代表了宋代金石学的水平，是金石目录学产生的标志，促进了宋代金石学的研究与发展。

第三节 宋代目录学思想

一 “校雠版本目录”三位一体思想

宋代对图书有“文以载道”的深刻认识。北宋周敦颐（1017—1073）说：“文，所以载道也。”①

宋代官藏以昭文、集贤、史馆为主要藏所，号称“三馆”。后来，三馆重建，赐名崇文院。据《麟台故事》第 4 卷载，太宗巡视崇文院时，见到群书整齐，喜形于色。对身边侍臣说：“千古治乱之道，竝在其中矣。”

程俱（1078—1144），字致道，衢州开化（今属浙江）人。在北宋供职馆阁 14 年，南宋绍兴元年（1131）重建秘书省时首任秘书少监，“摭三馆旧闻，比次为名，名曰《麟台故事》上之。擢中书舍人兼侍讲”②。《麟台故事》是一部校雠目录学著作，“麟台”为唐武则天时掌管政府和皇家典籍的机构，《麟台故事》共 5 卷 12 篇，包括官联、选任、书籍、校雠、修纂、国史、沿革、省舍、储藏、职掌、恩荣、禄廪，其中书籍

① （宋）周敦颐：《周敦颐集》，中华书局 2010 年版，第 34 页。
② （元）脱脱等：《宋史》，中华书局 2000 年版，第 10222 页。

篇详记北宋一代藏书之规模和访求图书情况，校雠篇阐述校勘之重要且记述馆阁校书情况，修纂篇载宋代官修图书过程，国史篇载时政记、起居注、日历、实录、国史、会要等的修纂。他认为“典籍之府，宪章所由”，而“千年治乱之道，竝在其中矣”，“祖宗以来，馆阁之职所，以养人才”，“复兴馆阁，国有大礼大事，于兹有考焉”。

陈骙仿《麟台故事》，著有《中兴馆阁录》（又名《南宋馆阁录》），分沿革、省舍、储藏、修纂、撰述、故实、官联、廪禄、职掌共 9 篇，其中储藏篇专记馆阁藏书与藏书整理，馆阁藏书管理有序，且有分类目录。

三馆与秘阁统称馆阁，管理人员都是博学俊才。洪迈《容斋随笔》称：“国朝馆阁之选皆天下英俊，然必试而后命，一经此职，遂为名流。”《资治通鉴长编》也说：“比年外任发运、转运使、大藩知州等，多以馆职授之。”

宋馆阁藏书，除崇文院外，还有太清楼及龙图阁、天章阁、宝文阁、显谟阁、徽猷阁、敷文阁等六阁。馆阁藏书，允许朝廷高级官僚、殿试科举考生等借阅，为公私著述提供参考，在印刷术业已发达的情况下，也为官府刻书提供校印底本。

宋政府和私人编纂目录蔚然成风；经过校雠目录事业的发展和实践经验的总结，形成了丰富的目录学理论和方法知识。以南宋郑樵《通志・校雠略》为代表，宋代目录学理论出现了综合的特征。

宋代目录学是融“校雠”“版本”“目录”为一体的目录学。

自汉以来校雠目录事业就一直融为一体，到了宋代，得到了进一步的发展。

宋代首次有了关于“校雠”的系统理论著作——《通志・校雠略》提出了校雠专职久任的思想，“求书之官不可不遣，校书之任不可不专”“若欲图书之备，文物之兴，则校雠之官岂可不久其任哉”①。

宋代还产生了目录学的概念。北宋中叶的苏象先著《苏魏公谭训》

① （宋）郑樵：《通志二十略》，王树民点校，中华书局 2000 年版，第 1812 页。

首次提出“目录之学”。其卷四称：“祖父[①]谒王原叔，因论政事。仲至侍侧。原叔令检书史，指之曰：‘此儿有目录之学。’”王钦臣（仲至）出身于藏书世家，其家编有藏书目录，其父王洙（字原叔，997—1057）参与编撰《崇文总目》，王钦臣通晓目录知识，善寻检经籍，得父称赞。然而此“目录之学”并非校雠以及后世所谓的目录学，来新夏却因此认为，“可见目录作为一种专门学问不迟于北宋初年”[②]。

宋代建立了目录学的整体观，将“校雠”“版本”“目录”看作一个整体，形成了三位一体的目录学思想。这一整体观具体包括：将校雠目录事业看作一个整体，收集图书、收藏管理、版本鉴别、校勘、编目等，每个环节互相影响，都是整体的有机组成部分；目录学的各个内容和方法被看作一个整体，如书叙、目录类例和目录著录等，每一内容和方法相互关系，必须依附于归顺于整体才具价值；将目录著作和目录学看作一个整体，强调整体的和谐与共同发展。

二 欧阳修的目录学思想

欧阳修（1007—1072），字永叔，号醉翁、六一居士，吉州吉水（今属江西）人。思想家、文学家、史学家、目录学家。仁宗天圣八年（1030）进士，“以文章名冠天下。入朝，为馆阁校勘”[③]，因直言论事贬知夷陵。庆历中任谏官，要求在政治上有所改良，被诬贬知滁州。官至翰林学士、枢密副使、参知政事。王安石推行新法时，对青苗法有所批评。谥文忠。世称欧阳文忠公。著有《新唐书》、《新五代史》、《易童子问》3 卷、《毛诗本义》14 卷、《集古录》、《洛阳牡丹记》、《居士集》50 卷、《六一诗话》、《六一词》、内外制、奏议、四六集又 40 余卷。今诗文杂著多种，合为《欧阳文忠公集》153 卷附录 5 卷。

欧阳修在目录学方面的成就除在宫廷藏书目录编纂，还在正史、家谱、金石文字等诸领域都有卓越贡献，其目录学思想主要有以下方面。

---

① 指苏颂，字子容。徒居润州丹阳，进士及第，累迁集贤校理，英宗时迁度支判官，元祐中拜右仆射兼中书门下侍郎。

② 来新夏：《古典目录学》，中华书局 1991 年版，第 10 页。

③ （元）脱脱等：《宋史》，中华书局 2000 年版，第 8349 页。

（一）别是非的序跋思想

欧阳修处于北宋由盛而衰的转折时期，无论是在政治还是在学术上都能明辨是非，树立正气。在仕宦生涯中，曾经历北宋中期的两次重大改革，即范仲淹主持的庆历新政和王安石倡导的熙宁变法。他支持范仲淹，对青苗法有所批评。

神宗熙宁四年（1072），欧阳修以太子太师致仕。欧阳修历仕仁宗、英宗、神宗三朝，在政治上的成就，远不如他在文学和史学上的成就，文学上，对宋初以来靡丽、险怪的文风表示不满，是古文运动的领袖，开创变革的一代文风，与韩愈、柳宗元、苏轼、苏洵、苏辙、王安石、曾巩合称“唐宋八大家”。撰有《六一诗话》，为最早以诗话名书的著作。在史学上，曾与宋祁合修《新唐书》，并独撰《新五代史》。

欧阳修在儒学上“于六经长于《易》、《诗》、《春秋》，其所发明，多古人所未见”（苏澈《神道碑》）。他是北宋理学先驱者之一，在疑古惑经方面开风气之先，自称孔子之后疑古第一人，“余以为自孔子没至今，二千岁之间，有一欧阳修者为是说矣”（《居士集》卷43《廖氏文集序》）。欧阳修作《易童子问》认为《周易》十翼非孔子所作：“童子问曰：《系辞》非圣人之作乎？曰：何独《系辞》焉！《文言》《说卦》而下皆非圣人之作，而众说淆乱，亦非一人之言也。”（《易童子问》卷3）他质疑河图洛书之说，“河出《图》，洛出书，圣人幽赞神明而生蓍，两仪生四象，若此者，非圣人之言也。凡学之不通者，惑此者也。知此，然后知《易》矣”（《居士外集》卷10《易或问》），实际上是疑传而尊经，究其“天理”，以推衍出理学依据。

序跋是古代书序方法的进一步发展，撰写序跋是目录学的重要工作。欧阳修“明是非”的序跋思想与他的“求情而责实，别是非、明善恶”的史学求实的思想是一致的。在这一思想指导下，撰写了大量序跋。这一思想主要体现在两个方面。一是评论书的写作之得失，如《江邻几文集序》评说：“邻几，毅然仁厚君子也。其学问通博，文辞雅正深粹，而论议多所发明，诗尤清淡闲肆可喜。”二是评论书的作者之功德，如《薛简肃公文集序》评说：“简肃公在真宗时，以材能为名臣，仁宗母后时，以刚毅正直为贤辅，其决大事，定大议，嘉谋党论，著在国史，而遗风遗烈，至今称士大夫。”评书兼评人，德正与文正相统一，体现了他的“明是非”思想。

（二）抒发己见的类叙思想

目录之学，最能体现学术水平的是类例，目录编纂最难的是类叙。正如章学诚所说：“非深明于道术精微，群言得失之故者，不足为此。”（《校雠通义·序》）。欧阳修的类叙思想是抒发己见。

欧阳修《新唐书·艺文志·序》云：

> 自六经焚于秦而复出于汉，其师传之道中绝，而简编脱乱讹缺，学者莫得其本真，于是诸儒章句之学兴焉。其后传注、笺解、义疏之流，转相讲述，而圣道粗明，然其为说固已不胜其繁矣。至于上古三皇五帝以来世次，国家兴灭终始，僭窃伪乱，史官备矣。而传记、小说，外暨方言、地理、职官、氏族，皆出于史官之流也……两都各聚书四部，以甲乙丙丁为次，列经史子集四库。其本有正有副，轴带帙签皆异色以别之。安禄山之乱，尺简不藏。元载为相，奏以千钱购书一卷，又命拾遗苗发等使江淮括访。至文宗时，郑覃侍讲，进言经籍未备，因诏秘阁搜采，于是四库之书复完，分藏于十二库。黄巢之乱，存者盖鲜。昭宗播迁，京城制置使孙惟晟敛书本军，寓教坊于秘阁，有诏还其书，命监察御史韦昌范等诸道求购，及徙洛阳，荡然无遗矣。

欧阳修对后世产生重大影响的是参与编纂《崇文总目》。欧阳修在景祐和康定年间，先后两次参与编纂《崇文总目》，历时3年有余，在其中起了相当关键的作用，最为突出的是为《崇文总目》所撰之类叙。

《崇文总目》小序大多为欧阳修所作，这些序文仍保留在欧阳修的《欧阳文忠公集》中。其卷124为《崇文总目》叙释，所存序文凡30篇，包括：经部8篇（易、书、诗、礼、乐、春秋、论语、小学）；史部12篇（正史、编年、实录、杂史、伪史、职官、仪注、刑法、地理、氏族、岁时、传记）；子部10篇（儒、道、法、名、墨、纵横、杂、农、小说、兵）。

类叙秉承史志目录学类序传统，每类之叙，多抒发己见。例如，欧阳修撰“易”类小序：

前史谓秦焚三代之书，易以卜筮而得不焚。及汉募群书，类多散逸，而易以故最讹。及学者传之，遂分为三：一曰田何之易，始自子夏，传之孔子，卦、象、爻、彖与文言，说卦等离为十二篇，而说者自为章句，易之本经也。二曰焦赣之易，无所师授，自言得之隐者。第述阴阳灾异之言，不类圣人之经。三曰费直之易，亦无师授，专以彖、象、文言等参解卦、爻。凡以彖、象、文言杂入卦中者，自费氏始。田何之学，施、孟、梁丘之徒最盛。费氏初微，止传民间；至后汉时，陈元、郑众、康成之徒，皆学费氏，费氏兴而田学遂息。古十二篇之易遂亡其本，及王弼为注，亦用卦、象相杂之经。自晋以后，弼学独行，遂传至今。然易比五经，其来最远。自伏羲画卦，下更三代，别为三易。其变卦五十有六，命名皆殊。至于七八九六筮占之法亦异。周之末世，夏商之易已亡。汉初虽有归藏，已非古经。今书三篇，莫可究矣。独有周易，时更三圣，世历三古，虽说者各自名家，而圣人法天地之缊，则具存焉。

该小序共331字，详细阐述了《易经》的性质及演变过程，评说其流派与得失，“独有《周易》，时更三圣，世历三古，虽说者各自名家，而圣人法天地之蕴，则具存焉”（欧阳修：《欧阳文忠公集》卷124）。

又如，“农家”类序：

农家者流，衣食之本原也。四民之业，其次曰农稷播百谷，勤劳天下，功炳后世，著见书史。孟子聘列国，陈王道，未始不究耕桑之勤。汉兴劭农勉人为之著令，令集其树艺之说，庶取法焉。

这里，指出了农家的起源及其价值。欧阳修所撰小序，长短不一，语言简练，继承了《汉志》和《隋志》的编撰传统，分析总结各类源流与学术得失，具有较高学术价值。余嘉锡撰《目录学发微》提出，较之以《汉书·艺文志》《隋书·经籍志》,《崇文总目》言简而明,信而通,引物连类,析之至理。

类叙还继承和发展了古代书叙。欧阳修撰写的《崇文总目》叙释"出新意,每书之下,必著说焉"[①]。欧阳修"对儒家经典不为传注所囿,敢于抒发己见,陈旧说得失"。朱熹在《朱子语类》中说:"旧来儒者不越注疏而已,至永叔(欧阳修)、原父(刘敞)、孙明复(孙复)诸公,始自出议论。"

(三)务实致用的分类思想

欧阳修在目录学上,重视分类,一方面,继承了唐代魏徵和毋煚的分类思想;另一方面,又大胆"抒发己见"。例如,他在《新唐书·艺文志》经部设有"纬"类,但公开反对谶纬学,"臣欲乞特诏名儒学者,悉取九经之疏,删去谶纬之文,使学者不为怪异之言惑乱,然后经义纯一,无所驳杂"(欧阳修《论删去〈九经正义〉中谶纬札子》)。

欧阳修的学术思想讲求道以致用,从六经中求道,"君子之于学也,务为道,为道必求知古,知古明道,而且履之以身,施之于事,而又见于文章而发之,以信后世"(《居士外集》卷16《与张秀才第二书》),"六经者,先王之治具,而后世之取法也。《书》载上古,《春秋》纪事,《诗》以微言感刺,《易》道隐而深矣。其切于世者,礼与乐也"(《居士集》卷48《问进士策三首》)。欧阳修以求道致用的学术思想进行四部分类。他参与的《崇文总目》虽仿《唐书·经籍志》四部分类,但仍然做了较大的调整。20年后,欧阳修撰《唐书·艺文志》,进行了分类体系的研究,最终形成四部44类的分类体系:

甲部经录(11类):易;书;诗;礼;乐;春秋;孝经;论语;谶纬;经解;小学。

乙部史录(13类):正史(附集史);编年;伪史;杂史;起居注(附实录、诏令);故事;职官;杂传记;仪注;刑法;目录;谱牒;地理。

丙部子录(17类):儒家;道家(附神仙与释氏);法家;名家;墨

---

① (宋)郑樵:《通志二十略》,王树民点校,中华书局2000年版,第1818页。

家；纵横家；杂家；农家；小说家；天文；历算；兵书；五行；杂艺术；类书；明堂经脉；医术。

丁部集录（3类）：楚辞；别集；总集（附文史）。

这里的经部，基本恢复了《崇文总目》删除《唐书·经籍志》的“谶纬”“经解”“训诂”三类，只是采用《隋书·经籍志》的“小学”类名，将《唐书·经籍志》的“训诂”并入“小学”。史部，删除了《崇文总目》所增加的“实录”和“岁时”，恢复了《唐书·经籍志》和《隋书·经籍志》都有的“起居注”和“仪注”，恢复了《唐书·经籍志》的“故事”“杂传”“谱牒”。这样13类的类名和次序与《唐书·经籍志》保持了一致。子部，恢复了被《崇文总目》删除的“明堂”“经脉”两类并合并为一类，恢复了被《崇文总目》修改的“医术”，保留《崇文总目》“类事”改“类书”，将《唐书·经籍志》的“天文历算”分为两类，总体上与《唐书·经籍志》类似。集部，恢复了《唐书·经籍志》和《隋书·经籍志》的分类，只略作修改，将《崇文总目》的“文史”附入“总集”。

这一分类体系显示出欧阳修没有直接照搬《崇文总目》的分类体系，而是参考借鉴了《唐书·经籍志》和《隋书·经籍志》的分类，进行了适当调整。分类与《唐书·经籍志》略同，只是在几个小类上增加了三级类目。这充分反映出欧阳修的史志目录学思想，一方面史志目录分类应当区别于官修目录分类，另一方面史志目录分类与以往史志目录应当保持一定的延续性与继承性。

（四）最宜详备的史志目录学思想

欧阳修最宜详备的思想体现在《唐书·艺文志》的著录方面。在著录范围上与《旧唐志》迥不相侔。《新唐志》的材料来源是《古今书录》和《旧唐志》。作者有见于“历代盛衰，文章与时高下”，其编纂宗旨主要是增补《旧唐志》图书的不足。其序云：“藏书之盛，莫盛于开元，其著录者，五万三千九百一十五卷，而唐之学者自为之书者，又二万八千四百六十九卷。呜呼，可谓盛矣。”由此可知，作者在开元时期5万余卷藏书的基础上，结合2万余卷唐人著作，两者合并整理，达到“可谓盛矣”的著录规模。《新唐志》在《旧唐志》基础上新增“唐之学者自为之书者，又二万八千四百六十九卷”，“呜呼，可谓盛矣”，较为完整地反映了有唐一代的现实藏书，从而与整个《新唐书》记有唐一代之史的时间跨度相吻合。

该目录创造了“著录”“未著录”的方法，以小注的形式区别“著录”和“未著录”两部分。“著录”是《旧唐志》原有之书，即《古今书录》曾经著录的书；“未著录”指欧阳修等搜集补充的自开元迄唐末的著作，即新增的部分。“未著录”参考了《崇文总目》，是根据宋代藏书而不是唐代藏书增补所得，为后世“补志”提供了参考借鉴。《新唐志》还在各类之末，说明某类共多少家多少卷，然后说明从某书以下为“未著录”多少家多少卷，因而在著录数量与质量方面都超过了《旧唐志》。

该目录还创造了“以书类人”的新方法。以往正史艺文志在著录上一直采用以书名为标目，即所谓“以人类书”的方法。《新唐志》别开新路，以著者为标目，体现了正史艺文志在方法上的变化和创新。

该目录的注释简明得体，对于著者、书名、附录等特殊情况，都详加注释。

欧阳修在史学和图书整理方面的成就十分突出，在史志目录学上做出了重大贡献。他曾与宋祁合撰《新唐书》，又独自编修《新五代史》，在二十四史中，他一人完成如此繁重的写作任务，且各具特色，实属难得。

欧阳修曾参与《崇文总目》的编撰，积累了宝贵的经验，有利于《新唐书·艺文志》编纂体例的完善。欧阳修在至元二年十月庚戌奏请派员整理官藏图书档案时说：“自汉而下，惟唐享国最久，其间典章制度，本朝多所参用，所修《唐书》新志，最宜详备”，从而提出了“最宜详备”的史志目录学思想

首先，欧阳修高度重视正史的“志”和“表”，认为志表“则新书详赡，旧书太略”，从而在《新唐书》正史编写体例方面作出了重要贡献，书中的列传为宋祁所撰，而本纪、赞以及志、表的序均为欧阳修所撰。在“志”方面，《新唐书》的志书专门叙述政治、经济、文化等制度，十分详细。《新唐书》将志扩大为 13 项，不但材料丰富，而且也全面地反映了唐代政治、经济、文化的发展情形。在“表”方面，《新唐

书》增列了表系。清顾炎武《日知录》对正史中的表曾给予高度评价，称作史体裁，莫大于是。这实际也是肯定了《新唐书》在恢复表系方面的贡献。

其次，欧阳修以最宜详备的思想编纂艺文志。《新唐书·艺文志》将开元前后直到唐末的目录全部加载，并且简载作者情况，其中唐人文集就有600多家，成为后世学者查考唐人著述的主要依据。赵翼评价《艺文志》"所载唐代史事，无虑数十百种，皆五代修书时所未尝见者，据以参考，自得精详"（赵翼《廿二史札记》卷16）。

欧阳修曾编修《五代史记》即《新五代史》。宋太祖开宝六年（973），敕令薛居正纂修《五代史》，因成书仓促，失误颇多。欧阳修认为它繁猥失实，乃重写五代史，前后经过近18年的时间，修成《新五代史》74卷。该书到神宗熙宁十年（1077）才得以刊刻问世。《新五代史》文简而有法，"欧史纪传各赞皆有深意""欧史无一字苟作"（赵翼《廿二史札记》卷21《欧史传赞不苟作》），具有历史文学价值。苏轼为《居士集》作序赞欧阳修"论大道似韩愈，论事似陆贽，记事似司马迁，诗赋似李白，此非予言也，天下之言也"。

（五）简明实用的谱牒文献思想

谱牒作为记述社会历史的一种重要文献资料，古人对其给予高度评价。宋仁宗皇祐、至和年间，欧阳修与苏洵等名贤着手编纂本家的族谱，成为宋代私修族谱的先驱。欧苏两家各自编纂族谱的方法和体例，对宋代以后修订谱牒颇有影响。

欧阳修的《欧阳氏谱图》本于司马迁《史记》的表、郑玄的《诗谱》，以五世为限，上从高祖起，下至玄孙止。五世以外，若表格难以容纳，则另辟世系。它以时代为经，以人物为纬，每人之下记载子孙姓名、生平事迹等，见于史传或其他家谱的，附于图后。记事繁简，则以远近亲疏为别。谱图简明实用，被世人广为取法。北宋后期，王安石、朱长文、游酢、程祁等人先后编撰世谱或家谱。至南宋，士大夫参与编撰族谱的逐渐增多。欧阳修开创了宋以后的新谱学，是对古代图书事业的一大贡献。

（六）撮其大要的金石目录学思想

欧阳修平生喜欢集金石文字。仁宗庆历八年（1048），欧阳修为扬州知州，所收集的古碑、金石铭刻颇多，所藏金石碑文达千余卷。他开始对拓本上的文字进行考订和阐释，如他收藏的《唐孔子庙堂碑》“余为童儿时，尝得此碑以学书，当时刻画完好。后二十年复得斯本，则残缺如此。因感夫物之终弊，虽金石之坚，不能以自久，于是始欲集录前世之遗文而藏之”（《集古录》卷5）。其所搜集的金石遗文，时间上起三代，下迄宋初，“上自周穆王以来，下更秦汉隋唐五代，外至四海九州名山大泽穷崖绝谷，荒林破冢，神仙鬼物，诡怪所传，莫不皆有”（欧阳修《集古录·自序》）。

欧阳修将金石图书纳入正史收录范围。在《新唐志》中，沿袭《隋志》旧例，把金石图书附于小学类。

欧阳修在考订、阐释金石文字的时候，利用金石文字来对照史传，纠谬补缺。他把检讨研究的成果书于各卷之末，即金石文字跋尾，约有400余篇，订正旧史之讹误达300余处。

欧阳修的金石学思想是金石有考史补史之价值，“因并载其可与史传正其阙谬者，以传后学，庶益于多闻”[①]。为了保存这些珍贵的金石图书资料，欧阳修“又以谓聚多而终必散，乃撮其大要别为录目”（欧阳修《集古录·自序》），从搜集的1000卷彝铭碑刻法帖中，选其重要篇目，分注其撰人姓名、官位事迹以及立碑时间。将这些金石文字跋尾汇而录之，编撰成《集古目录》，后改为《集古录跋尾》，书目10卷，以碑刻跋尾为主，铜器铭文仅20多篇。跋尾内容多偏重于史事评论。其体例是先书铭文目，之下有的著录原文，有的不著录原文，有的著录释文，有的不著录释文，并多有考释介绍。经过18年的不懈努力，终于宋仁宗嘉祐八年（1063）完成《集古录》1000卷，是金石目录著作的开山之作。

由于欧阳修的跋尾是随题随录，无一定次序，所以《集古录》仅有卷帙次第而未按拓本时代先后排列。后世刻本对原书次序进行了调整，将拓本按时代先后加以排列，并且在每条标题之下，注明原来卷帙的次

① （宋）欧阳修：《集古录》，《欧阳修全集》（下），中国书店1986年版。

第。钱曾说："《集古目录》三卷。欧阳《集古目》，随得随录，不复诠次。宋刻原本如此，今人以时代次第之，失公初意矣。"（《读书敏求记》卷一）

《集古录》现存10卷，是现存最早的金石目录和金石学著作。欧阳修的贡献在于：将金石文字作为研究历史的重要文献，使金石文字成为历史的见证，进一步丰富了历史研究，这在史学上是一大创举，"可与史传正其阙谬"（欧阳修《集古录·自序》）。而且，为后人保留了大量关于金石存留情况的资料，开启了宋代的金石目录学研究。

与《集古录》并行的还有《集古录目》一书，是神宗熙宁二年（1069）欧阳修命其子欧阳棐编录的。《集古录目》10卷包括了欧阳修家藏的1000余种金石拓本。该书体例是仅列碑刻撰书人名姓氏、官位事实以及立碑年月，而不作任何考证评论。

三　郑樵的目录学思想

郑樵（1104—1162），字渔仲，自号溪西遗民，兴化军莆田（今属福建）人。史学家、目录学家。郑樵于民族危亡之秋，曾试图有所作为，因不应科举，又不得重用，乃隐居于夹漈山中，过着"寒月一窗，残灯一席"的读书生活，埋首著书立说，世称"夹漈先生"。为学30年，其学识渊博，广涉礼乐、文字、天文、地理、草木、虫鱼之学。著作颇丰，著《通志》200卷，包括帝纪18卷，附后妃列传2卷，年谱4卷，略50卷，列传125卷。今存者除《通志》外，仅有《尔雅注》《夹漈遗稿》等。

郑樵的目录学思想集中体现在《通志·校雠略》《通志·艺文略》《通志·图谱略》和《通志·金石略》四部著作中。其中，《通志·校雠略》是郑樵为《通志·艺文略》《通志·图谱略》和《通志·金石略》的编撰方法所作的说明，是中国目录学史上第一部系统的目录学理论著作。

（一）会通思想

"会通"是郑樵的哲学思想，也是他的史学和目录学思想，源于《周易·系辞下》"圣人有以见天下之动，而观其会通，以行其典礼"。《通志·总序》中说："百川异趋，必会于海，然后九州无浸淫之患；万国殊途，必通诸夏，然后八荒无壅滞之忧，会通之义大矣哉！"又说："天下之理不可以不会，古今之道不可以不通。"

郑樵不满空谈心性，讲求辨章的风气。主张广博会通，尊通史而抑断代。他认为据一代之史，不能联络前代后代。他以"会通"作为史学思想，网罗各代历史，合为一书，编纂完成了《通志》。《通志》最能体现其会通思想，也最能体现其史学水平的是二十略。《通志·总序》称："今总天下之大学术而条其纲目，名之曰略。凡二十略。百代之宪章，学者之能事，尽于此矣。"《四库全书总目》称郑樵："其平生之精力，全帙之菁华，惟在二十略。"

郑樵以毕生精力致力于会通思想在目录学的实现。"会通"思想决定了其目录学理论与实践的各个方面，是目录学的出发点和归宿。郑樵在《献皇帝书》中说："八九年为讨论之学，为图谱之学，为亡书之学，以讨论之所得者作《群书会记》，作《校雠备论》，作《书目正讹》。以图谱之所得者作《图书志》，作《图谱有无记》，作《氏族源》。以亡书之所得者作《求书缺记》，作《求书外记》，作《集古系时录》，作《集古系地录》。"可见其目录学的功夫之深。

郑樵的目录学会通思想，集中体现在图书、类例与目录的整体性、关联性和连续性。一是目录学理论（《通志·校雠略》）与目录学实践（《通志·艺文略》《通志·图谱略》和《通志·金石略》）形成一个整体和内在关联；二是在记录古今图书方面，《艺文略》《图谱略》和《金石略》三略相互关联，互为补充。三者缺一不可，形成一个整体。

（二）校雠学即目录学的思想

《通志》二十略，颇具创见。其《通志·校雠略》《通志·艺文略》和《通志·图谱略》三略集中反映了他的校雠目录学思想。

郑樵在《通志·总序》中说"册府之藏，不患无书，校雠之司，未闻其法。欲三馆无素餐之人，四库无蠹鱼之简；千章万卷日见流通，故作《校雠略》"。其《通志·校雠略》是对中国目录学的系统总结和理论阐述，是一部重要的目录学理论巨著。

"校雠"自向歆创建以来，并没有明确的范畴，目录学家进行了长期的探索。从汉代开始，校雠与目录一体发展，校雠的概念范畴和校雠目录事业不断扩大。到了宋代，郑樵将有关图书的采集、校勘、分类、整理、版本、书录等一系列活动作为一个整体来看待，以“校雠”概括之。

郑樵的校雠学，既是文献学，是一种大文献学观，把图书和目录都置于校雠之下，发展了孔子的“文献”范畴；又是目录学，是一种大目录学观，《校雠略》所论校雠，实际上是论目录，将校雠目录一体化的事业统筹于校雠之下。

郑樵有这样的理论认识有两个重要的原因，一是因为随着目录学的发展，概念不断增多，需要建立起初步的概念体系。从文献学来说，虽然“文献”一词早已产生，但宋以前少有使用，使用较多的是“典籍”“经籍”“图书”这些概念，它们交替使用，都是指的图书。从目录学来说，虽然“目录”一词使用较多，但目录仅仅是校雠目录工作的成果之一，还有“书录”“略”“艺文志”“经籍志”等同类概念，将这些成果统称为“簿录”。这样，文献学和目录学都没有一个概念能将所有的内容统领起来，郑樵以“校雠”统领，完成了目录学理论的第一次升华——最原始的概念体系建立。二是因为校雠目录事业发展，历史上每个朝代既有政府组织的校书活动，也有民间进行的校书活动；既有围绕藏书开展的系列活动，也有围绕馆阁开展的系统活动；既有以学术史为目的的图书整理而产生的校勘、版本、目录、辑佚等工作，也有以文化传播为目的的图书整理而产生的类书编纂等活动，还有以学术研究为目的的图书整理而产生的辨伪、考证等领域。郑樵站在一个高度，以校雠抽象地概括了校雠目录事业以及相关的各种活动，这是将实践提炼为理论的结果，也是以“校雠”构建了一个包括校雠目录事业的知识大厦，是具有理论开创的意义。

（三）类例论

郑樵《通志·校雠略》多次提到“类例”这个词。历来对于“类例”的解释常常简单理解为“分类”，这是对郑樵类例论的曲解。郑樵虽然没有对这个词予以明确解说，但从他对于类例的阐述中可知，这一概念既有学术分类的含义，也有图书分类之含义，还有体例的意义，虽与“分类体例”相近，但其范畴与意义远远大于今天的“分类”，因而不能片面地将类例等同于分类。

第一，郑樵提出了“类例既分，学术自明”，以类例保存学术的重要观点。

“类例既分，学术自明。以其先后本末具在”是郑樵类例说的精华，阐述了类例对于考辨学术源流的作用。从不同时代的类例建立或消亡或合并，可以反映出学术在历史进程中的盛与衰、兴与亡。他说“类例分则百家九流，各有条理，虽亡而不能亡也”，以类例明学术大势，反映学科之间的关系。这就把类例同学术紧密联系在一起，类例明晰可以提供学术发展的源流正变，从不同时代类目的建立或消亡或合并，可知学术在历史进程中的盛衰兴亡。从这个意义上说，类例就是学术分类，具有学术史的职能。

第二，郑樵提出了“欲明书者，在于明类例”，以类例保存图书的重要观点。

郑樵指出：“十二野者，所以分天之纲，即十二野不可以明天。九州者，所以分地之纪，即九州不可以明地。《七略》者，所以分书之次，即《七略》不可以明书。欲明天者，在于明推步；欲明地者，在于明远迩；欲明书者，在于明类例。噫！类例不明，图书失纪，有自来矣。”（《通志·校雠略·编次必谨类例论六篇》）这里，郑樵从天地分布和《七略》的局限性出发，强调类例的重要性。将类例比作天地，是一个整体，十二野分天之纲，九州分地之纪。其《通志·艺文略》分 12 大类，如同十二野应分天之纲。

“欲明书者，在于明类例”强调要明了图书的内容与意旨，必须有一个明晰的图书类例。郑樵认为学术与图书虽然错综复杂，但都应有类可分，有例可循。类例是关于图书的分类，其功在保存古今图书。

第三，郑樵系统阐述了学术、图书与类例三者之间的关系。

《通志·校雠略·编次必谨类例论六篇》指出：

> 学之不专者，为书之不明也；书之不明者，为类例之不分也。有专门之书，则有专门之学；有专门之学，则有世守之能。人守其学，学守其书，书守其类。人有存没，而学不息；世有变故，而书

不亡。以今之书，校古之书，百无一存，其故何哉？士卒之亡者，由部伍之法不明也；书籍之亡者，由类例之法不分也。类例分，则百家九流，各有条理，虽亡而不能亡也。巫医之学，亦经存没而学不息。释老之书，亦经变故而书常存。观汉之易书甚多，今不传，惟卜筮之易传。法家之书亦多，今不传，惟释老之书传。彼异端之学，能全其书者，专之谓矣。

这里，以几个学科领域为例，卜筮之书和释老之书流传多，所以有其专门之学。既强调了图书对于学术的作用，又强调了类例对于图书的作用。郑樵是将类例与图书、学术三者的关系建立在“学—书—类例”这样一个逻辑之上，阐明类例关系到图书与学术之存亡。以类例统领一切，“学守其书，书守其类”，有了类例既可使书不亡，也可使学不灭。

第四，郑樵认为“类书犹持军”，强调分类要科学合理。

郑樵把类例看作一个整体，譬如军队管理，混乱与否，与士卒人数的多少无关，关键在于管理是否有条理。郑樵说：“类书犹持军也。若有条理，虽多而治；若无条理，虽寡而纷。类例不患其多也，患处多之无术耳。”类例设置应详细而有条理，类例的优劣不在于数量，而在于其条理性，古今图书在类例统领之下成为有条不紊的整体，才便于保管和应用。

郑樵将“类例之法”与军队“部伍之法”相比较，认为“部伍之法不明”是导致士卒之亡的根本原因。自古以为，图书之亡为学者所痛心，原因何在？郑樵认为在类例，“类例之法不分”是导致书亡的根本原因，这与由于“部伍之法不明”导致士卒之亡同理。

类例论是郑樵目录学思想的核心，不仅在郑樵目录学思想中占有中心地位，也是他目录学思想的基点，体现了郑樵目录学的基本思路。郑樵对于类例的功能与地位做了比较深刻的剖析，旨在使目录担当起更多更重要的学术文化责任，这种观念开创了中国目录学“辨章学术、考镜源流”的发展道路。

（四）求通求新的分类思想

郑樵在类例思想的指导下进行了分类方法的实践探索，形成了创新的分类思想。郑樵认为，分类体系不是一成不变的，阐述了分类的两个基本原则：一是要根据学术和图书的变化设置类目，提出“或旧无其书而有其学者，是为新出之学，非古道也”。既要注意学术的盛衰，衰微的学科，图书也会减少，类目可因此而调整或合并相近类目；也要注意新增的图书，原有的类目如果不能涵括新增的图书，那么，就应当设置新的类目以容纳。二是要详细设类。详细的类目能够反映出学术的源流正变。在“无疑晦者则以类举”思想指导下，《通志·艺文略》设置的类目是有史以来最详悉的类目。

按照上述原则，郑樵认为六分法和四部分类都不合理，提出了对于《七略》和四部分类的批评意见：《七略》六分法存在的问题在于分类“自为苟简”“不可以明书”，而四部分类“四库所部，无乃荒唐”。因为“日月星辰，岂可与风云气候，同为天文之学？三命元辰，岂可与九宫太一，同为五行之书？”

因此，郑樵大胆突破传统的四部分类。在《通志·艺文略》创设了全新的分类“总十二类百家四百二十二种”，实际上是12类、82家、442种的三级分类。其分类体系如下：

经类第一（9家，89种）：1. 易（古易、石经、章句、传、注、集注、义疏、论说、类例、谱、考正、数、图、音、谶纬、拟易）；2. 书（古文经、石经、章句、传、注、集注、义疏、问难、义训、小学、逸篇、图、音、续书、谶纬、逸书）；3. 诗（石经、故训、传、注、义疏、问辨、统说、谱、名物、图、音、纬学）；4. 春秋（经、五家传注、三传义疏、传论、序、条例、图、文辞、地里、世谱、卦繇、音、谶纬）；5. 春秋外传国语（注解、章句、非驳、音）；6. 孝经（古文、注解、义疏、音、广义、谶纬）；7. 论语（古论语、正经、注解、章句、义疏、论难、辨正、名氏、音释、谶纬、续语）；8. 尔雅（注解、图、义、音、广雅、杂尔雅、释言、释名、方言）；9. 经解（经解、谥法）。

礼类第二（7家，54种）：10. 周官（传注、义疏、论难、义类、音、图）；11. 仪礼（石经、注、疏、音）；12. 丧服（传注、集注、义疏、记要、问难、仪注、谱、图、五服图仪）；13. 礼记（大戴、小戴、义疏、书钞、评论、名数、音义、中庸、谶纬）；14. 月令（古月令、续月令、时令、岁时）；15. 会礼（论钞、问难、三礼、礼图）；16. 仪注（礼仪、吉礼、宾礼、军礼、嘉礼、封禅、汾阴、诸祀仪注[①]、陵庙制、家礼祭仪、东宫仪注、后仪、王国州县仪注、会朝仪、耕籍仪、车服、国玺、书仪）。

乐类第三（1 家，11 种）：17. 乐（乐书、歌辞、题解、曲簿、声调、钟磬、管弦、舞、鼓吹、琴、谶纬）。

小学类第四（1 家，8 种）：18. 小学（小学、文字、音韵、音释、古文、法书、蕃书、神书）。

史类第五（13 家，96 种）：19. 正史（史记、汉、后汉、三国、晋、宋、齐、梁、陈、后魏、北齐、后周、隋、唐、通史）；20. 编年［古魏史、两汉、魏、吴、晋、宋、齐、梁、陈、后魏、北齐（周附）、隋、唐、五代、运历、纪录］；21. 霸史（上、下）；22. 杂史（古杂史、两汉、魏晋、南北朝、隋、唐、五代、宋朝）；23. 起居注（起居注、实录、会要）；24. 故事；25. 职官（上、下）；26. 刑法（律、令、格、式、敕、总类、古制、专条、贡举、断狱、法守）；27. 传记（耆旧、高隐、孝友、忠烈、名士、交游、列传、家传、列女、科第、名号、冥异、祥异）；28. 地里（地里、都城宫苑、郡邑、图经、方物、川渎、名山洞府、塔寺[②]朝聘、行役、蛮夷）；29. 谱系（帝系、皇族、总谱、韵谱、郡谱、家谱）；30. 食货（货宝、器用、豢养、种艺、茶、酒）；31. 目录（总目、家藏总目、文章目、经史目）。

诸子类第六（14 家，48 种）：32. 儒术；33. 道家一（老子、庄子、诸子、阴符经、黄庭经、参同契、目录）；34. 道家二（传、记、论、书、经）；35. 道家三（科仪、符箓、吐纳、胎息、内视、道引、辟谷、内丹）；36. 道家四（外丹、金石药、服饵、房中、修养）；37. 释家一（传记、塔寺、论议、铨述、章钞、仪律、目录、音义、颂赞、语录）；38. 法家；39. 名家；40. 墨家；41. 纵横家；42. 杂家；43. 农家；44. 小说；45. 兵家（兵书、军律、营阵、兵阴阳、边策）。

---

① 又作“明堂郊祀社稷释奠风雨师仪注”。

② 该类无书，诸子类释家“塔寺”内有著录图书。

天文类第七（3 家，15 种）：46. 天文（天象、天文总占、竺国天文、五星占、杂星占、日月占、风云气候占、宝气）；47. 历数（正历、历术、七曜历、杂星历、刻漏）；48. 算术（算术、竺国算法）。

五行类第八（4 家，30 种）：49. 五行一（易占、轨革、筮占、龟卜、射覆、占梦、杂占、风角、乌情、逆刺、遁甲）；50. 五行二（太一、九宫、六壬、式经、阴阳）；51. 五行三（元辰、三命、行年、相法、相笏、相印、相字、堪余）；52. 五行四（易图、婚嫁、产乳、登坛、宅经、葬书）。

艺术类第九（1 家，17 种）：53. 艺术（艺术总、射、骑、画录、画图、投壶、奕碁、博塞、象经、樗蒲、弹碁、打马、双陆、打毬、彩选、叶子格、杂戏格）。

医方类第十（2 家，26 种）：54. 医方上（脉经、明堂针灸、本草、本草音、本草图、本草用药、采药、炮炙、方书、单方、胡方、寒食散）；55. 医方下（病源、五脏、伤寒、脚气、岭南方、杂病、疮肿、眼药、口齿、妇人、小儿、食经、香熏、粉泽）。

类书类第十一（1 家，2 种）：56. 类书（上、下）。

文类第十二（26 家，46 种）：57. 楚辞；58. 别集一（楚、汉、后汉、魏、蜀、吴）；59. 别集二（晋）；60. 别集三（宋、齐、梁）；61. 别集四（后魏、北齐、后周、陈、隋、唐）；62. 别集五（五代、伪朝、宋朝、别集诗）；63. 总集；64. 诗总集；65. 赋；66. 赞颂；67. 箴铭；68. 碑碣；69. 制诰；70. 表章；71. 启事；72. 四六；73. 军书；74. 案判；75. 刀笔；76. 徘谐；77. 奏议；78. 论；79. 策；80. 书；81. 文史；82. 诗评。

郑樵的这一分类体系是他的类例论思想的具体化，“散四百三十二种书，可以穷百家之学，敛百家之学，可以明十二类之所归”与“学守其书，书守其类”等思想是完全统一的。

郑樵的这一分类体系是他不因袭旧规、大胆创新的表现。主要进行了以下创新：

首先，敢于挑战经学权威，从四部“经”类突破开始，将礼、乐、小学三类脱离“经”的范畴，这是极其有胆识的。“礼”和“乐”一直被尊为儒家经典，从经部分出后，儒家传统六经只剩下了易、书、诗、春秋四经。“礼”本有三礼，但以往的分类一般不细分类目，《汉志》《隋志》《群书四录》《崇文总目》等均如此，只有《古今书录》和《唐书·经籍志》才分为“周礼、仪礼丧服、礼论答问”三个子目，而郑樵将“礼”设置为大类，下分7家54种，因“礼虽一类而有七种，以仪礼杂于周官可乎”①，所以“仪礼”“周官”各自成家，周官分6种，仪礼分4种。而且，还将四部“史”的仪注改入十二类“礼”。“乐”以往书目分类也不细分，因“乐虽主于音声，而歌曲与管弦异事”②，所以细分为乐书、歌辞、题解、曲簿、声调、钟磬、管弦、舞、鼓吹、琴、谶纬11种。“小学”在六分法归于“六艺”，到了四部列在“经”。郑樵将尔雅、经解仍保留在经类，将小学独立，因“小学虽主于文字，而字书与韵书背驰”③，细分为小学、文字、音韵、音释、古文、法书、蕃书、神书8种。这些说明，郑樵认为不能将“经”扩大化，对于经学有自己的独到见解。

其次，在四部“子”类有重大突破。将艺术和类书从四部“子”中分出独立成类。特别值得肯定的是，重视科技图书的分类。以往的科技图书归于“子”，没有突出学科应有的地位。郑樵将天文、五行、医方独立成类。特别重要的是，中国古代医学发达，将医学单立一门，对医学进行总结和条理，引起人们对这一学科的重视，具有学术价值。

《通志·艺文略》从当时图书和学术发展的实际情况出发，突破了经史子集四部分类体系的限制。分类体系以宋代学术和图书为基础，依据了学术的内在联系，扩充了大部类的情况下，增加了很多小类目，使得各门学科的分类更趋细密和准确，旷古未有。

郑樵分类体系的最大特色，一个是创新，新创了很多类名。另一个是细目详尽。以经类的二级类目为例，“易”家下详分16种；“诗”家下详分12种。

---

① （宋）郑樵：《通志二十略》，王树民点校，中华书局2000年版，第1805页。

② （宋）郑樵：《通志二十略》，王树民点校，中华书局2000年版，第1805页。

③ （宋）郑樵：《通志二十略》，王树民点校，中华书局2000年版，第1805页。

郑樵的三级分类体系，其目标是穷敛百家之学、“总十二类，百家，四百二十二种，朱紫分矣”。“朱紫分”语出东晋王隐《晋书》，中书令虞松称赞魏秘书郎郑默《中经簿》“而今而后，朱紫别矣”，意即郑默四部分类使各类图书分门清晰，昭然有别。

郑樵的分类体系虽是一个全新的体系，但与前人的分类体系并非毫无联系，而是在前人各种分类体系基础上，在许多类目的设置与分合上形成新的突破，最终使十二分法独具特色、自成一家。虽然此后这一分类体系少有使用，但从目录学分类发展史上具有十分重要的理论价值和启示作用。

此外，郑樵提出类书方法即归类方法。为保证每种图书都能归入恰当类目，郑樵认为必须做到以下几点：同类之书集中在一起，“一类之书，当集在一处，不可有所间也”①；可分之书当入别类；同类之书，或以性质同异聚散，或以时代为次；派生性著作（关于一书的研究、注释、考证的著作）随原书归类；分类时应了解原书，不能见名不见书，看前不看后。

（五）纪百代之有无的著录思想

通过目录完整记录和整序图书，实质是书目控制。关于目录的著录，郑樵提出了“纪百代之有无”的思想。

第一，郑樵提出了“广古今而无遗”的观点。在收录图书的时间范围上，即通记古今图书。郑樵《通志》以“通”为职志，“始自三皇，终止五代”。其《通志·艺文略》收录历代著述，“通记古今有无”，无论在时间上还是在内容上都与整部《通志》相统一。

《通志·艺文略》以《群书会记》为底本，并参考了以往的各种官私、史志、宗教目录，包括《崇文总目》、《汉志》、荆州《田氏书目》、《道藏目录》等，甚至搜集了大量相关图书所得。郑樵说：“古人亡书有记，故本所记而求之。魏人求书，有阙目录一卷，唐人求书，有搜访图书目一卷，所以得书之多也。宋嘉祐中，下诏并书目一卷，惜乎行之不远，一卷之目亦无传焉。臣今所作《群书会记》，不惟简别类例，亦所以

---

① （宋）郑樵：《通志二十略》，王树民点校，中华书局2000年版，第1815页。

广古今而无遗也。”（《通志·校雠略·编次必记亡书论三篇》）郑樵的工作并非简单地将搜集的图书加入书目中，而是做了研究工作，在“八九年为讨论之学”中仔细研究史志目录之意旨、收录范围与特色，特别是进行图书的校核甄别、删重补缺，最终才确定是否收录以及归入何类等问题。

“广古今而无遗”的观点对于通史艺文志具有重要指导意义，也是回溯性国家书目的基本原则。只有这样，才可以做到“上有源流，下有沿袭，故学者亦易学，求者亦易求”（《通志·校雠略·编次必记亡书论三篇》）。

第二，郑樵提出了“记亡阙”的观点。郑樵在《编次必记亡书论》中说：“古人编书，皆记其亡阙，所以仲尼定书，逸篇具载。王俭作《七志》已，又条刘氏《七略》及二汉《艺文志》、《魏中经簿》所阙之书为一志。阮孝绪作《七录》已，亦条刘氏《七略》及班固《汉志》、袁山松《后汉志》、《魏中经》、《晋四部》所亡之书为一录。隋朝又记梁之亡书。自唐以前，书籍之富者，为亡阙之书有所系，故可以本所系而求。所以书或亡于前，而备于后，不出于彼，而出于此。及唐人收书，只记其有，不记其无，是致后人失其名系。所以崇文四库之书，比于隋唐亡书甚多，而古书之亡尤甚焉。”目录记载亡阙，最早可溯源至《汉志》，著录有《史记》说明阙 10 篇，与记载亡书相关但有不同；而《隋志》更多采用此法，郑樵《通志·艺文略》记亡阙，是在班固基础上的进一步发展，也是针对唐代目录只记其有不记其无，导致后人不知亡佚的弊端进行了改正。

郑樵反复强调并详细论证了编目必记亡书的观点，并陈述编目必记亡书的理由。“古人编书，必究本末”，“谓如隋人于历一家，最为详明。凡作历者几人，或先或后，有因有革，存则俱存，亡则俱亡。唐人不能记亡书，然犹纪其当代作者之先后，必使具在而后已。及崇文四库，有则书，无则否，不惟古书难求，虽今代宪章亦不备”。从历史的经验看，古人编书或编目，都有记亡阙的先例，“于史有徵”，“本所系而求。所以书或亡于前，而备于后，不出于彼，而出于此”，作用在于为后人指出历史上曾有此书，可供后人搜求参考。从历史的教训看，唐人目录，记其有而不记其无，导致后人无法知道那些亡佚的图书。而到了宋代，崇文四库之书比隋唐亡书更多，不仅古书难求，即使当世宪章也不完整存世。

第三，郑樵提出了著录图书的详今略古原则，“今所纪者，欲以纪百代之有无。然汉、晋之书，最为希阔，故稍略；隋唐之书，于今为近，故差详。崇文四库及民间之藏，乃近代之书，所当一一载也”。这就把“欲以纪百代之有无”的理想与现实操作详今略古原则结合了起来，是比较务实的著录方法。

第四，郑樵提出了记图谱和金石的观点。在收录图书的类型上，郑樵强调除图书外，目录还应收录图谱和金石。其编撰的《通志·图谱略》和《通志·金石略》，著录了图谱和金石两大类型的图书。

《艺文略》《图谱略》和《金石略》作为《通志》中的组成部分，都是收录古今、通记存佚，在史志目录学中具有开创之功。

郑樵“纪百代之有无”的著录思想，既著录当时实存的图书，也著录历史上曾有而今亡或残的图书，达到了前无古人的水平。既记古今之有无，又记书、图和金石，实际上就是要穷尽上下古今之所有图书，达到国家书目控制的目的。这种思想把古今图书视为一个不可分割的有机整体，与他的会通思想是相统一的。

（六）以人类书的归类思想

关于归类和著录标目，郑樵反对以书类人。所谓“以书类人”，就是以书类于人，即以著者姓名作标目。郑樵在《通志·校雠略》中《不类书而类人论三篇》列举了反对以书类人的理由：

其一，前人目录一般不以书类人，“古之编书，以人类书，何尝以书类人哉？人则于书之下注姓名耳。《唐志》一例削注，一例大书，遂以书类人。且如别集类自是一类，总集自是一类，奏集自是一类。《令狐楚集》百三十卷，当入别集类，《表奏》十卷，当入奏集类。如何取类于令狐楚，而别集与奏集不分？皮日休《文薮》十卷，当入总集类，《文集》十八卷，当入别集类。如何取类于皮日休，而总集与别集无别？诗自一类，赋自一类。陆龟蒙有诗十卷，赋六卷，如何不分诗赋，而取类于陆龟蒙？”①

① （宋）郑樵：《通志二十略》，王树民点校，中华书局2000年版，第1820页。

其二，书本目录一书一行，如以撰人为主，在撰人姓名下又不知用符号将人名和书名隔开，就会造成混乱，尤其是那些传记性著作。他批评《旧唐书·经籍志》：“《唐志》以人置于书之上，而不著注，大有相妨。如管辰作《管辂传》三卷，唐省文例去‘作’字，则当曰《管辰管辂传》，是二人共传也。如李邕作《狄仁杰传》三卷，当去作字，则当曰《李邕狄仁杰传》，是二人共传也。又如李翰作《张巡姚訚传》三卷，当去作字，则当曰《李翰张巡姚訚传》，是三人共传也。若文集置人于上，则无相妨，曰某人文集可也，即无某人作某人文集之理。所志惟文集置人于上，可以去作字，可以不著注，而于义无妨也。又如卢槃佐作《孝子传》三卷，又作《高士传》二卷，高士与孝子自殊，如何因所作之人而合为一？似此类极多。《炙毂子杂录注解》五卷，乃王叡撰，若从《唐志》之例，则当曰《王叡炙毂子杂录注解五卷》，是王叡复为注解之人矣。若用《隋志》例，以其人之姓名著注于其下，无有不安之理。”管辰作《管辂传》三卷、李邕作《狄仁杰传》三卷，按唐省文例去“作”字，则误以为系二人共传，而李翰作《张巡姚訚传》三卷，则误以为系三人共传。又如，《炙毂子杂录注解》五卷撰著者是王叡，如按《旧唐书·经籍志》著录为《王叡炙毂子杂录注解五卷》，这样王叡又成了注解者。

其三，一个撰人可集中其所有著作，但一个人的研究范围并不限定于一个学科，其著作也就不能为一个学科所包括。这样，在分类目录中，以撰人为主就很容易把不同内容的图书集中在一起，背离了不同类图书应当分开的分类宗旨。

郑樵提倡以人类书。所谓“以人类书”，就是以人类于书，即以书名作标目。他赞同《隋志》的做法，“按《隋志》，于书则以所作之人，或所解之人，注其姓名于书之下。文集则大书其名于上曰某人文集，不著注焉”。

实际上，从归类与著录标目角度，目录学史上有以人类书和以书类人两种不同的方法，两种各有其优势，不存在孰是孰非，更不是对立的。郑樵一味反对以书类人存在一定的片面性，但“以人类书”的归类思想与他的“类例论”思想是完全一致的，强调按类集中图书的重要性，有一定合理性。

（七）泛释无义论

图书的揭示方式是由目录学思想决定的。郑樵图书揭示思想的核心是“泛释无义”论。郑樵把图书揭示作为一个整体看待，其立论的焦点集中在对于提要法和注释法的抑扬上。郑樵反对提要，提倡注释。

第一，郑樵提出“书有应释”而不可简的观点。《通志·校雠略》中的《书有应释论一篇》批评《旧唐志》“按《唐志》有应释者而一概不释谓之简”，具体说明了注释在什么情况下使用，“至于杂史，容有错杂其间，故为之注释，其易知者则否。惟霸史一类，纷纷如也，故一一具注”①。郑樵的注释极其简练，直揭关键点与要害之外。如经部易类：“《连山十卷》，夏后氏《易》，至唐始出，今亡。”史部正史类：“《后汉书》一百卷，张太素撰，惟存有《天文志》二卷。”

第二，郑樵提出“书有不应释”而不可繁的观点。《通志·校雠略》中的《书有应释论一篇》批评《崇文总目》“《崇文》有不应释者而一概释之谓之繁”。而在《通志·校雠略》中的《书有不应释论三篇》针对《崇文总目》具体说明了“书有不应释”的三种情况：一是书名本已时代昭明者，“实录自出于当代，按《崇文总目》有《唐实录》十八部，即谓唐实录，得非出于唐人之手，何须一一释云‘唐人撰’”；二是可以取简而易晓者，“凡编书皆欲成类，取简而易晓。如文集之作甚多，唐人所作，自是一类，宋人所作，自是一类，但记姓名可也，何须一一言唐人撰，一一言宋朝人撰。然《崇文》之作，所以为衍文者，不知其为几何，此非不达理也，著书之时，元不经心耳”；三是见名知义者，“间有见名知义者，亦彊为之释。如郑景岫作《南中四时摄生论》，其名自可见，何用释哉！如陈昌胤作《百中伤寒论》，其名亦可见，何必曰‘百中者，取其必愈’乎？”②

第三，郑樵提出注释“当观其可不可”的观点。“盖有应释者，有不应释者，不可执一概而论”。因此，注释无定法，是否注释，应根据具体

---

① （宋）郑樵：《通志二十略》，王树民点校，中华书局2000年版，第1819页。
② （宋）郑樵：《通志二十略》，王树民点校，中华书局2000年版，第1819页。

情况而定。如本已时代昭明者，见名知义者、据标类自见者、不言自显者，睹类而知义者、取简而易晓者、后书与前书不殊者等许多情况，再加注释就是多余的了。

第四，郑樵提出“泛释无义”的观点。《通志·校雠略》中的《泛释无义论一篇》说“古之编书，但标类而已，未尝注解其著注者人之姓名耳。盖经入经类，何必更言经；史入史类，何必更言史。但随其凡目，则其书自显”。郑樵批评《崇文总目》每书都有注释。“据标类自见，何用更为之说。且为之说也，已自繁矣，何用一一说焉。至于无说者，或后书与前书不殊者，则强为之说，使人意怠。且《太平广记》者，乃《太平御览》别出《广记》一书，专记异事，奈何《崇文》之目所说不及此意，但以谓博采群书，以类分门。凡是类书，皆可博采群书，以类分门，不知《御览》之与《广记》又何异？《崇文》所释，大概如此，举此一条，可见其他”；推崇《隋志》“惟《隋志》于疑晦者则释之，无疑晦者则以类举”。这就是图书揭示要视具体情况而定的“泛释无义”，其重要依据在于所著录图书是否有“疑晦”之处，即在书名、著者、流传等方面是否有不明确的地方，或者在内容、体例等方面是否有特色，不明确或有特色就注释，否则就不注释。

泛释无义论是科学的图书揭示思想，既强调了图书揭示的必要性，只有必要才可揭示；又强调了图书揭示的简明性，以实用的图书揭示方式达到目录的目的。《通志·艺文略》《图谱略》和《金石略》三部目录都有简单的注释。不过，这些注释多是从历代史志目录中摘录而来，并非新创。

（八）图谱学思想

郑樵对于魏晋以来图谱的发展，特别是隋唐谱牒学兴盛十分重视，“历代并有图谱局，置郎、令史以掌之，仍用博通古今之儒知撰谱事。凡百官族姓之有家状者，则上之，官为考定详实，藏于秘阁，副在左户。若私书有滥，则纠之以官簿；官簿不及，则稽之以私书”（《通志·氏族略》）。他将图学与谱学结合起来，纳入目录学研究的范畴。

郑樵发展了王俭的图谱学思想，更加全面地阐述了图谱学。郑樵将图谱作为学术的一个重要组成部分，总结古今学术有天文、地理等 16 种学问，“有书无图不可用”，他说：“观图谱者，可以知图谱之所始；观名数者，可以知名数之相承。谶纬之学，盛于东部[1]；音韵之书，传于江左[2]。传注起于汉魏，义疏成于隋唐。睹其书可以知其学之源流。”

郑樵认为图与谱、音注有别，在分类上不能混合。例如，经类中，“易本一类也，以数不可合于图，图不可合于音，谶纬不可合于传注”；“诗本一类也，以图不可合于音，音不可合于谱，名物不可合于诂训”。礼类中，周官下“图”与“音”不合一而分立；丧服下“图”与“五服图仪”“谱”不合一而分立。

郑樵在《通志·艺文略》重视图的设类，如经类中，易、书、诗、春秋、尔雅 5 家均设以“图”命名的子目（种）；礼类中，周官有“图”，丧服有“图”和“五服图仪”，会礼有“礼图”；史类中，地里有“图经”；五行类中，五行四有“易图”；艺术类中，有“画图”；医方类中，医方上有“本草图”。不仅如此，还重视对图的著录，艺术类著录专门的图文献有 37 图。

（九）金石学思想

郑樵于《通志》内设立《金石略》（《通志》卷 73），以与《艺文略》和《图谱略》并列，突出了金石图书的地位，这与北宋以来金石图书日益受到关注和重视有较大关系。在《金石略》里，郑樵专采三皇五帝的泉币，三王的鼎彝，秦人的石鼓，汉魏的丰碑，上自苍颉石室之文，下逮唐人之书，各列其人而名其地。郑樵认为，“金石之动，寒暑不变，以此稽古，庶不失真”，金石文物可以考辨核实史事，具有图书资料不可替代的价值，“方册者，古人之言语；款识者，古人之面貌。方册所载，经数千万传，款识所勒，犹存其旧”（《通志·总序》）。其《金石略》分上代文字、钱谱、三代款识、秦、两汉、三国、晋、南北朝、隋、唐、唐六帝、唐名家 12 篇。该书著录的都是具体的金石（拓本），而非金石研究著作。除专录金石图书的《金石略》外，《通志·艺文略》经部各类，也收录有关金石（拓本）或研究著作。

---

① “东都”指东汉建都之地洛阳，代指东汉。

② “江左”指江南地区。

郑樵的目录学具有鲜明的批判思维和创新精神，因立而破。为分类立新，而否定《七略》和四部。为立图谱，而批评向歆父子。郑樵远离世俗，“谢绝人事”“好著书，不为文章，自负不下刘向、扬雄”①。其勇于挑战传统，破旧立新，值得肯定。但郑樵未能承继汉代目录学的优秀遗产，未得向歆目录学之旨意，使其目录学史评过于尖刻，失之客观。

郑樵的目录学思想极其丰富，在中国目录学思想宝库中具有极大的价值。尽管其思想也存在某种局限性，但其在目录学上的功勋是值得充分肯定的。

关于郑樵目录学思想成就，历来受到重视，有很多评价。清章学诚在《校雠通义》中既对郑樵提出了严厉批评，又指出郑樵的伟大之处。王国强和柯平评价说：“从长时段的目录学史来说，郑樵的横空出世结束了中国目录学漫长的知识积累时期，使中国目录学步入经验科学时代；他所总结的一系列书目方法论和倡导的目录学思想在中国目录学史上具有无可动摇的经典性地位，在总结、继承、创新和影响上，郑樵都是中国目录学的第一人。”②

四 晁公武的目录学思想

晁公武（1105—1180），字子止，巨野（今属山东）人。目录学家、藏书家。晁冲之之子。人称“昭德先生”。自幼喜读群书，宋高宗绍兴二年（1132）举进士第，初为四川总领财赋司，办事有才干。绍兴时，官为监察御史、知恭州、荣州、合州，迁四川安抚制置使、兴元府知府、成都知府等职。孝宗乾道七年（1171）回京师，以敷文阁直学士、左朝仪大夫除临安府少尹，官至吏部侍郎。

晁公武在目录学上，以《郡斋读书志》（简称《晁志》）最为著名。其目录学思想主要有以下方面。

（一）撮其大旨的雠校思想

晁氏是北宋北方世族，家藏丰富。金兵入侵后迁至四川嘉定。晁公

① （元）脱脱等：《宋史》，中华书局2000年版，第10095页。

② 王国强、柯平：《论郑樵目录学思想》，《郑州大学学报》（社会科学版）1996年第3期。

武从小受家族影响，学识渊博，爱惜藏书。高宗绍兴十一年至十七年（1141—1147）晁公武任四川转运使井度的从官，颇受井度器重。井度“天资好书，常以俸之半传录，时巴蜀独不被兵，人间多有异本，闻之未尝不力求，必得而后已”（晁公武语）。井度校刻有眉山七史，编辑出版3种著作，其中《会解楞严经》十卷序文为晁公武所作。晁公武曾得南阳公①书五十箧。晁公武将收录藏书，一一校雠，“合吾家旧藏，除其重复，得二万四千五百卷有奇”②。王重民认为，“大概井度的写书、编书、刻书都是由晁公武经管的，所以井度罢官以后，就把二十年收罗的50箧书都送给了晁公武”③。晁公武作为他的属官，受其藏书与编辑出版的影响，是在情理之中的，但是否井度就是晁公武所说的南阳公，尚无确证，只能算作一种可能。

晁公武是校雠目录学家，对于《易》《书》《诗》《春秋》等都撰有诂训传，著有《训诂传》。他以国子监刻的九经校蜀石经，撰有《石经考异》等。约在绍兴二十一年（1151）晁公武年五十在守荣州任上始将藏书校雠成果整理编目。《晁志·自序》说“今三荣僻左少事，日夕躬以朱黄，雠校舛误，每终编，辄撮其大指论之。”可见，其校雠思想强调辨其舛误，更要撮其大旨。

（二）讲求学术源流的分类思想

《晁志》按经史子集四部分类，“袁本”分为43类（经部10类，史部13类，子部17类，集部3类）④。“衢本”分45类，兹列出“衢本”45类如下：

经部（10类）：易；书；诗；礼；乐；春秋；孝经；论语；经解；小学。

---

① 陈振孙《直斋书录解题》云“昭德晁公武子止撰。其序言得南阳公书五十箧，合其家旧藏，得二万四千五百卷。其守荣州，日夕雠校，每终篇辄论其大指，时绍兴二十一年也。其所发明，有足观者。南阳公未知何人，或云井度宪孟也，未详”。晁公武绍兴中进士，做了四川转运使井度的属官。

② 晁公武：《郡斋读书志·序》，万有文库本，第2集，700种。

③ 王重民：《中国目录学史论丛》，中华书局1984年版，第118页。

④ “袁本”天文历算为一家，兵家前少五行，集部少文说。

史部（13类）：正史；编年；实录；杂史；伪史；史评；职官；仪注；刑法；地理；传记；谱牒；书目。

子部（18类）：儒家；道家；法家；名家；墨家；纵横家；杂家；农家；小说；天文；星历；五行；兵家；类书；艺术；医书；神仙；释书。

集类（4类）：楚辞；别集；总集；文说。

以上类目多仿《崇文总目》而略有改变。主要调整有：经部增“经解”类。子部将“道书”改称“神仙”。集部基本沿袭《隋志》，恢复楚辞类，别集类分上、中、下，将“文史”从集部移至史部，改称“史评”。别增设“文说”汇集一些杂论性作品。

“蜀本”四卷共收书1033部。20卷的“衢本”共收书1461卷，比“蜀本”多428部。“袁本”《后志》共补435部，加入原有4卷1033部，共1468部，比“衢本”尚多7部，如再加上附志的469部，则“袁本”收书达1937部，比“衢本”增多四分之一。

（三）继承大小序传统

晁公武继承了目录学大小序的传统，这在私家目录中是十分难得的。《晁志》于书首有总序，阐述历代撰目经过及按四部分类的理由。四部之首有总论即大序，条列所属各类，叙述学术源流，评论得失。经部大序述六艺分类及经学源流。史部大序在列举所属13类之后，收史学三体——纪传、编年、实录，评述其特色与优劣。子部大序列举所属16类，说明各类分合之缘由，讨论释道书的分类。集部大序列举所属3类，阐述其产生与发展。

在晁公武的序中，有些类名与分述不一致。例如，史部序中有“目录”类，分述则作“书目”类；子部序中有“纵横”类、“天文历算”类、“类家”类、“杂艺”类和“医书”类，而分述则作“纵横家”类、“天文卜算”类、“类书”类、“杂艺术”类和“医家”类。

实际上，《晁志》并没有严格意义上的小序，只是在某些小类的提要中有类似小序之内容。如经部小学类的小序写在了该类第一部书《尔雅》的提要中，“文字之学，凡有三：其一体制，谓点画有横纵曲直之殊；其二训诂，谓称谓有古今雅俗之异；其三音韵，谓呼吸有清浊高下之不同。论体制之书《说文》之类是也。论训诂之书，《尔雅》、《方言》之类是也。论音韵之书，沈约《四声谱》及西域反切之学是也。三者虽各一家，其实皆小学之类。而《艺文志》独以《尔雅》附‘孝经类’，《经籍志》又以附‘论语类’，皆非是。今依《四库书目》，置于小学之首”。虽然这种做法多遭到批评，“小序没有标明，都编在每类第一部书的提要之内，这种做法不算好”[①]，但毕竟“也是从来没有过的”（王重民语）。历来小序被奉为“辨章学术”之作，正因为撰小序之难，加上以前的小序都是“明小序”，颇受关注。晁公武此举，正是尝试一种简化版小序即“隐小序”的新路，有一定的意义。

（四）重征引考证的解题思想

晁公武继承了解题传统，发挥了解题的作用。其在《晁志》中，就解题的撰写体例做了说明：“凡文集，其人正史自有传者，止掇论其文学之辞，及略载乡里，所终爵位，或死非其理亦附见。馀历官与其善恶率不录。若史逸其行事者，则杂取他书详载焉，庶后有考。”（《晁志》“别集类”《蔡邕集》解题）由此可以看出，解题撰写的原则，一是以正史为依据，对于在正史中有传者略述其地望、爵位及死生意外之事，而对于无传者，则杂取他书加以考证。二是不录善恶，持客观态度。三是于文集评论其文辞得失。

晁公武的解题以偏重考订为突出特点，既有对于图书内容和作者的评论，也有附记遗闻逸事，保存重要史料，因而具有较高的学术价值。

《晁志》是中国现存最早的一部有提要的私家目录，在目录学史上占有比较重要的地位。其文献价值颇高，足资考证，为后世学者所参考。其类例与解题方法，颇有特色，对后世目录之编纂产生了深远影响，如南宋陈振孙编撰《直斋书录解题》效法《晁志》。元初马端临《文献通考·经籍考》以《晁志》为蓝本。甚至清《四库全书总目》、黄丕烈《所见古书录》等各类官私提要目录，无不受《晁志》影响。

五 尤袤的目录学思想

尤袤（1127—1194），字延之，号遂初居士，晚号乐溪、木石老逸

---

① 王重民：《中国目录学史论丛》，中华书局 1984 年版，第 118 页。

民，无锡（今属江苏）人。诗人、目录学家、藏书家。祖父尤申，父尤时享，治史擅诗。高宗绍兴十八年（1148）进士。初为泰兴令、江东提举常平等，孝宗朝为大宗正丞，累迁至太常少卿，权充礼部侍郎兼修国史，又曾权中书舍人兼直学士。光宗朝为焕章阁侍制、给事中，官至礼部尚部兼侍读。谥号“文简”。博学多识，藏书丰富。有《遂初小稿》60卷，已散佚。

尤袤在目录学上，以《遂初堂书目》（简称《尤目》）最为著名。其目录学思想表现在以下方面。

（一）“四当”的抄读精神

尤袤为南宋著名诗人，诗学江西派，风格平淡，与杨万里、范成大、陆游齐名，称“中兴四大家”（亦作“南宋四大家”），但存世作品不多。

尤袤藏书，重视抄书，除尤袤亲自抄书外，其子弟及诸女也参与抄书，因此，藏书日多，并将所抄之书编为目录。陈振孙《陈录》称赞其“为近世冠”，又说“藏书至多，法书尤富。常烬于火。今其存无几矣”。

杨万里《诚斋集》有为尤袤所作《益斋书目序》。杨万里在序中说：“延之于书靡不观，观书靡不记。每公退则闭户谢客，日计手抄若干古书。其子弟及诸女亦抄书，一日谓予曰：‘吾所抄书，今若干卷，将汇而目之，饥读之以当肉，寒读之以当裘，孤寂而读之以当友朋，幽忧而读之以当金石琴瑟也。’乃属予序其书目。余记序之，将借而传焉。”可见，尤袤的“四当”是读书人抄读精神的体现。

（二）适应图书发展变化的分类思想

尤袤曾担任秘书监，编撰《中兴馆阁书目》时他适在其任，对于目录编纂应该很熟悉。其《遂初堂书目》分为44类如下：

经总类；周易类；尚书类；诗类；礼类；乐类；春秋类；论语类（孝经孟子附）；小学类。以上9类为经。

正史类；编年类；杂史类；杂传类；故事类；伪史类（夷狄附各国史后）；国史类；本朝杂史；本朝故事；本朝杂传；实录类；职官类；仪注类；刑法类；姓氏类；史学类；目录类；地理类。以上18类为史。

儒家类；杂家类；道家类；释家类；农家类；兵书类；数术家类（一天文、二历议、三五行、四阴阳、五卜筮、六形势）；小说类；杂艺类；谱录类；类书类；医书类。以上 12 类为子。

别集类；章奏类；总集类；文史类；乐曲类。以上 5 类为集。

这一分类体系反映出尤袤的分类思想。其一，尤袤试图改革四部分类。该分类体系虽大体按四部归类，但并不以经、史、子、集命名。为何如此？尤袤既有秘书监的经历，又参加过《中兴馆阁书目》的编纂，《中兴馆阁书目》仿《崇文总目》，官修为四部之法。尤袤对四部分类应当有自己的意见，但因为有官职，不敢明目张胆地反对，或像郑樵那样另开新路，只能采取仿四部之法，表面上是四部顺序，实际上做了较大的调整。南宋重四书孔孟并提，因此将“孟子”并入“论语类”，还将“孝经”并入“论语类”。取消“岁时类”入“农家类”。仿《七略》以数术统合天文、历议、五行、阴阳、卜筮、形势。仿《唐书·艺文志》设“故事类”。取消《崇文总目》的道书类，设“谱录类”以收金石图谱，反映宋代金石与图谱发展。与《崇文总目》保持一致取消“楚辞类”而设“文史类”，另首创“章奏类”。其二，尤袤崇奉理学，以这一学术思想为指导进行分类设置。不设神仙类，将神仙、道书归入“道家类”，置于诸杂家之后。将诸子中墨、名、法、纵横 4 家并入“杂家类”，此为大胆之举，且为后世书目如《四库全书总目》所采用。其三，尤袤重视当代图书的分类，以增设类目反映新的图书类型和图书数量的变化。首创“乐曲类”，以反映唐宋词曲的快速发展。创设“国史”“本朝杂史”“本朝政事”“本朝杂传”和“史学”5 类，既反映出史学图书发展的变化，又说明尤袤重视当朝史学图书，“从此中国图书分类法有了‘现代史’的诸类目，这是有意义的，对后世也有很大影响”[①]。其四，创设综合性类目，体现分类创新的思想。创设“经总类”，以聚合刻九经及善本各经，且将一类综合性图书置于首类，这是有开创意义的。

（三）版本目录学思想

《尤目》最大的特点就是在目录中首次记载不同版本，开创后世版本目录学的先河，在中国目录学史上具有显著地位。《四库全书总目》卷 85 史部 41 著录此目，称“其例略与史志同。惟一书而兼载数本，以资互

① 来新夏：《古典目录学》，中华书局 1991 年版，第 219 页。

考，则与史志小异耳。诸书解题，检马氏《经籍考》无一条引及袤说，知原本如是。惟不载卷数及撰人，则疑传写者所删削，非其原书耳。其子部别立谱录一门，以收香谱、石谱、蟹录之无类可附者，为例最善。间有分类未安者，如《元经》本史，而入儒家；《锦带》本类书，而入农家；《琵琶录》本杂艺，而入乐之类。亦有一书偶然复见者，如《大历浙东联句》一入别集，一入总集之类。又有姓名讹异者，如《玉澜集》本朱槔作，而称朱乔年之类。然宋人目录存於今者，《崇文总目》已无完书，惟此与晁公武志为最古，固考证家之所必稽矣”。

在《尤目》中，一书并载多种版本。以正史类为例，著录有：川本《史记》、严州本《史记》、川本《前汉书》、吉州本《前汉书》、越州本《前汉书》、湖北本《前汉书》、川本《后汉书》、越本《后汉书》、川本《三国志》、旧杭本《三国志》、旧杭本《晋书》、川本《晋书》、旧本《南史》、旧本《北史》《宋书》《南齐书》《梁书》《陈书》《魏书》《北齐书》《后周书》、旧杭本《隋书》、旧杭本《旧唐书》、川本小字《旧唐书》、川本大字《旧唐书》《旧五代史》。

以上“正史类”所载诸书，均著录了版本。有的一书记数种版本，如《史记》有川本、严州本两种，《前汉书》有川本、吉州本、越州本、湖北本四种，《旧唐书》有旧杭本、川本小字、川本大字三种。这一做法，是宋代印刷发达、版本众多在目录学上的及时反映。

尤袤的版本目录学思想对后世目录编纂影响深远。清代顾广圻说：“由宋以降，板刻众矣。同是一书，用校异本，无弗夐若径庭者。每见藏书家目录经某书、史某书云云，而某书之何本，漫而不可别识。然则某书果为某书与否，且或有所未确，又乌从论其精粗美恶耶。今先生此目，创为一格，各以入录之本，详注于下，既使读者于开卷间，目了心通，而据以考信，遂不啻烛照数计。于是知先生深知录略，得其变通，随事立例，惟精惟当也。特拈出之书于后，为将来撰目录之模范也。”（《顾千里集》卷12《石砚斋书目序》）后世版本目录学自立一派，以尤袤为鼻祖。

六 陈振孙的目录学思想

陈振孙（1179—约1261），原名瑗，因避理宗讳改名。字伯玉，号直斋，浙江安吉人。目录学家、藏书家。曾做过鄞县学、绍兴教官、溧水教授，理宗宝庆二年（1226）任兴化军（今福建莆田）通判，端平三年（1236）以朝散大夫知台州，除浙东、西提举，嘉熙元年（1237）改知嘉兴府，历官侍郎、宝章阁待制，淳祐九年（1249）致仕。赠光禄大夫。除《直斋书录解题》外，有《吴兴人物志》《氏族志》《书解》《易解》等。

陈振孙在目录学上，以《直斋书录解题》（简称《陈录》）最为著名。其目录学思想主要有以下方面

（一）体例有别的藏书目录思想

陈振孙少壮时受书香熏陶，勤于学习，博古通今。其父亲治《易》有名声。“其家藏书冠东南。”（袁桷《清容居士集》卷46《跋定武禊帖》）

《陈录》仿晁公武《郡斋读书志》体例，四部皆有大序，四部以下各小类则只在语孟、小学、起居注、时令、农家、阴阳家、音乐、诗集、章奏9类撰写小序，其他门类仍付阙如。从这些小序看，属于有需要特别说明处如合并、调整类目等情况即撰小序，无特殊之处则无小序。如“语孟类”小序“前志《孟子》本列于儒家……今国家设科取士，《语》《孟》并列为经，而程氏诸儒训解二书常相表里，故今合为一类”，对于将“孟子”调至经部与“论语”合为一类作出说明。

历来史志目录重视小序以辨章学术，然私家藏书目录对小序未予足够重视。《陈录》与《晁志》一样，小序体制不完整，这大体上反映了藏书目录，重视著录，全面反映所藏，对图书进行有重点的揭示，而对于学术源流则未有用力，其学术职能远不如史志目录，“说门目分合之意，于学术殊少发明”（余嘉锡《目录学发微》五《目录书之体制三·小序》）。

《陈录》原本56卷，著录图书3096种，51180卷。其收录卷数虽然超过了南宋官修目录《中兴馆阁书目》44486卷，但比《中兴馆阁书目》

及《续目》的总和59000余卷却少了8000余卷。

（二）扩大类目的分类思想

陈振孙目录虽仿《晁志》体例，但分类却与晁公武有较多不同。《晁志》分45类，《陈录》分53类，分类体系如下：

易类；书类；诗类；礼类；春秋类；孝经类；语孟类；谶纬类；经解类；小学类。以上10类为经部。

正史类；别史类；编年类；起居注类；诏令类；伪史类；杂史类；典故类；职官类；礼注类；时令类；传记类；法令类；谱牒类；目录类；地理类。以上16类为史部。

儒家类；道家类；法家类；名家类；墨家类；纵横家类；农家类；杂家类；小说家类；神仙类；释氏类；兵书类；历象类；阴阳家类；卜筮类；形法类；医书类；音乐类；杂艺类；类书类。以上20类为子部。

楚辞类；总集类；别集类（上、中、下）；诗集类（上、下）；歌词类；章奏类；文史类。以上7类为集部。

其分类思想表现在，一是坚持四部分类，创新设类。《陈录》在遵行四部序例上比《晁志》和《尤目》更为严格，设类也比《晁志》和《尤目》尤详。陈振孙以晁公武、尤袤的分类体系为基础进行创新，经部新设语孟类，史部增设别史、诏令、典故、时令、法令等类。形法一类，晁公武、尤袤均置于史部，陈振孙将其调整至子部。二是重视文学艺术作品在设类上的反映。虽然晁公武、尤袤等因乐部失传而在经部不设乐类，但陈振孙却在子部中专设音乐一类。在集部将《晁志》的3类扩充为7类，借鉴《通志·艺文略》将别集细分，借鉴《晁志》增加章奏、文史类，将词曲改为“歌词”。三是较好地处理了类与卷的关系，依图书数量成卷。以1类为1卷的如经部的易（卷1）、子部的小说家（卷11）、医书（卷13）、集部的歌词（卷21）。有1类为多卷的如集部诗集类分上、下两卷（卷19、20），别集类分上、中、下三卷（卷16、17、18），说明此类书甚多。以2类为1卷的如史部的传记、法令（卷7），子部的儒家、道家（卷9），集部的楚辞、总集（卷15），集部的章奏、文史（卷22）。以3类为1卷的如经部的书、诗、礼（卷2），史部的职官、礼注、时令（卷6），史部的谱牒、目录、地理（卷8），子部的音乐、杂艺、类书（卷14）。以4类为1卷的如史部的正史、别史、编年、起居注（卷4），诏令、伪史、杂史、典故（卷5）。还有以4类以上为1卷的如经部卷3包括春秋、孝经、语孟、经解、谶纬、小学6类，子部卷10包括法家、名家、墨家、纵横家、农家、杂家6类，卷12包括神仙、释氏、兵书、历象、阴阳家、卜筮、形法7类。

（三）极其精详的解题思想

《陈录》的突出特色与贡献在于解题，是在中国目录学上以“解题”命名的目录，这也反映了陈振孙的解题思想。

陈振孙的目录所录各书均有解题，其解题以精详著称，其“仿《读书志》作解题，极其精详”（周密《癸辛杂识》），在解题中“各详其卷帙多少，撰人名氏，且为品题其得失，故曰‘解题’”（《四库全书总目》卷85史部目录类）。除著录卷帙和作者外，多解释题义、著述由来，也有著者生平、图书内容、真伪残缺和版本事项的介绍，评论其得失，考证较详，将著录、评论与考证融为一体，形成一种独特的体例。

从陈振孙的解题内容看，主要有几个方面：

一是著录作者，略作考证。如集部别集类上《孟东野集》十卷解题：“唐溧阳尉武康孟郊东野撰。惟末卷有书二篇、赞一篇，余皆诗也。郊，贞元十二年进士。”集部诗集类下《花翁集》一卷解题：“开封孙惟信季蕃撰。在江湖中颇有标致，多见前辈，多闻旧事，善雅谈，长短句尤工。尝有官，弃去不仕。”

二是叙述内容，介绍缘起。如经部经解类《西山读书记》三十九卷解题：“真德秀景元撰。其书有甲、乙、丙、丁。甲言性理，中述治道，末言出处，大抵本经史格言，而述以己意。今但有甲三十七卷，丁二卷，乙、丙未见也。”

三是记载版本，补充时代。

例如子部医书类《大观本草》三十一卷解题：

唐慎微撰。不知何人。仁和县尉艾晟作序，名曰《经史證类本草》。

案:《本草》之名,始见《汉书·平帝纪》、《楼護传》。旧经止一卷,药三百六十五种。陶隐居增《名医别录》,亦三百六十五种,因注释为七卷。唐显庆又增一百十四种,广为二十卷,谓之《唐本草》。开宝中又益一百三十三种。蜀孟昶又尝增益,谓之《蜀本草》。及嘉祐中掌禹锡、林億等重加校正,更为补注,以朱墨书为之别,凡新旧药一千八十二种,盖亦备矣。今慎微颇复有所增益,而以墨盖其名物之上,然亦殊不多也。

详细版本以尤袤为首,但尤袤时代,主要是写本,刻本较少。到了陈振孙时代,刻本数量大增,因而于解题中重视版本记录。

四是说明价值,评论得失。如史部伪史类《湖南故事》十卷解题:"不知作者。记马氏至周行逢事。馆阁书目作十三卷,盖为列传十三篇,其实十卷也。文辞鄙甚。"

《陈录》是继晁公武《晁志》之后又一部解题式目录。《四库全书总目》评价说:"古书之不传于今者,得藉是以求其崖略;其传于今者,得藉是以辨其真伪,核其异同,亦考证之所必资,不可废也。"(《四库全书总目》卷85史部目录类)

七 总结

由于政治的原因,宋代目录学分为北宋目录学和南宋目录学两个时期。就目录学理论而言,南宋较北宋突出,宋代最著名的目录学家,北宋只有欧阳修一位,而南宋有郑樵、晁公武、尤袤、陈振孙四位。就目录学实践而言,政府校雠目录事业北宋强而南宋稍弱,宋代校书五次,北宋三次,南宋二次;私家藏书目录活动,南宋则强于北宋。从整个目录学史的角度看待宋代目录学,宋代目录学的发展不是孤立的,是对历代目录学优秀传统的继承与发展,特别是唐代目录学为宋代目录学的理论总结与全面发展打下了坚实的基础。

1. 目录学理论总结

宋代目录学在理论方面贡献突出,既有理论总结和以往目录学家思想的继承,又有目录学理论创新。欧阳修、郑樵等目录学的思想都是在对传统积累起来的目录学知识的总结和继承的基础上加上作者的超越和创新才形成的。

宋代目录学理论的一个重要特点，就是将零散的目录学知识系统化、明晰化，已经形成了以“校雠、版本、目录”三位一体的目录学体系，涉及了当时目录和目录工作的主要层面，达到当时所能达到的认知水平。在这一体系中，以“校雠”为统领，是对刘向父子以来目录学的理论提炼，而“目录学”术语的建立，从宋初王洙的“目录之学”到北宋中期欧阳修《新唐书·艺文志》的“目录”设类再到南宋郑樵《通志·艺文略》的“目录”设类，反映了目录事业在这一体系中的地位不断提升。

宋代目录学理论的另一个重要特点是发展了“通”的思想。《易·系辞》有“通其变，使民不倦”，荀子《解蔽》有“参稽治乱而通其度”，司马迁有“通古今之变”，至郑樵形成了通记古今的目录学思想。目录学融合各种思想和方法，不仅以校雠融合了版本和目录，而且类例不断调适应变，多种体例并存，形成了兼收并蓄的目录学传统。

2. 四大藏书目录体系形成

宋代校雠目录事业大兴的一个重要原因在于“宋朝以文为治，而于书籍一事，尤切用心，历世相承，率加崇尚”[①]。宋代藏书事业发达，促进了目录编撰。官藏、私藏、佛道、书院四大藏书目录体系已经完备。

官藏目录以北宋中期最有影响的国家藏书目录——《崇文总目》为标志，这既是宋代第一部有解题的官修目录，也是宋代现存目录中最早且最大的一部目录著作。

私藏目录著名者有 7 种[②]，李淑《邯郸图书十志》、田镐《荆州田氏书目》、董逌《广川藏书志》、郑寅《郑氏书目》四种已佚，流传至今尚有三种——南宋晁公武《郡斋读书志》、陈振孙《直斋书录解题》、尤袤《遂初堂书目》，在中国目录学史上达到较高水平，占有突出地位。

魏晋以后，佛道经典剧增，私家目录和史志目录均有设类收录，而

① （明）邱濬：《大学衍义补》中册，林冠群、周济夫校点，京华出版社 1999 年版，第 807 页。

② 汪国垣《目录学研究》“论唐宋元明四朝之目录篇”云“宋代私家目录，晁陈而外，其次要者，如邯郸之李、莆田之郑、无锡之尤三家”，不推崇田镐和董逌。

官修目录却始终未予重视。宋代官修目录将佛道经典正式纳入四部体系，是一个进步，值得肯定。宋代佛道教藏书目录得到发展，佛教目录著名者有惟白《大藏经纲目指要录》和王古《大藏圣教法宝标目》，道教目录著名者有徐铉撰《道藏目录》、王钦若为增补《道藏目录》而撰的《宝文统录》（一名《三洞四辅部经目录》）以及《万寿道藏》目录《宋万寿道藏经目录》。其中《宋万寿道藏经目录》按三洞四辅三十六部的分类体系编排，对后世影响很大。

书院是唐末出现的学者讲习场所，宋初书院之教兴起，以四大书院最为著名，书院数量达379所之多。书院藏书日渐丰富，如四川蒲江鹤山书院藏书达10万卷之巨。书院藏书形成体系，只是未知有无编目活动。

3. 目录学分支学科增多

宋代史志目录学和类书目录学都有较大的发展，《新唐志》将《旧唐志》的“类事”改为“类书”，后世相承。宋代产生了新的专科目录学——金石目录学。

分支学科不断产生是目录学发展成熟的标志之一，宋代的这三个分支学科，其目录学成果和思想内容极其丰富，在中国目录学史上占有重要地位。

4. 目录学方法创新

宋代重视目录学方法，在揭示图书方面，强调导读与读书治学门径。朱熹将《论语》与《孟子》及《礼记》中的《大学》《中庸》编在一起，合称《四书》。朱熹的《四书集注》对《论语》《孟子》《大学》《中庸》进行集注和章句，在当时和后世都极有影响。李焘《举要目录》，既为专题目录，又开举要之先。

宋代目录学在分类方法上有重大贡献。目录分类详尽，形成三级分类体系，如《崇文总目》《通志・艺文略》的分类体系，这是目录学分类方法的重大进步。不仅如此，在分类方法上，不断创新，多种分类体系并存。四部分类体系在唐代就已成熟，且确立了官方地位。宋代目录学家有一种创新的精神，一方面针对四部分类存在的问题和局限性，不断完善四部分类体系；另一方面大胆突破四部分类，创设新的分类方法。宋代产生的新的分类体系：七分法有南宋郑寅《郑氏书目》；八分法有北宋李淑《邯郸书目》；十二分法有南宋郑樵《通志·艺文略》。

南宋孝宗时规定，经筵进讲经书按重要性排序，以《易》《诗》《书》《春秋》《周礼》《礼记》为序（《宋会要辑稿》崇儒7之11）。但南宋书目基本没有照此执行，《尤目》《陈录》等均按《易》《书》《诗》《礼》、（《乐》）、《春秋》排序。

宋代还创始了千字文排序法。真宗时期的《大宋天宫宝藏》以千字文为道藏编号，对后来的官私目录均有影响。除目录外，档案也有应用，如曾巩《隆平集》卷14载，“江西民喜讼，多窃去案牍，而州县不能制。湛为江西转运使，为立千文架阁法，以岁月为次，严其遗去之罪。朝廷颁诸路为法，至今不易”①。

白寿彝从历史文献学的角度看待宋代目录学方法，认为此时目录学分成两派：一派重视对书籍进行分类，注意义例，以郑樵《通志》为代表。另一派是重视书籍的解题，如著名的《晁志》《陈录》。“这两派都分别发展了《别录》《七略》的某一个方面”②，“自宋以后，这两派目录学都不断地被继承下来”③。

5. 索引的萌芽

宋代目录学产生了新的目录类型——通检或备检。宋《群书备检》在《通志·艺文略》《郡斋读书志》和《直斋书录解题》等目录中均有著录。“《群书备检》七卷”（《通志·艺文略》）。“《群书备检》十卷，右未详撰人。辑易、书、诗、左氏、公羊、穀梁、二礼、论语、孟子、荀子、杨子、文中子、史记、两汉、三国志、晋、宋、齐、梁、陈、后周、北齐、隋、新旧唐、五代史书，以备检阅。”（《郡斋读书志》卷9）“《群书备检》三卷，不知名氏，皆经史子集目录。”（陈振孙《直斋书录解题》卷8）来新夏认为，“《群书备检》可能是一部经史子集的篇目汇编，是最早出现的一部具有目录性质、能发挥目录作用的索引书”④。

---

① 王金玉：《宋代档案管理研究》，中国档案出版社1997年版，第83—97页。

② 白寿彝：《史学概论》，宁夏人民出版社1983年版，第91页。

③ 白寿彝：《中国史学史（第1卷）先秦时期：中国古代史学的产生》，上海人民出版社2006年版，第46—47页。

④ 来新夏：《古典目录学》，中华书局1991年版，第62页。

宋代产生了类似人名索引的工具。早在唐代有《文选著作人名目》3卷，收录《文选》中文章作者的人名和事迹，可视为人名索引的雏形。宋代有《中兴登科小录》3卷和《姓类》1卷，后者“以韵类其姓”，类似于人名索引。南宋初黄邦先《群史姓纂韵谱》6卷，将诸史人名抽出，并以韵编排，方法科学。

总体而言，宋代达到了目录学史上的辉煌，既有比较完整的目录学理论，又有丰富的目录学应用，目录学体系初步形成。

宋代目录学将汉代目录学的两大职能予以发展，增强新的职能，一是图书的整理与系统记录职能，进一步强化了图书记录的系统性和完整性，使目录学成为图书整理的专门学问；二是学术的分类与条别源流的职能，进一步强化了分类的科学性和多元化，使目录学成为学术史的专门学问；三是文化的传播与资政致用的功能，使目录学成为服务于政治和社会的具有“致用”特征的专门学问；四是知识的选择与导读功能，突出读书治学的指导作用，使目录学成为读书治学的专门学问。有此四大职能，目录学的职能体系基本完成，目录学真正成为一门科学。

目录学的两大学派到了宋代开始成熟，各有其重要的代表人物及其目录学成就。考辨学派以郑樵、欧阳修为代表，通过理论化过程提升目录学的学术地位。记录派以《中兴馆阁书目》和尤袤为代表，承簿录遗风，重视发展图书载体形态的记录。北宋时代，两派均衡发展，但到了南宋时代，考辨学派明显占了上风。更为重要的是，汉以后目录学“辨章学术，考镜源流”的思想虽然在魏晋南北朝时受到“簿录”思想的影响和挑战，但到了宋代获得了完全的巩固和确立。与此同时，魏晋以来“簿录”思想进一步发展，到宋代形成了系统记录，即书目控制的思想与理论认识。这样，在记录学派和考辨学派的努力之下，中国目录学开始有了两大思想体系，一个是“辨章学术，考镜源流”的思想体系，另一个是“通记古今，兼收并蓄”的思想体系。

总体上，宋代的两大校雠目录事业都达到了历史上的辉煌期，目录学不仅形成了五大分支学科，即史志目录学、佛道目录学、类书目录学、地方文献目录学和专科目录学，还形成了理论目录学和应用目录学的学科体系。与汉代相比，目录学得到了一次全面发展和进步。可以说，宋代目录学标志着中国目录学进入成熟期，是中国目录学史上的第二个里程碑。

从唐至宋终的661年是中国目录学的第三个时期，经过唐代的发展，至宋迎来目录学的繁荣。这一时期，经过目录学家的努力，将目录学的三个基本要素理论化，形成目录学比较成熟的学科体系。目录学的两大学派和两条道路都得到了充分的发展，目录学成为既具有人文特征又具有应用特征这样一门综合性学科。

第九章

元代目录学

元代目录学，长期以来是中国目录学史的一个空白点。目录学史论中几乎不提元代有目录学，有关元代图书整理与目录活动的相关研究也非常少有。目录学在元代夭折了吗？抑或是元代的目录学活动被尘埋于史料之中？本章以元史研究成果为基础，搜集、比较、分析元代图书整理史料，以还原元代目录学的本来面目。

第一节　元代学术文化与图书体制

一　元代学术文化

元代以前，在中国北方，辽金建立的政权日益强大。辽（907—1125）为契丹族所建之国。金（1115—1234）为女真族所建之国。

元代（1279—1368）[①] 由蒙古人建立。1206 年蒙古族领袖成吉思汗统一蒙古诸部并建立大蒙古国。1271 年忽必烈定国号为元。1276 年平南宋统一全国，建都大都（今北京）。1368 年为朱元璋所灭。

蒙古族获得统治地位后，实施分化瓦解政策，按阶级将所有人以贵贱分为四等，一等为蒙古族（有黑达达尼而伦派二十氏，塔立斤派九氏，白达达十五氏，野达达四氏），二等为色目人［有畏兀族（回鹘）、唐兀族（西夏）、康里族、乃蛮族、钦察族、阿速族、乌思藏族、回回族等］，

① 白寿彝主编《中国通史纲要》关于元代时间断限为“元，传六代，十一帝，九十八年，约当于公元一二七一至一三六八年”；范文澜著《中国通史简编》关于元代时间断限为一二六〇年至一三六八年。

三等为汉人（腹里[①]汉族及契丹、女真通称汉人），四等为南人（黄河以南及南宋遗民称南人）。元代禁言论、集会、结社，以种种方法压迫汉族，凡妄撰词曲，意图犯上恶言，处死刑；凡乱制词曲，讥议他人处流刑；凡妄谈禁书处徒刑；凡写匿名文书，如所言重处死刑，所言轻处流刑；等等。

蒙古本来是没有文字的，只有口头语言。1240 年元太祖成吉思汗灭乃蛮时，获塔塔统阿，才令其教太子、诸王“以畏兀字书国言”。后来世祖忽必烈命八思巴造新字，于 1270 年颁行。元制凡诏令奏章及官府公文并用蒙古文字。法律规定蒙古字比各国字地位高。蒙古字颁行之后，“玺书颁降，皆以蒙古字书之，而以其本国字为副。百官进上表章，则以汉字为副。有沿用畏兀字者罚之”。世祖至元二十六年（1289），帝准尚书省奏“亦思替非文字[②]宜施于用”[③]，便于记账，依旧传习。忽必烈时，江淮行省官员，竟无一人懂得汉文，直到亡国，元代皇帝和大臣都不学汉文，汉人却非学蒙古文不可。妥懽帖睦尔至元三年，禁汉人、南人学蒙古、色目文字。

元太宗窝阔台（1229—1241 年在位）始立学校，至元六年（1269），世祖忽必烈（1260—1294 年在位）在大都立国子学，收学生百人（蒙古人五十，诸色目和汉人五十），开始以学养士。至元二十五年（1288），全国学校 2440 余所。除京师有普通的国子学和蒙古国子学、回回国子学外，1291 年，世祖诏诸路、府、州、县都立学。其儒先过化之地，名贤经行之所，和好事之家，出钱粟以赡学的，都许立为书院。诸路亦有蒙古字学、回回学。各行省所在地设儒学提举司，以管理诸路、府、州、县的学校。江浙、湖广、江西三省，还设有蒙古提举学校官。但元代的科举，直到爱育黎拔力八达延祐二年（1315）才开始，乡试（行省考试）八月举行，会试（省部考试）次年二月举行，御试（殿廷考试）三月举行。自延祐至亡国仅举办 7 次，每次取士两榜总数最多 100 人，最少

---

① 指在黄河流域的汉人。

② 元代官方所称的阿拉伯语。

③ （明）宋濂等：《元史》，中华书局 2000 年版，第 1348 页。

50 人。

元代学术发生了多元变化，虽统治者继续任用儒士和吸引儒学理念治国，但此时的儒学已完全丧失了其独尊的社会地位，以至于民间有“九儒十丐”之传说[①]。蒙古人尊孔子，用意与保护各宗教相同。法律上僧、道、儒并称三家。蒙古初侵中原，耶律楚材自称“治天下匠”，劝铁木真、窝阔台用周公、孔子的教义治中国。忽必烈诏中外崇奉孔子，上都、大都诸路府州县各立孔庙。京师及各路立蒙古字学校，设汉人学生名额（上路30名，下路25名），译儒家经典及《贞观政要》《通鉴节要》《大学衍义》等书作教科书。海山时命中书省用蒙古文译《孝经》，刊印赐王公大臣，诏称这是孔子的大义，自王公下至庶人，都应该遵行。硕德八剌时翰林学士忽都鲁都儿译《大学衍义》。元仁宗爱育黎拔力八达（1311—1320 年在位）崇儒并积极推行汉法，于 1313 年发布命令，以《四书》为国家考试的主课，以朱注为官方解释。元提倡程朱派道学，北方道学大师有赵复，其弟子姚枢、许衡二人最著名，姚枢助忽必烈设计灭宋，官至昭文馆大学士；许衡助忽必烈定朝仪、造官制，率弟子 12 人教蒙古学生有功，官至集贤大学士兼国子祭酒。后来，宋末名儒吴澄，自称传孔、孟、程、朱道统，降元任国子监丞，教授程、朱学，被尊为一代最大的道学家。

元代儒士地位降低，士人夫文人不得重用，失意士人夫文人便投身于元曲杂剧的创作，元杂剧迅速以大都为中心繁衍开来，逐步南移。元代文坛“宗唐复古”，诗歌散曲散文皆有名家，以虞集、杨载、范椁、揭傒斯四大家最为杰出。俗文化成为一种潮流，话本小说、民间说唱伎艺有所发展。

与其同时，一些士大夫文人投身于科技领域，取得重要成就。郭守敬（1231—1316）是当时最大的科学家，“通五经，精于算数、水利”[②]。

---

① 南宋遗民郑思肖说“一官、二吏、三僧、四道、五医、六工、七猎、八民、九儒、十丐”。和文天祥一起抗元的谢枋得也曾说“七匠八娼”“九儒十丐”。范文澜《中国通史简编》说“这当是宋末儒生纷纷降元，无耻可贱，行同乞丐，因而民间有九儒十丐的传说。其实元人既知尊孔，崇奉孔子的儒生，自然不会列在庶民或娼妓的下面”。

② （明）宋濂等：《元史》，中华书局 2000 年版，第 2568 页。

忽必烈至元十三年（1276），郭守敬制造简仪、仰仪等测天诸器，在大都设立司天台（天文台）。他利用在数学上创见的垛积、招差、勾股、弧矢诸法，与王恂、许衡等于至元十七年（1280）编成《授时历》，次年颁布，为古代最精确的历术。汉代改历 4 次，魏迄隋改历 15 次，唐迄五代改历 15 次，宋改历 17 次，金迄元改历 5 次，独守敬《授时历》，元、明（明改称大统历）两朝行用两百七十余年不改。日本据《授时历》作《贞亨历》，自贞亨二年至明治五年，行用几至二百年。郭守敬以外，如李治著《测圆海镜》12 卷、《益古演段》3 卷，朱世杰著《四元玉鉴》3 卷、《算学启蒙》3 卷。《算学启蒙》自加减乘除进至天元加积，凡 20 门，学习较为便利，可以说是古代最适用的数学教科书。

中国印刷术于 10 世纪传入朝鲜，12 世纪或略早些时候传入埃及，13 世纪传到波斯的伊儿汗国，再从那里辗转传入欧洲。14 世纪末，欧洲才第一次出现木板雕印的印刷品。元代中国科技诸如罗盘针、木板铜板印刷术、算盘等向西方传播。而色目人为元带来天文学、数学、炮术、建筑术、工艺、医学等科技。

辽金元都是少数民族建立的政权，它们在一定程度上都受到了宋代学术文化的影响。以科举为例，元代直到仁宗皇庆二年（1313）才确立科举之法，而辽于圣宗统和六年（988）就已实施科举制，但纯为汉人设立，契丹人禁止参加科举；金国汉化程度较辽国高，其科举制的政治作用也较辽国大。

二 元代图书体制

入元以后，由于战乱，宋刻书中心眉山已不复存在，但其他刻书中心仍存。

元代官私坊刻书，上承宋代传统，下开明清局面，字体和版式等都接近宋版书。元代刻书主要特征有黑口、赵体、无讳、多简①，“无讳”是比宋代进步之处。元时杭州刻书盛况，比之宋代，有过之无不及。叶德辉说：“元时书坊所刻之书，较之宋刻尤多，盖世愈近则传本多，利愈

① 李致忠：《古代版印通论》，紫禁城出版社 2000 年版，第 212—215 页。

厚则业者众，理固然也。”（叶德辉《书林清话》卷4《元私宅家塾刻书》《元时书坊刻书之盛》）

元代设立兴文署，“掌雕印文书”，有署令、署丞，下设校理、楷书、掌记等工作人员，雕字匠40名，印匠16名。其刻书量大质优，世称“兴文署本”。后设有广成局，“掌传刻经籍，及印造之事”[①]。

元初相台岳氏所刻九经、三传等，都是有名的私刻本。燕京私人刻印书颇为流行，名士姚枢一度任燕京行省郎中，曾在燕京刻书，还鼓动杨中书（杨惟中）、田和卿尚书等在燕京印书。姚枢教弟子杨古用活字印刷术印书，“又以《小学》书流布未广，教子弟杨古为沈氏活板，与《近思录》《东莱经史论说》诸书散之四方”（《牧庵集》卷15《中书左丞姚文献公神道碑》）。

元代王祯创造了3万多个木活字以及用于拣字的“转轮排字盘”，说：“前任宣州旌德县县尹时，方撰《农书》，因字数甚多，难于刊印，故用己意，命匠创活字，二年而工毕，试印本县志书约六万余字，不一月而百部齐成，一如刊年板。”著《造活字印书法》附在其《农书》的后面。《旌德县志》是目前所知的第一部木活字印本。其后，马称德在浙江奉化“活书板镂至十万字”。至治二年（1322）用活字书板印成《大学衍义》等书。

元代全国有120多个书院，各路儒学办不少，大都参与刻书，所刻书世称“书院本”或“某路儒学本”。金人统治区内，刻书主要在燕京、平阳。蒙古灭金，由于耶律楚材的建议，于太宗八年（1236）置编修所于燕京，经籍所于平阳（《元史》卷146《耶律楚材传》），编纂经史，两地仍为元刻书中心。

蝴蝶装从宋代一直流行到了元代。《明史·艺文志·序》云：“秘阁书籍皆宋、元所遗，无不精美，装用倒折，四周向外，虫鼠不能损。”同时，包背装在元代大为盛行。

---

① （明）宋濂等：《元史》，中华书局2000年版，第1477页。

◈ 第二节　元代目录学发展流变

一　政府校雠目录事业

1234 年正月元灭金（1115—1234 年女真族建立的北方政权）。由于元统治者不重视图书，本来应该由朝廷接收的秘府图书、《金实录》等，却都落入了一介武夫张柔之手。中统初年，因朝廷要修《金史》，张柔才把"《金实录》献诸朝"，但其他图书下落不明。

元代官府藏书的基础是北宋和金朝的遗产，主要收藏于兴文署、奎章阁和崇文院，但这些藏书从未经过系统整理，也没有严格的管理措施。

元代统治者吸取历史教训，对图书的征集管理较前更加重视。元太宗时曾建经籍所于山西平阳，编述刊印书籍。又先后搜掠金、宋宫廷及地方藏书，在奎章阁、崇文院设立藏书处所。

元代至元十年（1273）正月始置秘书监（《秘书监志》卷 7《司属》）①，主要职能是"掌历代图籍并阴阳禁书"（《元史》卷 90《百官志六》）。十一月，兴文署"交属秘书监"。秘书监为国家藏书管理机构，虽未能全面履行职责进行大规模校书，但有对国家藏书的整理，秘书监的图书"编类成号"，分成 13 类：经；史；子；集；类书；小学；志书；医书；阴阳书；农书；兵书；释道书；法帖（《秘书监志》卷 6《秘书库》）。只是没有藏书目录流传下来。十一年（1274）正月，秘书监文书云"照得本监钦奉圣旨，见收阴阳禁书并一切回回文字"（《秘书监志》卷 5《秘书库》）。次年，忽必烈下令进攻南宋都城临安（今浙江杭州）时，接受秘书监长官等上奏，保护南宋秘书省"内有《乾坤宝典》并阴阳一切禁书及本监应收经籍图书书画等物，不教失落见数"以及"江南诸郡多有经史书籍文板，都教收拾见数，不教失散"（《秘书监志》卷 5《秘书库》）。当南宋朝廷投降时，元派遣专人将宋秘书省经籍运回大都，

① 据《元史·百官志》，至元九年置。秘书监秩正三品，下设卿、太监、少监、监丞、典簿、令史、知印、奏差、译史、通事、典书、典吏诸职。属官有著作郎、著作佐郎、秘书郎、校书郎、辨验书画直长。其监丞皆用大臣奏荐，选世家名臣子弟为之。

由秘书监收藏整理。至元十四年（1277），秘书监中因损坏加以裱褙的书籍文册有6762册。至大四年（1311）爱育黎拔力八达登基前将“看的文书都教般将秘书监里去看”，共计图书644部，6698册（《秘书监志》卷5《秘书库》）。

元修《地理志》始于至元二十二年（1285）七月忽必烈“敕秘书监修《地理志》”（《元史》卷13《世祖纪十》），采集大量图书史料，至元三十一年（1294）成书450册，定名为《至元大一统志》；大德五年（1301）全书完成并改名为《大一统志》，计600册1300卷，长期保存于秘书监。

延祐二年（1314）仁宗巡幸上都所携御览书籍有《通鉴》《播芳》《太平御览》《春秋》《周礼》《礼记》《通典》《尚书》各一部（《秘书监志》卷3“分监”条），比成宗时增加了《尚书》和《春秋》两部。而且元代经筵进讲所选图书分为经书、史书、先朝圣训、文学作品和当代人著作五大类，经书除《尚书》《易》《诗》外，有真德秀《大学衍义》等；史书有两《汉书》、两《唐书》以及《史记》《通鉴》《稽古录》《贞观政要》《陆宣公奏议》等；先朝圣训有《世祖圣训》；文学作品有《文选》等；当代人著作有时人所著政论性或现实意义较强的作品如张养浩《经筵余旨》、张枢《续后汉书》等。说明当时元帝对儒家典籍还是重视的，也是为了统治的需要。

顺帝至正二年（1342），秘书监对收藏的图书进行分类编号，登记造册。秘书监共有各类图书2229部，24027册。其中集部最多在万册左右，经部和史部均为5000册左右，其余为子部书。秘书监除图书之外还有书画收藏。

著作郎王士点和著作佐郎商企翁于至正二年受命编撰《秘书监志》。王士点，东平人，字继志，著有《禁扁》详考历代宫殿门观。商企翁，曹州人，字继伯。《秘书监志》记载“至元以来建置迁除，典章故事”，附录司天监及职官题名等。《秘书监志》共11卷，其中有两卷是秘书监藏书目录。该目录分在库书、先次送库书、后次发下书、续发下书，记各若干部若干册。其在库书发下书除分经、史、子、集四类外，又设道书、医书、方书、类书、小学、志书、阴阳书、农书、兵书、释书、法帖11类。其他收入而未入库之书记总册数。该目录实质是国家藏书清册，这种记部册的方法受到了以往目录的影响。由于它没有著录书名卷数，更没有解题，图书未经校理，所编目录甚为简陋，反映出元代未能继承宋官修目录传统，未能发挥国家目录的作用。

《秘书监志》与宋《麟台故事》《南宋馆阁录》属同类著作。元代中外文化交流活跃，波斯、阿拉伯文化在中国颇受重视。元秘书监下属有回回、汉儿两个司天台，至元十年（1273）北司天台（回回司天台）申，“本台合用文书”有经书242部，均系“回回文字”，涉及天文、历法、仪器制作、医学、炼丹术等。《秘书监志》卷7“回回书籍”条内记录了至元十年曾入藏的阿拉伯文数学书籍38部，这说明元代的国家目录已收录外语图书，开多语言目录先例。

除秘书监藏书外，国子监、翰林国史院等机构亦有藏书。国子监藏书之所曰崇文阁，建于延祐四年（1317）至延祐六年（1319）。顺帝时，为纂修宋、辽、金三史，“遣史旁午，购求遗书而书之”，“宋东都盛时，所写之书，世无他本者，今亦有之”。书藏于国史院即“史馆”中，参与其事的危素编有《史馆购书目录》（见《危太朴集》卷8）。元文宗天历二年（1329）设有艺文监，“专以国语敷译儒书，及儒书之合校雠者俾兼治之”，下属有艺林库，“掌藏贮书籍”（《元史》卷88《百官志四》）。

元代有大都、上都两都。国子学在上都设立分学。泾阳王贺胜于大德九年（1305）至延祐七年（1320）任上都留守时，派人至江南采购图书，藏于上都分学。至正十三年（1353）国子学助教毛文在“乃节缩餐钱之羡，购书一千二百六十三卷，为三百五十册，置于分学”，编撰《上都分学书目》。“祭酒鲁郡王公移牒开平府，俾以其书与儒学旧书并藏，置书目，一藏崇文阁，一藏开平儒学，一随分学。”（《危太朴集》卷10《上都分学书目·序》）

辽、金二朝虽注意搜集图书，出资征集民间遗书，设秘书监管理藏书，是否有宫廷藏书目录编纂不得而知。

二 私家藏书目录事业

元代实行儒户制，世袭充任，儒户中多有藏书。元代有相当一部分藏书家，其收藏多为掠夺而得。像张柔“从蒙古军，破金汴京，取《实录》而归”（《元史》卷147《张柔传》）。贾辅“河南亡，侯之书得万焉；淮南亡，侯之书又得万焉，故南北之书皆入侯府，不啻数万卷焉”（《陵川集·万卷楼记》卷25）。

至正六年（1346）诏求遗书，朝廷命学士危素特来选取，其家虑兵遁图谶的书，有干禁条，全部烧毁。

元代兴起了一批蒙古族的藏书家，这是蒙古族统治地位上升的必然结果。蒙古族较著名的藏书家有纽璘之孙南加台、廉希宪、阿鲁浑萨理、阔里居思、克埒实实岱、伊埒格等。

元代私人藏书如张雯、庄肃、赵孟頫、张炤、倪瓒、孙道明，藏书颇丰。据统计，元代藏书数千卷以上的藏书家有127人，其中汉人、南人有113人，蒙古、色目14人，汉、南人藏书家中以南人居多[①]。但万卷以上私人藏书家只有70余人[②]，如元后期华亭（今上海松江）人夏文彦，字士良，号兰渚生，曾任同知余姚州事，家中“蓄书万卷”，“蓄画凡百十家”，其收藏在当时“鲜有比者”，至正二十五年（1365）撰成画史名作《图绘宝鉴》5卷，收录吴、晋到元代的画家1500余人的小传。

元代私人藏书目录编撰较少，有文献可据的私家藏书目录仅9家，但无一保存下来[③]。编有目录的藏书家著名者有上海庄氏、吴郡陆氏两家。

松江府上海县青龙镇庄肃（庄蓼塘）为江南三大藏书家之首。庄肃，字恭叔，号蓼塘。曾为宋秘书小史，家中藏书达8万卷，《松江府志》有载。庄肃藏书多手抄本，且撰有《庄氏藏书目》。《南村辍耕录》载上海庄氏积书数万卷，“经史子集，山经地志，医卜方技、稗官小说，靡所不具，书目以甲乙分十门”（《南村辍耕录》卷27《庄蓼塘藏书》）。由此可知，该书目在四分法基础上扩充，分为10类：甲（经）；乙（史）；丙（子）；丁（集）；戊（山经）；己（地志）；庚（医卜）；辛（方技）；壬

---

① 傅璇琮、谢灼华：《中国藏书通史》，宁波出版社2000年版，第470—478页。

② 范凤书：《中国私家藏书史》，大象出版社2001年版，第137页。

③ 范凤书：《中国私家藏书史》，大象出版社2001年版，第137页。

（稗官）；癸（小说）。

吴郡陆深，初名荣，字子渊，号俨山，弘治进士，官至詹事府詹事，卒谥文裕。藏书颇丰，编有目录，钱大昕《补元史艺文志》著录有《陆氏藏书目》。藏书目录分为13类：经；性理；史；古书；诸子；文集；诗集；类书；杂史；诸志；韵书小学；医艺；杂流。不同于庄氏藏书目录，虽然也有经史子集，但将经中的韵书小学独立成类，史中杂史独立成类，子改为“诸子”，将类书独立成类，集分为“文集”和“诗集”。

由于这两部私家藏书目录不见传本，仅见于文献记载，其收录情况和编纂体例已无从稽考。

三　史志目录学

元代史学有所成绩。蒙古前四汗时期（1206—1259），产生了用畏兀体蒙文写成的蒙古第一部史书《蒙古秘史》。南宋灭亡后，元世祖曾诏修《宋史》，袁桷奏请购辽、金、宋遗书，虞集奉命修三史。元顺帝至正“三年，诏修辽、金、宋三史”[①]，中书右丞相脱脱出任三史都总裁[②]，于至正四年三月修成《辽史》116卷，至正四年十一月修成《金史》135卷，至正五年（1345）十月修成《宋史》496卷。除正史外，尚有杂史，以陶九成《说郛》为代表。另有1228年开始编纂，用畏兀字蒙古文写成的《元朝秘史》，保留了珍贵的民族史料。典制体史书有《元典章》60卷、《经世大典》880卷以及马端临的《文献通考》348卷。

元代史志目录学值得一书，既有正史艺文志，也有通史艺文志。

（一）《宋史·艺文志》

《宋史·艺文志》（简称《宋志》）是反映宋代藏书之盛的目录，其总序云：“自太祖至宁宗，为书凡四。志艺文者，前后部帙，有亡增损，互有异同。今删其重复，合为一志，盖以宁宗以后史之所未录者，仿前史分经、史、子、集四类而条列。”

---

① （明）宋濂等：《元史》，中华书局2000年版，第2220页。

② 都总裁、总裁之下，有纂修官（又称史官），分工负责撰述。三史纂修官共33人（《辽史》纂修官有4人，《金史》纂修官有6人，《宋史》纂修官有23人。

《宋志》的作者，一般认为是元人托克托（亦作“脱脱”）等人，这是一个模糊的说法。实际上脱脱是《宋史》的总纂修，因《宋史》以汉文纂修，《宋志》依宋旧本稍加编次，在《宋史》的23名纂修官中，泰不华为蒙古人，斡玉伦徒、余阙为色目人，都不可能是《宋志》的直接责任人，《宋志》的撰修者应当在其他9名汉人（杜秉彝、宋褧、王思诚、张瑾、贾鲁、李齐、陈祖仁、张翥、王仪）和9名南人（干文传、汪泽民、麦文贵、贡师道、刘闻、冯福可、余贞、吴当、危素）以及地域不明2人（赵中、谭慥）中间。

《宋志》一改史志目录以官修目录为蓝本的惯例，而是以宋国史艺文志为主，参考官修目录，所据底本目录有五：一是反映宋太祖、太宗、真宗三朝藏书的《三朝国史艺文志》；二是反映仁宗、英宗两朝藏书的《两朝国史艺文志》；三是反映神宗、哲宗、徽宗、钦宗四朝藏书的《四朝国史艺文志》；四是反映南宋高宗、孝宗、光宗、宁宗四朝藏书的《中兴国史艺文志》；五是反映宁宗之后直到宋代灭亡的《中兴馆阁续书目》。

《宋史·艺文志·序》云：

> 《易》曰：“观乎天文，以察时变；观乎人文，以化成天下。”文之有关于世运，尚矣。然书契以来，文字多而世代日降；秦火而后，文字多而世教日兴，其故何哉？盖世道升降，人心习俗之致然，非徒文字之所为也。然去古既远，苟无斯文以范防之，则愈趋而愈下矣。故由秦而降，每以斯文之盛衰，占斯世之治忽焉。宋有天下先后三百余年，考其治化之污隆，风气之离合，虽不足以拟伦三代，然其时君汲汲于道艺，辅治之臣莫不以经术为先务，学士搢绅先生，谈道德性命之学，不绝于口，岂不彬彬乎进于周之文哉！宋之不竞，或以为文胜之弊，遂归咎焉，此以功利为言，未必知道者之论也。历代之书籍，莫厄于秦，莫富于隋、唐。隋嘉则殿书三十七万卷。而唐之藏书，开元最盛，为卷八万有奇。其间唐人所自为书，几三万卷，则旧书之传者……宋旧史，自太祖至宁宗，为书凡四。志艺文者，前后部帙，有亡增损，互有异同。今删其重复，合为一志，盖以宁宗以后史之所未录者，仿前史分经史子集四类而条列之，大

凡为书九千八百十九部，十一万九千九百七十二卷云。

除叙述中国图书和藏书简史外，总序重点论述了宋代藏书与目录。一是分宋太祖、太宗、仁宗、徽宗、高宗五个阶段。二是描述了宋官府藏书聚散及其图书数量变化。从宋初有书万余卷至太祖、太宗、真宗三朝，3327部，39142卷。次仁、英两朝，1472部，8446卷。次神、哲、徽、钦四朝，1906部，26289卷。三是记录了宋代收集图书和校雠目录事业，包括“削平诸国，收其图籍”“下诏遣使购求散亡”“命重写书籍”“诏购求士民藏书”“搜访遗阙，屡优献书之赏”等。

《宋志》收录宋代所藏图书9819部，119972卷，其中有北宋图书6705部，73877卷。通记有宋一代的藏书之盛，与《宋史》专记一代之史的时间断限相符。

《宋志》分为四部44类，其分类体系如下：

经部（10类）：易；书；诗；礼；乐；春秋；孝经；论语；经解；小学。

史部（13类）：正史；编年；别史；史钞；故事；职官；传记；仪注；刑法；目录；谱牒；地理；霸史。

子部（17类）：儒家；道家（释氏及神仙附）；法家；名家；墨家；纵横家；农家；杂家；小说家；天文；五行；蓍龟；历算；兵书；杂艺术；类事；医书。

集部（4类）：楚辞；别集；总集；文史。

分类特点是：经部完全照搬《新唐志》。经部删谶纬。史部与《新唐志》有较大差别，删伪史、杂史、起居注，将起居注并入编年；增加“史钞”；仿《隋志》和《通志·艺文略》设“霸史”，仿《直斋书录解题》设“别史”。子部和集部在《新唐志》基础上加以调整，子部在“道家”类中，调整释道次序，先释后道，删明堂经脉，改“五行”为“五行”和“蓍龟”两类，改“类书”为“类事”，改“医术”为“医书”；集部将“总集附文史”改为总集、文史两类。

在著录方面，《宋志》仿拟《新唐志》补充《旧唐志》的方法，增补了一些宁宗嘉定以后的图书。《宋志》采用注释方法，如《注九章算经》九卷注“魏刘徽、唐李淳风注”。小注重点说明作者内容不明的图书，如《三坟易典》三卷注“题箕子注”以及《周易三备》三卷注“题孔子师徒所述，盖依托也”为照原著实录。小注中多有“不知姓名”“名亡”“不知作者”“不知姓”“不知集者”诸语，如隐逸人《玉环经》一卷注“不知姓名”，《天涯海角经》一卷注“不知作者，九江李麟注解”，《合元万分历》三卷注“作者名术，不知姓”等表示存疑。注释既不主观臆测，也不普遍加注，深受郑樵“于疑晦者则释之”思想的影响。

由于辽、金、宋三史仓促修成，除金史“在三史之中独有最善”（《四库全书总目》卷46史部正史类二《金史》），宋、辽史质量欠佳，《宋志》也不例外。《四库全书总目提要》批评《宋志》：“纰漏颠倒，瑕隙百出，于诸史志中最为丛脞”；“诸史艺文志未荒谬于《宋志》者”。然而，《宋志》是中国记一代藏书之盛的最后一部正史艺文志，对于元代史志目录学的继承与发展有重要意义。

（二）《文献通考·经籍考》

宋末元初马廷鸾、马端临父子为史学家。马廷鸾的著作有《六经集传》《语孟会编》《楚辞补记》《洙泗裔编》《读庄笔记》《张氏祝氏皇极观物外编》等书。其主要史学著作《读史旬编》，纂成于元世祖至元二十二年（1285）。宋亡时，马端临22岁，隐居不仕，应与入元后处第四等“南人”地位有关，遂继承父业，从事历代典制文献研究。

元英宗至治二年（1322），马端临年六十九，饶州路以《文献通考》付刊。《文献通考》348卷，是辑录群书、分类纂述而成，全书分24门，第19门为《经籍考》，计76卷。

关于《文献通考·经籍考》的分类、著录等诸方面，详见本章第三节“马端临的目录学思想”。

典志类史书编纂是史志目录学的研究内容。自唐代杜佑《通典》问世后，南宋郑樵撰《通志》、元初马端临撰《文献通考》，习惯上统称为典志体史书“三通”。《通典》和《文献通考》记历代典章制度，为典制体；《通典》虽无天文、五行、艺文，却有开创之功，《通志》属于“别史”，是纪传体；其中二十略记典制。《通志》和《文献通考》都重文化，前者有艺文志，后者有经籍考。“三通”横跨三代，给史志目录的发展以深刻影响。

四 佛道目录学

元代佛道目录学在佛道之争各争其位，无大发展。

（一）佛教目录学

元代佛教以藏传佛教为首，汉地佛教基本上是唐宋以来流传下来的禅、教（华严、净土诸宗）、律（律宗）各派，以禅宗为主流。元代佛教势力非常大，官方和民间都曾刊印各种《大藏经》，分布于南北各佛寺。规模较大的佛寺，一般都有藏经楼，如集庆（今南京）太平兴国禅寺有经楼，大都（今北京）大承天护圣寺西殿庋金书大藏经，东殿庋墨书大藏经。

元世祖至元间敕修《弘法寺藏》，并撰有《至元法宝勘同总录》先录梵语经名，次录汉语经名，并注译者及品数。《总录序》说：世祖“念典藏流通之久，蕃汉传译之殊，特降纶言，溥令对辨”，召集合台萨里、叶琏、湛阳宜思、尾麻罗宝利、庆吉祥、齐牙答思等于大都，“精加辨质，认真铨雠”，印成《弘法寺藏》，复命“三藏义学沙门庆吉祥以蕃汉本参对楷定大藏圣教，华梵对辨，各题各标。陈诸代译经之先后，分大小乘教之品目，名之曰《至元法宝勘同总录》”。其著录佛经1440部，5586卷，分为四部，“初，总标年代，括人法之宏纲；二、别约岁时，分记录之殊异；三、略明乘藏，显古录之梯航；四、广列名题，彰今日之伦序”。据《阅藏知津》可知，《总录》先录梵语经名，次录汉语经名，并注译者及品数。虽无提要，但经名梵汉对照，颇便读者检寻，是很有特色的。

（二）道教目录学

元代北方道教有全真教、大道（真大道与正一大道）和太一教。而江南道教有三山符箓（龙虎宗、茅山宗与阁皂宗）及净明、神霄、东华、天心等其他道派，还有兴起的道教新派玄教。元初全真派颇有实力，宋德方和秦志安在平阳玄都观，遵其师丘处机之遗意，倡刊《道藏》（亦称《玄都宝藏》），校雠付刊，始于窝阔台汗九年（1237），历时8年于乃马真后三年（1244）完成，经藏达7800余卷，但未云有目录之事。元藏已亡佚。

元代道教宫观有藏书之所，如南方正一道祖庭龙虎山上清正一宫、抚州（今江西临川）玄都观等均有藏书，除道家经典外，还有其他书籍收藏。

元世祖至元十二年（1275），《道藏尊经历代纲目》曾刻之石，因保存在明代《正统道藏》而流传至今。该目录不是一部具体的道教图书目录，而是历代《道藏》的简目。

宪宗八年（1258）和至元十八年（1281），忽必烈先后两次主持佛道大辩论，道教藏书目录活动遭受毁灭性打击。第一次辩论后，《老子化胡经》等45部道家的经书遭焚毁。第二次辩论后，除《道德经》两篇以外的其他道教经书焚毁殆尽。

元代的宗教政策是紧紧依靠藏传佛教，佛道相争而道教败阵。元代诸帝几乎没有支持编撰《道藏》之举，反而几次点燃焚经之火。焚经缘于佛道相争。元代道经曾遭宪宗和世祖先后三次焚毁，损失惨重。明代正统年间刊行《道藏》时，对照元刊《玄都宝藏》的目录，找出经过焚经和兵燹而损失的道经的目录，然后将之汇集在一起，编成《道藏缺经目录》上下两卷，收入《道藏》。两卷共著录道经795卷。《道藏缺经目录》有助于了解元刊《玄都宝藏》的情况。

元代刘大彬造《茅山志》，其卷九题为“道山册”，可视为茅山艺文志。

五　地方文献目录学

元代地方文献编纂远不如宋代重视，宋代编修志书达1016种，而元代仅有190余种。地方文献目录活动衰弱，仅有一部重要成果。

四明（今浙江宁波）在宋代以理学著称，到了元代仍负盛名。南宋史学家王应麟的弟子袁桷，字伯长，庆元人，宋知枢密院事韶之曾孙，少为丽泽书院山长，以荐改翰林，国史院检阅官，累迁侍讲学士，辞归，卒，赠江浙行省参知政事，追封陈留郡公，谥文清。袁桷撰有《延祐四明志》20卷，所辑明州地志，成于延祐七年（1320）。《四库全书总目》：“凡二十卷，分为十二考。义例明简，最为有体。桷先世在宋，多以文学知名，称东南，故家遗献。桷没后，会朝廷修史，遣使求郡国遗文故事，惟袁氏所传为多，故其于乡邦旧典，尤极贯串。志中考核精审，叙述清晰，不支不滥，颇有良史之风。”《延祐四明志》卷19“集古考”载：“郡以山川传，传莫详于前贤。广其传则凡四方之公卿与夫骚人禅子之所纪刻益尊以传焉。”

六 专科目录学

元代专科目录学有重要成就。

由于蒙古统治阶层对于歌舞、戏曲的喜好，使元代散曲和戏曲迅速发展起来。元代散曲作家众多，据明朱权《太和正音谱》，可考者有187人，以卢挚、王和卿、张可久、乔吉等最为著名。元代戏曲发达，杂剧在至元、大德期间兴盛，以关汉卿、王实甫、白朴、马致远最有成就，王实甫的《西厢记》、关汉卿的《窦娥冤》等都是名作。元末施耐庵著《水浒传》更是小说名作。辽金元诗歌创作仍在发展。据陈衍撰《辽诗纪事》《金诗纪事》《元诗纪事》，辽代诗人80家，金代诗人200家，元代诗人800家。清朱彝尊编《潜采堂宋元文集目录》记载朱氏所藏宋、金、元人集，以时代为序，计宋集158种，又《宋人小集》丛书1种，金人集、元集148种，注明书名卷数，间记版本特征。

元代的专科目录比较有成就的是戏曲目录。南宋周密《武林旧事》和元末陶宗仪《辍耕录》已有戏曲名目的记载，元代专科目录学最突出之处就是产生了中国第一部戏曲目录——《录鬼簿》。

钟嗣成，字继先，号丑斋，生卒年不可考。大梁（今河南开封）人。曾应科举不中，遂绝意进取，专事杂剧散曲创作。钟嗣成为什么要编纂《录鬼簿》，因有感于杂剧散曲创作者门第卑微、职位不振，记录其人其事，以鬼自居，其自序称：“予尝见未死之鬼，吊已死之鬼，未之思也，特一间耳。独不知天地阖辟，亘古迄今，自有不死之鬼在。何则？圣贤之君臣，忠孝之士子，小善大功，著在于方册者，日月炳煌，山川流峙，及乎千万劫无穷已，是则虽鬼而不鬼者也。余因暇日，缅怀古人，门第卑微，职位不振，高才博艺，俱有可录，岁月縻久，湮没无闻，遂传其本末，吊以乐章；复以前乎此者，叙其姓名，述其所作，冀乎初学之士，刻意词章，使冰寒于水，青胜于蓝，则有幸矣，名之曰《录鬼簿》。嗟乎，余亦鬼也，使已死未死之鬼，作不死之鬼，得以传远，余又何幸焉！”

《录鬼簿》成书于文宗至顺元年（1330）。经顺帝元统二年（1334）修订，至正五年（1345）后再做修订。该目录以年代为序，系统记录了元代杂剧作家及其作品，共收录元代杂剧和散曲作家 152 人，剧目 458 种。

《录鬼簿》分“前辈已死名公，有乐章传于世者”“方今名公”“前辈已死名公才人，有所编传奇行于世者”“方今已亡名公才人，余相知者”“已死才人，不相知者”“方今才人相知者”“方今才人，闻名而不相知者”7 类，杂剧著录均用正名（杂剧有正名简名之分），并且以书类人，即同一著者剧目集中著录，并大体依时代排列，便于查检某一著者的相关成果，不少地方还加以评论。这一目录为后世保存了大量珍贵的戏曲创作原始材料，其历史与资料价值颇高。

戏曲目录是元人重视并发展戏曲的结果，是元代对于专科目录学的一个贡献，目录学与学术同步发展可见一斑。

此外，元末宋濂《诸子辨》辨子部伪书 40 部，是现存最早的一部考证伪书的专门目录。

第三节　元代目录学思想

一　元代目录学方法创新

元代目录学方法创新不像宋代那样众多，但也有值得重视的新方法出现。

（一）辑录体方法

辑录体就是广泛辑录与某书相关的资料，来揭示这部书籍的内容和进行评论的一种解题类型。由于这种解题是博采众说，汇聚群文，加以排比辑列的，所以称之为“辑录体”。

辑录体方法，一般认为创立于元马端临《文献通考·经籍考》，也有认为始于《出三藏记集》。

这一方法有几个特点：

第一，以历代目录资料为基础。《文献通考·经籍考》主要辑录晁公武《郡斋读书志》和陈振孙《直斋书录解题》的叙录，还辑录《汉志》《隋志》《新唐志》，宋代各朝《国史艺文志》《崇文总目》及等目录材料。

例如，关于《黄石公三略》三卷的提要[①]：

> 黄石公三略三卷
>
> 晁氏曰：题曰《黄石公上中下三略》。其书论用兵机权之妙，严明之决，明妙审决，军可以死易生，可以存易亡。《经籍志》云，“下邳神人撰。”世传此即圯上老人以一编书授张良者。
>
> 陈氏曰：其书传会依托也。
>
> 西山真氏序曰：《三略》，先秦书，虽非鹰扬翁自作，要必其遗法。予尝深味之，其言治国养民法度，与儒者指意不悖，而敛藏退守，不为物先之意，则黄、老遗言也。子房号称善用兵，然最所得者，不过“与物推移，变化无方，因敌转化，动而辄随”数语耳。以此推之，则今传与世者，子房所受书也。

第二，广泛采集各种相关资料。辑录体解题除采选历代目录中的叙录外，还广泛辑录其他各类图书资料，包括正史列传、原书序跋、笔记、诗话及各种文集等。

马端临《文献通考·经籍考·自序》：“今所录，先以四代史志列其目，其存于近世而可考者，则采诸家书目所评，并旁搜史传、文集、杂说、诗话。凡议论所见，可以纪其著作之本末，考其流传之真伪，订其文理之纯驳者，则具载焉。”

第三，引用原文，以时代先后排序。该方法将这些材料分别罗列于相关的书名之下，按时代顺序排列。通过引用各类图书的原文，直接提

① （元）马端临：《文献通考·经籍考》，华东师大古籍研究所标校，华东师范大学出版社1985年版，第1110页。

供关于某书较全面的原始资料，包括作者、刊刻者的序跋，藏书者、读书者的题识，原书重要文字的摘录等。

第四，加按语。辑录体方法根据需要采取辑录者加识语的方法，马端临在个别地方加上自己的按语，作补充说明。

从揭示图书的系统性上，辑录体和传录体都不如叙录体；但从揭示图书的客观性上，叙录体和传录体都不如辑录体。辑录体方法对后世目录学产生了重要影响。比较重要的有清代朱彝尊的《经义考》、谢启昆的《小学考》以及姚振宗的《隋书经籍志考证》。

（二）导读法

宋元时期书院和家塾发展迅速，数量众多，规模较大，普及地域广泛，集中了较多的生徒。书院的山长往往是学术名家，各地书院讲学风气很浓。书院和家塾的管理者需要有一套制度来促成生徒读书风气，并使之掌握读书方法，推荐目录由此而生。元代学者程端礼（1271—1345），字敬叔，号畏斋，鄞县（今宁波）人。自幼饱读诗书，担任过建平县教谕、衢州路教授，生徒很多，这些经历给他为生徒编纂推荐目录提供了良好的条件。程端礼总结南宋道学家朱熹、真德秀以来在书塾教学中所创造的方法经验，于元仁宗延祐二年（1315）编成《读书分年日程》（又称《读书工程》）[①]。

《读书分年日程》共两卷，其纲目如下：卷首："纲领"，基本内容是朱熹门人辅广编辑《朱子读书法》的摘引。卷一：以年岁为纲，以所读书为目。卷二：看《通鉴》；次读韩文；次读楚辞；学作文；作科举文学之法。

这部目录开创了以经学理论为指导的导读法。元世祖提倡朱学，程端礼以程朱理学作为推荐目录的理论指导，论述了"四书""五经"以及周敦颐、程颐、张载、朱熹等理学家著作的学习次序和方法，还论述了

① 《四库全书总目》关于《读书分年日程》提要云，"是书有延祐二年自序，谓一本辅汉卿所萃《朱书读书法》修之"，"史称所著《读书工程》，国子监以颁示郡县，即此书也。然书末又有端礼自跋，历叙崇德吴氏、平江陆氏、池州冯氏及江、浙诸处钞刊各本，而不及国子监颁示事。则本传所云，或端礼身后之事欤？跋作于元统三年十一月朔。考顺帝以元统三年十一月辛丑改元至元，以标十一月朔，则尚在辛丑之前，故仍称元统云"。

书法、作文训练以及天文、地理、音韵、制度等“格物”内容，“以其先后本末节目，分之以年，程之以日，悉著于编”（程端礼《畏斋集》卷4《送冯彦思·序》），强调经学与目录的结合，可以看作是一个系统的理学教育推广计划。

这部目录开创了遵循教育规律的导读法，强调教育理论与目录学的结合，循序渐进，由约至博，适应了当时的教育和科举制度。它将青少年的教育年龄分为三个阶段，给每一阶段都制定出详细的教学安排，指出教育的要求和方法。

第一阶段为启蒙阶段，即8岁未入学之前，主要读程若庸增广的《性理字训》和朱熹《童蒙须知》。

第二阶段为小学教育阶段，即8岁入学直到15岁，先读小学书；次读四书中的《大学》《论语》《孟子》；再读《孝经刊误》；后读五经即《易》《书》《诗》和三礼（《仪礼》并《礼记》及《周礼》）及《春秋》。强调每书只读正文。

第三阶段为志学阶段，即15岁至23岁，先读朱熹的《大学章句》和《大学或问》；然后用三四年读《论语集注》《孟子集注》《中庸章句》和《中庸或问》；再用抄读之法，《论语或问》合于《论语集注》者抄读，《孟子或问》合于《孟子集注》者抄读；最后读五经之本经传注，包括《周易》《尚书》《诗》和三礼（《礼记》《仪礼》《周礼》）及《春秋》3卷，还介绍了各经抄法。

至此，“学者终身之大本植矣”，然后可以读史、读韩文、读《离骚》，学作文，列有必读图书目录单子。然后阅读《通典》《通志》和《文献通考》，了解古今典章制度。作为补充，程端礼还列出了应该进一步扩大知识面的经史子集书籍。

这部目录开创了以读书法为科学基础的导读法。程端礼是朱学名师史蒙卿的学生，史蒙卿（1247—1306），字景正，号果斋，一号静清，鄞县人，为宋末进士，王应麟的弟子，入元不仕，有《易究》10卷。其著书立言，一以朱子之法。程端礼以史蒙卿所授朱子读书法六条（居敬持志；循序渐进；熟读精思；虚心涵泳；切己体察；著紧用力）为基础，强调读书方法与书目的结合，解决为何读书、如何读书和应读何书的问题，以列出必读和参考书目的方式反映阅读原理与阅读规律，目的在于培养“经之无不治，理之无不明，治道之无不通，制度之无不考，古今之无不知，文词之无不达，得诸身心者无之不推而为天下国家用”的人才。目录较好地运用了朱熹的读书方法，即“为学之道，莫先于穷理；穷理之要，必在于读书；读书之法莫贯于循序而致精；而致精之本，则又在于居敬而持志”（朱熹《朱文公文集》卷14《甲寅行宫便殿奏札二》）。

《读书分年日程》编纂科学、简明扼要，是“中国古代导读书目的精品”①。“对当时和明清两代的书院影响是很大的”②。“《读书工程》，国子监以颁示郡邑校官，为学者式”③。直到明初，仍被士子奉为准绳。

宋代理学的程朱之争到了元代出现了朱学盛而陆学衰，程朱两派皆重视读书之次序。程端礼为朱学一派，程端礼之弟程端学在《与单良能论学书》中说：“足下又谓圣人复起，必不拘拘先《大学》、次《论》《孟》、次《中庸》、次《五经》之诵读而已。仆谓圣人复起，必用孔子教人之法，必不置《大学》于一隅而别为法也，必不先‘五经’而后‘四书’也，必不先《春秋》而后《诗》《书》也，必不先行而后知也。故曰：‘述而不作，信而好古。’傅说亦曰：‘事不师古，匪说攸闻。’且就致知论之，读书亦无序乎？……足下谓读书者，学者之一事。斯言是也。仆谓读书者，致知中之一事。致知已不止也，况致知为力行之地乎？程子论此备矣。然致知之始，舍读书又将焉务？今礼乐坏矣，射御书数又无其法，处今之世者，惟有循序读书以明其理，理明而后有以辨古人之得失，察事物之是非，而后可由敬恕以养本心也。”（程端学《积斋集》卷2《与单良能论学书》）

二 马端临的目录学思想

马端临（约1254—1323），字贵与，号竹洲，饶州乐平（今属江西）

① 孟昭晋：《中国古代导读书目的精品：〈读书分年日程〉》，《图书情报研究》1986年第1期。

② 王重民：《中国目录学史论丛》，中华书局1984年版，第135—136页。

③ （明）宋濂等：《元史》，中华书局2000年版，第2903页。

人。宋元之际史学家、目录学家。其父马廷鸾为南宋右丞相，因忤贾似道归里。端临侍父家居，博极群书。咸淳九年（1273）漕试第一，以荫补承事郎。元初任慈湖、柯山二书院山长、台州儒学教授。历20余年，专心著述《文献通考》。熟知宋时士大夫的议论，书中收采很多。以身当宋亡，对宋末统治集团的腐败，时有愤慨批评。著作除《文献通考》现存外，另有《大学集注》《义根守墨》卷及《多识录》153卷等，均已佚。

《文献通考》共348卷，专门记述历代典章制度。其体例仿唐代杜佑的《通典》，将其八部分细分为二十四考，如田赋、钱币、户口、职役、征榷、市籴、土贡、国用由“食货”析出，增设了经籍、帝系、封建、象纬、物异五考，其余十九考均仿《通典》类目。《文献通考》是十通中篇幅最大者，史料极其丰富，尤其是长于宋代史料。是中国古代典章制度方面的集大成之作，体例别致，史料丰富，内容充实，评论精辟。

马端临在目录学上，以《文献通考·经籍考》最为著名。其目录学思想主要有以下方面。

（一）关于文献的认识

马端临受益于家学，“窃伏自念：业绍箕裘，家藏坟索，插架之收储，趋庭之问答，其于文献盖庶几焉”（《文献通考·序》），对文献的认识比历史上更为广泛和准确。《文献通考·序》称：“文，典籍也。献，贤者也。生乎千百载之后，而欲尚论千百载之前，非史传之实录具存，何以稽考？儒先之绪言未远，足资讨论，虽圣人亦不能臆为之说也。……凡叙事则本之经史，而参之以历代会要，以及百家传记之书，信而有征者从之，乖异传疑者不录，所谓‘文’也。凡论事则先取当时臣僚之奏疏，次及近代诸儒之评论，以至名流之燕谈，稗官之纪录，凡一话一言可以订典故之得失，证史传之是非者，则采而录之，所谓‘献’也。其载诸史传之纪录而可疑，稽诸先儒之论辨而未当者，研精覃思，悠然有得，则窃著己意，附其后焉。”自郑玄理解“献”为“贤者”，得到了学界的认可，但是并没有谁进一步解释发挥界定“贤者”的具体所指。马端临将“献”（“贤者”）界定为贤者的话语，可以作为论定是非得失的依据。这不仅在具体的图书编撰过程中体现了“贤者”的范围，而且用明晰的文字表述了“贤者”的具体所指及其作用。

马端临认识到图书聚散存亡的规律，其《文献通考·自序》中说：

> 昔秦燔经籍而独存医药、卜筮、种树之书，学者抱恨终古。然以今考之，《易》与《春秋》二经首末具存，《诗》亡其六篇，或以为笙诗，元无其辞，是《诗》亦未尝亡也。《礼》本无成书，《戴记》杂出汉儒所编，《仪礼》十七篇及《六典》最晚出，《六典》仅亡《冬官》，然其书纯驳相半，其存亡未足为经之疵也。独虞、夏、商、周之书，亡其四十六篇耳。然则秦所燔，除《书》之外，俱未尝亡也。若医药、卜筮、种树之书，当时虽未尝废锢，而并无一卷流传至今者，以此见圣经贤传终古不朽，而小道异端虽存必亡，初不以世主之好恶为之兴废也。汉、隋、唐、宋之史，俱有《艺文志》，然《汉志》所载之书，以《隋志》考之，十已亡其六七，以《宋志》考之，隋唐亦复如是，岂亦秦为之厄哉！昌黎公所谓“为之也易，则其传之也不远”，岂不信然！

这说明图书优劣决定其存亡，优者存且终古不朽，劣者则自我淘汰。

（二）关于目录的作用

马端临充分认识到目录的重要作用，在《文献通考·序》中说：“俾览之者如入群玉之府而阅木天之藏，不特有其书者，稍加研究，即可以洞究旨趣；虽无其书者，味滋品题，亦可粗窥端倪，盖殚见洽闻之一焉。”从而揭示了目录（“经籍考”）“洞究旨趣”的基本作用，此见解十分精辟。

马端临重视官修目录和史志目录，其《经籍考》揭示图书时分主次格，即通过格式体现区分目录的重要程度，标目之下主格（比标目低一格）为官录与史志，次格（再低一格）为私家目录和其他序跋、笔记、语录等，排序颇为讲究，如《春秋外传国语》21 卷的解题，主格为《崇文总目》，次格为“晁氏曰”“巽岩李氏曰”“陈氏曰”“朱子语录曰”，这反映出马端临尊“官”与“史”的思想。

（三）会通史观的通志目录学

通志目录学的建立，前有唐杜佑的《通典》和宋郑樵的《通志·艺文志》，后有宋末元初马端临的《文献通考·经籍考》。马端临生于杜佑后500年，郑樵后90年，继承了杜佑的典制学术和郑樵的会通思想。

马端临深受杜佑和郑樵学术思想的影响，以“会通”史观为指导研究通志目录学，据汉、隋、唐、宋四朝典志撰成《经籍考》，其下限为南宋嘉定，是通记上古至南宋嘉定时期的中国典籍总汇。

《文献通考·经籍考》继承了史志目录学的序例传统，有总序和小序，经史子集四部无大序。各类之下皆有小序，分述历代典籍聚散存亡和该类学术源流、立类依据。“凡各种学术之渊源，各书内容之梗概，览此一篇而各说俱备。”[①]

其小序颇有特色：第一，采取辑录的方式撰写小序，汇辑了《汉志》《隋志》《唐志》以及宋四朝志（《宋三朝志》《宋两朝志》《宋四朝志》《宋中兴志》）等的相关资料。第二，二级类目一般都有小序，但“各门总”将小序集中，还有的地方采取两小类并列一起其小序分列的方法，如经部下的“论语”和“孟子”两小类并列合为一卷（卷11），“孝经经解[②]”两小类并列合为一卷（卷12），“仪注、谥法、谶纬”三小类并列合为一卷（卷15），因为“仪注”量大一卷（卷14）难以容纳。可见这种并类，既考虑内容相关性，也兼顾了收录图书的规模，量大的小类则分卷，量小的小类则合并成卷。在“论语”和“孟子”下先列“论语”小序，后列“论语”图书著录，接着列“孟子”小序，然后列“孟子”图书著录。在“孟子”小序中说“今国家设科，《语》、《孟》并列于经，而程氏诸儒训解二书，常相表里，故合为一类。今从之”。这说明了马端临的目录学思想受到了程朱理学的影响。第三，小序列于小类之首，小序分两个部分，首列该小类小序正文，末附该小类书目统计。例如，子部“农家”类的小序[③]：

---

① 姚名达：《中国目录学史》，上海书店1984年版，第211页。

② “经解”小类无小序正文，只有该小类书目统计。

③ （元）马端临：《文献通考·经籍考》下册，华东师大古籍研究所标校，华东师范大学出版社1985年版，第1035—1036页。

《汉艺文志》曰：农家者流，盖出于农稷之官。播百谷，劝耕桑，以足衣食，故八政一曰食，二曰货。孔子曰："所重民食。"此其所长也。及鄙者为之，以为无所事圣王，欲使君臣并耕，誖上下之序。

《宋三朝艺文志》：岁时者，本于敬授平秩之义。殖物宝货著谱录者，亦佐助衣食之源，故咸见于此。

陈氏曰：农家者流，勤耕桑以足衣食。神农之言，许行学之。汉世，野老之书不传于后。而《唐志》著录杂以岁时，月令及相牛马诸书，是犹薄有关于农者，至于钱谱、相贝、鹰鹤之属，于农何预焉？今既各从其类，而花果栽植之事，犹以农圃一体，附见于此，其实则浮末之病农者也。

《汉志》：九家，一百一十四部。

《隋志》：五部，一十九卷。

《唐志》：十九家，二十六部，二百三十五卷。

《宋三朝志》：三十二部，二百一十三卷。

《宋两朝志》：十二部，四十七卷。

《宋四朝志》：一十九部，三十三卷。

《宋中兴志》：六十四家，六十九部，一百四十八卷。

有的小类的小序只有该小类书目统计部分而无小序正文，如子部"杂艺术"类：

《唐志》：十一家，二十部，一百四十四卷。失姓名八家，张彦遗以下不著录十六家，一百一十七卷。

《宋三朝志》：四十八部，一百五卷。

《宋两朝志》：十七部，二十三卷。

《宋四朝志》：一十三部，二十三卷。

《宋中兴志》：五十八家，六十部，一百一十二卷。

（四）以类相从的分类思想

《文献通考·经籍考》分四部57类，其分类体系如下：

经部（14类）：易；书；诗；礼；春秋；论语；孟子；孝经；经解；乐；仪注；谥法；谶纬；小学。

史部（16类）：正史；编年；起居注；杂史；传记；伪史；霸史；史评；史抄；故事；职官；刑法；地理；时令；谱牒；目录。

子部（20类）：儒家；道家；法家；名家；墨家；纵横家；杂家；小说家；农家；天文；历算；五行；占筮；形法；兵书；医家；神仙；释氏；类书；杂艺术。

集部（7类）：楚辞；别集；诗集；歌词；章奏；总集；文史。

这一分类体系反映了马端临的分类思想。

其一，遵循四部分类，综合各家之长。分类体系遵循唐宋以来的四部法，综合参酌了各家公私目录，形成综合众长的分类体系。《文献通考·经籍考》以“庶从其类”和“以类相从”为原则，参酌前修，而又有所改隶和调整。如《古封禅群祀》《封禅议对》《汉封禅群祀》《议奏》四书，《汉志》皆入之“礼”家，马氏则认为“难厕礼部之后，析入仪注”。

其二，突出学术分类特点，不以图书或藏书限制。《文献通考·经籍考》设有空类，即有小序无书之类目。例如，子部在“神仙”类前设有“房中”小类，小序中引《汉艺文志》之说和《汉志》小类书目统计，却实际无书著录，应当是《汉志》著录的书不存或者虽有书但《文献通考·经籍考》未选。如果算上“房中”类，《文献通考·经籍考》实际是四部58类。马端临设空类，解决有类可归的问题，以反映有学即有类的学术分类思想，是对郑樵有学即有书、有书即有类思想的补充和发展。

其三，分类方法创新，创设明门总和暗门总。马端临提出了介于四部和58类之间的“各门总”类属方法，即将一部之下的相关类目总归一类。在《文献通考·经籍考》中，“各门总”有明门总和暗门总两种方法。明门总是在书目中直接列门总之名。史部下有三个“各门总”。一是“正史各门总”，包括“正史”“编年”和“起居注”三个小类，每类列出宋以前各志收录图书的数量统计，如“起居注”下有4种书目统计：

"《隋志》：四十四部，一千一百八十九卷。《唐志》：六家，三十八部，一千二百七十二卷。《唐志》：诏令十一部，三百五卷。《宋中兴志》：七部，四千三百一十二卷。""正史各门总"之后才是"正史""编年"和"起居注"所收图书的著录。二是"杂史各门总"，包括"杂史""杂传"[①]"霸史""伪史""史抄"5 个小类。三是"故事各门总"。包括"故事""职官""刑法""地理""时令""谱系"[②]"目录"。子部下有"阴阳各门总"，包括"天文""历谱"[③]"五行""形法"。暗门总是在书目中没有直接称为"各门总"，却有各门总之实。集部下有别集各门总和总集各门总，别集各门总下有例言和"赋诗"小序，实际包括楚辞、别集、诗集、歌词、章奏的内容。总集各门总包括"总集"和"文史"两类。经史子集中，史部和子部下设有明门总，经部无门总，集部设有暗门总，体现了有同门则设上位类的原则。这样，《文献通考·经籍考》实际上是部（四部）、各门总（5 个）、58 类三级分类体系。

（五）首创互见著录

马端临在《文献通考·经籍考》创立了互见著录法，这是对目录学方法的一个重要贡献。王重民认为，王应麟《玉海·艺文》已经使用了互著，但他是类书的类目或编题的互著，而不是图书的互著，"我国第一次有意识的使用互著法是十四世纪初期马端临撰的《文献通考·经籍考》"[④]。

（六）辑佚存文的书录思想

《经籍考》是《通典》所没有而为马端临所增修的反映历代典籍的一部分，其最大特色在解题上。《文献通考·序》叙述其编撰《经籍考》的方法是："今所录：先以四代史志列其目。其存于近世而可考者，则采诸家书目所评，并旁搜文传、文集、杂说、诗话，凡议论所及，可以纪其著作之本末，考其流传之真伪，订其文理之纯驳者，则具载焉。"马端临

① "杂史各门总"称"杂传"类，而史部正式著录称"传记"类。

② "故事各门总"称"谱系"类，而史部正式著录称"谱牒"类。

③ "阴阳各门总"在卷首称"历算"，而后面又称"历谱"。

④ （清）章学诚：《校雠通义通解》，王重民通解，上海古籍出版社 2009 年版，"序言"第 9 页。

创造的辑录体，以书为“纲”、资料为“目”，将前人相关资料为某一图书解题。其汇辑相关资料，资料来源广泛，《汉志》《隋志》等11种公私目录成为马氏辑录体解题的主要资料来源。

马端临辑录群书，有着严格的标准，看重资料的质量与学术价值。凡是《经籍考》所著录的图书，解题中体现出所著录图书的作者、版本和有关内容，着重辑录各家目录的提要和其他图书内有关的评价。对于不很明确或有争议的地方，马端临加有按语，反映学术论辩、图书辨伪、版本考订。

《文献通考·经籍考》所创立的辑录体体例是对以往辑录方法的继承与发展。此前，有“文章志”等辑录撰人传记的方法，有释僧祐的《出三藏记集》的“述列传，总经序”的方法，有宋高似孙《史略》辑录序跋及其他成文的方法，这些方法为马端临提供了启示。而且，唐宋时代目录储备了极其丰富的解题资料，为辑录体方法打下了极好的基础。

毫无疑问，马端临创立辑录体是参考了历史上的各种目录资料，汇集众家之长，马端临的辑录体思想受到了中国目录学重视解题传统的影响。还有一点值得注意，这就是马端临的辑录体思想受到了其父马廷鸾的影响。马廷鸾《读史旬编》分四个部分，第一部分是作为主体的“谱”，由“事目”和“解题”组成；第二部分是序言性质的“通说”；第三部分是将史事条理化和形象化的“图”；第四部分是“历代之首，则以《皇极经世》数考其气运之推迁”。该书将尧甲辰至五代周显德七年庚申这3317年编为332旬，以《易大传》《家语》《五帝德》与“百家言皇坟者”的资料，补伏羲至唐尧以前的内容，如此编录史事。如《春秋》始于周平王四十九年，终于敬王三十九年，《左传》一直记到鲁哀公如越。《读史旬编》将这一时期历史列“事目”于前，是《春秋》经，“述解题于后，凡王事伯事之可论者，著之；诸国之事，不著。其他则有左氏之传，诸儒之经说不敢僭焉”。战国以下至五代后周，以朱熹的纲目作“事目”列于前，又述“解题”于后，仿《大事记》，用诸家史的材料“以广其闻”，集诸儒之说，订其得失。马廷鸾在治学治史上的综罗文献学风[①]特别是其“解题”为马端临创立辑录体奠定了基础和家学渊源。

这一方法为后世特别是清代目录学家所重视，如朱彝尊撰《经义考》、章学诚撰《史籍考》，都仿此法，影响深远。

三　总结

元代目录学值得总结的有以下几个方面：

1. 藏书事业和图书整理处于低潮

宋代藏书事业和图书整理发展到了较高水平，而到了元代，一下子落入低谷，形成巨大的反差。政府藏书目录活动产生了《秘书监志》，私家藏书虽有活动，却无重要私藏目录问世。

蒙古军攻破德安时，宋末名儒赵复被俘，得姚枢救免死，赵复随姚枢至燕京，得杨惟中、姚枢助，“惟中闻复论议，始嗜其学，乃与枢谋建太极书院，立周子祠，以二程、张、杨、游、朱六君子配食，选取遗书八千余卷，请复讲授其中”[②]。元世祖以后，书院逐渐被纳入地方儒学教育体系，书院藏书事业进一步发展，太极书院、伊川书院、东庵书院和锦江书院等都有丰富的藏书，但无目录流传下来。至正二十八年（1291）元廷颁布文件立书院，兴办书院之风大盛，到元代后期书院相当普遍。据统计，元代书院数量达到408所，其中新建134所，再建59所[③]。元代胡师安《西湖书院重整书目》著录图书123种[④]。

类书方面远不如唐宋，但元阴时夫编有《韵府群玉》，按韵编排，对明《永乐大典》产生了影响。

元代多元文化交融并存发展成重要特征，蒙、汉、色目文化相互影响。忽必烈皈依藏传佛教，佛教颇受重视，佛教藏书目录活动有所发展。元代宗教比较复杂，除佛道外，还有蒙古的萨满教等。西域和中亚来的伊斯兰教、基督教等其他宗教因得到元代诸帝的尊重和宽容的态度，在

---

① 吴怀祺：《中国史学史（第4卷）五代辽宋金元时期：中国古代史学的继续发展》，上海人民出版社2006年版，第285—287页。

② （明）宋濂等：《元史》，中华书局2000年版，第2884页。

③ 王颋：《元代书院考略》，《中国史研究》1984年第1期。

④ 陈力：《中国古代图书史》，社会科学文献出版社2017年版，第348页。

唐宋东传的基础上有了快速发展和传播，只是未知是否有藏书目录活动。

2. 史志目录学有所发展

史志目录学因为前代有很好的基础，到了元代仍有所建树。在正史艺文志方面，有《宋志》。在通史艺文志方面，有《文献通考·经籍考》。这两部目录均有代表性，对于元代目录学这样一个低谷期，继承目录学的优秀传统，将史志目录学保存并发展下去，作出了积极贡献。

元人将目录学视为“伦类之学”，认为郑樵“好为考证伦类之学，成书虽多，大抵博学而寡要”①，这与章学诚《校雠通义》所推崇的“疏通伦类”是一致的。研究发现，元代目录学试图努力继承宋代校雠目录学辨章学术之传统，只是缺乏治目录学之大才，且在蒙汉学术文化冲突与融合中，小心求进，终未有突破性理论成就。

3. 目录学方法有所创新

元代目录学虽然没有取得整体性发展和令人瞩目的显著成就，目录学理论除了元初马端临的思想外，中后期无理论建树。然而，在目录学方法上没有停滞不前，为目录学贡献了辑录体和导读法，这两种方法不仅影响了明清目录学，而且在今天仍有其应用价值。

与元代民族大融和以及多元文化环境不无关系，元代目录学表现出包容性和开放性的特征，调和了魏晋以来目录学的簿录之法与流略之法，不再像宋人那样形成考辨学派与记录学派的对立。之所以出现了蒙汉学者共同修史并进行目录活动，之所以产生了辑录法，汇聚各家思想，也正是包容性与开放性的体现。

4. 开辟戏曲目录新道路

元代在专科目录学领域，适应了元代戏曲快速发展的新形势，产生了第一部戏曲目录，为目录学开辟了一条新路径。

宋代为中国目录学创造的辉煌在元代一落千丈，使元代目录学成为中国目录学史上的第二次低潮。令人欣慰的是，目录学在元代没有夭折，魏晋以来形成的两大校雠目录事业仍然还在，只是迅速衰弱下来。宋代

---

① （元）脱脱等：《宋史》，中华书局 2000 年版，第 10095 页。

建立的四大藏书目录体系和五大分支学科显得十分微弱，目录学的两大学派几乎找不到其存在感。当然，元代目录学在某些方面，如目录学揭示与报道图书的方法还在一定程度上有所进步与发展。尽管这些进步在中国目录学史长河中没有地位，但其中的一些思想和目录著作在历史的黑暗中闪耀着烛光，这是不应当忽视甚至否定的。

第十章

明代目录学

明代国家强盛，学术文化出现了新的发展态势。明代目录学一改元代势弱乏力的状态，开始勃发新的生机，开展了宋以后的第一次大发展。随着对明代目录学研究的不断加强①，明代目录学在中国目录学的历史地位需要重新认识。

第一节　明代学术文化与图书体制

一　明代学术文化

明代（1368—1644）② 是唐以后中国的自治统一时代。1368 年朱元璋推翻元代统治建立政权，建都南京。与宋代衰弱不同，其国势强盛。明代承平日久，并通过减轻赋税、鼓励垦荒、兴修水利、鼓励民间开采矿业、给予手工业者“自由趁作”时间等一系列措施，迅速促进了农业经济的发展，也促进了城市工商业的繁荣，到了中后期，社会财富积累到天下富足的程度。

明代学术思想文化得到发展且具有时代特色。明初，程朱学派盛极一时，束缚着思想和学术界，明代的思想学术文化尚未有自己的特色；明中叶，程朱理学的坚冰渐被打破，开始了明代思想、学术的建设，产

① 王国强：《明代目录学研究》，中州古籍出版社 2000 年版，第 1 页。

② 白寿彝主编《中国通史纲要》关于明代时间断限为“明朝传十二代，十六帝，二百七十六年，约当于公元一三六八年至一六四四年”；范文澜著《中国通史简编》关于明代时间断限为一三六九年至一六四四年。

生了以王守仁为代表的“心学”（承宋代陆九渊而来）。王学是程朱学派的反对者，在明中期后影响很大，但是，由于惑于“顿悟”之说，明代的知识界弃置诗书，明代的学风也由此陷入空疏。

在新儒家的影响下，明代文人热衷适应科举制度，埋头八股，把学术关注点和精力耗费在“四书”上，空谈性理，主张读古书（文必秦汉，诗必盛唐），而忽视其他各科图书，少博览群读。因此，文字学、音韵学、校勘学、辨伪学、训诂学、地理学、辑佚学、历算学兴起，以音韵学尤为突出，这些成为明代目录学新的特征。

明清之际，出现了具有唯物主义思想倾向的学者如黄宗羲、王夫之、顾炎武、方以智，他们反对空谈，反对“束书不观，游谈无根”的空疏学风，提倡经世致用。明代中期以后，思想和文学艺术皆提倡个性解放的呼声越来越高。

万历时期，西方的宗教和科学技术传入中国，影响着部分上层知识界。明代科学技术都有所进步，必然反映在图书和目录学发展中。

明代史学、文学获得发展，尤其是文学，小说、戏曲的创作日益繁荣，成为当代文学创作的特色，适应了城市民众的需要。陈田撰《明诗纪事》收入明代诗人 4000 多家，明代著述数量众多，体裁多样，门类广泛。

二 明代图书体制

明代前期社会安定，经济发达，文化繁荣，直接推动了刻书事业的发展，所以在明代形成了规模超前的官刻、私刻和坊刻三大刻书系统，并且出现了金陵、徽州、苏州、建阳、杭州、北京、吴兴等刻书中心。

明代木活字印书之风大盛。明中叶以后，刻印技术有更大提高，套印技术更为成熟，多色套印方法出现，铜、锡、木活字的使用，饾版和拱花的发明，都是明人的伟大创造。

明代出版印刷事业获得全面发展，刻书空前繁荣，金陵、北京、杭州、建阳、徽州等地书坊林立。刻书地区遍布全国，以江浙为最，明代的刻书中心在苏、浙、皖、闽，其中尤以苏州、常州和金陵为盛。徽州之吴兴、新安，万历以后其刻书亦称雄天下。明皇诸子称藩王，分封全国各地，多喜刻书，所刻书世称“藩府本”。明太监主管的司礼监也热衷于刻书，世称“司礼监本”。司礼监所管辖的刻书机构如汉经厂、番经厂等所刻书，世称“经厂本”。

线装的出现，大约在明代中期，分四针眼装和六针眼装两种。明至清前期，中间三段线距长度基本相等。清中后期，中间一段开始缩短。这些变化虽较细微，但于考察书的时代却很重要，不能忽略。

第二节 明代目录学发展流变

一 政府藏书目录事业

与元代相比，明代藏书目录事业有一个大发展。但与宋代比，藏书与目录都显得薄弱，特别是缺乏政府组织的大规模校雠活动。

（一）明初

明灭元，由于攻占元都城大都的将领徐达能够“封府库，籍图书宝物，令指挥张胜以兵千人守宫殿门”①，元代中秘藏书并未损失。大将徐达将元大都的藏书大量运往应天（今南京），这些书多是宋元刻本及旧抄，还有元自太祖至宁宗十三朝的实录及《经世大典》《大元一统志》《功臣列传》等一批重要史书，它们丰富了明代朝廷的藏书。

明代开国之初，宋金元诸代藏书汇集于宫中，官府藏书迅速增多。明建大本堂、文渊阁藏之，置秘书监典掌内府所藏。永乐皇帝迁都北京，又将书100柜北运，再遣官四出购书，增加库藏，终于成就了编撰《永乐大典》的盛事。

（二）明中期

经过“仁宣之治（1424—1435）”，到宣宗时，“秘阁贮书约二万余部，近百万卷，刻本十三，抄本十七”（《明史·艺文志》）。藏书达到古代官藏之巅峰，但未进行整理。

明英宗时期国家藏书近百万卷。正统六年（1441），大学士杨士奇、学士马愉、侍讲曹鼐等奏请登录编目，因“永乐十九年，自南京取回书

① （清）张廷玉等：《明史》，中华书局2000年版，第2472页。

籍，向于左顺门北廊收贮，近奉圣旨，移贮于文渊阁东阁”（钱大昕《旧钞本文渊阁书目跋》），奉诏对文渊阁藏书逐一打点清理，编置字号，纂成《文渊阁书目》。杨士奇（1365—1444），名寓，字士奇，以字行，号东里，谥文贞，泰和（今江西泰和县）人。明初建文帝时，被推荐至翰林院任编修官，参加《太宗实录》的编纂。永乐年间进翰林学士，后升为左春坊大学士。仁宗时为少师兵部尚书兼华盖殿大学士，宣宗、英宗时为宰辅，长期执政，著有《历代名臣奏议》《东里全集》等。马愉撰有《秘阁书目》2 卷。

《文渊阁书目》[①] 是馆阁藏书之簿账，以《千字文》标识，编号凡二十，每号分数橱：天字 5 橱 322 号（国朝，即明代皇帝御制、实录等）；地字 4 橱 555 号（易、书、诗、春秋、周礼、仪礼、礼记）；玄字 1 橱 149 号（礼书、乐书、诸经总类）；黄字 3 橱 474 号（四书、性理、经济）；宇字 6 橱 272 号（史）；宙字 2 橱 316 号（史附、史杂）；洪字 1 橱 109 号（子书）；荒字 1 橱 276 号（子杂、杂附）；日字 3 橱 745 号（文集）；月字 2 橱 568 号（诗词）；盈字 6 橱 266 号（类书）；昃字 1 橱 176 号（韵书、姓氏）；辰字 2 橱 364 号［法贴、画谱（诸谱附）］；宿字 1 橱 228 号（政书、刑书、兵法、算法）；列字 2 橱 552 号（阴阳、医书、农圃）；张字 1 橱 199 号（道书）；寒字 2 橱 406 号（佛书）；来字 1 橱 168 号［古今志（杂志附）］；暑字 3 橱 584 号（旧志）；往字 3 橱 568 号（新志）。共 50 橱凡 6349 号。这种按千字文编号分橱的方法，从现代的分类配号以及图书检索看，具有一定的创新意义。

《文渊阁书目》未遵循以往国家藏书目录按分类编排的传统，首次在官修目录中采用千字文排序法，实际上是以千字文为序辅以类目的混合方法。前 20 字按类目排，共分 39 类目。每字之下细分小类，细目设立与四部体系差别较大。书目突破四部，自创类目具有积极意义，经济、诗词、农圃等设类颇具特色，但未能吸取四部之精华。从四部分类看，经

---

① 旧本不分卷，《四库全书》本定为四卷，黄虞稷《千顷堂书目》作十四卷。万斯同撰《明史艺文志》史部簿录类著录“杨士奇《文渊阁书目》十四卷”注“宣德四年编定”。此处宣德四年早于正统六年，疑有误。

子稍详，史集简略，史部仅史、史附和史杂三类，总体上类目粗陋，不成逻辑体系。

《文渊阁书目》收录图书7297种[①]，著录简略，“所载书多不著撰人姓氏，又有册数而无卷数，惟略记若干部为一橱，若干橱为一号而已”[②]，仅录书名、册数、部数，有时著录“阙”“残缺”“完全”情况，无解题、小序，也不录作者、卷数，甚至往字第三橱大半连册数也不著录。《四库全书总目》批评说，“士奇等承诏编录，不能考订撰次，勒为成书，而徒草率以塞责，较刘向之编《七略》，荀勖之编《中经》，诚为有愧”，认为它是“当时阁中存记册籍”，只是一个账本，算不上目录学著作。朱彝尊批评说：“《文渊阁书目》有册而无卷，兼多不著撰人姓氏，至览者茫然若失，其后藏书之家往往效之。”（朱彝尊《经义考》卷294）

《文渊阁书目》记录了明代政府藏书鼎盛时期的文渊阁藏书情况。此后不久，文渊阁藏书即逐渐散佚。

明学者梅鹫（约1483—1553），字致斋，旌德（今属安徽）人。武宗正德八年（1513）举人，官南京国子监助教、盐课司提举。梅鹫撰《南雍志》凡24卷，记南国子监掌故之书。其中《经籍考》（亦称《明太学经籍志》或《南雍书目》）2卷，记录南京国子监藏书，分制书等9类，著录图书260余种，记书名、卷数、套数、册数、存佚，间附注释。之后，明嘉靖郭磐撰《明太学经籍志》记载了北京国子监的藏书，不加分类，唯以所贮之橱和所藏之处系之。《南雍志·经籍考》和《明太学经籍志》两部目录都著录了国子监收藏的版片，可以提供考证明代南北两监藏书、刻书源流的线索。

明代为加强思想控制，培养吏才，在全国府、州、县兴办儒学，并以优厚的条件吸引学员。正德十三年（1518），提学副使刘瑞请求为杭州府学购书万卷，藏尊经阁内，加上旧藏，基本图书略备，刘瑞撰文并刻碑以记其事，在碑阴刻有藏书目录《府学藏书目》。这是现存较完整的明

---

① 周中孚《郑堂读书记》卷三二载“共贮书七千二百九十七种”；但钱大昕《旧钞本文渊阁书目跋》载“《文渊阁书目》，编号凡二十，每号分数橱贮之，凡七千二百五十六部”。另据朱彝尊《曝书亭集》卷四十四“跋《重编内阁书目》”的统计，约43200余册。

② （清）永瑢等：《四库全书总目》，中华书局1965年版，第731页。

代中期的儒学藏书目录。

（三）明后期

明代设行人司，职专捧节、奉使之事，凡出使还朝者必从四方购书若干种带回，藏行人司，积久而成为官署藏书最丰富者。

明内阁为藏书之所，至万历间，书多残缺。万历三十年（1602），徐图在行人司任上，鉴于前任行人司长官黄怡堂所编的《行人司书目》所载之书大半乌有，新书久积甚丰且无目，故重新编刻司内藏书目录。徐图（约 1533—?），字君猷，又字明宇，山东掖县人。万历十一年（1583）进士，历官武进知县、行人司正、户部郎中等。徐图所编目录为《行人司重刻书目》2 卷、《续书目》1 卷。该书目不依四部分类，分为典、经、史、子、文、杂六部，六部之下再分 22 类。计著录图书 1571 种（实存 1389 种），仅著录书名、册数、套数，间注版本，既无著录作者、卷数，也无解题，甚为简略。此外还有《刑部书目》《都察院书目》《武库行秘书之目》等。

明内阁为藏书之所，至万历间，书多残缺。万历三十三年（1605），中书舍人张萱、秦焜、郭安民、吴大山等奉中堂谕校理内阁藏书，撰成《内阁藏书目录》（又称《新定内阁藏书目录》）。张萱，字孟奇，号九岳、西园，博罗人。好学博识，经史百氏，靡不淹贯。《内阁藏书目录》8 卷[①]，受《文渊阁书目》的影响，分类不受四部之限，分为圣制、典制、经、史、子、集、总集、类书、金石、图经、乐律、字学、理学、奏疏、传记、技艺、志乘和杂部共 18 部，下不设小类。所著录的图书，原来收藏的宋元版本大半不复存在，所增加的仅是明代的文集和地志。书名之下，略注撰人名氏、官职、全阙、复本，间有注释，注书的全、缺，有的书注明卷数，有的书有简略的解题。体例虽不够完善，但较《文渊阁书目》在分类上有所进步，是明代比较重要的国家书目。

明中后期由于缺乏严格的管理制度，甚至典司者监守自盗，致使精善本散失严重。

---

① 卷一圣制、典制；卷二经、史、子；卷三集；卷四总集、类书、金石、图经；卷五乐律、字学、理学、奏疏；卷六传记、技艺；卷七志乘；卷八杂部。

明末李自成起义，内阁藏书受损，“内府秘阁所藏书甚寥寥，然宋人诸集，十九皆宋版也。书皆倒摺，四周外向，故虽遭虫鼠啮而未损，但文渊阁制既庳狭，而牖复暗黑，抽阅者必秉炬以登。内阁老臣无暇留心及此，而翰苑诸君世所称读中秘书者，曾未得窥东观之藏，至李自成入都，付之一炬，良可叹也”（明姜绍书《韵石斋笔谈》卷上“秘阁藏书”条），内阁中那些“倒摺，四周向外”的宋版稀世之宝被付之一炬。

二 私家藏书目录事业

明代刻书事业发达，书籍交易繁忙，读书人出书、购书活动频繁，藏书风气渐盛，从而促进了明代私家藏书目录活动的空前发展。

明代私家藏书目录活动内容丰富，包括钞书、购书、鉴书、加工整理、编目、传布流通等。明祁承㸁（1563—1628）提出“购书无他求，眼界欲宽，精神欲注，而心思欲巧”的购书三原则和鉴书五法等。明万历年间，浙江海盐姚士粦提出“以传布为藏，真能藏书者矣”[①]。明末清初浙江秀水藏书家曹溶著有《流通古书约》。

在明代245位[②]私人藏书家中，各种私家藏书目录近150种[③]，可见明代私家藏书目录之盛。由于大量私家藏书目录仅见于记录，有刻印本或抄本流传存世者不足一半。

明代私家藏书目录集中在几个时期。嘉靖年间，著名的有嘉靖十九年（1540）高儒撰《百川书志》20卷，嘉靖三十年（1551）孙楼撰《博雅堂藏书目录》，嘉靖中晁瑮撰《晁氏宝文堂书目》3卷。万历以后，私人藏书最为发达，著名的私家藏书目录有：明万历三十年（1602）闽县徐𤊹撰《红雨楼书目》初编4卷。万历四十四年（1616）连江陈第撰《世善堂藏书目录》6卷。

---

① 叶昌炽：《藏书记事诗（附补正）》，王欣夫补正，上海古籍出版社1989年版，第272—273页。

② 胡先媛：《中国古代私人藏书的文化地理状况研究》，《图书情报知识》1997年第4期。

③ 王国强《明代目录学研究》第39页《明代私人藏书目录考》收录明代书目近150种。《目录学读本》第212页载“明代各种私家藏书目录共计有167种，其中又确知有刻印本或抄本流传存世者为50余种，占全部明代私家目录的三分之一”。

明代私家藏书目录在类例上分为两大流派：坚守四部派和突破四部派。坚守四部派如《百川书志》《万卷堂书目》《红雨楼藏书目》《澹生堂藏书目》《脉望馆书目》，但这一派并非照搬以往四部分类体系，而且在四部框架下做增删处理。朱睦㮮《万卷堂书目》4 卷，按四部分类但不标经史子集之名。据朱睦㮮《万卷堂家藏艺文自记》，仿唐人法，分经史子集，用各色牙签识别，经 11 类：易、书、诗、春秋、礼、乐、孝经、论语、孟子、经解、小学，收书 680 部 6120 卷；史 12 类：正史、编年、杂史、制书、传记、职官、仪注、刑法、谱牒、目录、地志、杂志，收书 930 部 18000 卷；子 10 类：儒、道、释、农、兵、医、卜、艺、小说、五行家，收书 1200 部 6070 卷；集 3 类：楚辞、别集、总集，收书 1500 部，12560 卷。《红雨楼书目》分四部 49 类 13 属，经部增月令、学庸等类，史部增旁史、本朝世史汇、人物传、圣贤、历代、各省、名贤、科目、家训、方舆、总志、分省、边海、外夷、各省杂志、各省题咏等类，子部增农圃、器用、韵、字、书、画、汇书、传奇等类，集部增启札、四六、连珠、家集等类。明末常熟人赵琦美《脉望馆书目》四部分 86 类（不含附类），经部增大学、中庸、四书等类，史部增圣制、经济、吏部、户部、礼部、兵部、刑部、工部等类并详分地志，子部增总子、杂子、杂术门类、杂说、大西人术等类，集部增总文、总诗等。

突破四部派不满四部旧制，大胆变革。一些私家藏书目录在四部基础上增加类目，如胡应麟《二酉山房藏书目录》和祁理孙《奕庆藏书楼书目》同创五部分类，除前四部均为经史子集外，最后一类有差别，前者设“类书”部，后者设“四部汇”部。陈第撰《世善堂藏书目录》创六部分类，在经史子集外，增“四书”和“各家”二部。沈节甫《玩易堂藏书目录》在经史子集外增制、谟等，创 12 部分类。还有一些私家藏书目录完全彻底打破四部，如陆深（字子渊）《江东藏书目》创 14 部分类；孙楼《博雅堂藏书目录》创 18 部分类，加上附录试录、墨卷达 20 部。一些目录设类更多，如赵用贤《赵定宇书目》分为天字号、经类、类书、经济、礼乐书、子书、总文集、六朝文集、唐人文集、宋人文集、元人文集、本朝文集、晋人文集、小说书、佛书、道家书、词、志书、小学书、术家书、医家书、杨升庵书集目录、杂目、内府版书、宋版大字、元版书、碑帖、稗统目录、稗统后编、稗统续编，除《杨升庵书集目录》外，共29目。晁瑮《晁氏宝文堂书目》（亦称《宝文堂分类书目》）首御制书，上卷分诸经总录、易、书、诗经、春秋、礼、四书、性理、史、子、文集、诗词等，中卷分类书、子杂、乐府、四六、经济、举业等，下卷分韵书、政书、兵书、刑书、阴阳、医书、农圃、艺谱、算法、图志、年谱、姓氏、佛藏、道藏、法帖，共34个类目。

明代私家藏书目录在分类上有较多创新，特别是在二级类目上删改并增设新类目。有适应图书的发展变化而“因书设类”的，如为适应史类书籍的变化增设类目，高儒《百川书志》分四部93门，史部创设“野史”“外史”“小史”等。又如，为适应明中期以后大量出现的话本、小说、戏曲等图书类型而增设相应类目，晁瑮《晁氏宝文堂书目》子部特设“子杂”“乐府”二类收小说戏曲，反映了明代中期戏曲创作之繁荣。子杂类著录话本小说110余种，有近百种未见他目著录，算得上最早也是古代最重要的话本小说目录。徐𤊹《红雨楼书目》子部专设“传奇”。由于有了这些类目设置，著录大量新出现的图书，保存了丰富的史料。还有创新各部复分小类的方法，陈第撰《世善堂藏书目录》将四书、各家分别从经部子部析出而独立为部，史部设学堂鉴选、明朝记载、语怪各书、训诫书、四译载记等类，集部依时间、人物、体裁三个标准划分。

虽然明代私家藏书目录勇于在分类上创新，但也存在设类不够科学严谨的问题。如《红雨楼书目》类目丛杂。《脉望馆书目》分类虽细密但也有丛杂的问题。而《赵定宇书目》分史书、经类、类书、经济等29目，排列次序更乱。

以千字文作为类目标识和藏书排序为明代藏书目录的重要特征。赵琦美《脉望馆书目》以千字文编号，起“天”字，讫“调”字，共31号。姚瀚《赖古堂书目》亦采用此法。千字文的广泛采用，应当是受到了官修目录《文渊阁书目》的影响。

明藏书家藏书均有一定规模，其收录图书亦较多。祁理孙《奕庆藏书楼书目》5卷，收录图书1600余种，42600余卷。

明代私家藏书目录普遍著录简略，仅记书名、卷数或册数，极少有提要。如《晁氏宝文堂书目》只列书名，《菉竹堂书目》只列书名和册数，《赵定宇书目》似清单更为苟简。这是明代私家藏书目录的不足和缺憾。受前朝目录影响，简化著录成为趋势。明代发明了更为简化的表格式著录法，如徐𤊹《红雨楼书目》、祁承爜《澹生堂藏书目》等，体现出直观醒目而简便的特征，只是既缺省了图书的许多重要信息，又降低了目录的学术价值。《百川书志》每书之下，略叙简要，被丁丙《善本书室藏书志》称为“不冗不漏，可为成法”。《晁氏宝文堂书目》著录上多有注释，尤以详注版本最具特色，或注版本类型，或注出版地，或注出版时代，或注出版机构，或注纸张品种，由此可考明代版刻源流。

值得重视的是，《百川书志》率先采用互著法，如子志小说家类著录《翰林策要》和《策学矜式五段锦》，两书另著录于集志别集类。还发明了别裁（分析著录）法，如《百川书志》集志唐文类著录《韩昌黎文集》40卷《外集》6卷。下注“《顺宗实录》。详见史志”。而史志起居注类著录有“《唐顺宗实录》五卷。唐韩愈撰”，将文集中的部分裁篇别出入相关类，并明确标示，足以证明《百川书志》发明了别裁法。[①]《晁氏宝文堂书目》以互著法著录图书较多，如《康节前定》下注“见阴阳”，《革象新书》下注“见阴阳”；佛藏类《庐山东林寺志》下注“见图志”，在阴阳、图志类可以查检到《康节前定》和《庐山东林寺志》，而《革象新书》由于疏忽未分入阴阳类。上举前两书既入算法，复入阴阳，两书内容与算法和阴阳都有关系。[②]

明代私家藏书家受大一统政治的影响，将明代御制书置于目录首位，以体现尊官尊朝廷“先之以制，尊朝廷心也”（叶盛《菉竹堂书目·自序》）。如叶盛《菉竹堂书目》、晁瑮《晁氏宝文堂书目》、焦竑《国史经籍志》等。

明代私家藏书目录与藏书传统相关，许多藏书家家有藏书传承，且有官职，于是受到前朝目录以及本朝官修目录的影响。如高儒字子醇，自号百川子，涿州人。其父高荣为镇国将军，高儒为兵部下属武官。《百

① 王国强：《中国古代书目著录中的互著法和别裁法》，《郑州大学学报》（哲学社会科学版）2002年第4期。

② 王国强：《〈宝文堂书目〉及其文献价值》，《图书馆学通讯》1990年第3期。

川书志》目录仿晁《志》。晁瑮（约1511—1575），字石君，号春陵，开州（今濮阳）人。嘉靖二十年（1554）进士，官至国子监司业，其《晁氏宝文堂书目》以御制为首。赵用贤官至吏部侍郎，开启常熟一地的藏书风气，撰有《赵定宇书目》，著录秘籍颇丰。其长子赵琦美以父荫官刑部郎中，一生聚书校书，撰《脉望馆书目》。

三 史志目录学

明代修史成风。据统计，明代敕撰官修图籍二百余种，其中，洪武朝八十四种，永乐朝三十三种，洪熙朝五种，宣德朝十种，正统、景泰、天顺朝十一种，成化朝六种，弘治朝八种，嘉靖朝二十一种，隆庆朝三种，万历朝五种，天启朝五种，崇祯朝四种，其中相当多的是史著[①]。著名的有《元史》《明实录》《诸司职掌》《大明会典》《大明志书》《寰宇通衢书》《大明一统志》等。

明代官修的第一部史书是《元史》。明太祖朱元璋在应天登基后，于当年十二月诏令以前起居注宋濂、漳州府通判王祎为总裁，左丞相李善长为监修，筹备设局修纂《元史》。经过两次开局，赴各地采辑上至诏令章奏、拜罢奏请，下至民俗歌谣、灾祥之属等众多史料，最终完成正文210卷目录2卷。其中，本纪最详为47卷，以反映元大一统制度；志13目58卷，其中“天文”“历”两志最有价值，反映了元代科技成果；表“准辽、金史”，新创《三公表》；列传首创“释老志”记佛教道教人物，增立“工艺传”记工匠事迹，这在二十四史中是唯一的。

然而《元史》却不列艺文一志，这与唐修《隋书》、宋修《唐书》、元修《宋史》的艺文传统大相径庭。致一代秘阁所储无从稽考等，后世多有批评，“删除艺文一志，收入列传中，遂使无传之人所著皆无可考”（《四库全书总目》卷46《元史》提要）。究其原因，主要是元史编纂只为速成以达到政治目的，“古今史成之速，未有如《元史》者，而文之陋劣，亦无如《元史》者”（钱大昕《十驾斋养新录》卷9《元史》），史料遗漏，内容详略不均，杂乱重复，“是二十四史中编纂得最粗率的一部

---

① 李晋华：《〈明代敕撰书考〉及顾颉刚〈序〉》，燕京大学图书馆1932年版。

正史”①，仓促成书而不虑周全。还有一个原因，就是缺乏基础，正史载艺文或据官藏，或据史目，然元代藏书目录活动衰弱，缺乏充分的藏书依据和目录基础。

万历二十一年（1593），礼部尚书陈于陛上疏“请敕纂辑本朝正史”，得到神宗批准且引起群臣响应。阁臣王锡爵条上事宜六项中，有“聚书”之请。史官焦竑奏上《修史条陈四事议》：曰本纪当议，曰列传当议，曰职官当议，曰书籍当议等（《明神宗实录》卷271和焦竑《澹园集》卷5）。次年开馆，历经两年零十个月，前后参与的官员多达57人，却因三大殿火灾和陈于陛死后“同列害成”相互嫉妒等原因，致此次修史半途而废。修史工作留下了大批史料，焦竑以这些史料为基础，辑成《国朝献征录》120卷。

焦竑《国史经籍志》是这次修史的最重要的产物。《国史经籍志》本为构想中的明代《国史》的目录专篇，但据《明史・文苑传》“其他率无所撰，馆亦竟罢”，其他篇章终未撰就，但焦竑所撰《经籍志》仍称为《国史经籍志》。该志计5卷，另附《纠谬》1卷。

关于《国史经籍志》的分类、著录等诸方面，详见本章第三节“焦竑的目录学思想”。

四　佛道目录学

（一）佛教目录学

明代所刊佛经有著名的南藏和北藏，经录则有万历年间秀水沙门寂晓撰《大明释教汇目义门》41卷及其简编本《大明释教汇门标目》4卷，前者收录佛典1801部，7349卷，分类为8大部43类，除著录经名、卷数和作者外，每经都撰有解题或摘录原经序以代解题，后者删除解题，仅有简单注解。两目一详一略，开佛经目录详简并行之先例。

明代佛教图书目录最著名者为释智旭《阅藏知津》，释智旭（1599—1655）是明代四大高僧之一，出儒入佛，博识多闻，倡佛教诸宗融合一

---

① 向燕南、张越、罗炳良：《中国史学史（第5卷）明清时期：1840年前：中国古代史学的嬗变》，上海人民出版社2006年版，第56页。

致论。明末，释智旭以“历朝所刻藏乘，或随年次编入，或约重单分类，大小混杂，先后失准，致使欲展阅者茫然不知缓急可否。故诸刹所供大藏，不过缄置高阁而已，纵有阅者，亦罕能达其旨归，辨其权实。……唯宋有王古居士创作《法宝标目》，明有蕴空沙门嗣作《汇目义门》，并可称良工苦心。然《标目》仅顺宋藏次第，略指端倪，固未尽美。《义门》创依五时教味，粗陈梗概，亦未尽善。旭以年三十时，发心阅藏，次年晤壁如镐兄于博山，谆谆以义类诠次为嘱。于是每展藏时，随阅随录。凡历龙居、九华、霞漳、温陵、幽栖、石城、长水、灵峰八地，历年二十祀，始获成稿。终不敢剖破虚空，但藉此稍辨方位，俾未阅者知先后所宜，已阅者达权实所摄，义持者可即约以识广，文持者可会广以归约。若权若实，不出一心。若广若约，咸通一相。故名之为《阅藏知津》云”（《阅藏知津·序》）。

《阅藏知津》是智旭在各处寺院阅读佛经的记录，共44卷[①]，著录宋金《大藏经》所收1773部佛典。各书均记录经目，撰写提要，单本重本合并一处；以符号标明所录书之优劣，供读者选择。其影响深远。

在类例上，《阅藏知津》突破了隋唐以来佛家经录的传统分类方法，创立了独特的分类体系，分经、律、论、杂四部：其中经藏再分为大乘经、小乘经。大乘经按天台宗五时判教顺序分为华严部、方等部、般若部、法华部、涅槃部。方等部再划分为显咒、密咒（经、仪轨）。律藏分大乘律、小乘律61部，并附疑似杂伪篇。论藏分大乘论与小乘论，大乘论又分释经论、宗经论、诸论释；小乘论各有西土（印度等）、此方（中国）之别。杂藏有西土撰述（外道、疑伪经）和此方撰述（忏仪、净土、台宗、禅宗、贤首宗、慈恩宗、密宗、律宗、纂集、传记、护法、音义、目录、序赞、法事、应收入义）。该目录别立杂藏，使杂著各有所归；变更传统部次，以华严为首；分出“密部”，使“显”“密”不相混淆。[②]因为《阅藏知津》用符号标明收藏方位，示读者南北藏，这是中国联合目录的萌芽。在类例上智旭的目录超过了宋代惟白、王古目录的水平。

---

① 成书于清世祖顺治八年。

② 姚名达：《中国目录学史》，上海书店1984年版，第293页。

《阅藏知津》与宋徽宗时释惟白所撰《大藏经纲目指要录》、清源居士王古撰《大藏圣教法宝标目》，合称为三部佛经解题书录。

此外，明传灯法师编撰的《天台山方外志》卷七所录《教观书目》，著录天台山各寺古今僧人共63人的300部著作，先以地点（天台山各寺）系之，次以作者系之，录其书名、卷数、现存之数、是否收入佛藏、残缺，间注大意、版本真伪及有无刊刻等。

（二）道教目录学

自元代焚毁道藏以后，至明代始有复兴。明成祖时，永乐四年（1406）诏命第四十三代天师张宇初总领道藏纂校，道藏刊行因明成祖去世而延搁。英宗正统九年（1444），复诏邵以正督校道藏经典，次年道经全部刊刻完毕，以千字文为目，收录5305卷，装480函，名为《正统道藏》。《正统道藏》为经折本，按三洞四辅十二类体例编排。由于此后200年新出道书增多，神宗万历三十五年（1607）诏第三十五代天师张国祥刊刻"续道藏"，仍以千字文为序，从"杜"字至"缨"字，编成32函，180卷，名为《万历续道藏》。《万历续道藏》补收道经56种，多为元明之际道书，尤其是明代新出道书。

明代《道藏》是《遐览》之后历代所修《道藏》中硕果仅存的唯一的一部。《正统道藏》与《万历续道藏》皆刊于内府，万历时两藏合刊，共512函，收道藏1476种，5485卷，121589页。陈国符《道藏源流考》称："此录前有道教宗源及凡例，《正藏》'天'字至'英'字号，《续藏》'杜'字至'缨'字号。卷一'洞真部'，卷二'洞玄部'，卷三'洞神部'，各分为十二类。卷四'太玄部'、'太平部'、'太清部'、'正一部'。每卷首录部类。次字号及各字号重编卷数，即原刊本册数。各字号册数多寡不等。道书分列于各字号后，著书名、原卷数、《道藏》重编卷数。其有数种道书合为一卷即一册者，则于末种下注云'某数种同卷'。有符图像者皆为标明。各书间著撰人。《续道藏经》则题曰'正一部'。"

《正统道藏》附有《大明道藏经目录》4卷，这一目录是在编纂《万历续道藏》时补上的。《万历续道藏》在刊刻时即附《续道藏经目录》1卷，目录之末有刊刻年代的题识，谓"大明万历三十五年，岁次丁未，上元吉日，正一嗣教凝成志道阐玄弘教大真人掌天下道教事张国祥奉旨校梓，灵祐宫供奉”。其他收入《万历续道藏》的道书也都附有类似的题识①。

天启六年（1626），明道士白云霁撰《道藏目录详注》4 卷，是明代最著名的道藏目录。白云霁，字明之，号在虚子，上元人，南京朝天宫道士。书目以《道藏》之文，按三洞四辅十二类分门编次，以千字文为序，一字当一函，函各具其卷数。自“天”字至“群”字为旧藏之目，自“英”字至“将”字为明人新续之目。每条各有解题，如《崇文总目》《郡斋读书志》之例。各条之下加著撰人，略附子目，并摘录原书序文，“云霁所注，不能甚详，而亦颇具崖略。考道家之源委，兹编亦其总汇也”②。“群”之号之末附有《道藏阙经目录》2 卷。

五　类书目录学

明初朱元璋统治 30 多年，正统派封建士大夫们推行经学和理学著作，而朱元璋却爱读刘向《说苑》，组织编辑刊行《公子书》《历代附马录》《昭鉴录》《永鉴录》一类的小册子，以古人事例说教。

至明永乐（明成祖）时，朱棣为笼络人心，巩固政权，命翰林侍读学士解缙“尔等其如朕意，凡书契以来经、史、子、集、百家之书，至于天文、地志、阴阳、医卜、僧道、技艺之言，备辑为一书，毋厌浩繁”（《明太宗实录》卷21）。《永乐大典》有其鲜明的政治目的，它突破传统编排方法，按朱棣“统之以韵”编排，因朱棣“尝观《韵府》《回溪》二书，事虽有统而采摘不广，记载太略”。《韵府群玉》和《回溪史韵》向来为正统派经学、理学名儒所不屑，却为普通士子所欢迎，而且获得朱元璋和朱棣父子的好感。“这说明朱棣在这时候，虽把封建统治向前又推进了一步，但他个人，还没有完全接受正统派经学、理学的思想，所以他对这部大类书的内容，只是客观地要求无所不包，至少他个人还没有理会到必须以正统派经学、理学书籍为主要内容的封建统治作用，在

① 詹石窗：《道教文化十五讲》，北京大学出版社 2012 年版，第 100 页。

② （清）永瑢：《四库全书总目》下册，中华书局 1965 年版，第 1254 页。

这一点上和乾隆纂修《四库全书》是不可同日而语的。”①

《永乐大典》既是一项国家政治工程，也是一项十分浩大的学术文化工程。永乐元年（1403）七月解缙等147人奉敕撰，二年（1404）十二月奏进，朱棣赐名《文献大成》。由于朱棣并不满意，决定扩大重修，于1405年、1406年、1408年三年中，大量征召荐举纂修人才。其中，1408年召举的都是缮写生员，到永乐六年（1408）整整用了四年时间，纂修人员扩充到2180人，包括正总裁3人，副总裁25人，纂修347人，催纂5人，编写332人，看样57人，誊写1381人和教授10人，办事官吏20人。《文献大成》最终于1408年12月8日成书②，朱棣改赐名为《永乐大成》，以包背装装订为11095册。

《永乐大典》为明解缙等编纂，广收各类书籍达七八千种，“上自古初，下及近代，经史子集，与凡道释、医卜、杂家之书，靡不收采……凡天文、地理、人伦、国统、道德、政治、制度、名物、以至奇闻异见，谀词逸事，悉皆随字收载”（见其书《凡例》）。《永乐大典》编纂体例特点是“用韵以统字，用字以系事”，即仿《韵府群玉》《回溪史韵》体例，依《洪武正韵》的76韵韵目编排，按韵分别单字，每一单字之下，先注《洪武正韵》的音义，次录各韵书的反切和解说；又以《韵海镜原》的方式，罗列此字的楷、篆、隶各体；后分类汇集与此字有关的经史子集、天文、地理、人事、名物、诗文词曲等资料，照录原文，一字不改。梁启超认为，《永乐大典》是古今最拙劣之类书，“其体例固极芜杂可笑，然稀见之古书赖以保存者颇不少”③。

《永乐大典》是中国历史上规模最大的类书，正文22877卷，目录60卷④，约4亿字⑤，是《四库全书》篇幅的两倍。宋元以来的佚文秘典收

---

① 王重民：《〈永乐大典〉的编纂及其价值》，《社会科学战线》1980年第2期。

② 一说成书于1407年11月，据《永乐大典·序》“始于元年之秋，成于五年之冬”。

③ 梁启超：《中国近三百年学术史》，人民出版社2008年版，第287页。

④ 《明实录》载其22211卷；《明史·艺文志》著录22900卷；《四库全书总目》著录为22877卷，目录60卷。

⑤ 关于《永乐大典》字数，说法不一。一说37000万字，如蔡尚思著《中国文化史要论（人物·图书）》说“原书有三亿七千万字，是世界上最早最大的百科全书”。此处“约4亿字”据《中国大百科全书》图书馆学情报学档案学卷之“类书”词条。

集甚多，誊录正本毁于明亡之际，嘉隆间的誊录副本至咸丰间散失。

明编纂类书众多，据张廷玉等修《明史・艺文志》，明一代编纂类书就有83部，27186卷，百卷以上大型类书就有20部：杨慎《升庵外集》100卷（焦竑编次），司马泰《文献汇编》100卷，冯琦《经济类编》100卷，王圻《三才图说》106卷，刘仲达《鸿书》108卷，唐顺之《稗编》120卷，陈仁锡《潜确居类书》120卷，徐元泰《喻林》120卷，朱谋玮《金海》120卷，章潢《图书编》127卷，曹大同《艺林华烛》160卷，陈禹谟《补注北堂书钞》160卷，凌以栋《五车韵瑞》160卷，茅绚《学海》164卷，徐琏《群书纂要》196卷，俞安期《唐类函》200卷，彭大翼《山堂肆考》240卷，陈仁锡《经济八编类纂》250卷，吴琉《三才广志》300卷，《永乐大典》22900卷。

六 地方文献目录学

（一）地方文献目录

明重视地方文献收集和方志纂修。永乐十年（1412）颁《修志凡例》；永乐十六年（1418）又颁《纂修志书凡例》，于是各省、府、州、县乃至边关卫、所修志之风大盛。

地方图书整理与编目旨在保存地方文献，通过专录地方文献，辑录著作原序，达到文献存征的作用，而对于地方文献的研究更成为目录学家的重要任务。

明代产生了两部学术性的地方著作考，这类著作对于地方文献进行了深入研究，起到了辨章学术的作用。

万历四十六年（1618），祁承爜撰《两浙古今著作考》46卷，全书18册，今存15册，其体例是先依行政区域划分，再依时代排列，而后又有《浙中名医著作考》，按学科专门立类。《千顷堂书目・簿录类》有记载。该书目著录历代浙东、浙西著作，为专著一书以述一地著作之始。

明末曹学佺，字能始，号石仓，万历二十三年（1595）进士。其《蜀中著作记》10卷乃所撰《蜀中广记・著作记》之单行本[①]，凡12卷，

① 系《蜀中广记》一百零八卷中的卷九一至卷一百，而别出单行者。

残本4卷，刊载于《图书馆季刊》第三卷。“或征引古书，述其撰人及内容；或据实书，抄其序跋。”书目分经、史、子、内典、地理志、集6部，收录自上古至明代蜀中及宦游于蜀中的人士之著述，仿《文献通考·经籍考》例，于书名之下，辑录序跋及其他文献中的记载，但是不注存佚，不加按语。

（二）个人著述目录

在个人著述目录上，这一阶段产生了他人编纂的杨慎著述目录多部，其中最著名的是焦竑编纂的《升庵著述目录》（《千顷堂书目》著录）。该目收录杨慎著述155种。杨慎是著名的博学家，半生在流放中度过，博学多识，依靠著述来打发在云贵的寂寞时光，一生著述达400余种。

七 专科目录学

明代专科目录学发展，在经学、医学、戏曲等领域均有建树。明目录学家朱睦㮮，字灌甫，号西亭，镇平王诸孙，覃精经学，“吕柟尝与论易，叹服而去。益访购古书图籍，得江都葛氏、章丘李氏书万卷，丹铅历然，论者以方汉之刘向”①。他访求海内通儒，采摭诸家五经序文，撰成《授经图》20卷和《经序录》5卷。《授经图》因宋章俊卿《山堂考索》之经学宗派图而增订，述授经诸儒列传，列经注目录。《经序录》取诸家说经之书，各采篇首一序，编为集。朱睦㮮创经学目录学，上承郑玄《三礼目录》，下启清朱彝尊《经义考》。《四库全书总目》评论其“朱彝尊《经义考》未出以前，能条析诸经之源流，此书实为嚆矢”。姚名达说“二书虽非纯粹目录体裁，而实开通考古今经书，移录原序之创例。清初朱彝尊《经义考》遂仿其遗意，为目录学辟一新大陆焉”②。

明代科技进步，书目开始反映外国科技图书，《脉望馆书目》“暑”字号“子”类设有“大西人术”小类，收录了《几何原本》《泰西水法》等7种西方传教士译著的书籍。这是继宋《秘书监志》收录阿拉伯文数学书籍之后，又一个反映国外科技图书的实例。

---

① （清）张廷玉等：《明史》，中华书局2000年版，第2359页。

② 姚名达：《中国目录学史》，上海古籍出版社2011年版，第269—270页。

明代医学目录学发展。浙江秀水人殷仲春撰《医藏书目》著录作者经眼的医书590余种。共分为20函：无上函（内难类）、正法函（伤寒类）、法流函（各科医书）、结集函（各科医书）、旁通函（各科医书）、散圣函（各科医书）、玄通函（各科医书）、理窟函（脉学）、机在函（眼科类）、秘密函（医学杂书）、普醍函（本草类）、印正函（各科医书）、诵法函（各科医书）、声闻函（各科医书）、化生函（妇科类）、杨肘浸假函（外科类）、妙窍函（针灸类）、慈爱函（儿科类）、指归函（医学基础类）、法真函（养生类）。每函之前撰有小序。殷仲春称医学以"济度群生"，其类目名称与佛藏术语相通，绝大部分类名与医科医书基本对应，如化生函（妇科类）、妙窍函（针灸类）、慈爱函（儿科类）。《医藏书目》是中国最早的一部医学专科目录，不仅全面反映古代医学成果，而且其分类和小序还有辨考医学之功。

明代在元戏典目录开启的基础上，戏曲目录编纂颇有成就，产生了戏曲目录学，有杂剧目录和传奇目录两个流派。

明永乐二十年（1422），淄川（今属山东）人贾仲明（一作名）对元代钟嗣成《录鬼簿》进行增补，撰成《录鬼簿续编》2卷，著录元明间杂剧、散曲作家71人的生平及其作品78种，附"诸公传奇失载名氏"者78种。在分类上，《录鬼簿》分7类，《录鬼簿续编》只分"前辈名公""前辈才人"和"方今才人"3类。在著录和揭示图书上，《录鬼簿》著录杂剧用正名，只为第4类作家作传和评价，而《录鬼簿续编》用简名，注明杂剧的题目和正名，对所收全部作家均有评价。

明吕天成（1580—1618），字勤之，余姚（今属浙江）人，藏书中多传奇作品，其撰《曲品》2卷，自序于明万历三十八年（1610），为现存最早的一部传奇作家略传和目录①。收录戏曲家90人，散曲家25人，戏曲作品192种。上卷列出作者，有作者传记和评语，以评作家，下卷分旧传奇、新传奇和无名氏所作传奇3类，旧传奇将明嘉靖以前作家作品分神品、妙品、能品和具品4类，列出作品名称和作者，新传奇将隆庆以来作家作品分上上、上中、上下、中上、中中、中下、下上、下中和下

① 其书今残，现存部分收466种明代传奇。有《中国古典戏曲论著集成》本。

下9品，以评作品。

明末祁彪佳撰《远山堂曲品》和《远山堂剧品》，前者分妙品、雅品、逸品、艳品、能品和具品6类，另杂调一类，专收弋阳诸腔剧本。后者分妙品、雅品、逸品、艳品、能品和具品6类，著录杂剧242种，其中，妙品24种，雅品90种，逸品28种，艳品9种，能品52种，具品39种，多为明代作品。

此外，明代重视农政，有徐光启编纂的《农政全书》，《文渊阁书目》《晁氏宝文堂书目》《红雨楼书目》等增设“农圃”类。

明代湖北麻城周弘祖撰《古今书刻》2卷。该目上卷收录各直省所刻书籍：中央政府11个部门，447种；北直隶8个部门，78种；南直隶18个部门，459种；浙江13个部门，173种；江西18个部门，325种；福建15个部门，479种；湖广19个部门，100种；河南9个部门，58种；山东10个部门，52种；山西8个部门，41种；陕西13个部门，109种；四川13个部门，68种；广东11个部门，50种；广西4个部门，9种；云南5个部门，42种；贵州2个部门，8种。以上共16个中央和地区177个部门刻书2498种。《古今书刻》包括官刻和坊刻，是一部全国性的刻书目录，反映国家出版盛况，具有较高的出版史价值。

第三节　明代目录学思想

一　焦竑的目录学思想

焦竑（1540—1620），字弱侯，号漪园，又号澹园。江宁（今江苏南京）人。学者、目录学家。万历十七年（1589）进士，官翰林院修撰，后曾任太仆寺丞、南京司业。二十五年（1597）主考顺天府乡试，为人弹劾，贬谪福宁州同知，后复遭贬落职，从此闭门家居，专心著述。著作有《国史经籍志》《澹园集》《焦氏类林》《老子翼》《庄子翼》等。

焦竑在目录学上，以《国史经籍志》最为著名。其目录学思想主要有以下方面。

（一）宗郑的史志目录学思想

史志目录以学术为本，焦竑虽参加《元史》纂修，却深知其过于重政治而轻于学术之弊，在《国史经籍志》中体现辨章学术的思想。

焦竑继承了郑樵的类例思想，其“部分不明则兵乱，类例不立则书亡”“类例既明，世宁弥笃，虽亡而不能亡也”（《国史经籍志》卷3《簿录·小序》）的观点与郑樵“类书犹持军”“书籍之亡者，由类例之法不分也”的思想如出一辙。焦竑更进一步，主张谨慎设类，反对随意增删与合并类目，“记有之，进退有度，出入有局，各司其局，书之有类例，亦犹是也”（《国史经籍志》卷1），强调了设类有度、各司其局的类例标准。

《国史经籍志·序》云：

> 自书契以来，靡不以稽古右文为盛节，见于方策可考已。我太祖高皇帝伐燕，首命大将军收秘书监图书及太常瀍服、祭器、仪象、版籍。既定燕，复诏求四方遗书……刘歆《七略》类例精已，荀勖乃更著新录，析为四部，合兵书、术数、方伎于诸子，春秋之内别出史记，经、子、文赋一仍其旧，繇近世史籍猥众，若循《七略》，多寡不均。故谢灵运、任昉悉以勖例铨书，良谓此也。今之所录，亦准勖例，以当代见存之书统于四部，而御制诸书则冠其首焉。史官焦竑序。

《国史经籍志》有大小序，合计49篇，其形式和内容和前人大小序没有什么不同。

焦竑受宋郑樵“通记有无”目录学思想影响，在断代史志中采用了通史艺文志体例，撰成一部通记明以前历代著作的总书目。

焦竑继承了郑樵“泛释无义”思想，《国史经籍志》注释如同《通志·艺文略》，多抄撮前人目录。

（二）著述史思想

《国史经籍志》在收录图书方面，资料来源比较广泛。宋以前主要以《通志·艺文略》为基础，同时参考其他一些目录；元以后则参考《文献通考·经籍考》和明前中期诸家目录。在撰写草稿时，主要利用政府藏书；定稿时则主要利用家藏丰富的图书。

《国史经籍志》的著录特点是在通记古今图书时，不论存佚，目的在于揭示著述源流和古今学术的变化，这种方法在正史目录中独此一家。

《国史经籍志》集古今存佚全阙之书为一目，具有中国著述史的价值。为后人留下了许多重要参考材料。如钱大昕补撰《元史艺文志》，自谓采摭《国史经籍志》颇多，可见此书足为后人借镜之资。梁启超说："明朝人不喜读书，已成习惯，据费燕峰所说：'《十三经注疏》除福建版外，没有第二部'，固陋到这程度，实令人吃惊。但是，到万历末年以后，风气渐变了。焦弱侯的《国史经籍志》在目录学上就很有相当的价值。"①

（三）分类思想

《国史经籍志》详分类目，创制了五部 52 类 306 个子目的三级分类体系：

制书类（4 类）：御制；中宫御制；敕修；纪注时政。

经类（11 类）：易；书；诗；春秋；礼；乐；孝经；论语；孟子；经总解；小学。

史类（15 类）：正史；编年；霸史；杂史；起居注；故事；职官；时令；食货；仪注；法令；传记；地里；谱系；簿录。

子类（16 类）：儒家；道家；释家；墨家；法家；名家；纵横家；杂家；农家；小说家；兵家；天文家；五行家；医家；艺术家；类家。

集类（6 类）：制诏；表奏；赋颂；别集；总集；诗文评。

《国史经籍志》在类例方面，分类颇有特色。一是新增制书类。《国史经籍志》因袭了《文渊阁书目》，在经史子集四部前新增制书类，这是历代史志目录所没有的。制书类又分御制、中宫御制、敕修、纪注时政四目，专门收录当代御制和其他有关文武之道的著述。正史艺文志此举旨在尊君，客观上达到了重视当代著述的效果。二是突破四部分类，在经史子集之前加上制书类，创五部分类。三是参照《通志·艺文略》对其子目进行调整。如小学、礼、乐等类，《通志·艺文略》从经类别出而单独立类，《国史经籍志》又归入经部而成为二级类目。四是类例设置详

① 梁启超：《中国近三百年学术史》，人民出版社 2008 年版，第 10 页。

细。如仿《通志·艺文略》详分道佛，《通志·艺文略》分道4家25种，《国史经籍志》子部道家删目录、书、经、金石药，增诸经、杂著；《通志·艺文略》分释1家10种，《国史经籍志》释家删诠述、章钞、目录、音义，增经、义疏、杂著等，做到了有其书即有其类。“此书一行，令好古者因名以求书，其为助不浅。”（焦竑《国史经籍志》）五是形成四级分类体系。子部天文家中天文、历数二属复详分子目，将《通志·艺文略》的二、三级类目变成三、四级类目。四级类目体系详尽，是其一大特色。

焦竑继承了郑樵《通志·艺文略》对目录的四类划分，只是将“目录”又改回了“簿录”，著录总目62部、家藏总目32部、文章目7部、经史目18部，共119部。

焦竑《国史经籍志》后附有《纠缪》1卷，主要是纠正《汉志》以来诸家目录不依内容归类所造成的失误，由此可见其依内容分类图书的思想。焦竑主张的图书分类不是以著作体裁归类，而应当以著作内容归类。对于那些注释性、派生性著作，特别是对于经典的注释本，焦竑主张应随原书归类。[①]

（四）评论思想

焦竑以博学著称，著述颇丰。焦竑认为佛经所说，最得孔孟“尽性至命”的精义；汉宋诸儒经注反成糟粕。试图引佛入儒，调和两家思想。

《国史经籍志》所附《纠谬》1卷，对汉、隋、唐、宋各正史艺文志，及唐《四库书目》、宋《崇文总目》《通志·艺文略》、晁氏《读书志》、马端临《经籍考》等在归类上的谬误分别予以辩驳纠正，为学界所珍视。昌彼得、潘美月指出：“焦氏经籍志所附之纠谬，探讨前代诸目部次的缺失，虽不足以方驾《校雠略》，但尚有其历史的意义。纠谬上距《校雠略》之完成，达四百五十年。下距章学诚撰校雠通义逾一百八十年，章氏通义第二卷实仿焦氏而作。这些都是焦氏《经籍志》在中国目录学史上的贡献。”[②]

---

① 王国强：《明代目录学研究》，中州古籍出版社2000年版，第277—278页。

② 昌彼得、潘美月：《中国目录学》，台北：文史哲出版社1986年版，第191页。

二　胡应麟的目录学思想

胡应麟（1551—1602），字元瑞，更字明端，号少室山人、石羊生，浙江兰溪人。文学家、目录学家。万历丙子举人，屡上春官不第。筑室山中，聚书四万余卷，潜心著述以终。诗文承后“七子”余风，受王世贞赏识，登其名于“末五子”之列。其论诗在推崇汉魏盛唐格调基础上，更提出“兴象风神”。有《少室山房类稿》《诗薮》《少室山房笔丛》等。

万历十七年（1589），胡应麟撰《经籍会通》4 卷，第一次对中国目录学发展史进行了全面系统的研究，不仅梳理了历代编目活动，评论各家目录之得失，而且讨论了藏书与目录类例的演变、目录价值及其编纂方法，将目录学实践总结提升为理论成果。

（一）十厄论

胡应麟对图书发展史有充分的认识。一是因为他学识渊博，深谙浙东学术之真谛，与焦竑、杨慎、陈耀文并称万历四大博学家，“末五子”之一。在文献学、史学、诗学、小说及戏剧学方面都有突出成就。《诗薮》是他的诗论专著，《少室山房集》是他的诗文集，《少室山房笔丛》是他的论学专著。二是因为他生活在明代中叶，广涉书史，对明以前的图书发展变迁有较多的了解，熟知各种因素对于图书传播的影响。三是他布衣一生，却广交天下，无论贵贱。身处偃蹇而志坚若磐石，虽一生大部分时间疾病缠身，但他酷嗜藏书、阅读和著述。

胡应麟发展了牛弘的五厄论，总结了从隋至两宋的书籍五厄，他说：“牛弘所论五厄，皆六代前事。隋开皇之盛极矣，未几皆烬于广陵；唐开元之盛极矣，俄顷悉灰于安史；肃代二宗荐加纠集，黄巢之乱，复致荡然；宋世图史，一盛于庆历，再盛于宣和，而女真之祸成矣；三盛于淳熙，四盛于嘉定，而元季之师至矣。然则书自六朝之后，复有五厄：大业一也；天宝二也；广明三也；靖康四也；绍定五也。通前为十厄矣。”（《少室山房笔丛》卷 1）

在胡应麟之前，丘濬对五厄论已有补充，“自隋之后，唐有禄山黄巢之乱，极而至于五代之季，宋有女真蒙古之祸，极而至于至正之末，其为厄也，又不止五矣”，其危害是“一有失焉，则不可复，虽复之亦非真与全矣”（邱濬《大学衍义补》卷94），但没有胡应麟所论系统。十厄论揭示了古代图书亡失的过程与原因，是对图书发展以及编目重要性的深刻认识，也是对目录学的重要贡献。

（二）藏书目录发展史论

胡应麟对历代官私藏书与目录进行了系统研究，特别是私人藏书与目录，历数名家，分析原因。其《经籍会通》卷一云："累朝中秘所储外，荐绅文献、名藏书家代有其人。汉则刘向、桓谭，晋则张华、束皙，齐则王俭、陆澄，梁则任昉、沈约，唐则李泌、苏弁，皆灼灼者。自余尚众，而世不甚称。宋则李淑、宋绶、尤袤、董逌、叶梦得、晁公武等。大率人间所藏，卷轴不过三万，若任昉四万，极矣！宋又有濡须秦氏、莆田郑氏、漳南吴氏、荆州田氏，并著《目录》，盛于前朝。盖由印本易得，故储蓄者多，其数故不能溢也。《通志》有吴兢《西斋》、杜信《东斋》等目，则唐世非无编录，但不存尔。"

（三）存典籍究旨归的目录思想

胡应麟在十厄论以揭示图书价值的基础上，充分认识到目录的价值。其《经籍会通》卷三说："往代之书，存没非此无以考；今代之蓄，多寡非此无以征。故魏晋迭兴，盛衰迥绝；齐梁接踵，贮积悬殊。且前人制作日以寡，后人著作日增，遍读历朝诸志，卷轴简编，靡有同志，粤自晋、唐而下，懿君贤弼，亡弗究心，考文大典，意在斯乎！"又说："即《后汉》一书，艺文无志，而东京一代典籍茫然，他可概矣。"由此可见，目录具有保存一代图书的价值。

史志目录特别是正史艺文志重在概览一代典籍，而通史艺文志应通记古今。胡应麟强调目录的记存典籍功能，主张全面系统收录图书，也强调目录的究其旨归功能，应对解题予以重视。对于郑樵《通志·艺文略》，"郑氏《艺文》一略，该括甚巨，剖核弥精"，但"有无多寡，混为一途"，主张区分存佚。而对于马端临《文献通考·经籍考》"支流派别，条理井然，且究极旨归，推明得失，百代坟籍，烨如指掌"。因此宜取郑、马之长，"倘若因当时所有，例及亡篇，咸著品题，稍存故实，则庶几尽善矣"（《经籍会通》卷1）。

胡应麟从辨章学术发展到辨别图书真伪，继承并发展了宋濂的辨伪思想，将子书辨伪扩大到四部辨伪，辨伪书70余种。其《四部正讹》说："凡四部书之伪者，子为盛，经次之，史又次之，集差寡。凡经之伪，《易》为盛，纬候次之。凡史之伪，杂传记为盛，琐说次之。凡子之伪，道为盛，兵及诸家次之。凡集，全伪者寡，而单篇别什借名窜匿甚众。"① 他通过对唐宋人古书辨伪成果的分析，第一次从理论上总结了古书作伪方法，将致伪原因归为二十类，提出了辨伪八法：核之《七略》以观其源；核之群志以观其绪；核之并世之言以观其称；核之异世之言以观其述；核之文以观其体；核之事以观其时；核之撰者以观其记；核之传者以观其人。这对于目录鉴别作者与版本，究其旨归具有指导意义。

（四）体现盛衰变迁的类例思想

郑樵的类例论重在阐述类例与图书和学术之关系，在理论上总结了类例的功能与价值，胡应麟在郑樵类例论基础上，进一步阐述时代对于类例的影响，分析类例发展变化的原因，其《经籍会通》说："经史子集，区分为四。九流百氏，咸类附焉。一定之体也。第时代盛衰，制作繁简。分门建例，往往各殊。唐宋以还，始定于一"，"惟刘氏《七略》，大概存《汉书》中。荀勖、王俭、阮孝绪类列，并载诸史，差可考焉。观其类列，而四部之盛衰始末，亦可以概见矣"。

胡应麟详论四部之源流，"夏商以前，经即史也，《尚书》《春秋》是已。至汉而人不任经矣，于是乎作史继之。魏晋其业浸微，而其书浸盛，史遂析而别于经，而经之名惮于佛、老矣"，史书发展是史从经别出的重要原因。而"周秦之际，子即集也，孟轲、荀况是已，至汉而人不专子矣，于是乎有集继之。唐末其体愈备，而其制愈繁，子遂析而入于集"（《经籍会通》卷2），文学的发展和体裁的变化必然导致类例的变化。四部之盛衰变迁是时代与图书变化的必然结果。

胡应麟认为，类例不是一成不变的，类例变化受到时代发展、学术变化以及图书数量增减的影响。《七略》将《史记》附于《春秋》，因"此时史籍甚微，未足成类也"。《汉志》诸子略，道家之外别出神仙、房中，阴阳家之外别出天文、五行，纵横家之外别出兵家，而兵家又分为4

① （明）胡应麟：《四部正讹》，顾颉刚校点，北京朴社1929年版，第77页。

类，是汉代一类图书的增长所致。后世杂家及神仙、小说图书大增，神仙与释典并列，小说家、杂家图书收录占重要地位，而兵家合于纵横，阴阳与五行、天文并合于技术，均为此类图书减少所致。

万历初期，胡应麟撰《二酉山房藏书目录》6 卷，分经、史、子、集、类书 5 部，经部为 13 类，史部为 10 类，子部为 22 类，集部为 14 类。类书部不详。子、集二部分类颇为详细，而尤以独立类书为一部，实为首创。

胡应麟的类例思想是以类例兼顾图书多寡，体现时代盛衰的思想；是从实际出发，体现学术变迁和类例发展的思想。

（五）依体例划分目录类型的思想

胡应麟从体例出发对目录类型进行了划分。他说："书之有目，体例虽同，详厥品流，实分三种：吴、尤诸氏，但录一家之藏者也；隋、唐诸史，通志一代之有者也；《古今书录》、《群书会记》，并收在籍之遗者也。"（《经籍会通》卷 2）

这一划分将众多的目录成果分门别类，在目录学上是很有意义的。历代私家藏书目录以私家藏书为基础，以记一家藏书之盛，而史志目录以宫廷藏书为基础，则记国家一代藏书之盛。至于"收在籍之遗者"的现存书目，记古今之有无，以补官私藏书目录之缺。

基于此，胡应麟认为刘知几关于史志目录不应该收录当代藏书的说法是不正确的。他在《经籍会通》卷四中说，"经籍，朝廷之大典。累朝人主，无不究心，岂容无志？但作史者，当专记本朝所有，前人亡逸，则宜阙之"。这里，不记亡佚，是其目录学思想的局限性。

三　祁承㸁的目录学思想

祁承㸁（1563—1628），字尔光，号夷度，又号旷翁，晚号密园老人。山阴（今绍兴）人。图书馆学家、目录学家、藏书家。万历三十二年（1604）进士，任山东、江苏、安徽、河南等地地方官，官终江西布政使右参使。著述有《庚申整书小记》《庚申整书略例》《澹生堂藏书目》《澹生堂明人集部目录》等。

祁承㸁在目录学上，以《澹生堂藏书目》《庚申整书略例》最为著名。其目录学思想主要有以下方面。

（一）图书价值论

祁承㸁在《澹生堂藏书约》中深刻阐述了图书在两个方面的价值，一方面是图书价值因种类有别，“夫垂于古而不能续于今者，经也。繁于前代而不及于前代者，史也。日亡而日逸者，子也。日广而日益者，集也。前有所亡而后有所益，聚散略相当者，类书杂纂之流也。前者尚存，后者愈蔓，纷遝诙谲而不可律者，杂史与小说之类也。故得史十者不如得一遗经，得今集百者不如得一周秦以上子，得百千小说者不如得汉唐实录一。此其书之不相及也”。另一方面是图书价值因时间而变，“购国朝之书十不能当宋之五也，宋之书十不能当唐之三也；唐之书十不能当汉与六朝之二也，汉与六朝之书十不能当三代之一也。此其时之不相及也。总之，所谓审轻重者是也”。

祁承㸁所讲的图书价值，实际上图书的实用价值，是从藏书家的角度判断图书的价值。因此，史书不如遗经，当代文集不如周秦以上子书，小说不如汉唐实录，今书不如古书。

祁承㸁按“经世致用”的标准以儒经为尊，史次之，子集又次之。他重点讨论了史书的价值，“吾儒聚书，非徒以资博洽，犹之四民，所业在此。业为世用，孰先经济？古人经济之易见者，莫备于史。夫执经术以经世，自汉而下，何可多得？即荆公亦一代异人，且以祸宋。至如考见得失，鉴观兴亡，决机于转盼之间，而应卒于呼吸之际，得史之益，代实多人，故尊经尚矣。就三部而权之，则子与集缓，而史为急。就史而权之，则霸史杂史缓，而正史为急。就正史而权之，唐以前作史者精专于史，以文为史之余波，故实而可循。唐以后能文者泛滥于文，以史为文之一体，故蔓而少实。然唐任李淳风等于志表，则有专门于汉者矣。宋采范祖禹等之持论，则有核实于唐者矣。所急各有在也。溯而言之，《檀弓》之于《左传》，意胜也；《左传》之于《史记》，法胜也；《史记》之于《汉书》，气胜也；《汉书》之于《后汉》，实胜也；《后汉》之于《三国》，华胜也；《三国》之于《六朝》，朴胜也。其他若颜师古之精于《汉》也，司马贞之核于《史》也，刘知几之辩于《通》也，魏元成之该于《志》也，皆史之所宜急者也……此皆聚书所宜首及。虽然，学不通今，安用博古……故凡涉国朝典故者，不特小史宜收，即有街谈巷议，亦当尽采，此尤从周之士所宜亟图者也”。因史书最有用于经济，所以当代史成为史部宜“亟图”之书。

祁承㸁将图书价值论贯彻到他的藏书目录活动中，“盖今世所习为文人，守一经从博士弟子业者也。如古之著书立言不求闻达者，千百中不一二见焉。习俗溺人，为毒滋甚。每见子弟于四股八比之外略有旁览，便恐妨正业，视为怪物。即子弟稍窥目前书一二种，便自命博雅，沾沾自喜，不知宇宙大矣”。钱亚新曾据《澹生堂藏书目》统计祁氏藏书比例：经书占13%，史书占27%，子书占36%，集书占24%。而史部13类中，国（明）史类种数占34%，卷数占27%[①]。由此可见，祁承㸁重视史书收藏编目，尤其是国史的收藏编目。

（二）目录工具论

祁承㸁将目录作为藏书的工具，其《庚申整书小记》中说：“架插七层，箱分四部，若卒旅漫野而什伍井然，如剑戟摩霄而旌旗不乱，此吾之部勒法也。目以类分，类由部统，暗中摸索，惟信手以探囊；造次取观，若执镜而照物，此吾之应卒法也。”目录虽有辨章学术的作用，但从实用的角度，既是藏书之记录，更是达到便于寻检的目的。

祁承㸁撰《澹生堂藏书目》14卷，著录所藏图书9000余种，10万余卷。在著录图书上采取了表格著录法，既直观简明，又便于查检。

祁承㸁重视地方文献，对两浙文献进行整理编目，撰成《两浙著述考》，“此书所著两浙著述至富，而尤详于绍兴一府。体例甚严，大抵明以前人著述略备，而尤加意于朱明一朝撰述，中多秘册，有未见于诸家簿录者，往往存其原序”[②]。

（三）集读书、聚书、购书、鉴书为一体的藏书管理思想

祁承㸁生活在万历后期，平生以读书、购书、聚书为业，喜抄书，多世人未见之本。初建“旷园”于梅里，后建藏书楼名“澹生堂”，又辟“旷亭”于游息之所，藏书富甲江左。著述有《国朝征信丛录》，收书

① 钱亚新：《浙东三祁藏书和学术研究》，江苏省图书馆学会1981年版，第12页。

② 黄裳：《来燕榭书跋》，《读书》1998年第4期。

123 种；《澹生堂余苑》，收书 188 种。《诸史艺文抄》30 卷。著有《名存录》《苦购录》《广梓录》，今存有《澹生堂集》《澹生堂外集》《宋贤杂佩》《藏书训约》《牧津集》《两浙著述考》等。

祁承㸁之子祁彪佳、祁骏佳、祁豸佳能守其父书，晚年藏书流散。其孙祁理孙撰有《奕庆藏书楼书目》。祖孙三代以藏书为业，系书林佳话。

《澹生堂藏书约》内容丰富，涉及图书购求与鉴别、藏书校勘与分编等，是其藏书管理理论与经验的全面总结。该著作分为读书训、聚书训、购书训、鉴书训。“聚书训”叙述自后周至明历代重要藏书家的故实，开启藏书史研究。“购书训”除推崇郑樵求书八法外，新增三法为辑佚法、别出法、序跋法。他提出鉴别图书的标准是“审轻重，辨真伪，核名实、权缓急，别品类”。

（四）简约尽详的分类思想

祁承㸁提出了简约尽详的分类思想。《庚申整书略例》说：“部有类，类有目，若丝之引序，若网之就纲，井然有条，杂而不紊。前此而刘中垒之《七略》、王仲宝之《七志》、阮孝绪之《七录》，其义例不无取裁，而要以类聚得体，多寡适均，惟荀氏之四部称焉。两汉以下，志艺文者无不守为功令矣……经史子集之分，简而尽，约而且详，循序仿目，简阅收藏，莫此为善。”

《澹生堂藏书目》创制了四部 46 类 243 子目的分类体系：

经部（11 类）：易；书；诗；春秋；礼；孝经；论语；孟子；经总解；理学；小学。

史部（15 类）：国朝史；正史；编年史；通史；约史；史钞；史评；霸史；杂史；记传；典故；礼乐；政实；图志；谱录。

子部（13 类）：儒家；诸子；小说家；农家；道家；释家；兵家；天文家；五行家；医家；艺术家；类家；丛书。

集部（7 类）：诏制；章疏；辞赋；总集；余集；别集；诗文评。

祁承㸁为适应所藏图书的变化，增设相应类目，详列子目。如经部在经总解后增理学类，复分性理、诠集、遗书、语录、论著、图说 6 个子目。史部增约史类。子部将丛书独立一类，复分国朝史、经史子集、子汇、说汇、杂集、汇集6个子目，这是古代目录中丛书设类之始。集部首创余集类，“文有滑稽，诗多艳语。搜耳目未经见之文，既称逸品，摘古今所共赏之句，独夸粹裘。非可言‘集’，而要亦‘集’之余也”[①]，反映明中叶后通俗文艺之繁荣。这一分类体系细密，四部之下分类，每类复分子目，4个子目又有附目，如余集类3个子目均有附目：逸文（附摘录）、艳诗（附词曲）、逸诗（附集句、摘句）。

虽然祁承㸁类目详细体现了他的创见，但有的类目也存在分散的现象，如文学艺术分散于子部和集部，子部小说类细分为说汇、说丛、佳话、杂笔、闲适、清玩、记异、戏剧8个子目，子部艺术家类细分为书、画、琴、棋、数、射（附投壶）、杂技7个子目，集部还有辞赋、诗文评等众多类目。如从辨章学术角度，显得杂乱，但从藏书便检角度，亦有其合理性。

（五）互著别裁思想

祁承㸁对目录学方法的重大贡献是首次对互著和别裁两种方法进行了系统研究，提出了互著别裁思想。

祁承㸁在《庚申整书略例》中，提出“因、益、互、通”的观点，阐明了图书著录通、互之关系。《澹生堂藏书目》进一步采用“互著”“别裁”之法，分别著录其书名、卷数、著者和出处于有关各类中。

祁承㸁的互著思想源于所谓“互”，“互者，互见于四部之中也”。其互著思想是从作者立言和著作内容出发的。“作者既非一途，立言亦多旁及。有以一时之著述，而倏尔谈经，倏尔论政。有以一人之成书，而或以摭古，或以征今，将安所取衷乎？故同一书也，而于此则为本类，于彼亦为应收。同一类也，收其半于前，有不得不归其半于后。如《皇明诏制》，制书也，国史之中固不可遗，而诏制之中亦所应入。如《五伦全书》，敕纂也，既不敢不尊王而入制书，亦不可不从类而入纂训。又如《焦氏意林》、《周易占林》，皆五行家也，而易书占筮之内，亦不可遗。又如王伯厚之《玉海》，则《玉海》耳。郑康成之《易》、《诗》地理之考、《六经》天文、《小学绀珠》，此于《玉海》何涉，而后人以便于考

---

① （明）祁承㸁：《澹生堂读书记　澹生堂藏书目》，上海古籍出版社2015年版，第43页。

览，总列一书之中，又安得不各标其目，毋使溷淆者乎？其他如《水东日记》、《双槐岁钞》，陆文裕公之别集，于文公之《笔麈》，虽国朝载笔居其强半，而事理之铨论，亦略相当，皆不可不各存其目，以备考镜。至若《木钟台集》、《闲云馆别编》、《归云别集外集》、范守己之《御龙子集》，如此之类，一部之中，名籍不可胜数，又安得概以集收，混无统类？故往往有一书而彼此互见者，有同集而名类各分者，正为此也。余所诠次，大略尽是”（《庚申整书略例》），这里，以“彼此互见”的方法著录一书于本类和相关类目中，可解决作者立言多旁及、著作内容涉及多门的问题。

祁承㸁的别裁思想源于所谓“通”，“通者，流通于四部之内也”。其别裁思想是对图书的全方位揭示。“事有繁于古而简于今，书有备于前而略于后。故一《史记》也，在太史公之撰著与裴骃之经、司马贞之索隐、张守节之正义，皆各为一书者也。今正史则兼收之，是一书而得四书之实矣。一《文选》也，昭明之选与五臣之注、李善之补，皆自为一集，今行世者则并刻之，是一书而得三书之用矣。所谓以今之简可以通古之繁者，此也。至于前代制度特悉且详，故典故起居注及仪注之类，不下数百部，而今且寥寥也，则视古为略矣。故附记注于小史，附仪注于周礼，附食货于实政，附历法于天文，此皆因繁以摄简者也。古人解经，存者十一。”（《庚申整书略例》）

祁承㸁以别集为例，将别裁之书分为五类：一是“皆有别本，而今仅见于文集之中”，如欧阳公之《易童子问》、王荆公之《卦名解》、曾南丰之《洪范传》。二是书中部分与全书性质不符者，如《靖康传信录》《建炎时政记》，此杂史也，而载于李忠定之奏议，《宋朝祖宗事寔》及《法制人物》，此记传也，而收于朱晦翁之语录。三是“各自成卷，不行刊刻，而附见于本集之中者”，如琐记、稗史、小说、诗话之类。四是“按籍可见，人所知”已独立成书者，如《弇州集》之《艺苑卮言》《宛委余编》，《冯元敏集》之《艺海洞酌》《经史稗谭》。五是“久已不行”的独立部分，如“元美之《名卿迹记》、元敏之《宝善编》，即其集中之小传者，是两书久已不行，苟非为之标识其目，则二书竟无从考矣”。

别裁法旨在“便检阅”，“悉为分载，特明注原在某集之内，以便检阅，是亦收藏家一捷法也”（《庚申整书略例》）。这也体现了祁承㸁的“检阅”思想。

四 总结

明代目录学内容多样，成果众多，思想丰富，兹总结如下：

1. 藏书目录事业整体推进

明代两大藏书目录事业全面发展。政府藏书进入历史上全盛时期，官修目录活动超过元代，登记性国家书目得以发展，既有宫廷藏书目录，也有各中央机关（部署郎曹）藏书目录。私家藏书总量高，且达到较大藏书规模，私家藏书编目活动异常活跃，成为一时风尚。此外，寺观藏书大量增长，分布较广，有高质量目录问世。明代儒学发达，地方儒学藏书目录编纂活跃。书院教育发展，书院藏书兴盛，但无著名目录问世。

明代藏书目录事业有三次高潮，第一次是永乐年间，以《永乐大典》纂修活动为标志。第二次是嘉靖年间，以《百川书志》《晁氏宝文堂书目》等为标志。第三次是万历年间，以《内阁藏书目录》《国史经籍志》《二酉山房藏书目录》《澹生堂藏书目》《红雨楼书目》《世善堂藏书目录》等为标志。

2. 目录学的政治作用加强

长期以来，目录学重在学术，远离政治。到了明代，君主专制空前强化，统治者将政治思想渗透到目录学中，迫使藏书目录活动为现实政治服务。这一点，以往的目录学史研究未予以充分关注与重视。编纂《永乐大典》等图书是为了笼络文臣儒士。

继宋“文以载道”的思想，明代宋濂《文原》进一步强调了以明道为文的观点。《元史》在列传中将“儒林”与“文苑”合一，《儒学传序》说：“《六经》者斯道之所在，而文则所以载夫道也。故经非文则无以发明其旨趣；而文不本于六艺，又乌足谓之文哉？由是而言，经艺文章，不可分而为二也明矣。”

明朝礼部尚书兼文渊阁大学士丘濬（1420—1495）著有《大学衍义补》，其卷九十四《图籍之储》是一篇目录学文献。其叙图书史、校书史、藏书史、目录史和馆阁史，将管理典籍作为“治国平天下之要”，强调典籍的辅政作用，“书之在天下，乃自古圣帝明王精神心术之所寓，天地古今生人物类义理政治之所存”，“书籍之在世，犹天之有日月也。天无日月，天之道废矣；世无书籍，人之事泯矣”①，因此“人君为治之道非一端，然皆一世一时之事。惟夫所谓经籍图书者，乃万年百世之事焉……是以圣帝明王，所以继天而子民者，任万世道之责于己，莫不以是为先务焉”②。

明代无论是官私目录还是史志目录都有一个重要突破，就是将“制书”放在首要地位，列于四部之前，官目如《文渊阁书目》，私目如《晁氏宝文堂书目》，史目如《国史经籍志》。这不仅是对魏晋以来四部分类的突破，也是对汉唐以来儒家经典必在首位的挑战。其重要原因既与明大一统加强“现实政治”有关，也与儒学地位的变化相关。儒学独尊地位虽在魏晋南北朝时受到过挑战，但唐宋又再次巩固其尊崇地位，元代儒学地位受到前所未有的打压，多元学术文化发展。明代虽拨乱反正，试图恢复儒学原有地位，但元时的影响一时难以根除，尊崇皇帝的思想更为强烈，而这些对于清代章学诚“六经皆史”“制书宜尊”思想的形成是有影响的。

3. 目录学理论得到发展

明代目录学在丰富多彩的目录学实践基础上，继承汉唐以来的目录学思想，形成了三大理论。

一是基于图书价值的藏书理论。

明代目录学家形成了对图书价值的全面认识。继承魏徵的“知古今”价值论，丘濬强调“以为今之所以知昔，后之所以知今者之具，珍藏而爱护之，惟恐其损失也，讲究而校正之，惟恐其讹舛也”（邱濬《大学衍义补》卷94），形成了藏书和校书的双重价值论。以胡应麟十厄论为代表，对图书发展变迁史的研究，形成了图书价值的思想。而祁承㸁《澹生堂藏书目》《庚申整书略例》从图书价值的角度阐述了藏书原理。

① （明）邱濬：《大学衍义补》中册，林冠群、周济夫校点，京华出版社1999年版，第803页。

② （明）邱濬：《大学衍义补》中册，林冠群、周济夫校点，京华出版社1999年版，第809页。

二是基于目录类例的分类理论。

宋代形成的类例理论在明代得以继承，目录学辨章学术的作用在变革中发展。史志目录学和类书目录学在一定程度上促进了目录学的学术性。特别重要的是，明代专科目录学，没有走官私簿录之旧路，而是重在考学术之源流，论图书之旨归，开目录学学术之新路。明代目录学家将类例论发展为图书分类原理，在学术分类的基础上，将图书的变化和现存图书的实际情况作为设类的重要依据，对不同类型目录设类提出不同的要求。

三是基于目录功用的检索理论。

明代目录学家从实用出发，将目录看作一种工具，强调其检索功能。有以“检阅”称之，如丘濬强调“夫献书之路不开，则民间有书无由上达；藏书之策不建，则官府有书易至散失；欲藏书而无写之者，则其传不多；既写书而无校之者，则其文易讹；即校之矣，苟不各以类聚而目分之，则其检阅考究者无统矣”[①]。高儒《百川书志》自序称：“连床插架，经籍充藏，难于检阅。闲中次第部帙，定立储盛，又恐久常无据，淆乱遗志，故六年考索，三易成编。”徐图《行人司重刻书目》自序称：“昔以藏书纷杂，不便检阅，特胪列其目而绣之梓。”有以“查检”称之，如陈第《世善堂藏书目录》自序称：“今粗为位置，以类相从，因成目录，得便查检。”有以“稽览”称之，如徐𤊹《红雨楼书目》自序称：“分经史子集四部，部分众类，著为书目四卷，以备稽览。”学术不是目录学的唯一功能，目录学不仅有学术性，还有实用性和工具性。这一理论对于目录学的知识普及，特别是目录学的广泛应用具有十分重要的意义。

然而，明代目录学家的思想表现为局部和零散，其目录学著作呈现出经验性和总结性特征。除《经籍会通》外，明代目录学缺乏开创性的理论著作，未能建构起系统的理论体系。就这一点，与宋代目录学理论的巨大成就尚有差距。

---

① （明）邱濬：《大学衍义补》中册，林冠群、周济夫校点，京华出版社1999年版，第802页。

4. 目录学方法取得突破

明代目录学家虽然在思想上不像宋代目录学家那样开放，但在方法上敢于突破与创新，特别是突破了四部分类的桎梏。明官修目录《文渊阁书目》和《内阁藏书目录》均未用四分法。明官私目录突破四部，形成了多种分类法，如五分法——万历间焦竑《国史经籍志》创制书、经、史、子、集五部分类；万历间胡应麟《二酉山房藏书目录》创经、史、子、集、类书五部分类；祁理孙《奕庆藏书楼书目》创经、史、子、集、四部汇五部分类。六分法——万历间陈第《世善堂藏书目录》创经、四书、子、史、集、各家六部分类。十分法——崇祯中，归安茅元仪《白华楼书目》创经学、史学、文学、说学、小学、兵学、类学、数学、外学九学，外加世学构成十部分类。十二分法——嘉、隆间乌程沈节甫《玩易楼藏书目录》创制、谟、经、史、子、集、别、志、类、韵字、医、杂十二部分类。十三分法——陆深（字子渊）《江东藏书目》创经、理性、史、古书、诸子、文集、诗集、类书、杂史、诸志、韵书、小学和医药、杂流和制书十三部分类。十八分法——万历间《内阁藏书目录》创圣制、典制、经、史、子、集、总集、类书、金石、图经、乐律、字学、理学、奏琉、传记、技艺、志录、杂部十八部分类。嘉靖孙楼《博雅堂藏书目录》创制书、经、史、诸子、文集、诗集、类书、理学书、国朝杂记、小说家、志书、字学书、医书、刑家、兵家、方技、禅学（附道书）、词林书十八部分类。其他还有二十九分法——赵用贤《赵定宇书目》；三十四分法——晁瑮《晁氏宝文堂书目》等。

明代目录学方法最重要的突破是互著、别裁法的正式确立。互著法和别裁法起源于何时，学界说法不一。章学诚《校雠通义》认为《七略》已发明此两种方法，后世学者有采此说者[①]，也有反驳此说者。王重民认为章氏的看法是错误的，“我国古代目录学家，如刘向、刘歆、荀勖、王俭、阮孝绪、毋煚、郑樵，都是非常重视图书分类法的改进的。但由于

① 李蓉盛《刘略研究之概要》（载《文华图书馆学专科学校季刊》1932 年第 4 卷第 1 期）赞同章学诚之说。

他们所编纂的多是藏书目录，在著录的习惯上不容易促进互著别裁法的运用”[①]。吕绍虞《中国目录学史稿》认为《七略》不可能有互著别裁，“是与实际情况不符的，也是不合乎我国目录学的发展规律的”[②]。到了明代，互著别裁法既有理论阐述，如祁承㸁的互著别裁论，也有方法应用，如《百川书志》和《晁氏宝文堂书目》。

明代目录学开始重视图书之间的关联方法，李时珍撰《本草纲目》，卷首载“引用书目”，分为四个部分：一是历代诸家本草 42 家，每书详列各家评论，间或辑录序文，断以己说；二是引据古今医家目录 361 家，著录较简略；三是引据古今经史百家目录 591 家；四是采集诸家本草药品总数。焦竑撰《老子翼 · 采摭书目》《庄子翼 · 采摭书目》各 1 卷也是引用目录，两目体例相同，注书名、卷数、撰者、撰著时代和内容大意等。

5. 索引产生

索引在明代末年正式产生，因为有了索引编纂的开创者——傅山。傅山（1606—1684），初名鼎臣，字青竹，改字青主，阳曲（山西太原人）。明诸生。明亡为道士，隐居土室养母。康熙中举鸿博，屡辞不得免，至京，称老病，不试而归。傅山是明末清初著名的思想家、学者，善书画，精医学，早年读书过程中编撰过多部索引，如《春秋人名韵》《地名韵》《国策人名韵》，最有影响的是《两汉书人姓名韵》。该索引将《汉书》和《后汉书》中的人物按《洪武正韵》编排，每人一小传，注明出处，可以按韵查字，依声查人，具有检索功效。

明代目录学一改元之目录学不振，理论与实践得以全面恢复发展，特别是万历以后，达到了目录学的复兴，两大藏书目录事业可圈可点，四大藏书目录体系得以全面恢复。目录学五大分支学科均有进步，特别是史志目录学，焦竑的史志目录学思想进一步巩固了史志目录学在中国

① （清）章学诚：《校雠通义通解》，王重民通解，上海古籍出版社 2009 年版，“序言”第 9 页。

② 吕绍虞：《中国目录学史稿》，安徽教育出版社 1984 年版，第 34 页。

目录学中的地位。理论上有了新的贡献，拓展了目录学的领域，产生了胡应麟、祁承㸁两位著名目录学家，其《经籍会通》和《庚申整书略例》是中国目录学史上的重要理论著作。这些为清代目录学的集大成奠定了坚实的基础。

第十一章

清代目录学

与中国封建社会从鼎盛走向衰败的路径不同，中国目录学经过明代的发展，到了清代出现了空前的繁荣和兴盛。几乎所有的目录学史论都将清代目录学指向古典目录学的全面总结与系统完善。在中国目录学史上，清代目录学与汉代目录学、宋代目录学都具有极其重要的地位，有兴于汉、发于宋、盛于清之说。虽然清代目录学研究成果甚多，但从一个新的视角对它进行重新梳理并分析是必要的，也可能会得到重要发现。

第一节　清代学术文化与图书体制

一　清代学术文化

清代（1644—1911）① 是中国最后一个封建王朝。1644 年明代灭亡，清世祖爱新觉罗·福临入关，定都北京，逐步统一全国。清代历经几代图治，创造了历史上的“康乾盛世”。

清代学术文化最突出的是从 18 世纪到 20 世纪初儒学中的汉学与宋学之争，这是中国思想史上最大的论争之一，对目录学学派的影响也是最大的。冯友兰认为，“从我们现在的观点看，它实际上是对古代文献进行哲学解释与进行文字解释的论争。文字解释，着重在它相信的文献原有的意思；哲学解释，着重在它相信的文献应有的意思”②。

---

① 白寿彝主编《中国通史纲要》关于清代时间断限为“清朝传九代，十帝，二百六十八年，约当于公元一六四四年至一九一二年”；范文澜著《中国通史简编》关于清代时间断限为一六四四年至一九一一年。

② 冯友兰：《中国哲学简史》，北京大学出版社 2013 年版，第 303—304 页。

宋新儒家的理学经过元明两代的发展，一直延续到清初。清代的一批学者反对新儒家，发起了“回到汉代”的运动，崇尚汉代学者对于先秦经典的注释，称新儒家为“宋学”，自称“汉学”一派[①]。“由于汉学家着重于古代文献的文字解释，他们在校勘、考证、语文学等领域做出了惊人的成绩。他们的历史、语文学和其他研究，的确是清代文化最大的独特的成就。”[②] 吕思勉认为，清代考证之学，不过是宋学的一个支派，“清代的先驱，是明末诸大儒。其中顾炎武与清代考证之学，关系尤密，也是程朱一派。其喜言经世，则颇近永嘉。清代所谓纯汉学，实至乾嘉之世而后形成，前此还是兼采汉宋，择善而从的。其门径，和宋学并无区别。清学的功绩，在其研究之功渐深，而日益趋于客观”，“清学在宗旨上，渐能脱离宋学而自立，要到道、咸时今文之学兴起以后”[③]。在清代乾隆、嘉庆时，考据学兴盛，以恢复汉学为目的，推动了经学考证的进展，对儒学经典做了大量的疏证和辨伪工作，使经学研究提高到一个新的水平。嘉庆以后，考证学没有乾隆中叶以前精博，但是更为缜密，学术研究专著愈衍愈多。

清代所谓的汉学即经学的古文家称为“朴学”，被视为经学的正统派。杨东莼将朴学分为启蒙、成熟、衰落三个时期[④]。启蒙时期由昆山顾炎武、太原阎若璩、德清胡渭三人开其端，还有毛奇龄、姚际恒等，自由研究，学以致用。学术思想人家有余姚黄宗羲、衡阳王夫之[⑤]、博野颜元、达州唐甄、天门胡承诺、宣城梅文鼎、大兴刘献廷。成熟时期有吴派和皖派。吴派以吴县惠栋（1697—1758）为首领，是纯粹的汉学，后继者有吴县江声、余肖客等。肖客弟子有甘泉江藩，嘉定王鸣盛与同乡钱大昕，也都受学于惠栋。江都汪中亦倾向惠派。皖派以休宁戴震

① 白寿彝《中国史学史》（上海人民出版社 1986 年版）第一册认为清代一部分学者将讲义理和讲考据的学问分别称为“宋学”“汉书”是不确切的，“汉朝人何尝不讲义理，宋朝人又何尝不讲考据”。

② 冯友兰：《中国哲学简史》，北京大学出版社 2013 年版，第 304 页。

③ 吕思勉：《吕著中国通史》，中华书局 2020 年版，第 286 页。

④ 杨东莼：《中国学术史讲话》，岳麓书社 1986 年版，第 248—265 页。

⑤ 关于王夫之的著述，有清王之春编《船山著述目录》，《王船山公年谱》，清光绪十九年（1889）刊；清邓显鹤编《（王船山）著述目录》，《船山遗书》，湘潭王氏守遗经书屋刊本。

（1723—1777）为鼻祖，戴震受学于婺源江水，后续者有金坛段玉裁、高邮王念孙及其子王引之。戴、段、二王是朴学的中坚人物。嘉、道以后，庄存与崛起，提倡今文学（即常州派）以与朴学分立，此时朴学渐入衰落。衰落时期朴学的重要代表有德清俞樾、瑞安孙诒让以及晚清杭县章炳麟。清代朴学也称为考据学派，因其形成于乾隆时，没落于嘉庆后，所以又称为乾嘉学派。郑天挺认为考据学派的兴起是阶级矛盾逐步尖锐的反映，为逃避文字狱到故纸堆里埋头做考据，因而围绕古书的问题出现了目录版本之学、校勘辑佚之学，“目录学有朱彝尊、姚际恒，版本学有黄丕烈、顾广圻，校勘学有何焯、卢文弨，辑佚学有马国翰、黄奭，都是从考据学发展起来的”①。

清代史学发达。清代修《明史》，有编年史《续资治通鉴》、纪事本末《明史纪事本末》，还形成一套上下贯通的历史丛书，由乾隆帝“钦定”为“二十四史”。清代有一大批史学家及其考史论著，如钱大昕《廿二史考异》、王鸣盛《十七史商榷》、赵翼《廿二史劄记》、全祖望《经史答问》、杭世骏《诸史然疑》、洪亮吉《四史发伏》、洪颐烜《诸史考异》等，在史论、边疆史地、南明史、元史蒙古史、传记汇编等方面都有重要成果，这些对于史志目录学和史学目录学的发展有较大影响。

清代文学发达，在诗词、戏曲、小说诸方面卓有成就。邓之诚《清诗纪事》初编收清诗人600家。王重民、杨殿珣编《清代文集篇目分类索引》共收清代总集12种，别集428种文章篇名。金元以来，继词而兴的文体是散曲。清代散曲作家，可考者有300多人。清代的文学目录学与文学的发展直接相关。

蔡尚思认为，清适在古今之际与中西之交的一个大时代，“明清之际，是中国学术文化界在春秋战国之后，再来一次百家争鸣，就其内容大要来分，至少也有朴学（经学）、史学、哲学、教育学和文学、科学六大系统，顾炎武、黄宗羲、王夫之、颜元和方苞、梅文鼎六个突出代表。而最突出的是两个中心：一为脱离现实的朴学系统，二为结合现实的史学系统。中断的两个系统是唯物主义哲学和行动主义教育学，未形成统

---

① 郑天挺：《清史简述》，中华书局2005年版，第159—160页。

一体的两个系统是文学和自然科学。到了清末，又出现了以康有为为首的经今文学、以杨文会为首的佛学、以严复为首的西洋社会科学三个系统。而最普遍性的最深入人心的，却是反抗民族压迫的民族意识系统”①。

二　清代图书体制

清初刻本，保留前明风格，皆白纸、黑口、长方字体、横细竖粗。清康熙十二年（1673）设武英殿修书处，所刻图书世称“殿本”。官府刻书多用开化榜纸，所用字体为仿宋或者楷体，融书法与雕刻于一体，世称“康版”。

清有“康乾盛世”，图书出版业兴盛，顺治一朝内府刻书仅 16 种，79 卷；到康熙时增至 56 种，5596 卷。雍、乾两朝刻书多达 380 种，26982 卷。雍正四年（1726）以铜活字印行的《古今图书集成》和乾隆三十八年（1773）以木活字印行的《武英殿聚珍版丛书》代表了当时的刻印技术水平。《古今图书集成》1 万卷，1.6 亿字，以开化榜纸刊印，分装 5020 册，520 函。《武英殿聚珍版丛书》2300 余卷，收书 134 种，改进刻字方法，使用排字柜，刊刻工艺进步。嘉、道以后，武英殿刻书业衰落，嘉庆朝刊刻殿本 29 种，而道光朝仅刊刻 12 种，在字体、纸墨、校勘等刊刻质量上亦不如康乾时期。康乾盛世促成了清版本目录学的发达。

清代后期在各地设立有官书局，重要的有金陵（在南京）、江苏（在苏州）、淮南（在扬州）、浙江（在杭州）、崇文（在武昌）等官书局，其所刻书世称“局本”。上列五书局曾合刻“二十四史”，较为有名。

无论宋还是元、明、清，皆官刻、坊刻、私刻并存。写刻图书流行，坊刻和私刻竞相仿效，不少学者和书法家加入写刻行列，所刻书具有较高的艺术价值和文献价值。

清代活字印刷除木活字外，还有泥活字的复活，李瑶制作仿宋泥活字 10 万多个用于印书。清代还发明了磁版印书，刊印时间短且质量较高。

---

① 蔡尚思：《中国文化史要论（人物·图书）》，湖南教育出版社 1979 年版，第 90 页。

第二节 清代目录学发展流变

一 政府藏书目录事业

清代政府藏书目录事业发达。整理图书既是清统治阶级巩固政权的强烈意愿，也是清代学术文化发展的迫切要求。

（一）清初藏书与字书编纂

清初康熙年间，开始注重“文治”，为编纂多种大部头典籍，屡次搜访民间遗书。

清康熙间张玉书在明梅膺祚《字汇》和张自烈《正自通》基础上增订而成《康熙字典》，收字多达47000余个。由于编纂有欠严谨，存在引文讹谬等诸多缺陷。道光间王引之等94人奉命校订、重刊《康熙字典》，校改引文、字头、释义以及例证与义项2588条，并汇为《字典考证》。

（二）《四库全书》与《四库全书总目》纂修

清统治者为巩固政权，一方面大兴文字狱，康、雍、乾三朝仅见于记载的文字狱多达82起，其中号称文治最盛的乾隆朝的文字狱达74起[①]；另一方面又实行科举考试，编纂大型丛书，笼络知识分子。《四库全书》与《四库全书总目》即在这一背景下产生。

乾隆三十七年（1772），乾隆帝接受安徽学政朱筠的建议，下诏征集天下遗书进行全面整理，旨在纂修《四库全书》。乾隆修《四库全书》，有其鲜明的政治目的，是“寓禁于征”，即通过修书消除民族思想言论，借“稽古右文”之名行毁禁之实。

《四库全书》集天下书的工作采取外征内选的方式，以网罗所有图书。外征主要从两个方面入手：一是从各省征集，称为“采进本”，如浙江有4601种，56955卷，其次是江苏。二是由各藏书家进献，称为“进献本”。对进呈数百种善本的鲍士恭、范懋柱、汪启淑、马裕四位藏书家，各赏赐《古今图书集成》一部；对进呈百种以上之九家，赏以《佩文韵府》各一部。江南著名藏书家进献颇多，如范氏天一阁、钱氏述古

① 邓之诚：《中华二千年史》卷五，中华书局1983年版，第112—139页。

堂、徐氏传是楼等。内选主要从三个方面入手：一是采清宫内藏本，称为“内府本”，有327种，存目420种。二是采清初到乾隆时奉皇帝之命编修本，称为“敕撰本”。三是从明《永乐大典》中辑选，称为“《永乐大典》本”，共辑录515种。

凡外征内选的图书，均需严格审定。凡内容不符合封建政治标准的“违禁”书籍，遭到删改甚至销毁。当时全国进呈图书约12000多种，有6000多种被打入有问题的图书即“存目书”，只有3503种符合标准，被收入《四库全书》。

乾隆四十六年（1781）十二月，《四库全书》正本即文渊阁本告成。《四库全书》经过10年左右的编纂工作，终于完成。这是中国古代最大的一部丛书，堪称“世间丛书之最”。其综录历代重要典籍，创造了中国目录学的收录之最。杨家骆说：“《汉艺文志》著录凡六百七十八部，一万四千九百九十四卷；越时约五百九十四载，而有《隋经籍志》，著录凡六千一百五十部，五万零八百八十九卷；越时约六百五十九载，而有《宋艺文志》，著录凡九千五百四十九部，二万九千九百二十七卷。其间公私著录，十数百起，重沓敏复，不棕究诘，兹录其要耳。自《宋志》以还，又五百载，而有乾隆开馆修书之举，《四库总目》所录，凡一万零五百八十五种，十七万一千五百五十八卷，惟历代多为守藏之策，而鲜审订之功，求其搜罗古今载籍，审订校理，以便学人之研究者，汉成帝后则以清高宗耳。”①

《四库全书》辑成后，手抄四部，包背装，分藏四处，为“北四阁”：

文渊阁——北京紫禁城内的文渊阁，乾隆四十年（1775）始建，仿天一阁，次年建成。文渊阁本成于乾隆四十六年。

文源阁——北京圆明园内的文源阁，乾隆三十九年（1774）始建，次年建成。文源阁本成于乾隆四十八年。咸丰十年（1860），英法联军进攻北京，火烧圆明园，文源阁本付之一炬。

文津阁——河北承德避暑山庄的文津阁，乾隆三十九年（1774）始建，次年建成。文津阁本成于乾隆四十九年。

---

① 杨家骆：《四库全书概述》，中国辞典馆1967年版，第6—7页。

文溯阁——盛京（今沈阳）故宫的文溯阁，乾隆四十七年（1782）建成。文溯阁本成于乾隆四十七年。

《四库全书》另抄三部，供士人阅览誊录。至乾隆五十二年（1787）钞成，后又经修改，至乾隆五十五年（1790）分藏“南三阁”：

文宗阁——江苏镇江金山寺的文宗阁，乾隆四十四年（1779）建成。文宗阁本全毁于太平天国战火。

文汇阁——江苏扬州大观堂的文汇阁，乾隆四十五年（1780）建成。文汇阁本全毁于太平天国战火。

文澜阁——浙江杭州西湖圣因寺的文澜阁，乾隆四十九年（1784）建成。文澜阁本部分毁于太平天国战火，后被藏书家丁丙等组织人力抄写补齐①。

关于《四库全书总目》的详细情况见本章第三节“四库目录学思想”。

（三）天禄琳琅藏书目录整理

乾隆九年（1744），高宗将明代遗存及清代陆续收来的善本专为御览，藏于乾清宫东侧之昭仁殿，专为之用，赐名为“天禄琳琅”。

乾隆四十年（1775），乾隆帝诏令大学士于敏中等将天禄琳琅所藏整理编目，撰成《天禄琳琅书目》10 卷②。该目录以刻书朝代宋、金、元、明为次，朝代之下再分经史子集四部，著录宋元版书和明代精刻 429 种（宋版 71 种，金版 1 种，影宋抄 20 种，元版 86 种，明版 251 种）。如一书而有两种刻版且均精审者，仿尤袤《遂初堂书目》例，两刻并存；一版而有两印且均精妙者，则一并登录。每书首举篇目，且有考证版本之简赅解题。

嘉庆二年（1797）十月乾清宫交泰殿失火，昭仁殿书籍字画被焚。帝又命彭元瑞等依《天禄琳琅书目》整理藏书，于嘉庆三年编定《天禄琳书目后编》20 卷，著录宋、辽、金、元、明版书及宋、明抄本 663 种。

---

① 《四库全书》今存世者仅文渊阁、文溯阁、文津阁三部及文澜阁残本，现通行本为台北商务印书馆影印文渊阁本，上海古籍出版社又据商务本缩印。

② 卷一宋版经；卷二宋版史子；卷三宋版集；卷四影宋抄；卷五元版经史；卷六元版子集；卷七明版经；卷八明版史；卷九明版子；卷十明版集。

（四）清末期藏书与目录

清末期藏书与目录屡遭火劫与外敌毁掠。藏于武英殿的大量藏书及书板在同治八年（1869）失火中被焚。

藏于翰林院的《永乐大典》先于咸丰十年（1860）遭到了英法联军的劫掠，又于光绪二十二年（1900）遭到了英、法、德、美、俄、日、意、奥八国联军的再次洗劫，使之残存无几，这是中国书史上的一大劫难。

清末京师图书馆的建立，国家藏书目录事业开始转型，皇家藏书楼系统已完成了它的历史使命，新型以图书馆为标志的系统从中央到地方发展起来。

二　私家藏书目录事业

清代私家藏书目录活动发展到鼎盛时期。据《藏书记事诗》，清代藏书家有497人，藏书目录众多，仅现存者有79种。据胡先媛统计[①]，清代431位私人藏书家中，江、浙两省共315家，占全国的73%。清代著名藏书家众多，清末有四大藏书家——浙江陆心源的“皕宋楼”、丁丙的“八千卷楼”、山东杨氏的“海源阁”、江苏瞿镛的“铁琴铜剑楼”。陆心源（1834—1894）《皕宋楼藏书志》120卷，收书2300余种，其中有宋本200余种，元刊400余种，四部分类，除缺法家类外，余皆同《四库全书总目》，但未冠“经史子集”之名，著录书名、版本、撰者、卷数外，多照录原书序跋。瞿镛（约1800—1860）有《铁琴铜剑楼藏书目录》24卷，收书1200多部，经史子集四部44类，著录书名、作者、版本等，有解题，另编有《书影》，“聊资研究版本之一助，藉欲使其与《书目》能互相阐扬也”[②]。

清代私家藏书目录有以下特点：

第一，规模大。

清代私家藏书目录数量多。由于藏书达到较大规模，收录图书的数

① 胡先媛：《中国古代南方私人藏书研究》，硕士学位论文，武汉大学，1988年。

② 瞿士良：《铁琴铜剑楼藏书题跋集录》，上海古籍出版社1985年版，第1页。

量较大。收书在2000种以上的书目如《皕宋楼藏书志》（2300余种）、《绛云楼书目》（近3000种）、《持静斋书目》（约3200种）、《楝亭书目》（3287种）、《振绮堂书目》（3306种）、《也是园藏书目》（3800余种）、《郘亭知见传本书目》（3971种）。

清代目录学家黄虞稷（1629—1691），字俞邰，又字楮园，泉州人。曾入史馆参修《明史》和《一统志》。他继承父亲黄居中6万卷藏书，在其父《千顷斋藏书目录》6卷的基础上，撰成《千顷堂书目》32卷。书目以卷次排列，分49小类，经部12类，史部18类，子部13类，集部8类。著录明代著作15400余部，宋、辽、金、元著作2400余部，共有17800余部，这在明代私家藏书目录收书数量是十分突出的。因此，《四库全书总目》评价说："史部分十八门，其簿录一门，用尤袤《遂初堂书目》之例，以收钱谱、蟹录之属古来无类可归者，最为允协"，"考明一代著作者，终以是书为可据，所以钦定《明史·艺文志》颇采录之"①。

第二，类型多样。

清代私家藏书目录体例多样化，主要有四大类型：一是登记性的藏书目录，收录私家藏书楼全部藏书。如曹溶（1613—1685）撰《静惕堂书目》2卷、曹寅（1658—1712）撰《楝亭书目》4卷等。二是选择性的藏书目录，选择家藏中的精品或部分编成目录，如孙从添（1692—1767）撰《上善堂书目》（又名《上善堂宋元板精钞旧钞书目》）1卷、鲍廷博（1728—1824）撰《知不足斋宋元文集书目》等。三是以版本为特征的藏书目录，以版本记录与考订为主，如汪士钟（约1786—?）撰《艺芸书舍宋元本书目》2卷、丁丙（1832—1899）撰《善本书室藏书志》40卷《附录》1卷等。四是从藏书中选取题跋编成目录，如吴寿旸（约1763—1833）撰《拜经楼藏书题跋记》5卷《附录》1卷、顾广圻（1766—1835）撰《思适斋书跋》4卷《补遗》1卷、瞿中溶（1769—1842）撰《古泉山馆藏书题跋》、瞿士良（1873—?）辑《铁琴铜剑楼藏书题跋集录》4卷等。

---

① （清）永瑢：《四库全书总目》上册，中华书局1965年版，第732页。

第三，以四部分类为主，少数有突破四分。

清代私家藏书目录在分类上以传统四部分类为主流，除照搬四库分类体系外，还有一些书目在细目上寻求突破。如清代徐乾学《传是楼书目》史部设正史、通史、编年、运历、杂史、实录、起居注、时政、故事、职官、时令、器用、酒茗、食经、种艺、豢养、耆旧、孝友、忠烈、名贤、高隐、家传、列女、科第、名号、冥异、谱系、家谱、簿录、地志、别志、朝聘、行役、蛮夷34类。

《四库全书总目》颁行后，四部分类成为正统，私家目录无不效仿。但仍有藏书家不从四部，另辟蹊径。孙星衍撰《孙氏祠堂书目》就是一例。

孙星衍藏书丰富，编撰《廉石居藏书记》1卷、《平津馆鉴藏书籍记》3卷《续编》1卷《补遗》1卷等目录，尤以1810年编撰的《孙氏祠堂书目》内编4卷外编3卷最有特色，创12类分类体系：经学（易，诗，书，礼，乐，春秋，孝经，论语，尔雅，孟子，经义）；小学（字书，音学）；诸子（儒家，道家，法家，名家，墨家，纵横家，杂家，农家，兵家）；天文（天部，算法，五行，术数）；地理（总论，分编）；医律（医学，律学）；史学（正史，编年，纪事，杂史，传记，故事，史论，史钞）；金石；类书（事类，姓类，书目）；词赋（总集，别集，词，诗文评）；书画；小说。这里，大胆破除四部成法，将小学与经学、诸子并列，将天文、金石、类书等作为大类，都是颇有意义的。

第四，以著录为主，辅以注释和解题。

清代私家藏书目录以登记式的藏书总目为多。例如钱谦益《绛云楼书目》、钱曾《述古堂书目》、王闻远《孝慈堂书目》、范氏《天一阁书目》，全面反映家庭藏书。

书目采取了多种著录方式，多为簿录式，如钱曾《述古堂书目》。还有少数书目采取了特别的方式，如日记体（如《匪石日记钞》）、赋注体（如黄丕烈的《百宋一廛赋注》）。

以解题为主的私家藏书目录，体现了较高水平，代表性的有张金吾的《爱日精庐藏书志》、杨绍和的《楹书隅录》、丁丙的《善本书室藏书志》及缪荃孙的《艺风堂藏书记》等。

第五，重视版本特别是善本。

清代藏书家以宋元版本和旧抄本为荣耀，竞相收藏珍善本。通过编撰善本目录，既对藏书的版本进行考订和研究，又显示其收藏之珍贵。有专门收录宋版的，如黄丕烈的《求古居宋本书目》、钱曾的《述古堂宋版书目》，有专门收录宋元版的，如孙从添的《上善堂宋元板精钞旧钞书目》、潘祖荫的《滂喜斋宋元本书目》、徐乾学的《传是楼宋元本书目》、朱彝尊的《潜采堂宋元人集目》等，还有专门收录珍本的，如毛扆的《汲古阁珍藏秘本书目》。

第六，撰写并收录图书题跋。

清代藏书家重视撰写图书题跋，以题跋体现藏书家对于图书的研究。藏书家所撰写的题跋内容主要有四个方面：一是叙得书之缘起和经过，记书的流转；二是记校勘；三是考订版本，详记版本特征；四是附记其他情况，如书籍价格、装潢等。

书目题跋也称书跋或题跋记，如王士祯《渔洋题跋》、黄丕烈《士礼居藏书题跋记》、顾广圻《思适斋书跋》、吴骞《拜经楼藏书题跋记》。书目题跋既有藏书家自己汇编而成，也有他人搜集汇成一编，既有集当世题跋的，也有专门收录古人序跋的。如张金吾《爱日经庐藏书志》、陆心源《皕宋楼藏书志》。

第七，重视读书笔记。

清代藏书家多为读书而藏书，多写读书笔记并汇编成书目。著名的有何焯《义门读书记》、周中孚《郑堂读书记》、朱绪曾《开有益斋读书志》、李慈铭《越缦堂读书记》等。

三　史志目录学

清以前的史志目录学主要有两大流派，一个是记一代藏书之盛的史志目录学派，以《汉志》、两《唐志》、《宋志》等四种正史艺文志为代表。另一个是记历代藏书之盛的史志目录学派，以正史《隋志》和通史《通志・艺文略》等为代表。

清代目录学家研究历代史志，总结已有两派之得失，在此基础上，开创出一条新路，即将史志目录从记藏书转向记著述。于是清代产生了新的史志目录学派——记一代著述之盛的史志目录学派，以《明志》为代表。清人对于历代正史中有许多没有艺文志或经籍志颇为重视，为正史补志之风起，这样清代便有了另一个史志目录学派——以补史艺文志为标志的史志目录学派。

（一）《明史·艺文志》

顺治二年（1645），清廷入关不久，设明史馆以修《明史》，陆续征集整理史料，几经周折，至雍正十三年（1735）定底稿，《明史》告成，历时90年。至乾隆四年（1739）七月，《明史》全部刊刻完成，题张廷玉等撰。

《明史·艺文志》（简称《明志》）的纂修，经过了多次反复。顺治年间，傅维鳞撰《明书·经籍志》3卷。《明书·经籍志·序》云：

> 史官论曰：夫经籍者，谱微言，绎大义，所以继绝业于往哲，启方悟于将来也。其于王事，经纬天地，奠丽陈常，使日月久其照，则柔得其正，观文以化成天下，恒必由之。故大训陈于东序，藏书掌于柱下，籍氏以名其官，执秩以修其令……殿阁皇史宬内通籍库藏书：制书一百六十七部，易类一百九十部，书类六百五十七部，诗经四十二部，春秋类八十部，三礼类五十七部，礼书五十八部，乐书九部，诸经总录四十部，四书类九十一部，性理类一百十七部，性理附十六部，经济类九十三部，史类一百七部，史一百二十九部，史杂一百三十六部，子类六十部，子杂二百三十八部，文集六百五十二部，诗词类四百八十八部，类书一百八十部，韵书八十五部，姓氏十四部，法贴二百零九部，画谱六十八部，政书五十部，刑书二十九部，兵书八十二部，算法二十七部，阴阳书二百九十六部，医书一百八十九部，农圃十四部，释道书不具载。旧籍原无卷数，今仍因之。

《明书·经籍志》分类未按经史子集四部，直接分为上述32类。收录图书共4670部，著录最简，只列书名，无作者和卷数。除总序外，无大小序。

康熙十八年（1679）重开明史馆，尤侗撰《明史·艺文志》5卷，分28类，收录图书7141部。后黄虞稷预修明史[①]，以《千顷堂书目》为底本，成《明史·艺文志稿》。黄虞稷的好友倪灿为此《艺文志》撰写了一篇著名的长序[②]。倪灿《明史·艺文志·序》云：

> 历代史之志艺文也尚矣，以之经纬天地，则足以宏建树而致治功，以之淑善身心，则足以端秉彝而贞末俗。昔人所云“大业崇之，则成钦明之德；匹夫克念，则有王公之重”，良非虚也。自孔子删述以来，六籍始大显于世……前代史志皆录古今之书，以其为中秘所藏，著一代之所有。今《文渊》之目既不可凭，且其书仅及元季，三百年作者缺焉，此亦未足称纪载也。故特更其例，去前代之陈编，纪一朝之著述。《元史》既无艺文，《宋志》咸淳以后多缺，今竝取二季，以补其后，而附以辽、金之仅存者，萃为一编，列之四部，用传来兹。诸书既非官所簿录，多采之私家，故卷帙或有不详，要欲使名卿大夫之崇论闳议，文儒学士之勤志苦心，虽不克尽见其书，而得窥标目，以著一代之盛云耳。史官倪灿撰[③]。

由此可知，清修《明志》，一改以往正史艺文志记一代藏书之盛的做法，实开“去前代之陈编，纪一朝之著述”之先河。艺文改体主要有两个原因，一是明代官方藏书目录不足为凭，二是明代著述较前代大为增加。王重民认为是明王朝在1380年废除了秘书监，政府藏书数量不多，储藏的地点又很分散，所以终明一代没有编出一部像样的官修目录，使纂修史志目录也失掉了凭借，“我国史志目录的编纂方法，到了《明史·

① 据王重民《〈千顷堂书目〉考》（载《国学季刊》1950年7月第1卷第7期），黄虞稷康熙十八年应荐入京修明史，因母丧丁忧在家搜辑《明史·艺文志》材料，可能是康熙二十年回京修史。至康熙二十八年黄虞稷纂讫《艺文志稿》呈总裁徐乾学。

② 据王重民《〈千顷堂书目〉考》，乾隆间卢文弨借到《明史·艺文志稿》，见序末署倪灿撰，误认为《明史·艺文志稿》为倪灿撰。卢文弨将该序文附录入《宋史·艺文志补》卷首。

③ 此录自清光绪十七年广雅书局刻本《宋史·艺文志补》。该序文与清抄本《明史·艺文志》（署万斯同撰）“叙”略有不同，清抄本“叙”首句为“历代艺文之传也尚矣”，末句为“今并萃为一编，列之四部，用传来兹，俾观者得窥标目，以著一代之盛云”，未署倪灿撰。

艺文志》才把纪一代藏书之盛改为纪一代著作，这一改革是很大的，有它的客观条件，但也是符合历史发展的必然结果的”①。

王鸿绪领修《明史》，于康熙五十四年（1715）至六十一年（1722）对黄虞稷《明史·艺文志稿》做了较大的修改调整②，删去宋、辽、金、元四朝著述以及明人著作中“卷数莫考”、书不甚著者，略作增补，如经部易、诗、书三类依《经义考》补充或改正，最终成《明史稿·艺文志》。

1723—1739年张廷玉领修《明史》，对王鸿绪《明史稿·艺文志》略加改动而成《明史·艺文志》4卷。张廷玉等修《明史·艺文志·序》云：

> 明太祖定元都，大将军收图籍，致之南京，复诏求四方遗书，设秘书监丞，寻改翰林典籍以掌之。永乐四年，帝御便殿阅书史，问文渊阁藏书。解缙对以“尚多阙略”，帝曰：“士庶家稍有余资，尚欲积书，况朝廷乎？”遂命礼部尚书郑赐遣使访购，惟其所欲与之，勿较值……然延阁广内之藏，竑亦无从遍览，则前代陈编，何凭记录，区区掇拾遗闻，冀以上承《隋志》，而赝书错列，徒滋讹舛。故今第就二百七十年各家著述，稍为厘次，勒成一志。凡卷数莫考、疑信未定者，宁阙而不详云。

《明志》的资料来源于黄虞稷的私家目录《千顷堂书目》。《千顷堂书目》收明人著作为主而兼收宋辽金元著作，计有12000余种。《明志》对于《千顷堂书目》“凡卷数莫考、疑信未定者，宁阙而不详云”，删除其非明代著述。《明志》最终收录明人著作4633种，105970卷，成为明代“二百七十年各家著述”之总目。

---

① 王重民：《〈明史·艺文志〉与补史艺文志的兴起》，《图书馆学通讯》1981年第3期。

② 据王重民《〈千顷堂书目〉考》，王鸿绪《明史稿·艺文志》“易”类与《千顷堂书目》没有直接关系，完全钞录自朱彝尊的《经义考》。

在类例上，《明志》分四部35类，其分类体系如下[①]：

经部（10类）：易；书；诗；礼；乐；春秋；孝经；诸经；四书；小学。

史部（10类）：正史（编年在内）；杂史；史钞；故事；职官；仪注；刑法；传记；地理；谱牒。

子部（12类）：儒家；杂家[②]；农家；小说家；兵书；天文；历数；五行；艺术（医书附）；类书；道家；释家。

集部（3类）：别集；总集；文史。

《明志》在分类上的一个特色是在二级类目下，有“已上周礼”“已上明史”“已上俱万历年间制式”等说明，实际是暗分子目，因此，《明志》也可算是三级分类体系。

《明志》虽以《千顷堂书目》为底本，但分类体系并没有照搬，而是采选其部分类目，结合以往史志，综合而成。经、子两部与《千顷堂书目》大体一致，史、集两部与《千顷堂书目》相差较大。《隋志》《旧唐志》《新唐志》《宋志》经部均有易、书、诗、礼、乐、春秋、孝经、论语、小学此九类，《明志》删以往的经部的“谶纬”。将“经解”扩充为“诸经”，将“论语”扩充为“四书”，体现了宋以来“四书”地位的不断提高。《新唐志》和《宋志》均有别集、总集和文史，《明志》采此3类，删其“楚辞”，适应了这类著述减少的实际情况。

《千顷堂书目》四部49类，《隋志》四部40类，《旧唐志》四部45类，《新唐志》四部44类，《宋志》四部45类。相比之下，《明志》分类

---

① 此为张廷玉等撰《明史》之《艺文志》分类。清抄本《明史·艺文志》（万斯同撰）与“张廷玉本”分类区别较大。“万斯同本”共分四部50类。经部11类：易，书，诗，春秋，礼，礼乐书（凡后代编写之礼及类次乐律书），孝经，论语，孟子（前代皆入儒家，今特为一类），经解（五经四子总解），小学（分训诂、书、数、蒙训四种）。史部18类：国史（朝廷敕编当代史），正史，通史，编年，杂史，霸史，史学，史抄，故事，职官，时令，食货，仪注，政刑，传记，地理，谱牒，簿录。子部13类：儒家，杂家，农家，小说家，兵书，天文，历数，五行，医方，艺术，类书，道家，释家。集部8类：制诰，表奏，骚赋，别集，词曲，总集，文史，制举。

② 《明志》子部杂家类注“前代艺文志列名法诸家，然寥寥无几，备数而已。今总附杂家”。

显得简略。而且，类目上有一些重要缺失，如《千顷堂书目》有簿录类，《隋志》有簿录类，《旧唐志》《新唐志》《宋志》均有目录类，《明志》却不设此类目，导致目录无处可入。《千顷堂书目》《隋志》《旧唐志》《新唐志》《宋志》均有医书相关类目，《明志》却将医书附入艺术类，无视医书早已独立成类的事实，医与艺两类不相宜，引起了类目混乱。

《明志》无大小序，每类有“尾计”统计本类部数和卷数。在著录上，《明志》采取“以书类人”即以著者为标目的著录方式，著录不够完备。著书名间附注释。小注较为简略，“黄《志》中小注，为史所采入者，亦无几耳”（卢文弨《抱经堂文集》卷7）。

（二）补史艺文志

《明志》纂修时，删除了黄虞稷《千顷堂书目》著录的宋辽金元四朝图书，这就为补志留下了资料来源。特别是自《明志》创记一代著述之体例，如果补前代史志，采一代藏书，颇为困难，而按著作时代采一代著述，则是完全可行的。因为宋已有艺文志，于是补志从辽金元三代开始。

1731年，杭世骏重编《金史》，1743年厉鹗补注《辽史》，都补撰了经籍志，开始了补史艺文志的工作。

乾隆四十年（1775）前后，卢文弨从黄虞稷《明史·艺文志稿》内，摘出《宋史·艺文志补》1卷、《补辽金元艺文志》1卷，补史艺文志开始独立成书。

钱大昕补撰《元史·艺文志》4卷，吴骞辑成《四朝经籍志补》（不分卷），补史艺文志工作大兴。

1788年，钱大昕之弟钱大昭撰成《补续汉书·艺文志》1卷，突破了辽、金、元三史范畴，将补史视野扩大到东汉，补史艺文志便有了更广阔的天地。邵晋涵《补续汉书·艺文志·序》指出：补史艺文志的内容只能是记一代著作，不能补当代所藏的古今之书。

道光年间，侯康（1798—1837）撰《补后汉书·艺文志》4卷、《补三国艺文志》4卷，顾櫰三（1785—?）著《补后汉书·艺文志》10卷、《补五代史·艺文志》1卷，皆采取辑录体形式，保存大量史料，将补志工作提高到一个新水平。侯康提出了补志的重要思想，“史例贵严，史注宜博，注近史者，群书大备，注古史者，遗籍罕存，当日为唾弃之余，今日皆见闻之助，宜过而存之”。

晚清补志工作取得新成果，如姚振宗的《后汉艺文志》《三国艺文志》《隋书经籍志考证》，曾朴的《补后汉书艺文志》以及文廷式、吴士鉴和秦荣光三家的《补晋书艺文志》或《补晋书经籍志》等。其中尤以姚氏《后汉艺文志》《三国艺文志》二志最为著名。

清代的补志工作不仅补足了历史上没有艺文志（经籍志）的正史，而且从目录学角度对已有正史艺文志进行了考订与研究，如章宗源（？—1800）用辑录体作《隋书经籍志考证》。

（三）典志体史书

清乾隆年间设“三通”馆，编纂“续三通”和“清三通”。

清张廷玉《续文献通考》仿拟马氏《通考》撰《经籍考》，记南宋宁宗嘉定年间至明神宗万历初年典籍。张廷玉另有《清文献通考》，亦有《经籍考》，记清初至乾隆50年间文献。

以“三通”为基础，清乾隆时加入官修《续通典》《清通典》《续通志》《清通志》《续文献通考》和《清文献通考》，合为“九通”，以文献博贯古今。

除此之外，例如纪事本末体史书，在南宋袁枢编写《通监纪事本末》之后，也有近十种纪事本末体史书前后接续，自成系列。

四 佛道目录学

清代虽然佛道都有所发展，但佛道目录学没有显著进步。

（一）佛教目录学

清代与元代一样，王室崇信喇嘛教，以佛化政策统治蒙、藏、汉各族。朝廷不仅在西藏以达赖治前藏，以班禅治后藏，在蒙古各地赐封喇嘛“呼图克图”尊号，还将皇宫中的雍和宫改为喇嘛寺。

清代对佛教图书整理出版颇为重视。清末印经事业发达，官方开雕有《龙藏》，以及汉、满、蒙、藏、梵五译本对照的佛典出版。民间则有《百衲藏》《频伽藏》。但由于清末太平天国运动，军行所至，佛藏焚毁殆尽。

清康熙二十二年（1683）撰成有目录《如来大藏经总目录》1卷，分18类，收书1022卷。乾隆五十七年（1792）有目录《满洲刻藏目录》1卷。总体上看，清代佛教目录学不如明代，没有重要的佛教目录学家及其目录问世。

（二）道教目录学

清代诸帝重佛轻道，没有大规模编纂《道藏》。嘉庆（1796—1820）年间，《道藏辑要》初刻，这是从《道藏》中辑其要者，具体选择了《正统道藏》与《万历续道藏》中的道书凡204种，新增93种，共297种，按照二十八星宿顺序编排，分装218册，为方册本。这一丛书后来遭到焚毁，其书留存甚少。蒋元庭于嘉庆年间新编《道藏辑要目录》，收道书279种。光绪十八年（1892）成都二仙庵主持阎永和倡议重刊，直至光绪三十二年（1906）《重刊道藏辑要》问世，贺龙骧撰、彭翰然参订《重刊道藏辑要子目初编》，收道书287种，531卷。

五　类书目录学

清代类书目录学有所发展。康雍年间，朝廷组织，广辑资料，大编类书。

康熙四十年（1701），陈梦雷等开始编纂《古今图书汇编》，至康熙四十五年（1706）完成初稿。雍正继位后，命户部尚书蒋廷锡负责修订，雍正四年（1726）删去陈梦雷等姓名，改名《古今图书集成》排印。全书1万卷目录40卷，这是中国现存最大的一部类书。内容最丰富，体例最完善，用途最广。全书分汇编、典、部三级。共有历象汇编、方舆汇编、明伦汇编、博物汇编、理学汇编、经济汇编6大汇编32典6109部。每部之下，先“汇考”，记事之大纲；次“总论”，录“纯正”议论；除图表外，有“列传”，叙名人生平；有“艺文”，择诗文辞藻；有“选句”，摘录俪词偶句；有“纪事”，汇辑琐细事迹；有“杂录”，记考究不确之语；有“外编”，载荒唐无稽之言。《古今图书集成·经籍典》分65类，大体上以四部为序，汇总历代正史艺文志的典籍，是一部图书总目。

康熙四十三年（1704），张玉书等奉敕编纂《佩文韵府》，康熙五十年编成，共106卷，依平水韵106韵分为106部。康熙四十九年（1710），张英等奉敕，以明俞安期《唐类函》为基础，编成《渊鉴类函》450卷，分45部2536类。康熙五十八年（1719）张廷玉等奉敕编修《骈字类编》，雍正四年（1726）编成。共240卷，分天地、时令、山水、居处、珍宝、数目、方隅、彩色、器物、草木、鸟兽、虫鱼、人事（补遗）共13门，门下大部以类相从，全书收双音词约10条，词头1600多个字。康熙六十年（1721），张玉书等奉敕编《子史精华》，雍正五年（1727）编成，共160卷，分30部280类。

清私撰类书如吴淑的《事类赋注》，虽仍分部分目之旧，罗列资料却别具一格，即将所引内容作赋，再列相关材料。高承的《事物纪原》，正如书名所指，专门搜集能够说明子目起始的资料。潘自牧的《记纂渊海》则在子目之下，按经、史、子、传记、集、本朝的顺序汇集材料。

六　地方文献目录学

清代地方文献目录学发达。地方文献、个人著述目录活动频繁，目录成果蔚为大观。尤其是方志目录学取得前所未有的成就，关于地方文献与方志的研究达到了较高水平，地方文献与目录著作无论是收录文献广度还是在揭示文献的深度上，都达到比较完善的程度，堪称文献目录的集大成之作。

清代方志目录发达。据李镰锉《方志艺文志汇目》统计，清代河北、山东、河南、山西、江苏、安徽、江西7省就有686种方志中有记载目录的艺文志。乾嘉时期，有邢澍的《全秦艺文志》《关右经籍考》、管庭芬的《海昌艺文志》等。方志能叙录地方著述目录者，以张维祺、李棠《乾隆大名县志》和谢启昆《嘉庆广西通志·艺文略》较为著名。

地方文献目录学以清初顾栋高的《古今方舆书目》为最早，至晚清兴盛，以孙诒让《温州经籍志》（1869—1877）和缪荃孙《江阴县续志》（1919）最具水平。

孙诒让（1848—1908），幼名效洙，又名德涵，字仲颂（一作仲容），别号籀庼。浙江瑞安人，晚清朴学大师，于经学、小学、子学、校勘学和目录学等均有贡献，著有《周礼正义》《墨子间诂》等，目录学著作除

《温州经籍志》外，还有《四库全书简明目录批注》20卷、《四部别录》2卷。孙诒让以“郡县旧志之于经籍，疏漏踳驳，无裨考证”，于同治八年（1869）开始撰修《温州经籍志》，历时8年，二易其稿，至光绪三年（1877）方写定。孙诒让的地方文献目录学思想有两个方面，一是网罗无遗的思想，“凡遇先哲遗著，片纸只字，罔不收拾”。《温州经籍志》温州33卷，另首1卷、外编2卷、辨误1卷，共计37卷。全书记载温州旧属永嘉、乐清、瑞安、平阳、泰顺、玉环六县自唐讫清道光年间温州人或有关温州之著述1300余家，1759部。但未收戏曲、谱牒，是为收录之不足。二是辨考文献与学术的思想。孙诒让认为地方文献“苟不辨其源流，将至展卷茫昧”。在编纂体例上，既有继承，参照《四库总目》分类，“远轨鄱阳，近宗秀水”，即仿马端临《文献通考·经籍考》和朱彝尊《经义考》之辑录体；也有创新，即讲求归类，著录完全，特别是增加评议，辨考内容与版本，兼及学术评论。《温州经籍志》于每书之下，先录叙跋，次列目录，再录各家评议之语，涉及品评褒贬、版本真伪、校勘刊刻诸情况。在辑录诸家之后，还补充佚闻丛谈，多加案语发表己见，附校驳文，用资考核。

《温州经籍志》叙例论及著作内容及编纂体例，是孙诒让关于目录学的重要文献。其阐明撰志主旨，为尽备桑梓文籍；仿唐释智升《开元释教录》，以别“存”“佚”“缺”“未见”等。《温州经籍志》融辑录与考证于一体，网罗宏富，体例严谨，解题独到，考证精详，为“一郡文献之帜志”，是清代地方文献目录学的重要代表作。

周广业（1730—1798），字勤圃，号耕厓，海宁伊桥人。目录学家、藏书家。乾隆四十八年（1783）举人。好学不倦，精通经典，善于论史。著有《孟子四考》（刊入《皇清经解续编》）《蓬庐文钞》《读易纂言》《石经纪略》《经史避名汇考》等。曾参加四库全书馆的校对工作，阅遍图书后，故谙熟目录之学，用10余年之功，撰成《目治偶抄》和《四部寓眼录》。曾受荐主讲安徽广德书院，修成了《广德州志》。另编纂《两浙地方志录》，为最早的区域性方志目录，惜已不传。

清代，由于个人著述繁富，出现了很多学者著述目录，如著述考、学谱等。撰文考录者，清王昶之《郑氏书目考》实开其风，序见《春融堂集》卷34。

七 专科目录学

随着目录学内容的不断分化，清代专科目录学得到迅速发展，在经史子集四部基础上发展起来的经学目录学、史学目录学、文学目录学、科技目录学均有成就。

（一）经学目录学

朱彝尊（1629—1709），字锡鬯，号竹垞，秀水（今浙江嘉兴）人。学者、目录学家、藏书家，其《经义考》300卷，是清经学目录学的代表作。朱彝尊搜罗历代经学文献，仿马端临《文献通考·经籍考》、朱睦㮮《经序录》体例，统考历代经学图书，首列御注、敕撰，下面依次为易、书、诗、周礼、仪礼、礼记、通礼、乐、春秋、论语、孝经、孟子、尔雅、群经、四书、逸经、毖纬、拟经、承师、宣讲、立学、刊石、书壁、镂版、著录、通说、家学、自叙，共30门。其中宣讲、立学、家学、自叙4目有录无书。著录书名、著者，分列存、佚、缺、未见，然后以时代为次，辑抄原书序跋、历代有关评论和著者生平事迹的介绍，间有按语。《经义考》一经问世，便成为学术名典，影响甚著。章学诚称其"为功甚钜，既辨经籍存亡，且采群书叙录，间为案断，以折其衷，后人溯经义者，所攸赖矣"（章学诚《论修史籍考要略》）。此后补仿之作成一时风气。乾隆中沈廷芳撰《续经义考》，翁方纲撰《经义考补证》12卷，凡1088条。

全祖望（1705—1755），字绍衣，号谢山，自署鲒埼亭长，浙江鄞县（今宁波市鄞州区）人，乾隆元年（1736）进士，进翰林院庶吉士。史学家、目录学家，浙东学派的重要代表人物。全祖望研究《易》学，鉴于《易》学之书分散于历代书目各类，且针对《经义考》中"易"类"不审旧史之例"之不当，予以详考和矫正，撰成《读易别录》以矫正之。该目录3卷，列图纬于编首，余分13类，收书201种，该书详考《易》之指归流变，是继《经义考》之后的又一重要著作，为经学目录学名著。

江藩（1761—1831），字子屏，号郑堂，又号节甫，江苏甘泉（今扬州）人。乾嘉学派吴派惠栋的再传弟子，乾隆朝，佐当道治四库七阁之事，嘉庆年间撰成《汉学师承记》八卷。江藩深通目录之学，其《汉学师承记》历来作为学术史名著，在学术界有极高评价。实际上，该书具有目录学考辨学术的价值。《汉学师承记》不仅总结和论述了清汉学发展演变，而且撮述代表人物之生平行事及其著述，继承了目录学小序和解题的传统，其博采诸家记载，正是辑录体风格。从该书的人物排序可一览汉学源流和学派目录，卷一有阎若璩（张弨、吴玉搢、宋鉴）、张尔岐、马骕（王尔膂）等；卷二有惠周惕（惠士奇、惠松崖）、沈彤、余古农、江艮庭、褚寅亮等；卷三有王鸣盛（金日追）、钱大昕（钱塘、钱坫）；卷四有王兰泉（袁廷梼）、朱笥河、武亿、洪亮吉（张惠言、臧琳）；卷五包括江永、金榜、戴震；卷六有卢文弨、纪昀、邵晋涵、任大椿、洪榜、汪元亮、孔广森（李文藻、桂馥）；卷七有陈厚耀、程晋芳、贾田祖、李惇、江德量、汪中、顾九苞（顾凤毛）、刘台拱、钟褱、徐复、汪光曦、李钟泗、凌廷堪；卷八有黄宗羲和顾炎武。江藩在该书之后特作《经师经义目录》1卷，形成了一个完整的汉学学术史体系。道光二年（1823），江藩撰成并刊行《国朝宋学渊源记》，专载清代宋学人物行事，共31篇传，分卷上、卷下分载北方、南方宋学人物。虽然该书因宗汉抑宋遭到理学派代表之一方东树（1772—1851）道光六年（1826）所撰《汉学商兑》的反对，其学术价值无法与《汉学师承记》相比，但就目录学而言，纲举目张，学术流派分明，两相配合，可视为清代汉宋学术的总纲。

乾隆年间，周永年倡导建立“儒藏”，试图收集全部存世的儒家经史子集图书，编为一大丛书，名曰《儒藏目录》。

小学历来为经学之附庸。谢启昆（1737—1802），字蕴山，号苏潭，南康（今江西南康县）人。史学家、方志学家、目录学家。乾隆二十六年进士，历官国史馆纂修、知府、按察使、布政使、巡抚等职。著有《树经堂集》23卷，杂文4卷，《树经堂咏史诗》526首，主持编修《西魏书》24卷，为黄庭坚《山谷》别集和外集作补，主持编撰《南昌府志》《广西通志》《广西金石录》等。谢启昆得胡虔、陈鳣襄助，于嘉庆年间撰成《小学考》50卷，为补朱彝尊《经义考》中形声训诂之阙略而作，体例悉仿《经义考》，凡刘歆《七略》以后之历代史志、公私目录乃至方志、文集、笔记所录之小学书，不论存佚，悉萃于编，共收书 1180 种。在传统小学之训诂、文字、声韵三类划分基础上，增加音义，成为四大类，“训诂、文字、声韵者体也，音义者用也，体用具而后小学全焉”（谢启昆《小学考·序》)。《小学考》采辑录体，于每书之下，首著录撰人和书名卷数，次著录存佚（标注存、佚、阙、未见），再录原书序跋和诸家评说等相关资料，末附案语，记谢启昆的考证。其搜罗广博，引证丰富，评论允当，堪为专科目录学佳作。

（二）史学目录学

清史学目录学以章学诚《史籍考》（未成稿）为代表。章学诚在《修史籍考要略》中提出编纂《史籍考》的 15 条原则，即古逸宜存、家法宜辨、剪裁宜法、逸篇宜采、嫌名宜辨、经部宜通、子部宜择、集部宜采、方志宜选、谱牒宜略、考异宜精、板刻宜详、制书宜尊、禁例宜明、采摭宜详，扩大了史书范围。其采集广博、考证详尽，具有极高学术价值。

（三）文学目录学

清代文学目录学以词曲最为集中，目录成果为集大成之作。

清初词人多宗晚唐五代，至朱彝尊、陈维崧等改宗宋词。因此，朱彝尊编《词综·宋元词集目录》，收唐宋金元词人 600 余家的作品，每一词人下列生平简介和前人评述。此外，尚有清吴昌绶编《宋金元词集见存卷目》等。

乾隆时黄文旸奉旨修改《古今词典》，撮录古今杂剧传奇成《曲海》20 卷，收录元至清戏曲作品 1013 种。黄文旸撰《曲海总目》为清李斗《扬州画舫录》卷五附载。清支丰宜就黄文旸《曲海目》并焦循增补部分编成《曲目新编》，著录为表格式，分五个栏目：“国朝传奇”；“国朝杂剧”（包括黄氏《曲海目》的记载、补遗、续补遗三段）；“元人传奇”和“元人杂剧”；“明人传奇”（补遗）；“明人杂剧”（补遗），可考元、明、清杂剧、传奇的剧目和作者。同治二年管庭芬对黄文旸原稿进行校录，编成《重订曲海总目》，分元人杂剧、明人杂剧、国朝杂剧、元人传奇、明人传奇、国朝传奇等类，在保留原目所载基础上，略加增补。戏曲目录尚有清笠阁渔翁撰《笠阁批评旧戏目》，为明清传奇专门目录，收明传奇179种。

诗文方面，有清嘉庆时官修《全唐文》8488卷。清代学者严可均辑《全上古三代秦汉三国六朝文》746卷。

（四）科技目录学

清代科技图书渐多，产生了较多科技目录。历算与算学目录成就较大，著名者有梅文鼎、刘铎、丁福保三家。

梅文鼎（1633—1721），字定九，号勿庵，安徽宣城人。清代天文学家、数学家。毕生研究古今算经及西洋回回算法，著述80余种，“当时与胡渭地理，同称绝学”①。历算方面的著述有《历算全书》60卷、《大统历志》8卷《附录》1卷等。其他著述有《绩学堂文抄》6卷、《诗抄》4卷等。其《勿庵历算书目》（又名《勿庵历算书记》）1卷著录历算诸书88种（历学62种，算学26种），不分类目。每书先著录书名卷数，次为提要，并标明是否刻版。

刘铎，字振愚，湖南长沙人，好藏书，致力于数学研究。清光绪二十三年，刘铎寓居京师时与姻丈张埜秋商榷数理之学辑《古今算学书目》，编为《若水斋古今书录》七卷附《古今算学丛书编目》1卷，有清光绪二十四年算学书局石印本。全书以算学及应用算学为纲，从大量典籍中选取有关专著及部分卷次章节，分为7大类：经15小类510部；史4小类284部；象数20小类（象总、勾股、三角、割圆、弧角、曲线、数总、之分、开方、比例、垛积、对数、天元、四元、代数、微积、象总数、算器、算表、算说）477部；乐律4小类（律学、声音、图谱、乐说）126部；兵法三小类（兵原、算地、兵器）153部；格致11小类（格致总、重学、光学、水学、气学、电学、化学、矿学、制器、农学、医学）228部；天文7小类（历象、仪象、历表、星历、星命、星占、历说）535部。共计2313部（宋版1部、元版6部、明版约400部，日文版20部，抄本80部，稿本53部，还有未刊的清稿本125部）。附有自著算学丛书目录276条。该目录十分注重版本弃取，详注版本及藏书校书，间或审定作者与内容，略加案语。

① 朱克敬：《儒林琐记》，岳麓书社1983年版，第17页。

丁福保（1874—1952），字仲祜，号畴隐居士，又号济阳破衲。江苏无锡人。清末诸生，曾任京师大学堂及译学馆教习。后改习医学，于上海创办丁氏医院、医学书局，先后编译出版国内外医学书籍80余种，合称《丁氏医学丛书》。丁氏在南菁书院就读时，曾手录书院藏书目录1部，立志收藏古籍，藏书达15万卷，建“诂林精舍”，并致力于古籍校勘、编纂及目录工作。编有《说文解字诂林》《文选类诂》《古钱大辞典》《佛学大辞典》《汉魏六朝名家集初刻》《全汉三国晋南北朝诗》《历代诗话续编》及《清诗话》等。光绪二十四年（1898），丁福保任无锡竢实学堂算学教习时，为使诸生掌握算学门径选择中西重要算学著作撰写提要，次年完成《算学书目提要》3卷。上卷为中算类，自《周髀算经》至《勾股六术》，20部；中卷为西算类，自《算法须知》至《对数表》，41部；下卷为中西算总类，除中西算合著外，还包括畴人传、算学丛书、算学目录等27部。合计88部，每书均有简要提要，评介内容与版本等，具有较高学术价值和实用价值。

此外，周中孚有《子书考》，涉及较多清科技著作。

(五) 金石目录学

宋代以来，金石目录学不断发展，元明两代，金石学术荒疏，至清恢复发展而有精进。清人重视金石补史证史作用，金石目录大行其道。方志中多有金石卷，收录本地金石图书。

黄叔璥（1680—1758），字玉圃，晚号笃斋，大兴人。康熙四十八年（1709）进士。累官江南常镇道。著有《近思录集注》《慎终约编》《既倦录》《广字义》等。因有感于中州金石残缺不全，亟待整理与研究，撰成《中州金石考》8卷。目录按各府州排序，府州以下以县系之。搜采颇富，著录碑石名、书者、字体、所在位置、立碑石年月，间采前人论辩，附缀考证。

毕沅（1730—1797），字纕蘅，又字秋帆，号灵岩山人，江苏镇洋（今太仓）人。乾隆二十五年进士，授修撰，官至湖广总督。著有《续资治通鉴》《灵岩山人诗集》《灵岩山馆文抄》《经典文字辨证书》《晋书地理志补正》等。毕沅通金石之学，于巡抚河南时撰《中州金石记》5卷，详记河南历史上重要汉碑、唐碑、宋碑、金元碑碑碣之名称、立石年代、字体、撰文书丹者、碑文内容及存在地点。毕沅任陕西巡抚时收集关中金石编辑而成《关中金石记》8卷，收录上自秦汉下迄金元之金石700余种，每种皆按编年撰记，有考证史传、厘订文字之功。

孙星衍（1753—1818），字渊如，又字季仇，阳湖（今江苏常州）人。乾隆五十二年（1787）进士。嘉庆十年（1805）授山东登青莱道。富藏书，精诗文，深究经史小学。孙星衍与邢澍（1759—1823）合撰《寰宇访碑录》12卷，主要根据邵晋涵参与编纂《四库全书》时获取的石刻、郑樵《金石略》的副本、孙氏所见的摹拓，以及王昶、钱大昕、翁方纲、冯敏昌、阮元、黄易、武亿、赵魏、何元锡等人邮寄给孙氏的拓片，再加上邢澍所收藏的石刻拓本编纂而成。该目录以时代为序，起自周，迄于元末，共收录石碑及古砖瓦7000余种。所录石刻，皆注明其书体、撰书人姓名、碑刻的年月、后人题记及刻于碑阴的文字。所录砖瓦除按石刻的著录体例，还注明石碑所在地及砖瓦之藏家，于嘉庆以前碑刻著录最为详备。此后，清篆刻家赵之谦（1829—1884）把《寰宇访碑录》完成后60年间出土以及所见的碑版加以著录，成《补寰宇访碑录》5卷，所补碑刻起自秦汉，迄于元代。清末叶德炯取家藏金石诸刻对孙星衍《寰宇访碑录》和赵之谦《补录》中讹舛缺漏之处进行补正，再加上新出土的碑刻，撰成《梦篆楼访碑录》2卷，收录达1400余种。

清金石目录著作，以吴式芬所撰《攈古录》20卷收录最富。该目录为补孙星衍《寰宇访碑录》书之未备，删其讹复，增商周秦汉以来吉金。共收录金类1781种，石类15230种，砖瓦类1105种，加上木、玉、瓷等类，合计18128种。

清金石目录专著一地颇多，以中州为例，有数十部。除毕沅《中州金石记》，还有黄叔璥撰《中州金石目》4卷《附补遗》1卷、杨铎撰《中州金石记》8卷、洪亮吉撰《登封县金石志》和姚晏撰《中州金石考》等。再以山左（山东）为例，始有毕沅、阮元共同编纂的《山左金石志》24卷。后有段松龄撰《山左碑目》4卷，法伟堂编纂《续山左金石志》及《山左访碑录》13卷，尹彭寿撰《山左北朝石存目》1卷，田士懿撰《山左汉魏六朝贞石目》4卷。

清代金石目录著作多为收藏家和学者所为，除上述目录外还有：曹溶撰《古林金石表》1卷；钱大昕撰《潜研堂金石文字目录》8卷；吴大澄撰《愙斋藏器目》1卷；刘喜海撰《嘉荫庵藏器目》1卷；缪荃孙撰《艺风堂金石文字目》18卷、《辽金石存目》1卷；李璋煜编《爱吾鼎斋藏器目》1卷；丁彦臣撰《梅花草庵藏器目》1卷；李佐贤撰《石泉书屋藏器目》1卷；孙汝梅撰《读雪斋金文目手稿》1卷；王锡綮撰《选青阁藏器目》1卷；潘祖荫撰《攀古楼藏器目》2卷；邹安撰《周金文存》6卷；凌霞撰《癖好堂收藏金石书目》1卷等。

清代金石目录学具有集大成的特征。顾炎武撰《金石文字记》6卷，金石学著作。叶昌炽《语石》有关于金石目录著作分类，把著录金石之书分为存目、录文、跋尾、分代、分人、分地六类，这是金石著作分类。还有金石书目汇编。叶铭（1867—1948），字盘新，又字品三，号叶舟，安徽歙县人。热心金石文字考证及乡邦图书收集。其《金石书目》（清宣统二年西泠印社印本）收录金石目录492种。

（六）版本目录学

清代伴随着考据学的兴起，版本目录学快速发展。康熙时钱曾《读书敏求记》是较早的一部版本目录，不仅详记图书之次第完缺、古今异同，论缮写刊刻之工拙，还提出版本鉴定方法。康熙另一位版本目录学家徐乾学（1631—1694），字原一，号健庵，江苏昆山人。康熙九年进士，授编修。历官侍讲学士、内阁学士、刑部尚书等。曾主持编写《大清一统志》《清会典》《明史》等。学贯古今，尤精金石之学。家藏甚富，曾建藏书楼七楹，名为传是楼。著有《通志堂经解》《碧山集》《词馆集》《读礼通考》《文集》《外集》，辑有《鉴古辑览古文渊鉴》及《传是楼书目》。徐乾学撰《传是楼宋元版书目》1卷，清道光六年刘氏味经书屋抄本。书目分“天”“地”“玄”“黄”“宇”“宙”“洪”“荒”8字格，每字格下又可分为一格、二格或下格等，共收书450种。详细注明书名、卷数、本数及版本情况，具有版本目录之价值。

清版本目录学自钱曾开启，至乾嘉时达到极盛。《天禄琳琅书目》和《天禄琳琅续书目》均是官修目录中重要的版本目录。其先依版本时代著录，再依经史子集四部排列，每书记载书名、函数、册数和缺佚情况，其解题记其椠梓年月、版本类型、收藏家题识、印记，考其时代与爵里，论刻印之工拙，叙版本之源流，比《读书敏求记》更为详备。

嘉庆、道光间除陈鳣《经籍跋文》外，黄丕烈颇有成就，黄丕烈（1763—1825），字绍武，号荛圃，江苏吴县（今苏州）人。目录学家、校勘学家、藏书家。有藏书室士礼居、百宋一廛，撰有《百宋一廛书录》1卷、《黄荛圃藏书题跋》10卷等。其《百宋一廛赋注》增录旧本之版式行款。其藏书题跋，以书志题跋论校勘版本源流，丰富了版本目录学的内容。

清代版本目录学兼容了版本考证和辨伪。姚际恒（1647—约1715）撰《古今伪书考》1卷，对经史子伪书一一考辨、证伪，涉及经类19种、史类13种、子类30种，成为后世考辨伪书的重要参考。

清代版本目录学最有成就的是叶德辉。叶德辉（1864—1927），字奂彬，号直山，别号郎园，湖南湘潭人。清末目录学家、版本学家、藏书家。光绪十八年（1892）进士，与张元济、李希圣为同年，三人均分部主事，叶德辉到吏部不久便辞官归湘里居，并以提倡经学自任。著有《书林清话》《郎园读书志》《观古堂藏书目》《经学通诂》《六书古微》等数十种。叶德辉喜藏书，与目录学家缪荃孙等交往，精通校勘、版本和目录。积数十年心血探讨版本目录问题，于宣统三年（1911）撰成《书林清话》10卷。该书仿叶昌织《语石》，类俞正燮《癸巳类稿》，述历代书籍镂刻源流、优劣及书林掌故。卷一总论刻书之益，并说明古代书籍和版本的各种名称。卷二至卷十，按宋、元、明、清先后顺序，分别阐述历代刻书的规格、材料以及工价的比较，印刷、装订、鉴别、保存等方法，全面叙述古代活字版印刷、彩色套印的创始和传播，各时代刻书机构、内容、版权、版式、纸墨、收藏等，兼及历代刻书、抄书、卖书、藏书的掌故逸闻。该书对版本目录学进行了全面的研究，对版本进行了界定，阐述了版本学的产生和发展及其在学术研究中的重要意义。

《书林清话》是中国第一部系统论述古籍版本的版本目录学著作。叶德辉另撰有《郎园读书志》16卷[①]，汇编其读书之叙录及藏书之题跋，

---

① 前11卷及第16卷为叶德辉所撰藏书题跋，其余4卷为自藏清诗文集提要。此书叶德辉生前编定，其卒后于1928年以活字排印于上海澹园。

论明清精刻本之优劣，兼及学术源流。谢国桢《丛书刊刻源流考》评价叶德辉“精于目录之学，能于经史之外，独具别裁，旁取史料，开后人之学之门径”。

第三节 清代目录学思想

一 古典目录学流派

（一）校雠目录之争

受清代学术汉宋之争的影响，在目录学领域出现了校雠目录之争，是关于目录学与校雠学两个学科的争论，涉及两个主要问题：一是有没有目录学存在的问题；二是校雠与目录的关系问题。

这一争论最初表现为对于目录简记书名、甲乙纪数的贬低甚至强烈反对。清初全祖望早就反对考据一派仅考证图书卷帙与时代而无学问的做法，“今世有所谓书目之学者矣。记其撰人之时代，分帙之簿翻，以资口给。即其有得于此者，亦不过以为捋撦獭祭之用”[①]。全祖望所力贬之目录学是今世的“书目之学”，于古代目录学并没有全盘否定，他有目录学著作《读易别录》，对史志目录亦有研究，在《移明史馆贴子》中说“横云山人撰《明艺文志稿》，专收有明一代之书，其简净似为可喜。然古代于‘艺文’一门，必综汇历代所有，不以重复繁冗为嫌者，盖古今四部之存亡所由见焉”，“典则遗文，借此不坠，斯岂仅书目而已者”[②]。他之所以反对《明史·艺文志》记一代著述之盛，也是崇古代目录学记百代之有无之传统。

到了乾嘉时期，由于义理派与考订派的尖锐对立，校雠目录之争正式开启。姚名达认为“乾嘉以后，‘目录学’便堂堂皇皇地挂起招牌来了。在从前，是‘有其实而无其名’；到这时，便正名为‘目录学’了。但因为是新起的名词，所以有人反对”[③]。

---

① （清）全祖望：《丛书楼书目序》，《全祖望集汇校集注》，上海古籍出版社 2019 年版，第 611 页。

② （清）全祖望：《鲒埼亭文集选注》下编，商务印书馆 2018 年版，第 345—348 页。

③ 姚名达：《目录学》，商务印书馆 1933 年版，第 7 页。

章学诚继承和发展郑樵的校雠学说，力挺校雠学之名以否定目录学的存在。他在《章氏遗书》外篇卷一《信摭》中说："校雠之学，自刘氏父子，渊源流别，最为推见古人大体。而校订字句则其小焉者也。绝学不传，千载而后，郑樵始有窥见，特著校雠之略，而未尽其奥，人亦无由知之。世之论校雠者，惟争辩于行墨字句之间，不复知有渊源流别矣。近人不得其说，而于古书有篇卷参差，叙例同异，当考辨者，乃谓古人别有目录之学，真属诧闻。"[①] 这就将校雠学与目录学对立起来，褒扬校雠学而贬低目录学。章学诚为何要反对"目录之学"这一名称，除了针对考订派，也与他不受重用的遭遇有关。1775 年，就在四库全书馆开办的第三年，全国知名学者被征召到京参与《四库全书》的编纂，而章学诚到京后并未受用，限于科第以及非考据学派，次年才做了国子监的典籍，"这对章学诚的学术思想成就来说当然是一个侮辱"[②]，以至于对考订派主导的《四库全书》及《四库全书总目》失望，即使求取了功名仍回永清著述，在《校雠通义》中以反考订派及其"目录之学"为名抒发了对于自己受辱的愤怒和对于皇家所谓正统学术的不满。

校雠目录之争形成了主校雠派和主目录派。主校雠派分为两类，一类是直接否定目录学的存在，另一类是反对目录学只简记书名、甲乙纪数而不能辨别学术源流。朱一新（1846—1894）《无邪堂答问》卷二称："目录校雠之学所以可贵，非专以审订文字异同为校雠也……世徒以审订文字为校雠，而校雠之途隘；以甲乙簿为目录，而目录之学转为无用。多识书名，辨别版本，一书估优为之，何待学者乎？"校雠目录之争实质是关于两个学科名与实以及学科范畴的争论。余嘉锡指出郑、章等人概念上的不确切。他说："据《风俗通》引刘向《别录》，释校雠之义，言校其上下得谬误为校，则校雠正是审订文字，渔仲（郑樵）、实斋（章学诚）著书论目录之学，而目为校雠，命名已误。"[③]

校雠目录之争既有现实的学术背景影响，也有其历史根源和思想根

---

① （清）章学诚：《章氏遗书》第六册，商务印书馆 1936 年版，第 8 页。

② 王重民：《章学诚的目录学》，《文史》第 7 辑，1979 年 12 月。

③ 余嘉锡：《目录学发微》，中华书局 1963 年版，第 7 页。

源。魏晋形成的簿录思想和简化之风，一直影响到明代，被许多目录学家所诟病。事实上，目录学在魏晋之时已经分野，目录学不断产生新的功能和新的方向，这对于封建时代目录学的保守派而言是难以接受的。

（二）目录学流派的划分

清代目录学家对中国目录学的发展进行了全面总结，开展了目录学派别的研究。

从目录编纂者或从目录学家的角度是进行目录学流派划分的一个重要依据，清乾嘉间洪亮吉（1746—1809）《北江诗话》卷三将清代藏书家旨趣分为五种情况："得一书必推求本原，是正缺失，是谓考订家"；"辨其板片，注其错讹，是谓校雠家"；"搜采异本，上则补石室金匮之遗亡，下可备通人博士之浏览，是谓收藏家"；"第求精本，独嗜宋刻，作者之旨意纵未尽窥，而刻书之年月最所深悉，是谓赏鉴家"；"于旧家中落者，贱售其所藏，富室嗜书者要求其善价，眼别真赝，心知古今，闽本蜀本，一不得欺，宋椠元椠，见而即识，是谓掠贩家"。虽是对藏书家的划分，实际上，藏书家均有目录活动，因而目录也有考订家目录、校雠家目录、收藏家目录、赏鉴家目录、掠贩家目录五类。孙德谦《刘向校雠学纂微》则把古今目录分为藏书家之目录、读书家之目录和史家之目录三类。

由于目录学的研究成果主要表现为目录著作，因此，按目录著作划分目录学流派成为清代目录学流派划分的主要依据。清龚自珍说："目录之学，始刘子政氏。嗣是而降，有三支：一曰朝廷官簿，荀勖《中经簿》，宋《崇文总目》、《馆阁书目》，明《国史经籍志》是也；一曰私家著录，晁公武《郡斋读书志》、陈振孙《书录解题》以下是也；一曰史家著录，则汉《艺文志》、隋《经籍志》以下皆是也。"[①] 龚自珍还认为"三者其例不同，颇相须为用，不能以偏废"。汤纪尚在为目录学家周中孚写的《周郑堂别传》中说："目录之书，权舆中垒[②]。流派有三：曰朝

---

① （清）龚自珍：《上海李氏藏书志序》，《龚自珍全集》，上海人民出版社 1975 年版，第 202 页。

② "权舆中垒"，刘向曾官中垒校书，意即始于刘向《别录》。

廷官簿，曰私家解题，曰史家著录。”①

（三）清代目录学的四大学派

魏晋以来，目录学的两大学派即考辨学派和记录学派，经过宋代的大发展，逐渐形成了两派的势力范围和鲜明的学科特色。两派均以图书和校雠为对象，以刘向父子为鼻祖，以分类和著录为基本方法，以目录著作为主要成果，一直致力于中国目录学的继承、创新与发展。但是，两派的主旨、研究思路和方法以及侧重点各有不同。考辨派以考辨学术为己任，突出类例的学术性，以分类反映学科体系，以大小序和解题作为学术研究的重要途径，以体现学术史的职能。而记录派以记录文化为己任，突出目录的记录作用，以分类纲群籍，以简明著录和形式揭示作为文化记录的重要方式，以体现文化史的职能。

受社会和学术文化多方面因素的影响，这两大学派在清代出现了进一步分化的特征。考辨学派在清代朴学和校雠目录之争的影响下分化为以义理为核心的义理考辨学派和以考据为核心的考据考辨学派。而记录学派在封建政治和多元文化冲突的影响下分化为以藏书为核心的藏书记录学派和以导读为核心的导读记录学派。这样，清代目录学形成了四大学派。

一是义理考辨学派。这一派继承郑樵的目录学思想，高举学术史的旗帜，在史志目录学、佛道目录学等领域作出了重要贡献。以章学诚、全祖望、万斯同等为代表，形成了“辨章学术考镜源流”的目录学思想和基于文史义理的目录学理论体系。这一派以刘《略》、班《志》为崇，以校雠目录学正宗而自居，尤重发凡起例，与史学的结合十分紧密，其理论贡献突出。

二是考据考辨学派。这一派因清代考据学而兴起，突出目录学在读书治学中的作用与地位，在史志目录学和校勘学、版本学等领域作出了重要贡献。以王鸣盛、戴震、段玉裁、王念孙等为代表，建立了比较严密的目录学方法论体系。这一派与文字、音韵、训诂等学科相融合，成

① （清）汤纪尚：《槃薖甲乙集》，清代诗文集汇编编纂委员会《清代诗文集汇编：七七二》，上海古籍出版社2010年版，第295页。

就了《四库全书总目》这样的宏大学术文化工程，其方法论贡献巨大。值得注意的是，考据考辨学派与义理考辨学派有一个共同之处，都是讲学术，如《四库全书总目·经部总叙》辨《易》学为两派六宗：“而《易》则寓于卜筮，故《易》之为书，推天道以明人事者也。《左传》所记诸占，盖犹太卜之遗法。汉儒言象数，去古未远。一变而为京（房）焦（延寿），入于机祥；再变而为陈（抟）邵（雍），务穷造化。《易》遂不切于民用。王弼尽黜象数，说经老庄，一变而为胡瑗、程子，始阐明儒理；再变而为李光、杨万里，又参证史事，《易》遂日启其论端，此两派六宗已互相攻驳。”然而，两派于学术侧重有所不同，考据考辨学派不像义理考辨学派那样专论学术渊源与流别，而是将考辨学术杂糅于考据之中。

三是藏书记录学派。这一派在历代两大藏书目录事业中发展起来，以藏书楼为重要载体和平台，发展了官私藏书目录两大体系，在藏书史和地方文献目录学等领域有重要建树。以钱曾、孙从添、叶德辉等为代表。如钱曾出身藏书世家，与钱谦益等藏书家来往密切。孙从添《藏书纪要》有购求、鉴别、抄录、校雠、装订、编目、收藏、曝书八法。孙从添以为“编目最难”，必须编撰“大总目录”——即藏书之总目、“宋元刻本抄本目录”即所藏之精华目录、“分类书柜目录一部”即分类排架目录、“书房架上书籍目录，及未订之书，在外装订之书、抄补批阅之书，各另立一目”——即临时目录4种目录。叶德辉《藏书十约》论购置、鉴别、装潢、陈列、抄补、传录、校勘、题跋、收藏、印记，又有《书林清话》《书林余话》专论版本。这一派以私人藏书家居多，以得秘籍善本并进行编目为业，黄丕烈《汪刻〈郡斋读书志〉序》曰：“余从事于此，逾二十年。自谓目录之学，稍窥一二，然阅历既久，知识愈难。曾有《所见古书录》之辑，卒不敢以示人者，以所见之究未遍也。”这一派与刻书业和出版业保持密切的关系，为保存图书和文化特别是地方文化作出了突出贡献。其藏书目录理论与方法在中国目录学上占有突出地位。

四是导读记录学派。这一派以历史上的目录学评价与推荐方法为基础，发展推荐目录和举要目录，将目录学为封建统治者服务的资政致用功能发展为面向广大读书人的导读功能。早在清初，就有李颙为童蒙后生编纂有导读目录《读书次第》，“由《小学》渐入大学，自经传徐及文史，步步有正鹄，书书有论断”，实为“自童蒙以至大人”的“入圣之正门，为学之上路”①。到清末张之洞时，导读目录已成为潮流。这一派以强烈的社会责任感和使命感，关心政治、教育和文化发展，强调目录致用，突出目录学的社会作用和文化教育作用。

二　四库目录学思想

《四库全书总目》与《四库全书》如一体两面，是四库全书馆同步进行的两项重大工程，实质是一个总工程。两大工程均从乾隆三十七年（1772）开始，《四库全书》工程经10年完成，《四库全书总目》至乾隆四十七年（1782）七月初稿完成，也已10年。其在以后的七六年间，随着《四库全书》的不断补充和抽换，进行了多次修改、补充与增改，最终于乾隆五十四年（1789）写定《四库全书总目》（又称《四库全书总目提要》，简称《四库总目》）200卷，并于同年由武英殿刻版印行。乾隆六十年（1795），浙江地方官府又据杭州文澜阁所藏武英殿刻本翻刻，自此广泛流传。之后有同治七年（1868）广东刻本。② 由此可见，《四库全书总目》工程主体完工至少在18年以上。

清修《四库全书》以及《四库总目》，是中国目录学史上的一件大事，也是中国学术文化史上的一件大事。《四库全书》以及《四库总目》吸收了历史上校雠目录事业的优良传统，在事业组织与工作方法诸多方面都有创新，其编纂过程复杂，学术文化内容丰富，形成了四库目录学思想。

（一）学术文化事业的组织思想

《四库全书》及《四库总目》纂修是一个系统工程，建立了庞大的组织体系。

① 李士瑸：《读书次第·识言》，李颙《二曲集》卷八，中华书局1996年版。

② 中华书局1965年影印本是以浙本为底本，校以武英殿本和广东本而成的，书后附《校记》、《四库禁毁书提要》（9篇）以及阮元撰《四库未收书目提要》（170多篇）。

乾隆三十八年（1773）二月，四库全书馆于翰林院正式成立。

古代目录学有合作编目传统，唐代形成的合作编目思想影响到后来的官修目录，到清代产生了更大规模的有组织的协同编目。《四库全书》及《四库总目》纂修集中了当时一大批著名的学者，参加编修、抄写、装订等项工作的近4000人[①]，其中360名学者都是从全国各地挑选出来的博学通儒或汉学家，例如戴震、邵晋涵、朱筠、姚鼐、王念孙。四库馆臣有组织有序地为四库事业而辛劳，如每日午后“各以所校阅某书应考某典，详列书目，至琉璃厂书肆访之”[②]。这是一项史无前例的学术文化事业，在目录学史上也是绝无仅有的。

《四库总目》以乾隆第六子永瑢领衔编撰，实际上由纪昀总其成。纪昀（1724—1805），字晓岚，一字春帆，直隶献县（今河北沧县）人。乾隆十九年（1754）进士，官至礼部尚书、协办大学士。乾隆修《四库全书》，纪昀终始其事。江藩称誉他于目录学有功：“公于书无所不通，尤深汉易，大辟‘图书’之谬。四库馆提要、简明目录，皆出公手。大而经、史、子、集，以及医、卜、词、曲之类，其评论抉奥阐幽，词明理正，识力在王仲宝、阮孝绪之上，可谓通儒矣！”[③]

四库目录学继承并发展了刘向以来的分工校书传统。校理《四库全书》各有分工，由专门学者分任，史部由邵晋涵负责，子部由周永年负责，经部及子部的天文、算学类皆由戴震负责，各分别撰写初稿。每一提要都要经过多人多遍改写，最后由纪昀总其成。纪昀对各家所撰，别择去取，笔削考核。纪昀《文集·诗序总义序》自称：“余于癸巳受诏校书，殚十年之力，始勒为总目二百卷，进呈乙览。”

《四库总目》纂修是清代政府藏书目录事业的浩大工程，其规模之宏大远超历代。《四库总目》的价值不仅仅在目录学领域，对于中国古代学术文化亦有重要的价值。

《四库总目》纂修是一项学术工程，其在学术上，充分体现出“辨章

① 陈力：《中国古代图书史》，社会科学文献出版社2017年版，第455页。

② 王钟翰：《清史杂考》，冯天瑜《东方的黎明》，巴蜀书社1987年版，第141页。

③ 江藩：《汉学师承记》卷六，上海大东书局1921年版，第4页。

学术，考镜源流”之学术特色，“对十八世纪以前的学术进行了一次总结”[①]。《四库总目》的内容包罗万象，覆盖哲学、历史、文艺、政治、社会、经济、军事、法律、医学、天文、地理、算学、生物学、农业等各个学科领域，对中国古代学术分类进行了系统条理与提炼，是一部中国古代的学术史纲。《四库总目》历来受到学术界的高度评价，也是各门学科的基础和重要来源，被视为读书治学之门径，对于学者及其研究具有极其重要的意义。

《四库总目》纂修是一项文化工程，其在文化上，《四库总目》反映历代图书之精品，对中国古代图书进行了一次全面梳理与总结，是中华文化的结晶。其文化内容博大精深，是研究中华历史文化的一部指南，对于弘扬中华文化传统具有非常重要的意义。

（二）按政治标准分流图书的著录思想

乾隆修《四库全书》，一方面集中了大量民间藏书，发展了国家藏书目录事业；另一方面，寓禁于征，禁毁了大批珍贵图书，甚至被收入《四库全书》的一些图书，也被篡改，使面目全非，成为继中国历史上图书“十厄”之后的又一大厄。

乾隆三十七年（1772）正月的求书谕旨中便令各省督抚“先将求到各书叙列目录，注系某朝某人所著，书中要旨何在，简明开载，具折奏闻”（《四库全书·卷首》）。

乾隆三十九年（1774）八月诏书明言：“明季末造，野史甚多，其间毁誉任意，传闻异辞，必有抵触本朝之语，正当及此一番查办，尽行销毁。杜遏邪言，以正人心而厚风俗，断不宜置之不办。”

在乾隆修《四库全书》期间，从乾隆三十九年至四十七年，据兵部奏报，共毁书 24 次，538 种，13862 部[②]。孙殿起《清代禁书知见录》说：“四库馆臣以后并议定查办违碍书目条款：凡宋明人著作中称辽、金、元为敌国者，俱应酌量改正；如有议论偏谬尤甚者，仍行签出拟销；即下至于书中有挖空字面，墨涂字样，缺行空格，亦指为意存违悖，语

① 来新夏：《古典目录学》，中华书局 1991 年版，第 265 页。

② 范文澜：《中国通史简编》下册，商务印书馆 2010 年版，第 756 页。

必干犯，都在撤毁之例。即幸而得存，亦复大加点藏，尽改本来面目。据《禁书总目》《掌故丛编》《文献丛编》《办理四库全书档案》诸书考之，在于销毁之例者，将近三千余种，六七万部以上，种数几与四库现收书相埒。”“自秦政焚书后，实以此次查禁为书籍空前浩劫。各书多有未经镌刻只系传抄孤本存留者，如黄宗羲辑《明文案》一部五十本，采集可谓繁富，竟因销毁而散亡。此外明末之史书，清初之小说戏曲等，亦多因查禁而失传。至于其他所进各书，凡未经刊刻而湮灭者，尤不知凡几。”（孙殿起《清代禁书知见录·自序》）

《四库全书》对于图书的保存、流传的贡献是不能抹杀的，但是《四库全书》对于典籍经由删改和禁毁的摧残同样是不能忽略的。《四库总目》编纂的目的主要是服务于乾隆帝删改和禁毁典籍的私心的。

《四库总目》共收书 10254 种，172860 卷。分为“著录”书和“存目”书两大部分。“著录”书，写为定本，收入《四库全书》之内，共收录图书 3461 种，79309 卷。“存目”书是不收入《四库全书》内的，但在《四库总目》中有提要，共收录图书 6793 种，93551 卷。①

清代通过修《四库全书》及《四库总目》，按政治的标准实现了图书的分流，即在国家管理图书事业上实现通行与禁书的分流，在目录著作中实现著录书与存目书的分流。从两类收书数量可见，列入“存目”数量远大于“著录”的数量，因而说这是一次书史大厄并不过分。

根据《四库总目·凡例》规定，列入“存目”者，大致有两种情况。一种是其书有谬误，应在提要中“附载其名，兼匡误谬”；另一种是“寻常著述，未超群流……并亦存其目。以备考核”的。《四库全书》“等差有辨，旌别兼施”。由于乾隆修四库，大量珍贵图书被列入禁书，惨遭删改、遗弃和销毁，正因为《四库总目》有收录且有“存目”提要，使后人窥见其崖略，为后世征寻提供了重要线索和依据。从这个意义上，《四库总目》具有存征的意义。

---

① 关于《四库总目》著录数量有四说：其一据清周中孚《郑堂读书记》，著录 3448 种，78762 卷；存目 6783 种，92241 卷。其二据陈垣统计，著录 3503 种，79337 卷。其三据杨家骆统计，著录 3457 部，79070 卷；存目 6766 部，93556 卷。其四为中华书局统计。此处即据中华书局 1965 年出版的《四库全书总目》之出版说明。

四库目录学的分流思想还反映在对书目的体例上，一是将“圣谕”“表文”作为“卷首”，置于四部之上，体现尊帝的政治思想。二是各类图书以时代为序排列，但历代帝王著作仿《隋志》例，冠于各代之首。“列朝圣制、皇上御撰，揆以古例，当弁冕全书。而我皇上道秉大公，义求至当，以四库所录包括古今，义在衡鉴千秋，非徒取尊崇昭代。特命各从门目，弁于国朝著述之前”（《四库总目·凡例》）。其余概以登第之年、生卒之岁排比，“登第之年、生卒之岁为之排比，或据所往来倡和之人为次。无可考者，则附本代之末”，且“释、道、闺阁亦各从时代，不复区分”。

（三）学术分类与图书分类集大成的分类思想

《四库总目》分经史子集四部，44类66属，形成了一个比较完备的目录分类体系。

经部（10类9属）：易；书；诗；礼（周礼、仪礼、礼记、三礼总义、通礼、杂礼书）；春秋；孝经；五经总义；四书；乐；小学（训诂、字书、韵书）。

史部（15类27属）：正史；编年；纪事本末；别史；杂史；诏令奏议（诏令、奏议）；传记（圣贤、名人、总录、杂录、别录）；史钞；载记；时令；地理（宫殿疏、总志、都会郡县、河渠、边防、山川、古迹、杂记、游记、外记）；职官（官制、官箴）；政书（通制、典礼、邦计、军政、法令、考工）；目录（经籍、金石）；史评。

子部（14类25属）：儒家；兵家；法家；农家；医家；天文算法（推步、算书）；术数（数学、占候、相宅相墓、占卜、命书相书、阴阳五行、杂技术）；艺术（书画、琴谱、篆刻、杂技）；谱录（器物、食谱、草木鸟兽虫鱼）；杂家（杂学、杂考、杂说、杂品、杂纂、杂编）；类书；小说家（杂事、异闻、琐语）；释家；道家。

集部（5类5属）：楚辞；别集（汉至五代、北宋建隆至靖康、南宋建炎至德祐、金至元、明洪武至崇祯、国朝）；总集；诗文评；词曲（词集、词选、词话、词谱词韵、南北曲）。

四部分类始于魏晋，历经唐、宋、元、明四代，至《四库总目》得到了最后一次全面改进和完善，成为古代四部分类的集大成者。其突出之处有以下三点：

其一，确立了三级分类体系，体系谨严。在各部小类和子目的设立和改造上，扩充、完善了四部分类法。还暗分子目，例如别集类图书很多，又分作若干时期，只是没有明确标识出来。

其二，吸收传统目录类例的发展成果，择善而从。《四库总目》设类兼采历代官私书目之长，史部仿《宋志》立别史类，仿《千顷堂书目》将名、墨、纵横家合并入杂家。集部分楚辞类、别集类、总集类、诗文评类、词曲类五类，基本沿袭了以往目录体例，略有变化。

其三，为适应学术和图书变化设置新类目。《四库总目》凡例云："古来有是一家，即应立是一类；作者有是一体，即应备是一格。"从而提出了立类的原则。如史部纪事本末类。集部词曲分词集、词选、词话、词谱词韵、南北曲等5个子目，以反映文学书籍的发展。

受时代和目录学家认识的局限，《四库总目》的四部分类存在一些突出问题，过于尊崇儒道、强调一统，使四部分类僵化；分类不以学术为主、类目的设置太少、分类标准不一致等。

（四）体例完备的类序思想

《四库总目》卷首分列乾隆"圣谕"，四库馆臣所上"表文"以及"职名"，详述《四库全书》和《四库总目》的纂修经过。书前"凡例"20则，论及全书体例，阐明编纂宗旨与原则，包括收录范围、分类、著录、图书排序等，如"至于笺释旧文，则仍从所著录之书，而不论作注之人"。突出排列有依据，强调次第而有序，阐述详细而明确。因此，这是一篇重要的目录学文献。

类序历来为史志目录所长，历代官修目录少有类序，直到《四库总目》才恢复和发展了这种小序体制。

《四库总目》四部部首各冠总序，44类之首各有小序。"四部之首，各冠以《总序》，撮述其源流正变，以挈纲领；四十三［四］类之首，亦各冠以《小序》，详述其分并改隶，以析条目。如其义有未尽，例有未该，则或于子目之末，或于本条之下，附注案语，以明通变之由。"（《四库总目·凡例》）大序撮述学术源流正变，阐明得失，提纲举要，文辞博辨，切中肯綮，不乏独到见解。小序重在学术源流及得失评价，详述类目的源流、得失、调整和新增情形及其原因，部分借鉴《直斋书录解题》的小序方法。

（五）体现考据特征的解题思想

《四库总目》体例完备，所有收录之书，皆著录书名、卷数、作者和所据版本。除著录详明，体现了很高的著录水平，其最大的特色在于每书之下皆有提要，是一部高水平的提要目录。

《四库全书》凡决定收录或不收录的全部书籍，均由馆臣进行一一校订和提要编撰，论述“各书大旨及著作源流，篇帙分合”，“列作者之爵里”，“考本书之得失”，以及“辨言一交字增册篇帙分合”等。乾隆三十九年（1774）七月，提要编撰已达万种以上，此后又在收入《四库总目》各书之下加注版本来源。

《四库总目》继承了古代目录解题之优良传统，运用考据学方法加以改进，解题以考证为核心。对于一些古籍的考订，吸收了当时的研究成果，订正了前人的某些缺失。《四库总目·凡例》云：“先列作者之爵里，以论世知人，次考本书之得失，权众说之异同，以及文字增删，篇帙分合。”提要简介著者，论述著作内容得失，说明文字增删，卷帙分合，版本异同等，内容全面且深刻，考证精审且严谨，具有极高的学术价值。缪荃孙《丁氏善本书室藏书志序》称：“考撰人之仕履，释作书之宗旨，显征正史，僻采裨官，扬其所长，纠其不逮，四库提要实集古今之大成。”余嘉锡指出《四库总目》不仅“叙作者之爵里、详典籍之源流”，而且“旁通曲证”“剖析条流”“辨章学术”。并不比刘向、刘歆父子逊色；至于剖析条流，斟酌古今，辨章学术，高挹群言，更不是王尧臣、晁公武等人所能望其项背的，当是《别录》以来最好的目录学著作。“就其大体而言，可谓自刘向《别录》以来，才有此书也。”（余嘉锡《四库提要辩证序录》）

《四库总目》对于“义有未尽，例有未该”者，在小类、属、书之末，偶附注案语，或辨章学术，或对于分类进行具体的补充说明。有类末案语，如经部书类最末附案语：“案蔡沈洪范皇极数诸书，虽以洪范为名，而实以洛书九数推衍成文，于洪范绝无所涉。旧以为书类，于义殊乖。今悉退列子部术数类中，庶不使旁门小技，淆乱圣经之大义焉。”有属末案语，如经部小学类音韵之属最末有案语："案韵书为小学之一类。而一类之中又自分三类，曰今韵，曰古韵，曰等韵也。本各自一家之学，至金而等韵合于今韵。"有书末案语，如经部小学类最后附录《六艺纲目》2卷，在该书的提要后有案语："案六艺皆古之小学，而自汉志以后小学一类惟收声音训诂之文。此书转无类可归。今附录于小学之末，存古义也。"

《四库总目》解题具有鲜明的学术思想性，梁启超说："四库馆就是汉学家大本营，《四库提要》就是汉学思想的结晶体。就这一点论，也可以说是：康熙中叶以来汉宋之争，到开四［库］馆而汉学派全占胜利。"①《四库总目》虽是学术文化精品，但并非尽善尽美，书中亦有糟粕。由于《四库总目》属于"钦定"，有关图书内容和作者的评价，多有政治和思想偏见。其宣扬孔孟之道，虽然在一些具体问题上不尽同意程颐、朱熹的意见，本质上还是恪守程、朱理学。对于那些不合封建正统思想的著作，竭力攻击。在涉及少数民族时，态度蔑视，涉及一些友邻国家的记述，流露出封建大国沙文主义思想。其标榜当时盛极一时之"汉学"，有些提要偏于琐屑字句的考证。而且，由于篇幅巨大，内容亦有错误，考证失误者颇多。余嘉锡撰的《四库提要辨证》和胡玉缙、王欣夫辑的《四库全书总目提要补正》纠正了《四库全书总目提要》的一些疵谬疏漏。

王重民认为，《四库总目》总结了我国封建社会时期的目录学方法和经验，在提要方法和方式上"总结并折衷了刘向以来，特别是宋代公私藏书目录编写提要的方法方式，也汲取了清代《读书敏求记》和朱彝尊及常熟派校书家所写题跋记的方法和形式，从而形成了一种新的反映图书的版本、文字和内容，特别结合当时政治需要，宣传封建思想的提要形式"②。

（六）四库目录体系化的发展思想

《四库总目》是中国古典目录著作之集大成者，代表了中国古代目录

① 梁启超：《中国近三百年学术史》，人民出版社2008年版，第23页。
② 王重民：《论〈四库全书总目〉》，《北京大学学报》（人文科学版）1964年第2期。

学的最高成就，其最突出的贡献在两个方面，一个是编纂体例之经典，综合了历代目录体例之优长，四部分类详尽，著录项目丰富，体例最为完备，展现了书目编撰之规范，是目录学方法之大全，为中国目录学树立了光辉典范。另一个是目录学传统之总汇，集历代目录学优秀传统于一体，总序、小序、案语、提要，上下贯通，融为一体，是古代目录学思想的集中应用和目录学精华所在，为中国目录学建立了丰富的知识宝库。《四库总目》的成就超过了历史上任何一部目录著作，在中国目录学史上占有显赫的重要地位。

四库目录学思想是以《四库总目》为中心形成的思想，也是以《四库总目》为基础不断扩充和完善的思想，反映了目录事业的连续性、可持续性和发展性。在《四库总目》产生以后，又完成了两部重要目录，形成“四库系列目录”和四库目录系统。

1.《四库全书荟要》

据《办理四库全书档案》记载，乾隆修《四库全书》时，曾于乾隆三十八年下令：“于《全书》中撷其精华，缮为《荟要》，其篇式一如《全书》之例。”并派于敏中、王际华专司其事，用将近6年的时间编成《四库全书荟要》（简称《四库荟要》）两份，分贮于宫中摛藻堂和圆明园味腴书室。

于敏中等在修《四库荟要》时，同时撰有《四库全书荟要总目》，该目收书463种，分四部42类33子目。仿《四库总目》体例，提要内容以求精简。其特色在于版本著录详细，介绍书的卷数、作者年代爵里、该书缮录所据版本及校本等，具有版本目录的性质。

2.《四库全书简明目录》

由于《四库总目》卷帙浩繁，不便翻检，所以需要编撰一部简明目录。乾隆三十九年（1774）谕旨目录“只载某书若干卷，注明某朝某人撰，则篇目不繁，而检查较易，俾学者由书目而寻提要，由提要而得全书”。于是将《四库总目》的大小序、存目和版本注释删去，形成简目。乾隆四十七年（1782）六月修成《四库全书简明目录》（简称《四库简目》）20卷，乾隆帝命缮写四份分贮北四阁。乾隆四十九年（1784）四库全书馆缮写处分校官赵怀玉录出《四库简目》副本，私刻于杭州。

《四库简目》是《四库总目》的一个简编本，因不收存目，只载某书若干卷，注明某朝某人撰，则篇目不繁，加上提要从简，篇幅只有《四库总目》的十分之一，方便寻检，更是读书之津梁。

《四库简目》早于《四库总目》问世，由于《四库总目》此后不断修改，故两目在收录图书上略有出入。此后，有邵懿辰撰、邵章续录的《四库简明目录标注》①，对《四库简目》进行了补阙、匡谬。

3.《四库撤毁书提要》

乾隆五十二年（1788）三月，四库全书馆缮写处将续写南三阁书籍陆续进呈乾隆帝审查时，乾隆帝发现李清所著《诸史同异录》中有诋毁清世祖福临之处，遂令将该书及提要分别从缮写之各份《四库全书》及《四库总目》中撤出销毁，并于乾隆五十二年、五十三年组织人员复查已被收入北四阁的《四库全书》，其结果是有十种书籍遭到《诸史同异录》同样的命运。光绪姚觐元刻有《四库撤毁书提要》。

4.《四库未收书目提要》

《四库全书》修成后，陆续发现一些世所罕见的善本和孤本。嘉庆中浙江巡抚阮元（1764—1849）贡献甚大。他“身历乾、嘉文物鼎盛之时，主持风会数十年，海内学者奉为泰斗”（《清史稿》卷364《阮元传》），博通经史、小学、金石、历算，认为稽古之学，必确得古人之义例，执其正，究其变。阮元“精通目录之学，注重发凡起例”②，任职期间，广收四库全书未收之书，共收书173种，仿《四库总目》，每书撰写提要，凡所考论，皆从采访之处先查此书原委，由鲍廷博、何元锡诸君参互审定，阮元亲加改定纂写后进呈嘉庆帝，提要价值颇高。道光二年（1822），由阮元之子阮福将这些提要编成《四库未收书目提要》5卷列于阮元《揅经室集》之后，题为外集。

乾隆皇帝好大喜功，武有“十全武功”，文有《四库全书》。乾隆

---

① 《四库简明目录标注》20卷，撰于咸丰时，中华书局1959年出增订本，题为《增订四库简明目录标注》。该书对《四库简明目录》著录的书籍（包括其他书籍）加以批注，标明撰者、卷数和版本。

② 向燕南、张越、罗炳良：《中国史学史（第5卷）明清时期：1840年前：中国古代史学的嬗变》，上海人民出版社2006年版，第395页。

自述修四库宗旨是“为天地立心，为生民立命，为往圣继绝学，为万世开太平，胥于是乎系”。《四库全书》存于七阁，南三阁对外开放。乾隆帝谕地方官吏订立阅览章程，奖励领出抄录，广为流传。这既加强了四库书籍的传播与利用，又促进了清代官私藏书的对外开放和学术交流。

清有《四库全书》及四库系列目录，而后有对《四库全书》及四库系列目录的研究，形成了中国目录学的一个特殊的分支学科——四库目录学。

三　钱曾的目录学思想

钱曾（1629—1701），字遵王，号也是翁，虞山（今江苏常熟）人。其父钱裔肃，明万历年间以藏书精善闻名大江南北，其叔曾祖为钱谦益。目录学家、藏书家。钱曾继承父业，又得钱谦益绛云楼烬余秘籍，并结交太仓吴伟业、秀水曹溶、毛扆等数十绩学好古之辈，借校传抄，得书达4100余种，分藏述古堂、也是园、莪匪楼三处，勤于鉴别与校勘。

钱曾的目录学有三部重要著作：《也是园藏书目》12卷、《述古堂书目》（亦称《述古堂藏书目》）4卷和《读书敏求记》4卷。其目录学思想反映在这三部著作中。

钱曾的目录学贡献主要在版本目录学领域。主要思想有以下方面。

（一）按书设类的分类思想

钱曾的书目分类思想是突破四部分类的思想，也是根据不同书目分别设类的思想，即根据书目收录图书的实际需要而设类，有其书即有其类，收书多则多设类，收书少则少设类。

从分类体系上，《也是园藏书目》收书最多，设类也最多，其分类体系如下：

经部（19类）：经总类；易；书；诗；春秋；三礼；乐；舞；论语；续语；孝经；尔雅；孟子；四书；字书；韵书；碑刻；数；小学。

史部（55类）：正史；通史；编年；史论；运历；杂史；故事；职官；仪注；谥法；国玺；家礼；祭仪；射仪；职掌；营建；律令；法守；

时令；货宝器用；酒茗；食经；种艺；豢养；传记；忠义；节孝；名臣；遗民；仙佛；神；列女；校书；科第；冥异；地理志；都城；宫苑；陵墓；郡邑杂志；图志；朝聘；行役；别志；属夷；川渎；山志；名胜；游览；人物；文献；谱牒；姓氏；年谱；总目。

明史部（4类）：御制；敕修；玉牒；纪注时政。

子部（47类）：儒家；道学；道家；墨家；法家；名家；纵横家；杂家；农家；小说；兵家；军占；天文；星象；五行；玩占；六壬；太乙；奇门；律历；易数；卜筮；占梦；阴阳；星命；相法；相家；宅经；葬书；医书；医家；经论；针灸；本草；方书；伤寒；风科；疮肿；眼科；祝由科；妇人；小儿；摄生；房中；艺术；画录；类家。

集部（11类）：制诰；表奏；骚赋；文集；诗集；集句；诗文；集总；诗文评；四六；词。

三藏（2类）：经论；此土著述。

道藏（5类）：洞真部；洞玄部；洞神部；太玄部；符箓部[①]。

戏曲小说（8类）：古今杂剧；曲谱；曲韵；说唱；传奇；宋人词话；通俗小说；伪书。

《也是园藏书目》共分为经、史、明史、子、集、三藏、道藏、戏曲小说八部151类。是二级分类体系。

《述古堂书目》收书量比《也是园藏书目》少，设类也相应减少，分为78部如下：

经；易；书；诗；春秋；礼；礼乐；易数；儒；小学；六书；金石；韵学；史；杂史；传记；编年；年谱；杂编；姓氏；谱牒；政刑；文献；女史；校书；子；子杂；文集；诗集；词；诗文评；四六；诗话；类书；小说家；仪注；职官；科第；兵家；疏谏；天文；占验；六壬；太乙；奇门；历法；军占；地理总志；舆图；名胜；山志；游览；别志；人物志；外夷；释部；神仙；医书；卜筮；星命；相法；形家；农家；营造；文房；器玩；岁时；博古；清赏；服食；书画；花木；鸟兽；数术；艺

① 道藏五类，洞真部、洞玄部、洞神部前三类为道藏“三洞”，太玄部为“四辅”之一，符箓部为道教门派之一。

术；书目；国朝；掌故。

《读书敏求记》收书最少，设类也最少，分45类如下：

卷一：经；礼乐；字书；韵书；书；数术；小学。

卷二：史；时令；器用；食经；种艺；豢养；传记；谱牒；科第；地理舆图；别志。

卷三：子；杂家；农家；兵家；天文；五行；六壬；太乙；奇门；历法；卜筮；星命；相法；宅经；葬书；医家；针灸；本草方书；伤寒；摄生；艺术；类家。

卷四：集；诗集；总集；诗文评；词。

《读书敏求记》不依经史子集四部分类体系，而是直接分45类，4卷大体可归纳为四大部，每部分别以“经”“史”“子”“集”作为首类。卷一以“经”为首，共7类属于经部，卷二以“史”为首，共11类属于史部，卷三以“子”为首，共22类属于子部，卷四以“集”为首，共5类属于集部。下分若干子目。

（二）精选精注的著录思想

钱曾三部目录，收录范围和著录特征均有不同，这正是钱曾的书目不同定位思想指导的结果。《也是园藏书目》收书3800余种，在数量上与四库著录相侔而略胜，但著录远不及四库，仅记书名、卷数，簿录甲乙，旨在藏书登记，便于查核。《述古堂书目》收书2200余种，著录书名、卷数外，偶记册数和版本，旨在访查求书。此两部书目虽然著录简单，但简明，指示性强，全面反映藏书，达到寻检之功用。

三部目录著作中，独《读书敏求记》收录数量最少而精，收录图书634部，是其藏书的精华，反映了钱曾精选图书予以著录的思想。而且，《读书敏求记》虽是解题目录，并不是所有书都详细解题，部分图书采用注释以替代解题。按照钱曾的版本目录学思想，灵活运用注释，或注释版本、旧藏，或注释作者与内容等。有注刻本时代的，如“经”类《毛诗郑氏二十卷》注“南宋刻本。首载《毛诗举要图》”。有注藏本和借录的，如“经”类《陆淳春秋微旨三卷》注“内阁藏本。予从曹秋岳先生借录”。有注校录的，如“天文”类《乾坤宝典十二卷》注“脉望馆录本，清常道人校过”。有注善本来历的，如“诗集”类《杨仲弘诗集八卷》注“余昔藏元板《仲弘诗集》，后归之季氏。此从刻本影抄。元诗称‘虞、杨、范、揭’为四大家。今予所藏皆善本，殊足喜耳”。有记伪书的，如“兵家”类《白猿经一卷》注“此伪书也。不必存之”。有记伪书的，如“豢养”类《师旷禽经一卷》注“晋张华著，从元抄录出。流俗本刊于《百川学海》中者，文注混淆，改尽旧观矣”。“子”类《淮南子鸿烈解二十一卷》注“《淮南子》善本极少，此从宋刻影摹者，流俗刊作二十卷，踳驳尤甚，读者宜辨之”。这种方法，为图书灵活多样化揭示提供了方法论的指导。《读书敏求记》在三部之中水平和地位最高，来新夏评价说“不仅是一部有很高水平的版本目录学专著，也开启了后来编纂善本书目之端”①。

（三）考订版本的解题思想

钱曾认为要考订图书雕版印刷之年可从版刻、字体、纸张、墨色等不同特征入手，而要评价图书的版本优劣，则可从初印、重印、原版等入手。他曾为所藏宋元旧版、精抄精校之书，一一撰写提要，记载古今异同，获书经过，缮写刊刻，以及内容体例。《读书敏求记》的解题重在考订版本，或考订古今异同，或辨版本优劣，或补古书目未收之书，评价其得失。如“史”类《吴越备史四卷》一书的解题：“今本《吴越备史》，武肃十九世孙德洪所刊。序称忠懿事，止于戊辰，因命门人马莐臣续第六卷为补遗。予暇日以家藏旧本校阅之，知其刻之非也。是书为范坰林禹所撰，称忠懿为今元帅吴越国王。自乾祐戊申至端拱戊子，纪王事，终始历然。新刻则于乾德四年后，序次紊乱，脱误孔多，翻以开宝二年后事为補遗。他如王因衣锦城被寇，命同玄先生闾丘方远，建下元金箓醮于东府龙瑞宫。其夕大雪，惟醮坛上星斗灿然，一黑虎蹲宫门外，罢醮乃去。罗隐师事方远，执弟子礼甚恭，及迎释迦舍利，建浮图以供之，其制度皆出王之心匠，诸事皆失载。其字句纰缪处，又不知几何也。盖德洪当所见，乃零断残本，实非完书，以家王故事，急付剞劂，故未遑细心参考耳。”叙述了《吴越备史四卷》作者、版本、校雠过程并发现其脱误纰缪等。

---

① 来新夏：《古典目录学》，中华书局1991年版，第287页。

《四库全书总目》虽将此目打入“存目”，批评其体例“分别门目，多不甚可解”，但充分肯定其版本考证，“然其述授受之源流，究缮刻之同异，见闻既博，辨别尤精。但以版本而论，亦可谓之赏鉴家矣。”[①] 张金吾评清钱曾《读书敏求记》云：“目录之名，自康成始。其有序释，则《七略》、《别录》所由昉也。然目录之存于今者，自晁、陈两家外，唯《读书敏求记》略述源流，故储藏家每艳称之。然卮言小说、术数方技，居其大半，下至食经、卧法、鹘谱、鸽论，以及象戏之局、少林之棍、种树之书，与夫雷神纪事之荒诞、孟姜女集之无稽，兼收博采，并登薄录，虽小道可观，恐难语乎择焉而精矣。若传注之羽翼，经训史籍之纪载，朝章及有关学术政治之大者，则寥寥数种，半属习见。”[②]

（四）传授心得的读书思想

《读书敏求记》既有对知识的品评，又有大量的读书心得，为读者提供知识与启示，具有读书治学门径的作用。以“食经”类为例，该类仅选录三部图书，《忽思慧饮膳正要三卷》解题云：“予拟筑一室，颜之曰‘养生主’。而列一联于其旁云‘也饮酒，也啖肉，素心何必素口；自担柴，自运水，劳力不肯劳神’。或惎之以远庖厨之戒，不觉失笑。今观忽思慧此书，又兴‘食肉者鄙’之虑矣。”《易牙遗意二卷》解题云：“予非知味者，过屠门而大嚼，固未必然。但嘉宾互对，促席行杯，肴核方圆，食单似不可不讲。此于蔬菜肴馔造法颇精致，其亦山家清供之一助欤。”《糖霜谱一卷》解题云：“遂宁王灼晦叔撰，书凡七篇。古有柘浆、蔗饧、石蜜、蔗酒，而无糖霜。唐太宗遣使至摩揭陀国，取熬糖法，亦似今之沙糖，不言作霜也。大历间，有僧号邹和尚者，登伞山结茅以居。因取蔗糖为霜，流传其法，凡耕种蔗田事宜，及糖霜户器用，琐碎采掇，悉著于篇。”这些解题均有较高的知识价值。

钱曾是一位有思想的目录学实践家，虽然没有目录学理论著作，没有完整的理论体系，但其系列著作中有丰富的目录学思想内涵，有其独特的思想价值。在清代，这类目录学家很多，钱曾是其杰出的代表。

---

① （清）永瑢：《四库全书总目》上册，中华书局1965年版，第745页。

② 文见张金吾《爱日精庐藏书志》卷首旧序。

四 王鸣盛的目录学思想

王鸣盛（1722—1797），字凤喈，一字礼堂，号西庄，晚号西沚居士。江苏嘉定（今属上海）人。史学家、目录学家。乾隆十九年（1754）进士，授翰林院编修，擢侍读学士，充福建乡试主考官。累官至内阁学士兼礼部侍郎、左迁光禄寺卿。撰《十七史商榷》百卷，为传世之作。另有《耕养斋诗文集》《西沚居士集》等著作。

王鸣盛的目录学贡献主要在目录学理论方面。主要思想有以下方面。

（一）目录学为读书治学之门径

在清代学者中，王鸣盛是目录学的倡导者。王鸣盛《十七史商榷》卷一首条“史记集解分八十卷”即强调目录学的重要性，他说：“目录之学，学中第一要紧事，必从此问途，方能得其门而入。”将目录学提到“第一要紧事”的地位。

王鸣盛认为，目录学功在读书，他在卷七“汉书叙例”条说：“凡读书最切要者，目录之学。目录明，方可读书，不明，终是乱读。”

目录学对于治学亦有重要作用，他在卷二十二“汉艺文志考证”条中又引学者金榜的话：“不通《汉艺文志》，不可以读天下书。《艺文志》者，学问之眉目，著述之门户也。”[①]

乾隆二十八年（1763），王鸣盛以丁内艰告归，迁居苏州，不复出仕，专心治学。先治经，有《尚书后案》，后转而治史，有《十七史商榷》，旁通小学、金石、目录之学。他从历代目录的作用，结合自己的读书治学经验，认识到目录学在读书治学中具有不可替代的作用。

（二）目录学融读书校勘于一体

王鸣盛的目录学范围较广，包括校勘、版本、辨伪、辑佚、小学等等。王鸣盛说：“古学已亡，后人从群书中所引采集成编”[②]，阐明辑佚的作用。王鸣盛以艺文志为根本，“而小学则尤为切要”，“《论语》、《孝经》皆记夫子之言，宜附于经，而其文简易，可启童蒙，故虽别为两门，

---

① （清）王鸣盛：《十七史商榷》，凤凰出版社2008年版，第125页。

② （清）王鸣盛：《蛾术编》，商务印书馆1958年版，第43页。

其实与文字同为小学。小学者，经之始基，故附经也。”①

王鸣盛认为，校勘学是目录学的重要内容，读书必须从校勘开始，“尝谓好著书不如多读书，欲读书必先精校书，校之未精而读，恐读亦多误矣；读之不勤而轻著，恐著且多妄矣。”（《十七史商榷·自序》）强调只有精校书才不致误读书，只有勤读书才不致妄著书。

王鸣盛认为读书与校书应当统一起来，提出“随读随校”、融读书校勘于一体的观点。他“二纪以来，恒独处一室，覃思史事，既校始读，随读随校，购借善本，再三雠勘”。

王鸣盛认为读书治学必须掌握充分的材料，既强调材料的正确性，也强调材料要广博。他撰著《十七史商榷》，广泛搜罗偏霸杂史、稗官野乘、山经地志、谱牒簿录，以暨诸子百家、小说笔记、诗文别集、释老异教，旁及于钟鼎尊彝之款识，山林冢墓、祠庙伽蓝、碑碣断阙之文，“尽取以供佐证，参伍错综，比物连类，以互相检照，所谓考其典制事迹之实也”（《十七史商榷·自序》）。

（三）目录学重在考证

王鸣盛以兴汉学为己任，发扬汉人家法，认为“自唐贞观撰诸经义疏而家法亡，宋元丰以新经学取士而汉学殆绝”②，以汉学考证方法治史，为“吴派”考据学大师。他主张反对义理一派强立义法，“宋以道学矫之，义理虽明，而古书则愈无人读矣”。他认为宋代精于考据的王应麟所作《汉书艺文志考证》“所采掇亦甚博雅”，但“王氏亦限于时风众势，一齐众咻，遂致茫无定见；要意求切实，于宋季朋辈中究为硕果仅存”③。

王鸣盛将历史考证与古书考证融为一体，强调对古书的校勘和史实查证。其《十七史商榷》“为改讹文，补脱文，去衍文，又举其中典制事迹，诠解蒙滞，审核踳驳，以成是书，故名《商榷》也”（《十七史商榷·自序》）。王鸣盛的考证思想具体有以下几点：

一是厘清次第沿革。《蛾术编》之《说录》对诸经的考订，分五经、

① （清）王鸣盛：《蛾术编》，商务印书馆 1958 年版，第 2 页。
② 赵尔巽等：《清史稿》，中华书局 1977 年版，第 13196 页。
③ （清）王鸣盛：《十七史商榷》，凤凰出版社 2008 年版，第 126 页。

六经、九经、十三经。首条“五经先后次叙”探究五经的排列顺序，依据《七略》《汉志》《七志》《七录》《经典释文》中的排序逐一列举比较，进而论述五经之来历。

二是勘正讹误偏差。王鸣盛对史书《王俭传》考证，在“王俭嫡母武康主”条说：“《王俭传》：‘俭嫡母武康主’云云。案：俭父《僧绰传》：‘尚东阳献公主。’此云武康，有误。”又在“王俭年四十八”条说：“‘永明七年，俭薨，年四十八。’案：《齐书》俭薨年三十八，《南史》盖误以诸渊之年为王俭之年。俭、渊皆以宋世臣为齐佐命，俭三十八，渊四十八，皆不寿。齐台初建，渊启高帝，引何曾自魏司徒为晋丞相之例，求为齐官，其无耻若此。渊子贲以父失节，深执不同，终身愧恨之，而渊拜司徒，其从弟炤叹曰：‘彦回少立名行，何意披猖至此。门户不幸，乃复有今日之拜。使彦回作中书郎而死，不当是一名士邪？名德不昌，遂有期颐之寿。’四十八而死，何云期颐？思之有味。王阮亭《论诗绝句》云：‘十载钤山冰雪情，青词自媚可怜生。彦回不作中书死，更遣匆匆唱渭城。’刺严嵩也。今以《南史》褚渊从弟炤讥渊之言考之，乃是使彦回作中书郎而死云云。《通鉴》同。中书郎者，谓中书之郎官耳。考《渊传》，渊生平未尝为中书令，阮亭误记渊为中书令，故遂误云‘不作中书’，若改‘不作三公’则妙。”①

三是辨别真伪是非。王鸣盛批评宋明目录不辨真伪，“自宋之晁公武，下迄明之焦弱侯一辈人，皆学识未高，未足剖断古书之真伪是非，辨其本之佳恶，校其讹谬也”②。

王鸣盛的目录学考证思想本质上是求真求实的思想，“学问之道，求于虚不如求于实，议论褒贬皆虚文耳”，“猥以校订之役，穿穴故纸堆中，实事求是，庶几启导后人，则予怀其亦可以稍自慰矣”（《十七史商榷·自序》）。

（四）目录学应有“苦学精究”的治学态度

王鸣盛博通古今，“欲通古今，赖有字，亦赖有史，故字不可不识，

① （清）王鸣盛：《十七史商榷》，凤凰出版社2008年版，第363—364页。

② （清）王鸣盛：《十七史商榷》，凤凰出版社2008年版，第1页。

史不可不读”[①]。《十七史商榷》卷一提出了目录学的治学态度，“然此事非苦学精究，质之良师，未易明也”。这里强调了两点，一是要有“苦学精究”的态度，二是要有“质之良师”的路径。

《蛾术编》是王鸣盛晚年将其考证辨误之文汇编而成。《蛾术编》第一部分《说录》是一篇目录学著作，以《别录》《七略》《汉书·艺文志》为依据，参酌历史书目著录，论述了书名沿革，篇目分合，卷帙参差，史料来源，版本异同，刊刻谬误等。

王鸣盛在《蛾术编》之“经纪之分”条批评朱彝尊《经义考》著录礼经与礼记之书今古文不分，经与记不分，“朱氏本非经师说经，有误未足深责。但其所讲者，目录也，村书罗列极博，而经记舛淆如此，则于目录之学大疏”。从而对目录和治目录学者提出了非常严格的要求。

五　章学诚的目录学思想

章学诚（1738—1801），字实斋，号少岩，浙江会稽（今浙江绍兴）人。史学家、思想家、目录学家。乾隆进士。官国子监典籍。曾主讲定州定武、保定莲池、归德文正等书院。又入湖广总督毕沅幕府，赞助编纂《续资治通鉴》，主修《湖北通志》。毕生精力用于讲学、著述和编修方志。著有《文史通义》《校雠通义》《史籍考》等。1922年有《章氏遗书》刊行。

章学诚为清代目录学建立了理论，其代表性的目录学理论著作有《校雠通义》和《文史通义》。章学诚的目录学有丰富的实践，其重要的书目著作有《史籍考》。章学诚和郑樵一样，都是将目录学理论与实践紧密结合在一起，形成完整的思想体系。章学诚的目录学思想十分丰富，主要有以下方面。

（一）申明大道的文史校雠目录思想

章学诚与父亲章镳一样仕途坎坷，早年屡试不第，章镳中举后六年才中进士，在吏部候选达十年之久，后谒选为湖北应城知县，五年后又被罢官。章学诚七应科场，迟至乾隆四十三年（1778）方中进士，时年

① （清）王鸣盛：《十七史商榷》，凤凰出版社2008年版，第437页。

41岁。一生颠沛流离，穷困潦倒。乾隆五十九年（1794），漂泊异乡四十多年的章学诚返回故里。嘉庆五年（1800），贫病交迫，双目失明。次年（1801）十一月卒。章学诚不惧这样一个悲惨的命运，反而以一种奋发进取的精神，专心学术，为中国目录学开辟出一条康庄大道。

章学诚处于乾嘉之际，此时考据学一统天下。章学诚没有随波逐流，而是下苦功夫读书治学，在学术界举起义理的旗帜，不惧权威，不畏批评，独行其是，这是极具有学术胆识的。

章学诚博通学术，在史学、方志学、校雠学、目录学诸学科都有其建树，集文史、校雠、目录三者于一体，成就文史校雠目录之学。其代表作是《校雠通义》和《文史通义》。

章学诚35岁时始撰《文史通义》，这一年即是乾隆下旨修《四库全书》的1772年，他致信钱大昕说："学诚从事于文史校雠，盖将有所发明。"次年完成《文史通义》三篇。乾隆四十四年（1779）撰《校雠通义》4卷，乾隆四十六年（1781）章学诚游大梁时全部书稿被盗，幸赖友朋曾抄得前三卷以保存，第四卷则不可复得。嘉庆元年（1796），章学诚选取历年积稿二十余篇，自刻《文史通义》。1788年章学诚修改《校雠通义》，该书于道光十二年（1832）初刻于大梁。

《校雠通义》和《文史通义》分别阐述了章学诚的"校雠心法"和"文史义例"，二者互为表里，形成一个整体。这不仅是对中国古代史学理论的总结和发展，也是对中国古代目录学理论的总结和发展，对后世产生了深远影响。

《校雠通义》和《文史通义》各有侧重，前者是基于文史观的目录学研究专论，是与宋代郑樵《通志·校雠略》齐名，并称为中国古代目录学理论的"双璧"。后者与唐代刘知几《史通》齐名，并称为中国古代史学理论的"双璧"。

章学诚文史校雠目录之学其核心思想是申明大道。其《校雠通义》"互著第三"说："古人著录，不徒为甲乙部次计，如徒为甲乙部次计，则一掌故令史足矣，何用父子世业，阅年二纪，仅乃卒业乎？盖部次流别，申明大道，叙列九流百氏之学，使之绳贯珠联，无少缺逸；欲人即类求书，因书究学。"目录学的大道是什么？是"叙列九流百氏之学"的学术大道，是“即类求书，因书究学”的学术大道。这一思想的根源是在哲学上肯定“盈天地间惟万物”，强调“道”是事物的规律。他提出“道（理）寓于器（事物）”的命题，主张“即器以明道”，在对事物实际考察中“求道”。

章学诚治经治史，皆有其独到之处，而且从申明大道出发。六经历来是儒家圣典，超越各门学术之上，其地位永固，神圣不可侵犯。章学诚继承并发展了清嘉庆万历间的“六经皆史”说[①]，提出“六经皆史”“六经皆器”之说。治经反经学旧传统，主张以考证史料和发挥义理相结合，把治经引向治史，治史反对拟古和形式主义，开学术思想新风尚。

王重民认为，章学诚的目录学与他的文史学和哲学一样是长期形成的，在1762—1775年（25—38岁）、1775—1788年（38—51岁）、1788—1795年（51—58岁）、1795—1801年（58—64岁）四个阶段中，依据社会发展史和图书目录发展史，从“道器”关系出发，形成了他的系统目录学思想，“治目录学的人先明大道，就是要认识图书目录的所当然和所以然，即发展规律”[②]。

（二）辨章学术考镜源流的目录学核心思想

章学诚在目录学上成就卓著，最突出的贡献在于提出了辨章学术考镜源流的目录学核心思想。

章学诚为三通馆草拟《续通志》稿时，仿郑樵《通志·校雠略》撰写《续通志校雠略》，后改为《校雠通义》。《校雠通义》卷一从探索文字起源、官守学业、私门著述等开始，讨论目录学源流，总结历代校雠学发展的成果，系统地阐明了目录与图书、学术研究的关系，并对互著、别裁等目录方法进行了探讨。这是章学诚目录学论说的主要部分，集中表达了他的文史校雠目录学的观点与论述。卷二集中校证《汉志》，纠正郑樵、焦竑校正《汉志》的错误。卷三主要探讨《汉志》之得失。二、三卷是将其校雠心法应用于《汉志》的分析，总结其成就，评论其得失。

---

① 李贽《焚书》卷五云：“《春秋》一经，春秋一时之史也，《诗经》《书经》，二帝三王以来之史也。而《易经》则又示人以经之所自出，史之所从来，为道屡迁，变易匪常，不可以一定执也。故谓《六经》皆史可也。”

② 王重民：《章学诚的目录学》，《文史》第7辑，1979年12月。

外编收集章学诚有关校雠的书序跋和文史杂论21篇，其中《论修史籍考要略》较为重要。

章学诚继承和发展了郑樵的目录学思想，第一次提出了目录学是“辨章学术，考镜源流”的学问。其《校雠通义·自叙》开篇如下：

> 叙曰：校雠之义，盖自刘向父子部次条别，将以辨章学术，考镜源流，非深明于道术精微、群言得失之故者，不足与此。后世部次甲乙，纪录经史者，代有其人，而求能推阐大义，条别学术异同，使人由委溯源，以想见于坟籍之初者，千百之中不十一焉。郑樵生千载而后，慨然有会于向、歆讨论之旨，因取历朝著录，略其鱼鲁豕亥之细，而特以部次条别，疏通伦类，考其得失之故，而为之校雠，盖自石渠、天禄以还，学者所未尝窥见者也。

章学诚的“辨章学术，考镜源流”具有丰富的思想内涵。“辨章学术”之辨即辨别，章通彰，即彰显；“考镜源流”之考即考证，镜是使之显明。将这两个连在一起，其基本含义是，既要厘清学术类别，究其本源，使学术明晰；又要参透学术源流，析其演变，使学术彰显。然而，仅从字面上理解是远远不够的，必须从章学诚的文史校雠目录学整体上认识“辨章学术，考镜源流”的思想内涵与深刻意义。

其一，章学诚以“辨章学术，考镜源流”高度概括了中国目录学史的优良传统。他认为。“辨章学术，考镜源流”并非只有清代才有，这一优秀传统在向歆时期就已确立。从刘向父子的“部次条别”到郑樵的类例论，积累了丰富的理论与方法。因此，“辨章学术，考镜源流”既是对目录学历史传统的高度提炼，也是章学诚倡导的目录学核心思想与精神。

其二，“辨章学术，考镜源流”是章学诚《校雠通义》开宗明义提出的目录学根本任务。章学诚的“辨章学术，考镜源流”思想有两重境界，也就是指明了目录学的两大目标。这两大目标关系到目录学的价值取向。

目录学重在学术，章学诚所谓的“部次条别”“部次甲乙”“纪录经史”，就是要以学术为目录学研究的对象，将图书与学术紧密结合在一起，以“纪录经史”明学术，以“部次甲乙”明源流，探讨学术发展，研究学术分类，使目录学具有学术史的基本职能。这是章学诚的“辨章学术，考镜源流”的第一重境界，也是目录学的基本目标和基本价值取向。

目录学重在学术之道与义，章学诚所谓的“推阐大义，条别学术异同”是将“辨章学术”提高到明“大义”的高度，这样做“使人由委溯源，以想见于坟籍之初”，这与历代学术界所仰视和推崇的微言大义是相统一的。而章学诚所谓的“深明于道术精微、群言得失”，更是赋予了目录学的更深刻的意义，是其道器学术思想的体现，目录学的最高境界在于“道”，就是要申明大道。这是章学诚的“辨章学术，考镜源流”的第二重境界，也是章学诚所追求的目录学更高目标和价值取向。

章学诚的这两重境界是一个逻辑，如果说前者是目录学的客观世界，是现实和微观的，是目录学方法论可以解决的，那么，后者是目录学的精神世界，是隐形和宏观的，是目录学方法论所无法解决的；如果说前者是中国目录学史已经实现的，是目录学传统与现在的重点，那么，后者就是今后应当实现的，是目录学未来的重点方向。按照其道器学说，前者重在器，后者重在道，“《易》曰：‘形而上者谓之道，形而下者谓之器。’道不离器，犹影不离形”①。前一个目标在郑樵的目录学思想中已得到初步体现，但后一个目标却是郑樵所没有的，这也是章学诚目录学思想超越郑樵目录学思想之所在。

章学诚对于目录学理论的贡献就是提出了目录学存在价值以及价值取向这样一个理论命题，将目录学与学术、图书的关系发展到了目录学的目标体系和价值体系。

（三）宗刘论

章学诚《校雠通义》对于校雠原理和方法的论述，除了他对于目录学理论的深入研究以及其丰富的目录学实践经验总结，有一个重要的理论来源，这就是向歆目录学思想。

章学诚将刘向父子的目录学作为校雠之源，作为中国目录学之发端，全面总结了刘向、刘歆的目录学功绩，阐发了其目录学思想的意义，从

---

① （清）章学诚：《文史通义》，吕思勉评，上海古籍出版社2008年版，第38页。

而形成了他的宗刘论。

章学诚主张目录学应当师法向歆父子，以其《别录》和《七略》为宗。《七略》开创了中国系统分类目录，其分类体系、叙例和解题等，极具学术价值，是后世应当效法的楷模。章学诚就是要把《七略》树立为中国古代目录著作的一个体例示范、一个水平标杆，供后世学习、继承与发展。

在《校雠通义·宗刘第二》中，章学诚说："《七略》之流而为四部，如篆隶之流而为行楷，皆势之所不容已者也。史部日繁，不能悉隶以《春秋》家学，四部之不能返《七略》者一。名、墨诸家，后世不复有其支别，四部之不能返《七略》者二。文集炽盛，不能定百家九流之名目，四部之不能返《七略》者三。钞辑之体，既非丛书，又非类书，四部之不能返《七略》者四。评点诗文，亦有似别集而实非别集，似总集而又非总集者，四部之不能返《七略》者五。凡一切古无今有，古有今无之书，其势判如霄壤，又安得执《七略》之成法以部次近日之文章乎？然家法不明，著作之所以日下也；部次不精，学术之所以日散也。就四部之成法，而能讨论流别，以使之恍然于古人官师合一之故，则文章之病，可以稍救，而《七略》之要旨，其亦可以有补于古人矣。"这里，章学诚以五个例证反复强调"四部之不能返《七略》"，就是要说明向歆的目录学建立的分类体系正是学术和图书发展的体现，后世随着学术和图书发展，必须有新的分类体系来体现，而不可墨守成规，一成不变，"家法不明，著作之所以日下也；部次不精，学术之所以日散也"。章学诚的"宗刘"不是让目录学的体例回到向歆的六分法，而是要像向歆那样与时俱进，无论何种分类体系，都必须"讨论流别"，贴近时代发展，与学术发展和图书变化相适应。

章学诚认为《七略》分类最符合辨章学术的要求，对于四部分类却不以为然，"然则四部与《七略》，亦势之不容两立者也。《七略》之古法终不可复，而四部之体质又不可改，则四部之中，附以辨章流别之义，以见文字之必有源委，亦治书之要法"（《校雠通义·宗刘第二》）。只有以辨章学术，才可补四部体制之不足。

章学诚的宗刘论从正面上高举向歆目录学旗帜，认为向歆目录学不仅“部次条别”，达到了目录学的第一境界，而且有了“推阐大义”的基本思想，具有明道的意义。刘歆《七略》，班固删其《辑略》而存其六。《校雠通义·原道第一》说：“惜乎其文不传。”“今可见者，惟总计部目之后，条辨流别数语耳。即此数语窥之，刘歆盖深明乎古人官师合一之道，而有以知乎私门初无著述之故也。刘歆盖深明乎古人官师合一之道，而有以知私门初无著述之故也。何则？其叙六艺而后，次及诸子百家，必云某家者流，盖出古者某官之掌，其流而为某氏之学，失而为某氏之弊。其云某氏之掌，即法具于官，官守其书之义也。其云流而为某家之学，即官司失职，而师弟传业之义也。其云失而为某氏之弊，即孟子所谓生心发政，作政害事，辨而别之，盖欲庶几于知言之学者也。”

章学诚认为“辑略”能够讨论群书之宗旨，“颜师古曰‘《辑略》谓诸书之总要。’盖刘氏讨论群书之旨也。此最为明道之要”（《校雠通义·原道第一》）。“由刘氏之旨，以博求古今之载籍，则著录部次，辨章流别，将以折衷六艺，宣明大道。”（《校雠通义·原道第一》）由刘氏的讨论可以达到明道的目的，这是目录学最重要的任务，却被后世目录学家所忽视。

章学诚的宗刘论从另一个方面即以反面的例证说明为什么要宗刘。他坚决反对“甲乙纪数”的目录学简化之法，“不徒为甲乙纪数之书，亦已明矣”（《校雠通义·原道第一》），对于仅仅甲乙纪数、抄录书名的目录著作提出了批评。魏晋以后，目录学出现分流，继承向歆目录学思想的是宗刘一派，章学诚将其称为校雠学，列为正统，而开拓新路的簿录一派鱼龙混杂，其中多“徒为甲乙纪数之需”，这就是章学诚所批评的目录学支流。

章学诚为了阐述“宗刘”主张，以《汉志》作为立论依据，王重民说过“《校雠通义》的内容百分之九十以上是讨论《汉书·艺文志》的，所以，一般的书名、人名，也就有百分之九十以上都是出于《汉书·艺文志》”[①]。《校雠通义》卷二《补校汉艺文志第十》有所谓“夫刘《略》、班《志》，乃千古著录之渊源”。

① （清）章学诚：《校雠通义通解》，王重民通解，上海古籍出版社1987年版，第13页。

章学诚因“宗刘”而排他，对历代其他目录与目录学家多有批评，他虽然充分肯定郑樵有继承向歆之功，“郑樵生千载而后，慨然有会于向、歆讨论之旨”“千载而后，郑樵始有窥见”，却也批评“郑樵顾删去《崇文》叙录，乃使观者如阅甲乙簿注，而更不识其讨论流别之义焉，乌乎可哉!”（《校雠通义·宗刘第二》）显然他的这些批评有过极不当之处，但从他的“辨章学术”为唯一标准观之，亦可以理解。

（四）互著别裁论

互著别裁法是在目录学实践中产生的，明代祁承㸁做过理论总结，章学诚更进一步，完善了古代的互著别裁理论。

章学诚在《校雠通义》中追溯了互著别裁的起源，阐述了互著别裁的作用，讨论了互著别裁的具体方法。

关于互著，《校雠通义·互著第三》说：“至理有互通，书有两用者，未尝不兼收并载，初不以重复为嫌，其于甲乙部次之下，但加互注，以便稽检而已。古人最重家学，序列一家之书，凡有涉此一家之学者，无不穷源至委，竟起流别，所谓著作之标准，群言之折衷也。如避重复而不载，则一书本有两用而仅登一录，于本书之体既有所不全；一家本有是书而缺而不载，于一家之学亦有所不备矣。”这里，互著的“稽检”作用与祁承㸁所谓的四部之中互见是一致的，但章学诚并不限于此，而是从辨章学术的高度看待互著，使互著发挥“穷源至委，竟起流别”的作用，这与他的“申明大道”又统一了起来。

郑樵《通志·校雠略》已经认识到图书归类的复杂问题，章学诚认为这些问题都可以互著法予以解决。他将互著法的应用分为两种情况，一种是“书之易淆者”即一书一个主题涉及两类，“若就书之易淆者言之：经部易家与子部五行阴阳家相出入；乐家与集部之乐府、子部之艺术相出入；小学家之书法与金石之法帖相出入；史部之职官与故事相出入，谱牒与传记相出入；故事与集部之诏诰奏议相出入；集部之词曲与史部之小说相出入；子部之儒家与经部之经解相出入；史部之食货与子部之农家相出入；非特如郑樵之所谓传记、杂家、小说、杂史、故事五类，与诗话、文史之二类易相紊乱已也”，因此“书之易混者，非重复互注之法，无以免后学之牴牾”。另一种是“书之相资者”即一书多个主题涉及多类，“若就书之相资者而论：《尔雅》与本草之书相资为用；地理与兵家之书相资为用；谱牒与历律之书相资为用；不特如郑樵之所谓性命之书求之道家，小学之书求之释家，《周易》藏于卜筮，《洪范》藏于五行已也”。因此“书之相资者，非重复互注之法，无以究古人之源委。一隅三反，其类盖亦广矣”①。据此，互著不仅不是重复，而是具有“穷源至委”的作用即通过解决这些问题以“究古人之源委”“免后学之牴牾”。

互著之法，源于史书列传，《史记》《汉书》早有先例。章学诚说：“别类叙书，如列人为传，重在义类，不重名目也。班、马列传家法，人事有两关者则详略互载之。如子贡在《仲尼弟子》为正传，其入《货殖》则互见也；《儒林传》之董仲舒、王吉、韦贤，既次于经师之篇，而别有专传，盖以事义标篇，人名离合其间，取其发明而已。部次群书，标目之下，亦不可使其类有所阙，故详略互载，使后人溯家学者可以求之无弗得，以是为著录之义而已。自列传互详之旨不显，而著录亦无复有互注之条，以至《元史》之一人两传，诸史《艺文志》之一书两出，则弊固有所开也。”互著之一书两载与“人事有两关者则详略互载之”同理，“理有互通，书有两用”，主从相配，形成有机整体，以便于“溯家学”。

关于别裁，《校雠通义·别裁第四》中说：“《管子》道家之言也，刘歆裁其《弟了职》篇入小学；七十了所记百三十一篇，礼经所部也，刘歆裁其《三朝记》篇如论语。”这里，章学诚认为刘歆《七略》采用了别裁方法，历来颇有争议。实际上，他是将所倡导的校雠心法与刘向父子相牵连，虽然牵强，却是其宗刘思想的具体体现。

章学诚指出了别裁法应用的条件，“权于宾主重轻之间，知其无庸互见者，而始有裁篇别出之法耳”（《校雠通义·别裁第四》）。还将互著法的应用分为两种情况，一种是“采取成说，袭用故事者”，如《管子》书中的《弟子职》，《吕氏春秋》中的《月令》。另一种是“所著之篇，于全书之内自为一类者”。“盖古人著书，有采取成说，袭用故事者，如《弟子职》必非管子自撰，《月令》必非吕不韦自撰，皆所谓采取成说也。

① （清）章学诚：《校雠通义通解》，王重民通解，上海古籍出版社1987年版，第21页。

其所采之书，别有本旨，或历时已久，不知所出；又或所著之篇，于全书之内自为一类者，并得裁其篇章，补苴部次，别出门类，以辨著述源流；至其全书，篇次具存，无所更易，隶于本类，亦自两不相妨。”（《校雠通义·别裁第四》）

别裁与一书两载的互著不同。互著通过“兼收并载”建立书与类目之间的关联达到辨章学术之目的，而别裁通过是“裁其篇章”将书中有价值的内容分析出来，既保持了书的完整性，又通过书中的部分建立起书与类目之间的关联达到辨章学术之目的。

章学诚认为，互著别裁法与重复著录有本质的区别。《校雠通义·辨嫌名第五》说：“部次有当重复者，有不当重复者。《汉志》以后，既无互注之例，则著录之重复，大都不关义类，全是编次之错谬尔。编次错谬之弊有二：一则门类疑似，一书两入也；一则一书两名，误认二家也。欲免一书两入之弊，但须先作长篇，取著书之人与书之标名，按韵编之，详注一书源委于其韵下，至分部别类之时，但须按韵稽之，虽百人共事，千卷雷同，可使疑似之书一无犯复矣。至一书两名误入二家之弊，则当深究载籍，详考史传，并当历究著录之家，求其所以同异两称之故而笔之于书，然后可以有功古人，而有光来学耳。”这里，指出了重复著录导致归类上的错谬和著录上的错谬。“辨嫌名”针对著录上的错谬，有两种不同的情况，一种是“门类疑似，一书两入”，另一种是“一书两名，误认二家”；前者可将图书排列时集于韵下，分类时“按韵稽之”，而后者则需“深究载籍，详考史传”并借助历代著录。

互著与别裁两种著录方法互为补充，这两种方法是在历代书目著录的基础上发展起来的，其功用不只是在于著录本身，而且在于解决了分类中存在的局限性。无论类目如何详尽且体系严谨，分类只能表现出类目的纵向细分化（线性结构，同类关系，如经部之诗与礼），而无法表现出类目的横向交叉性（网状结构，异类关系，如经部之诗与集部之楚辞）。这两种方法恰恰是通过著录解决了这一问题，因而实质是对分类的补充，这也正是章学诚将互著别裁法与辨章学术相统一的奥妙所在。

（五）索引论

章学诚从理论上对索引进行了研究，《校雠通义》内篇一《校雠条理第七》："窃以典籍浩繁，闻见有限，在博雅者且不能悉究无遗，况其下乎？以谓校雠之先，宜尽取四库之藏，中外之籍，择其中之人名、地号、官阶、书目，凡一切有名可治，有数可稽者，略仿《佩文韵府》之例，悉编为韵。乃于本韵之下，注明原书出处及先后篇第，自一见再见以至数千百，皆详注之，藏之馆中，以为群书之总类。至校书之时，遇有疑似之处，即名而求其编韵，因韵而检其本书，参互错综，即可得其至是。"

章学诚充分认识到索引的"检书"作用，这是索引的基本职能。更重要的是，索引关系校雠，是"校雠之良法"，把索引也提到了辨章学术范畴之内，这就赋予索引更为重要的职能。

章学诚对索引方法也做了阐述，古今"中外"图书，摘取人名、地名、学名、官职衔名，按韵（《佩文韵府》）排检。"此则渊博之儒，穷毕生年力而不可究殚者，今即中才校勘，可坐收于几席之间，非校雠之良法欤?"（《校雠通义》内篇一《校雠条理第七》）无此法，即便大学者"穷毕生年力"都无法做到，而有此法，则普通学者从事校勘亦"可坐收于几席之间"。

（六）典籍比次论

章学诚二十一二岁，纵览群书，历年积有藏书 2 万余卷。他认为，图书典籍是学术研究的基础。他在论学术基础研究的比次之书、比次之业和比次之道中说，"有璞而后施雕，有质而后运斤，先后轻重之间，其数易明也。夫子未删之《诗》《书》，未定之《易》《礼》《春秋》，皆先王之旧典也。然非夫子之论定，则不可以传之学者矣"（《文史通义》内篇五《答客问下》）。任何学术研究，都是集图书、"采摭"典籍在前，著书立说在后，没有典籍作为"比次"之璞，则无可"施雕"成玉，从而说明了图书典籍在学术研究中的地位和作用。

章学诚将学术比次之业分为三类，"比次之道，大约有三：有及时撰集以待后人之论定者，若刘歆、扬雄之《史记》，班固、陈宗之《汉记》是也；有志著述先猎群书以聚薪槱者，若王氏《玉海》、司马《长编》之类是也。有陶冶专家勒成鸿业者，若迁录仓公技术，固裁刘向《五行》之类是也"（《文史通义》内篇五《答客问下》）。这三类学术研究比次之业各依其比次之书："及时撰集"之著作类"详略去取，精於条理"；"猎群书以聚薪槱"之资料汇编类"辨同考异，慎於覈核"；"陶冶专家，勒成鸿业"之论说类"钩玄提要，达於大体"。三类图书典籍在三类学术研究之前如"比次"，在学术研究之后成为学术著述，这也就说明了不同图书典籍与不同学术之间的关系。

章学诚认为，没有图书典籍，则学术比次之业难以凭借，他列举"比次之业难于凭藉者"7类，"苟有志于三月聚粮，则讲习何可不豫？而一世之士，不知度德量力，咸嚣嚣以作者自命，不肯为是筌蹄嚆矢之功程，刘歆所谓'挟恐见破之私意，而无从善服义之公心'者也。术业如何得当？而著作之道何由得正乎？"（《文史通义》内篇五《答客问下》）术业有专攻，图书典籍这一比次之业如同"璞玉""聚粮"在学术研究中有其不可替代的作用。

（七）史学目录学思想

章学诚在目录学上宗刘，史学上则崇郑，其《文史通义》之《申郑》是一篇史学史文献，推重郑樵《通志》继承了马班的专门之学，"郑樵生千载而后，慨然有见于古人著述之源，不徒以词采为文、考据为学也"[①]。

章学诚治史重史才、史识、史法，尤重史意，将"校雠心法"和"文史义例"贯彻到目录学实践中。以史学目录实践体现其"辨章学术，考镜源流"的思想。

乾隆五十二年（1787），章学诚得河南巡抚毕沅支持，开局编撰《史籍考》，其后编撰时断时续，至乾隆五十九年（1794），完成十之八九，原稿100卷，因毕沅降补山东巡抚而中辍。嘉庆三年（1798）得到浙江巡抚谢启昆支持，继续编撰，大幅增益至325卷。一年后编撰因故再次中断，直至章学诚去世始终未能竣工。其后虽有道光二十六年（1846）南河总督潘锡恩之续纂[②]，也未终成其事，实现500卷之宏愿。《史籍考》于咸丰六年（1856）毁于战火。该书虽亡佚，但撰写《史籍考》的《论修史籍考要略》《史考释例》和《史籍考总目》三篇在《章氏遗书》中

① （清）章学诚：《文史通义》，吕思勉评，上海古籍出版社2008年版，第149页。
② 林存阳：《〈史籍考〉编纂始末辨析》，《故宫博物院院刊》2006年第1期。

保存了下来。

章学诚主纂的《史籍考》，拟尽收史部书，仿朱彝尊《经义考》体例，部类之下皆以书名为纲，每书首著录姓名、卷数，次著“存”“佚”“阙”“未见”等。体大思精，这是清代学术史上的一件大事，成一部史学名著。这也是清代目录学的名著，于目录学的最大贡献在于其史学分类思想。

历来四部分类中，史部分类颇受重视。而从《史籍考总目》看，史籍分类体系严密，类目较前人更为详尽。其创设的12部55类的分类体系如下：

制书

纪传部（3类）：正史；国史；史稿。

编年部（4类）：通史；断代；记注；图表。

史学部（4类）：考订；义例；评论；蒙求。

稗史部（2类）：杂史；霸史。

星历部（4类）：天文；历律；五行；时令。

谱牒部（4类）：专家；总类；年谱；别谱。

地理部（5类）：总载；分载；方志；水道；外裔。

故事部（10类）：训典；章奏；典要；吏书；户书；礼书；兵书；刑书；工书；官曹。

目录部（7类）：总目；经史；诗文；图书；金石；丛书；释道。

传记部（10类）：记事；杂事；类考；法鉴；言行；人物；别传；内行；名姓；谱录。

小说部（2类）：琐语；异闻。

这一史籍分类体系体现了章学诚的“穷其变”“创条发例”的思想。一是类目繁简适当。历来目录史部，有略有详，较多者如《国史经籍志》史部15类，《千顷堂书目》史部18类。章学诚认为“今既广充类例，上援甲而下合丙丁，则区区专门旧目，势不足以穷其变也，是则创条发例，不无损益折衷”（章学诚《史考释例》），鉴于毕沅主持《史籍考》原稿分120子目太繁，遂抉择去取，定为十二纲五十七目。二是采取暗分子目的方法，在二级类目下细分。例如，地理部，在毕沅主持《史籍考》时曾分荒远、总载、沿革、形势、水道、都邑、方隅、方言、宫苑、古迹、书院、道场、陵墓、寺观、山川、名胜、图经、行程、杂记、边徼、外裔、风物22门，到谢启昆主持期间，章学诚主张立5类以统摄22门，其他如故事部将原分16门合为10门，传记部将原分17门合并为10目。“其暗分子目，以类相从，观者可自得也”（章学诚《史考释例》）。三是在类名上，继承传统，略有变更，如将《尤目》所创史学类扩充为四目，将《通志·艺文略》和《国史经籍志》的谱系改为“谱牒”。四是重视目录分类，郑樵和焦竑只将目录分为总目、家藏总目、文章、经史4类，章学诚将“文章”改为“诗文”，增加金石、丛书、释道，应目录发展之变。

章学诚对史学目录学的贡献不止如此，除分类体系体现其分类思想外，他还提出了采选和著录原则。章学诚撰《论修史籍考要略》，为修《史籍考》确定采选和著录原则，共15条。

采选原则主要有三个方面：一是关于四部图书中的史书采选，提出了经部宜通、子部宜择、集部宜裁的原则。“经部宜通”，经史同源，“古无经史之别，六艺皆掌之史官”。“子部宜择”，诸子书“多与史部相为表里”。“集部宜裁”，与子史关系同，可运用别裁之法。为修《史籍考》，广搜博采，如检阅《玉海》《明史》《四库》，除钞其艺文、史部外，采子集相关资料。二是关于四部以外的图书采选，提出古逸宜存的原则。“古逸宜存”，史籍有起源“史之部次后于经，而史之起源实先于经”。“逸篇宜采”，采古史“遗篇逸句”。三是关于地方文献的采选，提出了方志宜选、谱牒宜略的原则。“方志宜选”，史志同类，但“方志在官之书，犹多庸劣”。“谱牒宜略”，“家谱私门之记，其弊较之方志，殆又甚焉”。

著录原则主要有三个方面：一是关于著录体现正统，提出制书宜尊、禁例宜明的原则。“制书宜尊”，制书按年月先后，编于卷首，以示其尊。“禁例宜明”，禁例依禁止程度（如抽毁，改动文字）分别著录或另编卷末，以示其卑。二是关于著录体现学术，提出家法宜辨、考异宜精、板刻宜详的原则。“家法宜辨”，明辨家法，以揭示史籍源流。“考异宜精”，所录之书需要详加考异，以存其流别。“板刻宜详”，详细著录版本原委和异同。三是关于著录体现系统，提出剪裁宜法、嫌名宜辨、采摭宜详的原则。“剪裁宜法”，剪裁得当“精要”且“简而易明”。“嫌名宜辨”，辨别嫌名，以便稽检。“采摭宜详”，详加著录史籍序跋、凡例和评论等，以保存图书。

《论修史籍考要略》是对历史上史部目录的总结，是分类理论的系统化阐述和史部目录编纂上的创见，是章学诚史部目录学的理论文献，在史学目录学史上占有重要地位。这一文献既反映了他的史学思想，也反映了他将史学分类统一到辨章学术门下的目录学思想。

（八）方志学思想

章学诚27岁时曾参与其父主持的《天门县志》编修。乾隆三十八年（1773）后，先后主持编撰《和州志》《永清县志》《亳州志》《湖北通志》。在丰富的实践基础上，章学诚提出修志义例和理论，建立方志学。梁启超认为“实斋以清代惟一史学大师而不能得所藉手以独撰一史，除著成一精深博大之《文史通义》，及造端大宏未能卒业之《史籍考》外，其创作天才，悉表现于和州、亳州、永清三志及《湖北通志》稿中。‘方志学’之成立，实自实斋始也”①。

章学诚的方志目录学思想体现在方志体例和方志艺文志编纂上。《方志辨体》批评旧志尽取各州府县全书，挨次编纂，书盈五六百纸，阅者连篇累卷；主张“文简而事理明”，“志文既撷其总要，贯以议论，以存精华”。他曾为南北方志馆主修地方志，先后主修十多部志书，创立了套完整的修志义例，“凡欲经纪一方之文献，必立三家之学”“仿纪传正史之体而作志，仿律令典例之体而作掌故，仿《文选》《文苑》之体而作文征，三书相辅而行，缺一不可”。其所修和州、亳州、永清三志，皆为世所推重。从章学诚所拟湖北三书的目录可以看出地方文献的范畴极其广泛。《湖北通志》74篇分二纪（皇言、皇朝编年）；三图（方舆、沿革、水道）；五表（职官、封建、选举、族望、人物）；六考（府县、舆地、食货、水利、艺文、金石）；四政（经济、循绩、捍御、师儒）以及53传。《湖北掌故》66篇分史科、户科、礼科、兵科、刑科、工科。《湖北文征》8集分甲集上下（裒录正史列传）、乙集上下（裒录经济策画）、

---

① 梁启超：《中国近三百年学术史》，人民出版社2008年版，第330页。

丙集上下（词章诗赋）和丁集上下（裒录集人诗词）。此三书，梁启超认为《通志》是词尚体要、成一家言之著述，而《掌故》和《文征》专以保存著述所需之资料，“其保存资料之书，又非徒堆积档案谬夸繁富而已，加以别裁，组织而整理之，驭资料使适于用”。[①]

章学诚一生为目录学开创理论与实践的新路，早期著《文史通义》并编纂《和州志》等，中期著《校雠通义》并编纂《永清县志》等；晚期纂修《史籍考》《亳州志》等。章学诚为目录学做出了杰出的贡献，其目录学思想是清代目录学最闪耀的那颗明星，也是中国目录学思想宝库的重要内容，在中国目录学史上的地位可与汉代刘向父子、宋代的郑樵相提并论。

六 姚振宗的目录学思想

姚振宗（1842—1906），字海槎、金生，浙江山阴（今浙江绍兴）人。目录学家、藏书家。出身书香门第，官宦之家，祖父姚舜辉，湖北潜江县典史；父姚仰云，字秋墅，清咸丰间以道员总司江北粮台。咸丰十一年（1861），太平军进袭浙东，仓皇奉祖母避地江北，先后到江苏泰州、兴化、扬州等官所侍父6年之久。著有《汉书艺文志拾补》《汉书艺文志条理》《隋书经籍志考证》《后汉艺文志》《三国艺文志》等。光绪二十七年（1901），姚振宗汇编其7种著作，名曰《快阁师石山房丛书》。

在姚振宗之前，清代目录学已有众多名家，成就斐然。姚振宗为后起之秀。清末版本专家陈训慈说：“清乾隆至嘉庆间，越中治部录之学，惟推二章氏（章学诚、章宗源），越百年余而有先生，其成就且过之，虽不知名于当时，信足矜式于百世矣。”对姚振宗给予了很高的评价。姚振宗的目录学思想主要反映在他的版本目录学和史志目录学研究方面。

（一）融校勘版本辑佚考证于一体的目录学思想

姚振宗家富藏书，其父姚仰云雅嗜典籍，尝从邵伯购得善本书千种，载归绍兴，不幸毁于兵乱。劫后复事搜求，所获益多。同治六年（1867），姚仰云于扬州建造“师石山房”。姚振宗嗜好收藏古籍，其

---

① 梁启超：《中国近三百年学术史》，人民出版社2008年版，第333页。

"师石山房""快阁"藏书楼藏书超过6万余卷。

姚振宗少年好学，博览群书，常询父旧事逸闻。受家学影响，姚振宗笃喜文史，"劬学媚古，淹贯群籍，晚乃专治簿录之学"（王式通《师石山房丛书题辞》）。同治八年（1869），父殁扬州，举家重返绍兴鉴湖快阁。姚振宗自念不为世用，益发愤读书，恣览群书。一生不求仕进，闭门研读，潜心于目录学，博稽书目，深究考证。

以学术为基础，他潜心于古籍收集与整理，整理家藏古籍版本，以四部分类，厘订书目。于光绪八年（1882）编成《师石山房书录》31卷，收录图书3279种，6万多卷。

姚振宗精通考证、校勘、版本、辑佚之学。他认为将搜辑佚文等同于目录学是一个误区，"夫目录之学，固贵乎有所考证，而考证尤必得其体要"①。其目录学融校勘学、版本学、辑佚学和考证学于一体。光绪六年（1880），姚振宗由味经堂书肆得常熟毛氏《汲古阁刻书目》，因念毛氏旧藏多人间秘册，"自群经十七史到诗词典本、唐宋金元别集、稗官小说，靡不择要发雕，嘉惠儒林"，但该目著录简要，杂糅无序，他便以《毛氏汲古阁刻书目录》所刊十三经、十七史，仿四库之例，补正阙佚，重编成《汲古阁刊书目》2卷。次年，因黄氏荛圃《士礼居丛书目》中，《百宋一廛赋》后有《百宋一廛书录》不载卷数，乃就其所载，为之分别辑出，以四部为元部居，成《百宋一廛目》1卷。

姚振宗的目录学范畴极广，吸取历代簿录之长，称"古来经籍之目录也，谓国粹簿录学，亦可谓国粹源流学"②。

光绪十年（1884），姚振宗应乡友陶方琦之邀，编修《湖北通志》，分编艺文志部。次年，撰成《湖北艺文志》14卷。

（二）补史目录学思想

光绪十五年至二十五年（1889—1899）间，姚振宗根据正史艺文志、列传，参考旧目录和相关资料，"自《七略别录》《七略》之辑佚，《汉志》之疏补，后汉、三国之补志，《隋志》之考证，先后勒成专书，充然

---

① （清）姚振宗：《隋书经籍志考证》，清华大学出版社2014年版，第26页。

② （清）姚振宗：《师石山房丛书》，开明书店1936年版，"目录"第1页。

专家之学矣"[①]，对历代几个重要的正史艺文志和经籍志进行补撰、补注。更"竭十余年之心力"研讨"目录家最古之学"，完成《汉书艺文志拾补》6卷、《后汉艺文志》4卷、《三国艺文志》4卷，这是对史志目录学的重要贡献，也反映了他的补史目录学思想。

《后汉书》无艺文志，自乾隆初年始，先后有厉鹗、钱大昭、洪饴孙、劳颖、侯康、顾怀三、姚振宗、曾朴九家补《后汉书》之艺文志。九家之中，厉鹗《补后汉书艺文志》最早，钱大昭《补续汉书艺文志》因仅著书名撰人，较为疏略；侯康《补后汉书艺文志》虽详细，但无集部，并不完整；顾怀三《补后汉书艺文志》多引关系文字，虽详但收书并非最多；曾朴晚于各家后出，其体例仿《七录》，博搜精考亦非最佳；其他如洪饴孙《补后汉书艺文志》、劳颖《补后汉书艺文志》均较普通。而姚振宗之《后汉艺文志》在八家中水平最高，且收录最多，所收达千种，倍于《汉志》。

补三国志有两家。侯康《补三国艺文志》仅成子部小说家以前，农家以后，有录无书，集部全无，与他的《补后汉书艺文志》同为残缺之作。相比之下，姚振宗《三国艺文志》较优，收录图书达1122部，数量与《后汉志》相当，说明姚振宗搜集较全。

姚振宗的《后汉艺文志》和《三国艺文志》均为补史艺文志佳作，其史志目录学思想是史志宜著。钱大昕钱大昭兄弟、卢文绍、侯康、顾怀三、厉鹗、劳颖、洪饴孙、曾朴诸家补志均称"补"，独姚振宗《后汉艺文志》和《三国艺文志》却不称"补"，虽实为补志，却"不自以为补阙史之缺"，反映其史志一体、补志即著述的观点。梁启超推崇姚振宗的《三国艺文志》及《后汉艺文志》有五个特点："一、著者事略，一一详载，令读者得考见其环境及学术渊源。二、著录各书皆注出处。……三、其书有近人辑本者皆列举之。四、后人对于原书有批评者皆录入。五、有疑问者附按语考证之。……断代极谨严，极少滥收阑入之弊。至搜罗之博，

① 陈训慈：《山阴姚海槎先生小传》，《师石山房丛书》，开明书店1936年版，"小传"第1页。

则此两时代之著作，殆已全收无遗。”[①] 因此《图书大辞典簿录之部·官录及史志》言“此其最精勘足称者”。

在清代史志目录学补志一派中，前期补志著名者有钱大昕、侯康、顾怀三；后期最突出者为姚振宗和章宗源。余庆蓉和王晋卿将清代史志补注者分为补白派、补缺派和考注派三大派别，重点阐述了侯康的史志补注及其思想，却没有详论姚振宗的补志贡献。侯康虽在前期卓有成就，但“侯康在清代补志诸家中，并非一流人物”[②]，从清代补志目录学整体看，不如姚振宗。侯康和姚振宗都曾为《后汉书》和《三国志》补志，但水平已见高下，且姚振宗尚有《汉书艺文志条理》《隋书经籍志考证》等著作，其史志目录学更为专精。因此，姚振宗可称得上清代补志目录学第一人。

（三）剖析学术流别思想

姚振宗运用考据学、校勘学、版本学等方法研究目录学，“发凡起例，别自为学”[③]，完成了《汉书艺文志拾补》6卷、《汉书艺文志条理》8卷、《隋书经籍志考证》52卷及《七略别录佚文》1卷和《七略佚文》1卷等目录学著作。

姚振宗认为目录学始于刘向父子，“自班氏以《七略》为一志，于是亦为史学之一体，故簿录一类，列之史部”[④]。他将“辨章学术，剖析源流”作为目录学的任务，称“目录之学，言其粗，则胪列书名，略次时代；言其精，则六经传注之得失，诸史记载之异同，子集之支分派别，各具渊源”。

姚振宗以《汉志》作为考学术源流之先导，“然使后人寻流溯源，引申触类，未有不以其书为先声之导”，因而对《汉志》进行了全面深入的研究，撰《汉书艺文志拾补》收其遗漏，共补书34种，285家，317部，“是一部极精密的好书”[⑤]。又撰《汉书艺文志条理》广搜上古载籍之名

① 梁启超：《饮冰室之专集八十七》，中华书局1937年版，第8页。

② 余庆蓉、王晋卿：《中国目录学思想史》，湖南教育出版社1998年版，第184—193页。

③ （清）姚振宗：《隋书经籍志考证》，清华大学出版社2014年版，第28页。

④ （清）姚振宗：《隋书经籍志考证》，清华大学出版社2014年版，第26页。

⑤ 王欣夫：《文献学讲义》，上海古籍出版社1986年版，第91页。

目，条录后人研究之意见，详加考证与注释，以图恢复史志原状。姚名达评价说："有此两书，而后古书显。《汉志》明，诚目录学之绝作也。近年之为此学者，如刘光蕡有《注》，姚明辉有《注解》，顾实有《讲疏》，李笠有《汇注笺释》，李赓芸有《考误》，较之振宗，皆不能稍胜。[①] 虽对后来者有贬，但足见姚振宗在《汉志》研究中的地位。

姚振宗讨论了《汉志》中类例与图书之间的关系，发现"联写"与"分条"虽可以互通，但各有义例。以六艺略之易类为例，易包括"易传""易经"和"（易）章句"。《汉书艺文志条理》在"《丁氏》八篇"下指出："自《周氏》至此凡七家，皆蒙上文'易传'二字。"《易传周氏》以下，包括了从《服氏》到《丁氏》的六种图书。《服氏》《丁氏》分别是《易传服氏》《易传丁氏》之"蒙省"。从《古五子》到《京氏段嘉》这八种典籍也属于"易传"二字蒙省。《易传古五子》以下八家与《易传周氏》七家"特其中有分别耳"，所以是两类。姚振宗对《汉志》的义例条理，将"易传"下再分两类，建构了《汉志》的四级分类体系，这是其剖析学术流别思想的一个实例。

姚振宗对于《隋志》进行了系统考证，推出力作《隋书经籍志考证》，其后序言"吾于此书，多心得之言，为前人所不发，亦有驳前人旧说之未安者……取裁安处之间，几经审慎而始定，订正疑异之处，数易稿草而后成"。姚名达认为"振宗实仿其成规，而备引古史及异说，最为渊博。在姚氏诸志中，尤为最精不朽之作"[②]。

姚振宗是"清末能熔各种相关学科于一炉而终身致力于编撰目录学著作的学者"[③]，不仅为清代史志目录学作出了重要贡献，而且其目录学思想丰富了清代古典目录学的内容。《清史稿·文苑列传》赞誉姚振宗为"目录之学，卓然大宗"。

七　缪荃孙的目录学思想

缪荃孙（1844—1919），字炎之，又字筱珊，晚号艺风老人，江苏江

---

① 姚名达：《中国目录学史》，上海古籍出版社2011年版，第170页。

② 姚名达：《中国目录学史》，上海古籍出版社2011年版，第174页。

③ 来新夏：《古典目录学》，中华书局1991年版，第279页。

阴人。校勘学家、目录学家、藏书家。清同治元年（1867）应四川乡试中举，因非川籍人，未授名。光绪丙子（1876）进士，曾任翰林院编修、清史馆总纂，并历主南菁、泺源、龙城、钟山等书院讲席。1907 年担任筹建江南图书馆总办；1909 年受聘创办京师图书馆；1914 年任清史总纂。晚年寓沪，各家刊印丛书或编纂藏书志，多请其相助。著有《艺风堂藏书记》《艺风堂金石文字目》《艺风堂文集》等。

缪荃孙的目录学思想主要有以下方面。

（一）版本目录学思想

缪荃孙出身于官宦家庭，幼承家学，11 岁修毕五经。清咸丰庚申十年（1860）太平军占江阴，7 岁的缪荃孙侍继母渡江避居淮安，就读于丽正书院，从院长丁俭卿学习文字学、训诂学和音韵学。21 岁举家迁居成都，受知于李文田师，勖以目录之学，从阳湖汤彦成研究文史，考订文字。24 岁应四川乡试中举。1876 年 33 岁时会试中进士，授翰林院编修。此后从事编撰校勘十余年，于校雠版本目录学功底深厚。

张之洞任四川省学政时，缪荃孙曾执贽门下，代张之洞撰《书目答问》。1908 年，张之洞负责学部，力请缪荃孙为京师图书馆馆长，清帝特召他进京，一手创办成京师图书馆。东渡日本考察学务归国后，主持创办中国南北两大图书馆——江南图书馆（现南京图书馆）、京师图书馆（今北京图书馆）。

缪荃孙精通版本，主要贡献在版本目录学。1910 年，缪荃孙奉调去北京，任京师图书馆正监督职务，以城北积水潭广化寺为藏书楼，亲自清理秘阁藏书，分类清理内阁大库珍本，内阁大库中检出元明旧帙和南宋所藏古籍，辑刻《宋元本留真谱》，于牒文、碑板、序跋等加以著录。

缪荃孙主持清皇宫内阁大库移交给京师图书馆的编目工作，撰成第一部古籍善本目录——《清学部图书馆善本书目》①，全书 5 卷，经部、子部、集部各 1 卷，史部分上下卷。收入善本 700 余种，依四库全书体例分类。该书目著录事项详细，重视著录版本。除著录书名、卷数、著者、

---

① 1912 年，《清学部图书馆善本书目》一卷被邓实辑入《古学汇刊》第一集目录类。1914 年由上海国粹学报社铅印出版。

版本、行款、刻工、牌记、存佚情况、装帧形式外，还说明各书的刊刻源流，摘录有关序跋、进书表、印章、避讳等，草稿本由缪氏亲笔批校。书目首次明确著录行款和版式。缪荃孙首次提出，著录书籍的高广尺寸及边栏，以作为鉴定版本的重要依据。

（二）书目功能思想

缪荃孙有丰富的目录学实践，不仅自己编撰书目，还助他人编撰书目，如《嘉业堂藏书志》（代刘承幹撰）、《适园藏书志》（代张钧衡撰）、《愚斋图书馆藏书目录》（代盛宣怀编）、《愚斋图书馆善本书目》（代盛宣怀编），最有成就的是24岁时协助张之洞撰《书目答问》。这就使他熟知各类书目的特征，并对书目的功能有极其深刻的认识。

缪荃孙认为，书目以藏书和读书为目的，有两大功能，一是为藏书和读书而揭示图书的功能，二是为藏书和读书而便于查寻的功能。“世之欲藏书、读书者循是而求，览一书而精神形式，无不具在。”① 虽然以往目录学家也强调过书目的查检作用，但缪荃孙“循是而求”既是为读书，也是为藏书。在反映藏书上，他提出有“精神”和“形式”两个方面，这是其独到之处。一方面，书目要反映书的“精神”，通过解题、题跋等可以揭示一书的内容和意旨；另一方面，书目也要反映书的“形式”，通过解题、题跋等可以揭示一书的外部特征和体制，而且要将两者统一起来，这是总结了历代书目的功用，是对目录学优良传统的继承与发展。

缪荃孙重私家目录，推崇南宋解题双杰，“私家编辑，始于梁处士阮孝绪，隋经籍志据订存亡。今所传者，则以南宋晁、陈两家为书林之矩矱焉”（缪荃孙《善本书室藏书志·序》），又说：“目录之学，始于向歆。以私家著录，屹立于天壤者，以昭德晁氏与吉安陈氏为最。国朝以来，钱遵王《敏求记》为人所重，然钞刻不分，宋元无别，往往空论，犹沿明人习气。若《也是园书目》、汲古沧苇仅存一名，更无论已。”② 缪荃孙将私家目录分为两派，其《平湖葛氏书目序》说：“自更生《七

---

① 缪荃孙：《积学斋藏书志序》，《艺风堂文漫存·乙丁稿》第2卷，上海古籍出版社2010年版，第21页。

② 缪荃孙：《积学斋藏书志序》，《艺风堂文漫存·乙丁稿》第2卷，上海古籍出版社2010年版，第21页。

略》出而有天府之书目，自孝绪《七录》传而有私家之书目。……书目亦分为两派：一则宋椠明钞，分别行款，记刻书之年月，考流传之图记，以鉴古为高，以孤本自重，如《爱日精庐藏书志》、《艺芸精舍宋元书目》是也。一则涉猎四部，交通九流，蓄重本以供参订，钞新帙以备记载，供通人之浏览，补秘府之缺遗，如高儒之《百川书志》、钱遵王之《述古书目》是也。"① 《古学汇刊序》也说"然亦分为两派。一则宋刊明抄，分别行款，记刻书之年月，考前贤之图记，此赏鉴家也；一则包括四部，交通九流，蓄重本以备校雠，抄新帙以各浏览，此收藏家也"。

（三）古籍藏书题跋思想

缪荃孙私人藏书极富，先后购藏600余种善本，书籍10余万卷，藏书处名"艺风堂""联珠楼""对雨楼""云自在龛"等。藏书18800余种。缪荃孙平生博览群书，广收典籍，擅长文史，精于考订，著述颇多。汇刻有《云自在龛丛书》5集19种，《对雨楼丛书》5卷，《藕香零拾》38种，《烟画东堂小品》12种等。

藏书志和题跋是目录学的一种颇有创新意义又与藏书紧密结合的重要方式，这种方式辑录各书的古人序跋和名家题识，既存亡佚，又考源流。

他推崇黄丕烈的题跋法。在《荛圃藏书题识序》中说："其题跋于版本之后先、篇第之多寡、音训之异同、字画之增损、接受之源流、翻摹之本末，下至行幅之疏密广狭，装缀之精粗敝好，莫不心营目识，条分缕析。跋一书而其书之形状如在目前。"他辑刊有黄丕烈《士礼居藏书题跋记》《荛圃藏书题识》《荛圃刻书题识》等，对黄丕烈（荛圃）题跋的辑集，编写《黄荛圃藏书题跋》十卷。

缪荃孙的题跋著名，无论是叙版刻源流，还是图书评价，持论有据，十分深刻，水平极高。

光绪二十六年（1900），由于八国联军入侵，为防止藏书散失而能留书目于后人，缪荃孙撰《艺风堂藏书记》8卷，用题跋的形式收录善本

---

① 缪荃孙：《平湖葛氏书目序》，《艺风堂文漫存·辛壬稿》第2卷，上海古籍出版社2010年版，第19页。

627种，10962卷。民国元年，缪荃孙又撰《艺风堂藏书续记》8卷，所录旧刻、旧抄及稿本700余种。民国二十九年，当时的燕京大学图书馆得到了缪荃孙生平未能出版的《艺风堂新收书目》7卷的遗稿，收录图书105种，经校定改名为《艺风堂藏书再续记》。《艺风堂藏书记》没有采用四部分类，而是仿孙星衍《孙氏祠堂书目》，孙氏书目分12类，缪氏书目分为经学、小学、诸子、舆地、史学、金石、类书、诗文、艺术、小说10类，未采用天文、医律，将书画改为艺术，将词赋改为诗文类，将地理改为舆地。《艺风藏书续记》减去金石成9类。《艺风藏书再续记》则按版本特征将图书分为7类：宋刻本、元刻本、明刻本、旧钞本、校本、影写本、传抄本。

缪荃孙的这三部“藏书记”属于藏书志体，详记版本，载录序跋，旨在“书去目存”。《艺风堂藏书记》附《缘起》云：“今天下称瞿杨丁陆四大家，目皆高尺许，荃孙一鳞片甲第，与拜经楼、平津馆相伯仲，他日书去而目或存，挂一名于艺文志，庶不负好书。若渴之苦心耳!”《艺风堂藏书续记缘起》云：“至于书去目存，昔贤以之慰张金吾，吾亦藉之以自慰也。”

（四）方志目录学思想

清末民初，缪荃孙与王壬秋、张季直、赵尔巽齐名，誉称四大才子。清廷开馆修史，缪荃孙任国史院总纂，由于父母亲（指继母）的相继去世，缪荃孙二度告假回家营葬，后因与徐桐不协，遂辞去史职被张之洞召之武汉修《湖北通志》，并被聘为南京钟山书院院长，抢救古籍，成绩斐然。

辛亥革命爆发后，缪荃孙辞归南返，寓居上海，被特聘为清史总裁，草拟全史凡例，并负责《儒林》《文苑》《循吏》《孝友》《隐逸》《土司》《明遗臣》七传的编写工作。

缪氏所撰的《（光绪）顺天府志》《（光绪）湖北通志》《（光绪）昌平州志》《（民国）江苏通志稿》《（民国）江阴县续志》五部方志均有“艺文志”，体例完备，《（光绪）顺天府志·序录》说：“艺文，拟四部之编录，仿七略之解题，庐牟群哲，捃拾绨缃，虽一家之说，杂流之言，皆有取焉。所以使博览旁搜，抱残守缺，求前贤之秘文，而毋敢弁藐视也。”《（光绪）湖北通志·序录》说，艺文类应“条其篇目，撮其精良”。《（光绪）昌平州志·序录》说：“援《汉书·艺文志》例，述艺文。”反映了他的方志艺文志兼采四部史志之长的思想。

缪荃孙重视方志文献，于方志目录之学钻研特深，熟娴文史掌故。江阴续修县志，缪亲定大纲，分人编写，自己总其大成，历时数载，脱稿完工，不久便在上海寓所去世，故《江阴县续志》为其惊世绝笔刊印后，成为一代名志。

1911 年，作为京师图书馆监督，缪荃孙编订各省志书目 4 卷成《清学部图书馆方志目》1 卷，收入《古学汇刊》第 2 集，是为地方志有专目之始。该目录著录各省府州县志 1676 部，著录卷数、册数、主修人，以及刊印题序，年月有可考者必有记录。

（五）金石目录学思想

荃孙学识渊博，交流广阔，著述繁富，尤长于金石目录之学，并富金石碑帖收藏。在学术界名满天下。缪氏 1864 年得欧赵书，始为金石之学。曾充总督吴棠，川东道姚彦士幕僚，遍历川东北各地，搜拓石刻。金石收藏 11000 余种。他认为，国朝谈金石者有两派，一个是覃溪派，精购旧拓，讲求笔意，属于赏鉴家，另一个是兰泉派，搜采幽僻，援引宏富，属于考据家，自认为专趋兰泉一派。编撰有《艺风堂收藏金石目》、《江苏金石志》、《顺天金石志》3 卷、《畿辅金石志》24 卷、《金石分地篇》24 卷、《金石录札记》1 卷、《今存碑目》1 卷、《苍崖先生金石例札记》卷。此外，还代端方编金石目《壬寅消夏录》。这些都反映了他重考据详著录的金石目录学思想。

八　张之洞的目录学思想

张之洞（1837—1909），字孝达，号香涛，直隶南皮（今属河北）人。洋务派首领、目录学家。同治二年（1863）进士。曾任翰林院侍讲学士、内阁学士等职。1882 年任山西巡抚。1884 年中法战争时，升两广总督。1889 年调湖广总督。1894 年代刘坤一为两江总督。1907 年调任军机大臣，兼管学部事务。光绪三十四年（1908）十一月，以顾命重臣晋太子太保，次年病卒，谥文襄。著述颇丰，有《书目答问》《輶轩语》

《劝学篇》《沆瀣集》《读经札记》《广雅堂金石札》《广雅堂骈体文》《张香涛学使学究语》《张文襄公诗集》等，有《张文襄公全集》。

张之洞的目录学思想主要表现在以下方面。

（一）经邦济世的读书致用思想

张之洞在清代后期参与政治活动达40多年，早年是清流派首领，后成为洋务派的主要代表人物，与曾国藩、李鸿章、左宗棠并称“晚清中兴四大名臣”。同文馆的开办和洋务运动兴起后，致力实业，以为西人可用者器，得其器而用之即可师夷之长技以制夷，由此产生了中体西用思想。

1898年发表《劝学篇》。在戊戌变法中，提出“旧学为体，西学为用”，反对变法。

他一生重视教育，创办自强学堂、三江师范学堂、湖北农务学堂、湖北武昌蒙养院、湖北工艺学堂、慈恩学堂、广雅书院等。力图改变科举制度下生童“帖括之外无所知”学风，培养“讲求时务，融贯中西，精研器数”，且“不尚空谈，务求实用”的新型人才。

他主张经邦济世，读书致用，倡导生童多读经邦济世之书。《书目答问》是张之洞39岁时所作。其《輶轩语》中云：“读书宜读有用书。有用者何？可用以考古，可用以经世，可用以治身心。”《书目答问》中无用、空疏之书皆不收，并认为“经、史、小学、舆地、推步、算术、经济、诗古文辞，皆学也”。

张之洞为生童撰写的《輶轩语》，分语行（告诫诸生立身行世之道）、语学（论治学方法）和语文（科举时文及有关程式）。与《书目答问》犹如姊妹篇，两书都与举业有关，互为表里。《輶轩语》之“语学”说：“使者谆谆劝诸生读书，意在使全蜀士林美质悉造成材，上者效用于国家，其次亦不失为端人雅士，非欲驱引人才尽作书蠹也。”

《书目答问》和《輶轩语》都表明了其儒学教育正统观念，旨在为国养才，维护封建统治。

（二）学问门径的导读目录思想

清同治十三年（1874）张之洞就任四川学政时，生童问“应读何书，书以何本为善？”为此编撰《书目答问》。

关于《书目答问》的作者，有缪荃孙作之说。其依据是缪荃孙自撰《艺风老人年谱》：“光绪元年，年三十二，八月，执贽张孝达先生门下，命撰《书目答问》四卷。”但缪荃孙《半岩厂所见书目序》又说：“同治甲戌，南皮师相督四川学，有《书目答问》之编。荃孙时馆吴勤惠公（棠）督署，随同助理。”据此，叶德辉《书目答问斠补》所说的“此目江阴缪艺风先生代南皮相国文襄公撰”（引叶德辉批校题识）不能成立。实际上，缪荃孙的确参与了该书目的较多工作，但主导该目编撰的，仍然是张之洞。可以说，《书目答问》是张之洞、缪荃孙合作而成。

《书目答问》至清光绪二年（1876）编定刊行于世。这是一部指导生童读书门径的举要目录，刊行不久，便风行海内，享誉士林。

张之洞曾批评生童不善读书，“读书不知要领，劳而无功；知某书宜读而不得精校精注本，事倍功半”。他所谓的“读书”是读经史之书、词章考据之书。

张之洞为编纂导读目录，他将所选图书“分别条流，慎择约举”：“今为分别条流，慎择约举，视其性之所近，各就其部求之，又于其中详分子目，以便类求；一类之中，复以义例相近者，使相比附，再叙时代，令其门径秩然，缓急易见……总期令初学者，易买易读，不致迷罔眩惑而已。”① 使初学者按图索骥，易购易读。

《书目答问》是一部体现系统性和实用性的导读目录。江人度在《书目答问笺补》书跋中说：“自刘班七略以来，即有目录之学。目录者何？即读书之门径也。张南皮师书目答问尤门径之精者也。得其门，则有从入之途；失其门，不免望洋之叹。欲窥奥美而彷徨门外，虽毕生研究，仍毕生茫昧矣。……因取南皮师是书，疏通证明，间亦搜补书目，藉以开示来学，而明其津梁所在，虽目以卧佛之疲，不敢谢也。”

张之洞提出“书即师”的观点，论治学门径，首推《四库全书总目》。他在《輶轩语·语学》之“论读书宜有门径”中说：“汎滥无归，终身无得。得门而入，事半功倍。或经，或史，或词章，或经济，或天算地舆。经治何经，史治何史，经济是何条，因类以求，各有专注。至

① （清）张之洞：《书目答问·略例》，上海商务印书馆 1935 年版，“略例 1”。

于经注，孰为师授之古学，孰为无本之俗说；史传孰为有法，孰为失体，孰为详密，孰为疏舛；词章孰为正宗，孰为旁门；尤宜抉择分析，方不至误用聪明。此事宜有师承。然师岂易得？书即师也。今为诸君指一良师，将《四库全书总目提要》读一过，即略知学术门径矣。”又说：“一切学术必先求诸《四库全书总目》，以此为主，以余为辅。”

《四库全书总目》可周知清以前之学术概貌，而《书目答问》则可周知当世学术。《书目答问》约当四库全书的五分之一。据《书目答问·略例》称：“此编所录，其原书为修四库时所未有者十之三四，四库虽有其书而校本注本晚出者十之七八。”《书目答问》主要收录清代特别是乾嘉以来直至当世的学术著作，是对《四库全书总目》的补充。《书目答问》附录的国朝（清）著述诸家姓名略，亦可窥见清代学术流别。《书目答问》与《四库全书总目》两书，共同指示治学门径，相得益彰。

（三）突破传统的分类思想

清代四部分类成为正统。虽然张之洞推崇《四库全书总目》，却没有采纳其四部分类体系，而是以四部分类为基础，加以创新，这是突破传统以适应时代发展的分类思想。

《书目答问》5卷，收录图书2200种，按所收书的内容，分为经、史、子、集、丛五大部。类目设置是在《四库全书总目》的基础上进行增删，其分类体系如下。

经部（3类）：正经正注；列朝经注经说经本考证；小学。

史部（14类）：正史；编年；纪事本末；古史；别史；杂史；载记；传记；诏令奏议；地理；政书；谱录；金石；史评。

子部（13类）：周秦诸子；儒家；兵家；法家；农家；医家；天文算法；术数；艺术；杂家；小说家；释道家；类书。

集部（4类）：楚辞；别集；总集；诗文评。

丛部（2类）：古今人著述合刻丛书；国朝一人著述合刻丛书。

从这一分类体系中可知张之洞的分类思想：一是充分体现继承与创新。一方面敢于突破权威，分类与时俱进。不因袭前人的权威分类，大胆修正并突破四部分类法，直接在经、史、子、集四部之后增加一部“丛部”，经部改动最大。另一方面，从细目上，较好地采用了四部分类，如史子集三部照搬了《四库全书总目》的很多类目，集部照搬前四类，删除最后一类“词曲”。二是所设新类具有积极意义。重视丛书，设丛书类适应图书新的发展情况。由于丛书品种和数量日渐增多，他认为“丛书最便学者，为其一部之中，可该群籍，搜残存佚，为功尤钜，欲读古书，非买丛书不可。”① 丛书、类书历来难为四部所容，始终未能很好地解决。张之洞通过突破四部大胆设类，解决了这一问题。将丛书和经史子集四部并列，这在历史上是第一次。三是首次为金石图书分类，《书目答问》史部将金石著作独列一类，分为金石目录、金石图像、金石文字、金石义例四类。四是采用合并增删之方法改造四部，经部立“群经总义”目；史部立“古史”目；子部首列“周秦诸子”，将释家和道家两类合为一类；等等。整体上看，这一分类体系还是四部的影子，相当于四部分类的拓展版，并非全新的分类体系，这正是清代保守思想的作用。其分类体系中也存在一些不合理之处，如删除史部“目录”类。五是每类书籍，各以时代先后为序，其中又暗分小类，但不立名目，只在这一类的最后一部书下加一“钩乙”（“乚”号），表示“此号之前，归为一类”之意，相当于分子目，以标识符等多种形式进行类目细分，体现创新。因此，《书目答问》实际是五部36类加暗分子目的三级分类体系。

张之洞的分类继承学术流别的传统，古代目录学多有分类中无法体现而采取附类方法，这些附录与分类体系并非同一标准划分，只能附设，起到辅助作用。张之洞以此法，主辅配合，颇有创见。《书目答问》附录两部分，附一为《别录目》，下分群书读本、考订初学各书、词章初学各书、童蒙幼学各书等四类，与正文相配合，由浅及深，渐识途径。附二为《清代著述诸家姓名略》，包括经学家、史学家、理学家、经学史学兼理学家、小学家、文选学家、算学家、校勘之学家、金石学家、古文家、骈体文家、诗家、词家、经济家等，列举各家知名学者之姓名籍贯，由此可窥见清代学术渊源流别。附录专为初学者而设，“别录一”专载“初学读本”，分类排列讲究由浅入深，可见张之洞对于初学者的重视，将初学之书与普通之书分开，更便于求者易求，学者易学。

① （清）张之洞：《书目答问》，上海商务印书馆1935年版，第73页。

（四）古籍善本思想

善本是版本学的重要内容，虽然前人对善本已有论述，但张之洞概括和总结得最为全面。张之洞说："善本非纸白板新之谓，谓其为前辈通人用古刻数本精校细勘付刊，不讹不缺之本也……善本之义有三：一曰足本（无阙卷、未删削），二精本（精校、精注），三旧本（旧刻、旧钞）。"① 由此可见，善本有三大价值，一是以"足本"体现内容价值；二是以"精本"体现校勘价值；三是以"旧本"体现文物价值。

他强调读书宜求善本，这对于目录学选择图书以及导读目录学具有重要意义。

（五）古略今详的著录思想

张之洞的著录思想是古略今详，主要反映在以下几点：

一是着眼当代，有些按语体现了"今胜于古"的思想。史部"地理外纪"注云："古略今详者，录今人书。"子部"天文算法"注云："推步须凭实测，地理须凭目验。此两家之书，皆今胜于古。"又注："算学以步天为极功，以制器为实用。性与此近者能加研究，极有用于经济之学。"在国朝（清）著述诸家姓名略下注云："大抵征实之学，今胜于古。"

二以实用为标准，《书目答问·略例》云："凡无用者、空疏者、偏僻者、淆杂者不录，古书为今书所包括者不录，注释浅陋者、妄人删改者、编刻讹谬者不录，古人书已无传本、今人书尚未刊行者不录，旧椠旧钞偶一有之、无从购求者不录"，"凡所著录，并是要典雅记，各适其用（皆前辈通人考求论定者）"，"经部举学有家法实事求是者，史部举义例雅饬考证详核者，子部举近古及有实用者，集部举最著者"。《书目答问》所收录多为重要且实用书籍。

三是注意收录中外科技书籍。以经世致用为目的，主要收录传统中国典籍，兼收西方天文、数学、技术等知识的著作。

四是重视记载版本，特别注明善本、精本。所选版本亦从当时习见者中取其不缺少误者为主，所列版本不炫示宋元旧椠，所收各书之版本

① 见《輶轩语》总二十《读书宜求善本》。

以当时常用、习见、易购、廉价书为主，或为单行本，或为丛书本，多为不缺少误，可资参考者，并不嗜古好僻，盲目追求宋元版本，“总期令初学者易买易读，不致迷罔眩惑而已”。

五是采取注释方法简明扼要，每一部书名之下，注明作者姓名、版本，卷数异同。对于重要书籍，酌加简明扼要的按语，用词恰切。如《十三经注疏》下注：“阮本最于学者有益”，“四川书坊翻刻院本伪谬太多，不可读”；郝懿行《尔雅义疏》下注“郝胜于邵”；朱骏声《说文通训定声》下注“甚便初学”等，或指明书可读不可，或指明阅读方法。

清末为抵制西学的渗透，宣扬国学，目录学导读记录学派编撰古籍举要目录，最为著名者为《经籍举要》和《书目答问》。《经籍举要》是湖北学政龙启瑞以宣传考据、桐城古文和程朱理学为目的，为诸生读书应试而作，于道光二十七年（1847）编成的一份导读目录。举要目录慎选图书，《经籍举要》收录图书 140 余种，“选取诸生急需精读的书籍，略述其内容的得失，指示读法，比较简陋。经史子集以外，复分约束身心、扩充学识、博通经济、文字音韵、古诗文词、场屋应试六项”[①]，不分细目，先录人名，次著书名、版本，间有提要，于重要的书籍，略论书的特色，并简要指示读法，颇便初学。其所分之约束身心等六项是一种教育类目，是专门为指导诸生读书应试而设置的。《经籍举要》刊行后，影响甚大，安徽中江讲院主持人袁昶为使生童避免“邪说诐行，俗学异经”所惑，于光绪十九年（1893）增订重刊了《经籍举要》，增补清人著作 100 余种。《书目答问》为张之洞所撰，晚于《经籍举要》20 余年问世，其影响超过《经籍举要》。

《书目答问》出版后，屡经刊刻重印，50 余年之间，“翻印、重雕，不下数十次，承学之士，视为津筏，几至家置一编”[②]。可见其影响。学者们围绕《书目答问》进行了各种研究和增补，有笺补本、斠补本及补正本等校勘成果相继刊印行世。

张之洞的目录学思想既不同于清末保守派的思想，又不同于激进派

---

① 吕绍虞：《中国目录学史稿》，安徽教育出版社 1984 年版，第 194—195 页。

② 罗孟祯：《中国古代目录学简编》，重庆出版社 1983 年版，第 158 页。

的思想，是兼取保守与激进两派之长的折中思想。他是将目录学的传统与现代很好地结合起来，服从于其政治主张，充分体现了目录学的思想性和教育性。其《书目答问》是继《四库全书总目》以后最重要的一部古典目录著作，其影响深远，在此后百年之中一直成为有志之士的学问之门径。袁行云说：《书目答问》是一部与举业有关的目录书，是一部举要性质的目录书，是一部总结清代学术成绩的目录书，是一部普通性质的目录书，是一部在体例上有创见的目录书。①

九 总结

古典目录学，至清代成为显学。在中国目录学史上，清代目录学著作是最多的，目录学家也是最多的。著名的目录学家有黄虞稷、钱曾、朱彝尊、徐乾学、万斯同、姚际恒、孙从添、全祖望、王鸣盛、纪昀、钱大昕、毕沅、谢启昆、章学诚、孙星衍、江藩、黄丕烈、阮元、顾广圻、姚振宗、缪荃孙、张之洞、孙诒让、叶德辉等数十位。其中最有代表性的，清前期有钱曾、王鸣盛、章学诚，清末期有姚振宗、缪荃孙、张之洞。

清代目录学是对中国古代目录学的一次全面总结，其目录学成就是多方面的。

1. 目录学理论的升华

目录学自产生以来就与学术有着极其密切的关系，在历史发展中，目录学不断加强对于学术分类和学术发展的研究，至清达到更高的水平，目录学在学术中的地位与作用得以凸显。清代形成了以“辨章学术、考镜源流”思想为主体的目录学学术理论，目录学不仅承载起了学术史的职责，而且承载起了学术传承与传播的职责，使汉代形成的目录学学术职能得到了全面巩固和发展。

目录学的发展与文化有着千丝万缕的联系，目录学受到文化环境的深刻影响，同时也对于文化起着十分重要的促进作用。自从魏晋南北朝簿录产生以后，目录学的系统记录思想与目录学的学术思想并行发展，

① 袁行云：《书目答问和范希曾的补正》，《社会科学战线》1978 年第 4 期。

前者虽然没有从辨章学术出发，却对于文化保存起了积极的作用。到了清代，目录学的政治性和思想性进一步加强，文化对于目录学的要求也更加强烈。清代形成了以致用和传播思想为主体的目录学文化理论，以四库文化思想、类书文化思想和地方文献文化思想为基础，使图书和书目成为文化的载体，目录学承担起文化职能。

自孔子以经典传弟子以来，直到导读目录的产生，目录学的教育作用不断加强。经过目录学家的思想总结与提炼，到清代形成了目录学的教育理论，前有清初黄宗羲经世致用之学，中有王鸣盛的读书门径之学，后有张之洞的读书致用论等都是这一理论的重要内容。

在目录学发展历史上，由于藏书与目录事业上的难以分割，有关藏书的研究成为目录学的重要内容，早已产生了关于藏书的理论。到了清代，目录学的藏书理论以周永年的儒藏说为代表，“先聚书籍，订目录，以待方来”“书目可以互相传抄，因以知古人之书，或存或佚”[①]，藏书、读书、目录交织在一起，不断推动藏书和读书的社会化，将藏书与读书从读书人个人的事情发展到社会的重要事业。

目录学因图书的发展而产生，研究图书始终是目录学的重要任务，目录学家对于图书的认识不断加强，早已形成了关于图书的理论，如五厄论、十厄论等。到了清代，目录学的图书理论更加丰富，包括图书史、图书的“精神形式”论、文献学论等。清代史学极盛于浙东，黄宗羲、万斯同一派，其后有全祖望、章学诚等均以一代文献自任，宗羲为清史学之祖，斯同为宗羲弟子，“以独力成《明史稿》，论者谓迁、固以后一人而已。其后斯同同县有全祖望，亦私淑宗羲，言‘文献学’者宗焉。会稽有章学诚，著《文史通义》，学识在刘知几、郑樵上”[②]。

目录学在汉代就已形成了校雠版本目录三位一体的思想，目录学在发展过程中虽然不断分化并形成了多个分支学科，但目录学仍然在吸纳众多学科的内容，这一趋势始终没有改变。到了清代，这种综合性和融合性进一步加强，兼容了考证、辑佚等更多的学科领域，使之成为一个

---

① （清）周永年：《儒藏说》，《儒藏论坛》2006 年第 1 期，第 343—345 页。

② 梁启超：《清代学术概论》，上海古籍出版社 1998 年版，第 18 页。

包容性很强的交叉学科。清初全祖望从李绂借读《永乐大典》，辑出佚书，开清辑佚学之先。其后，有姚振宗将辑佚、考证等融入目录学。在清代，考据学和辑佚学等学科扩充了目录学的内容和范畴，目录学也促进了考据学、辑佚学等学科的兴盛。

2. 目录学方法的系统化

清代目录学方法在类例上最大的特点就是四部分类体系的完善，官私藏书目录和史志目录以各种方式丰富四部分类的内容，在二级类目的细化上体现了众多变化，而到了《四库全书总目》，成了四部分类的集大成者。

清代的图书分类四部主线清晰，四部一统天下，将魏晋以来的四部分类圆满地定格在目录学方法论之首。在这一背景下，四部以外的分类辅线显得特别弱小和孤立无援，其中有两条支线，以四部为基础的修补一支如《也是园藏书目》《书目答问》等偏向保守，但已具有了积极创新的意义；而全面突破四部的虽然太少如《孙氏祠堂书目》，但已反映出四部体制虽难以从根本上动摇，却已有了暗流涌动。

解题、序跋历来是目录学揭示图书方法的重点，也是区分目录学是否走简化路线的标志。清代解题继承历代传统，且有了大发展。还出现了考证性提要，如阮元《四库未收书目提要》5 卷，收集了乾隆以前《四库全书》为没有收录的图书而撰写的提要；周中孚《郑堂读书记》101 卷，收录了大量的乾嘉学人著述。由序跋发展为题跋，开辟目录学的一个重要方向。

互著别裁虽不是清代目录学所创，却在清代得到了全面发展，既有理论的形成，又有方法的完善。长期以来，目录学方法一直在分类方法上不断突破，而在著录方法上少有突破。互著别裁是继郑樵“以人类书”和注释之后的最重大的突破，经明代的创造至清而完善。

3. 藏书目录事业达到鼎盛

清代官私两大藏书目录事业全面发展，达到历史上的鼎盛时期。特别突出的是，乾隆时期同时编撰两大官藏目录即《四库全书总目》和《天禄琳琅书目》，前者是中国古代最大的一部官修目录，其学术质量在清代也是首屈一指的，代表了中国古代目录编撰的最高成就，后者为

“政府组织编修的版本目录学中的首创之作”①，为清代版本目录学开辟了新路。私家藏书目录事业迅猛发展，规模空前，藏书在体量上超过官藏，书目形成四大类型，比官藏目录更加多样化。私家藏书目录事业的发展，不仅有力地补充了政府藏书目录事业的局限性，而且在保存图书和文化方面做出了不可磨灭的贡献，如缪荃孙的“书去而目或存”体现了目录学家崇高的文化使命与责任。

清代书院：全祖望辞官归里后，曾主讲绍兴蕺山书院，后又主讲广东端溪书院，以课徒著述终其生。撰有《鲒埼亭集》38 卷及《外编》50 卷，《诗集》10 卷以及《汉书地理志稽疑》《古今通史年表》《经书问答》《句馀土音》等。在目录学上，45 岁起七校《水经注》，三笺南宋王应麟《困学纪闻》，特别是以十年之功，曾续修黄宗羲、黄百家父子的《宋元学案》100 卷，博采诸书加以补辑，所续占全书十之六七，体例较《明儒学案》更加完善，是辨章学术之学术史重要成果。

书院藏书目录在清代编纂较多，如保定学古堂《万卷楼书目》（约 1879）、《安徽于湖中江书院藏书目》（1895）、《大梁书院藏书目》（1898）、《兴化文正书院藏书目》（1898）、宁国府太平县《仙源书院藏书目录初编》（1908）、朱一新《广雅书院藏书目录》（1901）、《上海格致书院藏书楼书目》（1907），不过这些目录在类例和著录上大多没有什么特色。一般书院藏书和儒学藏书，都是供生徒使用，所以藏书多是普通书籍和版本，在类例上也没有多少特色。

总体而言，佛道藏书目录和书院藏书目录活动不如官私藏书目录活动活跃，而且出现了渐衰的趋势。

4. 分支学科齐头并进

清代的五大分支学科以史志目录学为首。史志目录学自汉以来，产生六部正史艺文或经籍志，清占一部。虽然清《明志》在史志目录学上的地位不如《汉志》和《隋志》，《汉志》和《隋志》最讲辨章学术，《汉志》有序文 40 篇、《隋志》有序 48 篇，《旧唐志》以下仅有总序 1 篇，但《明志》创设与断代史相吻合的新体例，亦有重要建树。特别是

① 来新夏：《古典目录学》，中华书局 1991 年版，第 271 页。

清代修史过程中产生了大量的副产品，并引发了补志之风，具有开创意义。

史志目录学在清代形成了正史和补志两大派。正史派有傅维鳞、尤侗、黄虞稷、王鸿绪、张廷玉等代表人物。正史派的最大贡献在于《明史·艺文志》纂修，开记一朝著述先例。补志一派，其阵容和贡献不亚于正史派。据《中国丛书综录》史部目录类的统计，清史志补注者有近30家，著述在40种以上，著名者有钱大昕、钱大昭、倪灿、卢文弨、杭世骏、侯康、顾怀三、文廷式、邵晋涵、金门诏以及晚清的姚振宗、章宗源、张鹏一、王仁俊等十余人。史志目录学受乾嘉以来朴学路向的指引，形成史志目录的补志派，这是前所未有的。

清代专科目录学和地方文献目录学比较突出，类书目录学也有进步。相比之下，佛道目录学比较薄弱。

5. 新目录类型产生

在中国古代目录学发展中，书目著作形态多样化，书目类型众多，到了清代又产生了新的类型。

丛书编纂起源较早，宋代就有了综合性丛书，明中期以后，丛书编纂愈来愈多。自祁承㸁孙祁理孙《奕庆藏书楼书目》的四部汇（即为丛书部）和张之洞《书目答问》的丛部将丛书与四部并列，丛书在目录学中确立了其重要地位。清代开始为丛书编撰目录，于是有了丛书目录的产生。清顾修辑录宋代以来丛书261种，编成《汇刻书目初编》10册，以丛书名为纲，下注校刊者及其年代，列出子目及其撰者、卷数，间注真伪，这是中国第一部丛书目录①。此后续编多种，著名者有光绪时朱学勤、王懿荣的《汇刻书目》20册，收书567种。

大规模禁书始于秦，虽然有禁书目录的产生，但并不是真正的禁书目录。清代产生了真正意义的禁书目录。纪昀从四库馆刊《抽毁书目》、江宁布政使刊《违碍书籍目录》等禁书目录中汇辑当时禁毁小说之资料

① 因为此目错讹较多，收录也不齐全，加上清中期后丛书刻印更多，所以后人多有刊误补续者，如朱学勤编《增订汇刻书目》20卷、周毓邠《汇刻书目二编》10卷、傅云龙《续汇刻书目》12卷、胡俊章《补遗》1卷、罗振玉《续汇刻书目》10卷、刘声木《续补汇刻书目》30卷及《再续补汇刻书目》16卷。

编纂《乾隆朝禁毁小说戏曲书目》，收书 22 种，包括戏剧、小说、文集等，仅注明某书载于何种毁书目。清道光二十四年（1844）浙江杭州设局查禁淫词小说，通令全省各地限期收缴小说禁书，编成《禁毁书目》，共收书 120 种。之后，该局又有《禁毁淫书目单》，补充后收到的各种小说，与前目次序略有不同。1868 年，《同治七年江苏巡抚丁日昌查禁淫词小说目》分小说、戏曲类作品和小本唱片两种，其中小说、戏曲作品类收 122 种，后又补发禁书目 34 种。此外，尚有清姚觐元编《清代禁毁书目》（附补遗）。

6. 索引理论与应用形成体系

虽然古代的类书具有索引的某些功用，但不是真正意义的索引。到了清代，索引不仅有丰富的实践，而且形成了索引理论。清代索引编纂取得了新的进展，体例更加完善，便于检索。顺治九年（1652），蔡烈先编撰《本草万方针线》，这是中国第一部医药方剂索引。其索引以明李时珍《本草纲目》为对象，反映《本草纲目》中的药物 1800 多种，附载方剂 1 万多个。索引按疾病科目将从《本草纲目》中录出的中药方分类排列，以疾病名为标目，下注病症，并列举该疾病的药方在《本草纲目》中的出处。索引凡例云："遇病扣方者，首查门类，细审吻合，再查卷篇，应手而得。"周中孚在《郑堂读书记》卷 43 称赞该书为"李氏之功臣，而医家之向导"。此后，乾嘉年间的汪辉祖编纂索引最多，编有《史姓韵编》64 卷，收录《史记》至《明史》24 部正史中传记中的人名，以姓韵编排，标注传主所在的史书的卷篇，并简述字、号、籍贯、生平。他还编有《九史同姓名略》72 卷《补遗》4 卷、《二十四史同姓名录》160 余卷等著名索引。

目录学之所以到了清代成为显学，有清三百年学术之背景，也与特定的政治与文化相关。目录学起于汉与汉代的今古文学之争不无关系，目录学发于宋与宋代新儒家两派矛盾冲突有关，目录学盛于清与清代的汉宋之争密切相关。清代目录学在两大藏书目录事业、四大藏书目录体系、五大分支学科以及理论目录学和应用目录学等各个方面都超过了汉和宋，是中国目录学史上的第三个里程碑。

清代目录学表现出集成性的特征，无论是在目录学理论，还是在目录学方法上，都在以往目录学的基础上有了集大成。这种集成是积累性的，也是继承性的，与封建大一统制度和保守思想有极大关系。校雠理论从汉向歆开始，经过宋郑樵等目录学家的继承与总结，到清代形成了系统的校雠目录思想。四部分类从魏晋开始，经过历代四部类目的不断丰富，经过目录学家对于四部体制的继承，到清代形成了四部分类之集大成。因此，清代目录学是中国古典目录学的集大成。

研究发现，宋代形成的校雠版本目录一体的目录学仍然存在，清代目录学除了高度集成外，还出现了严重的分化。清代校雠目录之争是目录学分化的一个标志，不仅有学术史上的汉宋之争等的影响，而且是因为目录学史上不断要求变革、长期不断地开拓创新的必然结果。魏晋以来的目录学两大学派到了清代分化为四大学派。

总之，清代目录学是在集成与分化、保守与变革、继承与创新的交错中前进的。清代目录学在封建政治与社会制度日益衰败的环境中取得了超乎想象的巨大成就，是清代学术文化的一个缩影，如同花之即将凋谢落日之前，古代目录学在终结前得到了一次充分的绽放，向世界展示其灿烂与辉煌。

中国古代目录学从春秋开始至清代结束，在 2633 年里经历了四个时期，分别是初创时期的 942 年、分化时期的 398 年、繁荣时期的 661 年和总结时期的 632 年。在总结时期，经过元代的低谷，到明恢复发展，至清集大成。与中国封建社会走向衰败形成强烈反差的是，清代目录学呈现出渐进式大发展趋势。目录学的两条道路更加明晰甚至矛盾对立，目录学的学派分化，目录学的人文方向与致用方向到了难以调和的地步。目录学学科体系趋于完善，这也标志着古代目录学使命的终结。

第十二章

民国时期目录学

民国时期是中国社会和学术文化的一个新的转折点。民国时期目录学不仅受到中国传统学术文化和目录学的影响，同时也受到国外学术文化和目录学的影响。在这样多重影响的复杂环境下，民国时期目录学向何处去？这是一个关系重大且决定中国目录学前途命运的首要问题。对民国时期目录学的系统深入研究，对于古典目录学与现代目录学的继承与发展，既具有重要的历史意义，也具有重要的现实意义。

第一节　民国时期学术文化与图书体制

一　民国时期学术文化

宣统三年（1911），孙中山在南京就任临时大总统，从此改用阳历，以十一月十三日这一天为民国元年 1 月 1 日。到 2 月 12 日，清帝宣布退位，清王朝倾覆。从 1912 年至 1949 年中华人民共和国成立前为民国时期，共 38 年。

中国近代历史自 1840 年进入半殖民地半封建社会之后，社会变革与政治动荡加剧，中英鸦片战争打开了国门，伴随西方殖民者入侵，西方思想文化和科学技术迅猛而来，中华传统学术文化体系受到从未有过的巨大挑战。

西学东渐，始于明武宗正德十二年葡萄牙与我国通商，“传教之士亦复怀铅握椠而至。挟其天算舆地之学，与名公钜卿相交际。争以著书立说，以自鸣高。于是我中国始知地球为圆体，历算格致于焉日启，西学之入中国，实自此始”（王韬《泰西著述考·自序》）。西学对中国学术产生广泛渗透和巨大影响，使传统学术逐渐失去其至高无上的尊严和话语权。“西洋学术输入以来，中国人对之之态度，亦经数变。（一）其初是指采用西法者为用夷变夏，而极力加以排斥的。（二）继则变为中学为体，西学为用。（三）再进一步，就是打倒孔家店，指旧礼教吃人，欢迎德谟克拉西先生、赛因斯先生，并有主张全盘西化的了。”[①] 伴随着西学东渐，西方图书大量翻译并传播，西方目录学引入，由于其思想体系和方法与传统目录学完全不同，从而形成了巨大的冲突。

在中西文化撞击中形成了经世致用、救亡图强、“师夷长技以制夷”等思潮。“洋务运动”以各种改良手段试图维系传统政治和文化体制，至甲午战争后宣告破产。维新变法和西方思想的进一步传播，新目录学由此而产生。至20世纪初，民族危机深重，封建帝制崩溃，辛亥革命爆发以及中华民国成立，促进了民主精神高涨，思想文化领域，进步势力与反动势力激烈对抗，1915年创办的《青年杂志》拉开了新文化运动的序幕。在这一背景下，古典目录学能否发展下去成为重要问题，新目录学是要全盘吸纳西方目录学还是让西方目录学本土化，必须作出抉择。

1905年废科举、兴学校。遭到保守派的反对，如清末叶德辉说：“光绪中叶，外侮交至，二三新进诋中学之无用，煽乱明圣，废书院，兴学堂。二十年中，造为异说诐词，酿成今日之大乱。”[②] 然而，继1902年《钦定学堂章程》、1904年《奏定学堂章程》颁布之后，办新式学校，使用新教科书。到1912年民国政府颁布《普通教育暂行办法》和《普通教育暂行课程标准》，现代教育产生，读书从士子扩大到普罗大众，治学也从治经治史扩大到更广泛的科学，新型目录学方法产生，现代教育也为目录学知识普及提供了传播平台。

二 民国时期图书体制

19世纪初西方现代印刷术传入并应用，开启了近代中国出版印刷业

---

① 吕思勉：《吕著中国通史》，中华书局2020年版，第287页。

② （清）叶德辉：《郎园读书志》，杨洪升点校，上海古籍出版社2019年版，第169页。

的变革。铅活字印刷术引入后于1819年产生了第一部铅活字汉文书《圣经》。石印术引入后于1880年产生了点石斋缩印本《康熙字典》。报馆和印书馆纷纷成立，开始大量印刷现代出版物。民国时期的出版形式有图书、杂志、报纸、地图等。配合民国时期的学术文化新局面，出版了大量的翻译书、教科书、小说以及通俗读物。

太平天国建都南京后特设“典镌局”官四人，雇用刻书匠数十，专司刊印《圣经》及其他官书，称之为“旨准颁行诏书”，规定每种官书卷首须列举以前所颁行的《旨准颁行诏书总目》（仅著录书名），此类诏书在“壬子二年”（1852）已有14部，至“癸丑三年”（1853）到金陵后增至29部。

第二节　民国时期目录学发展流变

一　校雠目录学

清代以后，目录学本有显学地位，范希曾说：“目录学，近代之显学也。咸同后，目录几掩‘校雠’之名。有谓校雠学即目录学者，使以目录学代校雠学，则校勘非其事矣。”[①] 民国时期学者们对中国古代校雠学进行了总结，对校雠目录学的一些基本问题进行了理论探讨，比较突出的有蒋伯潜、刘咸炘和杜定友的研究。

（一）蒋伯潜《校雠目录学纂要》

蒋伯潜（1892—1956），名起龙，又名尹耕，以字行，富阳新关乡（今大源镇）人。目录学家。曾在大夏大学和无锡国专任教，著有《十三经概论》（上海世界书局1944年版），后任教于上海师专，撰成《诸子通考》（上海正中书局1948年版）以及《诸子索引》（未出版）。1941年应朱自清拟赴西南联大任教之邀，蒋伯潜撰写讲义名为《校雠目录学纂要》，因为交通阻塞，赴西南联大任教未能成行，书稿于1944年交正中书局出版。该书分绪论、上下编及附录。上编为校书编目学的历史，下编为校雠目录学的内容。其校雠目录学的内容，包括征求书本、校正文

① 范希曾：《校雠学杂述》，《史学杂志》1929年3月第1卷第1期。

字、厘定篇章、撰述叙录、鉴别伪书、搜辑佚文以及分类编目等。

蒋伯潜认为校雠学有广义、狭义之分。“刘向父子领校秘书，以校勘文字篇卷始，以编次篇目及总目终，其工作从‘校雠’至‘目录’，实为一贯的，不可分的”①，认为广义的校雠学实包括目录学在内。清代中世，校勘学（狭义的校雠学）极端发达以后，目录学从广义校雠学分化出来，自成一种学问。正由于校雠学与目录学关系密切，作者将二者结合起来研究，成书为校雠目录学。

蒋伯潜强调校雠目录合一的重要性，指出：“校雠目录学是‘治书’之学，是研究学问的基本工作。”② 他强调，研究学术源流派别，是学术史的任务，但研究目录学者必须洞悉历代学术源流；条别学术源流仅是分类编目的一种成绩或效果，不是校雠目录学本身的工作。

（二）刘咸炘《目录学》

刘咸炘（1896—1932），字鉴泉，别号宥斋，四川双流人。目录学家。历任敬业学院、成都大学、四川大学教授。其著述颇多，总名《推十书》。刘咸炘得章学诚校雠心法，目录学著述有《续校雠通义》《校雠述林》《目录学》《历史目录学》等。

《目录学》刊于1934年，由刘咸炘授课用的讲章整理而成。该书分上、下两编，上编分著录、存佚、真伪、名目、篇卷、部类、别裁互著、次第、解题9章，下编分为版本、校勘、格式、文字、末论5章，共分14章。其《弁言》自述：“本课名目录学，一名古书校读法”“古书读校之法，则谓通其文字，明其意旨。通文字则正讹补脱，必资多本，此关于目录学者也”。该书体例颇完备，且是作者多年研究目录学之心得，特别是将校雠学与目录学融为一体，颇为重要。

刘咸炘崇向歆六艺之道，主张详其义例为读书门径的目录之学，不承认多记书名的目录学，认为：“目录学古称校雠学，以部次书籍为职，而本书真伪及其名目篇卷，亦归考定。古之为此者意在辨章学术，考镜源流。”又说：“目录学者所以明书之体性与其历史者也。”

---

① 蒋伯潜：《校雠目录学纂要》，北京大学出版社1990年版，第3页。

② 蒋伯潜：《校雠目录学纂要》，北京大学出版社1990年版，第4页。

刘咸忻重部次流别，“部类一事，于目录学中最为重要，盖所谓辨章学术，考镜源流，关诸群学，此为最大”①。将目录分为总目、藏目、专目、选目四大类。在《目录学》末论中指出，学习目录学要注意两点：一是“目录学中诸事当互资兼备，不可偏恃”；二是“目录学止是学之锁钥门径，不可即以是为足”。从而说明了治目录学的方向与途径。

（三）杜定友《校雠新义》

杜定友（1898—1967），广东南海人。图书馆学家、目录学家。1918年赴菲律宾大学学习图书馆学。1920年获文学学士学位，1921年毕业，又获教育学和图书馆学学士学位，同年回国。著作有《世界图书分类法》（1922）、《图书馆学通论》（1925）、《汉字排字法》（1925）、《图书目录学》（1926）、《校雠新义》（1930）等。

杜定友目录学的代表作《校雠新义》1930年由中华书局出版，全书分类例、四库、经部、史部、子部、集部、编次、书目、藏书、校雠10个专题。每一专题之下设若干子问题，共有86个子问题。

《校雠新义》仿自《通志·校雠略》和《校雠通义》体例。《校雠新义》自叙说：“郑樵撰《通志》，辟《校雠略》以论部次之得失，意至善也，惟于班氏之论，过为贬驳，有失古人之心。明焦竑撰《国史经籍志》，《纠缪》1卷，亦多所论列。清儒章学诚乃折衷诸家，作《校雠通义》，究其源委，勒成一家，然仍不免于门户之见，是非得失，未能厘别。况我国学术，向病庞杂，目录之学，亦复患此。近来欧化东渐，图书之学，成为专门；取其成法，融会而贯通之，亦我国言校雠者之责也。窃本夫子述而不作之旨，成《校雠新义》十卷。”

杜定友认为目录学的对象是图书，目的在于致用，重在辨章学术。他提出中国有古之目录学而无今之目录学的观点，“辨章流别”是“古之目录学而非今之目录学”，近日之目录学应“为簿计之学”。《校雠新义·编次第七》：“目录之簿，所以记书也。后世昧于此义，复误以目录之学为辨章学术考镜源流之本。”他指出目录学之弊在于目录与书目、类例与

---

① 刘咸炘：《部次流别　以道统学：刘咸炘目录学论集》，生活·读书·新知三联书店2018年版，第51页。

著述相混；藏书环境、读者、图书数量古今不同，今日目录之法与昔日有异。

杜定友推崇郑樵和章学诚的目录学思想，继承类例论，发展分类思想。《校雠新义·类例第一》说："自来部次图书，首重类例。类例者，犹今之分类也。"《校雠新义》论述书目分类大别有三，即国家书目、种类书目、营业书目。并说："今略从古论别为八类：其一史家书目，其二学术书目，其三引用书目，其四书目之书目，其五版刻书目，其六书目考订，其七书目解题，其八毁阙书目。"

二 史志目录学

民国时期的史志目录学，既有史志目录成果，也有史志目录学研究成果。

（一）《清史稿·艺文志》

《清史稿·艺文志》（简称《清志》）经过三个阶段："先由吴士鉴搜集目录，编为长编；再由章钰在长编的基础上进行分类比排；最后由朱师辙加工定稿。"①

《清史稿·艺文志·序》云：

> 清起东陲，太宗设文馆，命达海等翻译经史。复改国史、秘书、弘文三院，编纂国史，收藏书籍，文教始兴……及至晚近，欧风东渐，竞译西书，道艺并重。而敦煌写经，殷墟龟甲，奇书秘宝，考古所资，其有裨于学术者尤多，实集古今未有之盛焉。艺文旧例，胥列古籍，兹仿《明史》为志，凡所著录，断自清代。唯清人辑古佚书甚夥，不可略之，则附载各类之后。

章钰和吴士鉴所撰《清志》，仿《明志》记有清一代之著述之体例，据当时所见公私目录，并附入清人所辑之古佚书。《清志》收清人著述

---

① 程千帆、徐有富：《校雠广义·目录编》，齐鲁书社1988年版，第174页。

9633种138078卷[①]，其中经部2155种14906卷；史部2473种57995卷；子部2371种26211卷；集部2634种38966卷。著录书名卷数，小注内容广涉作者爵里、撰作时间起讫、付梓时间、成书过程和时代背景等，发挥了注释作用。但该目收录的并非全部著作，而是清代比较重要的反映学术主流的著作，这一点与《明志》有所不同。范希曾批评该目收录范围不明确，译籍概未之载，体例不当，并指出其诸多失误[②]。

由于该志收录不全，脱漏严重，便有了对它的修正与增补，彭国栋《重修清史艺文志》、武作成《清史稿艺文志补编》、王绍曾《清史稿艺文志拾遗》皆递相增补。

（二）典志体史书

刘锦藻（1862—1934），字征如，浙江吴兴（今湖州）人，曾任清内阁侍读学士。1894年后始撰《清朝续文献通考》（原名《皇朝续文献通考》）初稿，写至光绪三十年（1904）时有320卷，辛亥革命后继续撰写，于1912年成书。全书400卷，起自与《清朝文献通考》相衔接的乾隆五十一年（1786），下终于宣统三年（1911）清灭亡。成为“十通”的最后一部[③]。

《清朝续文献通考》体例仿马端临《文献通考》，在《文献通考》24考基础上，唯分郊祀考为郊社、群祀二考，宗庙考为宗庙、群庙二考，成26考，在细目上也做了一些增删。《清续文献通考·经籍考》内容体例较以往《经籍考》有明显改进，四部分类之下各子目多有增删，如将大学和中庸合为学庸类，仿《四库总目》设纪事类和别史类等。

经部（10类）：五经；论语；学庸；孟子；孝经；经解；四书；乐；仪注；小学。

---

① 此外，彭国栋《重修清史艺文志》共著录18059部清人著作，其中增补《清志》者达到8426部；武作成《清史稿艺文志补编》增补清人著述一万多种；约与《清志》原有文献相当而稍多；王绍曾《清史稿艺文志拾遗》著录清人著述为《清史稿艺文志》及武作成《补编》所未收者54880部375710卷。从彭国栋、武作成、王绍曾诸先生所“补”来看，《清志》著录远不逮“有清一代著作”。

② 范希曾：《评〈清史稿·艺文志〉》，《史学杂志》1929—1930年第1卷第3期。

③ 商务印书馆1935年合为“十通”（含刘锦藻《清朝续文献通考》）刊印，共2768卷。

史部（17 类）：正史；编年；纪事；诏书；奏议；别史；杂史；传记；载记；史评；史钞；政书；职官；地理；时令；谱牒；目录。

子部（18 类）：儒家；法家；杂家；小说家；农家；谱录；天文；推算；五行；占筮；刑法；兵家；医家；类书；艺术；道家；释家；神仙。

集部（6 类）：楚词；别集；诗集；歌词；总集；文史。

全书续收 1786 年至 1911 年的文献，对成于 1911 年以前而刊刻于 1911 年以后的书籍也分类附载，收录丛书，仅子部杂家一类列有丛书一百余种。书目在一定程度上反映了刘锦藻的遗老守旧思想以及西学东渐的学术文化影响，但收录并不完备。除著录书名、作者、卷数外，还有辑录体提要，说明图书编撰经过、作者生平等，另有"案语"，包括总案语和书后案语，颇具特色。书后案语常附在一书提要之后，"或是对解题的补充，或是对其考证，于读书治学甚有裨益"①。《清朝续文献通考·经籍考》在史学和目录学界颇受好评，是"《四库全书总目》之后的重要目录书，在历史文献学上有一定价值"②，这是刘锦藻"对中国文化史的重要贡献"③。

刘锦藻家富有藏书，其子刘承幹 1910 年始倾巨资藏书、刻书，嘉业堂藏书达 60 万卷。

（三）孙德谦的史志目录学研究

孙德谦（1869—1935），字受之，号隘庵，元和（今江苏吴县）人。经学家、校雠学家、文学家和目录学家。历任江苏通志局纂修、浙江通志局纂修、江苏存古学堂教员、苏州东吴大学及上海国立政治大学、交通大学国文教授。主要著作有《太史公书义法》《汉书艺文志举例》《刘向校雠学纂微》《六朝丽指》《稷山段氏二妙年谱》《诸子要略》《诸子通考》等。

孙德谦的目录学思想主要集中于《汉书艺文志举例》《刘向校雠学纂

---

① 李立民：《〈清朝续文献通考·经籍考〉研究》，中国社会科学出版社 2017 年版，第 25 页。

② 瞿林东：《中国史学史纲》，北京出版社 1999 年版，第 675 页。

③ 陈其泰：《中国史学史（第 6 卷）近代时期（1840—1919 年）：中国近代史学》，上海人民出版社 2006 年版，第 361 页。

微》与《古书读法略例》三部著作中，《汉书艺文志举例》是史志目录学著作，1917 年孙德谦完成的《汉书艺文志举例》[①]。虽为“举例”，实为剖析和研讨，共有《汉志》“条例”46 则，逐条梳理出《汉志》的“笔法”与总纲。这 46 则每则都有详细论述。

孙德谦的目录学研究是广义的目录学研究，即图书学的研究，包括关于秦代图书状况的研究、刘向刘歆的研究、《汉书艺文志》的研究、四部图书研究等多个方面，形成了他对目录学理论、目录学史、目录学方法的看法[②]。

孙德谦探讨了目录学的产生与发展，认为目录学源于史官。“《隋志》云：‘古者史官既司典籍，盖有目录以为纲纪。’是目录之学原本史官，则为史官者撰述，艺文自当使之纲举目张，一出一入权自我操。譬之马迁《史记》项羽入本纪，陈涉入世家。孟坚则俱出之，次之列传之中”（《汉书艺文志举例》“称出入例”）。

孙德谦论述目录学有三家，《汉书艺文志举例》说：“目录之学，有藏书家焉，有读书家焉，向谓此二家足以尽之。今观于班志，则知又有史家也，试言其分别之，故藏书家编纂目录，于其书之为宋为元，或批或校皆著明之，甚者篇叶之行款，收藏之图记，亦纤悉无遗，至一书之宗旨，则不之辨也。盖彼以典籍为玩好之具而已。读书家者加以考据，斯固善矣。”贬低藏书家目录，指出读书家特点，抬高史家目录的地位，“史家目录有一代学术寓乎其中，固不同藏家编目徒取记数而已”[③]。

孙德谦的目录学研究集中于史志目录学，他认为“艺文之入史志，为目录之初祖，亦读经及群书之纲要”，“史家之作志，所重在辨章学术，考镜源流”[④]。他阐述了史志目录体例继承与延续的必要性，首条“所据书不用条注例”云：“史家载笔不能无所依据。司马迁作《史记》所据者

---

① 收入《二十五史补编》，别有 1916 年四益宧自刊本《举例》卷前有南于寐叟、张尔田、曹元忠三人的序言，后有王国维跋语。王国维跋称张尔田、孙德谦“二君为学皆得法于会稽章实斋先生，读书综大略，不为章句破碎之学”。

② 柯平：《论孙德谦的目录学思想》，《武汉大学学报》（社会科学版）1986 年第 3 期。

③ 孙德谦：《汉书艺文志举例》，清华大学出版社 2019 年版，第 16 页。

④ 孙德谦：《汉书艺文志举例》，清华大学出版社 2019 年版，第 10—11 页。

为《世本》、《国语》、《战国策》、《楚汉春秋》诸书。其《自序》则云：'厥协六经异传，整齐百家杂语。'不闻于纪传中言其出自某书也。"班固"今删其要，以备篇籍"，既已言明本诸刘歆《七略》，便有"乃每一书下则不复用条注"。如果"逐条加注，斯实类书、辑佚书矣"。隋、两唐、宋、明各《志》以及辽、金、元《补志》皆不注出处，"史家目录宗守《汉书》成例，历代皆然矣"。他反复强调史志目录必须与史书相统一、示人以崖略要言而不繁的基本要求。在论及"删要例"时，孙德谦说："史家作《志》，异于专家目录者在此：专家目录于一书也，不惮反复推详。若史家者，其于此书之义理只示人以崖略，在乎要言而不繁。是故以刘氏之《辑略》虽提纲挈要，犹取其至要之言，其余则毅然删之而无所顾惜。……史家目录贵乎简要有法。以《汉志》之删《辑略》，则一切无关要义者，竟删削之可也"①。从而说明了班固作《艺文志》为何要删《七略·辑略》之根本原因，也阐述了史志目录与专家目录的根本区别。

孙德谦推崇刘向、刘歆、班固。他认为刘向的目录学是校雠学，"校雠之学，始于刘向，非通乎百家学术，固不足语也"。1922 年他发表《中国学术要略》，将中国学术分为 13 门：经学、小学、史学、舆地之学、簿录之学、金石之学、诸子之学、理学、术数之学、释老之学、诗赋之学、辞章之学、辞曲之学。目录之学即簿录之学。"簿录之学，读书之门径也。"②

孙德谦继承了章学诚辨章学术、考镜源流的目录学思想，以"六经皆史"作为思想主导，专门作《申章实斋六经皆史说》。孙德谦从最初的考据学研究转向章氏文史校雠学之研究，虽是"义例派"的代表，"东瀛人士尝谓余之学派近泰西智识分类学"（孙德谦《古书读法略例》），却吸取了考据、义理之长，将文史校雠学与考据义理学相调和，形成以史与类例为核心的目录学思想。

民国时期，《汉志》研究已成气候，除孙德谦的《汉书艺文志举例》，还有顾实（1878—1956）的《汉书艺文志讲疏》等重要著作。

---

① 孙德谦：《汉书艺文志举例》，清华大学出版社 2019 年版，第 12—13 页。

② 孙德谦：《古书读法略例》，商务印书馆 1936 年版，第 30 页。

三　佛道目录学

佛道目录学在中国古代早已是目录学的重要分支学科，民国时期有一定进步。

（一）佛教目录学

陈垣《中国佛教史籍概论》是佛教目录学名著。1942 年 9 月 23 日，陈垣在序中指出："因《四库提要》于学术上有高名，而成书仓猝，纰缪百出，易播其误于众。如著录《宋高僧传》而不著录《梁高僧传》，《续高僧传》，犹之载《后汉书》而不载《史记》、《汉书》也。又著录《开元释教录》而不著录《出三藏记集》及《历代三宝记》，犹之载《唐书·经籍志》而不载《汉志》及《隋志》也。其弊盖由于撰释家类提要时，非按目求书，而惟因书著目，故疏漏至此。今特为之补正，冀初学者于此略得读佛教书之门径云尔"①，该书对所收 35 种书籍都略按成书年代分类介绍，以《出三藏记集》《高僧传》等为首，而《释迦氏谱》《释迦方志》等略。对各书书名、略名、异名、撰人略历、卷数异同、版本源流、内容体制、史料价值等均加分析叙述，具有很高的学术价值。

（二）道教目录学

清代以来，除《道藏辑要》外，道教丛书陆续出现。影响较大者为民国丁福保辑《道藏精华录》。《道藏精华录》精选正续《道藏》及藏外道教著作中义理纯正，于摄生炼养、人生修养最为切要之典籍共 100 种 148 卷汇编而成，分为 10 集，编有目录。其内容囊括了道教经论、道藏目录、道书提要、道家传记、道教养生延龄要诀等各个方面，《道藏》和《道藏辑要》以外的道经约占三分之一。

四　地方文献目录学

民国时期，各地建立通志馆、地方文献征集处、地方文献会等组织，以征访地方文献，地方文献目录学得到大发展。

---

① 陈垣：《中国佛教史籍概论》，上海书店 2005 年版，第 1 页。

（一）关于省域之地方文献目录著作

民国时期以州为范围编撰地方文献目录，以李敏修的《中州艺文志》、金毓黻的《辽海书征》、蒙启鹏的《广西近代经籍志》为代表。

李敏修（1866—1943），字时灿，晚号暗斋。河南汲县人。清光绪十八年进士。授刑部主事。曾在籍创办经正书舍，历任长垣寡过书院、武陟致用精舍、禹县颍滨经舍山长，主讲经学。1905 年任河南教育总会会长，办学校，推行普及教育，于教育改革多所规划。1913 年起，历任河南教育司司长、清史馆协修、中州文献征集处总编辑等职。创立河洛学社、谷音诗社和书画社，宣讲新学，提倡教育救国。著有《毋自期斋文字纪年》《梓里记事》。李敏修在地方文献目录学上的最大贡献在于搜集、整理、编纂、刊刻中州文献，编撰《中州艺文录》。该书目 42 卷，冠目录 1 卷。不依传经史子集四部分类，仿明代周弘祖《古今书刻》，按河南行政区划编次，首以府排，再按县列，共收入清代河南人物 1853 人，人物之下汇辑每人全部著作并撰写提要，共收录图书 4034 种[①]。提要采传录体和辑录体相结合，详叙撰者、版本、卷帙等，论书之旨趣，颇有学术价值。

金毓黻（1887—1962），原名毓玺，一名玉甫，字谨庵（又字静庵），别号千华山民，室号静晤，辽宁辽阳人。历史学家、目录学家。1913 年入北京大学文科，1930 年任东北大学史地教授，后担任奉天图书馆馆长、奉天通志馆主纂，中央大学史学教授、国史馆纂修、沈阳博物馆筹委会主任、北京大学和辅仁大学教授等。著有《渤海国志长编》《中国史学史》《东北通史》《宋辽金史》，编有《辽海丛书》《奉天通志》《明清内阁大库史料》（第一辑）等。1925 年编纂《辽东文献征略》。1927 年至 1935 年编著《东北文献零拾》。1943 年春，金毓黻与李济、傅斯年发起组织中国史学会。同年将其所藏东北文献资料编成《东北文献零拾》和《辽海书征》各 6 卷及《东北古印钩沉》1 册，作为东北大学丛书出版。金毓黻致力于东北文献资料的甄择选录工作，整理东北图书馆所藏清室内阁大库的明清档案，将明代天启、崇祯两代内外各官署奏稿、折帖辑成《明清内阁大库史料》第一辑共 525 件。另有《辽海书征》6 卷，系

① 1995 年申畅补录人物 336 人，图书 741 种，校刊出版了《中州艺文录补校》。

有关辽宁的重要地方文献目录著作。

吴庆坻（1848—1924），字子修，又字敬疆，号补松老人。钱塘（今杭州）人，光绪十二年进士，改翰林院庶吉士，散馆后授编修。历任四川学政，湖南提学使，政务处总办，资政院硕学通儒议员。参与《杭州府志》《浙江通志》的纂修。著有《补松庐文录》8卷、《补松庐诗录》6卷、《悔余生诗》、《蕉廊脞录》、《益州书画录续编》等。其主稿的光绪《杭州府志》之《艺文志》颇有价值，叙云"艺文，江海之英，湖山之灵，百家滥觞，丛华粹馨，锋尘不辟，奰蠢畸藟，搜之集之，为述造型，斗宿煜煜，光芒上经，述艺文志第二十八"。

蒙启鹏编撰《广西近代经籍志》是继谢启昆《嘉庆广西通志·艺文略》之后广西重要的地方文献目录。书目7卷，收编者所闻见的广西人士著作，乾隆以后的著作尤多，凡《（嘉庆）广西通志·艺文略》未收，或虽已收而遗缺的也予以著录，还收外省人士著有关广西的文献。全书依四部编排，每书著录书名、作者，下注明存佚情况。知见者注"存"，并详载书的卷数和版本，存佚不能确定者，注"未见"，知书已佚亡的，注明"佚"。次列小传，详记作者字号、籍贯、出身、经历。各小传凡引用作者的原文，均列出书名。

此外，民国政治人物徐世昌（1855—1939）编书、刻书30余种，如《清儒学案》《退耕堂集》《水竹村人集》等。1920年徐世昌纂《大清畿辅书征》40卷，收录图书4700种，不按经史子集四部分类，依清代京畿的行政区划，以作者出生地点为序，列作者及其作品，仿马端临《经籍考》体例，撰有辑录体提要。还将女性作者从各府州中析出，集中别为1卷，附于最后。王献唐（1896—1960）仿提要式合集《山东艺文志》编撰《山左先哲遗书提要》，内容略分为数门，尤偏重金石小学。王文萱编《西北问题图书目录》、丁实存和陈世杰编《新疆书目》、吴玉年编《西藏图籍录》、萨士武编《中国边疆图籍录》，都是比较有文献价值的地方文献目录。

（二）关于县域之地方文献目录著作

江浙一带重地方文献整理与编目。著名的有胡宗楙编撰《金华经籍志》27卷，仿孙诒让《温州经籍志》，辑明以前金华一郡所辖八县人士著作，依《四库全书总目》编排，每书首列书名、卷数，次著时代、姓名、籍贯、简历，仿朱彝尊《经义考》例分注存佚。至于名称、卷数或有歧异以及作者事实、题跋姓氏、收藏印记，皆入按语，以备稽考。项元勋编撰《台州经籍志》40 卷，采录自隋以迄近代台州一郡各县人士著作 4000 余种，按四部分类，解题仿《郡斋读书志》《直斋书录解题》《经义考》之例，详载序跋，又参考朱存理《铁网珊瑚》、于敏中《天禄琳琅书目》例，间采题跋姓名、收藏印记。每书著录书名、卷数、著者姓名、时代、籍贯，今存者略注其版本。书名下注明出处，以存著录之源流。撰者名下，或考订出身、仕历，或录各书序跋及诸家对于此书的评论。取材丰富，考订周详。其同代人杨晨撰《台州艺文略》1 卷，系根据正史、方志及各家目录所载台州人著作编辑而成，体例与之略同。两书可作互补。鲁迅手稿《旧绍兴八县乡人著作目录》附在《拟购德文书目》后面①，共收书 80 种，选录极为精要，按经史子集排列，每一种书，分录书名、卷数、朝代、著者、所属籍贯。此类地方文献目录较著名者尚有安饶锷、宗颐的《潮州艺文志》、丁祖荫《常熟艺文志》、陈谧《瑞安经籍志》、陈诒绂《金陵艺文志》等。

（三）方志目录学

民国方志目录学颇有成就，瞿宣颖、张国淦、朱士嘉等作出了贡献。1930 年，瞿宣颖著《方志考稿（甲集）》由大公报社出版，主要收录天津方志收藏家任凤苞天春园所藏方志 600 种，逐一辨其体例，评其得失，志其要点，录其史料。这是中国最早一部私家方志提要目录专著，具有较高的学术价值。张国淦《中国方志考》，1933 年散见于《国闻周报》10 卷各期，收录秦汉至元方志 2271 种，凡有名可稽，不论存佚，均予收录与考证，采用辑录体的提要，是地方文献目录学名著。朱士嘉调查了宋、元、明、清和民国的方志数量②，1935 年根据国内外 50 家图书馆和

① 原稿 7 页，于 1961 年 9 月发现，现藏浙江绍兴鲁迅图书馆。其编写时间当在从东京回国后，辛亥革命以前，在绍兴山会师范学校期间。旧绍兴八县，即清代绍兴府属的山阴、会稽、诸暨、萧山、余姚、上虞、嵊县、新昌。

② 朱士嘉 1931 年编《中国地方志备征目》（燕京大学图书馆出版）；1932 年在《史学年报》一卷四期发表了《中国地方志统计表》。

私人藏书楼所藏方志编成《中国地方志综录》，收录自宋熙宁间至1933年的5832种方志，后又有《补编》问世，成为中国第一部全国性方志联合目录，在地方文献目录学上具有重要的价值与较大影响。

此外，尚有故宫博物院《故宫方志目》4卷（1931）、金陵大学《金陵大学图书馆方志目》（1933）、北平图书馆《北平图书馆方志目》（1933）以及傅振伦《中国方志学通论》（1935）、万国鼎《方志偶识》（1935）等。

（四）个人著述目录

民国时期一些学者为历史名家编撰个人著述目录，比较重要的有吴其昌撰《朱子著述考》（1922）、顾颉刚撰《郑樵著述考》（1923）、刘盼遂撰《高邮王氏父子著述考》（1941）等。

五 专科目录学

史学目录学在古代就是专科目录学之支柱，民国时期这一学科仍然显赫。

（一）经学和诸子目录学

围绕老子、庄周、韩非等先秦诸子进行文献整理编目，如王重民撰《老子考》（1937）、马森编《庄子书录》（1948）、陈启天编《韩非子参考书辑要》（1945）。叶绍钧编《十三经索引》（1934）最为著名。哈佛燕京引得编纂处围绕《论语》《孟子》《庄子》《墨子》等编纂的系列经学和诸子索引亦有应用价值。

（二）史学目录学

史学目录学以史学家陈垣的目录学贡献最为重要。陈垣（1880—1971），字援庵，又字圆庵，广东广州府新会县人，历史学家、宗教史学家、教育家、目录学家。自幼嗜好读书，《书目问答》《四库全书总书》两部目录学著作引领他走上学问之路。1915年接触到从承德入京收藏的文津阁《四库全书》。1917年开始发奋著述中国基督教史，撰成《元也里可温考》。1923年起任教于燕京大学。1929年至1933年曾主讲“中国史学名著选读”“中国史学名著评论”和“史源学实习”3门课程。1930年3月完成《敦煌劫余录》。1931年历时10年完成校勘学名著《元典章校补释例》（又名《校勘学释例》），提出校勘四法。为了研究元史，编出了元代六十家文集目录；为点校《新、旧五代史》组织编纂《新五代史不列传人传人名索引》《册府元龟五代部分人名索引》《通鉴五代部分人名索引》《有关五代史论著目录》《五代十国年表》等目录索引。

柳诒徵（1880—1956），字翼谋，江苏镇江人，历史学家、文化史专家。1916—1925 年、1940—1945 年在南京高等师范学校、东南大学、中央大学任教授等职，倡编《全史目录》，“整理中国旧史，殊非易事。鄙意入手之法，第一宜先编一全史目录”①，提出四大类八小类的史学分类体系：

（甲）分代史：（一）通史（子、检摄群书者，丑、汇录史籍者，寅、逐年排纂者，卯、以事分目者，辰、备具各体者，巳、以人为主者，午、新立条贯者，未、专考古代者，申、杂述事实者，酉、评论史事者）；（二）历代史（商代史料、秦代史料、唐代史料、元代史料等）。

（乙）分类史：（一）固有之分类史（天、属原史籍者，地、向目为类书实亦可谓为史籍者）；（二）待编之分类史（教育史料、工艺史料等）。

（丙）分地史：（一）全国地别史（天、专述一时代者，地、专证沿革者）；（二）各地史（天、本部地志，地、边疆各书，人、专记山水）。

（丁）分国史：（一）国内小国史（如《华阳国志》《渤海国志》《南诏野史》之类）；（二）与中国有关系之各国史（此类之书，以历代正史之《四夷传》为主，此外则宜分国编次）。

这一专门分类体系突破了经史子集的束缚，以天干纪大类，地支纪小类，既全面又具有科学组配的功能。1927—1937 年任中央大学国学图书馆馆长，主编《国学图书馆现存书目》，有力地推动了史学目录学和国学目录学的发展。

继裴氏《史目》和章氏《史籍考》之后，民国时期形成了史学目录学的理论总结。郑鹤声（1901—1990），初名松表，又名萼荪，号鹤皋，

① 柳诒徵：《拟编〈全史目录〉议〈中华教育改进社历史研究室议案〉》，《史地学报》1924—1925 年第 3 卷第 1 期。

浙江诸暨人。史学家、目录学家。1925 年在南京中央大学讲授目录学课程。1933 年著《中国史部目录学》为中国第一部史学目录学理论著作，标志着史学目录学作为专科目录学的一个分支已完全成熟。

（三）文学目录学

民国时期文学目录学在专科目录学中更加突出，达到极盛，在诗词散文、小说、戏曲等多个领域都有重要成就。

诗词散文方面：闻一多编有《楚辞校补·校引书目版本表》，赵尊岳 30 年代撰有《词集考》《惜阴堂汇刊明词提要》《惜阴堂汇刊明词记略》《词集提要》等一系列词学书目发表。林斯德《全唐诗文作家引得合编》（1933）、杨家骆《唐诗总集目录》（1935）及《唐诗书目》集中于唐诗。王重民、杨殿珣《清代文集篇目分类索引》（1935）和李崇元《清代古文集述传》（1940）集中于清文集。

小说方面：著名的有鲁迅《古小说钩沉》（1912）、孙楷第《中国通俗小说书目》（1933）及《中国通俗小说提要》、胡怀琛《研究中国小说参考的书目》（1934）、孔另境《中国小说史料引用书目》（1936）、阿英编《晚清小说目》（1940）等。

戏曲方面：王国维说："凡一代有一代之文学。楚之骚，汉之赋，六代之骈语，唐之诗，宋之词，元之曲，皆所谓一代之文学，而后世莫能继焉者也。独元人之曲，为时既近，托体稍卑，故两朝史志与《四库》集部均不著于录，后世儒硕皆鄙弃不复道……遂使一代文献，郁堙沉晦者且数百年。"① 1908 年王国维撰《曲录》6 卷，收宋金杂剧院本等 3178 种，明清杂剧传奇、曲谱等 101 种。这一阶段较重要的戏曲目录还有：陈乃乾辑《曲苑》（1921）和《重订曲苑》（1925）；郑振铎著《佛曲叙录》（1928）以及最早的弹词目录《西谛所藏弹词目录》（1927）；任讷编有《散曲丛刊十五种提要目录》（1930）和《新曲苑》（1940）；刘复、李家瑞等合编《中国俗曲总目稿》（1932）；杜颖陶编《曲海总目提要补遗》（1936）；华连圃编《戏曲主要参考书目》（1937）；蒋祖怡编《词话、曲

① 王国维：《宋元戏曲考·序》，《王国维戏曲论文集》，中国戏剧出版社 1984 年版，第 3 页。

话与词曲集》（1948）等。

（四）金石目录学

民国时期金石目录学发达，产生了一大批重要著作。民国时金石目录汇编较早的有田士懿《金石名著汇目》（1925年自刊本），分正、续、补遗、失录，收录662种，其中正目著录271种，续目著录301种，补遗著录55种，失录31种。以时代为次，目下间注版本。其后黄立猷《金石书目》、林钧《石庐金石书志》和容瑗辑、容庚校《金石书录目》等，收录愈多且体例愈加完善。湖北沔阳人黄立猷（1885—1929）1926年出版《金石书目》10卷《附录》2卷《补遗》1卷，首次将金石书扩大分为金文、石文、匋文、骨文、地方、法书、义例、题跋、汇考、目录10类，收书878种，补遗47种。福建闽侯人林钧（1890—1972）有“三万金石文字堂”，1928年撰《石庐金石书志》22卷，类目仿自叶昌炽《语石》，分地、断代、录文、存目、图谱、石经、记载、考证、释例、字书、法帖、杂著12类。容庚《金石书录目序》谓“此书提要，多录自前人，虽剪裁具费苦心，而不知所出，读之者终有未慊”。姚名达说：“欲治金石之学者，固不能少此向导也。”①

1930年，容媛辑、容庚校《金石书录目》十卷，附《方志中金石志目》1卷《金石丛书目》1卷。收录金石著作977部，著录书名、卷数、撰者时代、籍贯、姓名字号、版本，颇为整齐。全书分10类52子目：总类分目录、图象、文字、通考、题跋、字书、杂著、传记8类；金类分目录、图象、文字、通考、题跋、字书、杂著7类；钱币类分目录、图象、文字、题跋、杂著5类；玺印类（附封泥）分目录、图象、文字、通考、字书5类；石类分目录、图象、文字、通考、题跋、义例、字书、杂著8类；玉类分目录、图象、通考、题跋、杂著5类；甲骨类分图象、文字、通考、义例、字书5类；匋类分图象、文字、通考3类；竹木类设文字1类；地志类分目录、图象、文字、题跋、杂著5类。其分类最为详尽。全书以器物之种类区分，各类之下依其体裁复分。次要之书，仿《四库》存目之例，低一格录之。后附按朝代排列之人名通检和笔画书名

① 姚名达：《中国目录学史》，上海古籍出版社2011年版，第297—298页。

通检。

1934年，邵子风与容庚、徐中舒、董作宾、顾廷龙、商承祚、王辰、周一良、容肇祖、张荫麟、郑师许、孙海波等人倡议建立金石学会，成立考古学社。继陈振东《殷契书录》和董作宾《甲骨文论著目录》之后，1935年邵子风著《甲骨书录解题》，收录自《铁云藏龟》以下截至1935年的著作及论文凡213种。有解题，且采摭甚广，而别择严格，为甲骨目录中精善之作。

六 古籍目录学

民国时期继清末考据学遗风，对于古籍的目录学研究颇为重视，且不断深入。

（一）四库目录学

清代对四库目录学的主要贡献在于对四库目录的补正及其深入研究。

胡玉缙撰有《四库全书总目提要补正》[①]，以及余嘉锡的《四库提要辨证》[②]，杨家骆为《四库全书》编纂工具书《四库全书大辞典》《四库全书学典》，以便于《四库全书》查寻、阅读和使用。

（二）古籍举要

范希曾（1901—1930），字耒研，号穉露，江苏淮阴（今称淮安市）人，目录学家。幼抓力学。1919年入南京高等师范学校文史地部，师从史学大师柳诒徵，与景昌极、缪凤林、张其昀、陈训慈等为同学。1927年柳诒徵任南京国学图书馆馆长，聘请范氏入馆编目，居盋山山馆3年，日孜孜勘藏书，虽体羸多病，仍勤奋不懈。对国学图书馆所藏40万卷图书，曾创意厘析为目若干卷，分别部居，所见多独到之处。

范希曾酷嗜版本目录之学，《书目答问补正》5卷，是他在逝世前三年时间内所辑，1931年由南京国学图书馆排印出版。该书“补”《书目答问》问世后“五十年间新著新雕未及收入”者，但不录与古籍无关之

---

① 胡玉缙撰、王欣夫辑，中华书局1962年版《四库全书总目提要补正》（上、下册），对《四库全书总目提要》及《四库未收书目提要》做了不少匡谬补阙的工作。

② 余嘉锡著《四库提要辨证》（精装一册，平装分为二册），科学出版社1958年版，对《总目》中的讹误与遗失之处做了辨证与考订，可供阅读和使用四库目录时参考。

新书；共补录《答问》所缺之书凡1200种左右，其中稿本多达一百四五十种，多为光绪二年以后重要学术著作，包括俞樾、周寿昌、李慈铭、陆心源、杨守敬、王先谦、李文田、叶昌炽、孙诒让、皮锡瑞，章炳麟、刘师培等众多近代学者专著。“正”《答问》存在之“讹失”，纠正了《答问》漏略或讹误的书名、卷数、作者姓氏、刻书年代等近百处。《补正》详加著录，继承传统著述之成例，在部分书下附加按语。按语的内容，或揭示一书之内容，或品评一书价值之高下，或鉴别一书版刻之真赝与异同，或指出《答问》讹误之所在。范希曾补正，初欲附张氏《答问》之骥尾，而后遂成一家之言，《补正》成为《答问》通行之本。柳诒徵序云：“文襄之书，故缪艺风师代撰，叶郎园氏亟称之。第其书断自乙亥，阅五十余年。宏编新著，影刻丛钞，晚出珍本，概未获载，故在光绪初足为学人之津逮者，至晚近则病其漏略矣。郎园批校增辑之三四本未印行，江氏笺补亦未广，希曾所辑最后而较备。”[①] 范希曾另撰有《南献遗笺》《评〈清史稿·艺文志〉》及《天问校语》等，均与目录学研究相关。

（三）复古思潮与国学书目

1905年，国学保存会在上海成立，拥有报社，创刊《国粹学报》和《政艺通报》。还有图书馆、印刷所、藏书楼等，编有《国学保存会藏书目录》。以邓实、刘师培、章太炎、黄节、陈去病、马叙伦、陆绍明、柳亚子等为代表的“国粹派”以“研究国学，保存国粹”为口号，进行学术研究和政治文化活动。

20世纪20年代复古思潮下，出现了宣扬“国学”热。国学讨论与国学书目渐成一股潮流。

章太炎（1869—1936）《国故论衡》将国学分为小学、文学、诸子学3门，其《国学概论》则分为经学、哲学、文学，以小学为国学工具；其《中学国文书目》列举书籍51种。

胡适（1891—1962）早年接触新学，在1917年从美国留学归国后，

① 柳诒徵：《〈书目答问补正〉暨〈国学图书馆图书目录〉序》，《国风月刊》1935年第7卷第4期。

任北京大学教授，提倡白话文，支持整理国故，不仅办了《读书杂志》（1921）和《国学季刊》（1923），还为清华学校即将赴外国留学的学生编纂了《一个最低限度之国学书目》，发表于《读书杂志》第七期，分为工具之部（含目录、谱录、字辞典）、思想史之部、文学史之部三个部分，列举书籍185种，说“这虽是一个书目，却也是一个法门。这个法门可以叫做‘历史的国学研究法’”①。一时之间，仿效者如云。

梁启超在《治国学的两条大路》一文中将国学分为“文献的学问”即史学和“德性的学问”即哲学。他对胡适开出的《一个最低限度的国学书目》甚不满意，在《评胡适之的〈一个最低限度的国学书目〉》一文中认为胡目把应读书和应备书混为一谈，挂漏太多，博而寡要，“是不合用的”。为此他在《国学入门书要目》中分修养应用及思想史关系书类、政治史及其他文献书类、韵文书类、小学及文法书类、随意涉览书类5大类，列举书籍160种，而开出的《最低限度之必读书目》仅25种。梁启超与胡适围绕国学书目的论争，影响一时。

这一时期比较有影响的国学书目还有：吴虞（1872—1949）《中国文学选读书目》列举书籍142种；吕思勉（1884—1957）的《经史解题》；钱基博（1887—1957）的《四书解题及其读法》和《古籍举要》；陈钟凡（1888—1982）的《治国学书目》；钱穆（1895—1990）的《〈论语〉解题及其读法》；顾颉刚（1893—1980）的《有志于研究中国史的青年可备闲览书》；林语堂（1895—1976）的《国学书十种》等。当时举要国学书籍，从数十种到数千种不等，较多的如支伟成《国学用书类述》列举书籍达3200种。

（四）古籍丛书目录

1918年李之鼎增订的《增订丛书举要》收书1605种，采用分类排列法。1928年沈乾一编辑的《丛书书目汇编》收书2086种，改为字顺排列，比较方便。但是这些丛书都没有子目索引。1930年前后，金步瀛编《丛书子目索引》收书400种；施廷镛编《丛书子目书名索引》收书1275种。1935年商务印书馆编印《丛书集成初编目录》，将《丛书集成

① 胡适：《胡适精品集》第3册，光明日报出版社1997年版，第108页。

初编》所选择由宋至清较为重要的丛书100种，所得子目4000余种，共分总类、哲学类、宗教类、社会科学类、语文学类、自然科学类、应用科学类、艺术类、文学类、史地类等10类，注明所属图书。1943年王云五编有《国学基本丛书四百种目录》。

（五）古籍索引

20世纪20年代出现了索引运动，提倡用西方科学的治学方法来整理国故，在胡适、林语堂、刘半农等的大力提倡下，以索引方式复兴国学研究。

在古籍索引编纂方面，哈佛燕京学社大规模的古籍引得编纂活动最为突出，其中《艺文志二十种综合引得》是对史志目录的一项综合研究工作。从1931年春至1950年冬，哈佛燕京学社引得编纂处编辑的64种古籍引得，包括引得正刊41种和引得特刊23种（附原文者为特刊），遍及经、史、子、集。编纂处还将古籍索引编纂工作经验总结成索引理论，洪业的《引得说》是其代表。中汉法学研究所（巴黎大学北平汉学研究所）编有专书通检《山海经通检》《淮南子通检》等14种。开明书店二十五史刊行委员会编辑的《二十五史人名索引》和商务印书馆编印的《十通索引》。特别具有学术价值的是学者索引，如叶圣陶《十三经索引》、王重民等《清代文集篇目分类索引》、顾颉刚《尚书通检》、杨殿珣《石刻题跋索引》等。

（六）古籍藏书知见录

民国时期许多目录学家依古典目录书体制新编目录，丰富了古典目录学这一领域的库藏，如近代四大藏书家——海源阁、铁琴铜剑楼、皕宋楼、八千卷楼私藏善本书目录，邵懿辰《四库简明目录标注》，杨守敬《日本访书志》，孙殿起《贩书偶记》，罗振玉《敦煌鸣沙山石室书目》等。

（七）敦煌资料目录

敦煌学发展初期，就有学者出国搜寻敦煌文献，著录成目。如向达编《伦敦所藏敦煌卷子经眼目录》、罗福苌《巴黎图书馆敦煌目录》、刘复《敦煌掇琐》、王重民《巴黎敦煌残卷叙录》和《敦煌古籍叙录》等。比较重要的还有：罗振玉《敦煌石室遗书》（1909）、陈垣《敦煌劫余录》（1931）、刘师培《敦煌新出唐写本提要》（1936）、许国霖《敦煌石室写经题记与敦煌杂录》（1937）、向达《敦煌所出俗讲文学作品目录》（1943）。

七　译书目录学

民国时期伴随着译书事业的发达，产生了关于译书编目与研究的译书目录学。

（一）译书事业

中国译书之处，初有天津水师学堂、上海制造局，而后海内通人志士，知自强兴学，大量翻译出版西学书籍，主动学习西方先进文化。根据清顾燮光《译书经眼录》统计，仅1902年至1904年间，中国翻译出版新学书籍就有533种。当时上海有44家新式译书机构，1909年增至92家。

（二）广学会译书目录

清光绪十三年（1887）英美基督新教传教士在上海将光绪十年设立的“同文书会”改组，1892年称“广学会”。其号称“以西国之学广中国之学，以西国之新学广中国之旧学”，实际是外交官、商人和传教士在中国进行文化渗透、传播基督教、宣扬殖民主义的机构。创办以来，翻印出版各类书籍千余种。广学会在北京、奉天、南京、烟台等地设立专门机构，翻译出版大量宗教、政治书籍。广学会编《广学会译著新书总目》1卷，分天文、地理、史类、传记、医学、体学、通考、政学、理财、法律、格致、算学、植物学、蒙学、小说、杂著、道学、质学、性理、化学等类。

（三）江南制造局和上海制造局翻印馆的译书目录

清同治年间，曾国藩上书奏设制造局。李鸿章在上海创办制造局，需要翻译出版西方科学技术书籍，于1868年成立江南制造局翻译馆，是中国近代最大的译书中心。1886年制造局扩建，上海广方言馆迁入居内，与翻译馆合并，由此成为集教学、翻译、出版三位一体的机构。自1867年至民国初，翻译活动长达40余年，翻译各类自然科学、社会科学著作数百种。

江南制造局总办陈洙撰《江南制造局译书提要》2 卷，将历年翻译出版书籍分为史志、政治、交涉、兵制、兵学、船政、学务、工程、农学、矿学、工艺、商学、格致、算学、电学、化学、声学、光学、天学、地学、医学、图学共 22 类，141 种，附刻 20 种。书名之后，记其卷数、作者、口译者、笔述者、校勘者，附内容介绍与简要评论。据制造局刊《英国定准军药书》后附的《译书目录》，共 23 类，170 种。《译书提要》收入 141 种。

江南制造局翻译馆，又名上海制造局翻译馆。民国间铅印本《上海制造局译印图书目录》，分史志、政治、交涉、兵制、兵学、船政、学务、工程、农学、矿学、工艺、商学、格致、算学、电学、化学、声学、光学、天学、地学、医学、图学、地理 23 类，比《江南制造局译书提要》仅多"地理"一类。后有"附刻各书"一项，收录所刻之书，凡 30 种。

（四）报馆译书目录

中国早期日报《申报》创始人安纳斯脱·美查（E. Majar，约 1838—1908）和蔡尔森撰《申报馆书目》1 卷，清光绪三年上海申报馆铅印本，是中国近代最早的、内容较为丰富的征订书目之一。目录根据申报馆所印新书分为：古事纪实类、近事纪实类、近事杂志类、艺林珍赏类、古今纪丽类、投报尺牍类、新奇说部类、章回小说类、新排院本类、丛残汇刻类、精印图书类等 11 类，收录申报馆所印"从未刊行及原版业经毁失"的新书 53 种，并附录《曾文正公年谱》一种，共收图书 54 种。

（五）科学类译书目录

王景沂（？—1921），字义门，号味如。江苏江都人，清光绪十五年举人。官内阁中书。据天津北洋官报局藏书编撰《科学书目提要初编》1 卷，清光绪末天津北洋官报局铅印本。首有 1903 年王景沂自序。目录分作政治、文学、武备、格致、农业、工艺、商业、医术 8 科，下析 48 个子目。著录其书名、撰译者、版本、册数。每子目后均有按语，概述所录书的内容和价值。

上海科学译书局石印本《科学书目提要》，不著撰人姓名，亦无出版年代。据目录提要中有关立宪内容来看，其问世当在光绪后期或宣统初年。为科学译书局最新出版物介绍，分为“教科书类”“普通学速成类”与“尺牍类”，收录书籍、图片200余种。

（六）译书知见目录

清光绪二十五年，徐维则撰成《东西学书录》。三年后顾燮光（1875—1949）为之补阙300余条，编成《增版东西学书录》。后顾燮光将1902年至1904年间陆续所见译书千余种，仿徐书前例，编成《译书经眼录》8卷，1927年上海石印本。该目录分25类：史志、法政、学校、交涉、兵制、农政、矿务、工艺、商务、船政、理化、象数、地学、全体学、博物学、卫生学、测绘、哲理、宗教、体操、游记、报章、议论、小说及杂著。大类之下列细目，如学校类下分学制、教育、教授、文学、蒙学等；兵制类下分营垒、舰船海军、枪炮、子药器械、战术等；小说类下分政治、科学、侦探、儿女、冒险、神话等。前7卷收书共573种，第八卷为本国人辑著书，分26类，与前7卷大同小异，共收书643种。

（七）个人译书目录

冯承钧（1887—1946），近代史学家。湖北夏口（今汉口）人。先后留学比利时、法国，1911年毕业于法国巴黎大学。回国后曾在北京大学等校任教。生平翻译著作很多，为中西交通史及元史研究提供重要资料。主要译书有《西突厥史料》《多桑蒙古史》等。著有《中国南洋交通史》。佚名编《冯承钧翻译著述目录》，民国间打印本。该书分甲乙丙丁戊五个部分，其中甲为“翻译长篇之部”，收录《史地丛考》等29种，乙为“翻译短篇之部”，收录《苏秦的小说》等13种，丙为“著述长篇之部”，收录《西域地名》等12种，丁为“著述短篇之部”，收录《大藏经录存佚考》等11种，戊为“哲学法学译著”，收录《政治心理》等10种。

八　新目录学

民国时期的目录学面临着两种新的形势，一方面，在西方文化全面进入中国的背景之下，西学东渐，西方图书馆与图书分类法等不断引入，西方目录学开始介绍并在中国应用，这就对古典目录学的“显学”地位有一个强烈的挑战，于是涉及中国目录学是全盘为西方目录学还是坚守中国传统的目录学这样一个十字路口，这关系到目录学的前途和命运。另一方面，由于社会巨变，各种政治势力借图书与目录开展宣传活动，推荐目录编撰成为风气，改良派利用推荐目录宣传新学及其政治主张，有《泰西著述考》《西学书目表》《日本书目志》等。在新的背景下，目录学不得不接受这些新的目录学方法和目录著作成果，被迫变革与转型。

（一）王韬与早期的传教士著述目录

王韬（1828—1897），字紫铨，号仲弢，别号弢园老人，江苏长洲（今吴县）人。秀才出身。1849 年在上海英国教会办的墨海书馆工作，1867—1870 年赴英国译书，游历法、俄等国。1871 年撰成《法国志略》，重订本序说“方今泰西诸国，智术日开，究性尽理，务以富强其国”。1889 年，王韬编撰西学译（著）书目录《泰西著述考》1 卷。自序云：“余曾得其目录观之，获传于世者，约略二百十一种，亦可云富矣。当时著名之士，凡九十有二人，文辞尔雅，彬彬乎登述作之林。盖自东西两海道通以来，约百有余年，所至者皆天教会中之修士，凡其初至之年，所著之书，及卒葬处所，无不班班可考。爰为厘次其姓氏，详述其著作，以胪于篇，用为谈海外掌故者，广厥见闻云。”书目以人物为纲，先著录译（著）者姓名，次录小传，次录其译著。书目记述了早期来华传教士的来华时间、在华主要活动地点、卒年墓址，以及其所著各书。著述内容以基督教义、圣经教理为主，天算历法次之。《泰西著述考》虽为传教士著述目录，实际上是以目录的形式支持维新派，表达学习西方、寻求富强的主张。

（二）康有为和梁启超的新学目录学

资产阶级改良派的新学目录学是在鸦片战争后的新旧文化斗争中兴起的，以康有为的《日本书目志》和梁启超的《西学书目表》为代表。

关于《日本书目志》和《西学书目表》的详细情况，详见本章第三节“康有为的目录学思想”和“梁启超的目录学思想”。

（三）徐维则的东西学目录

徐维则（1867—1919），字仲咫，号贻孙。浙江会稽（今绍兴）人。光绪十五年举人，曾任北京大学国史编纂处编纂。藏书甚富。室名铸学斋，编有《会稽徐氏铸学斋丛书》。

徐维则辑、顾燮光补辑《增版东西学书录》4 卷附录 3 卷，1902 年石印本。蔡元培序云："吾友徐君贻孙维则印其所编《东西学书录》，而元培为之叙，迄今阅三年矣。又得新书数百种，君欲续著录焉而未果。会顾君鼎梅燮光自江西邮示所著，则此数百种，大略已具，且于前录遗漏之书，亦有所补焉。徐君大喜，遂更为之编校增补，而合印之。"

该目录分 31 大类：史志（8 类）：通史、编年、古史、专史、政记、战记、帝王传、臣民传记；政治法律（4 类）：政治、制度、律例、刑；学校（1 类）：附礼仪；交涉（3 类）：公法、交涉、案牍；兵制（6 类）：陆军、营垒、海军、船舰、枪炮、子药；农政（5 类）：农务、蚕务、树艺、畜牧、农家杂制；矿务（2 类）：矿学、矿工；工艺（5 类）：工学、塘工河工路工、汽机总、杂工、杂艺；商务（3 类）：商学、税则、附会例；船政（1 类）：行船事宜；格致总；算学（7 类）：数学、形学、代数、三角八线、曲线、微积、算器；重学（3 类）：重学、力学、重学器；电学；化学（2 类）：化学、化学器；声学（2 类）：声学、音学；光学（2 类）：光学、光学器；气学（5 类）：气学、水学、火学、热学、器具；天学；地学（2 类）：地理学、地志学；全体学（1 类）：附心灵学；动植物学（3 类）：植物学、动物学、附虫学；医学（5 类）：内科、外科、药品、方书、卫生学；图学（4 类）：图算、测绘、画学、画器；理学（3 类）：理学、文学、附书目；幼学（1 类）：附体操学；宗教；游记；报章；议论（3 类）：通论、论政、论兵；杂著第（3 类）：杂记、小说、丛编。这一分类与康有为的分类差别较大，将历史政治列于首，医学和理学靠后，自然科学类目较多，包括算学、重学、化学、声学、光学、天学等。这一分类因为综合了康有为和梁启超的分类，其 6—10 类与梁启超"政"的类目及顺序基本相同，12—24 类均与梁启超"学"的类目及顺序完全相同。这样拼盘式，实不如梁启超的西学目录分类完备合理。

（四）王云五的新目录学

王云五（1888—1979），名鸿桢、字日祥、号岫庐，笔名出岫、之瑞、龙倦飞、龙一江等，广东香山（今中山）人。现代出版家、目录学家。1907 年春任振群学社社长。1909 年任闸北留美预备学堂教务长，

1912 年底任北京英文《民主报》主编及北京大学、国民大学、中国公学大学部等英语教授。1921 年，由胡适推荐到商务编译所工作。在商务印书馆的 25 年时间，编辑《百科小丛书》，出版《万有文库》《中国文化史丛书》《大学丛书》等大型丛书，编著《王云五大词典》《王云五小词典》。

王云五关于新目录学的论述《中外图书统一分类法绪论》《四角号码检字法序》以及有关记述编辑“万有文库”“国学基本丛书”“大学丛书”“丛书集成初编”“中山文化丛书”等十篇文章，1943 年结集为《新目录学的一角落》由商务印书馆出版。

王云五认为目录学与学术文化相关。他说：“方今人事日繁，治学尤贵省时。目录学为治学指南，其难其易，与治学的难易攸关。”“治目录学者莫难于我国旧学，所谓国学浩如湮海，每令人望而兴叹，时贤遂有国学必要书目之编定，已刊行者多至十余种。”（《新目录学的一角落·序》）在王云五拟编的“中国文化史丛书”80 种目录中，首列《中国目录学史》和《中国图书史》，可见目录学乃文化史之首要。

王云五的新目录学思想是变革的思想。王云五从 1921 年担任商务印书编译所所长，又兼任该馆附设的东方图书馆馆长，为调整出版物系统和促进藏书的利用而加紧了对目录学的研究。为适应现代需要，他提出“我国旧日的目录学有革新之必要”①。

王云五的新目录学思想是新分类思想。他用现代分类法建立国学目录，编纂《国学基本丛书四百种目录》纳入“万有文库”第一集 100 种，收入第二集 300 种。书目分 61 类：目录学；读书札记；中国哲学；儒家哲学；道家哲学；墨家哲学；释家哲学；杂家哲学；社会科学参考书；政法；经济；军事；教育；礼俗；文字；音韵；方言；算学；天文历法；时令；植物；动物；医学；药学；农学；饮食；工学；书画；金石；音乐；文评；诗评；文总集；诗总集；楚辞；词；曲；剧；骈文；楹联；墓志；书牍；笔记；小说；汉魏别集；六朝别集；唐别集；宋别集；金元别集；明别集；清别集；地理；游记；传记；谱表；史考；纪年；古

① 王云五：《新目录学的一角落》，商务印书馆 1943 年版，“序”第 1 页。

史；正史；杂史；史论。

王云五的新目录学思想最突出的是检字法思想，通过创设检索法，开目录学之新路。他认为，“图书分类为新目录学之纲领，检字法为新目录学之重要工具”（《新目录学的一角落·序》）。在民国十五年前后，发明“四角号码检字法”并作“中外图书统一分类法”。王云五研究分类法一年多，其《中外图书统一分类法绪论》作于1927年，他在分析比较各种外国图书分类方法基础上，提出在杜威十进分类法基础上改进，采用“+”“十”“士”等号码以适应中国图书馆的应用。王云五研究检字法始于1924年，《四角号码检字法序》作于1928年。他认为“检字的方法，在使用字母的国家，虽绝对无问题，而在我国却是一个大问题，和读书的便利，时间的经济，均有密切关系”[①]。他认为，“索引是治学的重要工具”[②]。王云五重视检索法和索引，一切都是为了治学的需要。

王云五的新目录学思想与他的出版思想融为一体。1929年他创编“万有文库初集”，1934年开始印行“万有文库二集”，次年开始印行丛书集成初编，为出版业和图书传播做出了巨大贡献。

（五）黎锦熙的新目录学

黎锦熙（1890—1978），字劭西，湖南湘潭人。汉语言文字学家、教育家、目录学家。文字改革家、九三学社创始人之一。1923年，兼任北京大学、北京女子师范大学、燕京大学等校的国文系教授。

黎锦熙研究和探讨的领域很广，对于语言学、文字学、词典学、语法学、修辞学、教育学、目录学、地理学、历史学、佛学等都有很深的造诣和丰富的著述。其中，一个突出贡献在于语言文字改革和词典编纂。

1912年，开始编辑小学教科书，将《西游记》收入课文，包含了改革教育、废除八股文、学作语体文的思想，引起保守人士的惊骇。1914年，任湖南省立第一师范学校历史教员。学生中包括毛泽东等人。1915年受聘为教育部教科书特约编审员。1916年，黎锦熙成立了“中华国语研究会”。1920年，黎锦熙促成教育部改定小学的“国文科”为“国语

① 王云五：《新目录学的一角落》，商务印书馆1943年版，第27页。
② 王云五：《新目录学的一角落》，商务印书馆1943年版，第266页。

科”，以白话文取代文言文，并废除小学“读经”。在他的努力下，以后的几年，初中、高中的“国文”也改为了“国语”。他还发起领导苏、浙、皖三省焚烧小学文言教科书运动，这场反对封建文化的斗争，震动了全国，影响很大。与此同时，他与钱玄同创办了《国语周刊》。1923年，与钱玄同、赵元任等组成国语罗马字拼音研究会，创立国语辞典编纂处，任总主任。

黎锦熙著《新目录学论丛》系1948年湖南大学文学院集刊抽印本。作者认为“目录之学，为中国所固有。然今予以分析，其事盖起于读书指导，渐演变而为图书管理”，但“二者性质不同，目标亦异，在中国乃综合之名为目录学”。该书共五章：论中国目录学之演进及新目录学之要义；读书指导举例；资料搜集工作举例；方志材料统搜统整举例；国文教材内容分类举例。

黎锦熙曾提出新目录学世界化、现代化、科学化、工业化以及图书统一部类与管理的“四化一元”理想，这在当时是颇为先进且有前瞻性的目录学发展思想。

（六）容肇祖的新目录学

容肇祖（1897—1994），字元胎，广东东莞人，哲学史研究专家、民俗学家、目录学家。任中山大学、岭南大学、辅仁大学、北京大学等校教授。

容肇祖在20世纪二三十年代治目录学，发表《目录学家著述的分途》等文，并著有《中国目录学引论》等。在中山大学任教时，1934年写作《中国目录学大纲》十余万言，后赴京任教于辅仁大学，此书为授课用的讲义，油印本，商务印书馆拟印此稿入“大学丛书”，尚未改完，抗战军兴而作罢。

20世纪20年代，学术编纂活动频繁，新型图书与目录不断产生，传统的目录方法改良，什么是现代新目录学的方法，成为治目录学者关注的焦点之一。

容肇祖《中国目录学引论》从现代学术的视角研究新目录学的问题。他对于目录学的名词定义、对象和目的等问题提出了新的看法。

关于目录学的定义，容肇祖首列众说，重点引用了国外学者

T. H. Hornc 的定义，说“目录学，简言之是指书的叙述，较广的意义是指书的知识”。他把这项定义分做材料、内容、版本和分类四项。划定目录学的范围为书的材料、书的内容、书的版本、书的分类及其分类的历史。他认为：“中国目录学简言之为研究中国书的学问，详言之，则研究中国书的（一）材料，即构造成书的；（二）内容，即著作家所论述的；（三）版本，刻本写本皆在研究之列；（四）分类，及其分类的历史。”在 20 世纪 20 年代，这一论断，颇含新义，至今仍有可稽之用。

关于目录学的对象，容肇祖认为“目录学的对象，简单的说，是书，详言之，则关于书的材料，书的形式，书的内容皆是”（容肇祖《中国目录学大纲》）。目录学对象的图书说，对现代目录学理论体系构建产生了重要影响。

关于目录学的目的，容肇祖说：“目录学的目的，是在知晓现在学术的发展，及往古学术的存亡。我们治目录学者，当考证学术的源流和盛衰，提要钩玄，给学者以考古今学问的门径。我们记叙或簿录一种的书籍，皆当有历史的系统，使治学者便于穷究源委，因类而得。这就是目录学家所要达的目的。”①

容肇祖对目录学家的流派进行了研究，1928 年著《目录学家著述的分途》专论书目类型。将书目划分为总目、专门目录和杂目录三大类。总目又分为官家目录、史家目录、私家目录、图书馆目录。专门目录又分为经目、史目、子目、集目、佛家目录、道家目录。杂目录分为引用书目、佚书及辑佚录目录、禁书目、译外国图书馆汉文书目。

（七）李小缘的新目录学

李小缘（1898—1959），原名李国栋，江苏南京人，图书馆学家、目录学家。先后就读于金陵中学、金陵大学。1921 年留学于美国纽约州立图书馆学校，1923 年获图书馆学学士学位，次年入哥伦比亚大学，1925 年获教育社会学硕士学位后归国。1925 年担任金陵大学图书馆西文书籍部主任，后任图书馆馆长。1927 年在金陵大学创办图书馆学系，任系主任兼教授。1939 年后主持中国文化研究所，兼任文科研究所史学部主任。

---

①　容肇祖：《中国目录学引论》，《图书馆季刊》1928 年第 4 期。

李小缘是中国近代“新图书馆运动”的倡导人之一。他是中华图书馆协会创始人之一，当年积极参加“索引运动”，积极参与并提出《通知书业于新出版图书统一标页数法及附加索引案》《编纂古书索引案》《编制中文杂志索引案》以及《中华图书馆协会应设法编制杂志总索引》等多项索引议案，长期支持我国索引事业。

李小缘在新目录学上，较早著有《西人论华书目》(*Book On China*)。1921—1925 年海外求学时就开始搜集英、德、法、俄文各语言相关文献，每书用卡片详加著录。回国后继续这一工作，这是他毕业研究而未竟的致力于中外文化交流的目录学课题。

李小缘的目录学思想，是引入西方目录学，并与中国目录学相结合，开启创新的目录学体系。1927 年 7 月编印《目录学大纲》。他将新目录学的范围确定为以下方面：目录学之定义；目录学之功用及其使命；论目录之体例；中国目录学史；近代目录学之趋势；目录之种类及其举例；总论中国目录学与中国目录学应解决之问题。

关于目录学的定义，李小缘说：“Bibliography。图书用之书目有二种，一为书本式，一为卡片式。研究历史上目录之种类、条例及致用法是为目录学”，而且他阐述了目录学与分类编目之间的关系，认为目录编目分类是三件不同的事，“分类乃以书籍按类属之同者，置于一处，是一种方法，编目乃将各书之名称著者内容等详举而形容之或用字典排列法或用分类法排列之，然不必定用分类，即分类，亦不必定用一种。至于编目为一种手续，而目录乃已成之结果。范围限于一馆之书者为书目(Catalogue)，范围多而大者为目录”①。又说：“向来目录学者‘目录’‘编目’‘分类’则皆视为一事，毫无区别。而不知‘目录’者书籍之记载考而已。可为分类的，可为朝代的，如宋元明之目录，可为著者排列的，可为书名排列的，所以成此目录者，则非编目不可。编目者专指编制目录之手续与定例而已，与‘目录’本身迥然二事。”他还较早介绍了国外的字典式卡片目录，“中国目录为分类式之目录，每书各以类从，每名只入一次。美国普通则有所谓字典式之卡片目录，每书可入目录数次，

---

① 李小缘：《图书馆学》，第四中山大学 1927 年抽印本，第 21 页。

或著者或书名或标题片三种，每书至少三次，故至少有三种方法可以寻出。吾国分类目录只可寻一次，如分类失当，则无可寻之机会”①。

关于目录之种类，李小缘分为目录之目录、丛书目录、国史目录（国家书目、史志）、图书馆目录、私人藏书目录、宋元明善本目录、禁书目录、商业目录等。

李小缘在地方文献目录学研究上，用功颇深。其《云南书目》出版于1937年抗战前夕，共收录资料3000多种，其中外文资料700多种。书目收录齐全，题材广泛，内容丰富，著录完备，体例新颖，条目分明，编排灵活，是我国近代一部高质量的大型综合性地方文献目录，是30年代中国目录学的重要成果。

第三节　民国时期目录学思想

一　康有为的目录学思想

康有为（1858—1927），原名祖诒，字广厦，号长素，又号更生。广东南海人，人称“南海先生”。思想家，目录学家。光绪进士。1888年至1898年，曾七次上书光绪皇帝，要求变法。组织强学会、圣学会、保国会，办报纸，鼓吹改良主义。1898年依靠光绪皇帝发动变法维新运动，受到慈禧太后镇压，逃亡海外。后组织保皇会，1912年组织孔教会。主要著作有《孔子改制考》《新学伪经考》《戊戌奏稿》《大同书》《康南海先生诗集》等。

康有为是中国近代维新派领袖，被称为“中国近代真正意义上的资产阶级哲学和学术研究，是从康有为开始的”；为推进资产阶级改良运动，以目录学为武器，为开创中国近代目录学作出贡献，被称为“近代目录学第一人”②。康有为的目录学思想主要有以下方面。

（一）目录学第一宜知的作用

自清代王鸣盛将目录学提到“学中第一紧要事”之后，目录学的学

---

① 李小缘：《图书馆学》，第四中山大学1927年抽印本，第79页。

② 孟昭晋：《康有为的目录学思想》，《图书馆论坛》1993年第4期。

术文化地位不断提高。康有为十分重视目录学的作用，他说："目录之学，所不能废，乡曲之陋，皆由不知目录之故。目录之学，第一宜知。"（康有为《万木草堂讲义》）

《康有为全集》第二集有康门弟子记录的康有为在万木草堂讲课的笔录。其四种记录稿除《南海师承记》外，都记录有"学术源流"篇章，而贯穿其中的，无论是儒、道、法、佛、诸子等三教九流，还是文学、书画，都列其纲要、历举其派别源流演变。康氏提出目录学源于汉，功用在于学术，"目录之学，古人无之，创始于《艺文志》。目录之体裁，肇于《七略》""校书之学开于汉"。"汇刻书目、书目解题，学者当置之座右"①。

（二）批判古文经学的经学目录学思想

康有为的古典目录学研究主要见于他的《新学伪经考》（1891）、《桂学答问》（1894）和《万木草堂口说》（1891—1897）。其关于古典目录学的部分，通过对《七略》和《隋志》的研究，以批判古文经学宣扬思想革命。

康有为是继龚自珍、魏源之后，清末今文经学派或公羊学派的代表。《新学伪经考》是康有为网罗清代今文经学攻击古文经学之大成，反对以章太炎为首的古文经学派，从根本上动摇正统观念。《新学伪经考》包括一篇总序和14篇证伪之文。以刘歆《七略》的辑略、大小序、各略所收古文经学典籍为标的，以校勘、辨伪考证的目录学方法，广引西汉前古书及今、古文经书，并注明出处，逐一辨证古文经书之伪，援用今文经学三统三世微言大义以议政。《汉书·艺文志辨伪》："刘歆伪撰古经，由于总校书之任，故得托名中书，恣其窜乱。""古今总校书之任者，皆有大权，能主张学术，移易是非，窜乱古书。"康有为认为："《隋志》与《经典释文》并出隋唐时，伪古学一统久矣。""《隋志》尚为功过相比者也。""抑自《汉志》之后，诸史无志，藉以考经籍之源流，舍是莫之焉"，故"并纠绳焉"。于是逐一纠正《隋志》关于古文经书著录的

① 此据《万木草堂口说》丙申本，另有丁酉本，将"艺文志"作"汉书"，将"座右"作"席上"。

错谬。

（三）为变法服务的新学目录学思想

甲午战争后，康有为一方面为维新变法构建理论依据，继《新学伪经考》后，再撰《孔子改制考》（1897），以孔子“改制”作为变法依据，推演公羊三世说；另一方面积极宣传日本的维新变法，他在《进呈日本明治变政考序》中说：“若因日本译各书之成业，政治之成绩，而妙用之。彼与我同文，则转译辑其成书，比其译欧美之文，事一而功万矣。”

甲午战争前，早期维新派人物、广东嘉应州人黄遵宪（1848—1905）历时九年，于1887年撰成《日本国志》40卷，采书200余种，以史为鉴，这对于康有为的目录学有重要影响。康有为目录学思想的精核是经世致用，为变法服务。康有为主张目录学为变法服务，开“天下书目”以培养通古今中外新国之才。为了宣传其政治主张，“因《汉志》之例，撮其精要，剪其无用，先著简明之目，以待忧国者求焉”，以《日本书目志》作为工具为变法服务。康有为向光绪帝进呈《日本变政考》并《日本书目志》，前者为变法采日本明治维新为图样，后者为变法之辅助，“知其变政之勇猛，而成效之已著也”。

康有为在《桂学答问·自序》中特别推崇孔子托古改制之说。康氏认为：“孔子所以为圣人，以其改制，而曲成万物，范围万世也。其心为不忍大之仁，其制为不忍人之政”“《春秋》所以宜独尊者，为孔子改制之绩在也。《公羊》《繁露》所以宜专信者，为孔子改制之说在也，能通《春秋》之制，则六经之说莫不同条而共贯，而孔子之大道可明矣”①。为此，康氏特别把今文经学五部书作为“大孔律例”列入学子必须“通其指义”的首位著作。

（四）导读目录学思想

康有为重视目录的导读功能，具言目录及其特点、功用和读法。“《隋书·经籍志》学者最要。《唐·经籍志》亦要”，“书目博深，莫如钦定《四库提要》。一百二十本，价二三金，必应购买，每日随意涉猎，

① 康有为：《长兴学记 桂学答问 万木草堂口说》，中华书局1988年版，第30页。

数月可毕。精要具详，莫如《书目答问》，版本最佳，每部值银数分，可常置怀袖熟记，学问自进”（康有为《桂学答问》）。

1891 年，康有为应陈千秋、梁启超等人请求，开堂于长兴里讲学，著《长兴学记》作为学规，追寻孔子讲学之道，“志于道，据于德、依于仁，游于艺”，其所谓“艺”，包括义理、经世、考据、词章之学，补六艺之学，科举之学。《桂学答问》为应桂林士子之请而作，专讲读书次第与方法，集中反映了康有为的导读思想即“为导之先路”。其序表达了为培养“英绝绰起之士”而指引门径的愿望。正文分 44 条目，他强调六经皆孔子之律例，通经之后，当遍览子史群书。不仅读各科之书，还要读目录，如“《汉书艺文志》当同读”“《新学伪经考》读毕，可阅《四库提要经部目录》”，认为这些条目“为学者之初桄”。[①]该书刊行后，影响广大，康有为嘱门人梁启超抽绎其要，梁启超作《学要十五则》作为该书附录，为便适新学，抽列经学、史学、子学、理学、西学五大类，举要 35 种图书，又作《读书次第表》，按六个月条列读书的先后次序，一览了然，是对《桂学答问》导读之导读。

康有为继承孔子旧学，还开拓新路。光绪二十二年（1896）十二月康有为开始编撰《日本书目志》，次年五月完成，旨在向国内介绍日本明治维新以来的书刊。康有为继承了古典目录学的类例传统，设总序、大序和小序，“因《汉志》之例，撮其精要，剪其无用”。其《自序》和《农工商总序》可视作“总序”，15 门有 8 篇“大序”。250 个小类有 88 篇“小序”。

古典目录学的大小序主要在于辨章学术，叙学术源流，而康有为的大小序则重在融中日学术为一体，给读者以指导。如“国家政治学”类小序：“政治之学最美者，莫如吾六经也，当考泰西所以强者，皆暗合吾经义者。泰西自强之本，在教民、养民、保民、通民气，同民乐，此《春秋》重人，孟子所谓与民同欲，乐民乐，忧民忧，保民而王也。”有些序文带有鲜明的政治倾向性，其目的是配合改良主义政治主张，宣传日本维新变法，以促使中国走上富强之路。如“农工商”类总序曰：“观

---

① 康有为：《长兴学记 桂学答问 万木草堂口说》，中华书局 1988 年版，第 34 页。

日本所以强者，吾中国可以反而求之矣。”

《日本书目志》收书7780种，无提要，但在书目著录上，有一定的改进。在收书之下，多注明文种、出处、册数、译者、定价，但无出版日期和出版单位。其著录译书，着重介绍资本主义的经济发展和政治改良。

（五）面向科学的书目分类思想

康有为重视分类，其分类思想反映在《日本书目志》的分类中。《日本书目志》15卷，共分15门：生理、理学、宗教、图史、政治、法律、农业、工业、商业、教育、文学、文字语言、美术、小说、兵书。每门又细分若干小类。全目共246个小类，分类细密。

从这一分类体系看，体现了康有为面向科学的分类思想，即从现代科学出发，根据新学科内容和译书实际来设置类目，从而富有时代性。四部分类以经学为首，科学在四部中没有地位，清末张之洞的分类也没有解决科学的地位问题。康有为通古典目录学，却没有采用传统的经史子集四部分类，该书目将科学之生理、理学放在首位。生理门详分生理学、解剖学、卫生学、药物学、病理学、内科学等36个小类。有些类目如工业门、商业门在以往目录中是找不到的，这在目录学分类史上是很大的突破。

从整体上看，该分类体系大体可分为医学和自然科学（生理、理学）、社会科学（宗教、图史、政治、法律）、产业与经济（农业、工业、商业）、人文科学（文学、文字语言、美术、小说）、军事科学（兵书）五大门类，以新学为主旨，此目吸取日本分类法的新成果，体现了东学特色。

康有为的分类思想虽然以新学为根本，但将现代图书分类与目录学传统相结合，以其经世致用思想作为目录立类和分类的依据。康氏认为：“医者生道，太平之极也”，“大治在于医，故以冠诸篇焉”，“天之道曰阴与阳，人之道曰生与杀。教化治乱之进退消长，视生杀之分数多寡”。而“兵者杀道，乱世之极也”。故把“兵书门”列为最后一大类。《日本书目志》中方技、类书等二级类的设立，体现了康氏对传统目录分类的某种继承。

二 梁启超的目录学思想

梁启超（1873—1929），字卓如，号任公，又号饮冰室主人，广东新会（今江门市新会区）人。思想家、政治家、教育家、史学家、目录学家。清光绪举人。维新派领袖。戊戌变法（百日维新）领袖之一、中国近代维新派、新法家代表人物。与其师康有为倡导变法维新，并称“康梁”。光绪二十一年（1895）赴京参加会试，追随康有为发动公车上书。1896 年在上海主编《时务报》，发表《变法通议》，编辑《西政从书》，次年主讲长沙时务学堂，积极鼓吹和推进维新运动。1898 年入京，参与百日维新，以六品衔办京师大学堂和译书局。戊戌政变后逃亡日本。初编《清议报》，继编《新民丛报》，坚持立宪保皇，受到民主革命派的批判。辛亥革命后，以立宪党为基础组成进步党，出任袁世凯政府司法总长。1916 年策动蔡锷组织护国军反袁；后又组织研究系，出任段祺瑞政府的财政总长。他倡导新文化运动，支持五四运动，倡导文体改良的“诗界革命”和“小说界革命”。著述涉及政治、经济、哲学、历史、语言、宗教及文化艺术、文字音韵等。其著作合编为《饮冰室合集》。今有《梁启超全集》。

梁启超既有目录学实践，也有目录学理论。其目录学思想极其丰富，主要有以下方面。

（一）读书“顾问”与治学“问津”的目录学思想

幼年时从师学习，8 岁学为文，9 岁能缀千言，17 岁中举，具有深厚的古典目录学功底。梁启超晚年在清华学校任教，主要研究中国传统学术和文化，并用很多精力研究目录学。谢国桢、姚名达、刘纪泽等均出梁启超门下，于清华研究院钻研目录学多年。1927 年离开清华研究院，晚期全身心投入古典目录学的研究和写作①。

梁启超研究古典目录学，著有《汉书艺文志诸子略考释》《汉书艺文

---

① 梁启超在他生平的最后一段时期，较集中地研究中国旧目录学和佛教图书目录。据他的朋友余绍宋《饮冰室藏书目录序》说：“六年前（按：即 1927 年），予避乱居天津，与任公梁先生过从最密。时任公方撰诸家书目提要，陈数十百种簿录之书于案头，朝夕探讨。”参见陈光祚《梁启超的目录学理论观点和实践活动》，《武汉大学学报》（人文科学版）1963 年第 4 期。

志诸子略各书存佚真伪表》《考诸子略以外之现存子书》《戴东原著述纂校书目考》以及《图书大辞典簿录之部・官录及史志》等。

梁启超认为目录学重在读书治学，强调目录学的学术史功能。他说："书籍孳乳日出，亦散亡代谢，赖有遗录，存彼蜕痕。虽器实已沦，可识其名数。又某时代某类书实始创作或作者独多，某类书在某时代已寥落罕闻，或散亡最剧，综而校之，学风见焉。"梁启超继承了"辨章学术，考镜源流"的古典目录学思想。所谓"俾凡研究任何部类之遗著者皆问津于此"即考辨学术流变，反映一代学术状况。

特别重要的是，他提出目录学"备读者之顾问"的思想，在研究唐代道宣《大唐内典录》时提出："著书足以备读者之顾问，实目录学家最重要之职务也。"[①] 将目录学在读书中的参考作用作为目录学的重要任务，这是传统目录学读书治学之要务的继承与发展。

梁启超在对清代哲学家和考证学家戴震的研究中充分体现了学术史和学术参考的重要职责。梁启超将戴震的著述纂校，撰《戴东原著述纂校书目考》，按照年谱，以著作先后为次，无论已成未成，已刻未刻，或存或佚，或著或校，独著共著，皆编入书目。仿朱彝尊《经义考》体例，辑录原书序言，并加案语，有些部分作考证论列。这个书目考，体例严谨，材料丰富，对个人著述做了系统的整理，不失为一部较好的个人著述目录。[②]

梁启超认为，目录学要发挥读书"顾问"与治学"问津"的作用，必须全面反映著述的概貌，体现书目的检索与参考作用。他说："载籍浩博，决非一人之力所能尽藏所能尽读。流览诸录，可以周知古今著作之大凡，有解题者，读其解题，虽未睹原书，亦可知梗概。"强调周知古今著述，据书目可"知梗概"。他还说："稀见秘籍，识者知珍。孤微仅存，流传有绪。博稽诸家著录，可以称其展转储藏之所在，按图索骥，或整理流通，或取裁述作。"书目"按图索骥"具有检索功用。

---

① 梁启超：《佛学研究十八篇・佛家经录在中国目录学之位置》，上海古籍出版社 2001 年版，第 356 页。

② 陈光祚：《梁启超的目录学理论观点和实践活动》，《武汉大学学报》（人文科学版）1963 年第 4 期。

（二）传播西学、改良救国的目录学思想

1918 年，梁启超到西欧各国考察，看到第一次世界大战后的欧洲一片荒凉，对西方文明感到失望，于是大倡西洋物质文明破产、东方精神文化复兴之说。1923 年，梁启超在《为创办文化书院事求助于国中同志》中指出："启超确信我国儒家之人生哲学，为陶养人格至善之鹄，全世界无论何国、无论何派之学说，未见其比，在今日有发挥光大之必要。"

梁启超从师于康有为，成为资产阶级改良派的宣传家。维新变法前，与康有为一起联合各省举人发动"公车上书"运动，此后先后领导北京和上海的强学会，又与黄遵宪一起办《时务报》，任长沙时务学堂的主讲，并著《变法通议》为变法做宣传。戊戌变法失败后，与康有为一起流亡日本，政治思想上逐渐走向保守，在海外推动君主立宪。

梁启超与康有为一样，将目录学作为实现传播西学、改良救国政治理想的工具。

甲午战争失败后，中国面临列强瓜分的严重危机。变法维新一派寻求救国良方，提倡西学，编纂西学推荐目录。1896 年梁启超在《时务报》第七册刊登《西书提要农学总叙》，接着在第八册刊出《西学书目表序例》，提出向西方学习的新目录学思想："国家欲自强，以多译西书为本，学子欲自立，以多读西书为功。此三百种者择其精要而读之，于世界蕃变之迹，国土迁异之原，可以粗有所闻矣。"①

他发表的《西学书目表》4 卷，1896 年时务报馆排印本。上卷为西学诸书，收书 129 种；中卷为西政诸书，收书 168 种；下卷为杂类之书，收书 54 种；附卷收通商以前西人译著各书 86 种，近译未印各书 88 种，中国人所著言外事书 120 种。表后附札记数十则，略言各书之优劣及某书宜先读，某书宜缓读。

在提出向西方学习的同时，他还主张向日本学习。1902 年梁启超在《新民丛报》发表一部推荐目录——《东籍月旦》，专门推介日本图书。他说："我中国英文英语之见重既数十年，学而通之者不下数千辈，而除

① 梁启超：《佛学研究十八篇·佛家经录在中国目录学之位置》，上海古籍出版社 2001 年版，第 356 页。

严又陵外，曾无一人能以其学术思想输入中国”；“学东文能读书者渐多矣，顾恨不得其途径”（梁启超《东籍月旦叙论》）。梁启超编纂这一书目，计划宏大，其第一编包括伦理学、历史、地理、数学、博物、物理及化学、法制、经济等类，但实际上只完成了伦理学和历史两章。该书目每类有小序，每书有提要，叙学术源流，还说明“某科当先，某科当后，欲学某科，必不可不先治某科，一科之中，某书当先，某书当后，某书为良，某书为劣，能识抉择”（梁启超《东籍月旦叙论》）。这既体现了他的学术史思想，又体现了他的读书门径思想，发挥目录在读书治学中的指导作用。

（三）现代科学分类与图书分类相结合的分类思想

梁启超认为目录学的分类十分重要，既受到学术分化的影响，也受到图书发展变化的影响。他说：“学术分化发展，著述种类随之而日趋繁赜，辨析流别，业成专门。门类区分，或累代递迁，或因人而异，博观互校，得失斯见，循此以称学海之派分渊汇，察艺林之孚坼条数，知类通方，此其蹶步。”因此，分类必须兼顾科学分类与图书分类，使之“知类通方”。

梁启超的分类思想主要反映在《西学书目表》中。梁启超在《西学书目表》中创设了学政杂三类28小类的分类体系：

西学（13类）：算学；重学；电学；化学；声学；光学；汽学；天学；地学；全体学；动植物学；医学；图学。

西政（10类）：史志；官制；学制；法律；农政；矿政；工政；商政；兵政；船政。

杂类（5类）：游记；报章；格致总；西人议论书；无类可归之书。

这一分类突破中国古代目录学的学术范畴和图书范畴，彻底突破四部分类，依据近代西方的学术分科观念及图书分类原则，这在中国目录学的分类史上尚属首次重大突破，影响深远。

梁启超的《西学书目表》与康有为的《日本书目志》几乎同时问世，但《西学书目表》在分类上比《日本书目志》更为全面，设类更为科学。《日本书目志》分十五门，将社会科学和自然科学的各学门拼凑一起，并无大类划分；而《西学书目表》将各门学科归为三大类，其“西学”类主要是自然科学，“西政”类主要是社会与经济类学科，“杂类”属于其他类，前两类为主，最后一类为辅，目的在于使所有书都有类可归。由此可看出西方学术分为“自然科学”和“社会科学”两大方面的雏形，这在当时是十分先进的。

西学类：梁启超以“学”即自然科学居首，是有其重要意义的。这不仅是因为梁启超高度推崇西方之科学，强调西方“一切政皆出于学”，西学是“政治之本，富强之由”；而且也是因为梁启超倡导学习西方首先要学习西方科学技术的思想，以设类反映了自然学科在知识领域的重要性。虽然梁启超和康有为都把自然科学放在首位，但《日本书目志》只有生理、理学两类，《西学书目表》则将自然科学细分为13类。

西政各类目的设置，与梁氏改官制，办学校，订宪法，发展农、矿、工、商，求富国强兵的变法主张相关。尽管“西政各籍，译者寥寥，官制、学制、农政诸门，竟无完帙”，但仍设其类，“预悬其目，以俟他日之增益”（《西学书目表序例》）。这说明，梁氏并不以书目收录图书数目作为立类依据，而是根据学科与图书发展需要而设类，超越了前人的书目分类，已经具备了现代图书分类的科学思想。

（四）讲求读书方法的书目著录思想

《西学书目表》对于目录学方法的最大贡献，除分类外，还有著录上的突破。

《西学书目表》分正表和附表两部分。正表著录宗教以外的译书，附表分通商以前西人译著各书、近译未印各书、中国人言西学之书。

梁启超继承了郑樵的详今略古的著录思想，梁启超反对“爱古薄今”，主张所收录书籍要以现存和新书为主，以体现目录学的时代性。

《西学书目表》在著录上采用了表格形式，这也是传统目录学的一种简明的著录方法。表格列举书名、撰译者、出版处（刻印处）、册数（本数）、价值、识语6项。其创新之处在于，为了适应新的图书形式，改卷为册，以标示价格。特别重要的是，创造了“圈标”与“识语”结合的目录评荐法，目录表中，标目之前加“圈标”，即以圆圈做的标示，以标示其图书价值如何，如《华盛顿传》上三圈，以示其特别重要；“识语”评价著作的优劣，指明其程度深浅、读法。两相配合，阅读选择时优劣浅深缓急自明，起到了目录学的评价和推荐双重作用。传统目录学一般是从序例和提要中体现阅读指导作用，梁启超在著录上加“圈标”的这一独创，是对目录学著录方法和书目全方位的阅读指导的创新与发展。

梁启超的书目著录思想是讲求读书方法，旨在指导阅读，足以备读者之顾问。《西学书目表》附有《读西学书法》1 卷，自称“略言各书之长短，及某书宜先读，某书宜缓读，虽非详尽，初学视之，亦可略识门径”。

梁启超批评清儒说：“治经者，现成的《三礼》郑注不读，而专讲些什么《尚书》、《论语》郑注；治史者，现成之《后汉书》、《三国志》不读，而专讲些什么谢承、华峤、臧荣绪、何法盛。”

梁启超推崇类书，认为唐宋间的类书是辑佚的“总资料”。[①] 梁启超提出了四点评判辑佚优劣的标准，很有参考价值：一是佚文出自何书，必须注明；数书同引，则举其最先者。能确遵此例者优，否者劣。二是既辑一书，则必求备。所辑佚文多者优，少者劣。例如《尚书大传》，陈辑优于卢、孔辑。三是既须求备，又须求真。若贪多而误认他书为本书佚文则劣。例如秦辑《世本》劣于茆、张辑。四是原书篇第有可整理者，极力整理，求还其书本来面目，杂乱排列者劣。例如邵二云辑《五代史》，功等新编，故最优——此外，更当视原书价值如何。若寻常一俚书或一伪书，搜辑虽备，亦无益费精神也。

梁启超的导读思想来源于他的教育思想，特别是弘扬国学的思想。他将现代目录学与国学教育融为一体，通过目录学教育，传播大学国学教育。

梁启超一方面推崇西学，主张学习西书，以目录学传播西学和西方文化；另一方面对国学和传统文化有着深厚的情感，“舍西学而言中学者，其中学必无用；舍中学言西学者，其西学必为无本，无用无本，皆不足以治天下”（《西学书目表后序》）。他强调目录学在传统学术文化中的地位，以目录学复兴国学。他一生的目录学著述与研究，前期的重点在引入西学、著西学目录，后期则转向宣传国学和古典目录学研究。在

① 梁启超：《中国近三百年学术史》，人民出版社 2008 年版，第 289 页。

中国古籍的推荐介绍方面，著有《读书分月课程》。在国学推广方面，1923年著有《国学入门书要目及其读书法》。1925年，在编纂《要籍解题及其读法》时，呼吁“国内通学君子多做这类的作品”①。姚名达称赞说，梁启超的《国学入门书要目及其读法》特别是《要籍解题及其读法》“学者宗焉。对于近年各种文化史之研究，影响绝大”②。

（五）考辨古书真伪的辨伪目录学思想

辨伪是目录学整理图书的重要内容。虽然清以后辨伪成专门之学，但古典目录学仍将辨伪与目录融为一体。考辨古书真伪的思想构成为民国时期古典目录学研究的重要组成部分。梁启超主张目录著作应设辨伪类以记录伪书，他对清代丁国钧《补晋书艺文志》在附录设置存疑、黜伪的做法给予肯定。认为“其附录一卷分存疑、黜伪二类，撰人及成书年代有疑问者入存疑，确知为伪书者入黜伪，此其特创之义例，深可取法”。

1936年，中华书局出版了由吴其昌、周传儒、姚名达三位笔录的梁启超讲演稿——《古书真伪及其年代》。这是梁启超最后一部著作。全书分总论、分论两部分。总论共五章，第一章讲辨伪及考证年代的必要；第二章讲伪书的种类及作伪的来历，附带讲年代错乱的原因；第三章讲辨伪学的发达；第四章讲辨伪及考证年代的方法；第五章讲伪书的分别评价。分论则分别辩论古书的真伪和年代问题，逐一详细讲述。

辨伪本来关系读书治学，清目录学家姚际恒《古今伪书考》曾提出辨伪是“读书第一义也”。梁启超在此基础上进一步阐述了辨伪的重要性，剖析伪书使“进化系统紊乱”“社会背景混淆”“事实是非倒置”“由事实影响于道德及政治”“时代思想紊乱”“学术源流混淆”“个人主张矛盾”“学者枉费精神”等，将辨伪提升到关于政治与社会的高度，从而奠定了辨伪的理论基础和社会基础。

明代目录学家胡应麟将伪书分为20种，梁启超在全面考察古今伪书

---

① 梁启超：《要籍解题及其读法·自序》，《饮冰室合集·专集之七十二》，中华书局1989年版。

② 姚名达：《中国目录学史》，上海古籍出版社2002年版，第342页。

之后，将伪书按其性质概括为10类：①全部伪，如《鬼谷子》《关尹子》之类。②一部伪，如《管子》《庄子》之类。③本无其书而伪，如《亢桑子》《子华子》之类。④曾存其书，因佚而伪。如《列子》等。⑤内容不尽伪，而书名伪。如《左氏春秋》，今名《春秋左氏传》。原书本真，经刘歆之改窜，大非本来面目。名字改，内容改，体例亦改。其中内容九成可靠，然因书名假，精神亦全变了。⑥内容不尽伪，而书名人名皆伪。如《管子》及《商君书》。⑦内容及书名皆不伪，而人名伪。如《西京杂记》，乃晋时葛洪撰。“以为刘歆所作则大谬。”⑧盗袭割裂旧书而伪，如“郭象注《庄子》偷自向秀，王鸿绪《明史稿》偷自万斯同”等。⑨伪后出伪。如《孟子》，《汉志》载存十一篇，“七内篇，四外篇，武帝时赵岐作《孟子注》，判定外篇为伪，不久遂佚。本无可惜，明人姚士嶙又假造《孟子外书》四篇，更非武帝时旧物，这真是画蛇添足了”。⑩伪中益伪。“此类书谶纬最多。”

进一步，梁启超又按伪书的动机分为两类：一类属“有意作伪”，另一类属“非有意作伪”。“有意作伪”类包括四种不同情况：论古，邀赏，争胜，炫名。“非有意作伪”类分两小类，一是“全书读题或妄题者”，存四种情况：因篇中存某人名而误题，因书中多述某人行事或言论而得名，不得主名而臆推妄题，本存主名，不察而妄题。二是“部分读编或附入”，有四种情况：类书误作专书，注解与正文同列，混入正文，献书时求增篇幅，后人续作。梁启超强调对作伪者的动机分析，认为“这种分法比头一种分类法还要重要些”。

梁启超针对伪书的各种类别研究辨伪之方法，在《中国历史研究法》（1922）中提出了辨伪12条公例：（1）“其书前代从未著录或绝无人征引而忽然出现者，什有九皆伪。”（2）“其书虽前代有著录，然久经散佚，乃忽有一异本突出，篇数及内容等与旧本完全不同者，什有九皆伪。”（3）“其书不问有无旧本，但今本来历不明者，即不可轻信。”（4）“其书流传之绪，从他方面可以考见，而因以证明今本题某人旧撰为不确者。”（5）“真书原本，经前人称引，确有佐证，而今本与之歧异者，则今本必伪。”（6）“其书题某人撰，而书中所载事绩在本人后者，则其书或全伪或一部分伪。”（7）“其书虽真，然一部分经后人窜乱之迹既确凿有据，则对于其书之全体须慎加鉴别。”（8）“书中所言确与事实相反者，则其书必伪。”（9）“两书同载一事绝对矛盾者，则必有一伪或两俱伪。”（10）“各时代之文体，盖有天然界画，多读书者自能知之。故后人伪作之书，有不必从字句求枝叶之反证，但一望文体即能断其伪者。”（11）“各时代之社会状态，吾侪据各方面之资料，总可以推见崖略。若某书中所言其时代之状态，与情理相去悬绝者，即可断为伪。”（12）“各时代之思想，其进化阶段，自有一定。若某书中所表现之思想与其时代不相衔接者，即可断为伪。”①

梁启超在《古书真伪及其年代》将上述 12 条公例系统化、详细化，进一步归纳为两大类。一类是“从传授统绪上辨伪”，另一类是“从文义内容上辨伪”。从传授统绪上辨伪共有 8 项：从旧志不著录而定其伪或可疑；从前志著录，后志已佚而定其伪或可疑；从今本和旧志说的卷数篇数不同而定其伪或可疑；从旧志无著者姓名而定后人随便附上去的姓名是伪；从旧志或注家已明言是伪书而信其说；后人说某书出现于某时，而那时人并未看见那书，从这上可断定那书是伪；书初出现，已发生许多问题或有人证明是伪造，我们当然不能相信；从书的来历暧昧不明而定其伪。从文义内容上辨伪共分 5 项：从文字罅漏处辨别；从抄袭旧文处辨伪；从佚文上辨别；从文章上辨别；从思想上鉴别。这些辨伪方法详尽具体，有很强的操作性和实用价值，在辨伪学上颇具影响，是梁启超对目录学读书辨伪所作的重要贡献。

（六）采逸守缺的佛教目录学思想

梁启超研究中国佛学史，有《中国佛法兴衰沿革说略》《佛教教理在中国之发展》等论著。

1926 年，梁启超在《图书馆学季刊》创刊号上发表《佛家经录在中国目录学之位置》，将佛教目录作为中国目录学史的一个部分加以研究，②具有重要意义。

---

① 梁启超：《中国历史研究法》，人民出版社 2008 年版，第 77—80 页。

② 陈光祚：《梁启超的目录学理论观点和实践活动》，《武汉大学学报》（人文科学版）1963 年第 4 期。

梁启超梳理和总结了佛教目录学的产生与发展，对自东晋道安《综理众经目录》起至清代为止这1400多年来的各种重要佛教图书目录，进行系统研究，总结其理论和方法的成就。

在对佛教目录学史的研究中，梁启超对于佛教目录学的重要人物和著作进行了深入讨论，论述其时代、作者、体例内容，评论其特点、得失和影响。对安录、祐录、宣录、昇录等皆一一重点评价。如评价僧祐在《出三藏记集》中"叙述经典来历及翻译方法"，新立"异书""抄经"二部都是"新贡献"。

梁启超将佛教目录与普通目录进行比较，佛录优于普通目录有五："一曰历史观念甚发达。凡一书之传译渊源，译人小传，译时、译地，靡不详叙。二曰辨别真伪极严。凡可疑之书皆详审考证，别存其目。三曰比较甚审。凡一书而同时或先后异译者，辄详为叙列，勘其异同得失；在一丛书中抽译一二种或在一书中抽译一二篇而别题书名者，皆一一求其出处，分别注明，使学者毋惑。四曰搜采遗逸甚勤。虽已佚之书，亦必存其目以俟采访，令学者得按照某时代之录而知其书佚于何时。五曰分类极复杂而周备。或以著译时代分，或以书之性质分，性质之中，或以书之函义内容分，如既经律论，又分大小乘，或以书之形式分，如一译多译，一卷多卷等等。同一录中，各种分类并用；一书而依其类别之不同，交错互见动至十数，予学者以种种检查之便。"[①] 而且他认为普通目录少有进步，对郑樵和章学诚未涉及佛录颇为遗憾，"吾侪试一读僧祐、法经、长房、道宣诸作，不能不叹刘《略》、班《志》、荀《簿》、阮《录》之太简单、太素朴，且痛惜于后此踵作者之无进步也。郑渔仲、章实斋治校雠学，精思独辟，恨其于佛录未一涉览焉，否则其所发挥必更有进，可断言也"[②]。突出了佛教目录学在辨伪考证、分类著录等方面的独到之处，反映了他重类例、重辨伪考证和"搜采遗逸"的思想。

郑樵曾有记亡佚之论，而佛教目录学中也有记亡佚的传统。梁启超

① 梁启超：《佛家经录在中国目录学之位置》，《图书馆学季刊》1926年第1期。

② 梁启超：《佛家经录在中国目录学之位置》，《图书馆学季刊》1926年第1期。

因此提出了“抱残守缺确是目录学家应有之态度”① 这一重要思想。他对佛教图书目录为已佚之书设置“存目”“有目阙本”之录给予了充分肯定。

梁启超的研究代表了佛教目录学史研究的一个新水平，提升了佛教目录学的地位。姚名达曾评价说：“自尔以还，恍如敦煌经洞之发露，殷墟卜辞之出土焉，目录学宫黑暗之一角，重幕骤揭而大放光明。”②

（七）倡导目录学史的思想

梁启超是20世纪初新史学的代表。他倡导中国古代目录学史研究，在他去世前编撰完成《图书大辞典·簿录之部》。这一著作计划包括：官录及史志，跋释及鉴别，藏目及征访，部分别录，载籍掌故等五部分。其研究的学科范围乃一宏大体系，惜只完成了第一部分。

历来研究中国目录学史，均将官修目录、私家目录和史志目录作为古典目录的三大类，以史志目录水平最高。梁启超重视“簿录”之学，认为官录和史志两类目录最为重要。其所谓“官录”指历代中秘书之目录，将官署及官立学府藏书目录附于此。其所谓“史志”指各正史艺文志、经籍志，后世学者所作的补志及考证笺释补缀附于此。私人所编目录，凡作为各正史艺文志的蓝本和先驱的，如阮孝绪《七录》，毋煚《古今书录》，黄虞稷《千顷堂书目》等等，虽非官书，也附于各相应的史志之前。③ 由此可见，梁启超重视“官录”“史志”两类目录，轻视私家目录，体现了以官修和史志为主流、私家目录为支流，公贵私轻、树正统的目录学思想。

《图书大辞典·簿录之部》涉及中国目录学史的各个主要时代，从汉代（如《汉志》）至近代（如1904年出版的吴士鉴《补晋书经籍志》、1925年出版的黄仁恒《补辽史艺文志》等），涉及目录著作的各种类型，既包括综合性目录（如《七略》《晋中经簿》）和专科性目录（如佛教图书目录、史志目录），也包括官修目录（如《群书四录》《四库全书总

① 梁启超：《佛学研究十八篇·佛家经录在中国目录学之位置》，上海古籍出版社2001年版，第356页。

② 姚名达：《中国目录学史》，上海古籍出版社2002年版，第186页。

③ 李国俊：《梁启超著述系年》，复旦大学出版社1986年版，第259页。

目》）和私家目录（如《郡斋读书志》《百川书志》），数量近 200 种。梁氏对其一一考证其存阙佚辑，叙述其内容体例，评论其长短得失，指出它们之间的互相关系。

梁启超对目录学史上的重要"官录"和"史志"进行了认真细致的研究，例如对《隋志》的研究，在分析了《隋书》及作为其中一志的"经籍志"产生的历史情况之后，指出："其所收书大率因王志阮录及陈志诸旧录记其见存者，而佚阙者，亦分别注出。"接着介绍了其体例与前代目录的关系，"其分四部及医方术数隶子家，本荀勖，移史于子部之前则本阮孝绪"。最后认为该目录是《隋书》"十志冠"，"其分类及排列法，自宋代晁陈以下迄四库目皆沿用之"。

梁启超在目录学史研究基础上，总结出中国目录学的优良传统。他指出："经史子集为甲乙丙丁四部，遂成千余年簿录补不刊之程式。"

民国时期目录学家重视对中国古代目录学的全面系统总结与研究，梁启超开系统化中国目录学史研究之先河。他的研究成果引起学界重视，引起了目录学史研究的热潮。

梁启超是民国时期目录学家的杰出代表之一，在目录学理论、目录学史和目录学实践各个方面均颇有建树，具有承上启下的重要地位。他继承古典目录学的传统并指导创建现代新目录学，他使中国目录学从学术象牙塔中走向社会的政治舞台，创建导读目录学等等，其目录学的突出贡献是不可忽视的，其目录学思想有丰富的学术内涵和社会意义，极有进一步挖掘的价值。

三 姚名达的目录学思想

姚名达（1905—1942），字达人，号显微，江西兴国人。目录学家。青年时在上海南洋公学课读。1928 年毕业于清华大学研究院并留校任教。1930 年任商务印书馆编辑。1932 年创办《女子月刊》，开办女子书店，致力于妇女平民教育。后执教于复旦大学、暨南大学及中正大学。1935 年辞去教职到杭州，致力于目录学研究和从事著述。抗日战争爆发后，1938 年，他应胡先啸的邀请回到故乡江西，任中正大学史学系教授。1942 年日军入侵江西，率师生组成战地服务团，任团长，同年 7 月 7 日在新淦与敌遭遇时牺牲，年仅37岁。是抗日战争时期第一个勇赴国难、壮烈殉国的教授。

姚名达是民国时期第一位全面系统研究目录学的目录学家，在目录学研究上的突出成果是《目录学》《中国目录学史》《中国目录学年表》[①]“三部曲”。在短短一生中，他还撰写了《史书要籍解题》《历史研究法》《刘宗周年谱》《邵念鲁年谱》《朱药年谱》《章实斋年谱》等著作，王咨臣的《显微先生著述目略》收入了他的所有遗稿。姚名达的目录学理论研究及其思想非常丰富，主要有以下方面。

（一）目录学功用论

1925年2月，姚名达在清华国学院刚开办时，考入该校成为梁启超的研究生。到1929年1月梁氏逝世后，跟随梁氏达4年之久。因此，其目录学研究深受梁启超目录学思想的影响。

梁启超的目录学思想重在读书治学，姚名达进一步强调目录学的学术性和读书治学之功用，认为人类的知识和学术日益进步，书籍日益增多，读书治学唯有靠用工具，“目录学就是唯一最有用的工具”[②]。“将欲因书究学，非有目录学为之向导，则事倍而功半。故分言之，各种学术皆有其目录学；合言之，则目录学实负有指导各种学术之责任。浅言之，将繁富乱杂之书籍编次为部别州居之目录，使学者自求之，目录学家之职务也；深言之，不特使书籍有一定之位置，且能介绍其内容于学者，使学者了然依南针以前趋，尤目录学家之功勋也。”[③] 他关于目录与图书、学术的关系说在郑樵的类例论基础上又有所拓展。

姚名达从目录学的基本概念入手对目录学理论进行了深入研究。他从目录名词的本义出发，结合古代目录学家的意见，根据古义，改正时弊，囊括全体，确定正义。他将目录学界定为“目录学者，将群书‘部次甲乙’，‘条别异同’，‘推阐大义’，‘疏通伦类’，‘将以辨章学术，考

① 姚名达的《目录学》《中国目录学》和《目录学年表》1932年手稿毁于战火，后来又重写，《目录学》出版于1933年，《中国目录学史》出版于1938年，《中国目录学年表》出版于1940年。

② 姚名达：《目录学》，商务印书馆1933年版，第146页。

③ 姚名达：《中国目录学史》，上海书店1984年版，第8—9页。

镜源流'，'欲人即类求书，因书究学'之专门学术也"，并进一步详细解释了这一定义："目录学这种学术，是把许多乱七八糟的书籍，一一考察它的性质，分成许多种类，按照一定的次序，放在一定的地方，再编写一种目录，使得看书的人先查目录，可以知道书籍的所在，明白书籍的大概，决定应该看什么，应该在什么地方找。这种目录，不但应该有名目，把书的名称、著者、册数、出版地点、出版年月，告诉读者，而且应该有叙录，把书的主要篇目、内容大概、著者生平、版本好坏等等有关系的事情，用极简明的文字告诉读者。使得读者不但知道某书在哪一类，某类有什么书，而且明白某种学术应该读什么书，某种书籍值得读、不值得读。像这样，才是目录学的正轨。若不能办到这样，便不是目录学。"① 由这一解释，就更加明了姚名达认识的目录学虽然借鉴了古代目录学家的思想，但已完全不是古典目录学那一套，而是真正现代意义上的目录学。他将目录学与"读者"的概念相联系，将现代目录学应用于读书，致用成为现代目录学的重要特点。

姚名达针对一般人把目录学理解为仅仅是著录书名和分门别类，认为这不仅仅削小了目录的伟大功用，也忘记了目录学的真正目的，他认为目录学的目的"是把繁杂的书籍编成简明的目录，使得读者据目录以寻求书籍，从书籍以研究学问"②。

（二）目录学体系论

古典目录学以校雠为核心，形成了兼有版本、目录、校勘、类书、辨伪、考证、辑佚等各相关领域的庞大的学科体系。到了近代学科分化使其中的许多领域成专门学科。目录学到了民国时期如何发展成为目录学家的首要任务，必须建立新的目录学体系。

1929 年姚名达在清华任教时即从事目录学著述，《目录学》初稿写于 1929 年，"一·二八"之战毁于上海宝山路寓所。重写本 1933 年由上海商务印书馆出版，该书分原理、历史、方法 3 篇 20 章。原理篇的内容包括目录学的定义；目录学的目的及功用；目录的种类；目录学与各种科

---

① 姚名达：《目录学》，商务印书馆 1933 年版，第 9 页。

② 姚名达：《目录学》，商务印书馆 1933 年版，第 11 页。

学的关系；目录学与图书馆；目录的派别与目录学的派别。历史篇的内容包括目录学的起源；从七略到四部；佛经目录；道藏目录；几个特出的目录学家；西学输入与中西合流；目录学的趋势；目录学年表。方法篇的内容包括分类与编目；分类的方法；编目的规则；编目的方法；如何标题；检字法的进步。

姚名达创立了论、史、法三支柱的现代目录学体系。其目录学体系思想主要有三个特点。一是整体思想，在《目录学》中，原理、历史、方法不是孤立存在的，是相互联系的一个整体。姚名达“三部曲”相互印证，《中国目录学史》与《目录学》的历史篇呼应，《中国目录学年表》与《目录学》中的“目录学年表”呼应，因而也是一个整体。二是以史为基础的思想。姚名达最重目录学史，史的研究也最深入，因为现代目录学由古典目录学而来，必须以古典目录学的传统为基础。他提出目录学学科基础的三个层次：校雠学、图书馆学、书史学、书目学是目录学的基本知识；伦理学、历史学、检字法是目录学的辅助科学；教育学、语文学、考证学是目录学的有关学科。三是以应用为目的的思想。姚名达的论、史、法是一个逻辑，原理和历史是基础，方法是应用，也是目标。

姚名达的目录学思想是将古今中外的目录学融为一体的思想。他吸收了校雠学的思想精华，又吸收了西方的书史学（Library History）、书志学（Bibliography）和书目学（Catalogue）的知识。

（三）目录学史论

姚名达目录学旧稿在1932年日寇轰炸中被毁。1935年应商务印书馆之约以《目录学》中历史篇扩大补充。为了“博搜精考”，姚名达到上海、北京、杭州各地，在许多图书馆广泛查阅史籍，占有大量资料，于1935—1937年间著书艰苦，“如独入古墓，如长征沙漠”，终成力作，1938年出版[①]。《中国目录学史》是姚名达的代表作，是民国时期第一部全面、系统研究中国目录学发展历史的学术著作，也是了解、研究中国

---

① 1957年重印时，附有王重民作的后记，对原书进行订正，并对若干问题做了补充与说明。

目录学史的必读书之首。

历来研究目录学史均以时代为序，以体现目录学的继承性和历史整体性。姚名达一反传统，开启专题研究目录学史之先。姚名达认为，在中国目录学发展史上，“时代之精神殆无特别之差异”。因此，该书不以时代为序，而分叙论、溯源、分类、体质、校雠、史志、宗教目录、专科目录、特种目录、结论共 10 篇，“通古今而直述，使其源流毕具，一览无余”，详尽阐述了中国目录学的产生与发展，并概括叙述了 20 世纪 30 年代西方图书分类编目理论传入中国以后中国目录学发生的变化。

姚名达的目录学史研究以专题为纲，以史料考订为基础。史料学和历史研究法是目录学史的基本方法，姚名达的目录学史研究正是从史料的搜集与整理入手的。姚名达在《中国目录学史》原稿“通纪篇”基础上，从千百种古籍中钩稽出目录学的各种史料，并仿史书表体，进行了整理，编纂完成《中国目录学年表》，具有鲜明的史料学特点。《中国目录学年表》以时间为序，考定排比目录学史事，上起秦始皇帝 34 年，下限断于 1936 年底，收录公私图书目录之编纂，与目录编纂有密切关系之校书、藏书、求书，乃至大部书之编纂，典书官制之沿革，藏书馆阁之兴废等。

《中国目录学年表》于《中国目录学史》出版的第三年即 1940 年由商务印书馆出版，恰好补《中国目录学史》按专题分写之不足。“史与年表，交互为用”[①]，两书犹如姊妹篇，相互印证与补充。

姚名达于目录学史研究用力颇深，史料丰富，考证详细，见解独到，论述精辟。其三部目录学论著中，《目录学》有“历史篇”，特别推崇汉刘氏父子、梁阮孝绪、唐毋煚、宋郑樵、清章学诚和纪昀，称之为“特出的目录学家”；《中国目录学史》是民国时期目录学最具水平且最有影响的一部学术专著，历来被目录学界所重视并给予高度评价；而《中国目录学年表》是民国时期目录学最具水平的一部工具书，有其学术价值，却没有得到应有的重视和客观的评价，这与学术界长期以来只重工具书的检索功用而不重视其学术价值不无关系。

---

① 姚名达：《中国目录学年表》，台北：商务印书馆 1971 年版，第 6 页。

（四）分类编目论

姚名达对目录学的最大贡献除了目录学史，就是创建现代目录学，其现代目录学的核心内容是分类与编目，既与图书馆紧密联系，又超出了图书馆的范畴。

他认为目录对于图书馆、读者和作者均有功用。对图书馆来说，目录的功用最为显著，“图书是人类知识的结晶，而目录则是开放人类知识结晶的钥匙”[①]。对读者来说，他提出“图书馆必须编好目录以指导读者，读者必须懂得目录的用法以利用图书馆”[②]。对作者或一切学者来说，他认为，“理想的目录一定能多多帮助作者，使他可以随意获得参考资料”[③]。

分类是中国古代目录学的优秀传统，也是现代目录学的重要内容。姚名达在回顾传统目录学时，认为“我国古代目录学之最大特色为重分类而轻编目，有解题而无引得”[④]。《中国目录学史》有“分类”“体制”二篇，“此二篇者，在全书最为重要。欲知中国目录学之主要精神，必亦于此求之”。

目录学的学术性既体现于分类之下，也体现于解题之中。姚名达指出，中国目录学优于西方目录学者唯解题一宗。他批评现代目录学效西方之法，古之弊未去，古之解题之优点则全丧失。

姚名达认为中国过去的目录由三原子组成，即篇目、叙录和小序，从而形成了三者俱全者、有小序而无解题的、只著书名者三派。至于现代的目录如何发展，他提出从实际出发的观点：“新式图书馆中，当然有应采取的方法，而在私人的藏书目中，则是要看他对于所藏书籍的心得而断定的。在书志书史书目分列的现在，又何须加以讨论呢！”[⑤]

在西方目录学大量传入的背景下，姚名达没有随波逐流并全盘接受西方目录学的理论与方法，而是批判地吸其精华，有选择地引入西方目

① 姚名达：《目录学》，商务印书馆 1933 年版，第 26 页。
② 姚名达：《目录学》，商务印书馆 1933 年版，第 13 页。
③ 姚名达：《目录学》，商务印书馆 1933 年版，第 13 页。
④ 姚名达：《中国目录学史》，上海古籍出版社 2011 年版，第 346 页。
⑤ 姚名达：《目录学》，商务印书馆 1933 年版，第 51—52 页。

录学的新方法。他提倡主题目录，不赞成十进分类；主张精撰解题，不赞成详列篇目，主张插架目录与寻书目录分开，前者依分类，后者依主题。这些都反映出他将中国目录学与西方目录学、传统目录学与现代目录学兼容并蓄，取长补短的现代目录学思想。

姚名达的现代目录学兼容了图书馆编目。他主张目录学适应图书馆的需要，重视目录学知识的普及。他慨叹半封建半殖民地的旧中国，人自为法，图书馆各自为政，漫无秩序，渺茫无望。他希望统一分类、标题编目，使治书之业，寻书之法，易学易做。

姚名达的现代目录学是一个新体系，他将目录著作按不同标准划分，以形成书目系统。在《目录学》中，他将目录的种类分为一书目录、群书目录、私人藏书家目录、公共图书馆目录、史书目录、方志目录、考订家目录、汇刻本目录、特种目录、鉴赏家目录十类。《中国目录学史·叙论篇》进一步采用八个标准进行书目划分：（1）按条目体积大小分：篇目与书目；（2）按书籍典藏之有无分：藏书目录和非藏书目录；（3）按藏书目录之藏者分：公藏、私藏、公开、非公开、独立、非独立、古今、中外；（4）按非藏书目录之对象分：时代、地方、学术、人格、数量、实质；（5）按目录形式分：账簿式、活页式；（6）按目录排列方法分：辞典式、年表式、百科全书式、序跋式；（7）按目录标题性质分：著者目录、书名目录、分类目录、主题目录；（8）按目录体制分：纯书目、纯解题、兼书目及解题。这种多标准划分目录，在当时是十分先进和科学的。

（五）专科目录学论

虽然中国古代目录学早已形成了专科目录学，但并无此学科之名。姚名达第一个提出了“专科目录”的概念，并将专科目录分为15类。

姚名达《中国目录学史·专科目录篇》专列“金石目录”一节，开篇论道：“古物多种，概以金石，记其目录，体制有四：器物之名称，一也，拓印之文字，二也，研究之题跋，三也，集考著录前三者之书为一目录，四也。”其中第四“集考著录前三者之书为一目录”即为金石书籍目录。姚氏继而指出：“故目录学之不能放弃金石文字，正与不能无视书籍内容相同。然此一方面之进展，尚有待于今后之努力。昔人所已开辟之路径，惟在金石书籍之目录方面而已。”

（六）目录学继承创新论

姚名达指出：“校雠之意近乎整理，非只校勘字句……校雠在目录之先，目录为校雠之果。古之书籍，未经校雠，难于著录，故两事相因，不易分辨。”他从现代分科观点看，“刘向之事近乎校雠学，刘歆之事近乎目录学；纵使歆亦校书，向亦有目，要其精神各有所重，学术断然分途，可无疑也”①，将目录与校雠清楚地区分开来。

姚名达主张目录学方法要不断适应新的需要。“现代目录学，粗视之，若大反古代；细察之，则古代之缺点未及尽袪，而其优点且已丧失矣。废书本而用活页，此体式之异也。废四部而用十进，此分类之异也。循号码以索书，此编目之异也。”②

姚名达主张“我们现在要唤醒沉迷，转变方向，使得目录学能够领导一切学术向新的未来世界前进，这是我们的主要任务”③，提出了面向学术和未来的较高目标。提出中华图书馆学会负有改良图书馆学与目录学之责任，宜联络统一分类标题编目检字之专家，举行会议，从长讨论，折中划一。

他对目录学的展望是，其分类也与其依学术而十进，不若依事物而标题。其编目也，与其详列篇目，不若精撰解题。而最重要之转变，实在插架目录（即书库目录）与寻书目录（即阅览室目录）之分家。“目录学成为最通俗之常识，人人得而用之，百科学术庶有豸乎！”④

研究姚名达，已有不少成果。姚名达在现代目录学中占有突出地位。他是研究中国目录学史、继承目录学优良传统的目录学家，又是吸引西方目录的成果，开拓目录学现代化的目录学家，是现代目录学史上继往开来第一人，堪称“中国现代目录学之父”⑤。

---

① 姚名达：《中国目录学史》，上海书店1984年版，第5页。

② 姚名达：《中国目录学史》，上海古籍出版社2011年版，第347页。

③ 姚名达：《目录学》，商务印书馆1933年版，第11页。

④ 姚名达：《中国目录学史》，上海古籍出版社2011年版，第347—348页。

⑤ 柯平：《王重民与姚名达的目录学思想比较研究》，《图书与情报》2003年第4期。

四 余嘉锡的目录学思想

余嘉锡（1884—1955），字季豫，号狷庵、狷翁，湖南武陵（今常德）人。目录学家、古典文献学家、语言学家。清光绪举人，任吏部文选司主事。1927 年移居北平。曾在辅仁大学、北京大学、中国大学、民国大学、北京女子师范大学等校任教，主讲目录学等课程。在辅仁大学时，1937 年任国文系主任，1942 年任文学院院长。1942 年当选为中央研究院院士。1950 年起，任中国科学院语言研究所专门委员。著有《四库提要辨证》《目录学发微》《古书通例》《世说新语笺疏》《余嘉锡论学杂著》等。其目录学思想主要有以下方面。

（一）目录学“学术史”论

余嘉锡少受业，颇知嗜学，16 岁读《书目答问》和《輶轩语》，17 岁日夜读之不厌，遇有所疑则考辨，18 岁中乡试举人，有“湖南才子”之称。

《目录学发微》余嘉锡是 1932 年至 1948 年间在北京各大学主讲目录学课程时的讲义，1963 年出版。

余嘉锡深通目录学之大义，强调目录学的学术史功能。余嘉锡认为我国古典目录学的根本思想在于“辨章学术，考镜源流”，“从来目录学之意义，要以能叙学术源流为正宗”，从而得出了“目录学，学术之史”的结论。

目录学的学术史功能主要体现在两个方面。一方面是辨章学术的学术史功能。余嘉锡继承了中国古代目录学的学术传统，以“学术史”为核心形成了他的目录学体系。他指出：“目录之书，既重在学术之源流，后人遂利用之考辨学术。此其功用固发生于目录学本身，而利被遂及于学者。”[①] 并举古人利用目录学之最早者六例，一是以目录著录之有无断书之真伪，二是用目录书考古书篇目之分合，三是以目录书著录之部次定古书之性质，四是因目录访求阙佚，五是以目录考亡佚之书，六是以目录书所载姓名卷数考古书之真伪，说明目录学的学术应用。另一方面

① 余嘉锡：《目录学发微》，中华书局 1963 年版，第 11 页。

是读书治学门径的学术史功能，这是满足普通学人之所需。他指出："目录之学为读书引导之资，凡承学之士，皆不可不涉其藩篱，其义以张之洞言之最详。"[①] 余嘉锡强调读书门径，以《书目答问》和《四库全书总目提要》作为读书治学之最重要门径而极为推崇。

（二）目录学起源论

余嘉锡认为目录学起源于春秋时代的孔子，"目录之学，由来尚矣；《诗》《书》之序，即其萌芽。及汉世刘向、歆奉诏校书，撰为《七略》《别录》，而其体裁遂为完备。自是以来，作者代不乏人，其著述各有相当之价值。治学之士，无不先窥目录以为津逮，较其他学术，尤为重要"[②]。

他对目录名词进行了考证，认为"目录之名，起于刘向、刘歆校书之时"[③]，并以"刘向司籍，九流以别，爰著目录，略序洪烈"（《汉书》叙传）和"尚书有青丝编目录"（《文选》注引《列子》目录《七略》）为证。他对"目录"一词进行了详细的阐释，认为"目"谓篇目，"录"则合篇目及叙言，"录"包括目录和叙录，目指条其篇目，叙指撮其指意。进而指出："目录之体，起于《诗》《书》之序，所以条其篇目。"[④] 这与他认为目录学起源于《诗》《书》之序是一致的。

（三）目录体制论

余嘉锡的《目录学发微》对历代目录的类例沿革进行了详尽的探讨，剖析各种目录体制的利弊得失，被杨树达誉为"透辟精审"之作。

余嘉锡从理论上将目录学的体制归纳为四种要素：一为篇目，考一书之源流；二为叙录，考一人之源流；三为小序，考一家之源流；四为版本序跋，考一书之源流。

按照这四种要素，余嘉锡进一步从目录的结构及其所发挥的作用，将古典目录区分为三种体制：

一曰部类之后有小序，书名之下有解题者。这种体制的目录著作有

① 余嘉锡：《目录学发微》，中华书局 1963 年版，第 14 页。

② 余嘉锡：《目录学发微》，中华书局 1963 年版，第 1 页。

③ 余嘉锡：《目录学发微》，中华书局 1963 年版，第 15 页。

④ 余嘉锡：《目录学发微》，中华书局 1963 年版，第 18 页。

宋晁公武《郡斋读书志》和陈振孙《直斋书录题解》、元马端临《文献通考·经籍考》和清《四库全书总目》等。这种体制的目录旨在"论其旨归，辨其纰缪"，对图书做较全面的论述和正误。

二曰有小序而无解题者。这种体制的目录著作有《汉志》和《隋志》等。这种体制的目录是充分利用小序这一构成要素来"穷源至委，竟其流别"，可从学术上略知一类书之概貌。

三曰小序、解题并无，只著书名者。这种体制的目录著作有《新唐志》《宋志》《明志》《通志·艺文略》和《书目答问》等。这种体制的目录著作虽然只记书名，但如果"类例分明"，就能"使百家九流，各有条理，并究其本末，以见学术之源流沿袭"①，达到按需读书按类求书的目的。

余嘉锡认为，这三种不同类型的目录发挥着不同的作用，根本无须论其长短，分其高下，因为问题在于编纂者的水平，而不在于类型如何，如过去有人认为以第一类为最上，但如撰解题者识见不深，那么体制虽美而收效甚微。又如第三类，有人"薄其浑漫，视为无足轻重"，然如果出于通人之手，那就能"分门别类，秩然不紊，亦足以考镜源流，示初学以读书之门径"②。得到郑樵《通志·校雠略》所说的"类例既分，学术自明"的成效。

（四）书目分类论

余嘉锡认为，"凡每略分若干种，每部分为若干类，每类又分若干子目，即所谓类例也"，给"类例"一个明确的解释。他继承了郑樵类例犹持军的思想，"书之有部类，犹兵之有师旅也。虽其多寡不能如卒伍之整齐划一，而要不能大相悬绝，故于可分者分之，可合者合之。《七略》之变为四部，大率因此"（余嘉锡《目录学发微·目录类例之沿革》）。

他认为，旧的类例无法包罗今天的学术，讲辨章学术，须体现学术之变化，"今之学术，日新月异而岁不同，决非昔之类例所能赅括……必谓四部之法不可变，甚且欲返之于《七略》，无源且强祖之以为源，非流

① 余嘉锡：《目录学发微》，中华书局1963年版，第11页。

② 余嘉锡：《目录学发微》，中华书局1963年版，第8页。

而强纳之以为流，甚非所以‘辨章学术，考镜源流’也”[①]。

余嘉锡提出类例的基本原则是兼顾学术和图书变化，“故类例虽必推本于学术之源，而于简篇卷帙之多寡，亦须兼顾”[②]。

余嘉锡将目录分类称为“网之纲、裘之领”，纲举目张，提纲挈领。《目录学发微》书后附录《古今书目分类异同表》，是正文“历代目录类例沿革”的补充，对研究和使用古典目录是极有用的资料。

（五）四库提要论

余嘉锡的目录学著述除《目录学发微》外，还有《四库提要辨证》《古书通例》《世说新语笺疏》《余嘉锡论学杂著》及未刊行本《汉书艺文志索隐》《元和姓纂校补》等。

《古书通例》与《目录学发微》互相呼应，集中反映了余嘉锡的目录学思想。

余嘉锡毕生致力于《四库全书总目》考订，其《四库提要辩证》积三十余年书稿，终于1937年排印史部和子部未完稿12卷，后于1954年出24卷本的修订全稿。余嘉锡所著《四库提要辨证》考辨精赅，为学林推重。

五　汪国垣的目录学思想

汪国垣（1887—1966），字辟彊，以字行，又字笠云，晚号方湖，江西彭泽县人。目录学家、古典文学家。1908年入北京京师大学堂，1912年毕业，1918年任江西心远大学教授。1927年起在南京第四中山大学、中央大学、南京大学任教授，与胡小石、陈中凡并称南京大学中文系“三老”。其间曾任监察院委员、国史馆纂修。著有《光宣诗坛点将录》《近代诗人述评》，均为近代诗学的重要著作。又《唐人小说》为收唐人小说之重要之作，贵在校订和考释。其诗作辑有《方湖类稿》。目录学著作主要有《目录学研究》《汉魏六朝目录考略》等。

汪国垣的目录学思想主要有以下方面。

---

① 余嘉锡：《目录学发微》，巴蜀书社1991年版，第150页。

② 余嘉锡：《目录学发微》，巴蜀书社1991年版，第126页。

（一）目录学界义论

汪国垣在大学读书时已开始撰《禁书书目提要》（发表于《国粹学报》），以后治目录之学，颇有成就，编著有《读书举要》《丛书书目索引》《太平广记引用书目考证》等，其中以《目录学研究》最为著称。

《目录学研究》是汪国垣历年在中央大学与诸生讲习所得，初版于1934年[①]。全书分六篇：《目录与目录学》《唐以前之目录》《论唐宋元明四朝之目录》《七略四部之开合异同》《丛书之源流类别及其编索引法》《汉魏六朝目录考略》。初版序说："本书论列，虽非目录学之全，然其索录略之渊源，条分合之得失，与夫汉魏六朝间官私著录之钩稽，宋元明清后丛书类别之更定，所谓目录学之最繁难最重要者，略已灿然备矣。"

汪国垣将古今人言目录学之界义归纳为四种[②]："目录学者，纲纪群籍簿属甲乙之学也"；"目录学者，辨章学术剖析源流之学也"；"目录学者，鉴别旧椠雠校异同之学也"；"目录学者，提要钩玄治学涉径之学也"。

汪国垣综合众家关于目录学之说，提出目录学的界义："目录者，综合群籍，类居部次，取便稽考是也。目录学者，则非仅类居部次。又在确能辨别源流，详究义例，本学术条贯之旨，启后世著录之规。方足以当之。此目录学之界义也。""目录学之界义，既如上述。则吾人研究目录学之标准，当必博稽其源流，商榷其类例，与夫义例之变迁，分隶之出入，皆宜详究。语其大则可通古今学术之邮；语其细则可得著录之准则。而治学之方法，亦将于此涉径焉。"[③] 目录学的这一定义，既体现了目录学的辨章学术职能，也体现了目录学记录群籍和读书参考职能。

汪国垣认为，目录学为治学之门径，"窃以目录之学，有本有末：穷六艺之流别，较四部之得失，外以通夫古今学术之邮，内以神其细绎寸心之用，此目录学之本旨也；辟治学之门径，启著录之成规，大之可为通方致远之资，小之足为提要钩玄之助，此目录学之末节也"（汪辟疆

① 1955年5月商务印书馆曾重刊。

② 汪辟畺：《目录学研究》，文史哲出版社1983年版，第1—4页。

③ 汪辟疆：《目录学研究》，华东师范大学出版社2000年版，第10页。

《目录学研究·序》)。

（二）目录学流派论

汪国垣《目录学研究》中，将目录学分为四大流派：

一曰“纲纪群籍簿属甲乙”为目录家。一书目录和群书目录，为取便寻检而设。目录家重整齐其类例，详审其出入，不标辨章道术之旨，自能神其细绎寸心之用。

二曰“辨章学术剖析源流”为史家。立论必探其源，择言必准诸史；是非同异，具存于叙论，渊源授受，分疏于书名。“所谓辨章学术考镜源流者，本史家志艺文之天职；溺其职者，则非良史”[①]。史家重在周知一代之学术概略，与夫一家一书之宗趣。

三曰“鉴别旧椠雠校异同”为藏书家。古今目录，均重校雠，百宋千元，详加著录。藏书家不徒以典籍为玩好之具，重在广求旧本，详记校勘，取书的宗旨。

四曰“提要钩玄治学涉径”为读书家。每书之下，指示途径，最为实用。读书家重在详加考证，论其指归。

汪国垣将四派进行比较，“四者之中，惟藏书家之注重版本，读书家之重视提要，其体则出于后起，其用则主于一偏，著录虽多，要无当于目录之学。其亟待研讨而说最纷呶者，则史家之目录与目录家之目录是已”[②]。

汪国垣推崇史家和目录家两派。史家一派从刘向司籍别九流、班固作志折中学术始，直郑樵、章学诚辨章学术考镜源流之论，其最切要者不在于纲纪群籍，而在于辨别学术，剖析条流。他批评后世目录学者“但以目录部次甲乙”是错误地理解且偏离了主旨，实则史学一派“明道之要，学术之宗，专乃与史相纬，其体最尊，其任至重”[③]。“史家目录，于体为最尊，于用为最广。”[④] 史家以学术为对象，为之条析源流，著为一书者，可谓之著作史，或谓之学术史。而目录家一派以书为对象，非

① 汪辟疆：《目录学研究》，华东师范大学出版社2000年版，第4页。

② 汪辟疆：《目录学研究》，华东师范大学出版社2000年版，第5—6页。

③ 汪辟疆：《目录学研究》，华东师范大学出版社2000年版，第7页。

④ 汪辟疆：《目录学研究》，华东师范大学出版社2000年版，第43页。

以学术为对象，为书之部次类居，检考便利，目录为簿录书籍而设，非为辨章学术为设。是必有类例之商榷，流别之剖析，使后人即类以求其书，即书以求其学。史家必条别学术，而书籍为学术所寄托；目录家虽不以学为对象，却不能舍学。正因为如此，他主张的目录学取史家和目录家两派之长，“是必斟酌于二者之间，则目录之学，乃由纲纪群籍范围，而略涉辨章学术范围。质言之，则以目录家之目录，而兼有史家之目录”①。

汪国垣研究目录学，最重《汉志》和《四库全书总目提要》，在撰写《目录学研究》之前，以此二目代作教材。因前者为史家之首，后者为目录家之旷世之作。

（三）目录学史论

汪国垣认为目录学起源于汉代，“目录二字，始见于刘向、班固之书”②“刘《略》班《志》，目录学之起源”③。

汪国垣研究目录学史，将唐以前的目录学分为三个时期：第一个时期是“七略时期”，主要是两汉，载籍至两汉而极盛，目录亦至两汉而大昌，刘向《别录》为提要之祖，刘歆《七略》乃编目之宗，班固《汉志》示史家之准则，三家之派别不同，而同为后世目录学之祖。第二个时期是“四部时期”。从魏至晋两朝著录之作，以郑默之《中经》、荀勖之《中经新簿》、李充之《四部书目》三部为最著，四部虽确定于李充，发轫于荀勖，而郑默《中经》之作，亦在筚路蓝缕之列。第三个时期是“四部与七略互竞时期”，从六朝之宋到隋，分两类叙述，一类是遵用《四部》之目录，盛行于六朝；另一类则沿用《七略》之法，如《七志》《七录》。他总结说：“目录之学，创始于两汉，改进于魏晋，极盛于六朝。”④ 这是以分类定目录学的分期，实是论目录学的分类史。

关于唐以后的目录学史，详述唐宋元明四朝之官修目录、私家目录

---

① 汪辟疆：《目录学研究》，华东师范大学出版社 2000 年版，第 10 页。
② 汪辟疆：《目录学研究》，华东师范大学出版社 2000 年版，第 14 页。
③ 汪辟疆：《目录学研究》，华东师范大学出版社 2000 年版，第 4 页。
④ 汪辟疆：《目录学研究》，华东师范大学出版社 2000 年版，第 25 页。

和史志目录。“唐目录之盛，当推开元”，[①] 宋时目录，以《崇文总目》为巨擘。[②] 私家目录中，“惟昭德晁氏、直斋陈氏二家之所著录，则真有宋一代私家目录中最有典则者也”[③]。他将唐宋以后之史家目录分述正史之属、别史之属、拟史之属三类，论述最详。还将宋王应麟《汉书艺文志考证》归入考证之属，马端临《经籍考》列入钞订之属。由此，史志目录有五家之分。

为补充目录学史论，汪国垣作《汉唐以来目录统表》，表一官书目录类有 60 种（汉 2，魏晋南北朝 17，隋 5，唐 8，宋 16，元 0，明 12），表二私家目录类有 77 种（汉 0，魏晋南北朝 2，隋 1，唐 3，宋 28，元 2，明 41），表三史家目录类有 14 种（汉 1，魏晋南北朝 2，隋 0，唐 2，宋 5，元 1，明 3）。

（四）分类论

汪国垣《七略四部之开合异同》详论目录学之分类变迁，仍按七略时期、四部时期、四部与七略互竞时期三个时期论述。他还制作七略与四部开合异同表，从六个方面加以分析：史部与经书之开合；诸子与兵书术数方技之开合；诗赋与文集名异而实同；诸子始终独立专部；图谱始终未能独立专部；佛道二家之分合无定。

汪国垣认为，目录分类不同于文书分类，“文书分类，《周礼》专官所掌，已肇其端，但所掌不定为书籍也。刘《略》班《志》，乃始有书籍分类，且极精密，后世四部之法，多源于此”[④]。

汪国垣说：“且所贵乎目录者，在能明其条贯，撮其指意。”还说：“学术随时代而变迁，故著录之体例，不能一成而不变。”“四部”法的兴起是“魏晋以来，学术日歧，典籍弥众。《七略》所部，已难尽遵。于是不得不别用概括之法。出附庸为大国，纳细流于巨川，而四部分类之法，遂得以乘时而起”[⑤]。

---

① 汪辟疆：《目录学研究》，华东师范大学出版社 2000 年版，第 30 页。
② 汪辟疆：《目录学研究》，华东师范大学出版社 2000 年版，第 32 页。
③ 汪辟疆：《目录学研究》，华东师范大学出版社 2000 年版，第 36—37 页。
④ 汪辟疆：《目录学研究》，华东师范大学出版社 2000 年版，第 137 页。
⑤ 汪辟疆：《目录学研究》，华东师范大学出版社 2000 年版，第 17—18 页。

（五）丛书论

汪国垣晚年号“方湖”，著有《方湖读书记》《方湖谈荟》《方湖诗文录》。他还为自己的家乡编写了《彭泽县志长编》。

汪国垣在《丛书之源流类分及其编索引法》中对丛书和丛书目录进行了一些开创性的研究，说“总聚众书而为书者，谓之丛书”，“顾丛书之名，至唐宋而始著，丛书之制在周汉已开始”，“汉时虽无丛书之名，已有丛书之实，至丛书之名始于唐宋。唐陆龟蒙有《笠泽丛书》……丛书之命名至陆、王而始著，顾二书虽有丛书之名，尚非丛书之体，陆氏之书，实则一人之于集耳……真正丛书，宋宁宗嘉泰二年俞鼎孙之《儒学警悟》始，此真近古丛书之祖也”，“丛书之变迁，亦即学术之变迁”等。

六　刘纪泽的目录学思想

刘纪泽（1901—1960），字平山，江苏盐城人。目录学家。1919 年考入江苏医科大学，后考入东南大学（中央大学前身）中国语言文学系，1925 年考入清华大学国学研究院首届研究生，从师于梁启超、王国维。曾任厦门集美国学专科学校讲师、上海暨南大学讲师兼图书馆编目部主任，同时兼任大夏大学教授，1930 年任安徽大学副教授，1932 年回中央大学（原东南大学）任图书馆编目部兼采访部主任，1939 年任财政税警总团《前线报》社社长兼总编辑，后任暨南大学教授。其目录学思想主要有以下方面。

（一）目录学功用论

刘纪泽在清华大学国学研究院，打下了目录学的功底，并深得梁启超目录学思想的传承，呈交了《书目举要补正》《书目考》两篇毕业论文。在暨南大学和大夏大学任教时，专门讲授目录学、古书校读法、史籍考、中国文化史等课程。在此四年里，潜心治目录学，完成其目录学代表作《目录学概论》，1928 年由暨南大学排印出版①。

① 其后，1930 年由安徽大学排印出版，1931 年由上海中华书局出版，1958 年台北中华书局再次排印出版。

刘纪泽对目录学的认识与研究颇为深入，他认为目录学的定义应斟酌于目录家之目录（“纲纪群籍簿属甲乙”）和史家之目录（“辨章学术剖析源流”）二者之间，从而得出结论，将目录学定义为：“目录学者，综合群籍，类居部次，取便检寻，是其粗也。辨别源流，详究义例，使载籍之存亡可稽，学术之盛衰可考，是其精也。至于记撰人，标卷第，别真伪，拾漏遗，明校勘，研版刻，是其末而已矣。”①

关于目录学的功用，刘纪泽认为有七：自编纪图书为纲纪；证典籍之存亡；稽核私家之庋藏；鉴别书籍之真伪；存验书名之异同，部居之出入，卷帙之增减，作家之讹夺；辨章古籍之版刻与缪本之流传；购书之便给。关于目录学在史学上的位置，他认为，目录学出于史官纲纪群籍的需要，与史学“剖析条流”“推寻事迹”相通，又与史志、方志密不可分。

（二）目录学源流论

刘纪泽长期从事目录学教学与研究，除在暨南大学和大夏大学讲授目录学等课程外，还在安徽大学讲授目录学、校勘学、骈体文等课程。这期间，完成了《宋版陆士龙文集题跋记》《骈体文疏证》《刘向七略别录汇校》等著作。在中央大学图书馆任职期间完成了《宋辽版刘后村文集校勘、题跋记》《刘后村先生年谱》二部书稿。1934—1937 年间潜心目录学著述，完成了《宋史艺文志甄补》等书稿。在暨南大学任教授的七年中，讲授训诂学、修辞学、中国文学批评史、《史通》及《文史通史》研究、目录学、校勘学等课程，完成《宋元以来麻沙雕版源流考》《世说新语校注》《世说新语引用书目考》《世说新语别名录》《世说新语小字录》《世说新语人名、里贯、述撰索引》《世说新语方言待问》等论著。

《目录学概论》全书共六章，分别叙述目录学之起源、定义、体例、派别、功用和在史学上的位置。有附录二，一为治目录学之重要书目，二为古今书目分部异同表。另有自序，则是对中国目录学的源流、作用和著述宗旨的说明。

① 刘纪泽：《目录学概论》，中华书局 1931 年版，第 19 页。

刘纪泽认为“刘略班志，目录学之起源，亦即目录学之正轨也。顾后世之言目录者，罔不源于此，而衍之为数派焉。有目录家之目录，有史家之目录，有藏书家之目录，有读书家之目录”①。此四家之说与汪国垣目录学四大流派说完全相同。

（三）目录体制论

刘纪泽认为，目录体例宜瞻详，体制应具备。他说：“治目录学者，若能加意于一书之大义，原委，行款，题跋，印记，收藏，校雠，考证，版刻，讳笔以及撰人之爵里者，诚可与语此中之精谛矣。若徒备列部帙之卷册，虽曰‘简而易晓’，然此诵数之学，曷足道哉。”至于目录之体制，他认为大要有三，一曰篇目，所以考一书之源流；二曰叙录（即解题），所以考一人之源流；三曰小序，所以考一家之源流。三者相为出入，皆所以辨章学术者也。三者不备，则其功效不全。此论与余嘉锡所论目录书之体制一致。从其注“参用武陵余氏说”②，刘纪泽所论在后，余嘉锡所论在前，在篇目、叙录、小序之后增加了板本序跋③成为四个体制。

关于目录学之派别，他同意目录之书有三类的说法，一是有小序解题之书目；二是有小序无解题之书目；三是无小序解题之书目，这三类书目立论的宗旨都是辨章学术考镜源流，体例虽异，功用则同。而关于目录学家之派别，他综合洪亮吉、缪荃孙二人的说法，认为有三派，“或专记版刻，务在矜炫，百宋纳于一廛，千元比夫十架，此一派也。或袭因四库，录为一编，部居容有出入，条贯原未豁悬，此一派也。或自成创格，损益刘班，开大辂于椎轮，导后学于津逮，此又一派也”④。

七　总结

民国时期目录学受到两种社会力量的影响，一种是政治影响，另一种是学术影响。在这一新的背景下，目录学开始了从被动到主动的变革

① 刘纪泽：《目录学概论》，中华书局1931年版，第11页。

② 刘纪泽：《目录学概论》，中华书局1931年版，第23页。

③ 余嘉锡：《目录学发微》，中华书局1963年版，第68页。

④ 刘纪泽：《目录学概论》，中华书局1931年版，第40页。

过程，逐渐从古典目录学向现代目录学转型，形成了新的特征。

1. 工具书和译书事业发展

民国时期工具书和译书事业大发展，对于目录学发展起到了积极作用。工具书业是目录事业的组成部分，民国时期各类工具书特别是辞书事业大发展。商务印书馆 1908 年出版陆尔奎等主编的《辞源》，1939 年出正、续增修全本。1921 年出版《中国人名大辞典》（臧励和编），至 1949 年已印刷 9 版。中华书局 1915 年出版《中华大字典》，校正《康熙字典》错误。

工具书和译书事业直接推动了译书目录学和新目录学的发展。蔡元培《东西学书录序》云："自汉以来，书目存者虑有四家：一曰藏书之目，一曰著书之目，一曰译书之目，一曰买书之目。"译书之目录在民国目录学宣传东西学、促进学术文化交流中占有其突出地位。

2. 目录学理论化

民国时期目录学家承清代遗风，注重目录学理论研究和历史总结，专著达数十种之多。民国时期是产生目录学理论家的时代，目录学研究异常活跃，著名的目录学家有：康有为、孙德谦、梁启超、顾实、陈垣、耿文光、姚名达、余嘉锡、汪国垣、王云五、黎锦熙、蒋伯潜、刘咸炘、容肇祖、李小缘、杜定友、范希曾、刘纪泽、郑鹤声等，"姚名达和余嘉锡是这一时期最杰出的代表"①。

20 世纪 30 年代前后是古典目录学研究的一个高潮期，涌现出了一大批学术思想活跃的目录学家及其高水平的目录学著作。如：杜定友《校雠新义》（1930）、张秀民《中国历代目录学家传略》（1930）、余嘉锡《目录学发微》（1932—1948）、刘异《目录学》（1933）、陈登原《古今典籍聚散考》（1933）、刘咸炘《目录学》（1934）、汪国垣《目录学研究》（1934）、刘纪泽《目录学概论》（1934）、周贞亮《目录学》（1935）、蒋元卿《校雠学史》（1935）、姚名达《中国目录学史》（1938）、程千帆《目录学丛考》（1937）、蒋伯潜《校雠目录学纂要》（1944）、张舜徽《广校雠略》（1945）、钱亚新《郑樵校雠略研究》（1948）等。李小缘将 1925—1936

① 彭斐章、乔好勤、陈传夫：《目录学》，武汉大学出版社 1986 年版，"前言"。

年这一阶段的目录学家进行了归纳与划分，凡四派：史的目录学家（如汪国垣、刘咸炘）；版本目录学家（如傅增湘、赵万里、钱基博）；校雠目录学家（如蒋元卿、胡朴安）；介于三者之间的新旧俱全者（如杜定友、姚名达、马导源）①。

在20世纪20—40年代，中国古典目录学的近代研究极为活跃，且出现一大批高质量的研究成果。既有历史的原因，有古代目录学的辉煌成就，也有时代的原因，有国学热及目录学经世致用的思想与实践。

3. 西方目录学引入

1909年孙毓修在《教育杂志》上连载《图书馆》一文，介绍西方目录工作和杜威十进分类法；1922年朱家治在《新教育》杂志上刊登《欧美各国目录学举要》，推荐了美、英、德、法等国各种书目38种；1926年杜定友撰《西洋图书馆目录史略》。

民国时期翻译了一些西方目录学著作和论文，如1934年耿靖民译英国福开森著《目录学概论》；1935年闵锋译《西洋目录学要籍及名辞述略》等。这些论著开阔了中国目录学家的视野。通过对西方目录学原理和方法的介绍和评价，增加了对西方目录学的进一步了解。在此基础上，进行了中西目录学的初步比较，为我国目录学的参考借鉴提供了一些新的启示。

民国时期产生了将中国目录学与西方目录学兼容的目录学论著，如洪业《引得说》（1932）、姚名达《目录学》（1933）、毛坤《目录学通论》（1934）、马导源《书志学》（1934）、程伯群《比较图书馆学》之第四编《书志目录学》（1935）、张遵俭《中西目录学要论》（1944）等。

4. 现代目录学形成

“一战”后，在目录学史和理论研究基础上，经过梁启超、姚名达、容肇祖、汪国垣、余嘉锡等进行的目录学研究，使现代目录学得以建立起来。

现代目录学的建立，有几个重要的原因。第一，古典目录学在学术文化中的地位不断提高，一度成为显学，其丰厚的学术文化遗产及对中

① 李小缘：《中国图书馆事业十年来之进步》，《图书馆学季刊》1936年第10卷第4期。

国学术文化所做的贡献，足以使目录学家充满自豪感，但随着封建学术文化的衰落，古典目录学也随着时代的更迭遭到遗弃，目录学家需要找到新的自信。第二，在国家沦为半殖民地半封建社会的痛苦时期，西方文化强力吞噬传统文化，社会面临着对于传统文化是否坚守与变革的矛盾心态，以及对于西方文化是否卑屈与抗争的痛苦抉择，各种社会思潮和求变之策由此产生。经世致用思想，使近代人到传统文化中寻求出路，目录学成为文化救赎的一种重要途径。

现代目录学的建立，是目录学发展到现代的必然。经过古典目录学进入现代从对环境的不适应到适应，以及西方目录学进入中国从仿效到本土化，目录学家一直在探索适合中国的目录学创新模式，目录学学术共同体初步建立起来。在各种相关条件具备，以及目录学家们的努力下，目录学有了初步的体系。

5. 现代目录学分道扬镳

现代目录学以图书为研究对象，有学术、编目两大流派。学术派继承“辨章学术考镜源流”之传统，重视图书、目录与学术的关系，以及目录学在读书治学中的作用，讲求书目分类、导读与图书评价，兼及提要索引、工具书，使目录学在各门学科特别是文史研究、图书领域、学者个人等有广泛的应用性。这一派有刘纪泽、汪国垣、周贞亮、潘景郑、赵万里、张元济、叶德辉、刘咸炘、蒋伯潜、江亢虎、李小缘、容肇祖、程千帆、余嘉锡等。

编目派以图书馆目录为中心，强调书目的检索功能和目录学在图书馆中的应用，应用现代技术提高标引与编目的现代化与标准化，加强目录学的针对性。这一派有杜定友、沈祖荣、裘开明、金敏甫、程长源、何多源、马导源、黎锦熙、钱亚新、洪业等人。

这两大派各走其路，但相互影响，共同构筑现代目录学。分类学、编目学和工具书学等分支兴起，并不断丰富现代目录学的体系。

6. 目录学教育普及

中国古代目录学历史悠久，内容宏富，在学术文化界享誉盛名，然而没有列入古代的教育体系中，使这一专门学问始终在学术界内发展，难以为社会所用。到了民国，目录学开启了专业教育和社会教育两大途径。各大学设立“目录学”课程，如余嘉锡在北京各大学主讲目录学课程；汪国垣在中央大学讲授目录学课程；刘纪泽在暨南大学、大夏大学、安徽大学等大学讲授目录学课程；等等。目录学教育进入中学和社会教育体系，如1926年宁波效实中学马瀛为励志级暨戊辰级诸生开国学概论课，将目录学纳入其中，列于文字学、音韵学、训诂学、章句学、版本学、文法学、言语学、考据学8个学门之后，“以上八种工具，暨经哲史文等种种学术，皆前人遗留之成绩，其成绩之所附丽多在载籍之中，故以目录学殿焉”[①]（马瀛《国学概论》）。1929年在中华图书馆协会第一届年会上，李小缘提出《各大学应设实用目录学课程以为指导学术研究之入门案》，后又发表《目录学在教育上之地位》。1934年汪国垣说“目录学既为治学之门径，而近时高级中校以上学校，多列为必修科；学子重视，几埒国文”（汪辟疆《目录学研究·序》）。

清代末年古代目录学终结，但古典目录学没有终结。清代形成的四大目录学派经过时代的洗礼，到了民国时期折中归一为古典目录学派。

民国时期目录学是古典目录学的转折时期，在目录学的继承与创新发展上进行了探索；也是现代目录学的初创时期，在西方目录学引入之后面临着挑战与本土化的重大抉择，关系到中国目录学的前途和命运。

民国时期目录学加强了目录学理论建设，构建了现代目录学的体系，初步完成了目录学的现代化。特别重要的是，目录学成为国学之重要组成部分，目录学的优秀传统和方法论被众多学科所发现并广泛应用，目录学的学术性和工具性得到加强。与此同时，将目录学纳入现代教育体系，开启目录学的社会教育和目录学知识的普及，使目录学第一次从艰深的显学神坛走向大众化和社会应用，这是中国目录学史上的第四个里程碑。

目录学是在社会发展变化中产生并发展起来的。中国目录学史证明，历史上的朝代更替、政治制度、经济兴衰、战争破坏、人口迁徙、民族融合等各种社会因素都对中国目录学产生过深刻影响，社会需要成为目

① 马瀛：《国学概论》，中央编译出版社2009年版，第356页。

录学发展的不竭动力。然而，与社会发展并不完全同步的是，中国目录学在两千多年的历史长河中走了一条曲线上升的道路，目录学发展有着自身的发展轨迹和发展规律。

目录学根植于学术文化的土壤之中，成为中华学术文化的重要组成部分。目录学从春秋战国时的学术争鸣、文化交融、图书增长中诞生，经过古代四个时期的发展，到民国时期的科学开放、文化冲突、图书转型中完成其历史使命，看似形成了一个完整的闭环，实则是一个不断转型升级、拓新前进的进化过程。中国目录学从古代到近现代产生了优秀的图书文化传统，积累了丰富的目录学知识，最终形成了古典目录学和现代目录学的分野，这是中国学术文化史的宝贵遗产，值得继承和发展。

参考文献

（宋）陈振孙：《直斋书录解题》，徐小蛮、顾美华点校，上海古籍出版社2015年版。

（南朝·宋）范晔：《后汉书》，中华书局1965年版。

（汉）班固：《汉书》，中华书局1962年版。

（宋）李昉等：《太平御览》，中华书局1960年版。

（后晋）刘昫：《旧唐书》，中华书局2000年版。

（元）马端临：《文献通考·经籍考》，华东师大古籍研究所标校，华东师范大学出版社1985年版。

（宋）欧阳修：《新唐书》，中华书局2000年版。

（宋）欧阳修：《欧阳修全集》，李逸安点校，中华书局2001年版。

（清）钱曾：《读书敏求记》，丁瑜点校，书目文献出版社1984年版。

（明）邱濬：《大学衍义补》，林冠群、周济夫校点，京华出版社1999年版。

（清）阮元：《十三经注疏》，中华书局1980年版。

（南朝·齐梁）僧祐：《弘明集》，刘立夫、胡勇译，中华书局2011年版。

（宋）司马光：《资治通鉴》，中华书局1956年版。

（汉）司马迁：《史记》，中华书局1959年版。

（明）宋濂等：《元史》，中华书局2000年版。

（元）脱脱等：《宋史》，中华书局2000年版。

（汉）王充：《论衡》，上海人民出版社1974年版。

（清）王鸣盛：《十七史商榷》，陈文和、王永平、张连生等校，凤凰出版社 2008 年版。
（宋）王钦若等：《册府元龟》，中华书局 1960 年版。
（宋）王应麟：《玉海艺文校证》（修订本），武秀成、赵庶洋校证，凤凰出版社 2017 年版。
（北齐）魏收：《魏书》，中华书局 1974 年版。
（唐）魏徵等：《隋书》，中华书局 2000 年版。
（清）姚振宗：《师石山房丛书》，开明书店 1936 年版。
（清）叶德辉：《郎园读书志》，杨洪升点校，上海古籍出版社 2019 年版。
（清）永瑢：《四库全书总目》，中华书局 1965 年版。
（清）张廷玉等：《明史》，中华书局 2000 年版。
（清）张之洞：《书目答问》，商务印书馆 1929 年版。
（清）章学诚：《文史通义》，吕思勉评，上海古籍出版社 2008 年版。
（清）章学诚：《校雠通义通解》，王重民通解，上海古籍出版社 2009 年版。
（宋）郑樵：《通志》，中华书局 1984 年版。
（宋）周敦颐：《周敦颐集》，陈克明点校，中华书局 2010 年版。
白金：《北宋目录学研究》，人民出版社 2014 年版。
白寿彝：《中国通史纲要》，上海人民出版社 1980 年版。
白寿彝：《中国史学史》，上海人民出版社 1986 年版。
白寿彝：《中国史学史（第 1 卷）先秦时期：中国古代史学的产生》，上海人民出版社 2006 年版。
白寿彝：《中国通史纲要》，上海人民出版社 1980 年版。
蔡尚思：《中国文化史要论（人物・图书）》，湖南教育出版社 1979 年版。
昌彼得：《中国目录学》，台北：文史哲出版社 1986 年版。
昌彼得：《中国目录学讲义》，台北：文史哲出版社 1973 年版。
昌彼得：《中国目录学资料选辑》，台北：文史哲出版社 1981 年版。
陈秉才、王锦贵：《中国历史书籍目录学》，书目文献出版社 1984 年版。
陈高华、张帆、刘晓：《元代文化史》，中国社会科学出版社 2020 年版。
陈国符：《道藏源流考》，中华书局 1963 年版。
陈力：《中国古代图书史》，社会科学文献出版社 2017 年版。

陈其泰：《中国史学史（第6卷）近代时期（1840—1919年）：中国近代史学》，上海人民出版社2006年版。
陈晓华：《清代目录学研究》，光明日报出版社2020年版。
陈垣：《中国佛教史籍概论》，上海书店2005年版。
程千帆、徐有富：《校雠广义·目录编》，齐鲁书社1998年版。
程树德：《论语集释》，中华书局1990年版。
杜定友：《校雠新义》，上海书店1991年版。
范文澜：《中国通史简编》，商务印书馆2010年版。
冯友兰：《中国哲学简史》，涂又光译，北京大学出版社2013年版。
傅乐成：《中国通史》，贵州教育出版社2010年版。
傅璇琮、谢灼华：《中国藏书通史》，宁波出版社2001年版。
顾实：《汉书艺文志讲疏》，上海古籍出版社1984年版。
韩永进：《中国图书馆史》，国家图书馆出版社2017年版。
胡楚生：《中国目录学》，台北：文史哲出版社1995年版。
胡楚生：《中国目录学研究》，台北：华正书局有限公司1980年版。
胡怀琛：《中国文学史概要》，首都经济贸易大学出版社2012年版。
胡适：《胡适精品集》，光明日报出版社1997年版。
翦伯赞：《史料与史学》，北京出版社2011年版。
翦伯赞：《中国史纲要》，人民出版社1964年版。
蒋伯潜：《文字学纂要》，首都经济贸易大学出版社2012年版。
蒋伯潜：《校雠目录学纂要》，北京大学出版社1990年版。
蒋维乔：《中国佛教史》，商务印书馆2015年版。
蒋元卿：《校雠学史》，上海书店1991年版。
蒋元卿：《中国图书分类之沿革》，中华书局1941年版。
瞿林东：《中国史学史（第3卷）魏晋南北朝隋唐时期：中国古代史学的发展》，上海人民出版社2006年版。
柯平：《文献目录学》，河南大学出版社1998年版。
来新夏：《古典目录学》，中华书局1991年版。
来新夏：《古典目录学浅说》，中华书局1981年版。
来新夏、柯平：《目录学读本》，上海交通大学出版社2014年版。

李希泌：《中国古代藏书与近代图书馆史料（春秋至五四前后）》，中华书局 1982 年版。
李曰刚：《中国目录学》，台北：明文书局 1983 年版。
李治安：《元史十八讲》，中华书局 2014 年版。
梁启超：《清代学术概论》，上海古籍出版社 1998 年版。
梁启超：《中国近三百年学术史》，人民出版社 2008 年版。
梁启超：《中国历史研究法》，人民出版社 2008 年版。
廖名春：《周易经传十五讲》（第二版），北京大学出版社 2012 年版。
刘国钧：《中国书史简编》，郑如斯订补，书目文献出版社 1982 年版。
刘纪泽：《目录学概论》，中华书局 1931 年版。
刘咸炘：《刘咸炘论目录学》，上海科学技术文献出版社 2008 年版。
刘兆祐：《中国目录学》，台北：五南图书出版股份有限公司 2000 年版。
柳诒徵：《中国文化史》，中国大百科全书出版社 1988 年版。
鲁迅：《鲁迅全集》，人民文学出版社 1973 年版。
吕绍虞：《中国目录学史稿》，安徽教育出版社 1984 年版。
吕思勉：《吕著中国通史》，中华书局 2020 年版。
吕思勉：《先秦史》，江苏人民出版社 2020 年版。
吕思勉：《中国通史》（彩图珍藏版），中华书局 2015 年版。
罗孟祯：《中国古代目录学简编》，重庆出版社 1983 年版。
马瀛：《国学概论》，中央编译出版社 2009 年版。
彭斐章、乔好勤、陈传夫：《目录学》，武汉大学出版社 1986 年版。
彭斐章、谢灼华、乔好勤：《目录学研究文献汇编》（修订版），武汉大学出版社 1996 年版。
齐冲天、齐小乎：《汉语音义字典》，中华书局 2010 年版。
钱基博：《经学通志》，广西师范大学出版社 2009 年版。
钱穆：《国学概论》，九州出版社 2011 年版。
乔好勤：《中国目录学史》，武汉大学出版社 1992 年版。
司马朝军：《〈四库全书总目〉研究》，社会科学文献出版社 2004 年版。
苏精：《近代藏书三十家》，中华书局 2019 年版。
孙德谦：《古书读法略例》，商务印书馆 1936 年版。

唐兰:《中国文字学》,上海古籍出版社 1979 年版。

汪辟疆:《目录学研究》,华东师范大学出版社 2000 年版。

王承略、刘心明:《二十五史艺文经籍考补萃编》,清华大学出版社 2014 年版。

王国强:《明代目录学研究》,中州古籍出版社 2000 年版。

王锦贵:《中国历史文献目录学》,北京大学出版社 1994 年版。

王锦贵:《中国文化史简编》,北京大学出版社 2004 年版。

王欣夫:《文献学讲义》,上海古籍出版社 1986 年版。

王余光:《中国文献史》(第一卷),武汉大学出版社 1993 年版。

王云五:《新目录学的一角落》,商务印书馆 1943 年版。

王仲荦:《魏晋南北朝史》,上海人民出版社 2016 年版。

王重民:《中国目录学史论丛》,中华书局 1984 年版。

吴伯雄:《四库全书总目选》,凤凰出版社 2015 年版。

吴枫:《中国古典文献学》,齐鲁书社 1982 年版。

吴怀祺:《中国史学史(第 4 卷)五代辽宋金元时期:中国古代史学的继续发展》,上海人民出版社 2006 年版。

武汉大学、北京大学:《目录学概论》,中华书局 1982 年版。

向燕南、张越、罗炳良:《中国史学史(第 5 卷)明清时期:1840 年前:中国古代史学的嬗变》,上海人民出版社 2006 年版。

向宗鲁:《校雠学(外二种)》,陈晓莉点校,国家图书馆出版社 2012 年版。

肖东发、杨虎:《中国图书史》(插图本),广西师范大学出版社 2005 年版。

谢灼华:《中国图书与图书馆史》,武汉大学出版社 1987 年版。

谢灼华:《中国文学目录学》,书目文献出版社 1986 年版。

徐有富:《目录学与学术史》,中华书局 2009 年版。

徐召勋:《学点目录学》,安徽教育出版社 1983 年版。

许殿才:《中国史学史(第 2 卷)秦汉时期:中国古代史学的成长》,上海人民出版社 2006 年版。

许世瑛:《中国目录学史》,台北:中国文化大学出版部 1982 年版。

杨东莼：《中国学术史讲话》，岳麓书社 1986 年版。
杨立华：《中国哲学十五讲》，北京大学出版社 2019 年版。
姚名达：《目录学》，商务印书馆 1933 年版。
姚名达：《中国目录学年表》，上海书店 1989 年版。
姚名达：《中国目录学史》，上海古籍出版社 2011 年版。
叶昌炽：《藏书记事诗（附补正）》，王欣夫补正，上海古籍出版社 1989 年版。
叶德辉：《书林清话》，中华书局 1957 年版。
余嘉锡：《目录学发微》，中华书局 1963 年版。
余嘉锡：《四库提要辨证》，云南人民出版社 2004 年版。
余庆蓉、王晋卿：《中国目录学思想史》，湖南教育出版社 1998 年版。
臧励和等：《中国人名大辞典》，上海书店出版社 2016 年版。
詹石窗：《道教文化十五讲》（第二版），北京大学出版社 2012 年版。
张涤华：《类书流别》（修订本），商务印书馆 1985 年版。
张岂之：《中国历史十五讲》，北京大学出版社 2003 年版。
张舜徽：《广校雠略 汉书艺文志通释》，华中师范大学出版社 2004 年版。
张舜徽：《中国文献学》上海古籍出版社 2011 年版。
张显成：《简帛文献学通论》，中华书局 2004 年版。
赵尔巽等：《清史稿》，中华书局 1977 年版。
郑鹤声：《中国史部目录学》，商务印书馆 1956 年版。
郑鹤声、郑鹤春：《中国文献学概要》，上海书店 1933 年版。
郑天挺：《清史简述》，中华书局 2005 年版。
中国科学院文学研究所中国文学史编写组：《中国文学史》，人民文学出版社 1962 年版。
周彦文：《中国目录学理论》，台北：学生书局 1995 年版。
朱彭寿：《古今人生日考》，北京图书馆出版社 2002 年版。
［日］冈崎文夫：《魏晋南北朝通史》，肖承清译，中西书局 2020 年版。

后　记

孔子有“知者乐水”之说，老子有“上善若水”之说。水大致有两类，一类江河湖海，一类山泉小溪。学问乃智者所为，大善之举，亦可仿此分两类，其一，所谓主流之研究或热门之学，关乎社会和现实问题，应民生之需，因需求而变化，学界观海咏水者、赶潮追浪者比比皆是，受众人青睐，其价值显在，应用研究多属此类。其二，那些被称为非主流或冷门之学，虽然关乎人类和未来，因为远离市场，常常无人问津，如同旅游或回家乡时才想起去看看那些山泉小溪，日常却得不到应有的重视，许多基础研究和冷门绝学属于此类。学问为人类社会的公器，此两类都是利国利民之要务，皆可做出大学问，同等重要且相得益彰，本无高低贵贱之分，只是研究视角、方法路径和价值取向各有不同而已。

20 世纪 80 年代我读研究生，正赶上学术界百废待兴、百花齐放之时，百家学问并没有主流与非主流之别，因慕导师学界盛名而选择了目录学方向，从此与目录学结下了不解之缘。也就是在研究生时对中国目录学史产生了浓厚的兴趣，才有了《史学家与目录学》（1984）、《关于历史文献目录学的研究》（1985）、《目录学札记——校雠学与目录学》（1986）三篇习作的发表。《论方志艺文志》一文发表在《武汉大学学报：社会科学论丛》1986 年第 1 期。《论孙德谦的目录学思想》一文发表在《武汉大学学报》（社会科学版）1986 年第 8 期，被中国人民大学《复印报刊资料 G9》全文转载，算是对目录学史下苦功之后的一篇像样的研究成果。那时的研究生能在大学学报独立发文是一件颇为难得且荣耀的事。后来专门从事目录学教学与研究，就有要写一部中国目录学史的夙愿。在我的《文献目录学》（河南大学出版社 1998 年版）一书中，中国目录学史只写了一小节，未能展开。虽然发表过关于目录学史的系列论文，但始终没有系统条理过；虽然早就有了中国目录学史的大纲，却因为行政琐务和教学繁忙而迟迟没有动笔。

自十年前卸任系主任之职开始，我就着手《中国目录学史》一书的筹划与写作。其时，“国学热”刚刚开始，著名史学家和目录学家来新夏先生邀我共同主编的国学系列丛书之一——《目录学读本》刚刚完成。原想申请目录学史的项目后再出书，但因为此类研究尚属于冷门之学，按项目途径写作此路不通。于是不再考虑立项之事，只顾埋头写作，一边上课，一边积累史料，偶有所得，便插入书稿之中。就这样断断续续，花了不少时间，直到前年才有雏形。2020 年疫情开始后，因为在家教学，时间较为充足，于是加紧了目录学史的研究与写作，发现了已有目录学史著作中存在的许多遗漏和问题，一部分已确证的写入了书稿，另一部分有待考证的则记入笔记中。

《中国目录学史》这部书能够出版，得益于今天这样一个高度重视国学和传统文化并开始重视基础研究的时代。这部书也是在我 2014 年承担国家社会科学基金重大项目“促进我国基本公共文化服务标准化与均等化研究”之后从应用研究回归传统文化与基础研究的一个副产品。在研究和写作过程中，我的博士生刘旭青、邹金汇以及硕士生张瑜祯帮我查找相关图书资料，做了大量的辅助工作。特别是，书稿校对时尚处于疫情期间，家藏不足，又无法进图书馆查阅古籍。幸得刘旭青熟悉史料，善用工具，帮我及时查核了许多原文，为本书校对作出重要贡献。

中国目录学史是一门大学问，其涉及面广，博大精深，是一部著作所无法涵盖的。何况我的研究与写作尚存在缺漏甚至错误，总有许多不尽如人意之处，需要更长时期的“坐冷板凳”方能解决。这便是今后要把目录学这样一门“冷门”超热的国学长期深入下去的动力所在。

在《中国目录学史》即将付梓之时，首先要感谢我的导师彭斐章先生以及武汉大学谢灼华先生、北京大学朱天俊先生、南开大学来新夏先生等目录学界大家对我的培养，感谢在中国目录学史研究有重要成果的前辈和同仁们，在我写作过程中阅读并参考了一些比较重要的目录学论著，已列入参考文献或引注中。中国社会科学出版社孔继萍编辑为此书付出了辛苦工作，还有许多同仁关心和支持中国目录学史这一工作，在此一并表示感谢。

柯平于天津津南碧桂园

2022 年 1 月 5 日星期三上午